INNOVATIVE BRIDGE STRUCTURES BASED
ON ULTRA-HIGH PERFORMANCE CONCRETE (UHPC)

THEORY, EXPERIMENT AND APPLICATION

基于超高性能混凝土（UHPC）的桥梁新结构

——理论、试验与应用

邵旭东　曹君辉　张　阳　李盼盼　等　著

人民交通出版社股份有限公司

北　京

内 容 提 要

超高性能混凝土(UHPC)是新一代土木工程材料,具有高强、高韧、高耐久的特性,将 UHPC 应用于桥梁工程,通过新材料与新结构的协同创新,有望实现主体结构经济环保、坚固耐用的高性能目标,解决结构病害多、寿命短、碳排放大、费用高等共性难题。本书介绍了作者团队在此领域所做的部分工作以及在桥梁工程中的应用情况。

全书共 11 章,分别为超高性能混凝土(UHPC)、UHPC 桥梁设计方法、在役开裂钢桥面的加固改造、UHPC 桥面板结构、大跨径单向预应力 UHPC 箱梁桥、中小跨径装配式梁桥、特大跨径拱桥新体系探索、UHPC 加固混凝土桥面、钢-混组合梁负弯矩区 UHPC 接缝、UHPC 重力式灌浆接头、伸缩装置 UHPC 锚固技术。

本书可供桥梁工程专业的高年级本科生、研究生、教师以及从事桥梁工程科研、设计、管理和施工的技术人员参考。

图书在版编目(CIP)数据

基于超高性能混凝土(UHPC)的桥梁新结构:理论、试验与应用/邵旭东等著. — 北京:人民交通出版社股份有限公司,2022.12

ISBN 978-7-114-18338-6

Ⅰ.①基… Ⅱ.①邵… Ⅲ.①超高强混凝—混凝土结构—桥梁结构 Ⅳ.①U443

中国版本图书馆 CIP 数据核字(2022)第 209026 号

Jiyu Chaogao Xingneng Hunningtu de Qiaoliang Xin Jiegou:Lilun,Shiyan yu Yingyong

书　　名:基于超高性能混凝土(UHPC)的桥梁新结构——理论、试验与应用
著 作 者:邵旭东　曹君辉　张　阳　李盼盼　等
责任编辑:卢俊丽　陈虹宇
责任校对:赵媛媛　魏佳宁
责任印制:张　凯
出版发行:人民交通出版社股份有限公司
地　　址:(100011)北京市朝阳区安定门外外馆斜街 3 号
网　　址:http://www.ccpcl.com.cn
销售电话:(010)59757973
总 经 销:人民交通出版社股份有限公司发行部
经　　销:各地新华书店
印　　刷:北京盛通印刷股份有限公司
开　　本:787×1092　1/16
印　　张:36.25
字　　数:875 千
版　　次:2022 年 12 月　第 1 版
印　　次:2023 年 5 月　第 2 次印刷
书　　号:ISBN 978-7-114-18338-6
定　　价:198.00 元

(有印刷、装订质量问题的图书,由本公司负责调换)

序

材料是结构赖以发展的物质基础,新材料为结构创新带来了无限的可能性。

超高性能混凝土(UHPC)作为新一代土木结构高性能材料,具有高强、高韧和高耐久性,被认为是近30年来最具创新性的水泥基复合材料。面对新材料,如果仍然沿用传统的结构构型和设计理论,新材料的优异性能难以发挥,将不可避免地出现材料与结构脱节,产品无市场竞争力和价值的局面。因此,如何利用好UHPC这种高性能材料,打造既经济环保又坚固耐久的高性能结构,是一项重大课题。

邵旭东教授团队长期专注于桥梁行业的需求,持续开展UHPC桥梁新结构的研发。面对当前部分桥梁结构存在的病害多、寿命短、能耗大、费用高,每年给国家造成大量经济损失和巨大环境压力等问题,针对性研发与UHPC材料相适应的UHPC桥梁结构,通过新材料与新结构协同创新,突破结构技术壁垒,打造高性能桥梁结构,建立基础理论、设计方法和技术标准,有望从源头上解决诸多桥梁结构共性难题。研究成果已应用于全国100余座桥梁,推动了UHPC材料在我国的规模化应用。

《基于超高性能混凝土(UHPC)的桥梁新结构——理论、试验与应用》一书详细介绍了作者团队研发的系列UHPC新结构以及在不同类型桥梁工程中的应用实例,反映了从新材料到新结构、新理论、新方法、新标准等全链条创新研究成果。主要内容包括超高性能混凝土(UHPC)介绍、UHPC桥梁设计方法、在役开裂钢桥面的加固改造、UHPC桥面板结构、大跨径单向预应力UHPC箱梁桥、中小跨径装配式梁桥、特大跨径拱桥新体系探索、UHPC加固混凝土桥面、钢-混组合梁负弯矩区UHPC接缝、UHPC重力式灌浆接头、伸缩装置UHPC锚固技术等。

相信本书的出版,将对推动UHPC在桥梁工程中的应用、推进桥梁结构朝高性能化方向发展和行业的科技进步起到重要作用。

陈政清

2022年8月11日

前言

　　众所周知,土木结构最常用的材料是混凝土和钢,相应的有混凝土结构、钢结构及钢-混凝土组合结构,不同结构的构型与其所采用的材料性能密切相关,如混凝土结构适用于混凝土材料,而钢结构与钢材相匹配,两者的结构构型截然不同。经过长时期的发展,其传统结构及构造已基本定型。

　　超高性能混凝土(UHPC)是一种具有超高力学性能和超强耐久性的新型水泥基复合材料,为结构创新带来了无限的可能性。那么,与 UHPC 材料相适应的 UHPC 结构有怎样的特征? 利用高性能材料 UHPC,能否获得既经济环保又坚固耐久的高性能结构? 近些年来,国内外学者持续开展了 UHPC 结构的研究,并不断推动工程应用,取得了长足的进步。本书介绍了作者团队基于 UHPC 所研发的十几种桥梁新结构及部分工程应用情况。

　　研究表明,UHPC 的应用,有望大幅度减少材料用量和碳排放、延长结构寿命。经测算,将 UHPC 应用于受压构件(如拱肋或组合梁桥面板)时,UHPC 构件与钢构件相比,自重基本持平,造价和碳排放仅为后者的 34% 和 20%;UHPC 构件与混凝土构件相比,造价持平,而自重和碳排放仅为后者的 1/3。当应用于受弯构件时,UHPC 构件的碳排量分别约为钢构件的 40% 和混凝土构件的 54%,而 UHPC 结构寿命可达 200 年。由此可见,采用 UHPC 这种高性能材料,能够为实现“双碳”目标和“可持续发展”做出突出贡献。

　　本书凝练了作者团队 10 年来的主要研究成果,具体章节安排:第 1 章 超高性能混凝土(UHPC);第 2 章 UHPC 桥梁设计方法;第 3 章 在役开裂钢桥面的加固改造;第 4 章 UHPC 桥面板结构;第 5 章 大跨径单向预应力 UHPC 箱梁桥;第 6 章 中小跨径装配式梁桥;第 7 章 特大跨径拱桥新体系探索;第 8 章 UHPC 加固混凝土桥面;第 9 章 钢-混组合梁负弯矩区 UHPC 接缝;第 10 章 UHPC 重力式灌浆接头;第 11 章 伸缩装置 UHPC 锚固技术。全书各章节相互独立,其中第 2 章系交通运输部行业标准《公路桥涵超高性能混凝土应用技术规范》(报批稿)的主要内容,其他各章凡涉及 UHPC 结构计算的部分,尽可能采用第 2 章的公式进行验算,以方便读者作为算例参考。

本书主要内容(除第4、5、8章外)由邵旭东指导研究生完成,可散见国内外多种刊物公开发表的学术论文及学位论文,随着研究的深入,上述部分内容在本书中做了必要的更正。本书的研究内容得到了国家自然科学基金(51378194,51778223,52038003,51178177,51678229,51578226,51778221,52078200,51978259,52250004)、国家重点研发计划(2018YFC0705406)、交通运输部重大科技专项(2011318494160)、湖南省科技重大专项(2017SK1012)等项目资助,以及湖南省交通规划勘察设计院、中国建筑第五工程局有限公司、中国市政工程中南设计研究总院有限公司、黄河勘测规划设计研究院有限公司、宜昌长江大桥总公司、中交公路规划设计院有限公司、南京市公共工程建设中心、广东惠清高速公路有限公司、广东省交通规划设计研究院集团股份有限公司、广东省建筑设计研究院、中铁五局集团有限公司、清远市公路管理局、英德市英州交通建设投资开发有限公司、宁波高等级公路建设指挥部等单位的项目资助,特此致谢。

本书撰写过程中,邵旭东编写指导思想并拟定撰写大纲,沈秀将负责撰写第1章,邱明红负责撰写第2章,王洋负责撰写第3章,曹君辉负责撰写第4章,邵旭东负责撰写第5章,赵旭东负责撰写第6章,何广负责撰写第7章,张阳负责撰写第8章,李盼盼负责撰写第9~11章及全书的编辑修订,黄政宇教授对有关UHPC材料方面的内容进行了把关。全书经邵旭东三四次审改定稿。博士生张哲,詹豪,潘仁胜,邓舒文,王衍,孙璇,黄松龄,刘颖峰,李玉祺,贺耀北,冯家辉;硕士生雷薇,张策,杨志杰,张良,刘勇,虢玉标,邹同琛,鲁邦泽,吴佳佳,李芳园,刘也萍,陈艳良,胡伟业,李萌,刘琼伟,黄中林,陈玉宝,邵宗暄,唐颖,卢镜宇,毛启元,屈志浩,蔡文涌,曾华侨,应李溶君,胡慧,张重阳,党祺,杨碧川,赵相如,杨川琪,陶振宇,刘斌,刘淦,邱威溶等在相关研究中做出了出色的成绩,从而为本书做出了重要的贡献。湖南中路华程桥梁科技股份有限公司、浙江宏日泰耐克新材料科技有限公司、广东冠生土木工程技术股份有限公司为新技术的推广做出了不懈的努力,在此一并鸣谢。

感谢陈政清院士的肯定,并为本书作序。

因作者学识有限,书中差错和不当之处在所难免,敬请读者批评指正。

2022 年 11 月

目录

第 1 章

超高性能混凝土(UHPC)

1

INNOVATIVE BRIDGE STRUCTURES BASED ON ULTRA-HIGH PERFORMANCE CONCRETE (UHPC)

THEORY, EXPERIMENT AND APPLICATION

1.1 超高性能混凝土概述

超高性能混凝土(ultra-high performance concrete,UHPC)系指抗压强度在120MPa以上,具有超高韧性、超强耐久性的水泥基复合材料。UHPC组成材料主要包括水泥、石英砂、石英粉、硅灰等掺合料、高效减水剂等外加剂、短细纤维(常以钢纤维为主)等,集料最大粒径一般小于10mm。其与普通混凝土的区别在于:含小粒径的粗集料或不含粗集料,胶凝材料用量大,水胶比低(一般为0.16~0.20),掺入纤维以提高抗压韧性,并能提高抗拉强度和韧性。本书介绍的为不含粗集料的超高性能混凝土(集料粒径小于1mm)。

国外对于UHPC的研发始于20世纪80年代,丹麦学者Bache[1-2]于1978年首次提出的均布超细颗粒致密体系(densified system containing homogenously arranged ultrafine particles,DSP)(图1-1),加入了超塑化剂和硅灰,抗压强度可以达到345MPa;但由于材料很脆,通常掺入钢纤维来改善其韧性。20世纪90年代,法国拉法基公司研发成功的活性粉末混凝土(reactive powder concrete,RPC),是以DSP为胶凝材料,配以较小粒径、间断级配的石英砂和钢纤维,抗压强度可达200~800MPa,具有良好的施工和易性,便于实际工程应用。同时,法国Larrard等[3]首次将基于DSP配制而成的混凝土材料统称为超高性能混凝土(UHPC),此后这一概念被广泛采用。

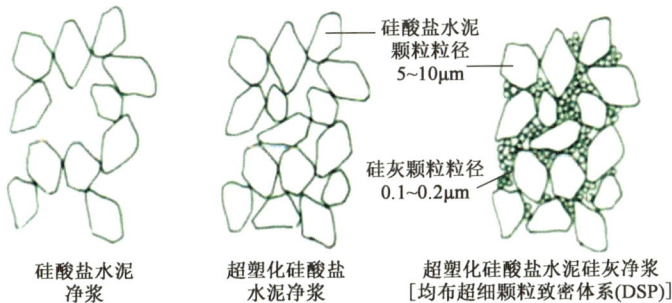

图1-1 DSP[1]

国内对于UHPC的研发始于20世纪90年代[4],黄政宇、覃维祖等分别发表了关于UHPC的论文,成为中国最早一批研究UHPC的学者。此后,湖南大学、北京交通大学、清华大学、哈尔滨工业大学、东南大学、福州大学、重庆大学、武汉理工大学等先后开展了UHPC材料性能、构件及结构力学性能的研究,取得了一系列成果。

2000年以后,UHPC得到快速发展,组分不断优化,性能不断提高,价格也逐渐降低,应用日趋广泛。近十年,UHPC的研究主要集中在如何充分利用UHPC的性能特点来优化及创新结构形式、制定相关的设计与施工规范,为大规模推广与应用提供基础[5]。

表1-1给出了UHPC与其他混凝土性能的对比。由此可知,超高性能混凝土中的"超高"不仅指超高的力学性能,还包括超高的耐久性能。

表 1-1 UHPC 与其他混凝土性能对比

性能指标	NC	HPC	SFRC	UHPC
抗压强度（MPa）	20 ~ 50	60 ~ 100	20 ~ 60	120 ~ 230
抗折强度（MPa）	2 ~ 5	6 ~ 10	4 ~ 12	20 ~ 60
抗拉强度（MPa）	< 2	< 4	< 5	≥ 7
弹性模量（GPa）	30 ~ 40	30 ~ 40	30 ~ 40	40 ~ 60
断裂能（kJ/m²）	0.12	0.14	0.19 ~ 1.0	20 ~ 40
氯离子扩散系数（10^{-12} m²/s）	1.1	0.6	—	0.02
冻融剥落（g/cm²）	> 1000	900	—	7
吸水特性（kg/m³）	2.7	0.4	—	0.2
磨耗系数	4.0	2.8	2.0	1.3

注：表中 NC 为普通混凝土（normal concrete），HPC 为高性能混凝土（high performance concrete），SFRC 为钢纤维混凝土（steel fiber reinforced concrete）。

1.2 超高性能混凝土的基本力学性能

为控制篇幅和避免重复，本书只介绍 UHPC 的抗压、抗拉和疲劳性能。其他诸如 UHPC 收缩徐变、耐久性能等，本书未做介绍。有兴趣的读者，可参阅作者的另一本书《钢-STC 轻型组合桥面——设计原理与工程实例》（科学出版社，2021）。

1.2.1 抗压性能

1.2.1.1 概述

UHPC 的抗压强度通常在 120 ~ 230MPa 之间，最高可达 800MPa。这主要归功于 UHPC 的配制原理：UHPC 剔除了粗集料，掺入了大量的硅灰（平均粒径 0.1μm），各组分的粒径及用量按最紧密堆积原理确定，且水胶比较低（一般为 0.16 ~ 0.20）；所掺入的硅灰与氢氧化钙（CH）进行火山灰反应，形成水化硅酸钙（C-S-H），提高了水泥石形成过程中水泥水化在水泥颗粒间形成的外部水化产物的密实度，降低了界面过渡区（interfacial transition zone，ITZ）中的孔隙尺寸和孔隙率，使得水泥基体更均匀、密实，ITZ 也如同水泥基体一样致密[6-7]。这些措施提高了材料的致密性（图 1-2），使其受力时具有更好的均一性，这也是 UHPC 具有高强度和高耐久性的根本原因。

各国 UHPC 规范抗压强度等级划分如表 1-2 所示。

图 1-2　UHPC(上)与普通混凝土(下)细观形貌对比[8]

表 1-2　各国 UHPC 规范抗压强度等级划分

规范名称	试件及尺寸	抗压强度标准值
法国 UHPC 结构设计规范 NF P 18-470—2016	圆柱体(ϕ110×220mm)/立方体(边长为100mm)	UHPFRC130/145、UHPFRC150/165、UHPFRC175/190、UHPFRC200/215、UHPFRC225/240、UHPFRC250/265
瑞士 UHPFRC 设计指南 SIA 2052　2016	圆柱体(ϕ70mm×140mm)/立方体(边长为100mm)	U120、U160、U200
日本 UHPC 结构设计和施工指南 JSCE 2006	圆柱体(ϕ100mm×200mm)	测定了 213 个直径为 100mm、高度为 200mm 的圆柱体的抗压强度,抗压强度介于 175 ~ 215MPa,平均抗压强度为 194MPa,标准差为 7.7MPa,测试结果接近正态分布,95% 保证率的数值为 181.4MPa,考虑安全性,取 180MPa 为抗压强度标准值,但未对强度进行等级划分
美国 UHPC 华夫板设计指南 FHWA 2013	圆柱体(ϕ76mm×152mm)	165MPa(蒸汽养护)、124MPa(自然养护)
中国《活性粉末混凝土》(GB/T 31387—2015)	立方体(边长为100mm)	RPC100、RPC120、RPC140、RPC160、RPC180
中国《超高性能混凝土基本性能与试验方法》(T/CCPA 7—2018)	立方体(边长为100mm)	U120 (120 ~ 150MPa)、U150 (150 ~ 180MPa)、U180(180 ~ 210MPa)
中国《超高性能混凝土(UHPC)技术要求 》(T/CECS 10107—2020)	立方体(边长为100mm)	UC1(100MPa ≤ f_{cu} < 120MPa)、UC2 (120MPa ≤ f_{cu} < 150MPa)、UC3 (150MPa ≤ f_{cu} < 180MPa)、UC4 (f_{cu} ≥ 180MPa)

注:表中 f_{cu} 为 UHPC 的立方体抗压强度。

1.2.1.2 抗压性能试验

作者团队[9]研究了钢纤维形状及体积掺量对 UHPC 抗压强度和弹性模量的影响。如图 1-3、图 1-4 所示,两者试验方法均采用《活性粉末混凝土》(GB/T 31387—2015)的标准进行测试。抗压强度试验采用 100mm×100mm×100mm 立方体试件,弹性模量试验采用 100mm×100mm×300mm 棱柱体试件。采用加载速率为 1.2MPa/s。

图 1-3　立方体抗压强度试验

图 1-4　弹性模量试验

在立方体抗压强度试验加载过程中,当荷载较小时,试件无明显反应;当荷载接近极限荷载时,试件不断发出"嘎嘎"声;荷载达到最大值时,试件发生脆性破坏,并伴随较大的爆裂声,但并不会像普通混凝土一样被压碎,而只在试件表面出现裂缝以及脱皮现象,表明 UHPC 中的钢纤维发挥了阻裂效应,改善了 UHPC 的抗压性能。

试验测得的 UHPC 抗压强度及弹性模量如表 1-3 所示,钢纤维对抗压强度及弹性模量的影响如图 1-5 所示。由数据可知,当钢纤维类型不变、钢纤维体积掺量增大时,立方体抗压强度随之升高,证明了钢纤维的掺入可有效增强 UHPC 的抗压强度。当钢纤维体积掺量不变时,端钩型钢纤维抗压强度增强效果最好,混合型钢纤维次之,长直型钢纤维相对较差。弹性模量方面,钢纤维体积掺量为 2.0% 时,材料弹性模量较低,但采用不同类型钢纤维的弹性模量试验值差距不高于 10%,可认为钢纤维类型对弹性模量影响并不明显。

表 1-3　UHPC 抗压强度及弹性模量试验值

钢纤维类型	钢纤维体积掺量	抗压强度（MPa）	弹性模量（GPa）
	2.0%	137.12	42.65
	2.5%	140.73	43.89
长直型	3.0%	141.30	44.84
	3.5%	153.32	44.76

续上表

钢纤维类型	钢纤维体积掺量	抗压强度（MPa）	弹性模量（GPa）
混合型	2.0%	139.59	42.45
	2.5%	143.98	45.31
	3.0%	148.14	45.61
	3.5%	154.68	45.82
端钩型	2.0%	143.03	42.81
	2.5%	151.54	45.34
	3.0%	155.34	44.51
	3.5%	160.98	45.16

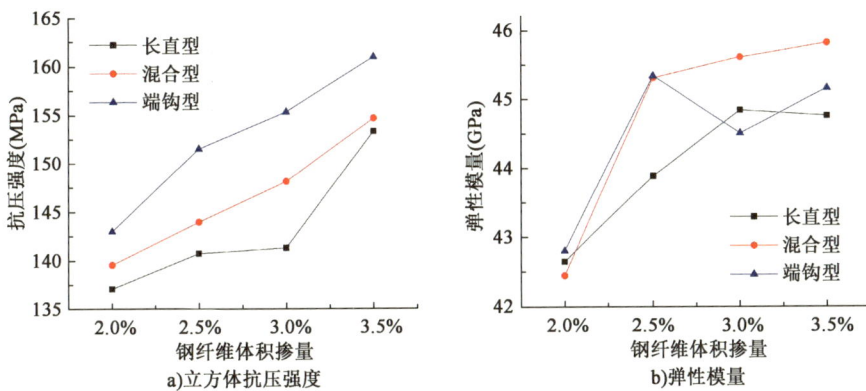

图 1-5　钢纤维对 UHPC 抗压强度及弹性模量的影响

1.2.1.3　受压应力-应变曲线

UHPC 设计受压应力-应变曲线如表 1-4 所示，各国 UHPC 指南、规范对于设计受压应力-应变曲线普遍采用简化的双折线模型和三折线模型。

表 1-4　设计受压应力-应变曲线的规定

规范名称	图示	形式	峰值压应变 ε_0	极限压应变 ε_{cu}
法国 UHPC 结构设计规范 NF P18 710—2016		双折线模型	f_{cd}/E_c	$\left(1+14\dfrac{f_{tk}}{K_{global}f_{ck}}\right)\varepsilon_0$

续上表

规范名称	图示	形式	峰值压应变 ε_0	极限压应变 ε_{cu}
瑞士 UHPFRC 设计指南 SIA 2052—2016	—	线性分布	—	—
日本 UFC 结构设计与施工指南 JSCE 2006	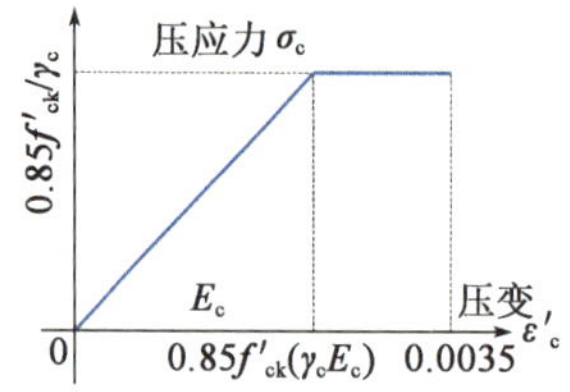	双折线模型	$0.85f'_{ck}(\gamma_c E_c)$	0.0035
澳大利亚 Ductal 预应力梁设计指南 UNSW 2000	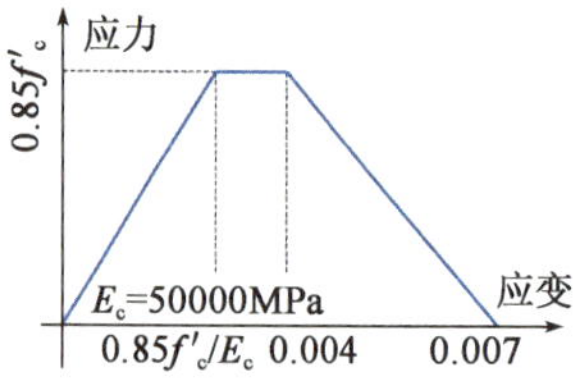	三折线模型	$0.85f'_c / E_c$	0.004
美国 UHPC 华夫板设计指南 FHWA 2013	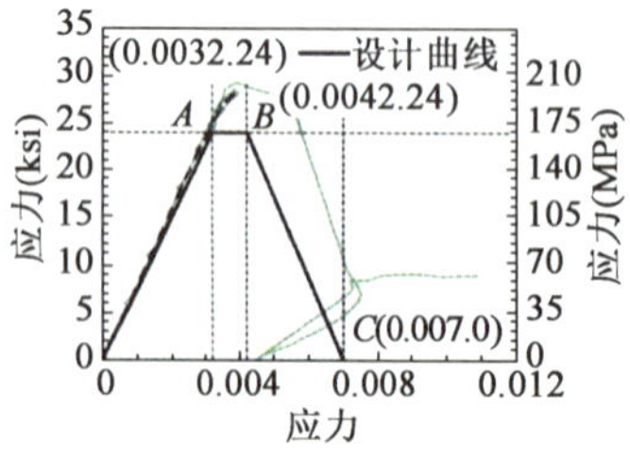	三折线模型	0.0032	0.0042
中国《活性粉末混凝土结构技术规程》（DBJ43/T 325—2017）	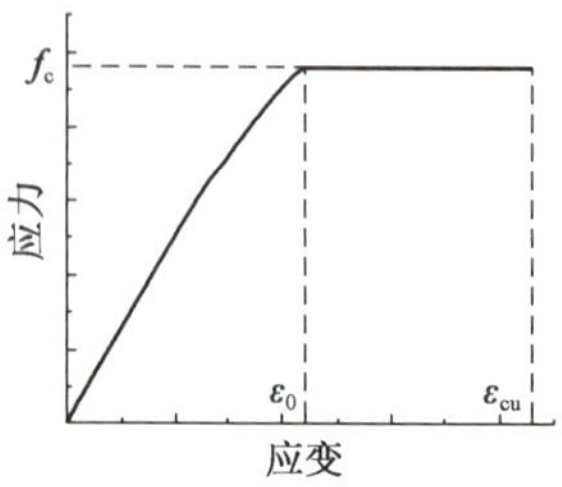	双折线模型（非线性 + 线性）	$0.0025 - (f_{cu,k} - 100) \times 10^{-5}$	$0.0042 - 0.3 \times (f_{cu,k} - 100) \times 10^{-5}$

1.2.2　抗拉性能

1.2.2.1　概述

UHPC 抗拉性能是当前研究与应用关注的一个重点。在保证足够的钢纤维体积掺量后，UHPC 的抗拉强度通常在 8～14MPa 之间，且具有受拉应变硬化特征（即极限抗拉强度 f_{Utu} 大于弹性极限强度 f_{Ute}）[10]。如图 1-6 所示，应变硬化 UHPC 轴拉过程可分为三个阶段：

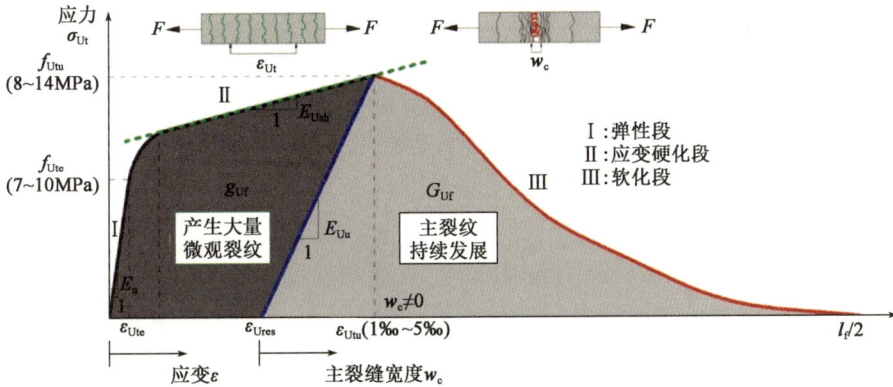

图 1-6　应变硬化 UHPC 抗拉性能示意图[11]

（1）弹性段：应力-应变曲线呈线性发展直至弹性极限，微裂纹首次出现，相应弹性极限的坐标为（ε_{Ute}，f_{Ute}）。

（2）应变硬化段：随着拉伸变形不断增加，拉伸曲线进入塑性段，在这一阶段，拉应力缓慢增加或维持不变，表现为应变硬化。在应变硬化段的起始阶段（弹性极限），首先于基体中最薄弱处产生第一条微裂缝，微裂缝处基体与钢纤维之间产生应力转移与重分布，连接微裂缝的钢纤维开始发挥桥接作用，如果微裂缝处的高强钢纤维数量足够，且基体与高强钢纤维的黏结力较强，桥接的钢纤维还能承受更高的外荷载，微裂缝不进一步扩展；随着外荷载的继续增加，应力转移作用范围外的基体中的次弱处产生第二条微裂缝，也伴随着基体与钢纤维间的应力转移与重分布，如此不断进行，逐渐产生多条微裂缝，伴随多缝开裂的应变硬化阶段在曲线上峰值应力特征点的坐标为（ε_{Utu}，f_{Utu}）。

（3）软化段：应变硬化后随着变形继续增加，当微裂缝数量不再增加时，某微裂缝面上由于钢纤维桥接作用形成的基体与钢纤维结合面拉应力传递条件不再满足，应力开始下降。换言之，UHPC 材料应变硬化能力耗尽后，进入应力软化阶段。此时，一条或多条主裂缝出现并迅速扩展，而主裂缝外的 UHPC 部分拉应力卸载、应变回缩和裂缝变窄。

1.2.2.2　抗拉性能试验

同一个 UHPC 构件，不同部位的抗拉性能并非固定不变，而是取决于内部钢纤维分布情况[12]。不同构件类型、同一构件在不同位置及不同方向上的 UHPC 抗拉性能（尤其是 f_{Utu} 和 ε_{Utu}）存在明显差异，这主要是由于浇筑方式、流动距离、结构构造形式的不同导致 UHPC 构件内部钢纤维取向分布各异[13-14]。实验室采用的标准试件，一般从细长模具的端部浇入，由一端向另一端流动而成型，钢纤维取向分布趋向于主拉应力方向，不能真实反映实际构件中钢纤维取向分布情况[15]，因而需根据实际工程构件内部钢纤维分布情况进行修正。因此，如何准确且快速测得 UHPC 构件内部钢纤维分布情况，并建立标准试验测量结果与实际结构抗拉性能之间的对应关系，对 UHPC 结构设计与工程应用具有重要意义。

目前，大部分学者主要通过模拟实际浇筑工艺成型的 UHPC 构件，并在不同位置切割试件进行直接拉伸试验（direct tensile test，DTT）、三点弯曲试验（3-point bending test，3PBT）、四点弯曲试验（4-point bending test，4PBT）或断面图像分析来研究 UHPC 构件内的钢纤维取向及其对抗拉性能的影响规律，但主要侧重于对抗拉强度的研究。此外，部分学者采用无损检测法（主要包括电磁法[11,16]和电阻法[17]）研究 UHPC 构件中钢纤维的分布及取向系数。在 UHPC 结构设计中，通常将实验室采用小型标准试件测量得到的抗拉强度值（以下简称标准值）作为上限，法国规范 NF P 18-470—2016 引入钢纤维折减系数 K 对抗拉强度标准值进行修正[18]，瑞士规范 SIA 2052—2016 提出分别考虑构件构造及试件厚度的修正系数 η_K 和 η_{hU} 进行折减[19]。

作者所在团队[11,20]以桥梁桥面结构加固中广泛采用的现浇 UHPC 薄层为研究对象，采用电磁无损检测、直接拉伸试验及四点弯曲试验来分析 UHPC 内部钢纤维分布规律，并明确沿UHPC 流动方向上抗拉性能（抗拉强度、应变能力、裂缝发展）的发展规律。

（1）UHPC 薄板制备与试验方法

采用钢纤维体积掺量为 3.8% 的 UHPC，一共制备 3 块圆形 UHPC 薄板（直径 1200mm，厚度 50mm），模拟实际 UHPC 加固层。其中，2 块薄板用于切割哑铃形试件进行直接拉伸试验，1 块薄板用于切割矩形试件进行四点弯曲试验；此外，根据瑞士规范 SIA 2052—2016[19]分别制备 3 个小型哑铃形试件和 6 个标准矩形试件作为参照组。浇筑时，UHPC 拌合物从圆形模板中间上部直接浇筑，并向四周自由流动扩展直至填充整个模板；标准试件采用试模逐个浇筑成型。

①电磁无损检测。

为探明 UHPC 薄板内部钢纤维分布情况，在切割之前首先进行电磁无损检测（noendestructive testing，NDT）。如图 1-7 所示，测试仪器为 Nunes 等[20]研发的电磁感应装置，包括LCR 电感测量仪及桥型电磁探测器。UHPC 表面测点按照极坐标体系布置，以薄板圆心（浇筑点）为极点，相邻测量点沿极轴方向上的距离为 25mm，每块薄板累计有 200 个测点。测量过程中，薄板及测量仪器需远离一切带磁性物体（>1m），电磁探测器紧贴薄板表面，且底部几何中心与测点保持重合，绕着测点旋转电磁探测器找到电感最大值，相应的电磁探测器方向即当次测量区域（30mm×30mm）内钢纤维取向的主方向。

②直接拉伸试验（DTT）。

如图 1-8、图 1-9 所示，沿垂直于薄板直径方向切割哑铃形试件，每块板切割 5 个试件。试件中间等截面段面积为 80mm×50mm，长度为 240mm，等截面段到端部扩大段间采用 Neuber曲线[21]平滑过渡，减弱应力集中效应。此外，在过渡段两侧加固薄铝板，进一步避免试件在此处断裂。试件两侧安装位移传感器，标距为 160mm；试件一侧采用电子图像识别（digital image correlation，DIC）技术，来观测试件受拉区表面应变分布及裂缝发展规律。

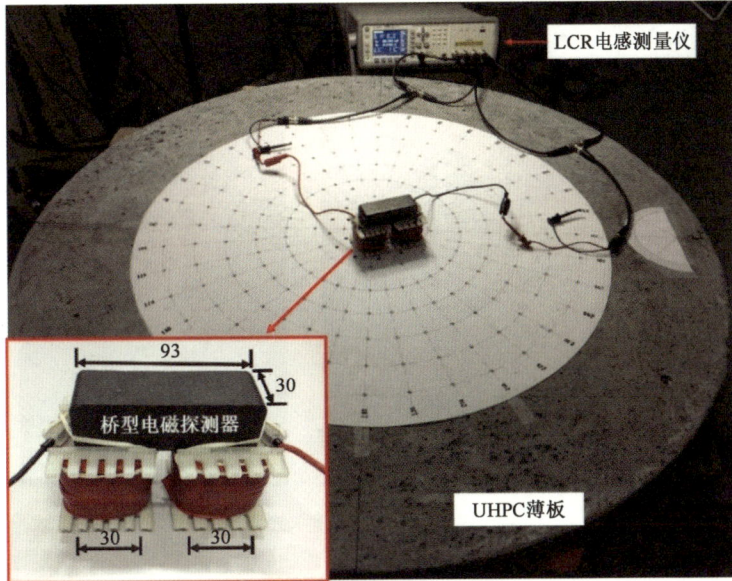

图1-7　电磁感应装置及测量点分布图(单位:mm)

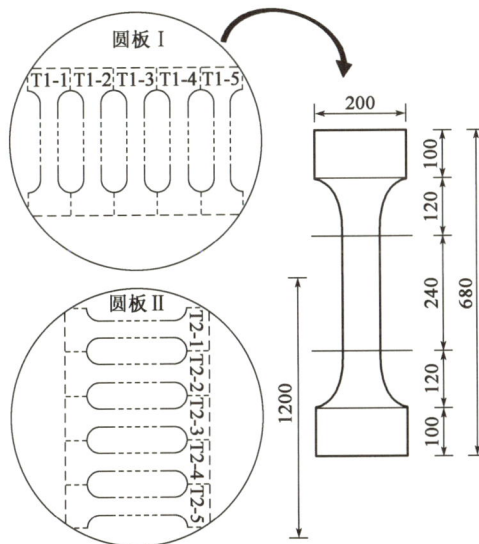

图1-8　直接拉伸试件切割方式及尺寸(单位:mm)

③四点弯曲试验(4PBT)。

如图1-10所示,沿垂直于薄板直径方向切割矩形试件,试件尺寸为500mm × 100mm × 50mm,累计 10 个试件。4PBT 试验装置及测点布置如图1-11所示:试件支撑点间距为420mm,加载点间距为140mm;两个 LVDT(线性位移传感器)用于测量试件跨中挠度,DIC 用于观测试件底部受拉面的应变分布及裂缝发展规律。

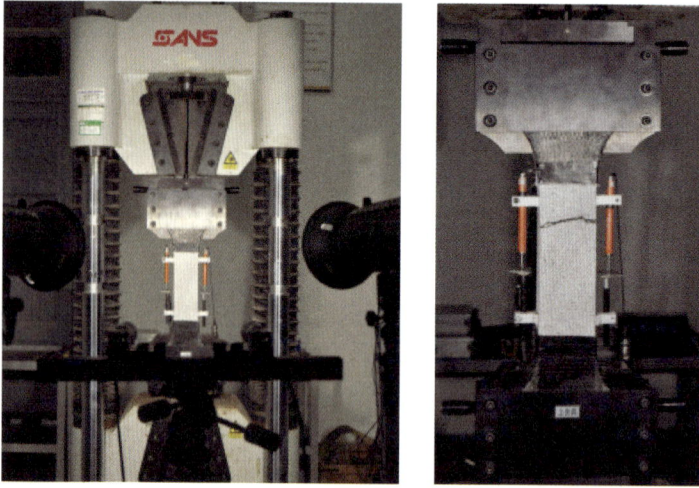

图 1-9　直接拉伸试验装置及测点布置

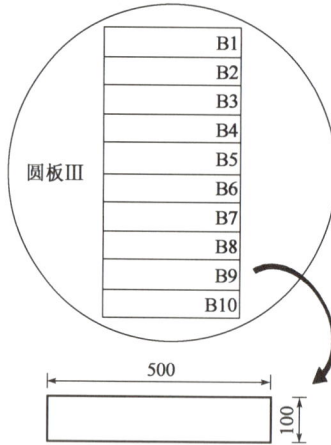

图 1-10　4PBT 试件切割方式及尺寸（单位：mm）

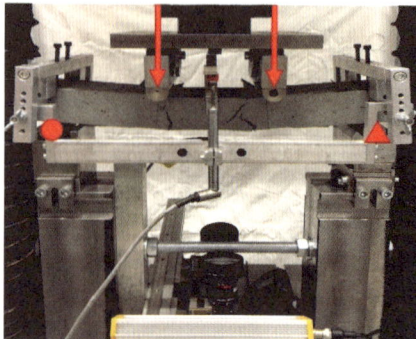

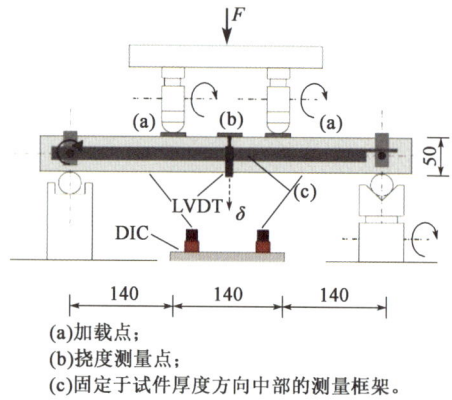

(a)加载点；
(b)挠度测量点；
(c)固定于试件厚度方向中部的测量框架。

图 1-11　4PBT 试验装置及测点布置

（2）试验结果与讨论

①UHPC 薄板内钢纤维取向分布。

基于电磁 NDT 测试结果,每个测量区域内钢纤维的主取向分布如图 1-12 所示。两块薄板展现出相似的钢纤维取向分布趋势:a. 在浇筑点范围内(红色线圈)随机乱向分布;b. 随着 UHPC 向四周自由流动扩展,钢纤维逐渐趋向 UHPC 内部的流动方向,近似垂直于流动扩展方向(直径方向);c. 当距离薄板圆心达到 420mm 时,钢纤维主取向基本垂直于流动扩展方向。这一现象与 Zhou 等[14]、Ferrara 等[22]、Yoo 等[23]的研究结果一致。这一现象产生的原因是 UHPC 拌合物在向四周自由流动扩展时,既有沿直径方向的流动,也有沿圆周方向的流动,且沿直径方向的流动速度远小于沿圆周方向的流动速度,由于在层流中钢纤维趋于流动方向取向,因此,在向四周自由流动扩展时,钢纤维趋于沿圆周方向取向,即趋于垂直于流动扩展方向(直径方向)取向(图 1-13)。

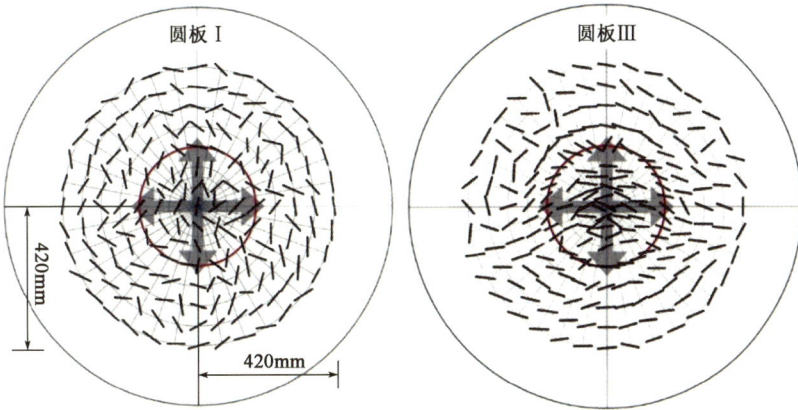

图 1-12 电磁 NDT 测试结果

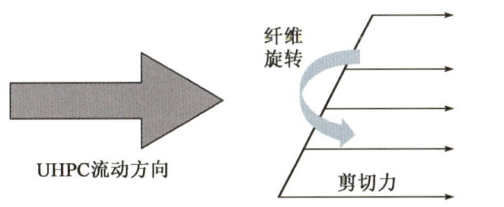

图 1-13 纤维沿流动方向受力(旋转)示意图

②直接拉伸试验结果。

如图 1-14 所示,试件最终破坏时有且仅有一条主裂缝,裂缝路径呈不规则锯齿状。裂缝断裂面处钢纤维都是拔出破坏,部分基体出现剥落现象。

图 1-15 和图 1-16 分别汇总了切割哑铃形试件和标准试件的拉伸应力-应变全曲线,其中黑色粗线为平均曲线,所有曲线均表现出不同程度的应变硬化性能,曲线整体形状大致相同,可依据图 1-15 划分为弹性段(OA)、应变硬化段(AB)和软化段(BC)。此外,各个试件的抗拉性能特征值汇总于表 1-5 和表 1-6。其中,弹性模量 E_U 取决于曲线弹性段斜率,弹性极限强度 f_{Ute} 为弹性段终点对应的应力值,极限抗拉强度 f_{Utu} 和极限应变 ε_{Utu} 为峰值点对应的应力及应变。

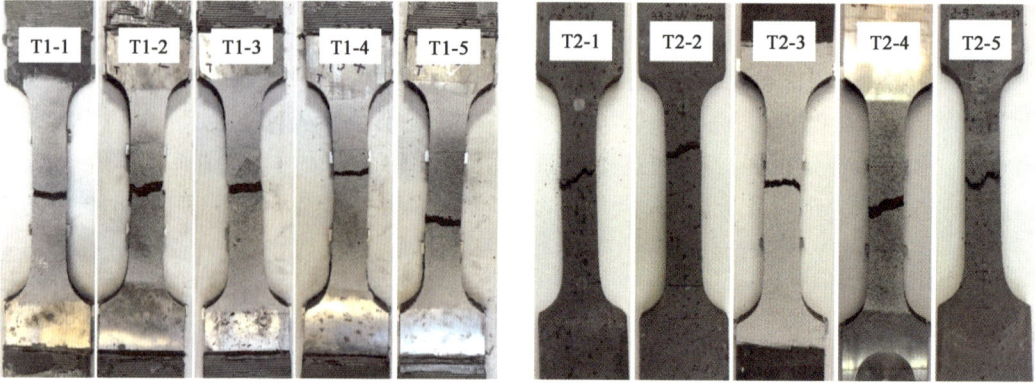

图 1-14　切割哑铃形试件最终破坏模式

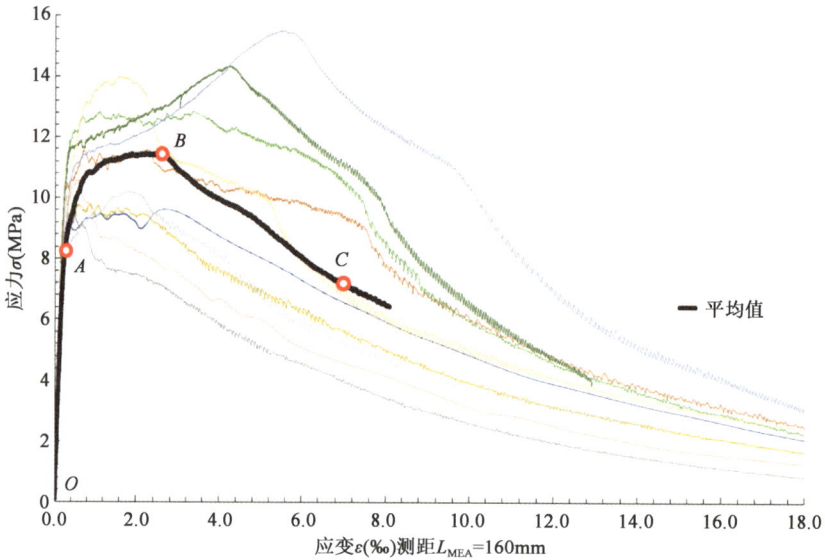

图 1-15　DTT 应力-应变曲线汇总（切割哑铃形试件）

如图 1-15 及表 1-5 所示,切割哑铃形试件的应力-应变全曲线在弹性段基本重合,相对应的 E_U 与 f_{Ute} 值波动范围小,平均值分别为 48.19GPa、8.21MPa,与标准试件测得的平均值 (48.03GPa、8.66MPa)相近。由此可见,UHPC 的弹性性能受内部钢纤维取向的影响小,主要取决于基体本身。

弹性点之后,由于纤维取向随着流动距离而不断改变,切割哑铃形试件的应力-应变曲线出现显著波动,极限抗拉强度 f_{Utu} 在 9.49 ~ 15.50MPa 之间、极限应变 ε_{Utu} 在 0.82‰ ~ 5.50‰之间,变异系数分别为 0.19、0.59。距离浇筑点最远的试件(T1-1、T2-1、T2-5)表现出最明显的应变硬化现象,f_{Utu} 与 ε_{Utu} 值远高于中间的试件。这是因为距离浇筑点较远处,钢纤维取向趋于沿着试件受拉方向分布(图 1-12),其抗拉拔性能优于倾斜于受拉方向分布的钢纤维,当试件出现微裂缝后,具有更强的钢纤维桥接作用,导致微裂缝条数增多,使得应力与应变稳步增加。对于标准试件,曲线波动性小,f_{Utu} 与 ε_{Utu} 的平均值分别为 12.44MPa、3.21‰。这是因为标准试件采用相同方法在模具分别浇筑,各个试件内钢纤维取向分布大体保持一致。

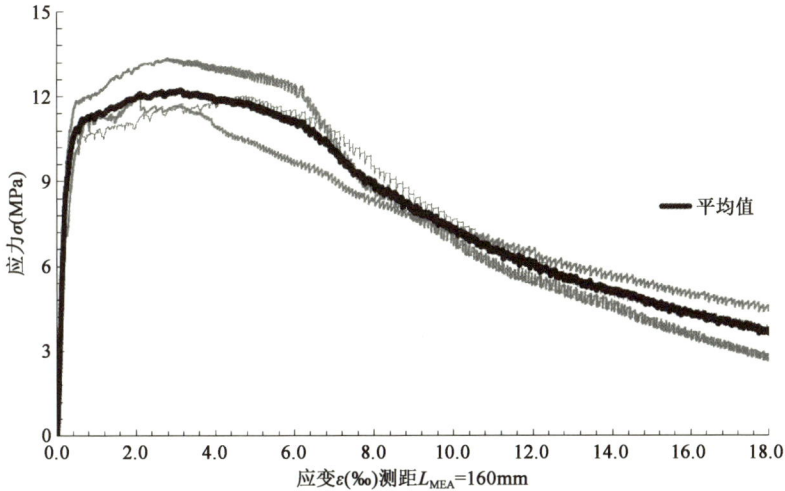

图 1-16 DTT 应力-应变曲线（标准试件）

值得注意的是，试件 T1-5 的应变硬化性能（$f_{Utu} = 9.49\text{MPa}$，$\varepsilon_{Utu} = 0.82‰$）远低于相同位置的其他试件（T1-1、T2-1、T2-5），这可能是由于存在局部贯穿试件的薄弱区（钢纤维取向趋于沿着垂直于受力方向分布），导致局部应变集中，详见作者团队的前期研究[11]。

同时，采用软件 VIC-3D 进行 DIC 分析，观测试件在 DTT 下的开裂特征及裂缝发展全过程。图 1-17 和图 1-18 分别为试件 T1-5 及 T1-3 裂缝发展全过程示意图。示意图中每幅小图为试件表面（LVDT 测距内）在应力-应变曲线某个点下的应力云图，其中彩色线代表微裂缝（肉眼不可见）。

如图 1-17 和图 1-18 所示，在弹性段（OA）内，应力与应变呈线性关系，试件表面无损伤。在 A 点，微裂缝首次从一侧出现并随着应力的增大向另一侧延伸；同时，处于微裂缝两边的钢纤维逐渐发挥桥接作用，将拉应力传递到周围未开裂的基体，产生新的平行微裂缝。这样，在应变硬化段（AB）内出现多微裂缝现象，应力缓慢上升、应变快速增大。到达峰值点 B 后，微裂缝数量几乎不再增加，几条相邻的微裂缝逐渐形成主裂缝并迅速发展，其余微裂缝逐渐卸载，应力缓慢下降。

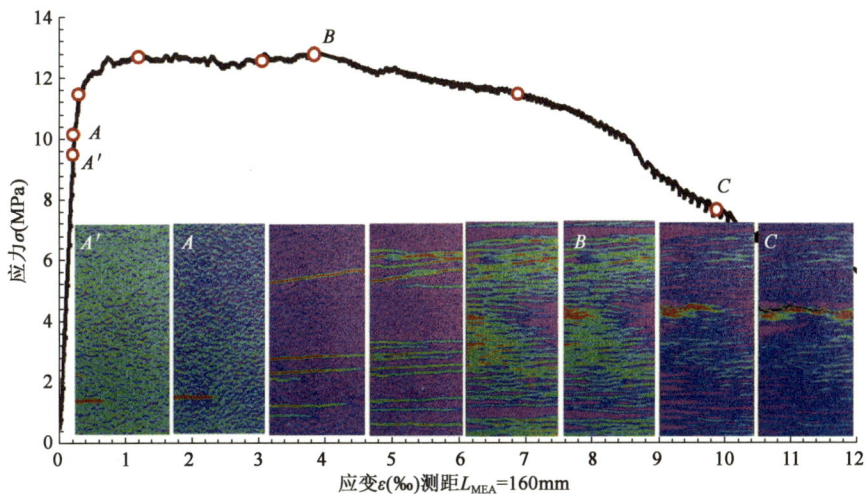

图 1-17 裂缝发展全过程示意图（试件 T1-5）

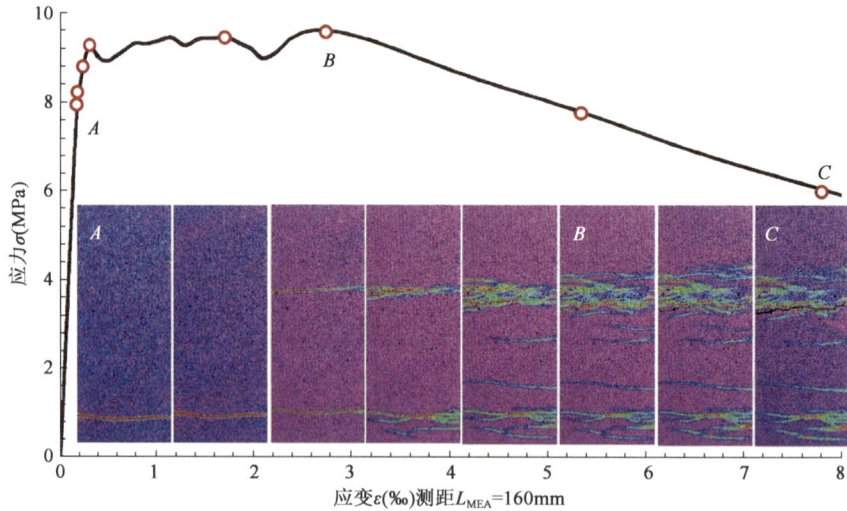

图1-18　裂缝发展全过程示意图（试件 T1-3）

此外，每根切割哑铃形试件在峰值点的微裂缝数量 n 及 DIC 应变云图汇总于表1-5。类似于极限应变 ε_{Utu} 的分布规律，距离浇筑点较远的试件（T1-1、T2-1、T2-5）出现较多的微裂纹（$n=40\pm5$）且均匀分布于试件表面，微裂缝间距小于 $l_f/2$（6.5mm）。这是因为这些试件中钢纤维取向趋于沿着受拉方向分布，影响桥接作用的钢纤维方向影响系数高，使得应变硬化段开裂的裂缝条数增加，应变集中现象减弱，显著提高应变硬化性能。对于浇筑点附近的试件，由于钢纤维取趋于随机分布，微裂缝主要集中于一个或两个相对薄弱的区域（钢纤维取向趋于垂直于拉应力方向分布），影响钢纤维桥接作用的钢纤维方向影响系数低，应变过早集中，导致应变硬化性能减弱。

							表1-5　DTT试验结果汇总（切割哑铃形试件）
试件编号	弹性模量 E_U（GPa）	弹性极限强度 f_{Ute}（MPa）	极限抗拉强度 f_{Utu}（MPa）	极限应变 ε_{Utu}（‰）	微裂缝数量 n（条）	破坏模式	达到极限强度对应的 DIC 应变云图
T1-1	45.60	9.70	12.82	3.66	40 ± 5	均匀	
T1-2	49.09	9.41	11.55	2.33	20 ± 5	均匀	
T1-3	47.39	7.74	9.62	2.58	12 ± 5	2处微裂缝簇	

续上表

试件编号	弹性模量 E_U（GPa）	弹性极限强度 f_{Ute}（MPa）	极限抗拉强度 f_{Utu}（MPa）	极限应变 ε_{Utu}（‰）	微裂缝数量 n（条）	破坏模式	达到极限强度对应的 DIC 应变云图
T1-4	49.64	7.25	9.80	1.59	10 ± 3	1 处微裂缝簇	
T1-5	48.38	7.20	9.49	0.82	5 ± 2	1 处微裂缝簇	
T2-1	49.93	8.65	14.33	4.25	45 ± 5	均匀	—
T2-2	48.36	7.60	10.59	0.87	12 ± 4	1 处微裂缝簇	
T2-3	47.12	7.91	10.21	2.14	18 ± 3	1 处微裂缝簇	
T2-4	48.13	8.02	13.98	1.85	23 ± 4	均匀	
T2-5	48.24	8.60	15.50	5.50	50 + 5	均匀	—
平均值	48.19	8.21	11.79	2.56	—	—	
变异系数	0.03	0.10	0.19	0.59	—	—	

表 1-6 DTT 试验结果（标准试件）

试件编号	弹性模量 E_U（GPa）	弹性极限强度 f_{Ute}（MPa）	极限抗拉强度 f_{Utu}（MPa）	极限应变 ε_{Utu}（‰）
T1	48.07	8.94	11.94	2.11
T2	47.81	8.83	12.03	4.72
T3	48.21	8.22	13.36	2.79
平均值	48.03	8.66	12.44	3.21

③四点弯曲试验结果。

如图 1-19 所示,切割矩形试件破坏时通常只有一条主裂缝(B2、B4 除外),且位于中间纯弯段内;主裂缝路径呈不规则锯齿状,断裂面处钢纤维均因被拔出而失效。

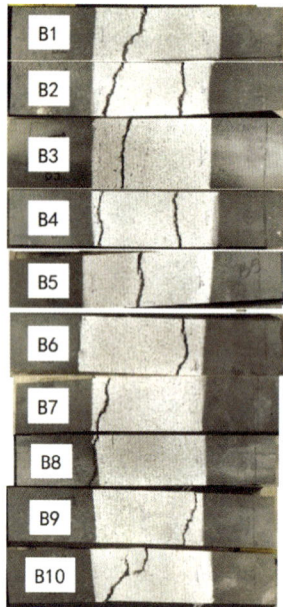

图 1-19　切割矩形试件最终破坏模式

图 1-20 和图 1-21 分别汇总了切割矩形试件和标准矩形试件的荷载-挠度曲线,其中黑色粗线为平均曲线,所有曲线均表现出明显的应变硬化现象,曲线整体形状大致相同,可分为弹性段(OA)、应变硬化段(AB)和软化段(BC)。此外,各个试件的弯拉性能特征值汇总于表 1-7 和表 1-8,包括弹性点 A 对应的荷载 F_e 及弯曲强度 σ_e,峰值点 B 对应的荷载 F_p、弯曲强度 σ_p 及挠度 δ_p。

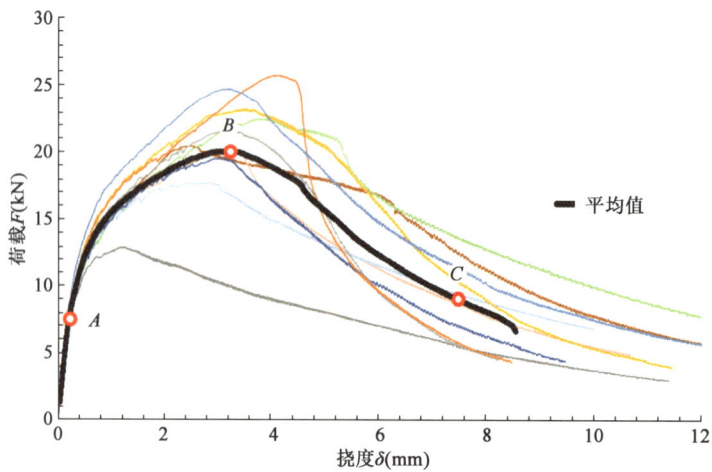

图 1-20　4PBT 荷载-挠度曲线汇总(切割矩形试件)

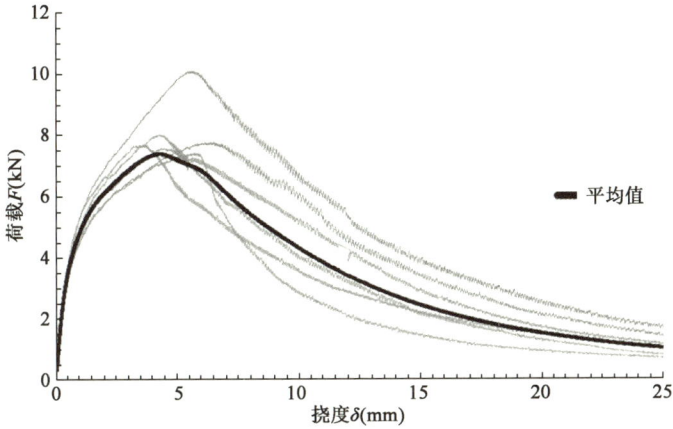

图 1-21　4PBT 荷载-挠度曲线（标准矩形试件）

　　如图 1-20 及表 1-7 所示，切割矩形试件的荷载-挠度曲线在弹性段基本重合，弹性点 A 对应的 F_e 与 σ_e 基本维持不变。A 点之后，荷载-挠度曲线出现明显波动，弯曲强度 σ_p 在21.64 ～ 43.17MPa 之间，挠度 δ_p 在 1.16 ～ 4.05mm 之间，变异系数分别为 0.18、0.21。离浇筑点较远的试件（B1、B2、B9、B10）相比其他试件具有较高的 σ_p 与 δ_p 值，这一现象与 DTT 试验结果一致。同样地，标准矩形试件表现出稳定的荷载-挠度曲线及特征值，如图 1-21 所示。

表 1-7　4PBT 试验及反分析结果汇总（切割矩形试件）

试件编号	F_e（kN）	$\sigma_e(f_{Ute})$（MPa）	F_p（kN）	σ_p（MPa）	δ_p（mm）	E_U（GPa）	f_{Utu}（MPa）	ε_{Utu}（‰）	达到 F_p 对应的 DIC 应变云图
B1	6.12	10.29	20.42	34.30	2.42	48.75	13.16	3.10	
B2	6.40	10.74	22.47	37.74	3.79	46.00	14.49	6.20	
B3	6.15	10.33	20.15	33.86	3.30	47.38	12.97	4.90	
B4	6.19	10.40	17.70	29.74	2.84	46.10	11.43	1.50	
B5	6.17	10.37	12.90	21.64	1.16	46.70	8.29	0.22	

续上表

试件编号	F_e (kN)	$\sigma_e(f_{Ute})$ (MPa)	F_p (kN)	σ_p (MPa)	δ_p (mm)	E_U (GPa)	f_{Utu} (MPa)	ε_{Utu} (‰)	达到 F_p 对应的 DIC 应变云图
B6	7.10	11.93	19.52	32.79	2.98	47.00	12.56	3.40	
B7	6.71	11.27	23.16	38.90	3.55	47.76	14.94	5.00	
B8	6.70	11.26	21.57	36.24	3.19	46.18	13.91	4.70	
B9	7.79	13.09	25.70	43.17	4.05	47.54	16.56	7.30	
B10	7.61	12.79	24.69	41.48	3.19	51.00	15.90	4.40	
平均值	6.69	11.25	20.83	34.99	3.05	47.44	13.42	4.07	—
变异系数	0.09	0.10	0.18	0.18	0.21	0.03	0.18	0.52	

注：表中 F_e 为弹性点 A 对应的荷载；σ_e 为弹性点 A 对应的弯曲强度；F_p 为峰值点 B 对应的荷载；σ_p 为峰值点 B 对应的弯曲强度；δ_p 为峰值点 B 对应的挠度；E_U 为弹性模量；f_{Utu} 为极限抗拉强度；ε_{Utu} 为极限应变。

表 1-8 4PBT 试验及反分析结果汇总 (标准矩形试件)

试件编号	F_e (kN)	$\sigma_e(f_{Ute})$ (MPa)	F_p (kN)	σ_p (MPa)	δ_p (mm)	E_U (GPa)	f_{Utu} (MPa)	ε_{Utu} (‰)
b1	1.86	8.00	8.70	37.35	4.33	52.08	14.30	3.40
b2	1.92	8.20	8.09	34.50	5.85	49.18	13.20	5.00
b3	2.04	8.80	8.32	35.81	3.76	50.7	13.70	1.90
b4	1.95	9.30	9.85	47.04	5.55	49.45	18.00	4.80
b5	1.87	9.60	7.07	36.16	6.49	48.45	13.90	5.10
b6	2.00	8.30	8.46	35.25	4.46	48.3	13.50	3.70
平均值	1.94	8.70	8.42	37.69	5.07	49.69	14.43	3.98
变异系数	0.04	0.07	0.11	0.12	0.21	0.03	0.12	0.31

注：表中各项参数含义与表 1-7 一致。

基于 DIC 分析，切割矩形试件纯弯段受拉面裂缝发展全过程如图 1-22 所示（所有试件裂缝发展规律相似，以试件 B2 为例）。此外，试件在峰值点 B 处的微裂缝分布图汇总于表 1-7。

4PBT 下切割矩形试件受拉面裂缝发展规律与 DTT 基本一致。如图 1-22 所示，微裂缝首先在弹性点 A 处出现；随着荷载的不断增加，微裂缝的数量迅速增加直至几乎布满整个受拉面；在峰值点 B，若干相邻的微裂缝发展成主裂缝并横穿整个试件；随着挠度的增加，荷载缓慢下降，主裂缝宽度持续增大，其余微裂缝逐渐卸载。

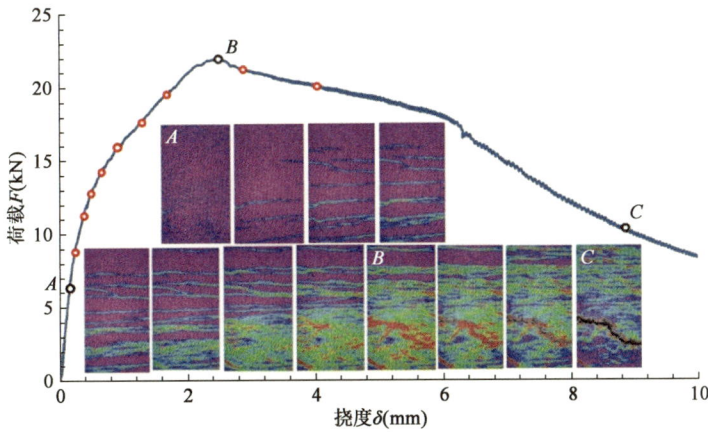

图 1-22 裂缝发展全过程示意图（B2）

由表 1-7 可知，不同切割矩形试件受拉面在峰值点处均满布微裂纹，难以区分。

依据 SIA 2052[19] 对 4PBT 试验结果进行反分析，其中弹性模量 E_U、弹性极限强度 f_{Ute}、极限抗拉强度 f_{Utu} 分别按照式（1-1）~式（1-3）计算：

$$E_i = 0.212 \cdot \frac{F_i}{\delta_i} \cdot \frac{l^3}{b \cdot h^3} \tag{1-1}$$

$$f_{Ute} = \frac{F_p \cdot l}{b \cdot h^2} \tag{1-2}$$

$$f_{Utu} = 0.383 \cdot \frac{F_p \cdot l}{b \cdot h^2} \tag{1-3}$$

式中：F_i、δ_i——荷载-挠度曲线中弹性段上对应的点，通过测得的 F_i、δ_i 值并根据式（1-1）计算一系列的 E_i，当 E_i 值趋于稳定时认定为 E_U；

$\quad\quad F_p$——峰值荷载；

$\quad\quad l$——试件支撑点距离；

$\quad\quad b$、h——矩形试件的宽度与高度（厚度）。

计算极限应变 ε_{Utu} 时，将荷载-挠度曲线中应变硬化段（AB）沿着 x 轴均分成 m 个点（m ≥ 10），然后依次按照式（1-4）、式（1-5）计算相应的 σ_{Uti}、ε_{Uti} 值，当某一点对应的 σ_{Uti} 值首次大于式（1-3）确定的 f_{Utu} 值时，相应的 ε_{Uti} 即为 ε_{Utu}。

$$\sigma_{Uti} = 0.5 \cdot (1 - \alpha_i)^2 \cdot h \cdot \chi_i \cdot E_U \tag{1-4}$$

$$\varepsilon_{\text{U}ti} = \frac{\sigma_{\text{U}ti}}{E_{\text{U}}} + \chi_i \cdot \alpha_i \cdot h \qquad\qquad (1\text{-}5)$$

式中：$\chi_i = \dfrac{216}{23} \cdot \dfrac{\delta_i}{l^2}$，$\alpha_i$ 取值参照 SIA 2052 中表 8。

切割矩形试件及标准矩形试件的反分析结果分别汇总于表 1-7 和表 1-8。切割矩形试件的 E_{U} 变化小，平均值为 47.44GPa，与标准矩形试件得到的平均值（49.69GPa）相近。切割矩形试件的 $f_{\text{U}tu}$ 值（8.29 ~ 16.56MPa）与 $\varepsilon_{\text{U}tu}$ 值（0.22‰ ~ 7.30‰）波动大，尤其是 $\varepsilon_{\text{U}tu}$，变异系数高达 0.52。

④两种试验结果对比。

首先，两种试验方法得到的抗拉性能（非弹性部分）均存在明显的波动性，尤其是极限应变 $\varepsilon_{\text{U}tu}$ 的变异系数大于 0.5，且距离浇筑点较远的试件相比其他试件通常表现出较好的力学性能。因此，两种试验方法均能够准确反映 UHPC 薄板内钢纤维取向分布特征。

针对抗拉强度特征值（平均值），两种试验方法得到的弹性模量 E_{U} 分别为 48.19GPa、47.44GPa，较为相近；然而，4PBT 得到的弹性极限强度 $f_{\text{U}te}$、极限抗拉强度 $f_{\text{U}tu}$ 和极限应变 $\varepsilon_{\text{U}tu}$ 分别为 11.25MPa、13.42MPa 和 4.07‰，均高于 DTT 得到的值（分别高出 37%、14% 和 59%）。造成这一现象的主要原因是切割矩形试件应力应变重分布能力强，如表 1-7 所示，几乎所有试件受拉面在峰值点处均满布微裂缝，微裂缝间距远远小于 DTT 中的哑铃形试件。

（3）主要结论

本研究采用中间浇筑、自由流动的方式制备了 3 块 SH-UHPC 薄板，模拟 SH-UHPC 作为结构加固层在桥梁加固中的应用。首先采用电磁 NDT 分析薄板内纤维取向分布，然后沿垂直于流动方向进行切割，对切割试件展开 DTT 与 4PBT，主要结论如下：

①在自由流动状态下，纤维取向趋向于沿着垂直于流动方向分布。

②SH-UHPC 薄板内抗拉性能（非弹性部分）波动性大，主要由于纤维取向随着流动距离而不断变化。随着流动距离的增加，各个试件的弹性模量及弹性极限强度基本维持不变，但抗拉强度及极限应变逐渐增加，尤其是极限应变增幅明显。

③DTT 与 4PBT 得到的试验结果规律性一致，均能准确反映 SH-UHPC 薄板内纤维取向分布情况。基于 4PBT 荷载-挠度曲线反分析得到的弹性模量 E_{U} 与 DTT 测量值相近，但弹性极限强度 $f_{\text{U}te}$、抗拉强度 $f_{\text{U}tu}$ 和极限应变 $\varepsilon_{\text{U}tu}$ 均高于 DTT 测量值（分别高出 37%、14% 和 59%）。总而言之，相较于 4PBT，DTT 能够更直接、更全面且更准确地得到 SH-UHPC 的抗拉性能。

1.2.3　疲劳性能

1.2.3.1　疲劳问题的分类

普通混凝土结构往往尺寸和自重均较大，使得活载引起的应力占比较低，疲劳问题并不突出。但对于超高性能混凝土（UHPC）结构，结构设计往往趋于轻薄化，导致结构中的动力荷载比例越来越高，疲劳问题不容忽视。UHPC 基体致密，且掺入了大量钢纤维，当基体开裂后，钢纤维能够传递应力并有效阻止裂缝扩展，从而表现出很强的应力与变形重分布能力。因此，总体而言，UHPC 的疲劳性能要远优于普通混凝土和钢纤维混凝土，且类似于钢材，具有疲劳极限。

1.2.3.2 抗压疲劳性能

(1) 疲劳破坏模式与特征

方志等[24]对不同体积掺量钢纤维的 UHPC 进行了轴压疲劳试验,钢纤维的直径和长度分别为 0.16mm、12mm,共考虑了三种钢纤维体积掺量,即 0、1.5%、3%。以应力水平控制疲劳荷载:最大应力水平 S_{max} 为 0.4、0.6、0.8,S_{max} 是指最大应力幅值 $\sigma_{c,max}$ 与 UHPC 静力抗压强度 f_c 的比值,即 $S_{max} = \sigma_{c,max}/f_c$,最小应力水平 $S_{min} = 0.267$。采用液压型脉动疲劳试验机加载,荷载频率为 5Hz。

疲劳试验表明,素 UHPC(无钢纤维)的疲劳破坏形态表现为劈裂破坏,而含钢纤维 UHPC 的疲劳破坏形态为剪切破坏。根据疲劳裂纹的演变过程,UHPC 的宏观损伤具体可分为 3 个不同的阶段(图 1-23):

在裂纹潜伏阶段(第 1 阶段),试件的上、下两端出现数条竖向短裂纹,但裂纹并未迅速延伸。在裂纹稳定扩展阶段(第 2 阶段),UHPC 表现出两种情况:当不含钢纤维时,试件中部出现一条纵向裂纹,并不断向两端延伸,最终形成贯通的纵向主裂缝;而当含 1.5% 或 3% 的钢纤维时,试件端部的纵向短裂纹沿约 40°向试件中部发展,裂纹长度和宽度稳定增加。在失稳破坏阶段(第 3 阶段),主裂纹迅速扩展直至贯通,试件最终疲劳破坏。不含钢纤维时表现为劈裂破坏,含钢纤维时表现为剪切破坏。

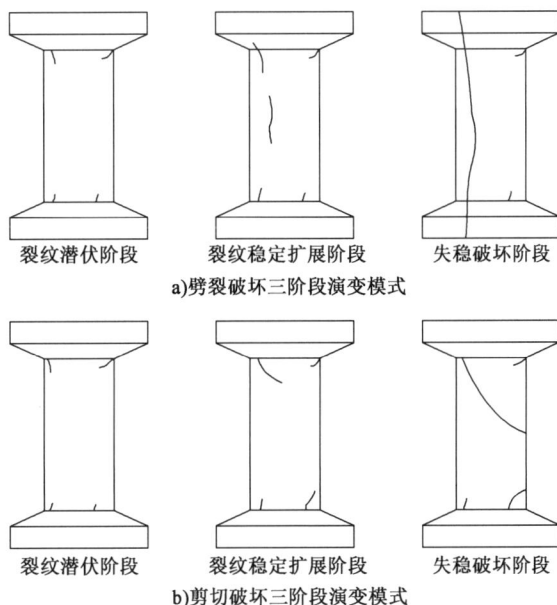

裂纹潜伏阶段　　　　裂纹稳定扩展阶段　　　　失稳破坏阶段
a)劈裂破坏三阶段演变模式

裂纹潜伏阶段　　　　裂纹稳定扩展阶段　　　　失稳破坏阶段
b)剪切破坏三阶段演变模式

图 1-23　UHPC 宏观裂纹的三阶段演变模式

为揭示上述三个阶段的机理,Li 等[25]对掺入了有机纤维(PVA)的 UHPC 进行了轴压疲劳试验,并对疲劳断裂面进行扫描电镜分析。如图 1-24a)所示,断裂面上存在几个明显的区域:A_f 区域断裂面较光滑,且纤维数量较少;B_f 区域断裂面较为粗糙,且纤维数量较多;而 C_f 一般位于光滑断裂面内部,为疲劳源区。

a)疲劳断裂面形貌

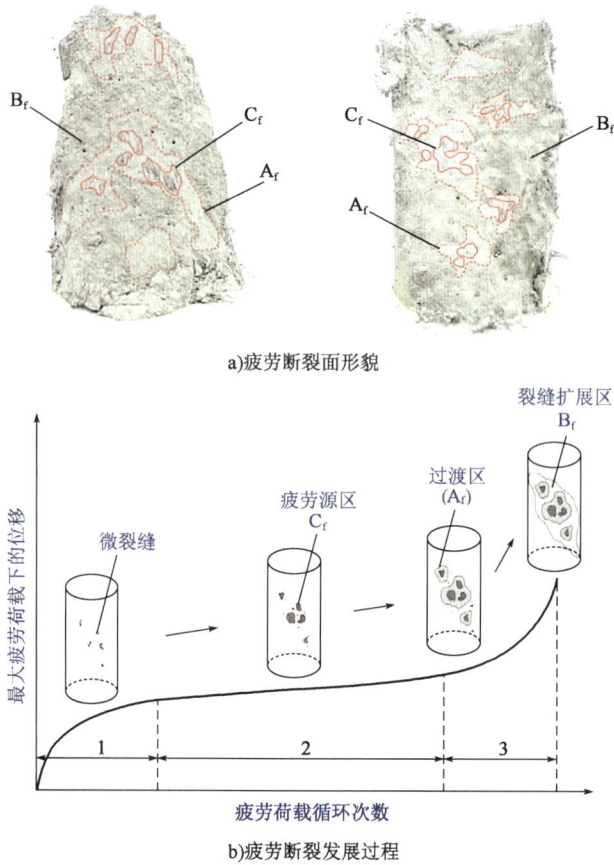

b)疲劳断裂发展过程

图 1-24　UHPC 的断裂面形貌及三阶段破坏过程

通过扫描电镜观测发现,在 UHPC 的疲劳损伤过程中,疲劳裂纹的萌生、发展过程 [图 1-24b)]如下:在第 1 阶段,微裂缝出现并迅速发展;随后进入第 2 阶段, C_f 区域开始形成,并发展为疲劳源区;接下来进入第 3 阶段, A_f 区域形成,疲劳裂缝迅速发展, B_f 区域形成,并伴随着纤维的拔出和断裂,导致试件疲劳断裂。概括而言,微裂缝在疲劳源区 C_f 萌生、在过渡区 A_f 扩展,并在裂缝扩展区 B_f 形成主裂缝,引发疲劳破坏。

（2）疲劳强度和 S-N 曲线

Loraux[26] 开展了 UHPC 薄层长方体试件（100mm × 450mm × 30mm）的轴压疲劳试验,累计 17 根试件。UHPC 材料中钢纤维体积掺量为 3.8%,最小压应力 S_{min} 控制在 0.1 左右,最大压应力 S_{max} 控制在 0.6 ~ 0.9 之间,最大疲劳加载次数为 2000 万次。试验结果表明,UHPC 的疲劳极限 S = 0.65,其 S-N 曲线见图 1-25,公式如式（1-6）所示:

$$S_{max} = \frac{\sigma_{c,max}}{f_c} = -0.044\lg N + 0.981 \tag{1-6}$$

Lohaus[27] 对一批 UHPC 圆柱体试件（ϕ60mm × 180mm）进行了轴压疲劳试验。UHPC 中钢纤维的直径和长度分别为 0.15mm 和 9mm,体积掺量为 2.5%。最小应力控制在三个水平,即 S_{min} 为 0.05、0.20、0.40。对于预期疲劳寿命在 200 万次左右的试件,采用伺服液压万能试验机加载,加载频率为 10Hz;而对于预期疲劳寿命超过 200 万次的试件,采用共振试验装置,加载频率为 60Hz。作者团队对各组疲劳试验数据进行处理,建立了 UHPC 的轴压 S-N 曲线,如式(1-7)和图 1-26 所示。

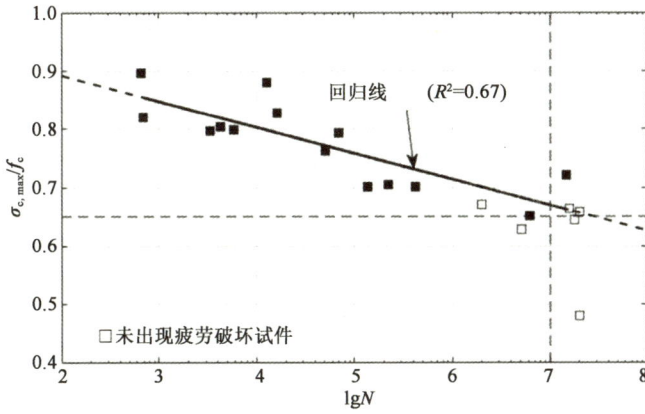

图 1-25　UHPC 薄板轴压疲劳试验 S-N 曲线

$$\begin{cases} \lg N = -12.4\,S_{\max} + 14.1 & S_{\min} = 0.05 \\ \lg N = -18.7\,S_{\max} + 19.2 & S_{\min} = 0.20 \\ \lg N = -24.9\,S_{\max} + 25.4 & S_{\min} = 0.40 \end{cases} \qquad (1\text{-}7)$$

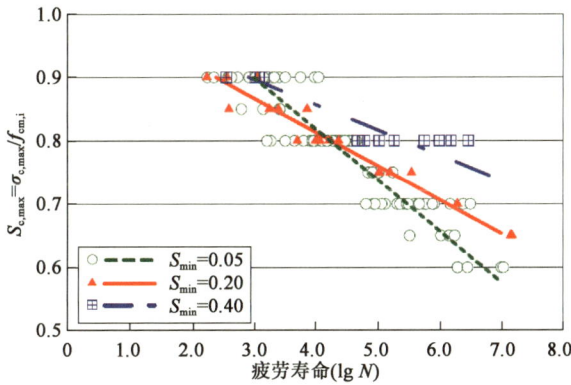

图 1-26　UHPC 轴压 S-N 曲线

余自若等[28]对大量轴压疲劳试验数据进行统计后发现,UHPC 的疲劳寿命分布很好地服从两参数 Weibull 分布,并基于试验结果建立了 S-N 曲线,其中存活率为 50% 的 S-N 曲线方程如下:

$$S_{\max} = 0.10758 - 0.05572\lg N \qquad (1\text{-}8)$$

研究还发现,当 $S_{\max} \leqslant 0.57$ 时,UHPC 的平均疲劳寿命大于 200 万次,因而将 $\sigma_{c,\max}$ 定义为 UHPC 的条件疲劳强度极限。换言之,当 UHPC 的最大疲劳压应力小于该限值时,不会出现轴压疲劳破坏。根据经验,普通混凝土和常规钢纤维混凝土的疲劳强度极限 $S_{\max}$ 一般在 0.5 ~ 0.7 之间,因而对于 UHPC,上述取值是合理的。

钢纤维体积掺量对 UHPC 的疲劳寿命有一定影响。图 1-27 示意了钢纤维体积掺量的具体影响规律。可以看出，随着钢纤维体积掺量的增加，UHPC 的疲劳寿命延长。

基于文献[28]的研究，钢纤维体积掺量为 1.5% 和 3% 的 UHPC 的疲劳强度极限 S_{max}（对应 200 万次循环次数）分别为 0.43 和 0.45，而素 UHPC 疲劳强度极限结果的离散性较大，其均值约为 0.27。这意味着与素 UHPC 相比，钢纤维体积掺量为 1.5% 和 3% 的 UHPC 的疲劳强度极限分别提高了 59% 和 67%。同时，疲劳强度极限随钢纤维体积掺量的增加而提高，但当钢纤维体积掺量超过 1.5% 后，增强作用减弱。

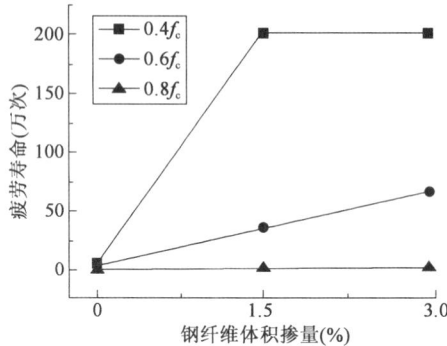

图 1-27 疲劳寿命随钢纤维体积掺量的变化规律

（3）UHPC 抗压疲劳设计方法

法国于 2016 年颁布了两部 UHPC 规范，其中 NF P 18-470[18] 对 UHPC 的材料性能进行了规定，NF P 18-710[29] 则对 UHPC 结构设计进行了规定。UHPC 结构疲劳设计的总体原则是，通过计算得到结构的受压/受拉疲劳应力，并控制最大疲劳应力不超过 UHPC 的疲劳强度，以确保结构的抗疲劳安全性。

法国 UHPC 结构设计规范 NF P 18-710—2016 规定，当结构的疲劳应力满足如下条件时，可不对 UHPC 和钢筋进行疲劳验算：

①当 UHPC 结构受压时，在正常使用极限状态特征荷载组合下，UHPC 的压应力满足 $\sigma_c < 0.6 f_{ck}$，式中 σ_c 为 UHPC 在上述荷载下的最大压应力，f_{ck} 为 UHPC 的静力抗压强度特征值；

②对于 UHPC 截面中的受拉钢筋，在正常使用极限状态特征荷载组合下，钢筋拉应力 $\sigma_s < 300\text{MPa}$。

当上述条件不满足时，须对 UHPC 结构进行疲劳验算。对于抗压，UHPC 的疲劳验算应满足式（1-9）：

$$\frac{\sigma_{c,max}}{f_{ck}} < 0.4 + 0.4 \frac{\sigma_{c,min}}{f_{ck}} \tag{1-9}$$

式中：$\sigma_{c,max}$——频遇荷载组合下 UHPC 结构中的最大压应力；

$\sigma_{c,min}$——频遇荷载组合下 UHPC 结构中的最小压应力，当 $\sigma_{c,min}$ 为拉应力时，应取 $\sigma_{c,min} = 0$；

f_{ck}——UHPC 的静力抗压强度特征值。

在此基础上提出了 UHPC 结构的疲劳设计方法，具体如下：

①当 UHPC 结构中的最大疲劳压应力满足以下条件时，可不进行疲劳验算：

$$\gamma_{sd} \sigma_{c,max} \eta_c < 0.45 f_{cd,fat} \tag{1-10}$$

式中：γ_{sd}——荷载分项系数，一般取1.1或1.0；

$\sigma_{c,max}$——疲劳荷载引起的UHPC结构中的最大压应力；

η_c——计算系数，可按欧洲规范 Model Code 90 中式(6.7-2)计算；

$f_{cd,fat}$——UHPC的疲劳强度设计值。

②当不满足上述条件时，需对UHPC结构的疲劳寿命进行验算，计算结果 n 应满足式(1-11)：

$$n \leqslant N \tag{1-11}$$

其中，疲劳寿命 N 的计算过程视情况而定：当 $0 \leqslant S_{cd,min} \leqslant 0.8$ 时，按式(1-9)进行计算，而当 $S_{cd,min} > 0.8$ 时，取 $S_{cd,min} = 0.8$，计算公式如式(1-12)所示。

$$\begin{cases} \lg N = \dfrac{8}{Y-1}(S_{cd,max}-1) & N \leqslant 8 \\ \lg N = 8 + \dfrac{8\ln 10}{Y-1}(Y-S_{cd,min})\lg\left(\dfrac{S_{cd,max}-S_{cd,min}}{Y-S_{cd,min}}\right) & N > 8 \end{cases} \tag{1-12}$$

式中：$S_{cd,min}$——疲劳荷载引起的最小压应力比值，$S_{cd,min} = \gamma_{sd}\sigma_{c,min}\eta_c/f_{cd,fat}$；

$S_{cd,max}$——疲劳荷载引起的最大压应力比值，$S_{cd,max} = \gamma_{sd}\sigma_{c,max}\eta_c/f_{cd,fat}$；

Y——计算系数，计算公式如式(1-13)所示。

$$Y = \frac{0.45 + 1.8 S_{cd,min}}{1 + 1.8 S_{cd,min} - 0.3 S_{cd,min}^2} \tag{1-13}$$

③当以上条件都不满足时，需通过计算得到完整的应力谱，并需根据 Miner 线性疲劳累计损伤准则按式(1-14)进行验算：

$$D = \sum_{i=1}^{j} \frac{n_{si}}{N_{Ri}} \leqslant D_{lim} = 1 \tag{1-14}$$

式中：D——疲劳荷载引起的损伤度；

D_{lim}——极限损伤度，一般取1.0；

n_{si}——第 i 级应力水平的作用次数；

N_{Ri}——第 i 级应力水平对应的疲劳寿命，按式(1-12)计算。

1.2.3.3 抗拉疲劳性能

（1）UHPC 抗拉疲劳试验研究

Parant 等[30]采用四点弯曲的方法开展了 UHPC 的疲劳研究，最高疲劳加载次数为200万次。研究表明，UHPC 的弯拉疲劳极限 $S = 0.65$。此外还发现，第一次疲劳加载下产生的极限应变 ε_i 相比于疲劳极限 S，更能代表 UHPC 的弯拉疲劳临界点，临界值在 $1.24 \times 10^{-3} \sim 1.44 \times 10^{-3}$ 之间，并得到 ε_i-N 曲线方程如下：

$$\lg N = -1.47 \varepsilon_i + 7.38 \tag{1-15}$$

Behloul 等[31]采用三点弯曲的方法开展了 UHPC 的疲劳试验，最高疲劳加载次数为100万次。研究表明，当最高疲劳荷载不大于90%的弹性极限时，UHPC 未出现任何损伤，也就是说，当最高疲劳荷载小于54%的抗拉初裂强度时，UHPC 不存在疲劳问题。

Farhat 等[32]同样采用三点弯曲的方法对两种不同尺寸的 UHPC 试件开展疲劳研究，最高疲劳加载次数为 100 万次。研究表明，对于 UHPC 小试件，其疲劳极限 $S=0.85$；而 UHPC 大试件疲劳试验结果离散性大，主要取决于断面处的钢纤维取向和分布，难以准确确定相应的疲劳极限。

Makita 等[33]采用单轴拉伸的方法对不同损伤程度的 UHPC 试件开展疲劳研究，最高疲劳加载次数为 1000 万次。研究表明，对于未损伤 UHPC、预加载进入应变硬化段 UHPC、预加载进入软化段 UHPC 的抗拉疲劳极限分别为 70%、60%、45% 的抗拉弹性极限。此外，UHPC 疲劳破坏断面处存在明显的基体剥落，且出现类似钢材的平滑疲劳断面区。

另外，Makita 等[34]还采用单轴拉伸的方法开展了配筋 UHPC（R-UHPC）试件的疲劳研究，最高疲劳加载次数为 1000 万次。研究表明，R-UHPC 的抗拉疲劳破坏主要受钢筋控制，疲劳极限 $S=0.54$；UHPC 与钢筋具有良好的协同作用，UHPC 能够承担一定的疲劳应力幅；随着疲劳加载次数的不断增加，UHPC 逐渐出现损伤，其承担的疲劳应力逐渐减小并向钢筋转移，直至钢筋出现疲劳破坏。

Shen 等[35]采用环上环的方法开展了 UHPC 圆板试件的双向抗弯疲劳研究（图 1-28），最高疲劳加载次数为 2000 万次。研究表明，UHPC 圆板的双向抗弯疲劳极限 $S=0.54$；对于出现疲劳破坏的 UHPC 圆板，其疲劳损伤发展可分为 4 个阶段，初始损伤快速发展阶段 OA，裂纹稳定缓慢扩展阶段 AB，裂纹稳定加速扩展阶段 BC，裂纹快速发展破坏阶段 CD（图 1-29、图 1-30）；其中第二和第三阶段占据了整个疲劳寿命的 80%；对于未出现疲劳破坏的 UHPC 圆板，只包含前面两个过程，且在疲劳加载末，不再出现新的损伤。

图 1-28 UHPC 双向抗弯静力及疲劳试验示意图

（2）UHPC 抗拉疲劳设计方法

根据瑞士 UHPC 规范 SIA 2052[19]，对于具有应变硬化的 UHPC，其抗拉疲劳极限设计值为：

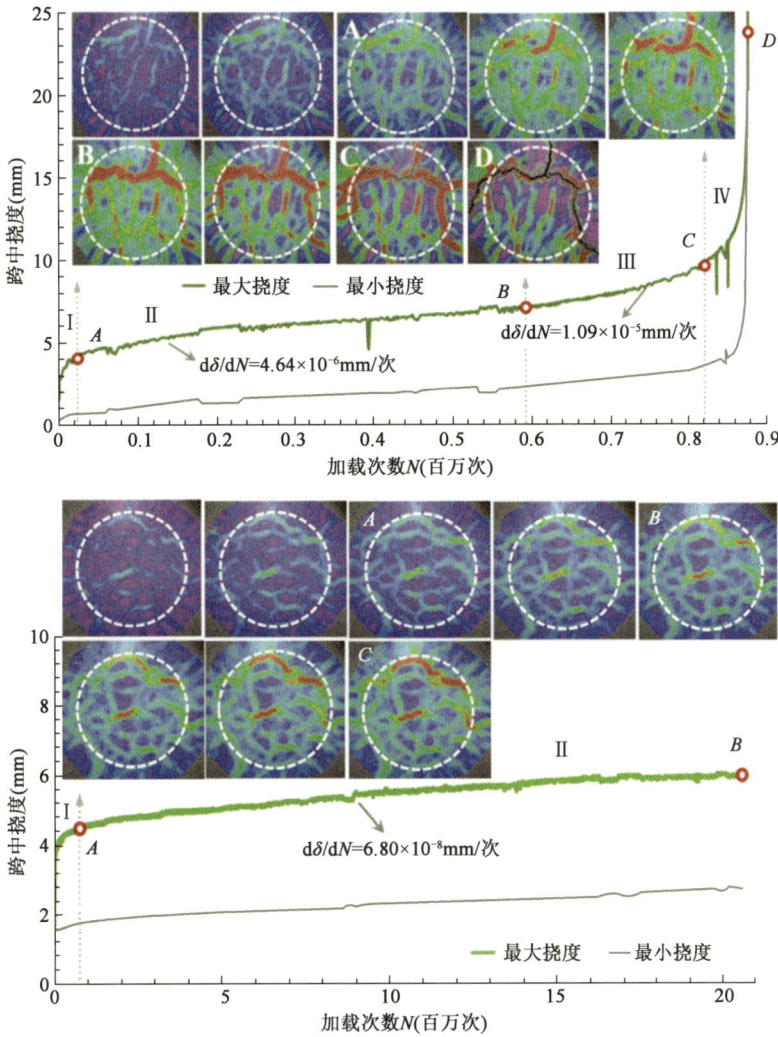

图 1-29 UHPC 双向抗弯疲劳损伤发展历程

$$\sigma_{U,D} = 0.3(f_{Utek} + f_{Utuk}) \qquad (1\text{-}16)$$

抗弯疲劳极限设计值为：

$$M_{R,D} = 0.5 M_{RD} \qquad (1\text{-}17)$$

式中：$\sigma_{U,D}$ ——UHPC 抗拉疲劳应力设计值；

$\quad f_{Utek}$ ——UHPC 抗拉弹性极限强度特征值；

$\quad f_{Utuk}$ ——UHPC 抗拉极限强度特征值；

$\quad M_{R,D}$ ——UHPC（组合）构件抗弯疲劳极限；

$\quad M_{RD}$ ——UHPC（组合）构件抗弯强度设计值。

根据法国 UHPC 规范[29]，对于抗拉，当 UHPC 在正常使用极限状态特征荷载组合下的拉应力不超过 $0.95\min\{f_{ctk,el}, f_{ctfk}/K\}$ 时，可认为 UHPC 的抗拉疲劳强度满足设计要求。这里

$f_{ctk,el}$ 是指 UHPC 的弹性抗拉强度特征值，f_{ctk} 是指 UHPC 极限抗拉强度特征值；K 是指钢纤维分布对 UHPC 轴拉裂后性能的影响系数。需要说明的是，UHPC 的轴拉强度值既可根据轴拉试验得到，也可根据四点弯曲试验换算得到，具体可参考 UHPC 材料规范 NF P 18-470—2016 中附件 D 的有关规定。

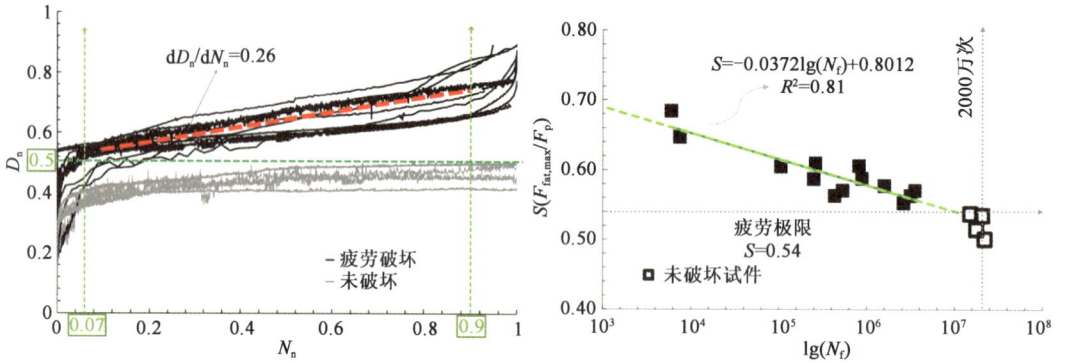

图 1-30　UHPC 板双向抗弯疲劳试验结果分析

日本 UHPC 规范对 UHPC 的抗弯拉疲劳设计未做出明确规定，仅根据试验结果给出了 $S\text{-}N$ 曲线方程。疲劳试验结果表明，这种 UHPC 的 $S\text{-}N$ 曲线呈双线性，如式（1-18）所示。当 UHPC 的疲劳强度极限 S_{max}（这里指弯拉应力比）不超过 0.5 时，UHPC 结构的疲劳寿命将超过 200 万次，可不进行疲劳验算。

$$\begin{cases} S_{max} = 1.000 - 0.0098 \lg N & 1 \leqslant N \leqslant 1 \times 10^4 \\ S_{max} = 1.595 - 0.0761 \lg N & 1 \times 10^4 < N \leqslant 2 \times 10^6 \end{cases} \tag{1-18}$$

1.3　UHPC 在桥梁工程中的应用

1.3.1　UHPC 桥梁工程应用统计

截至 2019 年底，全球 UHPC 桥梁结构已达近千座[7,36-38]，如表 1-9 所示。目前将 UHPC 材料作为主要或部分建筑材料的桥梁主要分布在亚洲（东亚、东南亚）、欧洲、北美洲和大洋洲，主要包括马来西亚、中国、日本、韩国、越南、缅甸、法国、德国、瑞士、荷兰、奥地利、捷克、意大利、斯洛文尼亚、西班牙、加拿大、美国、澳大利亚、新西兰等国家。其中马来西亚、瑞士、美国、加拿大、中国等国家应用 UHPC 材料的桥梁均在 70 座以上。

在 UHPC 桥梁结构的应用和推广方面，仅马来西亚一国就已经建成 150 座（截至 2019 年底）UHPC 桥梁，绝大多数为主梁结构采用 UHPC 材料。北美洲（加拿大和美国）主要将 UHPC 材料应用于桥梁接缝，约有 350 座采用 UHPC 材料的桥梁，其中约有 15 座为主体结构（主梁）采用 UHPC 材料，其余均为将 UHPC 应用于桥面板接缝等局部构造。截至 2019 年底，中国约有 130 座桥梁采用了 UHPC 材料，其中约有 50 座桥梁主体结构（主梁、拱圈等）采用 UHPC 材料，其余主要用于钢-UHPC 轻型组合桥面结构、现浇接缝、维修加固等。

表 1-9 UHPC 桥梁结构在全球分布数量统计（单位：座）			
国家/地区	局部采用 UHPC	主体结构采用 UHPC	桥梁数量
美国	230	10	240
加拿大	105	5	110
马来西亚	20	130	150
中国	80	50	130
日本	50	20	70
韩国	20	10	30
欧洲	210	50	260
大洋洲	15	5	20
合计	730	280	1010

表 1-10 列出了部分具有代表性的 UHPC 桥梁。下面对 UHPC 在世界各国桥梁工程中的研究与应用做简要介绍。

表 1-10 部分 UHPC 桥梁应用实例						
序号	桥名	国家	年份	跨径（m）	桥型结构	UHPC 应用
1	Sherbrooke 人行桥	加拿大	1997	60	空间桁架梁人行桥	3cm 桥面板主桁钢管混凝土
2	Bourg-Les-Valence 桥	法国	2001	22.5	两跨预制预应力连续梁公路桥	π 形主梁纵向接缝
3	Sunyudo 人行桥	韩国	2002	120	中承式拱桥人行桥	π 形主梁
4	Sakata-Mirai 人行桥	日本	2002	50.2	单跨体外预应力简支梁人行桥	箱形主梁
5	PS 34 Overpass 桥	法国	2005	47.4	单跨后张预应力简支梁公路桥	箱形主梁
6	Papatoetoe 人行桥	新西兰	2005	20	预制预应力简支梁人行桥	π 形主梁
7	Horikoshi Ramp 桥	日本	2005	16	组合梁公路桥	I 形梁
8	Shepherds Creek 桥	澳大利亚	2005	15	预制预应力简支斜梁公路桥	π 形主梁/桥面板

序号	桥名	国家	年份	跨径(m)	桥型结构	UHPC 应用
9	Torisaka River 桥	日本	2006	45	波纹钢腹板梁公路桥	移动导梁下弦杆
10	Mars Hill 桥	美国	2006	33.5	预制预应力简支梁公路桥	工字形主梁
11	Penrose 人行桥	新西兰	2006	20	预制后张预应力简支梁人行桥	π 形主梁
12	滦柏干渠大桥	中国	2006	20	低高度后张预应力梁铁路桥	T 形梁
13	Gärtnerplatz 桥	德国	2007	36	变截面空间桁架人行桥	桁架上弦杆桥面板
14	Cat Point Creek 桥	美国	2008	24.8	预应力简支梁公路桥	工字形主梁
15	Wild 桥	奥地利	2010	70	上承式拱桥	5cm 厚箱形拱肋
16	Kampung Linsum 桥	马来西亚	2010	50	UHPC-RC 组合梁桥	U 形主梁
17	马房大桥	中国	2011	64	简支钢箱梁	桥面板
18	Batu 6 桥	马来西亚	2014	100	预应力箱梁桥	箱形主梁
19	Celakovice 人行桥	捷克	2015	156	人行斜拉桥	梁板式主梁
20	长沙跨街人行桥	中国	2016	36.8	预应力连续箱梁桥	箱形主梁
21	南京长江五桥	中国	2020	2×600	钢-UHPC 组合梁斜拉桥	桥面板

1.3.2 UHPC 在国外桥梁工程中的应用

1.3.2.1 欧洲

（1）瑞士

UHPC 主要应用在两个方面：①通过增加一层 UHPC 加固既有混凝土桥梁；②新 UHPC 桥梁的建设[8,37]。针对桥梁典型劣化损伤，瑞士洛桑联邦理工学院于 1999 年首次提出采用 UHPC 保护层或补强层加固既有普通混凝土结构，形成普通混凝土结构与 UHPC 外层的 R-UHPC 复合结构的加固技术，并针对该技术开展了系统研究。2004 年，瑞士首次将 UHPC 用于一座跨径为 10m 的普通混凝土梁桥的加固工程中，加固方案为在被氯离子侵害的原有桥面板上缘铺设一层 3cm 厚的 UHPC 保护层。截至 2021 年,应用 UHPC 的工程数量已经超过 300 顷,主要是在桥梁领域。并且,除了最近在瑞士建造的 3 座 UHPC 人行桥之外,2017 年建造的跨径为 6m 的铁路桥梁可能是世界上第一座应用于主要铁路线上的 UHPC 结构。此外,瑞士还将 UHPC 应用于加固防撞护栏、桥墩等(图 1-31)。为了进一步减少二氧化碳排放和能源消耗,新型 UHPC 正在研发中,其中包括用石灰石填料等其他粉末替代大部分水泥(≥50%) 作为基体填料,以及使用高弹性模量的合成纤维来取代钢纤维,提高 UHPC 抗拉韧性。

R-UHPC组合结构的基本构造

UHPC铁路桥 桥面加固 瑞士第一座UHPC加固桥梁

图 1-31 瑞士 UHPC 应用与研究

(2)法国

法国 2001 年建成了世界上最早的 UHPC 公路桥。该桥宽 12m,横向由 5 片先张法预应力 UHPC π 形梁组成,π 形梁间通过翼缘板现浇 UHPC 湿接缝连接。法国进行了许多材料和结构性能试验以及设计验证工作,2005 年法国建造了跨径为 47.4m 的 UHPC 箱形梁公路桥。此后,法国还建造了多座 UHPC 公路桥或人行桥。法国目前的 UHPC 主要用于建筑构件,如外墙覆层元件或屋顶板,应用实例见图 1-32。

(3)德国

2005—2011 年,德国开展了一个超过 20 个研究机构参与、经费达 1200 万欧元的 UHPC 研究项目——"基于 UHPC 的可持续建筑",为制定全面的 UHPC 技术标准展开研究,研究内容主要包括原材料与流变性、水化过程与微观结构、时间依存性、纤维效率和与普通钢筋的相互作用、破坏与疲劳特性、耐久性、设计与施工、测试方法八个方面。项目研究期间,德国修建了多座 UHPC 桥梁作为该项目的依托工程,包括跨径分别为 7m、9m 和 12m 的 UHPC 板桥以及最有特色的建于 2007 年的德国第一座多跨 UHPC 桥梁 Gärtnerplatz 桥(图 1-33)。该桥为世界上首座钢-UHPC 组合桥梁,为人行和自行车两用桥梁,共有 6 跨,桥长 133.2m,最大跨径 36m。该桥中的 UHPC 应用于两个位置:①钢-UHPC 桁架组合结构;②桥面板。其中 UHPC 桥面板与桁架的上弦杆通过环氧树脂胶连接。

图 1-32　法国 UHPC 应用

（4）欧洲其他国家

2010 年,奥地利建成世界上第一座 UHPC 公路拱桥——Wild 桥[39]。该桥总长 154m,主拱跨径 70m,矢高 18m,具有 200 年的使用寿命。主拱由 2 根单箱单室拱肋组成,拱肋间采用横系梁连接。拱肋的高、宽均为 120cm,壁厚仅 5cm。2013 年,荷兰建成了该国第一座 UHPC 桁架人行桥。该桥跨径为 18.9m,桥面板厚 6cm,桁架预制单元通过胶接缝和后张预应力张拉形成整体。此外,西班牙也修建了两座跨径分别为 45m 和 33m 的 UHPC 桁架人行桥。2015 年,捷克建成了跨径 156m 的人行斜拉桥。该桥采用 UHPC 梁板式主梁,主梁宽度约为 3.6m,高度为 60cm,而中间板厚度仅为 6cm。桥梁结构采用预制悬臂拼装法施工,预制节段长度为 12m,施工快速且便捷。应用实例如图 1-34 所示。

图 1-33　德国 Gärtnerplatz 桥

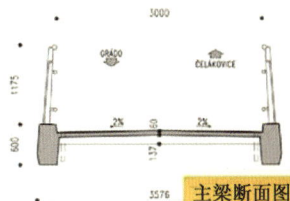

图 1-34　欧洲其他国家 UHPC 应用

1.3.2.2　北美洲

（1）加拿大

1997 年，加拿大魁北克省舍布鲁克市建成了世界上第一座 UHPC 人行桥——Sherbrooke 人行桥。该桥为预应力 UHPC 空间桁架结构，跨径 60m。桥面板采用 3cm 厚 UHPC 板，桁架腹杆采用直径 15cm 的钢管 UHPC，下弦采用 10m 预制 UHPC 梁节段，节段内未配置普通钢筋，仅采用后张预应力拼装而成。

（2）美国

UHPC 最主要的应用为装配式桥梁预制构件的湿接缝连接；其也用来加固老化的桥梁，如采用瑞士提出的方案来加固桥面，用 UHPC 连接板替换现有的伸缩缝，采用 UHPC 修复位于失效伸缩缝下的受损钢梁端部。此外，在主要结构部件中使用 UHPC 在美国越来越受欢迎，而最大的推广障碍是 UHPC 缺乏结构设计指导。由于组成材料的成本较高，UHPC 比传统混凝土更贵。因此，若要推动 UHPC 在大量结构部件中应用，则必须提供可量化的优势，以抵消更高的初始材料成本。

2006 年，艾奥瓦州建成了美国第一座 UHPC 公路桥——Mars Hill 桥，2008 年又建成两座 UHPC 公路桥，3 座桥的主梁分别为 I 形、T 形和 π 形，并且 UHPC 主梁均未设抗剪钢筋，只利用 UHPC 自身的高抗拉性能，大大简化了钢筋构造。2009 年，纽约州两座公路桥的预制传统混凝土桥面板采用现浇 UHPC 接缝连接，这种预制桥面板（梁）连接方法便于施工，具有良好的耐久性，因而在越来越多的桥梁建设中获得应用。截至 2021 年底，北美地区已有超过 150 座桥梁采用该连接方法。同时，美国优化与发展了法国首创的"井"字形双向肋板 UHPC 桥面板，也称作"华夫饼"式桥面板，并于 2011 年首次在爱荷华州的 Little Cedar Creek 桥上使用了华夫型双向带肋 UHPC 桥面板。与相同承载力的普通混凝土桥面板相比，UHPC"华夫饼"式桥面板自重可减少约 30%。由于 UHPC 具有优异的耐久性能，故这种 UHPC 桥面板系统有望有效解决化冰盐导致桥面板快速劣化的问题。北美洲 UHPC 应用实例见图 1-35。

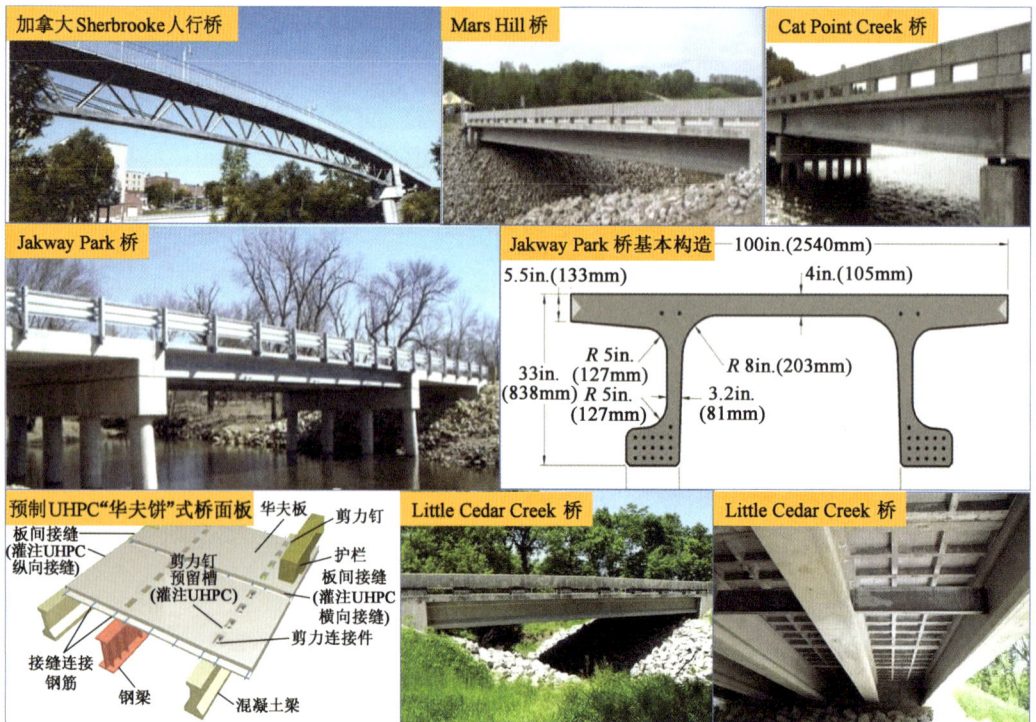

图 1-35　北美洲 UHPC 应用实例

1.3.2.3 亚洲

（1）日本

2002 年，日本第一座 UHPC 人行桥——Sakata-Mirai 人行桥建造完成。该桥主跨为 49.2m，主梁截面形式为箱梁，采用预制拼装法施工，预制梁段间采用预应力张拉拼接完成。此后，日本相继建造了多座 UHPC 人行桥。日本第一座公路 UHPC 桥梁为修建于 2005 年的 Horikoshi Ramp 桥，跨径为 16m。非常有意思的是，2006 年日本将 UHPC 材料应用于顶推导梁的下弦杆，完成了一座 554m 长、11m 宽的预应力混凝土波形钢腹板箱梁桥的顶推施工。应用实例如图 1-36 所示。

图 1-36　日本 UHPC 应用实例

（2）韩国

2002 年，韩国开始发展 UHPC。此后，成功地改善了材料的流动性、抗拉强度和收缩性能，并提高了经济效益。截至 2021 年，韩国至少有 16 座桥梁采用了 UHPC。韩国在应用 UHPC 建造桥梁时最主要的要求是经济效益和构件制造的简易性。通过降低 UHPC 的制造成本以及通过具有经济有效截面的桥梁的优化设计，确保经济效益。

2002 年建成的韩国和平人行桥是一座主跨为 120m 的 UHPC 拱桥。值得关注的是，2007 年韩国提出一个为期 6 年、总预算达 1100 万美元的"Super Bridge 200"计划。该计划以斜拉桥为主要应用对象，"Super Bridge 200"的含义是可持续和安全、超高性能、开拓性、经济和环保、具有 200 年寿命的卓越桥梁。其主要目标是将斜拉桥的施工和维护成本分别降低 20%，并将主要结构构件的使用寿命延长至 200 年。该计划示范性地修建了世界上第一座 UHPC 人行斜拉桥（Super Bridge Ⅰ），其跨径为 18m。此外，该计划对 UHPC 材料的性能和结构的基本受力性能开展了一系列研究。2013 年韩国又提出了"Super Structure 2020"计划，推广 UHPC 在桥梁等领域的应用。全世界第一座 UHPC 公路斜拉桥（Legoland Theme Park 桥）于 2017 年完工。

该桥为独塔双跨斜拉桥，主跨 100m，圆环形主塔高 35m，主梁采用 UHPC 双主梁，桥面板厚 15cm，主梁自重减少 30%。韩国 UHPC 应用实例见图 1-37。

韩国Sunyudo 人行桥

韩国Super Nrodge I 桥

韩国Legoland Theme Park桥

韩国Legoland Theme Park桥

图 1-37　韩国 UHPC 应用实例[40]

（3）马来西亚

马来西亚是世界上 UHPC 桥梁上部结构完工数量最多的国家[36,38]。马来西亚常用的 4 种UHPC主梁结构为：①全 UHPC T 梁；②UHPC-RC 组合梁（包括闭口截面和开口截面两类）；③全UHPC 箱梁；④全 UHPC 下承式槽形梁。

自 2010 年马来西亚建成第一座 UHPC 桥——Kampung Linsum 桥后，UHPC 桥梁在马来西亚得到迅速推广，并取得了举世瞩目的成就。在这 4 种 UHPC 主梁结构中，UHPC-RC 组合梁所占的比例最高，达 72%，其次为全 UHPC T 梁，占比为 23%。UHPC-RC 组合梁下缘受拉区采用 UHPC U 形梁或 I 形梁，上缘受压区采用现浇 RC 桥面板，可以充分发挥材料的性能并可节省上部结构造价，因而 UHPC-RC 组合梁的应用比例最高。而全 UHPC T 梁由于上部结构自重大大减轻，方便运输和吊装，也得到了较为广泛的应用。此外，由于节段式梁具有方便运输和吊装的优点，马来西亚已建成的 UHPC 桥梁中以节段式梁为主，占比达 68%；而整体式梁占比仅约 32%，且主要适用于跨径较小的 UHPC 桥梁。2015 年建成通车的 Batu 6 桥为全预制拼装 UHPC 箱形梁公路桥，单跨 100m，梁高 4m，高跨比 1/25，底板厚 25cm，顶板和腹板厚 15cm，全桥仅设置纵向预应力。马来西亚 UHPC 应用实例见图 1-38。

1.3.2.4　大洋洲

Shepherds Creek 桥是澳大利亚第一座 UHPC 公路桥，如图 1-39 所示。该桥单跨 15m，上部结构由 16 片先张法预应力 UHPC I 形梁和现浇 17cm 厚的 RC 桥面板组成。I 形梁梁高

0.6m,主梁间距 1.3m。2005 年,新西兰建成第一座 UHPC 人行桥,即 Papatoetoe 人行桥,如图 1-39 所示。该桥长 175m,主跨 20m,主梁断面形状为 π 形,梁高 0.65m,桥面板厚 5cm,不含普通钢筋。此后,新西兰修建了多座类似的 UHPC 人行桥。

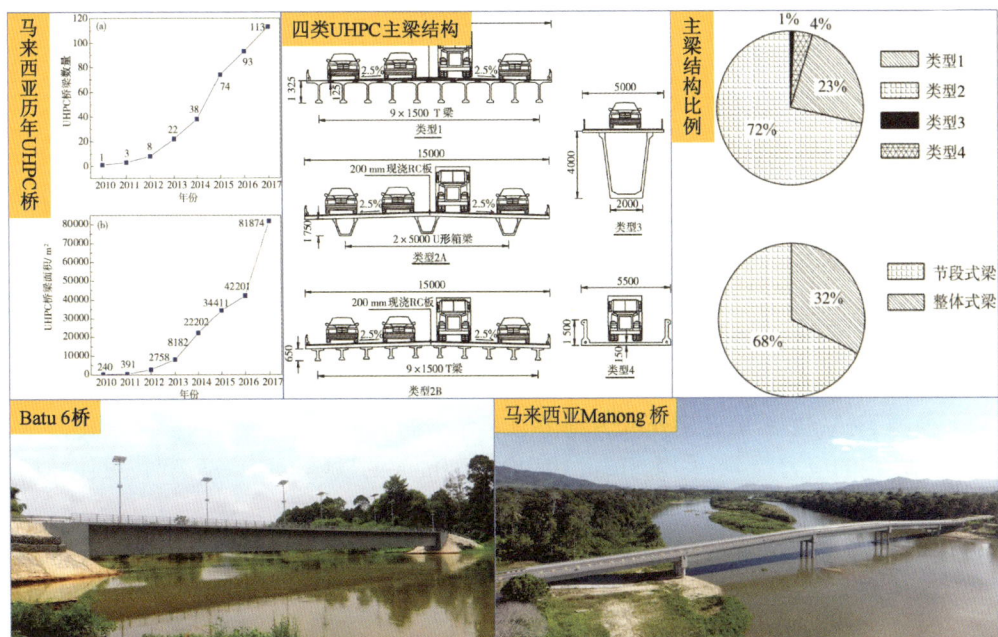

图 1-38 马来西亚 UHPC 应用实例(单位:mm)

图 1-39 大洋洲 UHPC 应用实例

1.3.3 UHPC 在国内桥梁工程中的应用

1.3.3.1 组合式桥梁结构

(1)正交异性钢桥面板-UHPC 轻型组合桥面结构

正交异性钢桥面板由于局部刚度低、沥青与钢板黏结困难,长期运营中易遭遇两大病害:①正交异性钢桥面板疲劳开裂;②沥青铺装频繁破损。2010 年,作者团队[41] 率先研发成功钢-UHPC 轻型组合桥面结构,45 ~60mm 厚的 UHPC 层通过短栓钉与钢桥面组合,提高钢桥面局部刚度 30 倍以上,并为沥青面层提供易黏结的水泥基面,从而为根治钢桥面系的病害难题提供切实可行的解决方案。近些年来,国内对于钢-UHPC 轻型组合桥面结构的研究不断深入,包括计算分析、模型试验、设计方法、实桥应用等。

①抗弯性能方面。邵旭东、罗军等[42-43]通过 40 个钢-UHPC 组合板的正交试验,提出了轻型组合桥面结构裂缝宽度计算公式,为规范制定提供依据。

②疲劳试验方面。Chen 等[44]对两个多跨足尺模型进行了负弯矩的抗弯疲劳试验,模型中栓钉间距为 300mm,最大疲劳荷载为 500kN。试验结果表明,钢桥面中纵肋腹板下部出现了纵向疲劳开裂,疲劳裂纹靠近纵肋-横隔板焊趾处;同时,钢-UHPC 界面间出现了抗剪疲劳破坏。Yuan 等[45]对一个大型钢-UHPC 轻型组合桥面板开展了疲劳试验:先对纯钢梁疲劳加载至纵肋-面板焊缝开裂,然后采用 UHPC 加固钢桥面,养护 28d 后继续进行疲劳加载。根据试验结果,模型经历累计 500 万次疲劳循环后,未发现任何疲劳裂缝。

裴必达等[46]对湖南株洲枫溪大桥开展实桥试验。结果表明,疲劳细节离顶面越近,UHPC 层对该疲劳细节受力的改善效果越明显。基于实桥试验结果,对弧形缺口疲劳细节进行了分析,提出基于响应面法捕捉该细节拉、压交替应力的计算方法。Zhu 等[47]基于实桥试验数据和有限元模型,对纵肋-面板连接处疲劳细节进行了分析。结果表明,增加横隔板切口净高能够降低横隔板中的应力幅,当采用 50mm UHPC 和 40mm 的横隔板切口净高时,可使结构获得无限疲劳寿命。

③抗剪性能方面。Cao 等[48]基于薄层 UHPC 中短栓钉的抗剪推出试验,建立了考虑栓钉和 UHPC 损伤演化的非线性有限元模型,探明了关键参数对短栓钉抗剪性能的影响规律;张瀚文等[49]针对大跨柔性钢桥的超薄 UHPC 体系(如 35mm 厚)提出了短钢筋剪切连接件,通过推出静力试验得到该新型矮剪力键的破坏模式、抗剪承载力和抗剪刚度;李树原等[50]在前期研究的基础上,研究了焊接钢筋网矮剪力键的抗拉拔性能,掌握了抗拔破坏特征,得到了抗拔强度等关键设计参数。

钢桥面 UHPC 一般采用现浇 + 高温蒸汽养护的施工工艺。张宝刚[51]通过对广东清远北江四桥的实桥试验,研究了高温蒸汽养护对大桥受力的影响。

UHPC 用于严重疲劳开裂在役钢桥面的加固效果同样显著。根据廖卫东、田启贤等的调研和研究,2001 年通车的武汉某长江大桥(主跨 460m,双塔双索面斜拉桥),钢桥面疲劳开裂现象十分严重,其中约 78% 的裂缝属纵肋顶部钢面板裂缝。面对桥面严重疲劳、病害无法大面积修复的现实,作者团队[52]提出了设置横向钢板条的钢-UHPC 轻型组合桥面结构加固方案,2018 年底,用该方案完成了珠京方向半幅钢桥面改造。实桥检测表明,采用 UHPC 改造后,纵肋-面板连接处应力降低了 86.4%,钢桥面其他疲劳细节应力降幅也十分明显[53]。

钢-UHPC 轻型组合桥面结构最早应用于广东肇庆马房大桥(2011 年)。根据 Wang 等[54]对该桥 7 年的跟踪观测,应用 UHPC 使钢桥面应力和变形降幅明显,且改善效果稳定。截至 2022 年底,钢-UHPC 轻型组合桥面结构已应用于百余座实桥[7]。

国内其他单位也开展了相关应用研究。例如,已竣工的蒙华洞庭湖大桥、沪苏通长江公铁大桥、中马友谊大桥(图 1-40)等。相关单位还研究了免蒸养、低收缩的 UHPC 铺装,超高延性混凝土铺装等。

钢-UHPC 轻型组合桥面是如今 UHPC 最有价值的应用之一,产生了很好的经济、环境和社会效益[55]。

图 1-40　UHPC 应用于中马友谊大桥钢桥面(中交第二航务工程局有限公司施工)

（2）钢-UHPC 组合梁

钢-混凝土组合桥梁充分利用混凝土和钢材的优点,具有良好的经济性。但组合桥梁的混凝土桥面板厚度一般不小于 25cm。相比之下,UHPC 强度高,桥面板可减薄,从而减轻自重,适应于大跨径桥梁轻型化的需求。

南京长江五桥为 80m+218m+2×600m+218m+80m 中央双索面三塔斜拉桥(图 1-41)。为降低组合主梁的自重,提升桥面板性能,崔冰等[56]对粗集料 UHPC 桥面板开展了系统、深入的研究,涵盖了材料特性、抗弯性能、接缝性能等方面。设计采用了粗集料 UHPC 矩形桥面板,厚度为 17cm,约为普通混凝土桥面板厚度的 2/3。UHPC 中掺入了最大粒径 8mm 的粗集料,以提高 UHPC 的弹性模量,减少收缩徐变,并降低材料成本。

图 1-41　建设中的南京长江五桥

钢-UHPC 组合梁全宽 35.6m、高 3.6m,标准节段长 14.6m,每个标准节段包含 4 块预制粗集料 UHPC 板和厂内接缝,现场拼装后施工节段间接缝。标准 UHPC 板宽 6.92m、长 11.3m,全桥共 494 块预制板,加上接缝,UHPC 总用量达 11670m³。施工中,在芜湖裕溪口建立了预制场,形成了包含 UHPC 拌制、输送、布料、振捣和整平设备的自动化生产线(图 1-42),确保了生产效率和工程质量。南京长江五桥已于 2020 年 6 月 28 日合龙,12 月 24 日通车。

图 1-42 南京长江五桥钢-UHPC 组合梁、UHPC 桥面板预制生产线（图源：中交第二航务工程局有限公司）

湖南益阳青龙洲大桥为主跨 260m 的自锚式悬索桥，采用了 WANG[57] 等提出的钢-UHPC 矮肋板组合梁（图 1-43）。矮肋板的面板厚 100mm，底面设置高 120mm、间距 650mm 的纵肋，肋底设置厚 10mm、宽 180mm 的钢板条，钢板条上焊接栓钉，栓钉既作为连接件又作为肋的抗剪箍筋；UHPC 桥面板均厚 133mm。全桥共 504 块 UHPC 板，均在湘潭某工厂内预制，采用高温蒸汽养护；桥面板浮运至桥址，待钢梁顶推到位后，吊装桥面板，现浇零焊接 UHPC 接缝。青龙洲大桥已于 2021 年 6 月 25 日通车。

大跨径桥梁的 UHPC 桥面板可以为平板、华夫板、肋板等形式。张清华等[58] 以三跨连续梁桥为例进行计算，分析了总高 260mm 的 UHPC 华夫板的受力性能。计算结果表明，华夫板的面板和纵肋底缘最大拉应力均低于其抗拉强度设计值，但横肋底缘拉应力较高，建议施加横向预应力。冯峥、李传习等对矮胖型带肋板、瘦高型带肋板、矩形平板、华夫板等四种桥面板进行计算分析。结果表明，瘦高型带肋板的抗弯承载力高于矮胖型带肋板，其板肋下缘、面板上下缘应力相较于矩形平板显著减小，其最大主拉应力与华夫板相差不大，并发现华夫板横肋对减小肋底最大主拉应力作用不显著。朱平等[59] 建立了同时考虑界面滑移和剪力滞效应的钢-UHPC 组合梁计算模型。结果表明，相同荷载工况下，UHPC 矮肋板的有效宽度系数比 UHPC 矩形板减小约 17%，表明 UHPC 矮肋板剪力滞效应更明显。

邓舒文等[60] 针对中、小跨径桥梁，尤其是城市桥梁快速化建设的需求，提出了一种全预制钢-UHPC π 形梁。相较于常规组合梁，该梁体高跨比可降至 1/30 ~ 1/25，自重减轻 30% ~ 40%。钢梁和 UHPC 桥面板均在厂内预制，现场仅需浇筑 UHPC 接缝，大大减少了现浇工作量。单榀 π 形梁预制宽在 3m 左右，30m 跨径吊装质量约 36t，便于公路运输和现场吊装。目前该结构已应用于广东惠清高速麻铺停车区跨线桥（图 1-44），为 4×25m 的钢-UHPC 组合梁桥。近期，沈秀将等[61] 对现有钢-UHPC 组合梁进行优化，提出了一种自带剪力键的部分型钢-UHPC 组合梁结构，充分利用钢材与 UHPC 材料的性能。目前该结构应用于湖南单江大桥（30m×30m×30m）。

Zhao，Wang 等[62-63] 提出的一种无须浇筑接缝的全预制钢-UHPC 组合梁结构（图 1-45），由 UHPC 预制桥面板单元和单元间的栓焊接缝连接组成，其中接缝处相邻钢板顶部采用焊接、底部采用栓接,可完全取消现浇接缝。他们对栓-焊接缝的抗弯性能进行了研究,以控制初始开裂应力为原则,提出了栓-焊接头设计计算公式。

a)益阳青龙洲大桥效果图

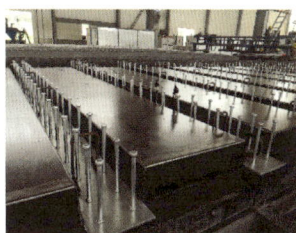

b)桥面板预制

c)桥面板吊装、接缝施工

图 1-43　湖南益阳青龙洲大桥

图 1-44　全预制钢-UHPC π 形梁应用于广东惠清高速麻铺停车区跨线桥

（3）UHPC-NC 组合梁

UHPC 造价较高是制约其规模化应用的原因之一。但将 UHPC 用于结构受拉部位（如主梁）、NC 用于受压部位（如桥面板），既能充分发挥两种材料的优势,又能减少造价,还能给施工带来便利,在中、小跨径桥梁中具有良好的推广前景。

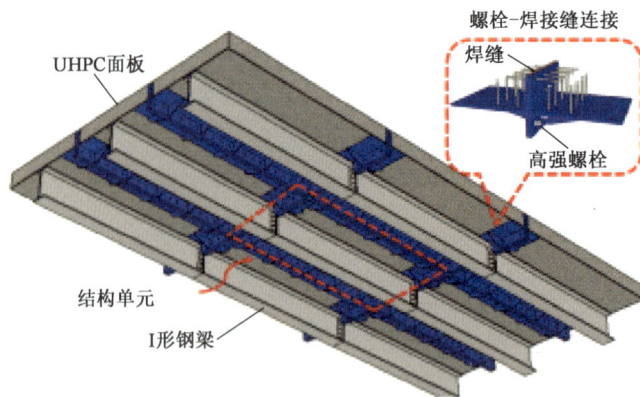

图 1-45　栓-焊连接装配式钢-UHPC 组合梁示意图

2020 年 5 月，宁波舟山港主通道工程烟墩互通 B 匝道上部的常温养护全断面 UHPC 预制 T 梁架设完成（图 1-46）。大桥共 5 跨，每跨 30m，其中 UHPC 预制 T 梁长 30m、高 1.55m、宽 2.11m，单榀梁重 48t，通过汽车起重机安装，是常温养护 UHPC 预制梁在海洋环境中应用的积极尝试。UHPC 预制 T 梁顶部现浇混凝土桥面板。

图 1-46　UHPC-NC 组合梁应用于宁波舟山港主通道工程匝道桥

城市桥梁往往桥下净空受限，且不便于大规模现浇施工，此时采用装配式 UHPC-NC 组合梁桥具有优势。上海嘉闵高架路新建工程中，跨越袁家河的单跨地面跨河桥为跨径 22m、宽 17.75m 的简支梁桥，采用了 UHPC 后张法预应力预制 π 形梁 + 后浇整体 RC 桥面板的组合梁方案（2017 年建成）。单片预制 UHPC π 形梁宽 2.5m、高 0.93m，单片 UHPC 预制梁吊装质量仅 34t，现浇混凝土桥面板厚 0.15m。分析表明，UHPC-NC 组合梁上部结构单价相当于空心板梁的 2 倍，但由于减轻了结构自重、简化了桥面系施工，全桥造价仅比刚接空心板梁增加约 9%。此外，嘉闵高架路多处桥梁接缝也采用了 UHPC。

郭泽棉[64]介绍了 UHPC-NC 组合梁在广州北环高速公路扩建工程沙贝立交 F 匝道桥中的应用。原桥为 1×13 m 预应力混凝土空心板梁，桥下净空 3.7 m。受横坡影响，若扩建桥采用原桥方案，桥下净空不能满足要求，因此，扩建桥设计方案为 1×16 m 的 UHPC-NC 组合梁，建筑高度比原桥降低 0.2m，保持了原桥下净空。每片工字形后张 UHPC 预制梁长 16m、高 0.62m，梁内未配置纵向钢筋及箍筋。预制梁采用一台 17.5 m 的拖板车运输，并采用一台 80t 的汽车起重机吊装。大桥于 2018 年底竣工，为国内首座 UHPC 无腹筋预应力体系桥梁（图 1-47）。2019 年广州市花都区花都大道扩建改造工程中，某人行天桥采用了类似的无腹筋预应力 UHPC-NC 简支 π 形梁桥。

图 1-47　无腹筋 UHPC-NC 组合梁桥

针对我国中、小跨径公路桥梁反拱度不均、横向接缝易损等问题，李昭等[65] 提出了一种装配式无预应力 UHPC-NC 组合桥梁，由预制双工字形 UHPC 梁和现浇 RC 桥面板组合而成。该组合梁每平方米自重仅为传统预应力 T 梁的 63%，UHPC 梁底部沿纵向布设钢板条。目前该结构已应用于广东清远清新区三洲坝大桥（图 1-48），为 5×30m 无预应力简支梁桥。

图 1-48　无预应力 UHPC-NC 组合梁应用于广东清远清新区三洲坝大桥

目前对于 UHPC-NC 组合梁桥的设计方法也在不断完善。王珏等[66] 对 NC、UHPC、普通钢筋和预应力筋建立了疲劳损伤退化模型，并结合分段线性法提出了组合梁疲劳全过程分析方法。桥梁中 UHPC 与 NC 的组合不限于上下叠合，还可设计为纵桥向混合梁。蒋建军[67] 提出了山区高墩大跨径连续刚构桥跨中梁段采用 UHPC 梁的方案，以降低结构自重，提高抗震性能。

1.3.3.2　全 UHPC 桥梁结构

大跨径预应力混凝土梁桥容易出现腹板开裂、梁体下挠等病害。针对上述难题，邵旭东等[68] 提出了单向预应力 UHPC 箱梁桥，箱梁内部设置密集横隔板，将三向预应力变为单向预应力。单向预应力 UHPC 薄壁箱梁的自重仅为传统 PC 桥梁的 40%～50%，且长期运营中可基本消除开裂、下挠的风险。目前该结构已应用于广东英德 S292 省道延长线北江四桥跨堤桥

（图 1-49）。该桥为 102m 简支梁桥，梁高仅 4m，采用预制节段拼装施工。

图 1-49 单向预应力 UHPC 薄壁箱梁桥

刘兆锋[69]探索了主跨 260m 独塔双索面 UHPC-NC 混合梁斜拉桥的可行性。方志等[70]进一步对 UHPC 主梁用于千米级斜拉桥进行了研究，以主跨 1088m 的苏通长江公路大桥为背景，试设计了同等跨径的新型斜拉桥。其主梁和索塔均采用 UHPC，斜拉索采用 CFRP。主梁采用 UHPC 箱梁断面（图 1-50）；桥面板由纵肋和横隔板支撑，箱梁节段加劲肋以及面板和腹板相交处均布设体内预应力；UHPC 箱梁的自重为原钢箱的 1.19 倍。主塔则将原桥 C50 桥塔替换为 UHPC 桥塔，尺寸完全相同。UHPC 主梁的横向抗弯刚度与原设计钢箱梁基本相同，轴向抗压刚度、竖向抗弯刚度、抗扭刚度则分别降低 17%、38%、57%。

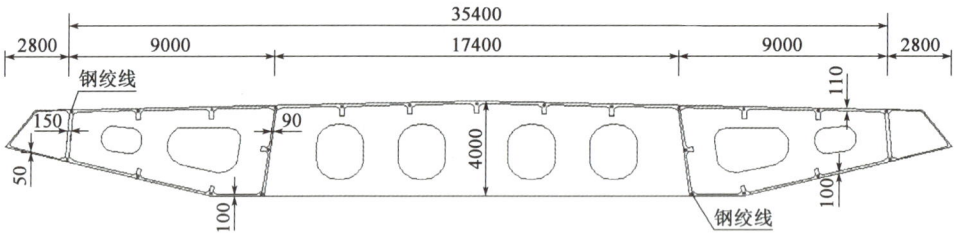

图 1-50 大跨径新型斜拉桥 UHPC 箱梁构造示意图（单位：mm）

有限元模型计算结果表明，UHPC 主梁的最大压应力为 42.2MPa，小于其强度容许值 75MPa，且由于布设了预应力，梁体未出现拉应力。同时，对大桥的稳定性及抗风、抗震性能进行了分析。根据研究结果，新型大跨径斜拉桥的整体和局部受力均满足设计要求，利用 UHPC 和 CFRP（carbon fiber reinforced plastics，碳纤维增强塑料）优异的力学性能，混凝土主梁斜拉桥的跨径可提升至 1000m。

曾田胜等[71]提出了装配式 UHPC 刚架拱桥结构，2019 年应用于广东高恩高速公路（图 1-51）。该桥主跨 58m，全长 66m，矢跨比 1：8.9。主拱圈由 3 道 30cm 厚的 UHPC 刚架拱片和 UHPC 边梁构成，节段预制拼装施工；桥面板为现浇普通混凝土。大桥按公路-Ⅰ级荷载设计，未设置预应力，UHPC 主拱最大压应力 40.5MPa，最大拉应力 15.6MPa，最大裂缝宽度按

0.05mm 控制。

图 1-51　广东高恩高速公路 UHPC 刚架拱桥

1.3.3.3　UHPC 用于桥梁加固

我国已进入桥梁工程建养并重期，需要维修加固的桥梁数量不断增加。在旧桥加固方面，因 UHPC 强度高，与 NC 同为水泥基材料，两者间更易黏结，是桥梁加固的理想材料。

①拱桥加固方面。凌富伟[72]介绍了某双曲拱桥的 UHPC 加固技术。该桥修建于 20 世纪 70 年代，净跨径 29 m、矢高 3.38 m，主拱圈三肋两波，拱肋为浆砌块体。检测发现，主拱圈跨中处塌陷且横向联系弱化，不符合汽-15 级的承载需求，但主拱圈基础尚稳定。因此，通过 UHPC 对主拱肋和横系梁进行增大截面法加固，达到了公路-Ⅱ级 80% 的承载要求。丁鹏等[73]提出了利用 UHPC 对圬工肋拱桥进行套箍加固的方法，以重庆某空腹式双肋圬工拱桥为背景，建立了 UHPC 套箍加固组合截面拱肋承载力分析方法。

②抗弯加固方面。石红磊等[74]针对在役桥梁改扩建问题提出了 UHPC 加固设计方案，以某高速公路桥梁空心板为例，建立了 UHPC 加固受弯和抗剪承载力计算公式，并对加固的主要工序进行了介绍。Zhu 等[75]通过试验研究了损伤 RC 桥面板 UHPC 加固的方案。试验结果表明，经 UHPC 加固后，桥面板的抗裂能力和极限承载力分别提高 2.5 倍和 2 倍。2016 年，该抗弯加固技术应用于国内某大跨径斜拉桥受损混凝土桥面板的加固。

相较于国外（如瑞士），国内以 UHPC 加固大跨径混凝土梁桥的工程应用尚不多。2019 年，苏州东环快速路跨运河桥（70m + 120m + 70m 预应力混凝土箱梁桥）采用 UHPC 提高负弯矩区的抗裂能力和耐久性，凿除墩顶两侧约 16m 范围内 70mm 厚的 C40 混凝土，以 UHPC 替换。广州华南大桥为 110m + 190m + 110m 的预应力混凝土连续刚构桥，1998 年通车，运营多年后出现了梁体下挠病害。为提高梁体的刚度及耐久性，2019 年底，采用 UHPC 加固，拆除主桥 10cm 厚钢筋混凝土铺装和 6cm 厚沥青铺装，以 5cm UHPC 和 2cm 超薄磨耗层重铺。如图 1-52所示。

1.3.3.4　UHPC 接缝

（1）UHPC 湿接缝

Qi 等[76]对 UHPC 桥面板燕尾形现浇接缝进行了研究。接缝侧面外宽内窄，外形似燕尾

（图1-53），并利用钢丝网实现接缝侧面的糙化。试验中对比了U形弯起钢筋和无接触平直搭接钢筋两种方式，搭接长度为6d(d为钢筋直径，120mm)。试验结果表明，采用钢丝网处理能够提高接缝的初裂荷载和极限荷载；无接触平直型钢筋的UHPC接缝极限强度仅为U形弯起钢筋接缝的68.5%，且接缝提前破坏，钢筋未屈服；预应力使开裂强度提升20%～40%，但会降低接缝的延性。目前UHPC燕尾形现浇接缝已应用于南京长江五桥（图1-54）。

a)苏州东环快速路跨运河桥加固

b)广州华南大桥

图1-52 UHPC用于加固在役混凝土桥梁

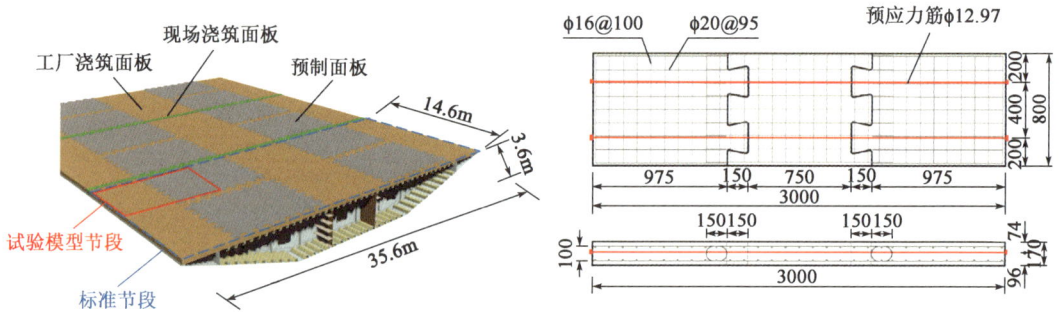

图1-53 UHPC燕尾形现浇接缝构造及试验方案

图1-54 南京长江五桥UHPC燕尾形现浇接缝施工

Liu等[77]基于在役混凝土桥梁横向拓宽需求，研究了UHPC纵向接缝的局部受力性能。以上海某高架桥为背景，开展了接缝抗弯试验，试验中以不对称荷载模拟新－旧混凝土桥梁的不均匀沉降。结果表明,UHPC 接缝能够满足实桥受力要求。

　　Deng 等[78]提出了一种新型台阶状 UHPC 接缝(图 1-55)。研究表明,这种接缝可确保其强度高于母材强度且不漏水;同时,接缝钢筋交错布置,零焊接。目前这种接缝已应用于益阳青龙洲大桥等工程。

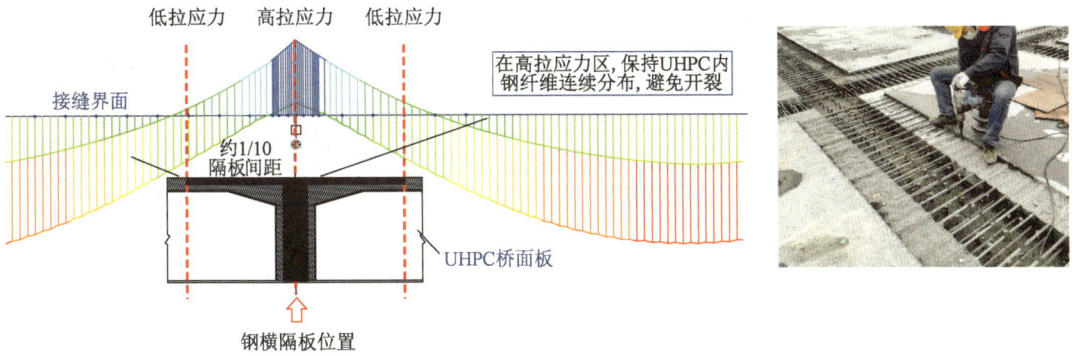

图 1-55　新型台阶状 UHPC 接缝构造及实桥应用

　　UHPC 被用于大跨径斜拉桥钢-混凝土结合段,可视为一种特殊接缝。周立兵等[79]以湖北石首长江大桥(主桥 820m,双塔单侧混合梁斜拉桥)为背景,研究了钢格构内填充 UHPC 的结合段方案,以提升 PBL 剪力键和结合段的强度,克服传统结合段易脱空、开裂,疲劳性能不足等问题。目前这种结构已应用于云南六库怒江二桥(2014 年)、湖北石首长江大桥(2018 年)、湖北嘉鱼长江大桥(2018 年)、湖北武穴长江大桥(2019 年)等大跨径斜拉桥(图 1-56)。

图 1-56　大跨径斜拉桥钢-混凝土结合段 UHPC 施工

　　UHPC 也被用于悬索桥桥塔钢-混凝土结合段中。湖北襄阳庞公大桥是一座三塔悬索桥,主塔为钢-混凝土门形框架结构,下塔柱和下横梁为混凝土结构,上塔柱和上横梁为钢结构,在钢-混凝土结合面以下 2.5 m 范围内采用 UHPC 作为连接材料,UHPC 体量约 300 m³。

　　由于 UHPC 具有高强度、高延性等特点,可用于预制桥墩塑性区,研究表明,在桥墩中采用 UHPC 接缝能够获得良好的抗震性能。此外,由于 UHPC 与钢筋的黏结强度高,也可用作灌浆料。

　　(2)UHPC 干接缝

　　Liu[80]等对 25 个干接缝模型开展了直剪试验(图 1-57),试件参数包括约束应力、混凝土类型、接缝类型、接缝形状以及齿键数量等。试验结果表明,当约束应力较高,基体抗拉强度较高,以及掺入钢纤维时,UHPC 接缝的抗剪强度较高;大键齿抗剪承载力提高较小。文献[79]还提出了 UHPC 干接缝抗剪强度简化计算公式。

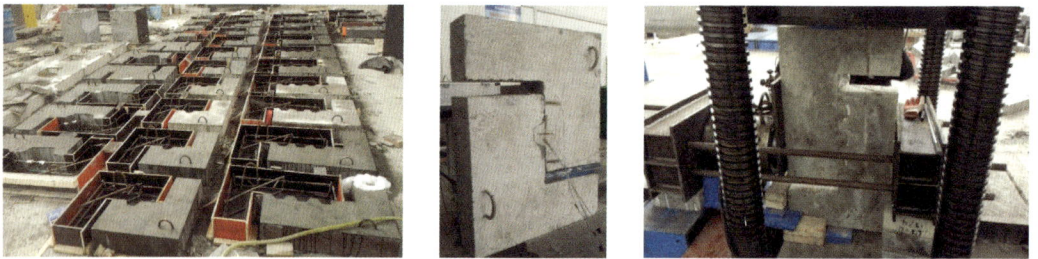

图1-57　UHPC 干接缝试验试件

闫泽宇[81]也开展了 UHPC 干接缝抗剪试验研究。试验结果表明,对于平接胶接缝,随着荷载增加,接缝底部、顶部环氧树脂胶层附近的 UHPC 出现竖向裂缝,破坏时表现为脆性破坏;对于单键胶接缝,随着荷载增加,齿键根部出现斜裂缝并向齿键中部扩展,同样为脆性破坏。UHPC 单键胶接缝抗剪承载力远高于相同截面尺寸平接胶接缝的抗剪承载力。

1.3.3.5　UHPC 铁路桥梁

我国 UHPC 最早的应用是在铁路桥领域,包括应用于青藏铁路和哈大铁路的人行道、沟槽盖板,以及分别应用于迁曹铁路、蓟港铁路的20m、32m 超低高度 T 形 UHPC 梁等。

刘琛[82]对 24m UHPC 箱梁进行了研究。与 C50 混凝土箱梁的对比表明,由于 UHPC 简支箱梁为薄壁箱形截面,其圬工材料较普通混凝土预应力简支箱梁节省约25%,自重减少约21%。刘琛[83]、涂先行[84]、王苇等[85]对 48m UHPC 铁路简支梁桥均进行了研究(图1-58)。UHPC 简支梁高4.0m,全宽12.6m,顶板为厚0.15~0.24m 的 C50 混凝土桥面板;每孔梁分为3节段,节段间采用胶结;48m UHPC 梁总重830t,其中现浇 C50 桥面板质量290t。理论分析表明,48m UHPC 简支梁桥的静力、动力、稳定性均满足设计要求,并通过缩尺模型验证了结构的安全性。

1.3.3.6　特殊应用

章烽锋[86]介绍了 UHPC 在南浦大桥 W3 匝道桥墩改建工程中的应用。通过改造,将14跨总长369m 的匝道缩短至8跨160m,即先拆除多余6跨的上部结构和桥墩立柱,截除未拆除的8跨梁的桥墩,截除长度为新、旧高程差值,待上部结构整体调整就位后,以 UHPC 作为接缝将墩柱上、下部分连接。文献[85]通过锚固试验、界面黏结试验验证了方案的可行性。

方志等[87]针对某公路-Ⅱ级 56m+90m+56m 预应力混凝土箱梁桥施工中出现的混凝土强度偏低问题,采取如下处治措施:①压应力超限区及相邻梁段以 6cm 厚 UHPC 加固;②主跨合龙前,悬臂端临时压重,合龙段施工后撤除;③适当减薄原设计混凝土铺装。处理后,超限压应力最大降幅达16.8%,且 UHPC 层对截面压应力贡献达58.7%,效果良好。

郝良秋等[88]介绍了 UHPC 球铰在108国道禹门口黄河公路大桥转体施工中的应用。与钢球铰相比,UHPC 球铰结构刚度大幅度提高,用钢量和加工量都显著减少,降低了球铰生产成本和运输、安装难度。Geng 等[89]研究了 UHPC 锚固区的局部承压性能。试验结果表明,锚固区的破坏伴随着较宽裂缝的出现,表现为延性破坏。

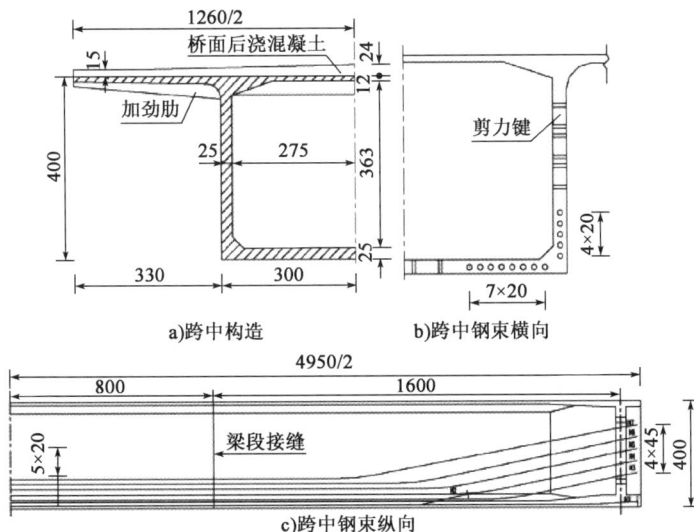

图 1-58　48m UHPC 铁路简支梁桥方案示意图(单位:cm)

1.4　UHPC 的标准化工作

UHPC 在工程领域的推广应用离不开技术标准。但长期以来,UHPC 相关标准匮乏成为阻碍我国 UHPC 应用的主要阻力之一。近年来,UHPC 在工程中的应用不断增多,越来越多与 UHPC 相关的技术规范或标准正在被制定,涵盖了材料、结构设计与施工等方方面面。表 1-11、表 1-12 分别统计了国外、国内相关的技术规范与标准(不完全统计)。由表 1-11、表 1-12 可知,国外、国内与 UHPC 相关的规范或标准分别为 14 部(11 部已出版,3 部编制中)、30 部(13 部已出版,17 部编制中),大部分规范或标准是在 2015 年及以后制定的。各类规范或标准的出台,将极大推动 UHPC 在桥梁工程领域中的应用。

表 1-11　国外已制定或正在制定的 UHPC 相关技术规范与标准

国家	规范名称	时间	状态
法国	超高性能纤维增强混凝土:规范、性能、生产和合格评定(NF P 18-470)	2016 年	正式出版
	超高性能纤维增强混凝土结构设计规范(NF P 18-710)	2016 年	正式出版 (欧洲规范 2 的补充)
瑞士	UHPFRC:建筑材料、设计与应用(SIA 2052)	2014 年	正式出版
德国	德国结构混凝土委员会(DAfStB)主编的 UHPFRC 指南	未知	编制中
西班牙	西班牙混凝土科学 – 技术协会(ACHE)第一委员会编制的 UHPFRC 指南	2015 年	编制中

续上表

国家	规范名称	时间	状态
美国	美国超高性能混凝土华夫板设计指南（FHWA 2013）	2013 年	正式出版
	超高性能混凝土试件的制造和试验的标准实施规程（ASTMC 1856/1856M-17）	2017 年	正式出版
	FHWA 为 AASHTO T1 委员会起草关于使用 UHPC 进行桥梁结构设计的技术规范	未知	编制中
加拿大	材料和施工方法（CSA A23.1 附件 U）	2015 年	
	钢纤维混凝土桥梁的结构设计（CSAS6 A8.1 附件）	2015 年	
澳大利亚	RPC 预应力混凝土梁设计指南（新南威尔士大学）	2000 年	
	混凝土结构（DR AS 3600）	2018 年	
日本	超高性能纤维增混凝土（UHPFRC）结构设计与施工指南（草案）	2004 年	正式出版
韩国	超高性能混凝土（K-UHPC）的设计指南	2012 年	正式出版

表 1-12　我国已制定或正在制定的 UHPC 相关技术规范与标准

规范名称	时间	状态
客运专线活性粉末混凝土（RPC）材料人行道挡板、盖板暂行技术条件	2006 年	正式出版（铁道部技术文件）
活性粉末混凝土（GB/T 31387—2015）	2015 年	正式出版（国家标准）
超高性能轻型组合桥面结构技术规程（GDJTG/T A01—2015）	2015 年	正式出版（广东省地方标准）
钢-超高韧性混凝土轻型组合结构桥面技术规范（DB43/T 1173—2016）	2016 年	正式出版（湖南省地方标准）
活性粉末混凝土结构技术规程（DBJ43/T 325—2017）	2017 年	正式出版（湖南省地方标准）
超高性能混凝土电杆（T/CEC 143—2017）	2017 年	正式出版（中国电力企业联合会标准）
超高性能混凝土基本性能与试验方法（T/CBMF 37—2018 或 T/CCPA 7—2018）	2018 年	正式出版（中国建筑材料协会标准）
超高性能混凝土制备与工程应用技术规程（DB13/T 2946—2019）	2019 年	正式出版（河北省地方标准）
超高性能纤维混凝土组合加固桥梁设计与施工技术规程（SDBXM 39—2019）	2019 年	正式出版（陕西省地方标准）
四川省城镇超高韧性组合钢桥面结构技术标准（DBJ51/T 089—2020）	2020 年	正式出版（四川省地方标准）
四川省城镇节段预制超高性能混凝土梁桥技术标准（DBJ 51/T 138—2020）	2020 年	正式出版（四川省地方标准）
超高性能混凝土（UHPC）技术要求（T/CECS 10107—2020）	2020 年	正式出版（中国工程建设标准化协会标准）

规范名称	时间	状态
超高性能混凝土预混料（T/CBMF 96—2020/ T/CCPA 20—2020）	2020 年	正式出版（中国建筑材料协会标准）
超高性能混凝土试验方法标准	2021 年	正式出版（中国工程建设标准化协会标准）
高韧性混凝土组合桥面结构技术指南	2021 年	正式出版（中国公路学会）
公路桥涵超高性能混凝土应用技术规范	未知	编制中（公路工程行业标准）
钢-超高韧性混凝土轻型组合桥面结构设计与施工规范	未知	编制中（公路工程行业标准）
超高性能混凝土结构技术规程	未知	编制中（中国工程建设标准化协会标准）
公路超高性能混凝土（UHPC）桥梁技术规程	未知	编制中（中国工程建设标准化协会标准）
公路钢-超高性能混凝土组合桥梁技术规程	未知	编制中（中国工程建设标准化协会标准）
公路超高性能混凝土湿接缝技术规程	未知	编制中（中国工程建设标准化协会标准）
建筑及道路工程超高性能混凝土应用规程	未知	编制中（中国工程建设标准化协会标准）
超高性能混凝土加固桥梁技术指南	未知	编制中（中国公路学会）
超高性能混凝土桥梁技术规程	未知	编制中（中国勘察设计协会标准）
超高性能混凝土预制构件生产技术规程	未知	编制中（中国建筑材料协会标准）
超高性能混凝土现场浇筑施工技术规程	未知	编制中（中国建筑材料协会标准）
超高性能混凝土结构设计技术规程	未知	编制中（中国建筑材料协会标准）
预应力（无腹筋）超高性能混凝土梁桥技术规程	未知	编制中（广东省公路学会标准）
超高性能混凝土制备与工程应用技术规程	未知	编制中（福建省地方标准）
超高性能混凝土桥梁设计与施工技术规程	未知	编制中（福建省地方标准）

1.5 本章小结

超高性能混凝土（UHPC）是一种新型水泥基复合材料，具有优异的力学性能和耐久性，主要特点如下：

①UHPC 的抗压强度与其材料组分及养护制度密切相关，对于一般组分的 UHPC，其抗压强度在 120MPa 以上；而当 UHPC 中掺入钢渣等高强细集料，并采用高温养护时，其抗压强度可达 800MPa。

②UHPC 在轴拉荷载下可表现出应变硬化特性，即初裂后应力不降低，应变持续增加，并伴随多裂缝的发展，而 UHPC 的抗拉强度及韧性与钢纤维的类型、尺寸和掺量密切相关。

③UHPC 具有优异的抗压及抗拉疲劳性能（类似于钢材，具有疲劳极限强度），无论 UHPC 中是否配置钢筋，其抗拉疲劳性能均与材料或构件所处的应力水平有关。

④虽然国内外对 UHPC 材料及结构的应用日益广泛，但离 UHPC 取代传统土木工程材料

（如普通混凝土）仍有相当长的距离。如果仍沿用传统混凝土结构形式与设计理论，则无法充分发挥 UHPC 材料性能优势，难以达到有竞争力的性价比。

⑤推动 UHPC 应用的过程中，除了进一步降低 UHPC 材料造价外，更重要的是把握工程需求，创新结构形式，发展与 UHPC 相适应的结构，同时完善设计理论与方法，这是 UHPC 规模化应用的重要前提与基础。

参 考 文 献

［1］ BACHE H H. Densified cement ultra-fine particle-based materials［J］.［出版地不详］［出版者不详］. 1981.

［2］ BACHE H H. Compact reinforced composite basic principles［J］. 1987.

［3］ DE LARRARD F, SEDRAN T. Optimization of ultra-high-performance concrete by the use of a packing model［J］. Cement and Concrete Research. 1994,24(6): 997-1009.

［4］ 黄政宇,沈蒲生,蔡松柏.200MPa 超高强钢纤维混凝土试验研究［J］.混凝土,1993(3): 3-7.

［5］ 邵旭东,樊伟,黄政宇.超高性能混凝土在结构中的应用［J］.土木工程学报,2021,54(1): 1-13.

［6］ RICHARD P,CHEYREZY M . Reactive Powder Concretes With High Ductility,and 200-800 MPa Compressive Strength［J］. Concrete Technology:Past,Present and Future,1994(SP-144): 507-518.

［7］ RICHARD P, CHEYREZY M. Composition of reactive powder concretes［J］. Cement and Concrete Research. 1995,25(7):1501—1511.

［8］ BRÜHWILER E. UHPFRC technology to enhance the performance of existing concrete bridges［J］. Structure and Infrastructure Engineering. 2020(16):94-105.

［9］ 申鼎宇.超高性能混凝土弯拉基本性能研究［D］.长沙:湖南大学, 2017.

［10］ WILLE K, EI-TAWIL S, NAAMAN A E. Properties of strain hardening ultra high performance fiber reinforced concrete (UHP-FRC) under direct tensile loading［J］. Cement and Concrete Composites, 2014(48): 53-66.

［11］ SHEN X,BRÜHWILER E. Influence of local fiber distribution on tensile behavior of strain hardening UHPFRC using NDT and DIC ［J］. Cement and Concrete Research, 2020 (132):106042.

［12］ BASTIEN-MASSE M,DENARIÉ E, BRÜHWILER E. Effect of fiber orientation on the in-plane tensile response of UHPFRC reinforcement layers［J］. Cement and Concrete Composites,2016,(67):111-125.

［13］ ZHOU B, UCHIDA Y. Influence of flowability, casting time and formwork geometry on fiber orientation and mechanical properties of UHPFRC［J］. Cement and Concrete Research,2017 (95):164-177.

［14］ ZHOU B, UCHIDA Y. Relationship between fiber orientation/distribution and post-cracking behaviour in ultra-high-performance fiber-reinforced concrete (UHPFRC) ［J］. Cement and

Concrete Composites,2017(83):66-75.

[15] DENARIÉ E, SOFIA L, BRÜHWIER E. Characterization of the tensile response of strain hardening UHPFRC-Chillon viaducts[C]//Proceedings AFGC-ACI-fib-RILEM Int. Symposium on Ultra-High Performance Fibre-Reinforced Concrete, UHPFRC 2017-Pro 106. RILEM publications SARL, 2017 (CONF): 242-250.

[16] NUNES S, PIMENTEL M, RIBEIRO F, et al. Estimation of the tensile strength of UHPFRC layers based on non-destructive assessment of the fiber content and orientation [J]. Cement and Concrete Composites. 2017(83):222-238.

[17] BARNETT S J,LATASTE J F PARRY T. et al. Assessment of fibre orientation in ultra high performance fibre reinforced concrete and its effect on flexural strength [J]. Mater Struct. 2009,43(7):1009-1023.

[18] Ultra-high performance fiber-reinforced concrete (UHPFRC)-Specifications, performance, production and conformity: N. AFNOR, P 18-470[S]. Association Française de Normalisation, 2016.

[19] SIA (Swiss Society of Engineers and Archtitects). Technical Leaflet SIA 2052 UHPFRC - Materials, design and construction, Zurich Switzerland, 2016.

[20] NUNES S, PIMENTEL M. Characterization and comparison of two magnetic probes (Technical report) [J]. Faculdade de Engenharia Universidade do Porto, 2016.

[21] NEUBER H. Der zugbeanspruchte Flachstab mit optimalem Querschnittsübergang [J]. Forschung Im Ingenieurwesen,1969(35):29-30.

[22] FERRARA L, CREMONESI M, FAIFER M, et al. Structural elements made with highly flowable UHPFRC: Correlating computational fluid dynamics (CFD) predictions and non-destructive survey of fiber dispersion with failure modes[J]. Engineering Structures, 2017, 133: 151-171.

[23] YOO D Y, ZI G, KANG S T, et al. Biaxial flexural behavior of ultra-high-performance fiber-reinforced concrete with different fiber lengths and placement methods[J]. Cement and Concrete Composites, 2015, 63: 51-66.

[24] 方志, 向宇, 匡镇, 等, 钢纤维含量对活性粉末混凝土抗疲劳性能的影响[J].湖南大学学报(自然科学版),2011,38(6):6-12.

[25] LI Q, HUANG B, XU S, et al. Compressive fatigue damage and failure mechanism of fiber reinforced cementitious material with high ductility[J]. Cement and Concrete Research, 2016(90): 174-183.

[26] LORAUX C T. Long-term monitoring of existing wind turbine towers and fatigue performance of UHPFRC under compressive stresses[D]. Ecole Polytechnique Fédérale de Lausanne, 2018.

[27] LOHAUS L, ONESCHKOW N, WEFER M. Design model for the fatigue behaviour of normal-strength, high-strength and ultra - high - strength concrete[J]. Structural Concrete, 2012, 13(3): 182-192.

[28] 余自若, 安明喆, 郑帅泉, 活性粉末混凝土疲劳后剩余抗压强度试验研究[J]. 建筑结

构学报,2011,32(1):82-87.

［29］ National addition to Eurocode 2-Design of concrete structures: Specific rules for ultra-high performance fiber-reinforced concrete (UHPFRC): N. AFNOR, P 18-710［S］. Association Française de Normalisation, 2016.

［30］ PARANT E, ROSSI P, BOULAY C. Fatigue behavior of a multi-scale cement composite［J］. Cement and Concrete Research, 2007, 37(2): 264-269.

［31］ BEHLOUL M, CHANVILLARD G, PIMIENTA P, et al. Fatigue flexural behavior of pre-cracked specimens of special UHPFRC［J］. Special Publication, 2005, 228: 1253-1268.

［32］ FARHAT F A, NICOLAIDES D, KANELLOPOULOS A, et al. High performance fibre-reinforced cementitious composite (CARDIFRC)-performance and application to retrofitting［J］. Engineering Fracture Mechanics, 2007, 74(1-2): 151-167.

［33］ MAKITA T, BRÜHWILER E. Tensile fatigue behaviour of ultra-high performance fibre reinforced concrete (UHPFRC)［J］. Materials and Structures, 2014, 47(3): 475-491.

［34］ MAKITA T, BRÜHWILER E. Tensile fatigue behaviour of ultra-high performance fibre reinforced concrete combined with steel rebars (R-UHPFRC)［J］. International Journal of Fatigue,2014, (59): 145-152.

［35］ SHEN X, BRÜHWILER E. Biaxial flexural fatigue behavior of strain-hardening UHPFRC thin slab elements［J］. International Journal of Fatigue, 2020(138): 105727.

［36］ GRAYBEAL B, BRÜHWILER E, KIM B S, et al. International perspective on UHPC in bridge engineering［J］. Journal of Bridge Engineering, 2020, 25(11): 04020094.

［37］ BERTOLA N, SCHILTZ P, DENARIÉ E, et al. A Review of the use of UHPFRC in bridge rehabilitation and new construction in Switzerland［J］. Frontiers in Built Environment, 2021 (7): 769686.

［38］ VOO Y L, FOSTER S J, VOO C C. Ultrahigh-performance concrete segmental bridge technology: toward sustainable bridge construction［J］. Journal of Bridge Engineering, 2015, 20 (8): B5014001.

［39］ SPAROWITZ L, FREYTAG B, REICHEL M, et al. Wild bridge—a sustainable arch made of UHPFRC［C］// Radic J, Chen Baochun. Proceedings of the 3rd Chinese-Croatian Joint Colloquium on Long Span Arch Bridges. Zagreb, Croatia, 2011:45-70.

［40］ 黄卿维,沈秀将,陈宝春,等.韩国超高性能混凝土桥梁研究与应用［J］.中外公路. 2016, 36 (2): 222-225.

［41］ SHAO X, DENG L, CAO J. Innovative steel-UHPC composite bridge girders for long-span bridges［J］. Frontiers of Structural and Civil Engineering,2019,13 (4): 981-989.

［42］ 邵旭东,罗军,曹君辉, 等. 钢-UHPC 轻型组合桥面结构试验及裂缝宽度计算研究［J］. 土木工程学报, 2019, 52(3): 65-79.

［43］ LUO J, SHAO X, FAN W, et al. Flexural cracking behavior and crack width predictions of composite (steel + UHPC) lightweight deck system［J］. Engineering Structures, 2019 (194): 120-137.

［44］ CHEN S, HUANG Y, GU P, et al. Experimental study on fatigue performance of UHPC-orthotropic steel composite deck. Thin-Walled Structures［J］. 2019（142）：1-18.

［45］ YUAN Y, WU C, JIANG X. Experimental study on the fatigue behavior of the orthotropic steel deck rehabilitated by UHPC overlay. Journal of Constructional Steel Research［J］, 2019（157）：1-9.

［46］ 裴必达, 李立峰, 邵旭东, 等. 钢-UHPC 轻型组合桥面板实桥试验研究［J］. 湖南大学学报（自然科学版）, 2019, 46（1）：76-84.

［47］ ZHU Z W, XIANG Z, ZHOU Y E. Fatigue behavior of orthotropic steel bridge stiffened with ultra-high performance concrete layer. Journal of Constructional Steel Research［J］. 2019（157）：132-142.

［48］ CAO J H, SHAO X D. Finite element analysis of headed studs embedded in thin UHPC［J］. Journal of Constructional Steel Research, 2019（161）：355-368.

［49］ 张瀚文, 邵旭东, 曹君辉, 等. 具有短钢筋连接件的超薄轻型组合桥面结构抗剪性能初探［J］. 公路工程, 2019, 44（2）：8-13, 35.

［50］ 李树原, 李嘉, 邵旭东, 等. 焊接钢筋网连接件数值分析与拉拔试验研究［J］. 公路工程, 2019, 44（2）：23-27.

［51］ 张宝刚. UHPC 蒸养对单索面大悬臂斜拉桥变形的影响［J］. 公路, 2019, 64（11）：152-157.

［52］ 王洋, 邵旭东, 沈秀将, 等. 钢板条-UHPC 组合桥面结构静力及疲劳试验［J］. 中国公路学报, 2021, 34（8）：261-272.

［53］ 周立兵, 张刚, 王敏. 军山长江大桥钢-UHPC 组合桥面改造效果研究［J］. 桥梁建设, 2020, 50（2）：49-54.

［54］ WANG S, KE Z, GAO Y, et al. Long-term in situ performance investigation of orthotropic steel bridge deck strengthened by SPS and RPC solutions［J］. Journal of Bridge Engineering, 2019, 24（6）：04019054.

［55］ 吴跃. 赵筠：UHPC 驱动工程结构再创新［N］. 中国建材报, 2022-1-24（8）.

［56］ 崔冰, 王康康, 周启凡, 等. 预制钢-混组合桥面板组装式连接静力及疲劳性能试验［J］. 中国公路学报, 2018, 31（12）：106-114.

［57］ WANG Y, SHAO X, ZHANG X, et al. Structural behaviors of a low-profile steel plate-reinforced UHPC deck panel with longitudinal ribs［J］. Journal of Bridge Engineering, 2021, 26（8）：04021043.

［58］ 张清华, 韩少辉, 贾东林, 等. 新型装配式 UHPC 华夫型上翼缘组合梁受力性能［J］. 西南交通大学学报, 2019, 54（3）：445-452, 442.

［59］ 朱平, 杜铁, 赵华, 等. 钢-UHPC 组合梁剪力滞效应研究［J］. 铁道科学与工程学报, 2019, 16（12）：3013-3023.

［60］ 邓舒文, 邵旭东, 晏班夫, 等. 全预制快速架设钢-UHPC 轻型组合城市桥梁［J］. 中国公路学报, 2017, 30（3）：159-166.

［61］ 沈秀将, 邵旭东. 一种型钢-超高性能混凝土组合梁［P］. 湖南省：CN112391932A,

2021-02-23.

[62] ZHAO C, WANG K, XU R, et al. Development of fully prefabricated steel-UHPC composite deck system[J]. Journal of Structural Engineering, 2019(7): 04019051.

[63] WANG K, ZHAO C, WU B, et al. Fully-scale test and analysis of fully dry-connected pre-fabricated steel-UHPC composite beam under hogging moments[J]. Engineering Structures, 2019(197): 109380.

[64] 郭泽棉. 北环高速沙贝立交 F 匝道桥 UHPC 梁施工关键技术研究[J]. 广东土木与建筑, 2019, 26(7): 79-81.

[65] 李昭, 赵华, 朱平, 等. UHPC-NC 组合结构抗弯性能试验及有限元分析[J]. 公路工程, 2019, 44(2): 194-200.

[66] 王珏, 季文玉, 李旺旺. 预应力活性粉末混凝土-普通混凝土叠合梁疲劳全过程分析[J]. 浙江大学学报(工学版), 2019, 53(5): 917-924.

[67] 蒋建军, 钟川剑. 山岭高墩大跨径连续刚构桥减震技术研究[J]. 公路交通技术, 2019, 35(2): 59-66, 72.

[68] 邵旭东, 邱明红. 基于 UHPC 材料的高性能装配式桥梁结构研发[J]. 西安建筑科技大学学报(自然科学版), 2019, 51(2): 160-167.

[69] 刘兆锋. 基于高性能材料的混合梁斜拉桥结构性能研究[D]. 长沙: 湖南大学, 2019.

[70] 方志, 任亮, 凡凤红. CFRP 拉索预应力超高性能混凝土斜拉桥力学性能分析[J]. 中国工程科学, 2012, 14(7): 53-59.

[71] 曾田胜, 罗吉庆, 邹赵勇, 等. 透空式超高性能混凝土刚架拱桥设计与施工[J]. 公路, 2020, 65(10): 170-175.

[72] 凌富伟. 双曲拱桥维修加固方案研究及工程应用[J]. 低碳世界, 2019, 9(11): 217-218.

[73] 丁鹏, 周建庭, 杨俊, 等. UHPC 套箍加固肋拱桥承载力研究[J]. 中外公路, 2019, 39(4): 119-123.

[74] 石红磊, 陈卫霞. 高速公路桥梁空心板提载加固技术研究[J]. 市政技术, 2019, 37(5): 92-94.

[75] ZHU Y, ZHANG Y, HUSSEIN H H, et al. Numerical modeling for damaged reinforced concrete slab strengthened by ultra-high performance concrete (UHPC) layer[J]. Engineering Structures, 2020(209): 110031.

[76] QI J, BAO Y, WANG J, et al. Flexural behavior of an innovative dovetail UHPC joint in composite bridges under negative bending moment[J]. Engineering Structures, 2019(200): 109716.

[77] LIU C, HUANG Y, LU Y. Experimental study on the performance of the UHPC longitudinal joint between existing bridge decks and lateral extensions[J]. Structural Concrete, 2019(20): 1871-1882.

[78] DENG S, SHAO S, YAN B, et al. On flexural performance of girder-to-girder wet joint for lightweight steel-UHPC composite bridge[J]. Applied Sciences, 2020, 10(4): 1335.

[79] 周立兵, 丁望星, 张家元. 斜拉桥主梁钢-混结合段技术性能提升关键技术[J]. 桥梁建设, 2019, 49(2): 30-35.

[80] LIU T, WANG Z, GUO J, et al. Shear strength of dry joints in precast UHPC segmental bridges: experimental and theoretical research[J]. Journal of Bridge Engineering, 2018, 24(1): 04018100.

[81] 闫泽宇. 节段预制拼装 UHPC 胶接缝抗剪性能试验及有限元分析[J]. 公路工程, 2019, 44(6): 228-233.

[82] 刘琛. 高速铁路 UHPC 试验箱梁的设计与施工研究[J]. 混凝土与水泥制品, 2019(8): 89-92.

[83] 刘琛. 高速铁路 48 m 跨度超高性能混凝土简支梁设计及抗弯性能试验研究[J]. 铁道建筑, 2019, 59(8): 19-23.

[84] 涂先行. 活性粉末混凝土节段胶拼箱梁试验研究[J]. 铁道建筑技术, 2019, 000(0z1): 1-4.

[85] 王苇, 苏永华, 班新林. 活性粉末混凝土简支箱梁模型试验研究[J]. 铁道建筑, 2019, 59(1): 10-13.

[86] 章烽锋. 超高性能混凝土(UHPC)在桥梁改建工程中的应用[J]. 广东公路交通, 2019, 45(5): 31-34.

[87] 方志, 陈正, 陈潇, 等. PC 连续箱梁桥箱梁压应力超限的综合处治[J]. 桥梁建设, 2019, 49(2): 74-79.

[88] 郝良秋, 杨博婷. RPC 球铰的应用[J]. 筑路机械与施工机械化, 2018, 35(5): 102-107.

[89] GENG X, ZHOU W, YAN J. Reinforcement of orthogonal ties in steel-fiber-reinforced reactive powder concrete anchorage zone[J]. Advances in Structural Engineering, 2019, 22(3): 2311-2321.

第 2 章

UHPC桥梁设计方法

2

INNOVATIVE BRIDGE STRUCTURES BASED
ON ULTRA-HIGH PERFORMANCE CONCRETE (UHPC)

THEORY, EXPERIMENT AND APPLICATION

INNOVATIVE BRIDGE STRUCTURES BASED ON ULTRA-HIGH PERFORMANCE CONCRETE (UHPC)

THEORY, EXPERIMENT AND APPLICATION

2.1　概述

广东英德北江四桥跨堤桥是一座单跨 102m 的 UHPC 简支箱梁桥,为国内首座大跨径 UHPC 箱梁桥,为了给大桥的设计、施工和验收提供依据,作者团队与中交第二公路勘察设计研究院有限公司合作,于 2017 年编制了《节段预制拼装预应力超高性能混凝土箱梁桥专用技术规程》[1]并获批,之后又与上海市城市建设设计研究总院合作,编制了中国土木工程学会标准《超高性能混凝土梁式桥技术规程》(T/CCES 27—2021)[2]且已颁布。随着研发工作的进一步深入,基于一系列理论、试验研究成果以及工程经验积累,对上述标准进行了修订、完善,并依据《公路工程结构可靠性设计统一标准》(JTG 2120—2020)对重要公式做了可靠度校准,编制完成交通运输部行业标准《公路桥涵超高性能混凝土应用技术规范》(报批稿)。本章以交通运输部行业标准(报批稿)为基础,阐述 UHPC 桥梁设计方法。

2.2　基本规定

超高性能混凝土公路桥涵设计应根据建设条件、施工方法、工期要求、经济性等因素,合理确定跨径布置、结构形式和截面构造。

应根据桥涵应用类型、受力特点、使用环境等因素,选择性能匹配的超高性能混凝土。

超高性能混凝土公路桥涵设计除应遵循可检查、可维修的基本原则,并满足耐久性的构造要求,尚应符合《公路工程混凝土结构耐久性设计规范》(JTG/T 3310—2019)的规定。

2.3　原材料与配合比

2.3.1　原材料

水泥宜选用强度等级不低于 42.5 级的硅酸盐水泥、普通硅酸盐水泥、中热硅酸盐水泥、低热硅酸盐水泥或白色硅酸盐水泥,并应符合下列规定:

(1)硅酸盐水泥、普通硅酸盐水泥除应符合《通用硅酸盐水泥》(GB 175—2007)的规定外,铝酸三钙的含量宜小于 6%;

(2)中热硅酸盐水泥、低热硅酸盐水泥应符合《中热硅酸盐水泥、低热硅酸盐水泥》(GB/T 200—2017)的规定;

(3)白色硅酸盐水泥应符合《白色硅酸盐水泥》(GB/T 2015—2017)的规定;

(4)当采用其他种类的水泥时,应通过试验验证,满足超高性能混凝土设计性能要求后方可使用。

掺合料应保证其产品品质稳定、均匀,并应符合下列规定:

(1)硅灰应符合《高强高性能混凝土用矿物外加剂》(GB/T 18736—2017)的规定,且二氧化硅含量不应低于 90%;

（2）石英粉的二氧化硅含量应大于97%，小于0.16mm粒径的颗粒比例应大于95%，氯离子含量不应大于0.02%，硫化物及硫酸盐含量不应大于0.50%，云母含量不应大于0.50%，其放射性应符合《建筑材料放射性核素限量》(GB 6566—2010)的规定；

（3）粉煤灰应符合《用于水泥和混凝土中的粉煤灰》(GB/T 1596—2017)的规定，且宜采用Ⅰ级F类粉煤灰；

（4）磨细矿渣、磨细天然沸石和偏高岭土应符合《高强高性能混凝土用矿物外加剂》(GB/T 18736—2017)的规定，且宜采用Ⅰ级磨细矿渣；

（5）石灰石粉应符合《矿物掺合料应用技术规范》(GB/T 51003—2014)的规定；

（6）当选用其他矿物掺合料时，应通过试验验证，确定其配制的超高性能混凝土性能满足工程应用及长期耐久性要求后方可使用，其放射性应符合《建筑材料放射性核素限量》(GB 6566—2010)的规定。

细集料的含泥量、石粉含量、泥块含量、有害物质限量、坚固性应达到《建设用砂》(GB/T 14684—2022)的Ⅰ类要求。采用石英砂时，应符合《活性粉末混凝土》(GB/T 31387—2015)的规定。

外加剂应与水泥、掺合料之间具有良好的相容性，并应符合下列规定：

（1）减水剂应符合《混凝土外加剂》(GB 8076—2008)的规定，宜采用高性能减水剂，减水剂的减水率不宜小于30%；

（2）膨胀剂应符合《混凝土膨胀剂》(GB/T 23439—2017)的规定，宜采用氧化钙类膨胀剂，且符合Ⅱ级的要求；

（3）减缩剂的技术要求应符合表2-1的规定。

表2-1 减缩剂的技术要求

试验项目			技术要求	
			标准型	减水型
匀质性	外观		均匀不分层	
	密度(g/cm³)		$D>1.1$时，要求为$D\pm0.03$ $D\leqslant1.1$时，要求为$D\pm0.02$	
	氯离子含量(%)		不超过生产厂控制值	
	总碱量(%)		不超过生产厂控制值	
掺减缩剂的超高性能混凝土性能	减水率(%)		—	≥15
	凝结时间之差(min)	初凝	≤ +120	—
		终凝	≤ +120	—
	含气量(%)		≤5	
	抗压强度之比(%)	7d	90	100
		28d	95	110
	减缩率(%)	7d	35	25
		28d	30	20
		60d	25	15

注：表中D为密度的生产厂控制值。

钢纤维的性能指标应符合表 2-2 的规定,性能检验应符合《活性粉末混凝土》(GB/T 31387—2015)的规定。

表 2-2 钢纤维的性能指标

项目	性能指标
抗拉强度(MPa)	≥2000
长度合格率[1](%)	≥96
直径合格率[2](%)	≥90
形状合格率(%)	≥96
杂质含量、表面污染和锈蚀状况(%)	0

注:1.50 根试样中,实测长度与公称长度偏差在 ±2mm 内的纤维所占数量比。
　　2.50 根试样中,实测直径与公称直径偏差在 ±0.02mm 内的纤维所占数量比。

拌制和养护用水应符合《公路桥涵施工技术规范》(JTG/T 3650—2020)的规定。

2.3.2 配合比

超高性能混凝土应根据工程结构形式、施工工艺以及现场环境等因素进行配合比设计,宜采用绝对体积法。

集料与胶凝材料各组分的相对比例宜按照颗粒紧密堆积理论进行设计,并应通过试验验证。

当需改善超高性能混凝土的密实性时,宜调整粉体材料的用量;当需要改善拌合物的黏聚性和流动性时,宜调整外加剂的掺量。

超高性能混凝土配合比应在综合考虑超高性能混凝土的原材料品质、工作性能、强度、耐久性以及其他必要性能要求的基础上,计算初始配合比,经试验室试配、调整,得出满足工作性要求的基准配合比,经强度等技术指标复核后确定设计配合比。

超高性能混凝土的配制强度应按式(2-1)计算:

$$f_{cu,0} \geq 1.15 f_{cu,k} \tag{2-1}$$

式中:$f_{cu,0}$——超高性能混凝土配制强度,MPa;

　　　$f_{cu,k}$——超高性能混凝土立方体抗压强度标准值,MPa。

当需要调整超高性能混凝土的弯拉强度、轴拉强度时,可调整钢纤维体积率、长度、长径比、形状以及超高性能混凝土水胶比。

超高性能混凝土水胶比不宜大于 0.20,钢纤维体积率不应小于 1.5%,不宜大于 3.5%,其中轴拉应变硬化型超高性能混凝土的钢纤维体积率不应低于 2.0%。

胶凝材料用量不宜大于 900kg/m³,其中硅灰用量不宜小于胶凝材料用量的 10%,水泥用量不宜小于胶凝材料用量的 50%。

集料的计算体积应为超高性能混凝土总体积减去水、胶凝材料、纤维和气体的体积。

超高性能混凝土试配、配合比调整与确定应符合下列规定:

(1)试配时应采用工程实际使用的原材料,每盘混凝土的最小搅拌量不宜小于 15L。

（2）试配时,首先应进行试拌。当试拌所得拌合物的工作性不能满足设计或施工要求时,应在水胶比不变、胶凝材料用量和外加剂用量合理的原则下,调整胶凝材料用量、外加剂用量或不同粒级砂的体积分数等,直到符合要求为止。根据试拌结果,提出超高性能混凝土强度试验用的基准配合比。

（3）超高性能混凝土强度试验时应至少采用三种不同的配合比,其中一种应为第（2）款确定的基准配合比,另外两种配合比的水胶比宜较基准配合比分别增加和减少0.01;用水量与基准配合比相同,集料的体积分数可分别增加和减少1%。

（4）超高性能混凝土强度试验时,每种配合比应至少制作一组试件,按规定的条件养护到要求龄期时试压。如果有耐久性要求,还应制作相应的试件并检测相应的指标。

（5）根据试配结果对基准配合比进行调整,确定的配合比为设计配合比。

（6）对于应用条件特殊的工程,宜对确定的设计配合比进行模拟试验。

2.3.3　干混料

超高性能混凝土干混料的原材料应符合本书第2.3.1节的要求。

超高性能混凝土干混料应配料准确、拌和均匀,单次拌和的干混料宜置于同一包装件中。

超高性能混凝土干混料应干燥、色泽均匀和无结块,包装完好。

超高性能混凝土干混料中包含纤维时,应均匀分散,无纤维结团和锈蚀现象。

超高性能混凝土干混料生产厂家应提供干混料出厂合格证、产品说明书、使用方法和干混料拌制超高性能混凝土产品的性能检验报告。

2.4　超高性能混凝土性能

2.4.1　拌合物工作性能

超高性能混凝土拌合物应具有良好的工作性,不得离析和泌水,无纤维结团和基体结块。

超高性能混凝土拌合物工作性应按表2-3的规定进行分级,试验方法应符合《普通混凝土拌合物性能试验方法标准》（GB/T 50080—2016）的规定。

表2-3　超高性能混凝土拌合物坍落扩展度（SF）分级

等级	SF（mm）	适用范围
USF1	SF < 550	用户可根据项目实际需要和工艺进一步细化、选择适合的流动性指标。例如,浇筑面有一定坡度（大于2%）且无模板覆盖的结构,拌合物需要具备一定稠度,需要结合浇筑、密实施工方法,测试确定适合的工作性
USF2	550 ≤ SF < 650	拌合物借助机械、刮耙或低频振动等辅助布料可自密实,通常借助插捣、低频振动等方法确保边角或钢筋密集处密实,适合浇筑面为水平面或坡度很小或顶面用模板覆盖的结构
USF3	650 ≤ SF < 750	
USF4	750 ≤ SF < 850	拌合物可自流平、自密实,不进行振动或使用机械助流设备进行浇筑,适合浇筑面（自由面）为水平面或顶面用模板覆盖的结构

2.4.2　力学性能

超高性能混凝土的抗压强度等级应根据 100mm 立方体抗压强度标准值确定,强度等级划分为 UC120、UC140、UC160、UC180、UC200。

超高性能混凝土的轴心抗拉强度等级应根据附录 A 规定的轴拉试验的弹性极限抗拉强度标准值确定,强度等级划分为 UT6、UT7、UT8、UT9。

超高性能混凝土的弯拉强度等级应根据 400mm×100mm×100mm 棱柱体抗弯强度标准值确定,强度等级划分为 UF19、UF22、UF25、UF28。

超高性能混凝土轴拉性能分为应变软化型和应变硬化型,其分类应符合表 2-4 的规定。

表 2-4　超高性能混凝土轴拉性能

轴拉性能分类	f_{te}/f_{tk}	f_{tu}/f_{te}	f_{tu}/f_{tk}
应变软化型	≥1.0	—	≥0.7
应变硬化型	≥1.0	≥1.0	≥1.1

表 2-4 中弹性极限抗拉强度 f_{te} 和极限抗拉强度 f_{tu} 取试验值的标准值,其中 f_{tu} 系指极限拉应变 $\varepsilon_{tu}=2000\mu\varepsilon$ 时对应的试验标准值。

超高性能混凝土的整体纤维取向系数 K_{global} 可取 1.25,局部纤维取向系数 K_{local} 可取 1.75。必要时,纤维取向系数可通过附录 B 的方法进行测定。

超高性能混凝土轴心抗压强度标准值 f_{ck} 和轴心抗压强度设计值 f_{cd} 应按表 2-5 的规定采用。超高性能混凝土轴心抗拉强度标准值 f_{tk} 和轴心抗拉强度设计值 f_{td} 应按表 2-6 的规定采用。

表 2-5　超高性能混凝土轴心抗压强度

强度类型	强度等级				
	UC120	UC140	UC160	UC180	UC200
$f_{cu,k}$(MPa)	120	140	160	180	200
f_{ck}(MPa)	84	98	112	126	140
f_{cd}(MPa)	58	68	77	87	97

表 2-6　超高性能混凝土轴心抗拉强度

强度类型	强度等级			
	UT6	UT7	UT8	UT9
f_{tk}(MPa)	6	7	8	9
f_{td}(MPa)	4.1/K	4.8/K	5.5/K	6.2/K

注:K 为纤维取向系数。

超高性能混凝土弹性模量 E_c 宜根据《活性粉末混凝土》(GB/T 31387—2015)的规定进行

测试。若无实测数据,超高性能混凝土弹性模量 E_c 可按表2-7采用。

表2-7　超高性能混凝土弹性模量

强度等级	UC120	UC140	UC160	UC180	UC200
E_c ($\times 10^3$ MPa)	43.4	45.7	47.5	49.1	50.4

超高性能混凝土的剪切变形模量 G_c 可按 E_c 值的40%采用。

公路桥涵超高性能混凝土构件结构计算时,超高性能混凝土的泊松比 μ_c 宜取0.2,温度线膨胀系数 α_c 宜取 1.1×10^{-5}/℃,配筋超高性能混凝土的重度可按式(2-2)确定。当有可靠试验依据时,可按实测数据确定。

$$\gamma = 24(1 - \rho_f - \rho_s) + 78.5(\rho_f + \rho_s) \tag{2-2}$$

式中:γ——配筋超高性能混凝土重度,kN/m^3;

ρ_f——钢纤维体积率,%;

ρ_s——普通钢筋体积率,%。

2.4.3　长期性能和耐久性能

超高性能混凝土的徐变系数宜根据《普通混凝土长期性能和耐久性能试验方法标准》(GB/T 50082—2009)的规定进行测试,收缩应变宜根据附录C的规定进行测试。若无实测数据,超高性能混凝土的收缩应变和徐变系数终极值可按附录D的规定取值。

不同环境类别下,超高性能混凝土的耐久性能设计指标宜按表2-8的规定选用。

表2-8　超高性能混凝土耐久性能设计指标

环境类别名称	耐久性能设计指标
一般环境、冻融环境、近海或海洋氯化物环境、除冰盐等其他氯化物环境、盐结晶环境、化学腐蚀环境	氯离子扩散系数
磨蚀环境	耐磨性能

超高性能混凝土抗渗性能应按表2-9的规定进行分级,试验方法应符合附录E的规定。

表2-9　超高性能混凝土抗渗性能分级

等级	UD1	UD2
氯离子扩散系数 D_{Cl} ($\times 10^{-13}$ m^2/s)	$D_{Cl} \leq 2.0$	$2.0 < D_{Cl} \leq 5.0$

磨蚀环境下,超高性能混凝土的耐磨性能应通过专门的试验研究确定。

在Ⅱ~Ⅶ类环境中,设计使用年限为100年的超高性能混凝土桥涵结构和构件,其耐久性能设计指标在C、D等级作用下不宜低于表2-10的规定,在E、F等级作用下不应低于表2-10的规定。

表 2-10　超高性能混凝土耐久性能设计指标(设计使用年限 100 年)

环境类别	环境作用等级	要求
Ⅰ类——一般环境	A;B;C	—
Ⅱ类——冻融环境	C;D	UD2
	E	UD1
Ⅲ类——近海或海洋氯化物环境	C;D	UD2
	E;F	UD1
Ⅳ类——除冰盐等其他氯化物环境	C;D	UD2
	E	UD1
Ⅴ类——盐结晶环境	D	UD2
	E;F	UD1
Ⅵ类——化学腐蚀环境	C	UD2
	D;E;F	UD1
Ⅶ类——磨蚀环境	C;D;E;F	试验确定

注:1. 环境类别和作用等级应符合《公路工程混凝土结构耐久性设计规范》(JTG/T 3310—2019)的规定。

　　2. 当超高性能混凝土桥涵构件设计使用年限超过 100 年且不超过 150 年时,其耐久性能设计指标可选用 UD1 级,必要时可通过试验确定。

2.5　持久状况承载能力极限状态计算

2.5.1　一般规定

公路桥涵的持久状况设计应按承载能力极限状态的要求,对构件进行承载能力及稳定计算,必要时应进行结构的倾覆和滑移验算。

超高性能混凝土构件正截面承载力应按下列基本假定进行计算:

(1)构件弯曲后,其截面仍保持为平面,即符合平截面假定。

(2)构件接缝截面验算时不计入超高性能混凝土的抗拉作用,构件非接缝截面验算时计入超高性能混凝土的抗拉作用。

(3)超高性能混凝土受压的应力 σ_c 与应变 ε 关系应按式(2-3)~式(2-5)的规定取用。

$$\begin{cases} \sigma_c = f_{cd} \times \left(\dfrac{\varepsilon}{\varepsilon_0} \right) & (\varepsilon < \varepsilon_0) \\ \sigma_c = f_{cd} & (\varepsilon_0 \leqslant \varepsilon \leqslant \varepsilon_{cu}) \end{cases} \tag{2-3}$$

$$\varepsilon_0 = \frac{f_{cd}}{E_c} \tag{2-4}$$

$$\varepsilon_{cu} = 0.0042 - (f_{cu,k} - 120) \times 10^{-5} \tag{2-5}$$

式中：f_{cd}——超高性能混凝土轴心抗压强度设计值，MPa；

$f_{cu,k}$——超高性能混凝土立方体抗压强度标准值，MPa；

ε_0——超高性能混凝土的受压峰值应变；

ε_{cu}——超高性能混凝土的极限压应变。

（4）纵向体内钢筋的应力等于钢筋应变与其弹性模量的乘积，其值应符合式（2-6）和式（2-7）的规定。

$$-f'_{sd} \leqslant \sigma_{si} \leqslant f_{sd} \tag{2-6}$$

$$-(f'_{pd} - \sigma_{p0i}) \leqslant \sigma_{pi} \leqslant f_{pd} \tag{2-7}$$

式中：σ_{si}、σ_{pi}——第 i 层纵向普通钢筋、预应力钢筋的应力，负值表示压应力；

f_{sd}、f'_{sd}——纵向普通钢筋的抗拉强度设计值和抗压强度设计值，按《公路钢筋混凝土及预应力混凝土桥涵设计规范》（JTG 3362—2018）规定取值；

f_{pd}、f'_{pd}——纵向预应力钢筋的抗拉强度设计值和抗压强度设计值，按《公路钢筋混凝土及预应力混凝土桥涵设计规范》（JTG 3362—2018）规定取值；

σ_{p0i}——第 i 层纵向预应力钢筋截面重心处混凝土法向应力等于零时预应力钢筋中的应力，按《公路钢筋混凝土及预应力混凝土桥涵设计规范》（JTG 3362—2018）规定取值。

受弯构件正截面受压区超高性能混凝土压应力计算应符合下列规定：

（1）正截面受压区超高性能混凝土的应力图可简化为等效的矩形应力图。

（2）矩形应力图高度与实际受压区高度的比值 β 应按表 2-11 规定取值。

（3）矩形应力图的压力强度应取超高性能混凝土的轴心抗压强度设计值 f_{cd}。

表 2-11　矩形应力图高度与实际受压区高度的比值 β

超高性能混凝土强度	UC120	UC140	UC160	UC180	UC200
β	0.84	0.82	0.80	0.78	0.75

受弯构件正截面受拉区超高性能混凝土拉应力计算应符合下列规定：

（1）正截面受拉区超高性能混凝土的应力图可简化为等效的矩形应力图。

（2）受拉区等效矩形应力图高度可按式（2-8）规定计算。

$$x_t = h - x / \beta \tag{2-8}$$

式中：x_t——受拉区等效矩形应力图高度；

h——构件截面高度；

x——受压区等效矩形应力图高度。

其余符号意义同前。

（3）受拉区等效矩形应力图的抗拉强度设计值可按式（2-9）规定计算。

$$f_{tud} = k_h f_{td} \qquad (2\text{-}9)$$

$$k_h = \frac{20l_f}{h} \leqslant 0.8 \qquad (2\text{-}10)$$

式中：f_{tud}——受拉区等效矩形应力图的超高性能混凝土抗拉强度设计值；

k_h——受拉区等效矩形应力折减系数；

l_f——钢纤维长度；

f_{td}——超高性能混凝土抗拉强度设计值。

2.5.2 正截面抗弯承载力

2.5.2.1 计算方法

主梁受弯构件的纵向受拉钢筋屈服和受压区混凝土破坏同时发生（即界限破坏）时，构件的正截面相对界限受压区高度 ξ_b 应按下列公式计算：

（1）热轧普通钢筋：

$$\xi_b = \frac{\beta}{1 + \dfrac{f_{sd}}{E_s \varepsilon_{cu}}} \qquad (2\text{-}11)$$

（2）钢绞线和钢丝：

$$\xi_b = \frac{\beta}{1 + \dfrac{0.002}{\varepsilon_{cu}} + \dfrac{f_{pd} - \sigma_{p0}}{\varepsilon_{cu} E_p}} \qquad (2\text{-}12)$$

式中：β——受弯构件受压区矩形块高度 x 与中性轴高度（实际受压区高度）x_0 的比值，应按表 2-11 规定取用；

f_{sd}、f_{pd}——普通钢筋和预应力钢筋的抗拉强度设计值；

ε_{cu}——受弯构件受压边缘超高性能混凝土极限压应变，应按式（2-5）计算；

E_s、E_p——普通钢筋、预应力钢筋的弹性模量；

σ_{p0}——受拉区纵向预应力钢筋合力点处超高性能混凝土法向应力等于零时预应力钢筋的应力。

超高性能混凝土受弯构件正截面抗弯承载力应采用式（2-13）验算：

$$\gamma_0 M_d \leqslant \varphi_f M_u \qquad (2\text{-}13)$$

式中：γ_0——桥梁结构重要性系数；

M_d——弯矩设计值；

φ_f——接缝抗弯承载力折减系数，应按表 2-12 规定取值；

M_u——正截面抗弯承载力。

超高性能混凝土构件的正截面抗弯承载力和斜截面抗剪承载力宜考虑接缝的折减作用，

折减系数可按表2-12规定取值。

表 2-12　承载力折减系数

类型	符号	非接缝截面	接缝截面	
			非预应力体系及体内预应力体系	体外及体内外混合预应力体系
抗弯承载力折减系数	φ_f	1.00	1.00	0.90
抗剪承载力折减系数	φ_v	1.00	0.90	0.85

矩形截面超高性能混凝土受弯构件正截面抗弯承载力计算图示见图2-1。

a)非接缝截面

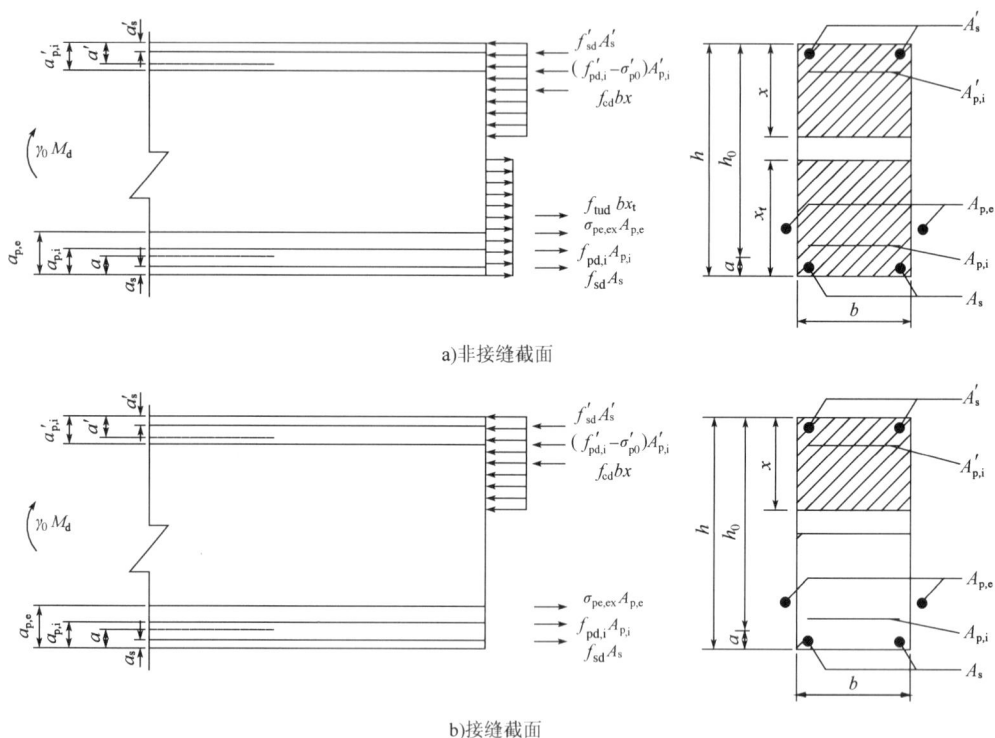

b)接缝截面

图 2-1　矩形截面超高性能混凝土受弯构件正截面抗弯承载力计算图示

（1）非接缝截面

正截面抗弯承载力应按下列公式进行计算：

$$M_u = f_{cd}bx(h_0 - x/2) + f'_{sd}A'_s(h_0 - a'_s) + (f'_{pd,i} - \sigma'_{p,i0})A'_{p,i}(h_0 - a'_{p,i}) - f_{tud}bx_t(x_t/2 - a) \tag{2-14}$$

超高性能混凝土截面受压区高度 x 应按下式计算：

$$f_{sd}A_s + f_{pd,i}A_{p,i} + \sigma_{pe,ex}A_{p,e} + f_{tud}bx_t = f_{cd}bx + f'_{sd}A'_s + (f'_{pd,i} - \sigma'_{p,i0})A'_{p,i} \tag{2-15}$$

截面受压区高度应符合下列要求：

$$x \leqslant \xi_{\mathrm{b}} h_0 \qquad (2\text{-}16)$$

当截面受压区配有纵向普通钢筋和预应力钢筋，且预应力钢筋受压，即 $(f'_{\mathrm{pd}} - \sigma'_{\mathrm{p0}})$ 为正值时：

$$x \geqslant 2a' \qquad (2\text{-}17)$$

当截面受压区仅配有普通钢筋或配有纵向普通钢筋和预应力钢筋，且预应力钢筋受拉，即 $(f'_{\mathrm{pd}} - \sigma'_{\mathrm{p0}})$ 为负值时：

$$x \geqslant 2a'_{\mathrm{s}} \qquad (2\text{-}18)$$

（2）接缝截面

正截面抗弯承载力应按下列公式进行计算：

$$M_{\mathrm{u}} = f_{\mathrm{cd}} b x (h_0 - x/2) + f'_{\mathrm{sd}} A'_{\mathrm{s}} (h_0 - a'_{\mathrm{s}}) + (f'_{\mathrm{pd},i} - \sigma'_{\mathrm{p},i0}) A'_{\mathrm{p},i} (h_0 - a'_{\mathrm{p},i}) \qquad (2\text{-}19)$$

超高性能混凝土截面受压区高度 x 应按式（2-20）计算，并应符合式（2-16）及式（2-17）或式（2-18）的要求。

$$f_{\mathrm{sd}} A_{\mathrm{s}} + f_{\mathrm{pd},i} A_{\mathrm{p},i} + \sigma_{\mathrm{pe,ex}} A_{\mathrm{p,e}} = f_{\mathrm{cd}} b x + f'_{\mathrm{sd}} A'_{\mathrm{s}} + (f'_{\mathrm{pd},i} - \sigma'_{\mathrm{p},i0}) A'_{\mathrm{p},i} \qquad (2\text{-}20)$$

式中： M_{u} ——正截面抗弯承载力；

f_{tud} ——受拉区等效矩形应力图的超高性能混凝土抗拉强度设计值；

f_{sd}、f'_{sd} ——纵向普通钢筋的抗拉强度设计值和抗压强度设计值，应按《公路钢筋混凝土及预应力混凝土桥涵设计规范》（JTG 3362—2018）取值；

$f_{\mathrm{pd},i}$、$f'_{\mathrm{pd},i}$ ——纵向体内预应力钢筋的抗拉强度设计值和抗压强度设计值，应按《公路钢筋混凝土及预应力混凝土桥涵设计规范》（JTG 3362—2018）取值；

$\sigma_{\mathrm{pe,ex}}$ ——使用阶段体外预应力钢筋扣除预应力损失后的有效应力，应按《公路钢筋混凝土及预应力混凝土桥涵设计规范》（JTG 3362—2018）取值；

A_{s}、A'_{s} ——受拉区、受压区纵向普通钢筋的截面面积；

$A_{\mathrm{p},i}$、$A'_{\mathrm{p},i}$ ——受拉区、受压区纵向体内预应力钢筋的截面面积；

$A_{\mathrm{p,e}}$ ——受拉区纵向体外预应力钢筋的截面面积；

b ——矩形截面宽度或 T 形截面腹板宽度；

h_0 ——截面有效高度，$h_0 = h - a$，此处 h 为截面全高；

a、a' ——受拉区、受压区普通钢筋和预应力钢筋（体内和体外预应力钢筋）的合力点至受拉区边缘、受压区边缘的距离；

a_{s}、$a_{\mathrm{p},i}$、$a_{\mathrm{p,e}}$ ——受拉区普通钢筋、体内预应力钢筋和体外预应力钢筋至受拉区边缘的距离；

a'_{s}、$a'_{\mathrm{p},i}$ ——受压区普通钢筋、体内预应力钢筋至受压区边缘的距离；

$\sigma'_{\mathrm{p},i0}$ ——受压区预应力钢筋合力点处超高性能混凝土法向应力等于零时预应力钢筋的应力，应按《公路钢筋混凝土及预应力混凝土桥涵设计规范》（JTG 3362—2018）相关规定计算。

其余符号含义同前。

翼缘位于受压区的 T 形或 I 形截面超高性能混凝土受弯构件，其正截面抗弯承载力应按下列规定进行计算：

（1）当符合下列条件时：

$$f_{sd}A_s + f_{pd,i}A_{p,i} + f_{pd,e}A_{p,e} + f_{tud}b\left(h - \frac{h'_f}{\beta}\right) + f_{tud}k_f(b_f - b)h_f$$
$$\leqslant f_{cd}b'_f h'_f + f'_{sd}A'_s + (f'_{pd,i} - \sigma'_{p,0})A'_p \tag{2-21}$$

式中：h'_f——T 形或 I 形截面受压翼缘厚度；

$\quad b'_f$——T 形或 I 形截面受压翼缘有效宽度，可按《公路钢筋混凝土及预应力混凝土桥涵设计规范》（JTG 3362—2018）规定取值；

$\quad k_f$——T 形或 I 形截面受拉区翼缘面积折减系数；

$\quad A_s$、A'_s——受拉区、受压区纵向普通钢筋的截面面积。

其余符号含义同前。

受压区应取宽度为 b'_f 的矩形截面 [图 2-2 a)]，同时应考虑受拉区翼缘和腹板超高性能混凝土的抗拉作用，其正截面抗弯承载力应按式（2-22）计算：

$$M_u = f_{cd}b'_f x\left(h_0 - \frac{x}{2}\right) + f'_{sd}A'_s(h_0 - a'_s) + (f'_{pd,i} - \sigma'_{p,i0})A'_{p,i}(h_0 - a'_{p,i}) -$$
$$f_{tud}bx_t\left(\frac{x_t}{2} - a\right) - f_{tud}k_f(b_f - b)h_f\left(\frac{h_f}{2} - a\right) \tag{2-22}$$

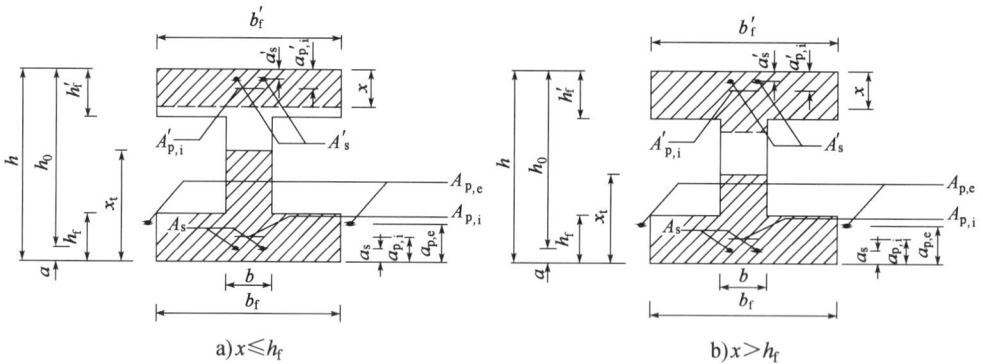

a) $x \leqslant h_f$ b) $x > h_f$

图 2-2 I 形截面超高性能混凝土受弯构件正截面抗弯承载力计算图示

（2）当不符合式（2-21）的条件时，计算中应考虑截面腹板受压的作用和受拉区翼缘、腹板超高性能混凝土的抗拉作用，其正截面抗弯承载力应按式（2-23）计算 [图 2-2 b)]：

$$M_u = f_{cd}\left[bx\left(h_0 - \frac{x}{2}\right) + (b'_f - b)h'_f\left(h_0 - \frac{h'_f}{2}\right)\right] + f'_{sd}A'_s(h_0 - a'_s) +$$
$$(f'_{pd,i} - \sigma'_{p,i0})A'_{p,i}(h_0 - a'_{p,i}) - f_{tud}bx_t\left(\frac{x_t}{2} - a\right) - f_{tud}k_f(b_f - b)h_f\left(\frac{h_f}{2} - a\right) \tag{2-23}$$

此时，受压区高度 x 应按下列公式计算，并符合式（2-16）及式（2-17）式（2-18）的要求。

$$f_{sd}A_s + f_{pd,i}A_{p,i} + f_{pd,e}A_{p,e} + f_{tud}bx_t + f_{tud}k_f(b_f - b)h_f$$
$$= f_{cd}\left[bx + (b'_f - b)h'_f\right] + f'_{sd}A'_s + (f'_{pd,i} - \sigma'_{p,i0})A'_{p,i} \tag{2-24}$$

$$k_f = \begin{cases} 1 & h < 20l_f \\ \dfrac{35l_f - h}{15l_f} & 20l_f \leqslant h \leqslant 35l_f \\ 0 & h > 35l_f \end{cases} \tag{2-25}$$

当计算中考虑受压区纵向钢筋但不符合式(2-17)、式(2-18)的条件时,主梁正截面抗弯承载力的计算应符合下列规定:

(1)当受压区配有纵向普通钢筋和预应力钢筋,且预应力钢筋受压时:

$$M_u = f_{pd,i}A_{p,i}(h - a_{p,i} - a') + f_{pd,e}A_{p,e}(h - a_{p,e} - a') + f_{sd}A_s(h - a_s - a') + f_{tud}bx_t\left(h - \dfrac{x_t}{2} - a'\right) + f_{tud}k_f(b_f - b)h_f\left(\dfrac{h_f}{2} - a\right) \tag{2-26}$$

(2)当受压区仅配有纵向普通钢筋或配有普通钢筋和预应力钢筋,且预应力钢筋受拉时:

$$M_u = f_{pd,i}A_{p,i}(h - a_{p,i} - a'_s) + f_{pd,e}A_{p,e}(h - a_{p,e} - a'_s) + f_{sd}A_s(h - a_s - a'_s) - (f'_{pd,i} - \sigma'_{p,i0})A'_{p,i}(a'_{p,i} - a'_s) + f_{tud}bx_t\left(h - \dfrac{x_t}{2} - a'_s\right) + f_{tud}k_f(b_f - b)h_f\left(\dfrac{h_f}{2} - a\right)$$

$$\tag{2-27}$$

2.5.2.2 适用性验证

为了验证第 2.5.2.1 小节中的抗弯承载力公式适用性,共搜集了国内外已公开报道的 187 根 UHPC 受弯梁试验数据。在统计试验数据过程中,若没有报道立方体抗压强度试验数据,则取立方体抗压强度与棱柱体抗压强度的换算系数为 0.8[3],与圆柱体抗压强度的换算系数为 1.0[4]。若没有报道轴心抗拉强度试验数据,则取轴心抗拉强度与立方体抗压强度的换算系数为 0.05[5]。为保证数据库的准确性与有效性,采取如下原则对所收集的 187 根受弯试验梁进行筛选:①单点或两点集中力加载;②立方体抗压强度高于 110MPa;③纵向钢筋为热轧带肋钢筋;④钢纤维含量大于 0;⑤试验梁为受弯状态下适筋破坏;⑥试验参数较为完整,能够满足计算与分析需要。经以上原则筛选,同时满足条件的普通钢筋 UHPC 梁共 110 根,将其定义为数据库 Ⅰ;预应力 UHPC 梁共 47 根,将其定义为数据库 Ⅱ。

按第 2.5.2.1 小节的抗弯承载力计算方法,数据库 Ⅰ 和数据库 Ⅱ 中 UHPC 梁抗弯承载力的预测结果如表 2-13、图 2-3、图 2-4 所示。图 2-3 和图 2-4 中的数据坐标点(M_{pre}, M_{exp})落在 45°线以下,表明预测值大于试验值,公式偏于危险;反之,则表明试验值大于预测值,公式偏于保守。可以看出,第 2.5.2.1 小节抗弯承载力公式的计算误差 $\xi_m = 0.97 \sim 0.98$,且变异系数 $\xi_{cov} = 0.12 \sim 0.13$,相关系数 $R = 0.99$,表明第 2.5.2.1 小节的抗弯承载力公式预测结果误差和离散性均较小,可较好地预测 UHPC 梁的抗弯承载力。

表 2-13　数据库 Ⅰ 和数据库 Ⅱ 中 UHPC 梁抗弯承载力的计算误差

数据库	ξ_m	ξ_{cov}	R	最大值	最小值	$n_1/n(\%)$
数据库 Ⅰ	0.97	0.12	0.99	1.24	0.65	65
数据库 Ⅱ	0.98	0.13	0.99	1.37	0.73	51

注:n_1/n 为 ξ 小于 1 的数据所占比例。

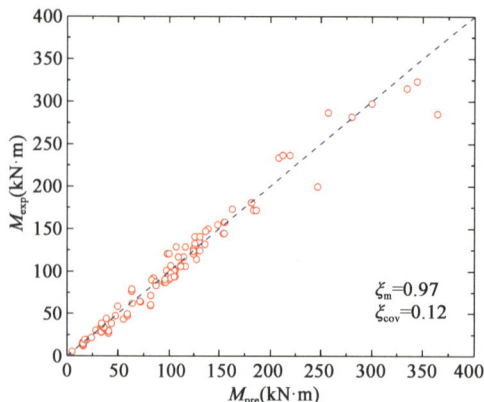

图 2-3　数据库 I 中 UHPC 梁抗弯承载力计算误差

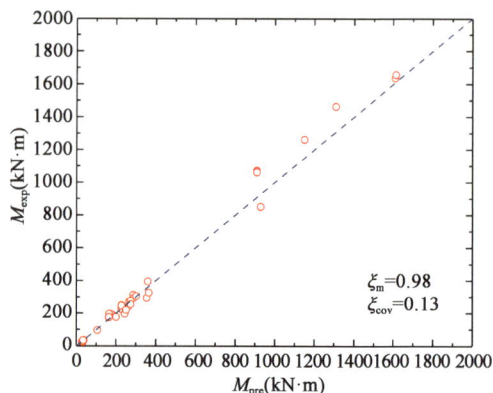

图 2-4　数据库 II 中 UHPC 梁抗弯承载力计算误差

为了进一步校核第 2.5.2.1 小节的抗弯承载力公式的可靠性,采用 JC 法对其进行可靠度计算,结果如图 2-5、图 2-6 和表 2-14 所示。图中表明,钢筋 UHPC 梁和预应力 UHPC 梁的可靠指标均值 β_m 为 4.92 和 4.39,均大于目标可靠指标 4.2,能够满足《公路工程结构可靠性设计统一标准》(JTG 2120—2020)的可靠度要求。

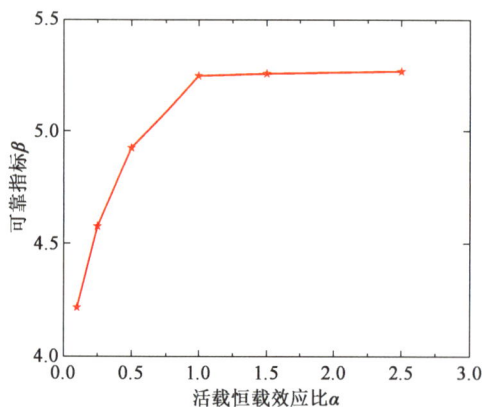

图 2-5　数据库 I 中 UHPC 梁抗弯承载力公式可靠指标

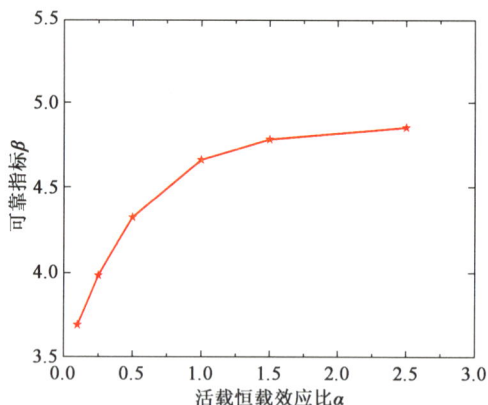

图 2-6　数据库 II 中 UHPC 梁抗弯承载力公式可靠指标

表 2-14　数据库 I 和数据库 II 中 UHPC 梁抗弯承载力的可靠指标

活载恒载效应比	0.1	0.25	0.5	1.0	1.5	2.5	均值
数据库 I	4.22	4.58	4.93	5.25	5.26	5.27	4.92
数据库 II	3.70	3.99	4.33	4.67	4.79	4.86	4.39

2.5.3　斜截面抗剪承载力

2.5.3.1　计算方法

计算主梁受弯构件斜截面抗剪承载力时,计算位置应按《公路钢筋混凝土及预应力混凝土桥涵设计规范》(JTG 3362—2018)规定确定。

超高性能混凝土受弯构件斜截面抗剪承载力验算应采用式(2-28):

$$\gamma_0 V_d \leq \varphi_v V_u \tag{2-28}$$

式中: γ_0 ——桥梁结构的重要性系数;

V_d ——剪力设计值, N;

φ_v ——接缝抗剪承载力折减系数,按表 2-12 规定取值;

V_u ——斜截面抗剪承载力, N。

矩形、T 形和 I 形截面的超高性能混凝土受弯构件,其斜截面抗剪承载力应按式(2-29)计算:

$$V_u = \alpha_1 \alpha_2 (V_c + V_f) + V_s + V_p \tag{2-29}$$

式中: V_u ——构件斜截面抗剪承载力, N;

α_1 ——异号弯矩影响系数,计算简支梁和连续梁近边支点梁段的抗剪承载力时, $\alpha_1 = 1.0$;计算连续梁和悬臂梁近中间支点梁段的抗剪承载力时, $\alpha_1 = 0.9$;

α_2 ——箍筋影响系数,超高性能混凝土受弯构件未设置箍筋时, $\alpha_2 = 0.8$;超高性能混凝土受弯构件设置箍筋及预应力超高性能混凝土受弯构件,取 $\alpha_2 = 0.95$;

V_c ——构件斜截面上超高性能混凝土基体受剪承载力设计值, N;

V_s ——构件斜截面上抗剪钢筋受剪承载力设计值, N;

V_f ——构件斜截面上纤维受剪承载力设计值, N;

V_p ——构件斜截面上预应力弯起钢筋受剪承载力设计值, N。

(1)超高性能混凝土基体受剪承载力设计值 V_c :

$$V_c = \alpha_{cv} \alpha_p \sqrt{f_{ck}} b h_0 \tag{2-30}$$

$$\alpha_p = 1 + \frac{3N_{p0}}{f_{ck} A_c} \tag{2-31}$$

式中: α_{cv} ——斜截面超高性能混凝土受剪承载力系数,对一般受弯构件取 0.25;对集中荷载作用下的独立梁,取 $\alpha_{cv} = 0.5/(\lambda + 0.5)$, λ 为计算截面的剪跨比,取值范围为 $1.5 \leq \lambda \leq 3$,当 $\lambda < 1.5$ 时,取 1.5,当 $\lambda > 3$ 时,取 3;

α_p ——预应力提高系数;

N_{p0} ——预应力钢筋合力点处超高性能混凝土法向应力等于零时的预加力,应按《公路钢筋混凝土及预应力混凝土桥涵设计规范》(JTG 3362—2018)规定计算;当 $N_{p0} > 0.3 f_{ck} A_c$ 时,取 $0.3 f_{ck} A_c$;当预加力 N_{p0} 引起的截面弯矩与外弯矩方向相同,以及存在预应力超高性能混凝土连续梁的情况时, N_{p0} 均取 0;

A_c ——预应力法向方向的混凝土截面面积, mm^2 ;

f_{ck} ——超高性能混凝土轴心抗压强度标准值, MPa;

b ——矩形截面宽度或 T 形截面腹板宽度, mm;

h_0 ——截面受压边缘到纵向受拉钢筋的距离, mm。

(2)纤维受剪承载力设计值 V_f :

$$V_f = 0.9 \alpha_{fv} f_{td} b h_0 \tag{2-32}$$

式中：α_{fv}——超高性能混凝土轴拉性能系数，应变软化型超高性能混凝土取 0.8，应变硬化型超高性能混凝土取 1.0；

$\quad\quad f_{td}$——超高性能混凝土轴心抗拉强度设计值，其中纤维取向系数应取整体纤维取向系数 $K_{global} = 1.25$。

其余符号意义同前。

（3）抗剪钢筋抗剪承载力设计值 V_s：

$$V_s = 0.9\frac{A_{sv}}{s}f_{sv}h_0 \tag{2-33}$$

式中：A_{sv}——抗剪箍筋截面面积，mm^2；

$\quad\quad s$——抗剪箍筋间距，mm；

$\quad\quad f_{sv}$——抗剪箍筋抗拉强度设计值。

其余符号意义同前。

（4）预应力弯起钢筋抗剪承载力设计值 V_p：

①对于体内预应力弯起钢筋：

$$V_p = 0.75f_{pd,i}\sum A_{p,i}\sin\theta_{p,i} \tag{2-34}$$

式中：$f_{pd,i}$——体内预应力钢筋抗拉强度设计值；

$\quad\quad A_{p,i}$——斜截面内弯起体内预应力钢筋的截面面积；

$\quad\quad \theta_{p,i}$——体内预应力钢筋弯起钢筋（在斜截面受压端正截面处）的切线与水平线夹角。

②对于体外预应力弯起钢筋：

$$V_p = 0.75\sum\sigma_{pe,ex}A_{p,e}\sin\theta_{p,e} \tag{2-35}$$

式中：$\sigma_{pe,ex}$——使用阶段体外预应力钢筋扣除预应力损失后的有效应力，应按《公路钢筋混凝土及预应力混凝土桥涵设计规范》（JTG 3362—2018）取值；

$\quad\quad A_{p,e}$——斜截面内弯起体外预应力钢筋的截面面积；

$\quad\quad \theta_{p,e}$——体外预应力钢筋弯起钢筋（在斜截面受压端正截面处）的切线与水平线夹角。

矩形、T 形和 I 形截面的超高性能混凝土受弯构件，其抗剪截面尺寸应符合式（2-36）规定：

$$\gamma_0 V_d \leqslant 0.6f_{ck}^{2/3}bh_0 \tag{2-36}$$

式中：f_{ck}——超高性能混凝土轴心抗压强度标准；

$\quad\quad b$——腹板厚度；

$\quad\quad h_0$——截面有效高度。

2.5.3.2 适用性验证

为了验证第 2.5.3.1 小节的抗剪承载力公式适用性，共搜集了国内外已公开报道的 524 根 UHPC 试验梁，其中无腹筋 UHPC 梁 179 根、有腹筋 UHPC 梁 208 根、预应力 UHPC 梁 137 根。为保证数据库的准确性与有效性，采取如下原则对所收集的 524 根受剪试验梁进行筛选：①单点或两点集中力加载；②立方体抗压强度不低于 110MPa，且掺入钢纤维；③纵向钢筋中不含预应力筋且为热轧带肋钢筋；④试验梁为剪切破坏；⑤试验参数较为完整，能够满足计算与分析需要。经以上筛选，同时满足条件的非预应力无腹筋梁共 131 根，将其定义为数据库Ⅲ；非预应力有腹筋梁共 103 根，将其定义为数据库Ⅳ；预应力无腹筋梁共 27 根，将其定义为数据库Ⅴ；预应力有腹筋梁共 16 根，将其定义为数据库Ⅵ。

按第 2.5.3.1 小节的抗剪承载力计算方法,数据库Ⅲ、数据库Ⅳ、数据库Ⅴ和数据库Ⅵ中 UHPC 梁抗剪承载力的预测结果如图 2-7 ~ 图 2-10 和表 2-15 所示。需要说明的是,计算时, 式(2-29)中的 α_2 先取 1.0。图 2-7 ~ 图 2-10 中的数据坐标点(V_{pre} , V_{exp})落在 45°线以下,表明 预测值大于试验值,公式偏于危险;反之,则表明试验值大于预测值,公式偏于保守。可以看 出,第 2.5.3.1 小节抗剪承载力公式的计算误差 ξ_m 为 1.37 ~ 1.88,变异系数 ξ_{cov} 为 0.24 ~ 0.33,相关系数 R 约为 0.80,非保守点数量 n_1/n 在 15% 以内,表明第 2.5.3.1 小节的抗剪承 载力公式预测结果具有一定的安全储备,可较好地预测 UHPC 梁的抗剪承载力。

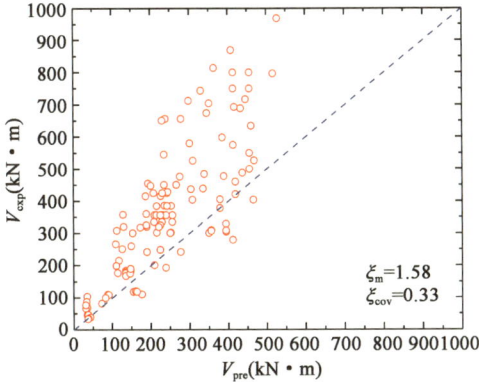

图 2-7　数据库Ⅲ中 UHPC 梁抗剪承载力的
计算误差(无腹筋梁)

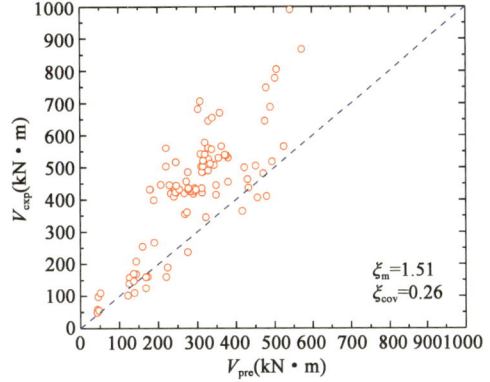

图 2-8　数据库Ⅳ中 UHPC 梁抗剪承载力的
计算误差(有腹筋梁)

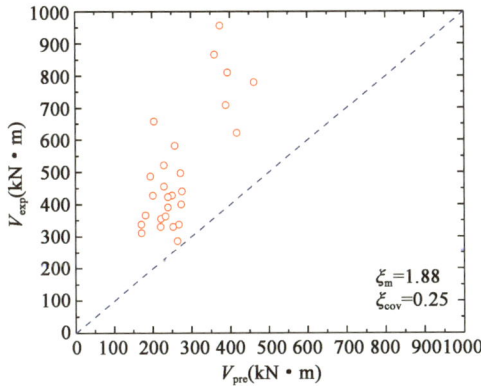

图 2-9　数据库Ⅴ中预应力 UHPC 梁抗剪承载力的
计算误差(无腹筋梁)

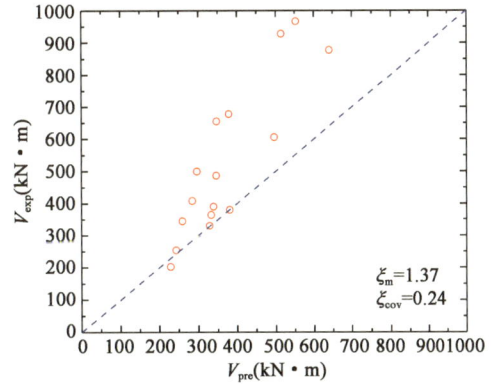

图 2-10　数据库Ⅵ中预应力 UHPC 梁抗剪承载力的
计算误差(有腹筋梁)

表 2-15　不同数据库中 UHPC 梁的计算误差

数据库	ξ_m	ξ_{cov}	R	最大值	最小值	$n_1/n(\%)$
数据库Ⅲ	1.58	0.33	0.80	3.10	0.63	14
数据库Ⅳ	1.51	0.26	0.81	2.54	0.73	11
数据库Ⅴ	1.88	0.25	0.76	3.23	1.09	0
数据库Ⅵ	1.37	0.24	0.88	1.89	0.89	13

　　为了进一步校核第 2.5.3.1 小节的抗剪承载力公式的可靠性,采用 JC 法对其进行可靠度计算,结果如图 2-11~图 2-14 所示。从图 2-11~图 2-14 可知,钢筋 UHPC 无腹筋梁的可靠指标均值 $\beta_m = 4.08$,低于《公路工程结构可靠性设计统一标准》(JTG 2120—2020) 的目标可靠指标 4.7;钢筋 UHPC 有腹筋梁的可靠指标均值 $\beta_m = 4.68$,低于目标可靠指标 4.7;预应力 UHPC 无腹筋梁的可靠指标均值 $\beta_m = 5.99$,高于目标可靠指标 4.7;预应力 UHPC 有腹筋梁的可靠指标均值 $\beta_m = 4.65$,低于目标可靠指标 4.7。经计算,当箍筋影响系数 α_2 依照表 2-16 取值时,UHPC 梁可靠指标均能满足高于目标可靠指标 4.7 的要求。为简化系数取值,钢筋 UHPC 受弯构件未设置箍筋时,$\alpha_2 = 0.80$,钢筋 UHPC 受弯构件设置箍筋及预应力超高性能混凝土受弯构件,取 $\alpha_2 = 0.95$。

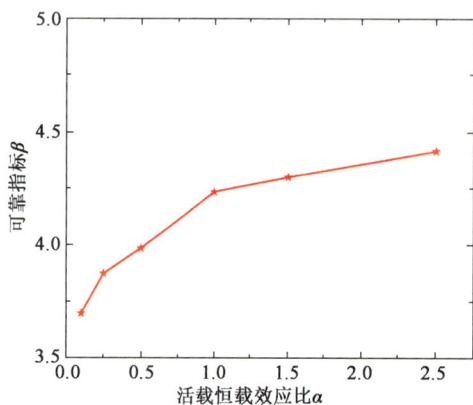

图 2-11　数据库Ⅲ中 UHPC 梁的可靠指标
（无腹筋梁）

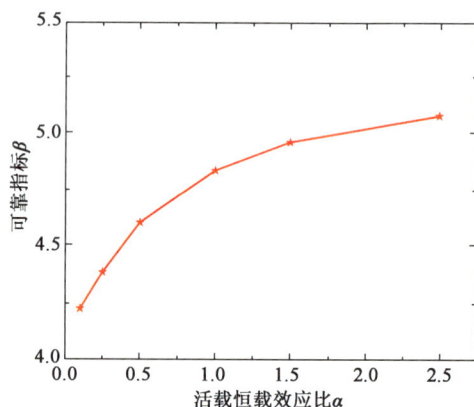

图 2-12　数据库Ⅳ中 UHPC 梁的可靠指标
（有腹筋梁）

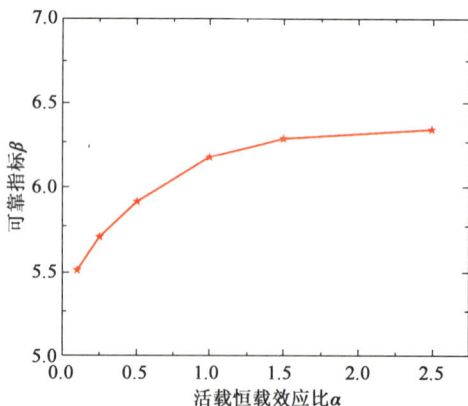

图 2-13　数据库Ⅴ中预应力 UHPC 梁的可靠指标
（无腹筋梁）

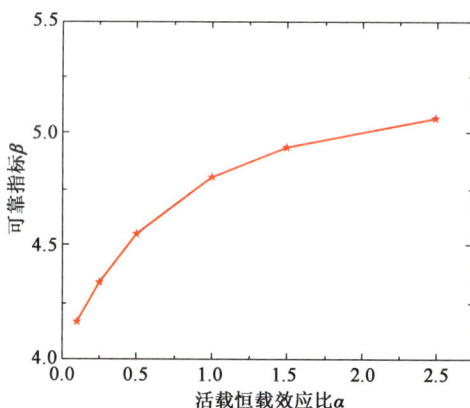

图 2-14　数据库Ⅵ中预应力 UHPC 梁的可靠指标
（有腹筋梁）

表 2-16　箍筋影响系数 α_2 取值

数据库	α_2	可靠指标均值
钢筋 UHPC 无腹筋梁(数据库Ⅲ)	0.80	4.76
钢筋 UHPC 有腹筋梁(数据库Ⅳ)	0.98	4.74
预应力 UHPC 无腹筋梁(数据库Ⅴ)	1.00	5.99
预应力 UHPC 有腹筋梁(数据库Ⅵ)	0.97	4.74

2.5.4　接缝键齿抗剪承载力

2.5.4.1　计算方法

接缝键齿抗剪承载力计算图示见图 2-15,验算应采用下式:

$$\gamma_0 V_{kd} \leqslant \varphi_j V_{ku} \tag{2-37}$$

$$V_{ku} = (0.78\alpha_p \sqrt{f_{ck}} + 1.1f_{td})A_k + \mu\sigma_{pk}A_{sm} \tag{2-38}$$

式中: V_{kd} ——接缝组合剪力设计值,N;

　　V_{ku} ——接缝键齿抗剪承载力,N;

　　φ_j ——接缝键齿抗剪承载力折减系数,取 0.75;

　　α_p ——键齿局部预应力提高系数,取 $\alpha_p = 1 + \dfrac{3\sigma_{pk}}{f_{ck}}$;

　　σ_{pk} ——接缝截面的平均预应力,当 σ_{pk} 大于 $0.3f_{ck}$ 时,取 $0.3f_{ck}$,MPa;

　　f_{ck} ——超高性能混凝土轴心抗压强度标准值,MPa;

　　f_{td} ——超高性能混凝土轴心抗拉强度设计值,MPa,其中纤维取向系数 K 取 1.75,MPa;

　　A_k ——键齿的剪切面面积,mm^2 ;

　　A_{sm} ——接缝非键齿部分的面积,mm^2 ;

　　μ ——光滑混凝土表面之间的摩擦系数,取 0.55。

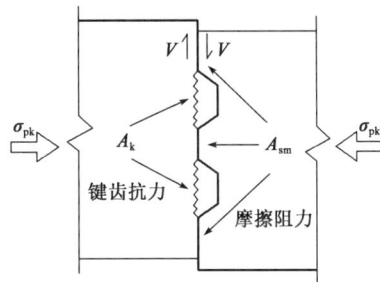

图 2-15　接缝键齿抗剪承载力计算

2.5.4.2　适用性验证

为了验证第 2.5.4.1 小节的接缝键齿抗剪承载力公式的适用性,共搜集了国内外已公开报道的 61 个 UHPC 接缝键齿抗剪试验结果,将其定义为数据库Ⅶ。按第 2.5.4.1 小节的抗剪承载力计算方法,数据库Ⅶ中 UHPC 接缝键齿抗剪承载力的预测结果如图 2-16 和表 2-17 所示。图 2-16 中的数据坐标点 (V_{pre}, V_{exp}) 落在 45°线以下,表明预测值大于试验值,公式偏于危险;反之,则表明试验值大于预测值,公式偏于保守。可以看出,第 2.5.4.1 小节抗剪承载力公式的计算误差 ξ_m 为 1.68,变异系数 ξ_{cov} 为 0.27,相关系数 R 为 0.91,非保守点数量 n_1/n 为 5%,表明第 2.5.4.1 小节的抗剪承载力公式预测结果具有一定的安全储备,可较好地预测

UHPC 接缝键齿的抗剪承载力。

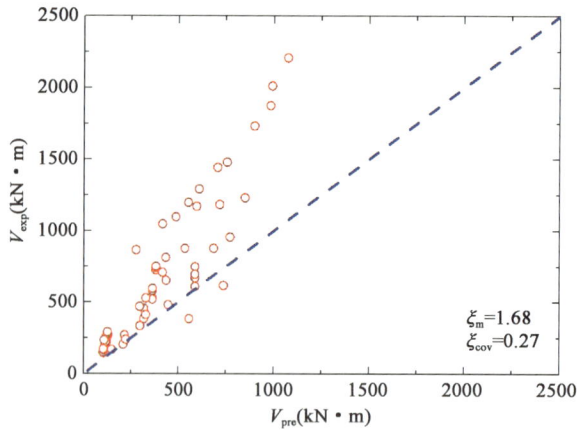

图 2-16　数据库Ⅶ中 UHPC 接缝键齿的计算误差

表 2-17　数据库Ⅶ中 UHPC 接缝键齿的计算误差

数据库	ξ_m	ξ_{cov}	R	最大值	最小值	$n_1/n(\%)$
数据库Ⅶ	1.68	0.27	0.91	3.128	0.69	5

　　为了进一步校核第 2.5.4.1 小节的接缝键齿抗剪承载力公式的可靠性，采用 JC 法对其进行可靠度计算，结果如图 2-17 和表 2-18 所示。可以看出，UHPC 接缝键齿的可靠指标均值 $\beta_m = 5.07$，高于目标可靠指标 4.7，能够满足《公路工程结构可靠性设计统一标准》（JTG 2120—2020）的可靠度要求。

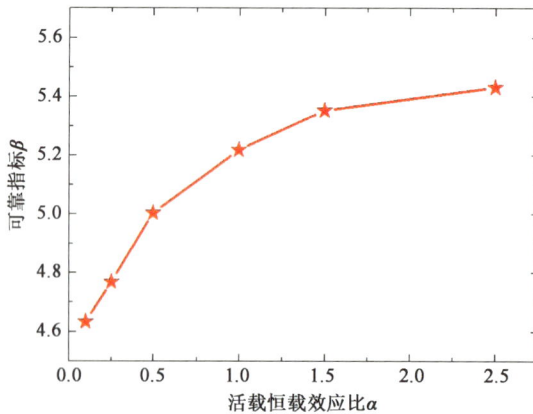

图 2-17　数据库Ⅶ中 UHPC 接缝键齿抗剪承载力公式的可靠指标

表 2-18　数据库Ⅶ中 UHPC 接缝键齿抗剪承载力公式的可靠指标

活载恒载效应比	0.1	0.25	0.5	1.0	1.5	2.5	均值
数据库Ⅶ	4.63	4.77	5.00	5.22	5.35	5.43	5.07

2.5.5　抗冲切承载力

2.5.5.1　计算方法

在集中反力作用下不配置抗冲切钢筋的超高性能混凝土板,其抗冲切承载力可按下列公式计算(图2-18):

$$\gamma_0 F_{ld} \leqslant (0.7\beta_h\beta_\rho f_{td} + 0.15\sigma_{pc,m}) U_m h_0 \tag{2-39}$$

$$\beta_\rho = 0.75 + 0.04 \sqrt[3]{Pf_{sd}} \tag{2-40}$$

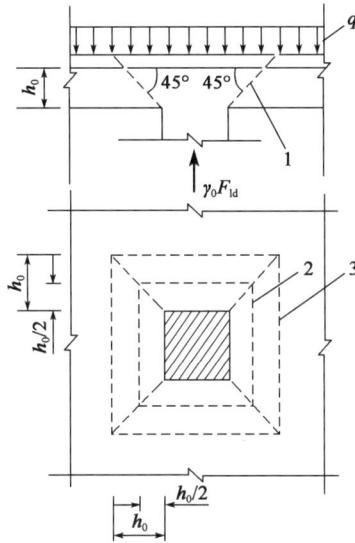

图 2-18　板抗冲切承载力计算

1-冲切破坏锥体的斜截面;2-距集中反力作用面 $h_0/2$ 处破坏锥体截面;3-冲切破坏锥体的底面线

式中:F_{ld} ——最大集中反力设计值;

β_h ——截面高度尺寸效应系数,当 $h \leqslant 300mm$ 时,可取 1.0;当 $h \geqslant 800mm$,可取 0.85;当 $300mm < h < 800mm$ 时,可按直线插入取值,此处 h 为板的高度;

β_ρ ——钢筋影响系数;

P ——超高性能混凝土板破坏锥体截面内纵向与横向受拉钢筋的配筋百分率的均值,当 P 大于 4.0 时,取 $P = 4.0$;

f_{sd} ——钢筋抗拉强度设计值,MPa;

f_{td} ——超高性能混凝土轴心抗拉强度设计值,其中纤维取向系数应取局部纤维取向系数 $K_{local} = 1.75$;

$\sigma_{pc,m}$ ——设有预应力钢筋的板截面上,由预应力引起的超高性能混凝土的有效平均压应力,其值宜控制在 1.0 ~ 3.5MPa 范围内;

U_m ——距集中反力作用面 $h_0/2$ 处破坏锥体截面周长;

h_0 ——板的有效高度。

2.5.5.2 适用性验证

为了验证第 2.5.5.1 小节的抗冲切承载力公式的适用性,共搜集了国内外已公开报道的116 块 UHPC 试验板,其中配筋 UHPC 板 81 块、不配筋 UHPC 板 35 块。为保证数据库的准确性与有效性,采取如下原则对所收集的 116 块受冲切试验板进行筛选:①立方体抗压强度不低于 110MPa,且掺入钢纤维;②试验板为冲切破坏;③试验参数较为完整,能够满足计算与分析需要。经以上筛选,同时满足上述条件的 UHPC 板 80 块,将其定义为数据库Ⅷ,其中配筋UHPC板发生冲切破坏的有 61 块,没有配置钢筋的 UHPC 板发生冲切破坏的有 19 块。

按第 2.5.5.1 小节的抗冲切承载力计算方法,数据库Ⅷ中 UHPC 板抗冲切承载力的预测结果如图 2-19 和表 2-19 所示。图 2-19 中的数据坐标点(F_{pre},F_{exp})落在 45°线以下,表明预测值大于试验值,公式偏于危险;反之,则表明试验值大于预测值,公式偏于保守。可以看出,第2.5.5.1 小节抗冲切承载力公式的计算误差 ξ_m 为 1.40,变异系数 ξ_{cov} 为 0.30,相关系数 R 为0.83,非保守点数量为 21%,表明第 2.5.5.1 小节的抗冲切承载力公式预测结果误差较小,且具有一定的安全储备,可较好地预测 UHPC 板的抗冲切承载力。

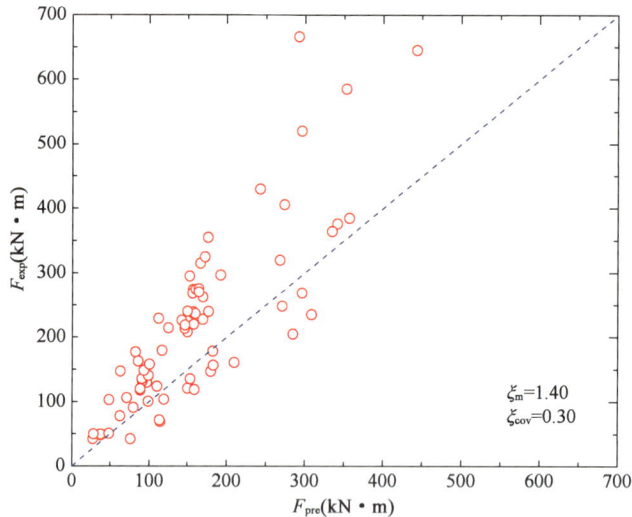

图 2-19 数据库Ⅷ中 UHPC 板的抗冲切承载力计算误差

表 2-19 数据库Ⅷ中 UHPC 板的抗冲切承载力的计算误差

数据库	ξ_m	ξ_{cov}	R	最大值	最小值	$n_1/n(\%)$
数据库Ⅷ	1.40	0.30	0.83	2.34	0.55	21

为了进一步校核第 2.5.5.1 小节的抗冲切承载力公式的可靠性,采用 JC 法对其进行可靠度计算,结果如图 2-20 和表 2-20 所示。可以看出,UHPC 板抗冲切承载力公式的可靠指标均值 β_m = 5.09,高于目标可靠指标 4.7,能够满足《公路工程结构可靠性设计统一标准》(JTG 2120—2020)的可靠度要求。

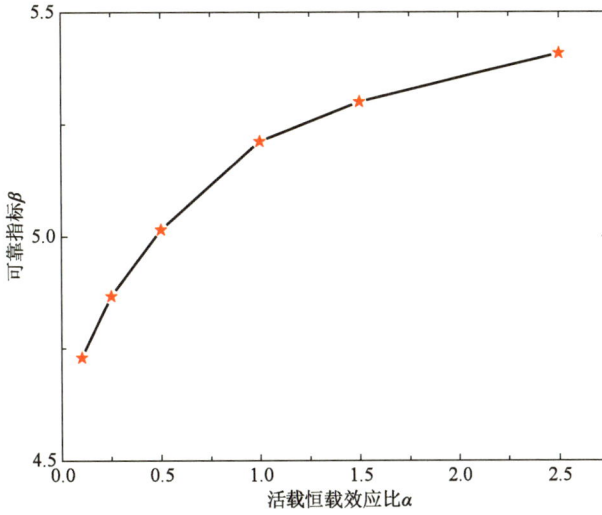

图 2-20　数据库Ⅷ中 UHPC 板的抗冲切承载力计算公式的可靠指标

表 2-20　数据库Ⅷ中 UHPC 板的抗冲切承载力计算公式的可靠指标

活载恒载效应比	0.1	0.25	0.5	1.0	1.5	2.5	均值
数据库Ⅷ	4.73	4.87	5.01	5.21	5.30	5.40	5.09

2.5.6　局部抗压承载力

2.5.6.1　计算方法

配置间接钢筋的超高性能混凝土构件,其局部受压区的截面尺寸应满足下列要求(图 2-21):

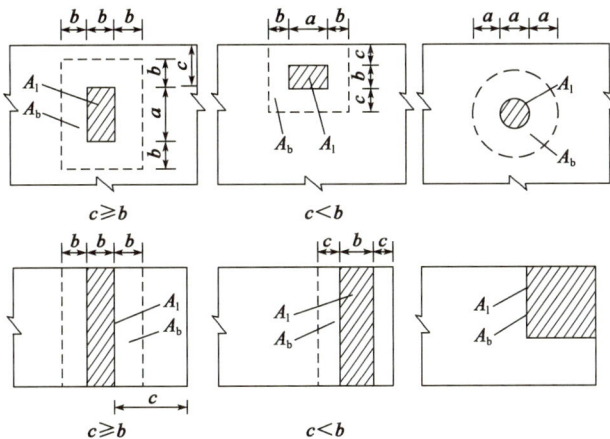

图 2-21　局部受压时计算底面积 A_b 的示意图

$$\gamma_0 F_{ld} \leq 1.6 \eta_f \beta_l f_{cd} A_{ln} \qquad (2\text{-}41)$$

$$\eta_f = \begin{cases} 0.25\lambda_f + 0.60 & \lambda_f \leq 1.6 \\ 1.0 & \lambda_f > 1.6 \end{cases} \qquad (2\text{-}42)$$

$$\beta_l = \sqrt{\frac{A_b}{A_l}} \qquad (2\text{-}43)$$

式中：F_{ld} ——局部受压面积上的局部压力设计值，对后张法构件的锚头局压区，应取 1.2 倍张拉时的最大压力；

f_{cd} ——超高性能混凝土轴心抗压强度设计值；

η_f ——超高性能混凝土局部承压修正系数；

λ_f ——纤维特征含量，$\lambda_f = \rho_f l_f / d_f$，其中 ρ_f 为纤维体积率，l_f 为纤维长度或等效长度，d_f 为纤维直径或等效直径；

β_l ——超高性能混凝土局部承压强度提高系数；

A_b ——局部受压时的计算底面积，可按图 2-21 确定；

A_{ln}、A_l ——超高性能混凝土局部受压面积，当局部受压面有孔洞时，A_{ln} 为扣除孔洞面积后的面积，A_l 为不扣除孔洞面积的面积。当受压面设有钢垫板时，局部受压面积应计入在垫板中按 45°刚性角扩大的面积；对于具有喇叭管并与垫板连成整体的锚具，A_{ln} 可取垫板面积扣除喇叭管尾端内孔面积。

配置间接钢筋的局部受压构件(图 2-22)，其局部抗压承载力应按下列公式计算：

$$\gamma_0 F_{ld} \leq 0.9(1.25\eta_f\beta_l f_{cd} + 2\rho_v\beta_{cor} f_{sd}) A_{ln} \qquad (2\text{-}44)$$

$$\beta_{cor} = \sqrt{\frac{A_{cor}}{A_l}} \qquad (2\text{-}45)$$

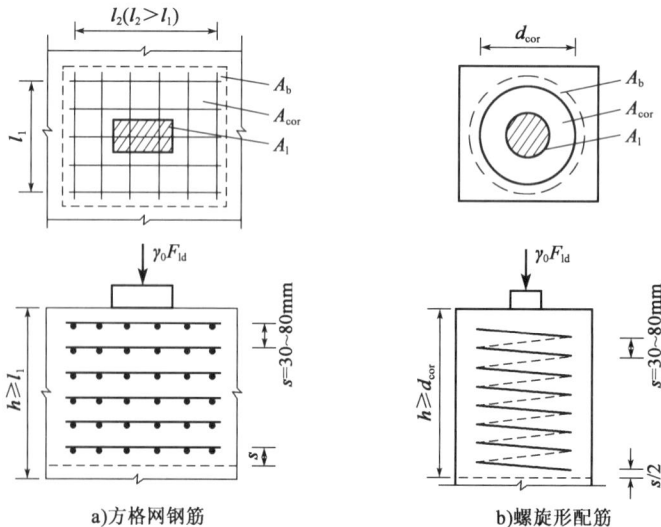

a)方格网钢筋   b)螺旋形配筋

图 2-22　局部受压配筋图

间接钢筋体积配筋率 ρ_v（核心面积 A_{cor} 范围内单位混凝土体积所含间接钢筋的体积）按下列公式计算：

（1）方格网：

$$\rho_v = \frac{n_1 A_{s1} l_1 + n_2 A_{s2} l_2}{A_{cor} s} \tag{2-46}$$

此时，在钢筋网两个方向的钢筋截面面积相差不应大于 50%。

（2）螺旋形：

$$\rho_v = \frac{4 A_{ss1}}{d_{cor} s} \tag{2-47}$$

式中：β_{cor} ——配置间接钢筋时局部抗压承载力提高系数，当 $A_{cor} > A_b$ 时，应取 $A_{cor} = A_b$；

    A_{cor} ——方格网或螺旋形间接钢筋内表面范围内的超高性能混凝土核心面积，其重心应与 A_l 的重心相重合，计算时按同心、对称原则取值；

    n_1、A_{s1} ——方格网沿 l_1 方向的钢筋根数、单根钢筋的截面面积；

    n_2、A_{s2} ——方格网沿 l_2 方向的钢筋根数、单根钢筋的截面面积；

    A_{ss1} ——单根螺旋形间接钢筋的截面面积；

    d_{cor} ——螺旋形间接钢筋内表面范围内超高性能混凝土核心面积的直径；

    s ——方格网或螺旋形间接钢筋的层距。

注：方格网间接钢筋不应少于 4 层，螺旋形间接钢筋不应少于 4 圈；带喇叭管的锚具垫板，板下螺旋筋圈数的长度不应小于喇叭管长度。

2.5.6.2 适用性验证

为了验证第 2.5.6.1 小节中局部抗压承载力公式的适用性，共搜集了国内外已公开报道的 177 个 UHPC 局部受压试件，其中无间接钢筋 UHPC 局部受压试件 117 个（定义为数据库 Ⅸ）、含间接钢筋 UHPC 局部受压试件 60 个（定义为数据库 Ⅹ）。

按第 2.5.6.1 小节的局部抗压承载力计算方法，数据库 Ⅸ 和数据库 Ⅹ 中 UHPC 局部抗压试件承载力的预测结果如图 2-23 和图 2-24 所示。图 2-23 和图 2-24 中的数据坐标点（$F_{u,c}$，$F_{u,t}$）落在 45°线以下，表明预测值大于试验值，公式偏于危险；反之，则表明试验值大于预测值，公式偏于保守。可以看出，第 2.5.6.1 小节的局部抗压承载力公式的计算误差 ξ_m 在 1.05 以内，变异系数 ξ_{cov} 不超过 0.20，表明第 2.5.6.1 小节的局部抗压承载力公式预测结果误差和离散性均较小，可较好地预测 UHPC 试件的局部抗压承载力。

为了进一步校核第 2.5.6.1 小节的局部抗压承载力公式的可靠性，采用 JC 法对其进行可靠度计算，结果如图 2-25、图 2-26 和表 2-21 所示。用第 2.5.6.1 小节中的公式计算无间接钢筋 UHPC 局部受压构件时，其可靠指标均值 $\beta_m = 3.62$，低于目标可靠指标 4.7。经计算，当折减系数取 0.79 时，可靠指标 $\beta_m = 4.71$。第 2.5.6.1 小节公式计算含有间接钢筋构件可靠指标均值为 $\beta_m = 5.59$，高于目标可靠指标 4.7，表明对于配置间接钢筋的 UHPC 局部受压试件，基于第 2.5.6.1 小节公式的可靠指标能够满足《公路工程结构可靠性设计统一标准》（JTG 2120—2020）的可靠度要求。

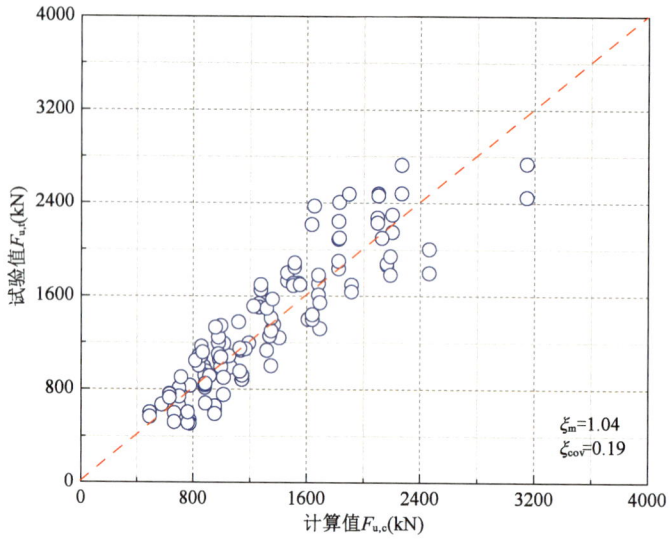

图 2-23　数据库Ⅸ中 UHPC 试件局部抗压承载力

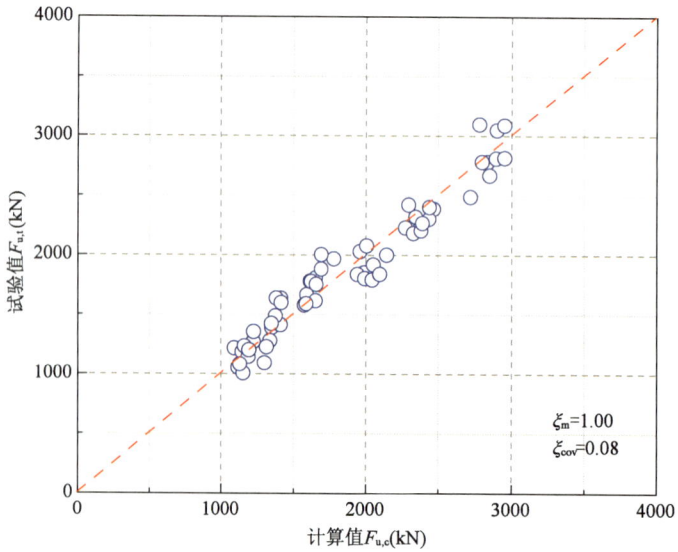

图 2-24　数据库 X 中 UHPC 试件局部抗压承载力

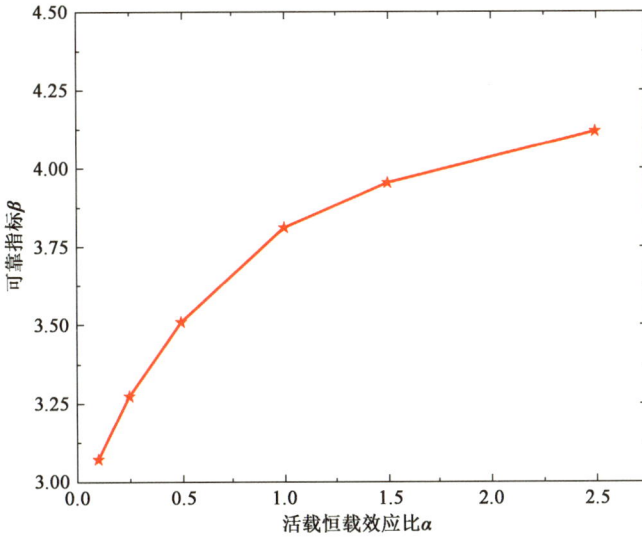

图 2-25 数据库IX中 UHPC 试件局部抗压承载力公式的可靠指标

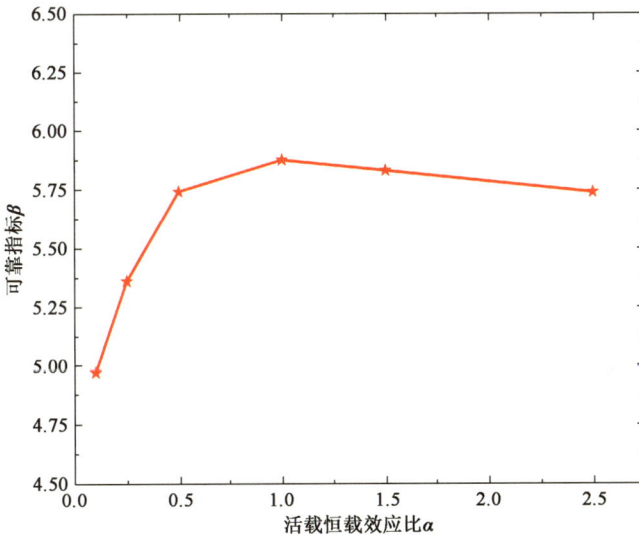

图 2-26 数据库 X 中 UHPC 试件局部抗压承载力公式的可靠指标

表 2-21 数据库IX和数据库 X 中 UHPC 试件局部抗压承载力公式的可靠指标

活载恒载效应比	0.1	0.25	0.5	1.0	1.5	2.5	均值
数据库IX	3.07	3.27	3.51	3.81	3.95	4.12	3.62
数据库X	4.97	5.36	5.74	5.88	5.83	5.74	5.59

2.5.7 疲劳验算

公路超高性能混凝土桥涵疲劳验算时,应对超高性能混凝土桥面板的弯拉应力,即正截面

受拉区边缘的超高性能混凝土弯拉应力进行验算,并应符合下列规定:

（1）疲劳应力计算应按《公路桥涵设计通用规范》（JTG D60—2015）考虑荷载作用,各项荷载应取用标准值;

（2）超高性能混凝土应力计算可采用名义应力法,按线弹性状态计算;

（3）钢筋超高性能混凝土疲劳名义弯拉应力允许值 $[f_{f,d}]$ 宜通过试验确定。若无试验数据,则可取 $[f_{f,d}] = 0.5 \times [f_{f,d}]$。其中,钢筋超高性能混凝土静力名义弯拉应力容许值 $[f_{f,d}]$ 可取表 2-22 规定裂缝宽度限值对应的名义弯拉应力,裂缝宽度应按式（2-56）~式（2-59）规定计算;

（4）超高性能混凝土桥面板疲劳验算时,受拉区边缘超高性能混凝土弯拉应力不应大于钢筋超高性能混凝土疲劳名义弯拉应力允许值。

2.6 持久状况正常使用极限状态计算

2.6.1 一般规定

公路桥涵的持久状况设计应按正常使用极限状态的要求,采用作用频遇组合、作用准永久组合或作用频遇组合并考虑作用长期效应的影响,对构件的抗裂、裂缝宽度和挠度进行验算,并使各项计算值不超过规定的各相应限值。在上述各种组合中,汽车荷载效应可不计冲击系数。

预应力超高性能混凝土构件应根据桥梁使用、所处环境的要求和施工方法进行设计,并应符合下列规定:

（1）构件采用节段预制拼装施工方法时,应按全预应力混凝土构件设计。此类构件在作用频遇组合下控制截面受拉边缘不应出现拉应力。

（2）构件采用整体预制或现浇施工方法时,可按 A 类部分预应力混凝土构件设计。此类构件在作用频遇组合下控制截面受拉边缘可出现拉应力,并应对拉应力加以限制。

预应力超高性能混凝土构件中,预应力钢筋的张拉控制应力值 σ_{con} 应符合《公路钢筋混凝土及预应力混凝土桥涵设计规范》（JTG 3362—2018）的规定。

当计算预应力超高性能混凝土构件的弹性阶段应力时,体内预应力管道压浆前可采用净截面;体内预应力钢筋与混凝土黏结后可采用不计压浆面积的换算截面。

由预加力产生的超高性能混凝土法向应力及相应阶段预应力钢筋的应力、预应力钢筋和普通钢筋的合力及合力偏心距,应按《公路钢筋混凝土及预应力混凝土桥涵设计规范》（JTG 3362—2018）的规定计算。

在正常使用极限状态计算中,预应力超高性能混凝土构件应按《公路钢筋混凝土及预应力混凝土桥涵设计规范》（JTG 3362—2018）的规定考虑相关因素引起的预应力损失。

各种因素引起的预应力损失除应按《公路钢筋混凝土及预应力混凝土桥涵设计规范》（JTG 3362—2018）有关规定计算之外,尚应符合下列规定:

（1）先张法预应力超高性能混凝土构件自然养护不少于48h后放张预应力,之后采用热养护时,可不考虑热养护过程中预应力钢筋与台座之间温差引起的预应力损失。

（2）计算超高性能混凝土收缩、徐变引起的预应力损失时，超高性能混凝土的徐变系数和收缩应变应按附录 D 的规定取值。

预应力超高性能混凝土构件各阶段的预应力损失值应按《公路钢筋混凝土及预应力混凝土桥涵设计规范》（JTG 3362—2018）的规定进行组合。

2.6.2 抗裂验算

预应力超高性能混凝土受弯构件应按下列规定进行正截面和斜截面抗裂验算：

（1）正截面超高性能混凝土拉应力应符合下列要求：

①全预应力混凝土构件的非接缝截面，在作用效应频遇组合下：

$$\sigma_{st} - 0.85\sigma_{pc} \leq 0 \tag{2-48}$$

②A 类部分预应力混凝土构件的非接缝截面，在作用效应频遇组合下：

$$\sigma_{st} - \sigma_{pc} \leq 0.7f_{tk}/K_{global} \tag{2-49}$$

③全预应力及 A 类部分预应力混凝土构件的接缝截面，在作用效应频遇组合下：

$$\sigma_{st} - 0.8\sigma_{pc} \leq 0 \tag{2-50}$$

④A 类部分预应力混凝土构件，在作用效应准永久组合下：

$$\sigma_{lt} - \sigma_{pc} \leq 0 \tag{2-51}$$

（2）斜截面超高性能混凝土主拉应力应符合下列要求：

①全预应力混凝土构件的非接缝截面，在作用效应频遇组合下：

$$\sigma_{tp} \leq 0.6f_{tk}/K_{global} \tag{2-52}$$

②全预应力混凝土构件的接缝截面，在作用效应频遇组合下：

$$\sigma_{tp} \leq 0.4f_{tk}/K_{global} \tag{2-53}$$

③A 类部分预应力混凝土构件的非接缝截面，在作用效应频遇组合下：

$$\sigma_{tp} \leq 0.7f_{tk}/K_{global} \tag{2-54}$$

④A 类部分预应力混凝土构件的接缝截面，在作用效应频遇组合下：

$$\sigma_{tp} \leq 0.5f_{tk}/K_{global} \tag{2-55}$$

式中：σ_{st}——在作用效应频遇组合下构件抗裂验算截面边缘超高性能混凝土的法向拉应力；

σ_{lt}——在作用效应准永久组合下构件抗裂验算截面边缘超高性能混凝土的法向拉应力；

σ_{pc}——扣除全部预应力损失后的预加力在构件抗裂验算截面边缘产生的超高性能混凝土预压应力；

σ_{tp}——由作用效应频遇组合和预加力产生的超高性能混凝土主拉应力。

2.6.3 裂缝宽度验算

2.6.3.1 计算方法

钢筋超高性能混凝土构件应按作用频遇组合并考虑长期效应的影响验算裂缝宽度，且应符合下列规定：

（1）当钢筋超高性能混凝土构件的拉应力不大于 f_{tk}/K 时，可不验算钢筋超高性能混凝土构件裂缝宽度；当钢筋超高性能混凝土构件拉应力大于 f_{tk}/K 时，应验算钢筋超高性能混凝土构件裂缝宽度。

（2）超高性能混凝土构件的裂缝宽度验算是指验算超高性能混凝土表面裂缝宽度，各类环境中超高性能混凝土最大裂缝宽度不应超过表 2-22 规定的限值。

表 2-22　最大裂缝宽度限值 w_{max}

环境类别	最大裂缝宽度限值（mm）
Ⅰ类——一般环境	0.15
Ⅱ类——冻融环境	0.15
Ⅲ类——近海或海洋氯化物环境	0.10
Ⅳ类——除冰盐等氯化物环境	0.10
Ⅴ类——盐结晶环境	0.05
Ⅵ类——化学腐蚀环境	0.10
Ⅶ类——磨蚀环境	0.15

超高性能混凝土表面最大裂缝宽度 w_{tmax} 可按下式计算并满足：

$$w_{tmax} = w_{smax} \cdot (h - x_0 - x')/(h_0 - x_0 - x') \leqslant w_{max} \tag{2-56}$$

式中：h——截面高度；

$\quad h_0$——截面有效高度（受拉区钢筋合力点至受压区边缘距离）；

$\quad x_0$——受压区高度；

$\quad x'$——受拉弹性区高度（超高性能混凝土拉应力在 $0 \sim f_{tk}/K$ 之间）；

w_{max}——最大裂缝宽度限值；

w_{smax}——钢筋位置处最大裂缝宽度；

w_{tmax}——超高性能混凝土表面最大裂缝宽度。

钢筋超高性能混凝土构件，钢筋位置处最大裂缝宽度 w_{smax} 可按下列公式计算：

$$w_{smax} = \alpha_{cr}\psi \frac{\sigma_{ss}}{E_s}\left(1.62c + 0.07\frac{d}{\rho_{te}}\right) \tag{2-57}$$

$$\psi = 1 - \frac{0.4(f_{tk} - f_{tk}/K_{global})}{\rho_{te}\sigma_{ss}} \tag{2-58}$$

$$\rho_{te} = \frac{A_s}{A_{te}} \tag{2-59}$$

式中：w_{smax}——钢筋位置处最大裂缝宽度；

$\quad \alpha_{cr}$——构件受力特征系数，应按表 2-23 规定取值；

$\quad \psi$——裂缝间纵向受拉钢筋应变不均匀系数，当 $\psi < 0.4$ 时，取 $\psi = 0.4$；当 $\psi > 1.0$ 时，取 $\psi = 1.0$；

$\quad f_{tk}$——超高性能混凝土轴心抗拉强度标准值；

$\quad K_{global}$——超高性能混凝土整体纤维取向系数；

$\quad \sigma_{ss}$——由作用效应频遇组合下的裂缝位置的钢筋应力；

E_s——钢筋弹性模量;

c——最外层纵向受拉钢筋外边缘至受拉区底部的距离;

d——纵向受拉钢筋直径,采用不同直径的钢筋时,d 改用换算直径 d_e, $d_e = \dfrac{\sum n_i d_i^2}{\sum n_i d_i}$,

其中 n_i 为受拉区第 i 种钢筋的根数,d_i 为受拉区第 i 种钢筋的直径,应按表 2-24 规定取值;

ρ_{te}——纵向受拉钢筋的有效配筋率,取值范围为 $0.01 \leqslant \rho_{te} \leqslant 0.1$,当 $\rho_{te} > 0.1$ 时,取 $\rho_{te} = 0.1$;当 $\rho_{te} < 0.01$ 时,取 $\rho_{te} = 0.01$;

A_s——纵向受拉钢筋截面面积;

A_{te}——有效受拉超高性能混凝土截面面积,轴心受拉构件取构件截面面积;受弯、偏心受拉构件取 $2a_s b$;其中, a_s 为受拉钢筋重心至受拉边缘的距离;对于矩形截面,b 为截面宽度,对于翼缘位于受拉区的 T 形、I 形截面,b 为受拉区有效翼缘宽度。

表 2-23　构件受力特征系数 α_{cr}

构件类型	受弯构件	偏心受拉构件	轴心受拉构件
构件受力特征系数 α_{cr}	2.2	2.4	2.7

表 2-24　受拉区钢筋直径 d_i

受拉区钢筋种类	单根普通钢筋	普通钢筋的束筋
d_i 取值	公称直径 d	等代直径 d_{se}

注:$d_{se} = \sqrt{n} d$,n 为组成束筋的普通钢筋根数,d 为单根普通钢筋公称直径。

作用效应频遇组合下,钢筋超高性能混凝土纵向受拉钢筋的应力 σ_{ss} 计算宜考虑超高性能混凝土的抗拉作用。

2.6.3.2　适用性验证

(1)受弯构件

搜集了公开文献报道的配筋 UHPC 受弯构件裂缝宽度的试验数据,共 22 个试件,184 组裂缝宽度数据。图 2-27 对比了受弯构件裂缝宽度试验结果和裂缝宽度公式计算结果。可以看出,实测值与式(2-56)~式(2-59)的计算值之比的平均值和标准差分别为 1.02 和 0.20,表明采用式(2-56)~式(2-59)可以较好地预测钢筋 UHPC 受弯构件的裂缝宽度。

(2)轴拉构件

搜集了公开文献报道的配筋 UHPC 轴拉构件裂缝宽度的试验数据,共 5 个试件,55 组裂缝宽度数据。另外,对于钢-混组合梁负弯矩加载时,混凝土桥面板的受力模式近似为轴心受拉状态。因此,本节还通过钢-UHPC 组合梁负弯矩受弯试验的 UHPC 板裂缝宽度数据对式(2-56)~式(2-59)用于计算 UHPC 轴拉构件裂缝宽度的适用性进行验证,共计 14 个试件,159 组裂缝宽度数据。图 2-28 对比了轴拉构件裂缝宽度试验结果和裂缝宽度公式计算结果。可以看出,实测值与式(2-56)~式(2-59)的计算值之比的平均值和标准差分别为 0.96 和

0.27,表明采用式(2-56)~式(2-59)可以较好地预测钢筋 UHPC 轴拉构件的裂缝宽度。

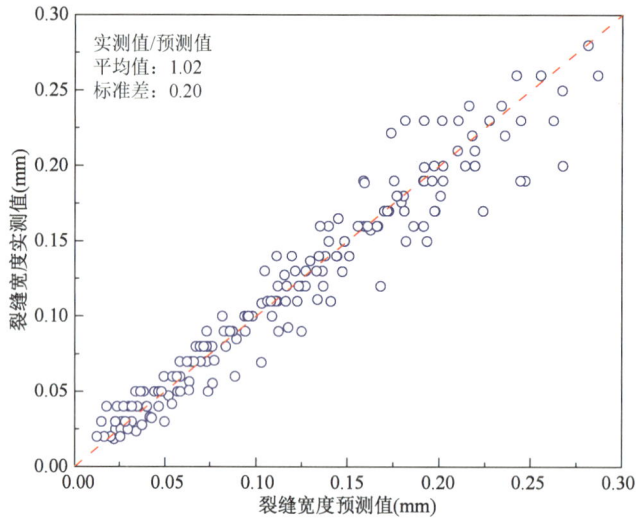

图 2-27　受弯构件的裂缝宽度计算适用性分析

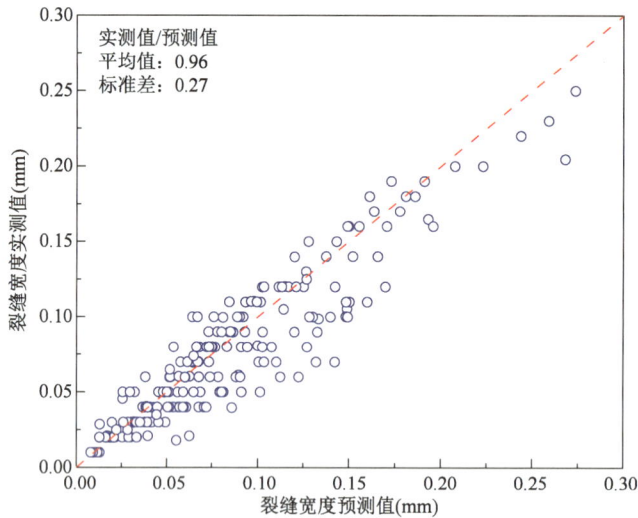

图 2-28　轴拉构件的裂缝宽度计算适用性分析

（3）偏拉构件

目前,国内外已有文献中关于配筋 UHPC 偏拉构件裂缝宽度试验数据鲜见报道,因此暂未直接利用配筋 UHPC 构件的偏拉试验数据进行验证。已有研究认为,钢-UHPC 组合桥面结构中的 UHPC 层的横向受力近似为偏拉。因此,搜集了公开文献报道中钢-UHPC 轻型组合桥面结构横向负弯矩受弯试验的 UHPC 层裂缝宽度数据,对式(2-56)~式(2-59)用于计算 UHPC 偏拉构件裂缝宽度的适用性进行验证,共计 42 个试件,496 组裂缝宽度数据。图 2-29 对比了裂缝宽度试验结果和偏拉构件裂缝宽度公式计算结果。可以看出,实测值与式(2-56)~式(2-59)的计算值之比的平均值和标准差分别为 0.85 和 0.38,表明采用式(2-56)~

式（2-59）可以较好地预测钢筋 UHPC 偏拉构件的裂缝宽度。

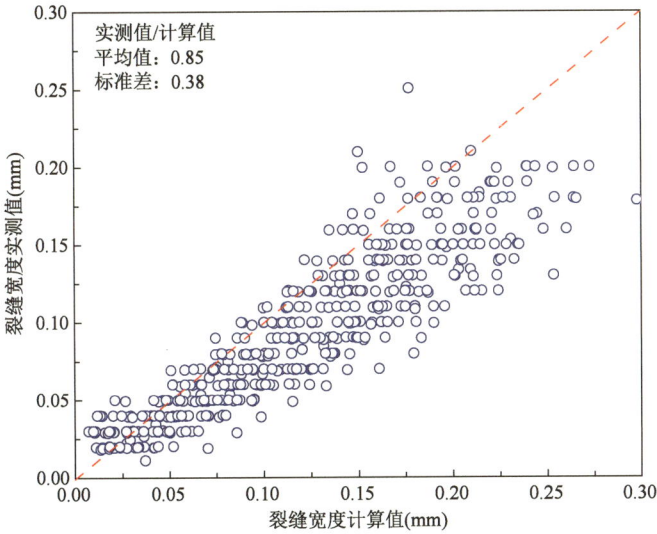

图 2-29　偏拉构件的裂缝宽度计算适用性分析

2.6.4　挠度验算

钢筋超高性能混凝土构件和预应力超高性能混凝土受弯构件的挠度验算除应符合《公路钢筋混凝土及预应力混凝土桥涵设计规范》（JTG 3362—2018）的规定，还应符合下列规定：

（1）计算受弯构件的刚度时，开裂截面抗弯刚度 B_{cr} 应考虑超高性能混凝土的抗拉作用。

（2）挠度长期增长系数取 $\eta_\theta = 1 + \varphi(t, t_0)$ ，式中 $\varphi(t, t_0)$ 为加载龄期 t_0 、计算考虑龄期 t 时的超高性能混凝土徐变系数，可按附录 D 计算。

2.7　持久状况和短暂状况构件的应力计算

持久状况预应力超高性能混凝土构件应力计算除应符合《公路钢筋混凝土及预应力混凝土桥涵设计规范》（JTG 3362—2018）的规定外，还应符合下列规定：

（1）超高性能混凝土的主压应力应符合式（2-60）的规定：

$$\sigma_{cp} \leqslant 0.6 f_{ck} \tag{2-60}$$

（2）根据计算所得的超高性能混凝土主拉应力 σ_{tp} ，按下列规定设置箍筋：

①在 $\sigma_{tp} \leqslant 0.40 f_{tk} / K_{global}$ 的区段，可不设置箍筋。

②在 $\sigma_{tp} > 0.40 f_{tk} / K_{global}$ 的区段，箍筋的间距 s_v 可按式（2-61）计算：

$$s_v = \frac{f_{sk} A_{sv}}{\sigma_{tp} b} \tag{2-61}$$

式中：f_{sk} ——箍筋抗拉强度标准值；

　　A_{sv} ——同一截面内箍筋的总截面面积；

　　b ——矩形截面宽度、T 形或 I 形截面的腹板宽度。

超高性能混凝土构件设计箍筋用量取上述①和②规定计算的箍筋用量以及本书第2.5.3节规定计算的箍筋用量中的较大值。

对构件施加预应力时，超高性能混凝土的抗压强度不应低于设计强度等级的80%，且弹性模量不应低于表2-7中弹性模量数值的80%。

短暂状况构件的应力计算除应符合《公路钢筋混凝土及预应力混凝土桥涵设计规范》（JTG 3362—2018）的规定，还应符合下列规定：

（1）钢筋超高性能混凝土受弯构件中性轴处的主拉应力 σ_{tp}^t 应符合下列规定：

①若满足 $\sigma_{tp}^t \leqslant 0.25f_{tk}^\prime/K_{global}$ 的条件，该区段的主拉应力全部由超高性能混凝土承受，此时可不设置抗剪钢筋。

②若不满足 $\sigma_{tp}^t \leqslant 0.25f_{tk}^\prime/K_{global}$ 的条件，该区段的主拉应力全部由超高性能混凝土和箍筋共同承受，箍筋的间距满足 $s_v \leqslant \dfrac{[\sigma_s^t]A_{sv}}{(\sigma_{tp}^t - 0.25f_{tk}^\prime/K_{global})b}$ 的要求，其中 $[\sigma_s^t]$ 为短暂状况时钢筋的应力限值，取 $0.75f_{sk}$；f_{sk} 为普通钢筋抗拉强度标准值；$f_{tk}^\prime$ 为与制作、运输、安装各施工阶段超高性能混凝土立方体抗压强度相应的轴心抗拉强度标准值。

③按上述①和②计算的箍筋用量少于按斜截面抗剪承载力计算的箍筋用量时，箍筋用量采用两者较大值。

（2）预应力超高性能混凝土受弯构件，在预应力和构件自重等施工荷载作用下，截面边缘超高性能混凝土的法向拉应力应符合下列规定：

①当 $\sigma_{ct}^t \leqslant 0.35f_{tk}^\prime/K_{global}$ 时，预拉区可不配置纵向钢筋。

②当 $\sigma_{ct}^t = 0.7f_{tk}^\prime/K_{global}$ 时，配置于预拉区的纵向钢筋的配筋率不低于0.1%。

③当 $\sigma_{ct}^t = 1.15f_{tk}^\prime/K_{global}$ 时，配置于预拉区的纵向钢筋的配筋率不低于0.2%。

④当 $0.35f_{tk}^\prime/K_{global} < \sigma_{ct}^t < 0.7f_{tk}^\prime/K_{global}$ 时，配置于预拉区的纵向钢筋的配筋率按第①项和第②项直线内插取用。

⑤当 $0.7f_{tk}^\prime/K_{global} < \sigma_{ct}^t < 1.15f_{tk}^\prime/K_{global}$ 时，配置于预拉区的纵向钢筋的配筋率按第②项和第③项直线内插取用。

⑥拉应力 σ_{ct}^t 不应超过 $1.15f_{tk}^\prime/K_{global}$。

上述配筋率为 $A_s^\prime/A$，其中，$A_s^\prime$ 为预拉区普通钢筋截面面积；A 为构件毛截面面积。

预拉区的纵向钢筋宜采用带肋钢筋，其直径不宜大于14mm，沿预拉区的外边缘均匀布置。

2.8　构造规定

普通钢筋和预应力钢筋的超高性能混凝土保护层厚度应满足下列要求：

（1）普通钢筋保护层厚度应取钢筋外缘至构件表面的距离，不应小于钢筋公称直径；当钢筋为束筋时，保护层厚度不应小于束筋的等代直径。

（2）先张法构件中预应力钢筋的保护层厚度应取钢筋外缘至构件表面的距离，不应小于钢筋公称直径；后张法构件中预应力钢筋的保护层厚度取预应力管道外缘至构件表面的距离，不应小于其管道外径的1/2。

(3)普通钢筋和预应力钢筋的保护层厚度不宜小于 1.5 倍纤维长度。经工艺试验验证后,保护层厚度不应小于 1.0 倍纤维长度。当掺入长度不等的混杂纤维时,应取掺入纤维的长度最大值计算保护层厚度。

(4)梁、板的最外侧钢筋保护层最小厚度不应小于表 2-25 的规定值。

表 2-25　梁、板的最外侧钢筋保护层最小厚度

环境类别	梁、板的最外侧钢筋保护层最小厚度(mm)
Ⅰ类——一般环境	15
Ⅱ类——冻融环境	20
Ⅲ类——近海或海洋氯化物环境	25
Ⅳ类——除冰盐等氯化物环境	20
Ⅴ类——盐结晶环境	20
Ⅵ类——化学腐蚀环境	25
Ⅶ类——磨蚀环境	25

注:1. 表中数值是针对各环境类别的最低作用等级、钢筋和超高性能混凝土无特殊防腐措施规定的。

　2. 对钢筋和超高性能混凝土有特殊防腐措施处理的,保护层最小厚度可将表中相应数值减小 5mm,但不得小于 15mm。

　3. 对工厂预制的超高性能混凝土构件,其保护层最小厚度可将表中相应数值减小 5mm,但不得小于 15mm。

普通钢筋和预应力钢筋的净距应满足下列要求:

(1)普通钢筋净距不应小于 1.5 倍钢筋公称直径,不应小于 1.5 倍纤维长度,且不应小于 20mm。

(2)先张法构件中预应力钢筋的净距不应小于 1.5 倍钢筋公称直径,不应小于 1.5 倍纤维长度,且不应小于 30mm。

(3)后张法构件中预应力钢筋管道的净距不应小于 1/2 管道直径,不应小于 1.5 倍纤维长度,且不应小于 40mm。

当计算中充分利用钢筋的强度时,其最小锚固长度应符合表 2-26 的规定。

表 2-26　钢筋最小锚固长度

钢筋种类		HPB300	HRB400、HRBF400、RRB400	HRB500
受压钢筋(直端)		$14d$	$8d$	$11d$
受拉钢筋	直端	$16d$	$10d$	$13d$
	弯钩端	$14d$	$8d$	$11d$

注:1. d 为钢筋公称直径(mm)。

　2. 对于受压束筋和等代直径 $d_e \leq 28$mm 的受拉束筋的锚固长度,应以等代直径按表中数值确定,束筋的各单根钢筋可在同一锚固终点截断;对于等代直径 $d_e > 28$mm 的受拉束筋,束筋内各单根钢筋,应自锚固起点开始,以表内规定的单根钢筋的锚固长度的 1.3 倍,呈阶梯形逐根延伸后截断,即自锚固起点开始,第一根延伸 1.3 倍单根钢筋的锚固长度,第二根延伸 2.6 倍单根钢筋的锚固长度,第三根延伸 3.9 倍单根钢筋的锚固长度。

　3. 当超高性能混凝土在凝固过程中易受扰动时,锚固长度应增加 25%。

　4. 当带肋钢筋的公称直径大于 25mm 时,锚固长度应增加 25%。

　5. 当钢筋位于现浇接缝区域时,锚固长度应增加 25%。

　6. 当受拉钢筋末端采用弯钩时,锚固长度为包括弯钩在内的投影长度。

受拉钢筋的末端弯钩和钢筋的中间弯折应符合表2-27的规定。

表2-27 受拉钢筋的末端弯钩和钢筋的中间弯折

弯曲部位	弯曲角度	形状	钢筋	弯曲直径(D)	平直段长度
末端弯钩	180°		HPB300	≥2.5d	≥3d
	135°		HRB400、HRB500、HRBF400、RRB400	≥5d	≥4d
	90°		HRB400、HRB500、HRBF400、RRB400	≥5d	≥8d
中间弯折	≤90°		各种钢筋	≥20d	—

箍筋的末端应做成弯钩,弯曲角度可取135°。弯钩的弯曲直径应大于被箍的受力主钢筋的直径,且HPB300钢筋不应小于箍筋直径的2.5倍,HRB400钢筋不应小于箍筋直径的5倍。弯钩平直段长度,一般结构不应小于箍筋直径的4倍,抗震结构不应小于箍筋直径的8倍。

钢筋连接宜设置在受力较小的区段,并应错开布置。接头可采用焊接接头、机械连接接头(套筒挤压接头、镦粗直螺纹接头)和绑扎接头,并应符合下列要求:

(1)钢筋焊接接头和机械连接接头应符合《公路钢筋混凝土及预应力混凝土桥涵设计规范》(JTG 3362—2018)的有关规定。

(2)受拉钢筋绑扎接头搭接长度应不小于表2-28的规定;受压钢筋绑扎接头搭接长度应不小于表2-28规定的受拉钢筋绑扎接头搭接长度的7/10。

表2-28 受拉钢筋绑扎接头搭接长度

钢筋种类	HPB300	HRB400、HRBF400、RRB400	HRB500
搭接长度	26d	16d	21d

注:1.当带肋钢筋直径d大于25mm时,其受拉钢筋的搭接长度应按表值增加3d采用。

2.当超高性能混凝土在凝固过程中易受扰动时,搭接长度应增加3d。

3.在任何情况下,受拉钢筋的搭接长度不应小于160mm。

4.当钢筋位于现浇接缝区域时,搭接长度应增加3d。

5.当受拉钢筋末端采用弯钩时,锚固长度为包括弯钩在内的投影长度。

当超高性能混凝土抗拉性能符合表 2-4 的轴拉应变硬化型规定,疲劳性能满足第 2.5.7 节规定,抗裂验算满足第 2.6.2 节规定时,预应力超高性能混凝土受弯构件的普通受拉钢筋的最小截面面积可不作要求,但应满足下列条件:

$$M_{ud} \geqslant M_{cr} \tag{2-62}$$

式中:M_{ud}——受弯构件正截面抗弯承载力设计值;

M_{cr}——受弯构件正截面开裂弯矩值,计算方法应符合《公路钢筋混凝土及预应力混凝土桥涵设计规范》(JTG 3362—2018)的规定。

预应力无腹筋梁的超高性能混凝土轴拉性能应符合表 2-4 的应变硬化型规定。

不配置钢筋的超高性能混凝土板的最小厚度不应小于 50mm,配筋超高性能混凝土板的最小厚度不宜小于 80mm。

T 形、I 形、箱形截面超高性能混凝土梁的腹板宽度,不配置箍筋时不应小于 75mm,配置箍筋时不应小于 100mm。当腹板厚度有变化时,其过渡段长度不宜小于 12 倍腹板宽度差。

体内预应力管道宜采用金属波纹管,其性能应符合《预应力混凝土用金属波纹管》(JG/T 225—2020)的有关规定。

公路超高性能混凝土桥涵的湿接缝、节段拼接缝等接缝部位应避免水汽凝聚和有害物质积聚;当可能遭受腐蚀性介质侵蚀时,应对接缝部位加强防排水、封堵措施,并宜采取附加防腐蚀措施。

超高性能混凝土板、梁现浇湿接缝的构造宜进行必要的强化处理。湿接缝用超高性能混凝土的钢纤维体积率不宜小于 2.0%,宜使用补偿收缩超高性能混凝土。

对于超高性能混凝土现浇接缝,预埋钢筋直径不应小于 12mm,间距不应大于 200mm。其中,相邻预制板、梁的预埋钢筋呈交错布置时(图 2-30),应符合下列要求:

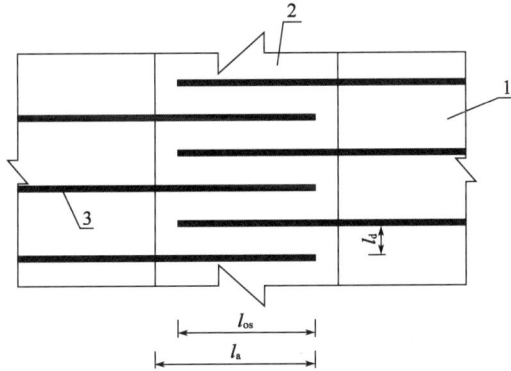

图 2-30 受力钢筋交错布置接头
1-预制超高性能混凝土梁或板;2-超高性能混凝土现浇接缝;3-预埋钢筋

(1)交错布置钢筋的锚固长度 l_a 应符合表 2-26 规定。

(2)交错布置钢筋的重叠长度 l_{os} 不应小于 4/5 的钢筋锚固长度。

(3)交错布置钢筋的净距 l_d 不应小于 1.5 倍纤维长度和 2 倍钢筋公称直径,且不宜大于钢筋重叠长度 l_{os} 和 100mm。

（4）交错布置钢筋的保护层厚度不宜小于 2 倍钢筋公称直径,且不宜大于 3 倍钢筋公称直径。若交错布置钢筋的保护层厚度小于 2 倍钢筋公称直径时,钢筋的锚固长度和重叠长度应在第(1)条和第(2)条规定值基础上增加 3 倍钢筋公称直径。

超高性能混凝土构件的外表面宜采用表面涂层进行处理,且应符合《混凝土桥梁结构表面涂层防腐技术条件》(JT/T 695—2007)的规定。

2.9　附录

附录 A　超高性能混凝土轴拉性能试验方法

（1）一般规定

本方法适用于测定超高性能混凝土在单轴拉伸试验条件下的弹性极限抗拉强度、弹性极限拉应变、极限抗拉强度、极限拉应变。

（2）试件尺寸和数量

单轴拉伸试验的试件尺寸如图 2-31 所示,厚度可采用 50mm 或 100mm。设计单位或供需双方可根据需要选择轴拉试件的厚度。当超高性能混凝土中钢纤维长度不大于 16mm 时,宜采用厚度为 50mm 的试件;当超高性能混凝土中钢纤维长度大于 16mm 时,宜采用厚度为 100mm 的试件。不同厚度试件的测试结果在进行合格评定时可不考虑尺寸效应。

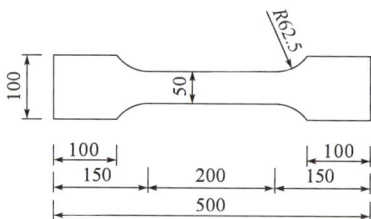

图 2-31　单轴拉伸试验的试件尺寸(单位:mm)

每组试件数量为 6 个。

（3）试件制作

试件的浇筑和成型应符合《活性粉末混凝土》(GB/T 31387—2015)有关规定。

宜在试件变截面段侧面粘贴碳纤维布或铝片,亦可采取其他可靠措施强化变截面段受力,且碳纤维布或铝片宜伸入等截面段 15mm。

超高性能混凝土构件采用热养护时,超高性能混凝土轴拉试件的养护方式应采取标准热养护方式。公路桥涵超高性能混凝土构件采用自然养护时,超高性能混凝土轴拉试件应按《公路工程水泥及水泥混凝土试验方法规程》(JTG 3420—2020)的规定进行标准养护。

（4）试验仪器设备

拉力试验机的性能要求除应符合《混凝土物理力学性能试验方法标准》(GB/T 50081—2019)的有关规定,还可按位移控制模式进行加载。

用于微变形测量的仪器装置应符合下列规定:

①用于微变形测量的仪器宜采用位移传感器,也可采用千分表、激光测长仪、引伸仪等。采用位移传感器或千分表时应备有微变形测量固定架,试件的变形通过微变形测量固定架传递到位移传感器或千分表。采用位移传感器或千分表测量试件变形时,应备有数据自动采集系统;条件许可时,可采用荷载和位移数据同步采集系统。

②当采用位移传感器或千分表时,其测量精度应为 ±0.001mm;当采用激光测长仪或引伸仪时,其测量精度应为 ±0.001%。

③微变形测量仪的标距宜为 150mm。

(5)试验步骤

到达试验龄期前,将试件在规定试验环境中自然干燥 1d 后,量测试件等截面区的截面尺寸。试件厚度的取值应取试件不同位置的 6 个数值的平均值,沿长轴方向每边等间距选取 3 个位置量测。当实测尺寸与公称尺寸之差不超过 1mm 时,可按公称尺寸进行计算。试件承压面的不平整度误差不得超过边长的 0.05%,承压面域相邻面的不垂直度不应超过 ±5°。

将试件放置于试验机上下夹具中,上下夹具连接件应与混凝土试件的中轴线一致并对中。在试件弧形段与夹具接触部位宜放置 0.5~1mm 厚的橡胶垫片或铝垫片。将试件上端与试验机上夹头固定,升降拉力试验机至合适高度,调整试件方向,将试件下端固定。

当采用位移传感器或千分表测量变形时,应将位移传感器或千分表固定在变形测量架上,并由标距定位杆进行定位,然后将变形测量架通过紧固螺钉固定在试件中部。

开动试验机进行预拉,预拉荷载相当于弹性极限荷载的 15%~20%。预拉时,应测读应变值,计算偏心率,计算方法应符合《混凝土物理力学性能试验方法标准》(GB/T 50081—2019)的轴向拉伸试验方法。当试件偏心率大于 15% 时,应对试件重新进行对中调整。

预拉完毕后,应重新调整测量仪器,进行正式测试。拉伸试验时,对试件进行连续、均匀加荷,宜采用位移控制加荷,加荷速率宜取 0.2mm/min。当采用位移传感器测量变形时,试件测量标距内的变形应由数据采集系统自动记录,绘制荷载-变形曲线。试件初裂前,数据采样频率不宜小于 2Hz;试件初裂后,数据采样频率不宜小于 5Hz。

当满足下列条件之一时,应终止加载,停止试验:

①试件进入拉伸应变软化阶段后拉应力低于峰值荷载的 30%;

②试件的拉应变达到 10000×10^{-6};

③试件拉断。

(6)结果计算和确定

弹性极限点的选取应符合下列规定:

①宜取位移传感器和数据采集系统绘制的荷载-变形曲线中,由线性段转为非线性段的点作为弹性极限点。

②当荷载-变形曲线中线性段转为非线性段的点不明显时,可取拉应变为 200×10^{-6} 对应的曲线上的点作为弹性极限点。

极限抗拉点应选取试件拉伸变形达到 0.30mm 时对应的点。

弹性极限抗拉强度和弹性极限拉应变应按下式进行计算:

$$f_{te} = \frac{F_A}{b_m h_m} \qquad (2\text{-}63)$$

$$\varepsilon_{\text{te}} = \frac{l_{\text{te}}}{L} \tag{2-64}$$

式中：f_{te}——弹性极限抗拉强度，计算结果精确至 0.01MPa；

$\quad F_{\text{A}}$——弹性极限荷载，取弹性极限点处的荷载，N；

b_{m}、h_{m}——轴拉试件中部截面的宽度、厚度，mm；

$\quad \varepsilon_{\text{te}}$——弹性极限拉应变，计算结果精确至 10×10^{-6}；

$\quad l_{\text{te}}$——弹性极限点处拉伸变形，mm；

$\quad L$——测试标距，mm。

极限抗拉强度和极限拉应变应按下式进行计算：

$$f_{\text{tu}} = \frac{F_{\text{B}}}{b_{\text{m}}h_{\text{m}}} \tag{2-65}$$

$$\varepsilon_{\text{tu}} = \frac{l_{\text{tu}}}{L} \tag{2-66}$$

式中：f_{tu}——极限抗拉强度，计算结果精确至 0.01MPa；

$\quad F_{\text{B}}$——极限抗拉荷载，应取极限抗拉点的荷载，即轴拉试验的拉伸变形 0.30mm 时对应的荷载，N；

$\quad \varepsilon_{\text{tu}}$——极限拉应变，计算结果精确至 10×10^{-6}；

$\quad l_{\text{tu}}$——拉伸变形为 0.30mm；

$\quad L$——测试标距，mm。

试验结果的处理如下：

①有效轴拉试件的开裂位置应位于标距内，有效轴拉试件数量不应小于 3 个。当有效轴拉试件数量小于 3 个时，该组试件无效，应重新进行试验。

②根据所有有效轴拉试件测值的标准值确定弹性极限抗拉强度和极限抗拉强度的最终试验结果，且根据所有有效轴拉试件测值的最小值确定极限拉应变的最终试验结果。

③超高性能混凝土抗拉强度标准值可按下式确定。

$$f_{\text{te,k}} = f_{\text{te,m}} - tS_n \tag{2-67}$$

$$f_{\text{tu,k}} = f_{\text{tu,m}} - tS_n \tag{2-68}$$

式中：$f_{\text{te,m}}$——弹性极限抗拉强度平均值，计算结果精确至 0.01MPa；

$\quad f_{\text{te,k}}$——弹性极限抗拉强度标准值，计算结果精确至 0.01MPa；

$\quad f_{\text{tu,m}}$——极限抗拉强度平均值，计算结果精确至 0.01MPa；

$\quad f_{\text{tu,k}}$——极限抗拉强度标准值，计算结果精确至 0.01MPa；

$\quad t$——T 检验系数，可按表 2-29 规定取值；

$\quad S_n$——n 组试件的标准差，计算结果精确至 0.01MPa。

表 2-29 T 检验系数 t

试件数量	3	4	5	6	7	8	9	10	11	12
t	2.920	2.353	2.132	2.015	1.943	1.895	1.860	1.833	1.812	1.796

试件数量	13	14	15	16	17	18	19	20	21	22
t	1.782	1.771	1.761	1.753	1.746	1.740	1.734	1.729	1.725	1.721
试件数量	23	24	25	26	27	28	29	30	—	∞
t	1.717	1.714	1.711	1.708	1.706	1.703	1.699	1.697	—	1.645

附录 B　超高性能混凝土纤维取向系数的确定方法及取值

（1）一般规定

超高性能混凝土纤维取向系数宜通过对超高性能混凝土实体模型进行多向切割并开展四点弯曲试验确定。

若无试验数据，纤维取向系数可按下列规定取值：

①当构件厚度 $h \leqslant 50\text{mm}$ 时，$K_{\text{global}} = 1.00$，$K_{\text{local}} = 1.00$。

②当构件厚度 $h \geqslant 100\text{mm}$ 时，$K_{\text{global}} = 1.25$，$K_{\text{local}} = 1.75$。

③当构件厚度满足 $50 < h < 100\text{mm}$ 时，按第①款和第②款规定直线内插取用。

（2）实体模型与模制试件制作

超高性能混凝土实体模型的厚度应与实际结构保持一致，平面尺寸不宜小于 $500\text{mm} \times 1000\text{mm}$，且切割试件数量不宜少于 3 个。

超高性能混凝土实体模型的浇筑、成型、养护方式应与实际结构保持一致。

模制试件的厚度 h 应与实际结构保持一致，平面尺寸宜为 $1h \times 4h$。

模制试件浇筑与成型应符合《活性粉末混凝土》（GB/T 31387—2015）有关规定，养护方式应与实际结构保持一致。

（3）实体试件切割

超高性能混凝土实体模型的切割试件方向不宜少于两个纤维取向，即平行于超高性能混凝土浇筑方向和垂直于超高性能混凝土浇筑方向。

超高性能混凝土实体模型切割前，应明确切割施工顺序，制订切割施工安全应急预案和环境保护措施，并确定切割区域边界基准。

采用混凝土切割机对超高性能混凝土实体模型进行多向切割，切割试件应测 3 个不同位置的断面尺寸，尺寸误差应在 ±3mm 以内；切割试件应测 2 个不同位置的长度尺寸，尺寸误差应在 ±10mm 以内。

（4）试验方法

超高性能混凝土切割试件、模制试件的弯拉强度试验应符合《活性粉末混凝土》（GB/T 31387—2015）的规定。

（5）结果计算和确定

若试件下边缘断裂位置处于两个集中荷载作用线之间，则试件的弯拉强度应按式（2-69）计算：

$$f_{\text{fq}} = \frac{F_{\text{u}}L}{bh^2} \tag{2-69}$$

式中：f_{fq} ——切割试件弯拉强度,计算结果精确至 $0.01\,\mathrm{MPa}$；

　　F_u ——切割试件极限荷载,N；

　　b、h ——切割试件跨中截面的宽度、高度,mm；

　　L ——支座间跨径,mm。

有效试件的开裂位置应位于两个集中荷载之间,有效试件数量不应少于 2 个。当有效试件数量少于 2 个时,该组试件无效,应重新进行试验。

切割试件的弯拉强度应按式(2-70)进行修正：

$$f_{fx} = \frac{f_f}{\lambda} \tag{2-70}$$

$$\lambda = \begin{cases} 1 + \dfrac{(b + h - l_f)}{10bh} & （模制试件） \\[3mm] 1 + \dfrac{(b - 5h + 5l_f)l_f}{10bh} & （切割试件） \end{cases} \tag{2-71}$$

式中：f_{fx} ——切割试件的修正弯拉强度,计算结果精确至 $0.01\,\mathrm{MPa}$；

　　f_f ——试件的弯拉强度实测值,计算结果精确至 $0.01\,\mathrm{MPa}$；

　　l_f ——纤维长度,mm；

　　λ ——截面弯拉强度修正系数。

纤维取向系数应按式(2-72)、式(2-73)计算：

整体纤维取向系数：

$$K_{global} = \frac{f_{fm,m}}{f_{fqx,m}} \tag{2-72}$$

局部纤维取向系数：

$$K_{local} = \frac{f_{fm,m}}{f_{fqx,min}} \tag{2-73}$$

式中：K_{global} ——整体纤维取向系数,$1.0 \leqslant K_{global} \leqslant 2.0$；

　　K_{local} ——局部纤维取向系数,$1.0 \leqslant K_{local} \leqslant 2.5$；

　　$f_{fm,m}$ ——模制试件的弯曲强度平均值,MPa；

　　$f_{fqx,m}$ ——切割试件的修正弯曲强度平均值,MPa；

　　$f_{fqx,min}$ ——切割试件的修正弯曲强度最小值,MPa。

附录 C　超高性能混凝土收缩试验方法

本方法适用于在无约束和规定的温、湿度条件下测定硬化超高性能混凝土试件的收缩变形。

超高性能混凝土收缩试验应采用尺寸为 $100\mathrm{mm} \times 100\mathrm{mm} \times 515\mathrm{mm}$ 的棱柱体试件,每组应为 3 个试件。

收缩试验的设备应符合下列规定：

(1)测量超高性能混凝土收缩变形的装置应具有硬钢或石英玻璃制作的标准杆,并应在测量前及测量过程中及时校核仪表的读数。

（2）收缩测量装置可采用下列形式之一：

①卧式混凝土收缩仪的测量标距应为 540mm，并应装有精度为 ±0.001mm 的千分表或测微器。

②立式混凝土收缩仪的测量标距和测微器同卧式混凝土收缩仪。

③其他形式的变形测量仪表的测量标距不应小于 100mm，并至少能达到 ±0.001mm 的测量精度。

试件和测头应符合下列规定：

（1）采用卧式混凝土收缩仪时，试件两端应预埋测头或留有埋设测头的凹槽。卧式收缩试验用测头（图 2-32）应由不锈钢或其他防锈的材料制成。

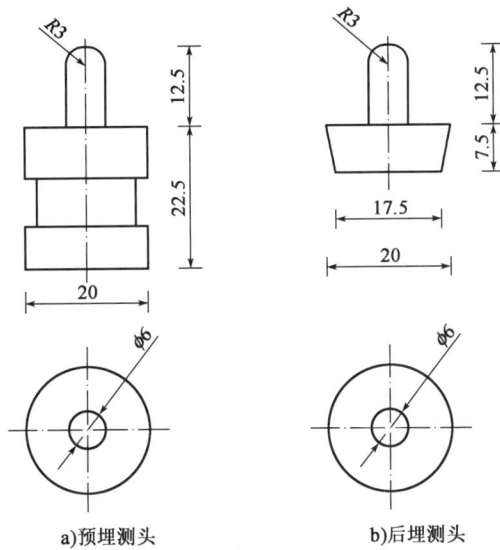

图 2-32 卧式收缩试验用测头（mm）

（2）采用立式混凝土收缩仪时，试件一端中心应预埋测头（图 2-33）。立式收缩试验用测头的另外一端宜采用 M20mm × 35mm 的螺栓（螺纹通长），并应与立式混凝土收缩仪底座固定。螺栓和测头都应预埋进去。

（3）采用接触法引伸仪时，所用试件的长度应至少比仪器的测量标距大一个截面边长。测头应粘贴在试件两侧面的轴线上。

（4）使用混凝土收缩仪时，制作试件的试模应具有能固定测头或预留凹槽的端板。使用接触法引伸仪时，可用一般棱柱体试模制作试件。

（5）收缩试件成型时不得使用机油等憎水性脱模剂。试件成型后应带模养护 1~2d，并保证拆模时不损伤试件。对于事先没有埋设测头的试件，拆模后应立即粘贴或埋设测头。采用标准养护的试件，拆模后应立即送至温度为（20±2）℃、相对湿度为 95% 以上的标准养护室养护。采用热养护的试件，拆模后应立即进行标准热养护。

超高性能混凝土收缩试验应按下列步骤进行：

（1）收缩试验应在恒温恒湿环境中进行，室温应保持在（20±2）℃，相对湿度应保持在

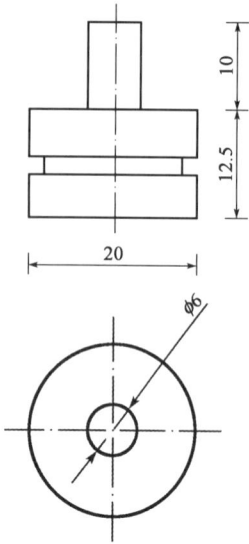

图 2-33　立式收缩试验用测头（mm）

60%±5%。试件应放置在不吸水的搁架上，底面应架空，每个试件的间隙应大于30mm。

（2）采用标准养护的超高性能混凝土试件，在试件浇筑成型后应立即放入标准养护室，当超高性能混凝土抗压强度达到（25±5）MPa时，从标准养护室取出，并应立即移入恒温恒湿室内预置1h，再测定其初始长度，此后应至少按下列规定的时间间隔测量其变形读数：1d、3d、7d、14d、28d、45d、60d、90d、120d、150d、180d、360d（从移入恒温恒湿室内计时）。

（3）采用热养护的超高性能混凝土试件，应在标准热养护结束后移入恒温恒湿室，并在恒温恒湿室内预置4h，再测其初始值，测量时应记下试件的初始干湿状态。此后应至少按下列规定的时间间隔测量其变形读数：1d、3d、7d、14d、28d、45d、60d、90d、120d、150d、180d、360d（从测试初始长度开始计时）。

（4）收缩测量前应先用标准杆校正仪表的零点，并应在测定过程中至少复核1~2次，其中一次应在全部试件测读完后进行。当复核时发现零点与原值的偏差超过±0.001mm时，应调零后重新测量。

（5）试件每次在卧式收缩仪上放置的位置和方向均应保持一致。试件上应标明相应的方向记号。试件在放置及取出时应轻稳仔细，不得碰撞表架及表杆。当发生碰撞时，应取下试件，并重新以标准杆复核零点。

（6）采用立式混凝土收缩仪时，整套测试装置应放在不易受外部振动影响的地方。读数时宜轻敲仪表或者上下轻轻滑动测头。安装立式混凝土收缩仪的测试台应有减振装置。

（7）用接触法引伸仪测量时，应使每次测量时试件与仪表保持相对固定的位置和方向。每次读数应重复3次。

超高性能混凝土收缩试验结果计算和确定应按下列方法进行：

（1）超高性能混凝土收缩应按下式计算：

$$\varepsilon_{st} = \frac{L_0 - L_t}{L_b} \qquad (2-74)$$

式中：ε_{st}——试验期为 $t(d)$ 的超高性能混凝土收缩，t 从测定初始长度时算起；

　　　L_b——试件的测量标距，用混凝土收缩仪测量时应等于两测头内侧的距离，即等于超高性能混凝土试件长度（不计测头凸出部分）减去两个测头埋入深度之和（mm），采用接触法引伸仪时，即为仪器的测量标距，mm；

　　　L_0——试件长度的初始读数，mm；

　　　L_t——试件在试验期为 $t(d)$ 时测得的长度读数，mm。

（2）每组应取3个试件收缩的算术平均值作为该组混凝土试件的收缩测定值，计算结果应精确到 1.0×10^{-6}。

（3）作为相互比较的超高性能混凝土收缩值可取试验期为90d所测得的干燥收缩值。

附录 D　超高性能混凝土收缩应变和徐变系数计算

超高性能混凝土的收缩应变计算应符合下列规定：

（1）采用标准热养护的超高性能混凝土，养护结束后的超高性能混凝土收缩应变可取零。

（2）采用标准养护［环境温度（20 ± 2）℃，相对湿度大于 95%］的超高性能混凝土，其收缩应变宜通过试验确定。若无实测数据，标准养护的超高性能混凝土收缩应变可按式（2-75）计算：

$$\varepsilon_{cs}(t) = \varepsilon_{cs,0} \cdot e^{\frac{c}{\sqrt{t}+d}} \qquad (2\text{-}75)$$

式中：$\varepsilon_{cs}(t)$——计算考虑的龄期为 t 时的收缩应变；

$\qquad \varepsilon_{cs,0}$——名义终极收缩应变，可取 700με；

$\qquad t$——计算考虑时刻的超高性能混凝土龄期，d；

$\qquad c$、d——拟合系数，可取 $c = -2.48$，$d = -0.86$。

超高性能混凝土的徐变系数宜通过试验确定。若无实测数据，且超高性能混凝土压应力不大于 $0.4f_{cu,k}$ 时，超高性能混凝土的徐变系数可按式（2-76）计算：

$$\varphi(t,t_0) = \varphi_0(t_\infty,t_0) \cdot \frac{(t-t_0)^a}{(t-t_0)^a + b} \qquad (2\text{-}76)$$

式中：$\varphi(t,t_0)$——加载龄期为 t_0、计算考虑龄期为 t 时的超高性能混凝土徐变系数；

$\qquad \varphi_0(t_\infty,t_0)$——加载龄期为 t_0 时的超高性能混凝土徐变系数终极值，可按表 2-30 取值；

$\qquad t$——计算考虑时刻的超高性能混凝土龄期，d；

$\qquad t_0$——加载时超高性能混凝土龄期，d；

$\qquad a$、b——拟合系数，可按表 2-30 取值。

表 2-30　超高性能混凝土徐变系数终极值和系数 a、b 取值表

加载龄期 t_0(d)	养护制度	徐变系数终极值 $\varphi(t_\infty,t_0)$	系数 a	系数 b
4	标准养护	1.2	0.6	3.2
7	标准养护	1.0	0.6	4.5
28	标准养护	0.8	0.6	10
—	标准热养护结束后	0.2	0.6	10

附录 E　超高性能混凝土氯离子扩散系数试验方法

本方法适用于以快速氯离子迁移系数法（或称 RCM 法）测定氯离子在超高性能混凝土基体中非稳态迁移的迁移系数来确定超高性能混凝土的抗渗性能。

试验所用的试剂应符合下列规定：

（1）溶剂应采用蒸馏水或去离子水。

（2）氢氧化钠、氯化钠、硝酸银、氢氧化钙均应为化学纯。

RCM 试验装置如图 2-34 所示。试验所用的仪器设备应符合下列规定：

（1）切割试件的设备应采用水冷式金刚石锯或碳化硅锯。

（2）真空容器应至少能够容纳 3 个试件。

（3）真空泵应至少容纳 3 个试件。

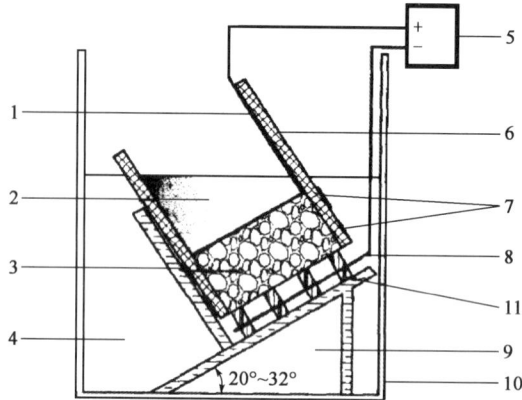

图 2-34　RCM 试验装置示意图

1-阳极板；2-阳极溶液；3-试件；4-阴极溶液；5-可调直流电源；6-有机硅橡胶套；7-环箍；8-阴极板；9-支架；10-阴极试验槽；11-支撑头

（4）RCM 试验装置采用的有机硅橡胶套的内径和外径应分别为 100mm 和 115mm，长度应为 150mm。夹具应采用不锈钢环箍，其直径范围应为 105～115mm，跨径应为 20mm。阴极试验槽可采用尺寸为 370mm×370mm×280mm 的塑料箱。阴极板应采用厚度为（0.5±0.1）mm、直径不小于 100mm 的不锈钢板。阳极板应采用厚度为 0.5mm、直径为（98±1）mm 的不锈钢网或带孔的不锈钢板。支架应由硬塑料板制成。处于试件和阴极板之间的支撑头高度应为 15～20mm。RCM 法试验装置还应符合《混凝土氯离子扩散系数测定仪》（JG/T 262—2009）的有关规定。

（5）电源应能稳定提供 0～90V 的可调直流电，精度应为 ±0.1V，电流应为 0～10A。

（6）电表的精度应为 ±0.1mA。

（7）温度计或热电偶的精度应为 ±0.2℃。

（8）喷雾器应适合喷洒硝酸银溶液。

（9）游标卡尺的精度应为 ±0.1mm。

（10）尺子的最小刻度应为 1mm。

（11）水砂纸的规格应为 200～600 号。

（12）细锉刀可作为备用工具。

（13）扭矩扳手的扭矩范围应为 20～100N·m，测量允许误差为 ±5%。

（14）电吹风的功率应为 1000～2000W。

（15）黄铜刷可作为备用工具。

（16）真空表或压力计的精度应为 ±665Pa（5mmHg 柱），量程应为 0～13300Pa（0～100mmHg 柱）。

(17)抽真空设备可由体积在 1000mL 以上的烧杯、真空干燥器、分液装置、真空表等组合而成。

试验所用的溶液和指示剂应符合下列规定：

(1)阴极溶液应为 10% 质量浓度的 NaCl 溶液,阳极溶液应为 0.3mol/L 摩尔浓度的 NaOH 溶液。溶液应至少提前 24h 配制,并应密封保存在温度为 20~25℃ 的环境中。

(2)显色指示剂应为 0.1mol/L 浓度的 $AgNO_3$ 溶液。

试件制作应符合下列规定：

(1)RCM 法测抗氯离子渗透性试验应采用直径为(100±1)mm、高度为(30±2)mm 的圆柱体试件,每组试件数量应为 3 块。

(2)在试验室制作试件时,宜采用 ϕ100mm×200mm 试模。

(3)试件应在终凝后 1d 内拆模,然后浸没于标准养护室的水池中,试件的养护龄期宜为 28d,也可根据设计要求选用 56d 或 90d 养护龄期;采用热养护时,试件热养护后,浸没于标准养护室的水池中,试件的总养护龄期为 28d。

(4)应在抗氯离子渗透试验前 7d 加工成标准尺寸的试件。应先将试件从正中间切成相同尺寸的两部分(ϕ100mm×100mm),然后从两部分中各切取一个高度为(30±2)mm 的试件,并应将第一次的切口面作为暴露于氯离子溶液中的测试面。

(5)试件加工后应采用水砂纸和细锉刀打磨光滑,加工好的试件应继续浸没于水中养护至试验龄期。

RCM 法试验应按下列步骤进行：

(1)将试件从养护池中取出来,并将试件表面的碎屑刷洗干净,擦干试件表面多余的水分。然后采用游标卡尺测量试件的直径和高度,测量应精确到 0.1mm。将试件在饱和面干状态下置于真空容器中进行真空处理。应在 5min 内将真空容器中的气压减少至 1~5kPa,并保持该真空度 3h,在真空泵仍然运转的情况下,将用蒸馏水配制的饱和氢氧化钙溶液注入容器,溶液高度应保证将试件浸没。在试件浸没 1h 后恢复常压,并继续浸泡(96±2)h。

(2)试件安装在 RCM 试验装置前应采用电吹风冷风挡吹干,表面应干净,无油污、灰砂和水珠。

(3)RCM 试验装置的试验槽在试验前应用室温凉开水冲洗干净。

(4)试件和 RCM 试验装置准备好以后,将试件装入橡胶套内的底部,在与试件齐高的橡胶套外侧安装两个不锈钢环箍(图 2-35),每个箍高度应为 20mm,并应拧紧环箍上的螺栓至扭矩为(30±2)N·m,使试件的圆柱侧面处于密封状态。

(5)将装有试件的橡胶套安装到试验槽中,并安装好阳极板。然后在橡胶套中注入约 300mL 浓度为 0.3mol/L 的 NaOH 溶液,并应使阳极板和试件表面均浸没于溶液中。在阴极试验槽中注入 12L 质量浓度为 10% 的 NaCl 溶液,并应使其液面与橡胶套中的 NaOH 溶液的液面齐平。

(6)试件安装完成后,应将电源的阳极(又称正极)用导线连至橡胶筒中阳极板,并将阴极(又称负极)用导线连至试验槽中的阴极板。

电迁移试验应按下列步骤进行：

(1)打开电源,将电压调整到(30±2)V,并应记录通过每个试件的初始电流。

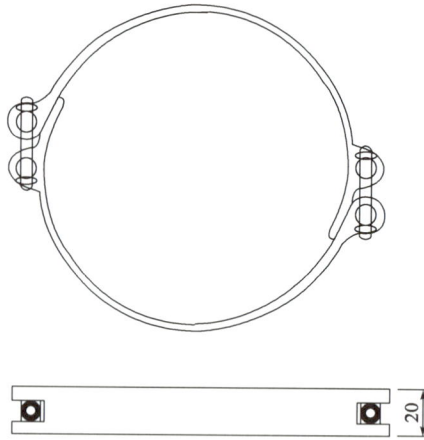

图 2-35　不锈钢环箍（单位：mm）

（2）后续试验应施加的电压（表 2-31 第二列）应根据施加 30V 电压时测量得到的初始电流值所处的范围（表 2-31 第一列）决定。根据实际施加的电压，记录新的初始电流。应按照新的初始电流值所处的范围（表 2-31 第三列），确定试验应持续的时间（表 2-31 第四列）。

表 2-31　初始电流、电压与试验时间的关系

初始电流 I_{30V} （用 30V 电压）（mA）	施加的电压 U （调整后）（V）	可能的新的初始 电流 I_0（mA）	试验最少持续 时间 t（h）
$I_0 < 2.5$	90	$5 \leqslant I_0 < 10$	168
$2.5 \leqslant I_0 < 5$	60	$5 \leqslant I_0 < 10$	96
$5 \leqslant I_0 < 10$	60	$10 \leqslant I_0 < 20$	48
$I_0 \geqslant 10$	60	$I_0 \geqslant 20$	24

（3）应按照温度计或者电热偶的显示读数记录每一个试件的阳极溶液的初始温度。

（4）试验结束时，应测定阳极溶液的最终温度和最终电流。

（5）试验结束后，应及时排出试验溶液。应用黄铜刷清除试验槽的结垢或沉淀物，并用饮用水和洗涤剂将试验槽和橡胶套冲洗干净，然后用电吹风的冷风挡吹干。

氯离子渗透深度测定应按下列步骤进行：

（1）试验结束后，应及时断开电源。

（2）断开电源后，应将试件从橡胶套中取出，并立即用自来水将试件表面冲洗干净，然后擦去试件表面多余水分。

（3）试件表面冲洗干净后，应在压力试验机上沿轴向劈成两个半圆柱体，并在劈开的试件断面立即喷涂浓度为 0.1mol/L 的 $AgNO_3$ 溶液显色指示剂。

（4）指示剂喷洒约 15min 后,应沿试件直径断面将其分成 10 等份,并用 0.1mm 针管笔描出渗透轮廓线。

（5）根据观察到的明显的颜色变化,测量显色分界线(图 2-36)至试件底面的距离,精确至 0.1mm。

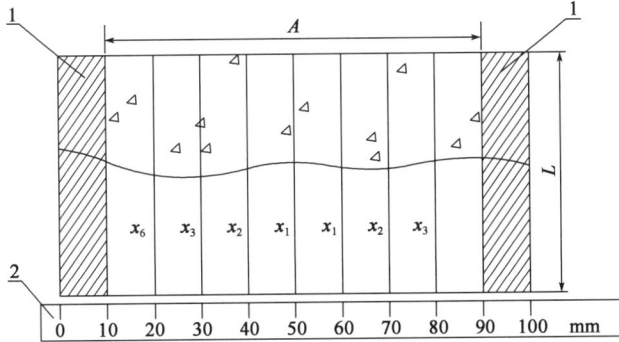

图 2-36　显色分界线位置编号
1-试件边缘部分;2-尺子
A-测量范围;L-试件高度

（6）当某一测点被集料阻挡,可将此测点位置移动到最近未被集料阻挡的位置进行测量,当某测点数据不能得到,只要总测点数多于 5 个,可忽略此测点。

（7）当某测点位置有一个明显的缺陷,使该点测量值远大于各测点的平均值时,可忽略此测点数据,但应将这种情况在试验记录和报告中注明。

试验结果计算及处理应符合下列规定:

（1）超高性能混凝土的非稳态氯离子迁移系数应按式(2-77)进行计算:

$$D_{RCM} = \frac{0.0239 \times (273 + T)L}{(U - 2)t} \left(X_d - 0.0238\sqrt{\frac{(273 + T)LX_d}{U - 2}} \right) \qquad (2\text{-}77)$$

式中:D_{RCM}——超高性能混凝土的非稳态氯离子迁移系数,精确到 $0.01 \times 10^{-12} m^2/s$;

　　　U——所用电压的绝对值,V;

　　　T——阳极溶液的初始温度和结束温度的平均值,℃;

　　　L——试件厚度,精确到 0.1mm;

　　　X_d——氯离子渗透深度的平均值,精确到 0.1mm;

　　　t——试验持续时间,h。

（2）超高性能混凝土的非稳态氯离子迁移系数应符合下列要求:

①计算 3 个试样氯离子扩散系数的算术平均值。

②当氯离子扩散系数的计算平均值小于 $10 \times 10^{-14} m^2/s$ 时,直接取 3 个试样氯离子扩散系数的中间值作为该组试件的氯离子扩散系数测定值。

③当氯离子扩散系数的计算平均值在 $10 \times 10^{-14} \sim 30 \times 10^{-14} m^2/s$ 之间时,若最大值或最小值与中间值之差超过中间值的 20% ,应取中间值作为测定值;若最大值和最小值均超过中间值的 20% ,取其中最大值作为测定值。

④当氯离子扩散系数的计算平均值大于 $30 \times 10^{-14} m^2/s$ 时,若最大值或最小值与中间值

之差超过中间值的20%，应取中间值作为测定值；若最大值和最小值均超过中间值的20%，应重新制样进行试验。

2.10 本章小结

本章以交通运输部行业标准《公路桥涵超高性能混凝土应用技术规范》（报批稿）为基础，阐述了 UHPC 桥梁的设计方法，对相关技术要求进行了规定，涵盖原材料与配合比、超高性能混凝土性能、持久状况承载能力极限状态计算、持久状况正常使用极限状态计算、持久状况和短暂状况构件的应力计算和构造规定。

本章吸收了国内外超高性能混凝土工程设计和研究成果以及实际工程经验，参考、借鉴了国外先进的标准规范，并且依据《公路工程结构可靠性设计统一标准》（JTG 2120—2020）对正截面抗弯承载力、斜截面抗剪承载力、接缝键齿抗剪承载力、抗冲切承载力、局部抗压承载力公式和疲劳验算做了可靠度校准。

参 考 文 献

［1］ 清远交通运输局.节段预制拼装预应力超高性能混凝土箱梁桥专用技术规程［S］.2017.

［2］ 中国土木工程学会.超高性能混凝土梁式桥技术规程：T/CCES 27—2021［S］.北京：中国建筑工业出版社，2021.

［3］ 湖南省住房和城乡建设厅.活性粉末混凝土结构技术规程：DBJ 43/T 325—2017［S］.北京：中国建筑工业出版社，2017.

［4］ GRAYBEAL B，DAVIS M. Cylinder or cube：strength testing of 80 to 200 MPa（11.6 to 29 ksi）ultra-high-performance fiber-reinforced concrete［J］. ACI Materials Journal，2008，105（6）：603-609.

［5］ GRAYBEAL B A. Material property characterization of ultra-high performance concrete［R］. Washington D. C. ：FHWA，2006.

第3章

在役开裂钢桥面的加固改造

INNOVATIVE BRIDGE STRUCTURES BASED
ON ULTRA-HIGH PERFORMANCE CONCRETE (UHPC)

THEORY, EXPERIMENT AND APPLICATION

3.1 概述

钢桥具有自重轻、跨越能力强、抗震性能优异、便于装配化施工、可回收利用等优点,为世界桥梁界所推崇。但钢桥面临两大世界性难题:正交异性钢桥面板疲劳开裂和沥青铺装破损。这一直是钢桥发展的重大技术瓶颈。

正交异性钢桥面板构造复杂、焊缝数量多,极易疲劳开裂。钢桥面的疲劳裂缝主要集中在纵肋-面板连接焊缝、纵肋拼接焊缝、纵肋-横梁连接焊缝等敏感区域。

尤其是我国早期修建的大跨径钢桥,正交异性钢桥面板疲劳开裂现象普遍而严重,其中钢面板-U 肋连接处疲劳开裂最为普遍,裂纹穿透钢面板及 U 肋,导致桥面局部刚度和承载力持续下降,雨水沿裂纹渗入桥面内部,加速钢梁锈蚀,严重威胁桥梁的安全耐久运营。厦门海沧大桥和武汉某长江大桥中此类裂纹分别占钢桥面全部裂纹的 58% 和 78%,而江阴长江大桥则几乎全部为此类裂纹,如图 3-1 所示。根据对广东虎门大桥的计算分析,在钢桥面各类疲劳细节中,钢面板与 U 肋连接处焊缝的疲劳应力幅最大,成为钢桥面疲劳受力的短板。实桥检测表明,钢面板中还暗含大量隐形疲劳裂纹,数量与肉眼可见疲劳裂纹相当,使得钢桥面疲劳病害问题愈发严重。

a)广东虎门大桥

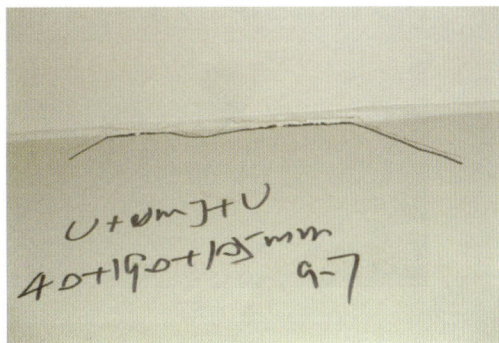

b)武汉某长江大桥

c)宜昌长江公路大桥

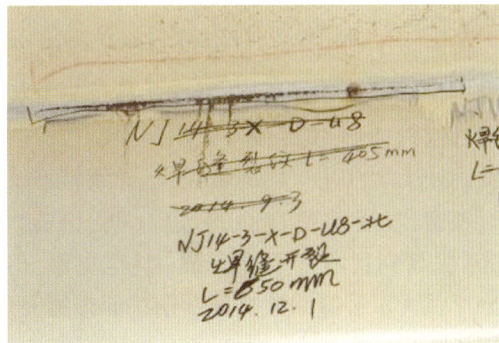

d)江阴长江大桥

图 3-1 在役大跨径钢桥面重度疲劳开裂

国内外钢桥面各类疲劳裂纹的主要处治方法大致相同：裂纹补焊，钻止裂孔，栓接钢板或角钢，粘贴钢板、碳纤维布或玻璃纤维角钢，裂纹表面冲击闭合等，如图 3-2 所示。这些措施的核心思路是通过缓解裂纹尖端的应力集中，或提高裂纹附近钢板的强度和刚度来延长钢桥面的疲劳寿命，在修复除钢面板-U 肋连接处疲劳裂缝之外的其他连接细节的疲劳开裂较为有效，如横隔板-U 肋过焊孔处等。

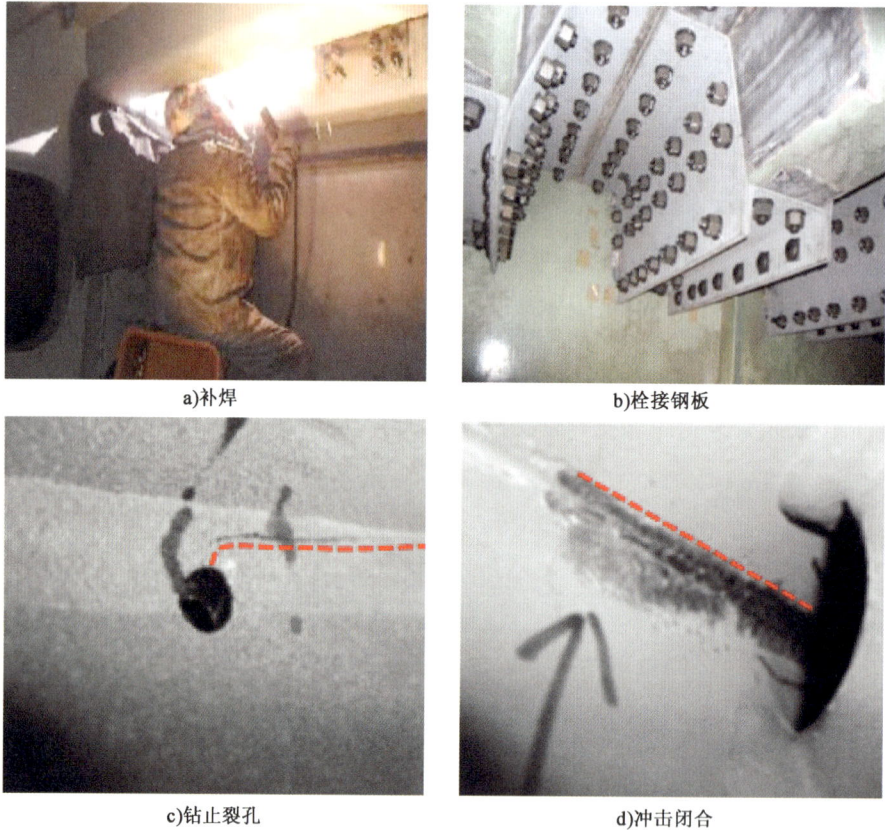

a)补焊

b)栓接钢板

c)钻止裂孔

d)冲击闭合

图 3-2   钢桥面疲劳裂纹常用维修方法

钢面板-U 肋连接处的疲劳裂缝位于钢梁顶部，需仰视维修，且操作空间狭小，使得该位置成为钢桥面中最难修复的，维修后易反复开裂。目前普遍应用的各种维修方法，均需明确疲劳裂纹的位置，但在实践中多采用肉眼定位，往往对裂纹尖端、深度及扩展角度的定位不当，且较难发现处于裂纹萌芽期的微裂纹，导致精准维修困难。近些年来，我国不断对新建大跨径钢桥进行探索，发展了大 U 肋、墩边 U 肋、机器人双面焊等改进技术，钢面板的厚度也由早期的12mm 提高到目前常用的 16mm 甚至更厚，但这些措施对于在役钢桥仍无能为力。若想彻底抑制存在大量裂缝的正交异性钢桥面继续开裂的问题，首先要提高桥面刚度，减小钢桥面板和U 肋在轮载下的应力。

为此，作者团队提出钢-UHPC 正交异性轻型组合桥面新体系。该轻型组合桥面结构提高了钢桥面板的刚度，大幅降低了钢桥面板及其与纵向加劲肋焊缝处的应力，广泛应用于加固疲劳裂纹较少的旧钢桥或新建钢桥,但尚不能直接应用于重度疲劳开裂钢桥的加固,其原因是桥面受力由第三体系横向抗弯控制,而 UHPC 层很薄(仅 45～60mm),一般只布设两层钢筋,因此,横向钢筋靠近 UHPC 顶面,以抵抗负弯矩下的拉应力,UHPC 底面抗拉则由钢面板承受。对于重度疲劳开裂的大跨径钢桥,钢面板裂纹无法修复至完好,失去了协助 UHPC 底面抗拉的作用,导致 UHPC 底面横向抗裂能力不能满足受力要求。

因此,对于在役重度疲劳开裂的大跨径钢桥桥面,提出一种在役桥梁钢面板疲劳裂纹免修复的 UHPC 加固新技术。在传统钢-UHPC 轻型组合桥面结构[图 3-3a)]的基础上,对 UHPC 薄层底面增设带栓钉钢板条进行针对性强化[图 3-3b)],显著提高 UHPC 底面的抗裂强度,并根本性抑制钢桥面裂纹发展,有望大幅延长大跨径钢桥的使用寿命。

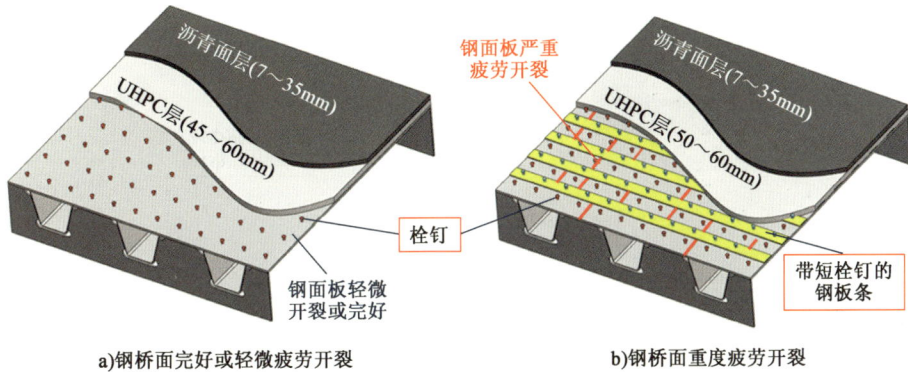

a)钢桥面完好或轻微疲劳开裂   b)钢桥面重度疲劳开裂

图 3-3　在役开裂钢桥面的加固新结构

3.2　钢板条-UHPC 组合桥面结构及技术特点

钢板条-UHPC 组合桥面结构由原钢桥面板、焊接有短栓钉的钢板条和 UHPC 薄层组合而成,如图 3-4 所示。焊接短栓钉的钢板条作为横向加劲 UHPC 薄层抗拉的主要构件,沿横向布置在钢桥面板之上。钢板条与钢桥面板之间采用临时连接方式,包括点焊、胶粘等非传力连接等。钢板条埋于 UHPC 薄层的下缘,通过短栓钉作为抗剪连接件与现浇 UHPC 薄层协同受力。钢板条-UHPC 组合桥面结构与传统轻型组合桥面结构相比,保留了密配钢筋网、原钢桥面栓钉、UHPC 薄层之上的沥青铺装罩面等。

钢板条-UHPC 薄层组合桥面技术特点如下:

(1)原钢桥面板中疲劳裂纹免修复,大大节省了裂纹检测与维修成本。

(2)钢板条与原钢桥面无须传力连接,而是通过短栓钉与 UHPC 薄层形成组合结构,协同受力,以钢板条强化 UHPC 层底面,强化措施简明、高效,突破了现有 UHPC 层底面抗裂强度低、难以满足在重度疲劳开裂钢桥面上受力要求的限制,以抵抗钢面板裂透区域的高拉应力。

(3)加固后形成组合桥面结构,大幅提高桥面刚度,降低疲劳细节的应力幅,防止在役钢桥现有疲劳裂纹的持续扩展,达到抑制开裂并延长疲劳寿命的目的。

(4)自重与现有钢桥面铺装基本持平,适用于在役大跨径柔性钢桥。

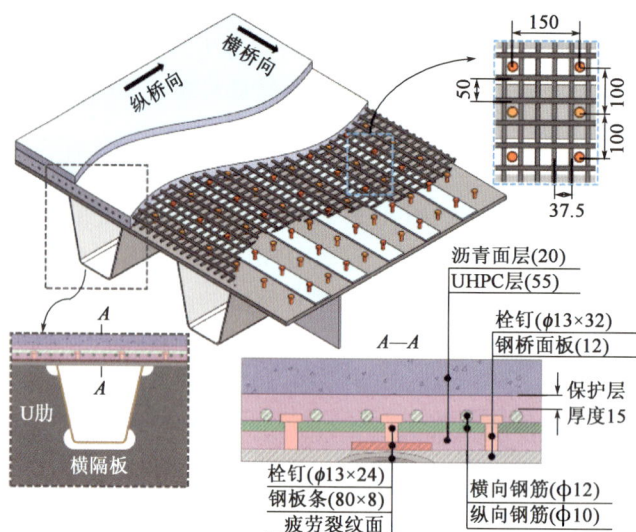

图 3-4　钢板条-UHPC 组合桥面结构（单位：mm）

3.3　武汉某长江大桥有限元计算分析

3.3.1　背景介绍

武汉某长江大桥是京港澳高速（G4）和沪渝高速（G50）共用的跨长江特大桥梁，桥梁总长4881m（桥长2847m，引道长2034m），主桥桥面净宽33.5m，双向6车道，设计车速120km/h，大桥造价约8.61亿元，总工期36个月，于2001年12月15日正式通车。

大桥主桥长964m，为五跨48m＋204m＋460m＋204m＋48m连续双塔双索面半漂浮体系钢箱梁斜拉桥，主桥总体布置如图3-5所示。索塔采用分离式倒Y形，总高度163.5m。钢箱梁采用扁平封闭流线断面，为全焊结构，钢箱梁材质除风嘴外均采用Q345qD钢材。全桥共分87个梁段进行制造和安装，标准梁段长12m，梁段最大质量211.8t。钢箱梁中设置两条边纵腹板，通过锚箱将斜拉索力传递给边纵腹板，再传至整个钢箱梁断面。横隔板根据不同的受力区域设置不同类型及不同板厚的横隔板，全桥共设置了搭接式、对接式和整体式三种类型横隔板。钢箱梁顶板及U形加劲肋在横桥向根据不同的受力区域设置不同的厚度，在索塔区域、辅助墩顶区域的钢箱梁根据受力的需要设置不同厚度的顶底板。

加劲梁采用正交异性桥面板全焊钢箱梁，加劲梁顶板总宽38.8m，设2%双向横坡，桥面净宽33.5m，设计道路中心线处梁高3m。钢面板厚12mm，顶板加劲肋采用厚6mm的倒梯形闭口肋，肋顶宽300mm，肋中心间距600mm。加劲梁横断面构造如图3-6所示。

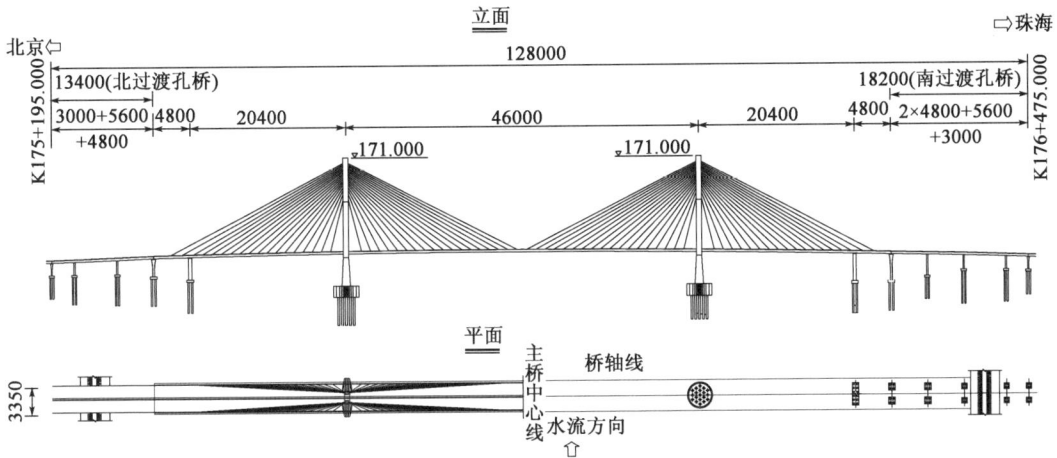

a)主桥总体布置图(单位：cm)

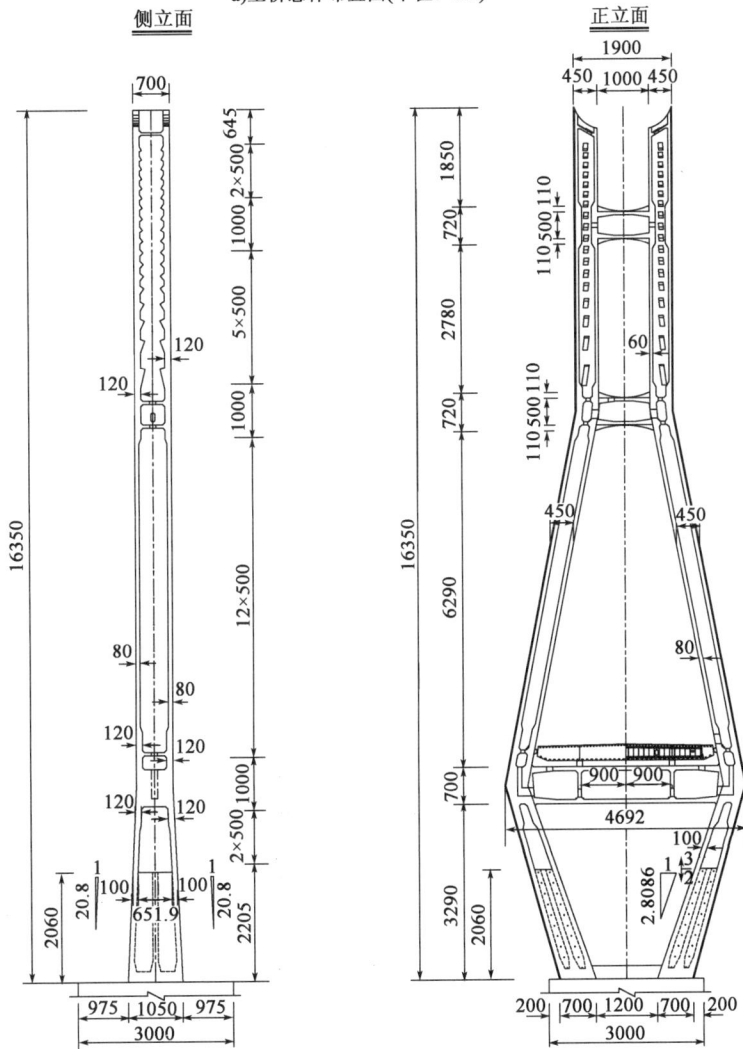

b)索塔构造图(单位：cm)

图 3-5 武汉某长江大桥构造示意图

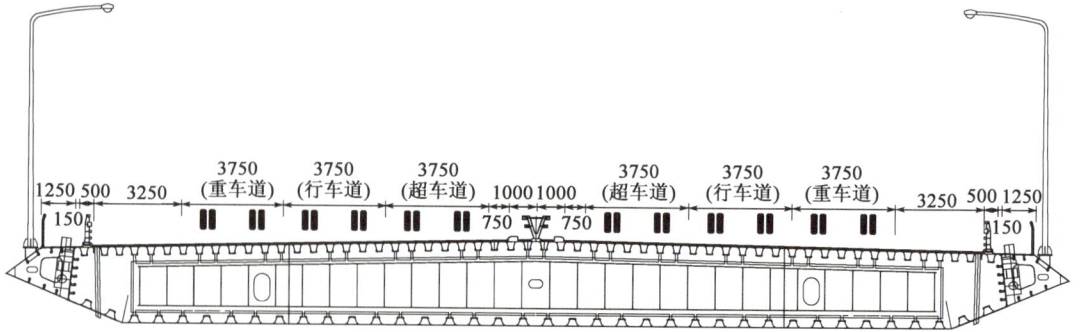

图 3-6　加劲梁横断面构造图（单位：mm）

该桥钢桥面板设计铺装层采用双层 SMA 铺装结构，于 2001 年建成通车，运营 3 年后，桥面出现了大面积推移、车辙、坑槽、开裂等病害；2006 年针对武汉某长江大桥病害特征，采用"橡胶环氧砂浆 + 双层 AC"铺装体系对部分桥面铺装实施维修；2010 年，制订了橡胶环氧砂浆 + 双层 SMA 铺装体系的修补方案；2017 年 7 月 30 日，因大桥病害维修需要，重车道禁止通行。

由于钢面板较薄，加之大桥重载交通量大，钢桥面重度疲劳开裂，根据钢桥面板裂纹检测报告，其中以钢面板-U 肋焊缝处疲劳裂纹数量最多（占比约 78%），且局部已裂透整个面板，对桥梁安全危害最大。截至 2017 年，钢面板中共发现肉眼可见疲劳裂纹近 6000 条，且仅半幅桥面内检测出隐形疲劳裂纹 4000 多条。虽然对少量疲劳裂纹进行了维修，但运营 3 个月后复裂。

在钢桥面上铺 55mm 厚 UHPC 层可形成轻型组合桥面，参照我国现行规范对此方案进行了计算，结果表明，钢面板的严重开裂将导致轻型组合桥面结构局部刚度下降，在裂缝长度不断增长的情况下，UHPC 层底面横向拉应力增大，高达 12.9MPa，是钢面板完好状态下的 2.4 倍，远超 UHPC 层底面 7~9MPa 的抗裂强度，导致 UHPC 层底面横向抗裂不能满足受力要求，如图 3-7 所示。

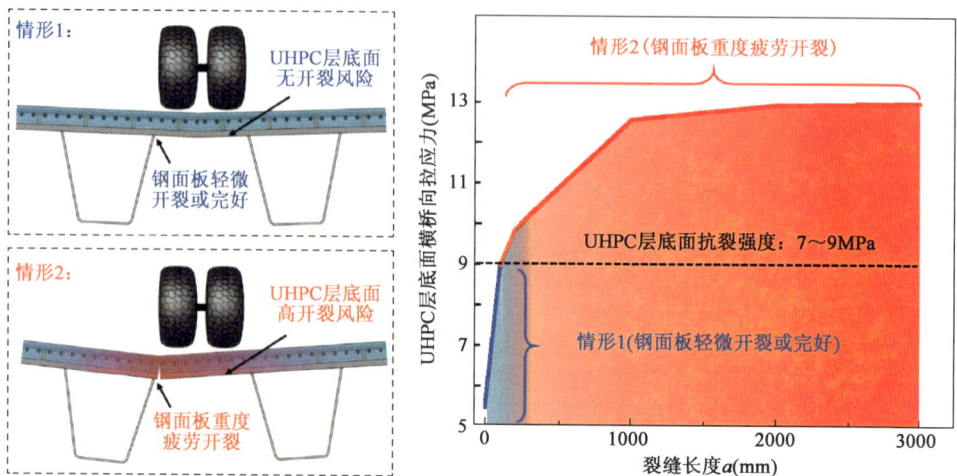

图 3-7　钢面板重度开裂对 UHPC 层底面横向拉应力影响

3.3.2　局部有限元计算分析

采用基于子模型法的有限元计算方法分别计算钢箱梁和轻型组合结构两种结构中桥面系的应力状态,首先以板壳单元建立局部模型,加载模型采用《公路钢结构桥梁设计规范》(JTG D64—2015)规定的疲劳荷载模型Ⅲ,加载跨径横向 1.9m、纵向 3m,各工况间距 50mm,共 195 个工况,得到钢面板的最不利受力位置[1-2]。

在此基础上,基于 ANSYS 中的子模型技术建立精细化子模型,精确计算钢面板-U 肋焊缝处应力状态。在裂缝模拟中做了简化,主要针对长度与深度较大的钢桥面裂缝,将这些裂缝简化成钢面板的"初始缺陷",应用 HYPERMESH 有限元软件划分网格后直接删除相应的单元,剩余单元边界做共节点处理,该方法简要模拟了裂缝的存在,只对比分析加固前后钢桥面的应力分布,验证加固方案的有效性。局部模型纵向取中跨跨中 1 个标准梁段(含 4 道横隔板),横向取半幅箱梁结构;采用壳单元(SHELL63)模拟钢板(弹性模量为 2.1×10^5 MPa,泊松比为 0.3),实体单元(SOLID45)模拟 UHPC 层(弹性模量为 4.26×10^4 MPa,泊松比为 0.2),弹簧单元(COMBINE14)模拟栓钉(刚度为 120kN/mm[3]);全局模型两端边界固结,钢面板与 UHPC 层连接处进行节点耦合,计算中忽略 UHPC 层与钢板之间的黏结作用。子模型纵向以一道横隔板为中心,两端各取 2000mm,横向取两条 U 肋,中心距为 1200mm,采用八节点单元 SOLID185 模拟,材料性质与局部模型一致[4-6]。

局部模型中加载区域的有限元网格尺寸 25mm、非加载区域 300mm;子模型网格在 U 肋腹板与钢面板的焊缝两端各 150mm 处加密,水平方向 2mm、垂直方向 3mm、焊趾处 0.5mm,其他位置网格尺寸 10mm。根据大桥钢面板裂缝的实际情况,有限元中模拟了长度 100mm～3m、宽度 0.5mm、深度 9mm 的裂缝,裂缝中心纵向位于横隔板处。有限元模型建立及加载工况布置如图 3-8 所示。

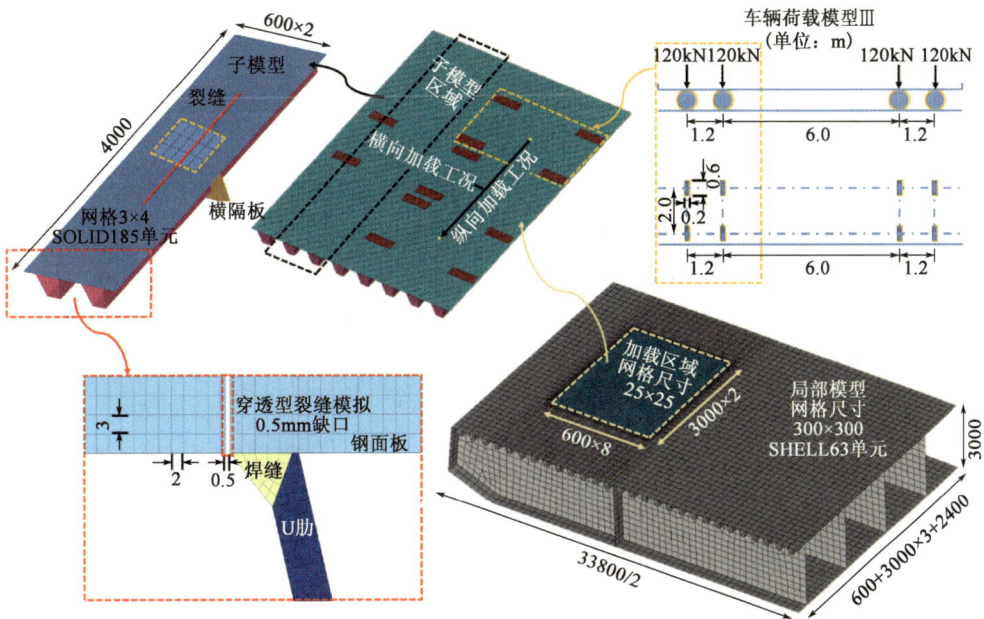

图 3-8　有限元模型建立及加载工况布置(单位:mm)

3.3.3 疲劳细节应力分布对比分析

将裂缝长度作为参数，计算不同裂缝长度对应力的影响。其中，应力提取点为子模型全部区域的钢面板-U肋焊缝位置，并对提取结果做应力值排序，如图3-9中的计算结果，分别为不同裂缝长度情况下焊趾（$X=0$）位置在沿焊缝方向（纵桥向）应力分布[图3-9a)]、垂直焊缝方向（横桥向）应力分布[图3-9b)]以及焊趾（$X=0$）应力幅极值[图3-9c)]。图3-9a)为不同裂缝长度下焊趾（$X=0$）处应力幅沿焊缝方向（Z轴）的应力分布，距横隔板230mm处出现力峰值；图3-9b)为不同裂缝长度下各应力峰值截面在垂直焊缝方向的应力分布，均在焊趾（$X=0$）处出现应力幅峰值，两个方向的应力幅分布受裂缝长度的影响一致，如图3-9a)、b)所示；图3-9c)为不同裂缝长度下焊趾的应力幅极值σ，裂缝长度$a<300$mm时，$\sigma_{a=0}=84.2$MPa，$\sigma_{a=300}=90.1$MPa，应力幅变化较小；300mm$<a<1000$mm时，应力幅增幅明显，$\sigma_{a=1000}=261.4$MPa，裂缝最终贯穿两道横隔板；$\sigma_{a=3000}=262.6$MPa，1000m$<a<3000$m时，应力幅变化较小。

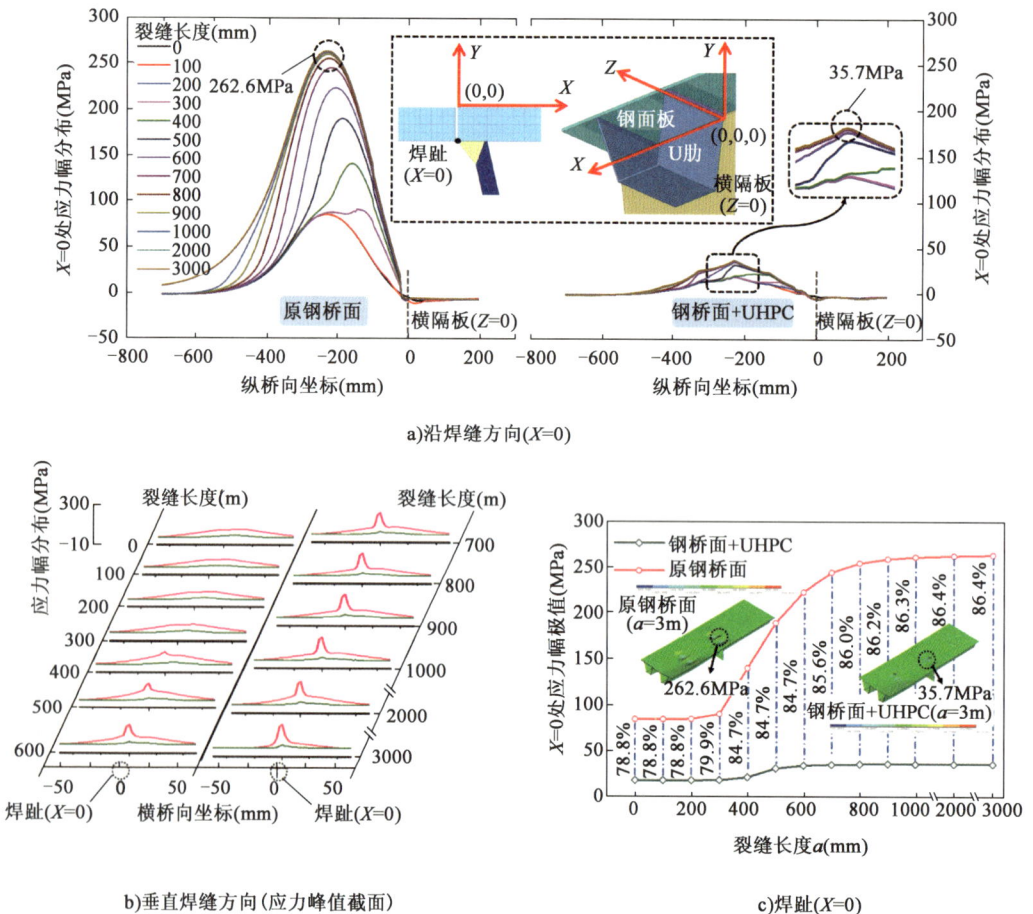

a)沿焊缝方向($X=0$)

b)垂直焊缝方向(应力峰值截面)

c)焊趾($X=0$)

图3-9　不同裂缝长度影响下钢桥面板应力状态

采用组合桥面结构加固之后,图 3-9a)、b) 表明两个方向的应力幅分布均降至极低水平,其中,$\sigma_{a=3000}^{UHPC} = 35.7MPa$;由图 3-9c) 可见,不同裂缝长度情况应力幅下降 78.8% ~ 86.4%,有效消除了已经严重开裂的钢面板-U 肋焊缝处的高应力分布病害。

3.4 宜昌长江公路大桥足尺模型试验

3.4.1 背景介绍

宜昌长江公路大桥是沪渝国道主干线(G50)上跨越长江的一座特大型桥梁。桥址位于宜昌市虎牙滩,距宜昌城区约 15km,距三峡大坝 40km,工程总投资约 9 亿元。1998 年 2 月开工,2001 年 9 月通车。

主桥跨径布置为 246.255m + 960m + 246.255m,两主缆中心距为 24.4m,矢跨比为 1/10,每根主缆采用 104 束 127ϕ5.1mm 平行镀锌钢丝,成型后直径为 655mm;吊索采用 ϕ45mm 中心配合绳芯(CFRC)钢丝绳,吊索标准间距为 12.06m;主缆每端锚固系统由 64 束预应力锚固体系组成,主索鞍和散索鞍均采用大型铸焊钢结构。

主桥加劲梁采用扁平流线型钢箱梁结构,桥面全宽为 30.0m,中心梁高 3m,高宽比为 1:10;钢箱梁顶板宽度为 22m,设 2% 的双向横坡;上斜腹板水平宽度为 1.2m,悬臂人行道宽度为 2.8m,设 1.5% 的向内单向横坡。

钢箱梁的顶板厚 12mm,行车道区桥面板采用 U 形加劲肋,肋中心间距 590mm,板厚 6mm;底板及下斜腹板厚 10mm,风嘴斜腹板、底板、斜底板均采用球扁钢加劲肋,肋中心间距为 400mm,球扁钢规格为 16a。钢箱梁横隔板间距 4.02m,无吊索横隔板厚 10mm,有吊索横隔板厚 12mm。为有效改善桥面板在汽车荷载作用下的变形及受力状况,每两道横隔板梁之间设有一道横向加劲肋,该横向加劲肋高 450mm,板厚 16mm。

人行道顶板厚 12mm,其下设有纵向间距为 2.01m、板厚 12mm 的横肋。顶板纵向设有球扁钢加劲肋,肋中心间距 0.3m。

主桥钢箱梁全长 958.2m,共划分为 80 个梁段,其中标准节段 76 个,长度为 12.06m;跨中节段 2 个,长度为 13.488m;端节段 2 个,长度为 7.332m。主体结构材质采用 Q345E,钢材用量约 10390t,梁段在工厂内制造,运输至现场并起吊安装完毕后,焊接成桥。大桥立面图及标准梁段横断面如图 3-10 所示。

2016 年,受宜昌长江大桥总公司委托,上海同济建设工程质量检测站承担了宜昌长江公路大桥定期检测工作,于 2016 年 11 月 14—30 日进驻宜昌长江公路大桥现场完成主桥专项检测,并形成 2016 年的《宜昌长江公路大桥主桥定期检查报告》和《宜昌长江公路大桥主桥钢箱梁定期检查报告》。

评定结果表明:主桥当前总体技术状况评分为 86.74 分,等级为 2 类,即桥梁总体状态为"有轻微缺损,对桥梁使用功能无影响",但钢箱梁部件受钢板开裂等病害影响,技术状况评分最低(仅为 63.18 分),亟须对钢箱梁裂纹等病害进行维护处治。

大桥自 2001 年 9 月通车至 2009 年期间,桥面交通量不大,钢箱梁裂纹病害不明显;2010 年以后,随着沪蓉西高速和三峡翻坝高速相继通车,交通量迅速增长,钢箱梁开始出现明显的开裂现象,裂纹数量逐渐增多,裂纹长度逐渐发展。截至 2018 年 7 月,宜昌长江公路大桥钢箱梁共发现 976 条裂缝,各疲劳开裂细节位置如图 3-11 所示,各细节处裂缝分布统计如表 3-1 所示。

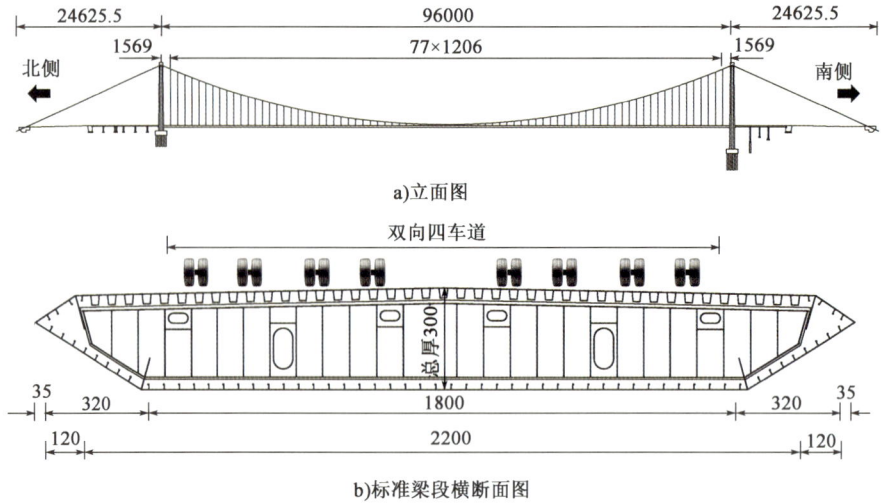

图 3-10 宜昌长江公路大桥立面图及标准梁段横断面图(单位:cm)

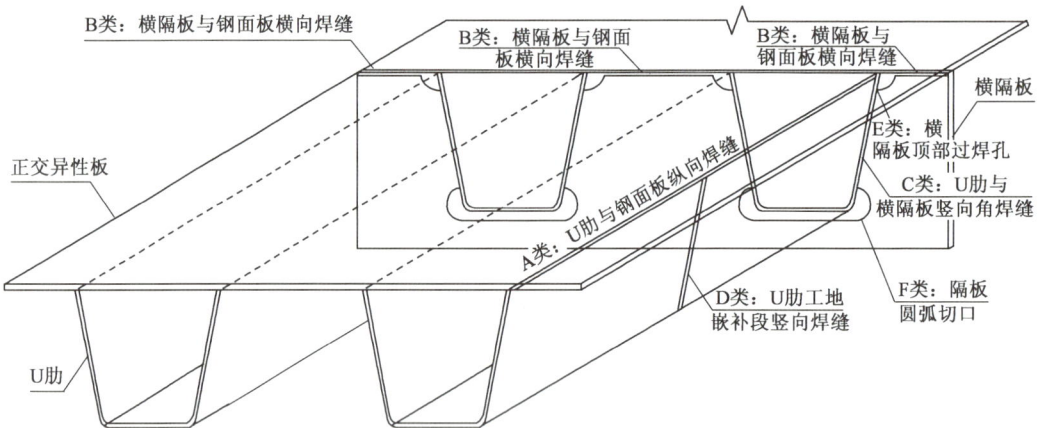

图 3-11 各疲劳开裂细节位置

表 3-1 裂缝分布统计

类型	开裂位置	病害数量	比例
A 类	U 肋与钢面板纵向焊缝	267	27.4%
B 类	横隔板与钢面板横向焊缝	40	4.1%
C 类	U 肋与横隔板竖向角焊缝	1	0.1%
D 类	U 肋工地嵌补段竖向焊缝	5	0.5%
E 类	横隔板(横肋)顶部过焊孔周边	530	54.3%
其他	缺焊、漏焊等焊接不良	133	13.6%
合计	—	976	100%

可以看出,在各类疲劳裂缝中,细节 E 占比高达 54.3%,其次是细节 A,占比为 27.4%。细节 A 因靠近局部轮载直接承载位置,成为病害发生的主要位置之一,这与大多数钢桥面板的疲劳开裂状况一致;对于细节 E,钢桥面板设计时采用纵肋贯通横隔板的方式,使得早期修建的钢桥面板在横隔板、纵肋、面板焊缝处开设过焊孔[4]。随着研究的深入,认为这一构造形式在轮载直接作用下过焊孔处的面板易产生大应力集中而产生疲劳裂纹。因此,最新的各国设计规范推荐取消此过焊孔,而是在横隔板、面板、纵肋的角焊缝连续施焊。横隔板上部过焊孔设计集中出现在 20 世纪 80 年代至 21 世纪初期,宜昌长江公路大桥即采纳了保留横隔板顶部过焊孔的设计,使得该处成为大桥钢箱梁疲劳开裂的主要集中区域[7-9]。

3.4.2 试验概述

考虑钢桥面板横向影响线为 0.5 ~ 0.6m,荷载作用影响区域约为一个完整的轮载面积。为了研究更多横向加载工况下的应力响应,制作一个包含 7 根 U 肋、2 道横隔板的足尺模型进行试验,模型的制作和整体布置如图 3-12 所示。

a)

b)

图 3-12 足尺模型制作及整体布置

模型纵向长度为:1005mm + 2010mm + 1005mm = 4020mm,横向宽度为:7 × 590mm = 4130mm。模型纵桥向置于南北向,横隔板 D1 靠近南侧、D2 靠近北侧;自西向东 7 根 U 肋分别为 R1 ~ R7。足尺模型材料完全采用 Q345D,即屈服强度 345MPa。模型制作过程按照《公路钢结构桥梁设计规范》(JTG D64—2015),焊缝质量满足相关要求。其他细节参数详见图 3-13。

试验采用 500kN 液压脉动疲劳机配合分载梁的单轴两点的加载方式。为了更真实地模拟实桥,根据《公路钢结构桥梁设计规范》(JTG D64—2015)规定的疲劳荷载模型Ⅲ,采用 48kN 标准车,如图 3-14 所示。由于标准重车的中后轴相距 6m,纵向间距较大,可不考虑中后轴之间的叠加效应,计算时仅考虑后轴的单轴作用,且加载轴中每个车轮作用面积为 0.2m × 0.6m(纵桥向 × 横桥向),两轮载中点间距 1.2m。试验中,轮载采用 40mm 厚钢板模拟,两轮再通过分配梁连接,轮载钢垫板与分配梁紧密焊接,形成标准荷载 $F_r = 120$ kN 的单轴两点加载模式,如图 3-14 所示。作动器与分配梁之间、轮载钢垫板与模型之间均加垫橡胶,保证荷载均匀传递。模型边界条件为自由约束,即模型直接置于桥墩之上,同时二者之间放置橡胶垫以增加模型与桥墩间的摩阻力。

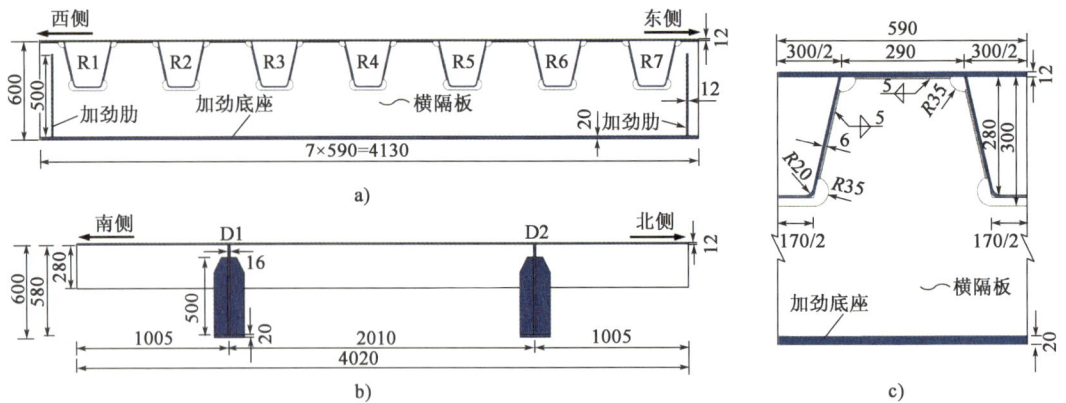

图 3-13　足尺模型详细参数（单位：mm）

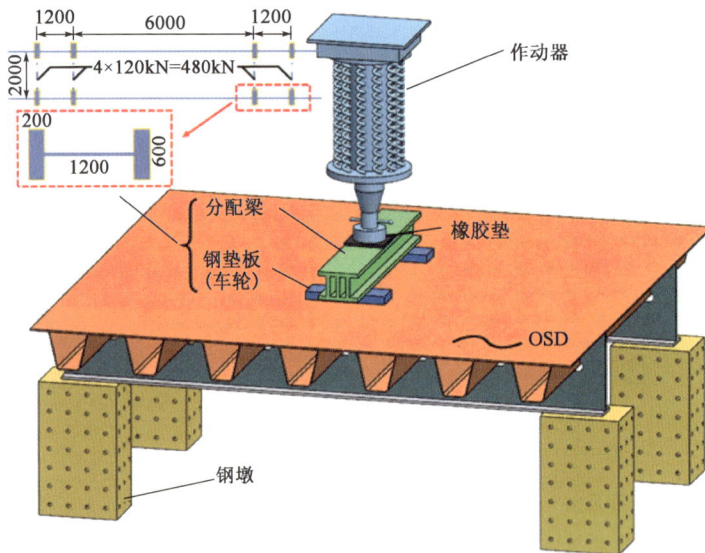

图 3-14　足尺模型试验加载方式（单位：mm）

3.4.3　试验阶段

试验分为四个阶段：（1）钢桥面板静力试验；（2）钢桥面板疲劳试验；（3）钢-UHPC 组合桥面结构静力试验；（4）钢-UHPC 组合桥面结构疲劳试验。

阶段（1）：为了得到使顶板弧形切口细节达到疲劳开裂的最不利加载位置，获得疲劳细节的应力响应影响面，对钢桥面板进行 12 次静力试验，包括 3 个横向位置与 4 个纵向位置，如图 3-15 所示。

荷载横向位置分布：以 R4 纵肋为主要研究对象，轮载中心线分别位于 R4 中心（H6）、R4 与 R5 间中心（H7）、R5 中心（H8），由近及远考虑轮载对于 R4 纵肋疲劳细节的应力响应。荷载纵向位置分布：以 D1 横隔板为主要研究对象，考虑轮载中心线与单轴中心线对 D1 的影响，分别以轴中心线位于 D1(L1),轮载中心线位于 D1(L2),轴中心线位于跨中(L3),轮载中心线位于跨中(L4),考虑对于 D1 疲劳细节的应力响应。此阶段试验荷载采用 1.0 倍 F_r(120kN)逐级加载,各级 20kN,并且考虑卸载过程,各级 40kN。通过 12 次静载试验,确定纵向四个工况中最不利加载位置。

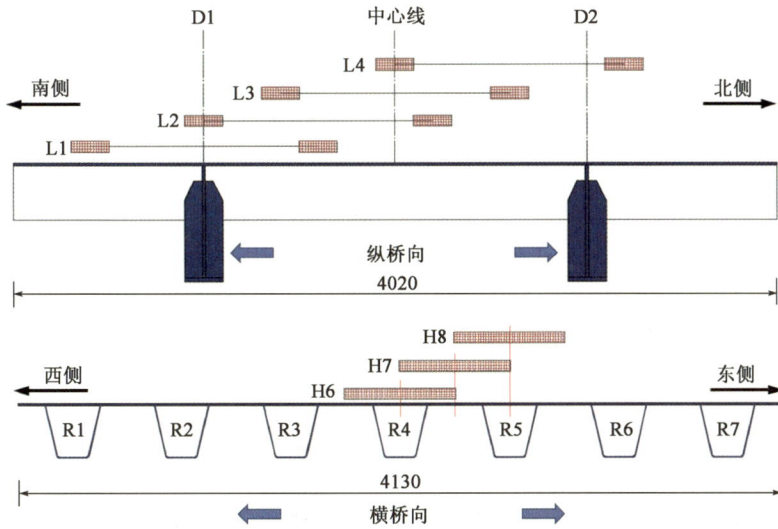

图 3-15 钢桥面板静载试验工况(单位:mm)

阶段(2):得到使主要研究对象 D1-R4 疲劳细节达到最不利应力响应的加载工况后,以此工况作为疲劳试验的荷载位置,通过疲劳试验得到疲劳细节的开裂现象。首先,以 1.0 倍 F_r(120kN)作为疲劳试验荷载幅,荷载幅下限 F_{min} = 20kN,保证足尺模型在试验过程中稳定、不脱空,荷载幅上限 F_{max} = 140kN。对此进行 200 万次等幅疲劳试验,试验过程未发现疲劳裂缝。然后,提高荷载幅至 1.8 倍 F_r(216kN)作为疲劳试验荷载幅,荷载幅下限保持 F_{min} = 20kN,保持荷载幅上限 F_{max} = 236 kN。发现裂缝后,保持此荷载幅继续疲劳试验进行到 427 万次,其间对裂缝的扩展长度和方向进行测量。钢桥面板疲劳试验加载过程如图 3-16 所示。在疲劳试验间隙,停机进行静力试验,加载工况保持一致。0 ~ 200 万次每 50 万次进行一次静载试验,200 万 ~ 427 万次根据裂缝扩展情况不定期进行静载试验。

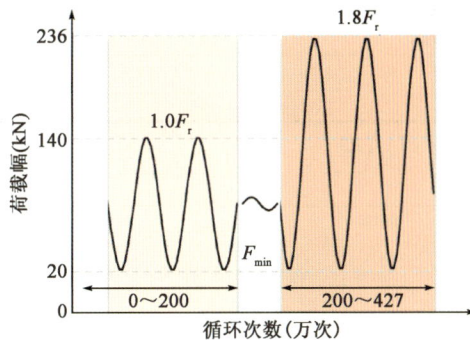

图 3-16 钢桥面板疲劳试验加载过程

阶段（3）：为了研究基于 UHPC 的桥面结构对于钢桥面现在疲劳裂缝扩展的抑制作用，以及对于未开裂疲劳细节的应力降幅，通过焊接短栓钉、绑扎钢筋网、浇筑 UHPC 等施工程序，与原钢桥面板形成组合桥面结构，施工过程如图 3-17 所示。

图 3-17　组合桥面结构施工过程

而后，以纵向工况 L2 为基准，进行 3 次横向工况的静力试验，如图 3-18 所示。此阶段试验荷载采用 1.0 倍 F_r（120kN）逐级加载，各级 20kN，并且考虑卸载过程，各级 40kN。

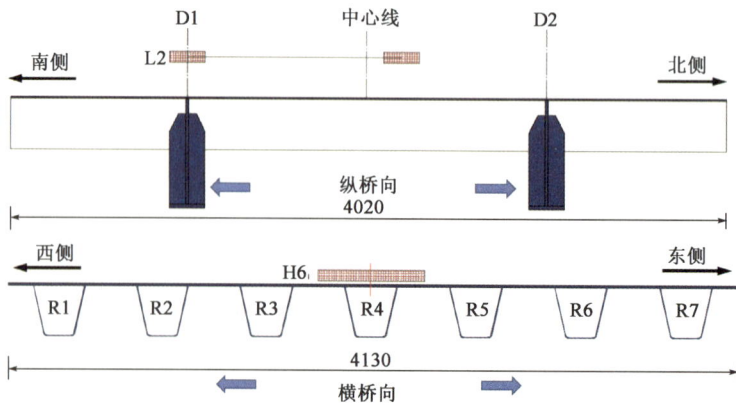

图 3-18　组合桥面静力试验工况

阶段（4）：保持加载位置与 216kN 的荷载幅不变，进行 200 万次疲劳试验。荷载幅采用 1.8 倍 F_r（216kN）作为疲劳试验荷载幅，荷载幅下限保持 $F_{min} = 20kN$，保持荷载幅上限 $F_{max} =$

236kN。在疲劳试验间隙,停机进行静力试验,加载工况保持一致,每50万次进行一次静载试验。各阶段试验工况如图3-19所示。

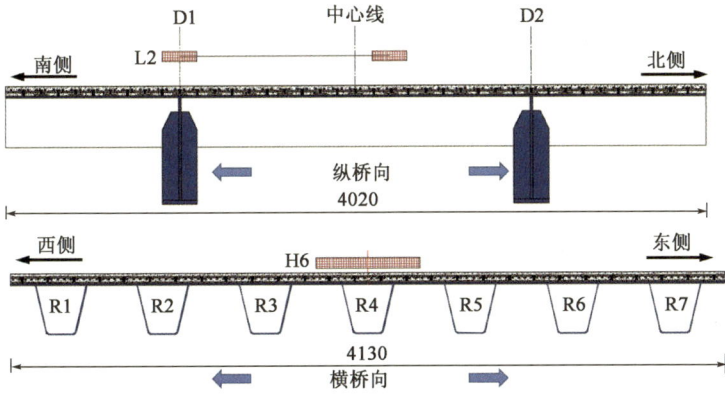

图3-19 组合桥面疲劳试验工况(单位:mm)

3.4.4 测点布置

对于横隔板-U肋交叉细节的疲劳研究,以及对于实桥裂缝的检测统计,横隔板上缘弧形切口焊接细节的疲劳开裂最有可能萌生于横隔板-U肋焊接接头焊趾并沿U肋纵向开裂(Type-B测点),或者萌生于横隔板-U肋焊接接头焊趾(Type-A测点)并沿U肋或焊缝竖向开裂。为此,基于名义应力法,对上述两种易开裂点补充横隔板-面板焊接细节测试点(Type-C测点)进行测试。采用1mm×1mm电阻式应变片对各工况作用下上述测点的应力响应进行测试,应变片测试方向与焊趾边缘垂直,相距10mm。以两道横隔板D1、D2处R4纵肋的交叉细节作为研究对象,U肋东、西两侧对称布置,应变片布置如图3-20所示。

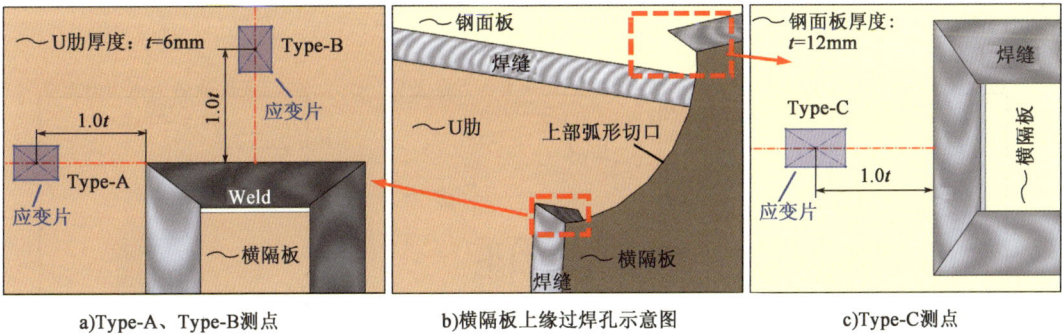

a)Type-A、Type-B测点   b)横隔板上缘过焊孔示意图   c)Type-C测点

图3-20 疲劳细节应变片布置

此外,考虑疲劳试验中存在疲劳裂纹,在裂纹尖端附近增设应变片,以捕捉该应力集中点的峰值应力。随着疲劳裂纹的不断扩展,不断增加应变片来跟踪裂纹尖端的位置,不定期停机后进行静力试验,找到裂缝尖端后对裂缝的法向应力进行测试。应变片在裂纹尖端附近的布置如图3-21所示。

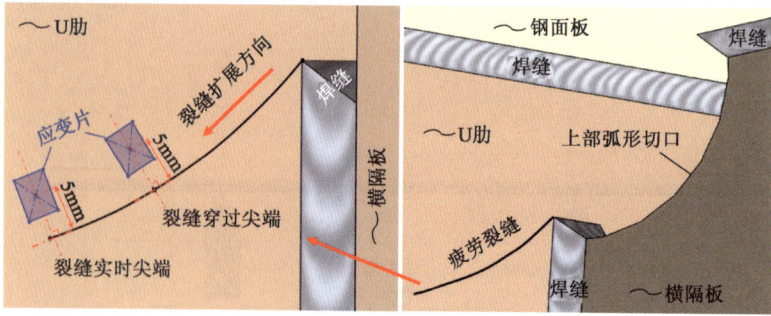

图 3-21　裂缝尖端应变片布置

3.4.5　试验结果

通过四类纵向工况、三类横向工况共 12 个加载点静力试验，得到荷载达到峰值 120kN 作用下 R4 纵肋在两道横隔板 D1、D2 位置处各测点的应变值，考虑钢材弹性模量 206GPa，可以得到各测点的应力（应变×弹性模量）[10-12]。

图 3-22 表明，以 R4 纵肋为主要研究对象，对比各测点的应力响应发现，当纵向工况一定时，横向自西向东移动轮载（H6 至 H8）逐渐远离 R3 纵肋上方，各测点应力逐渐降低；对于横向工况 H6，R4 东、西两侧测点应力响应呈对称现象，表明加载过程中单轴双点的加载方式荷载传递均匀，对于 H7、H8，R4 东侧测点应力响应逐渐高于西侧。当横向工况一定时，轮载中心直接作用相比单轴中心作用于测点上方时，测点的应力响应更加明显。上述现象表明，作为第三体系的钢桥面板在局部轮载作用下，当轮载正压 U 肋时，荷载直接作用在结构上，应力响应最高。

各工况作用下，三类测点的应力值中测点 B 的高应力占比最高，这表明上缘弧形切口疲劳细节焊趾是疲劳开裂易萌生位置。B 点的最大应力值为 −62MPa，出现在 R4 西侧的工况 Z2-H6 作用下。

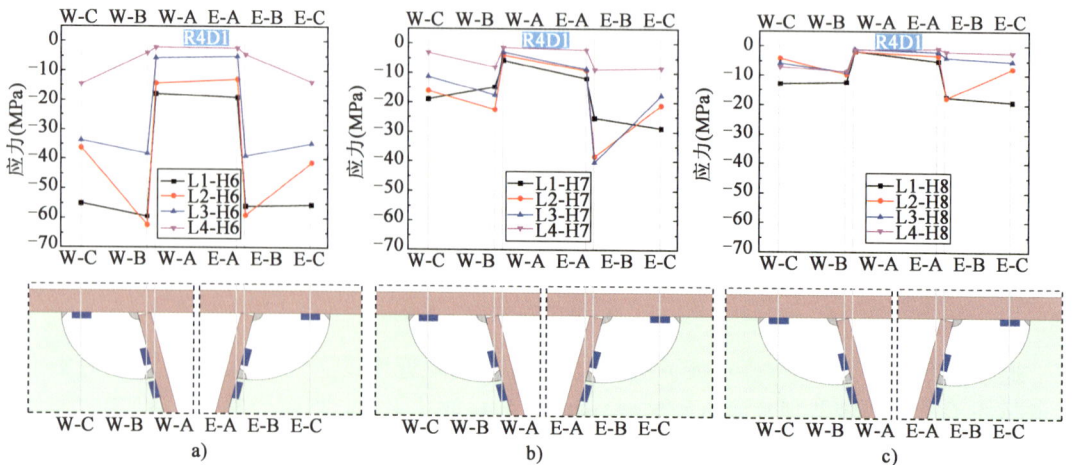

图　3-22

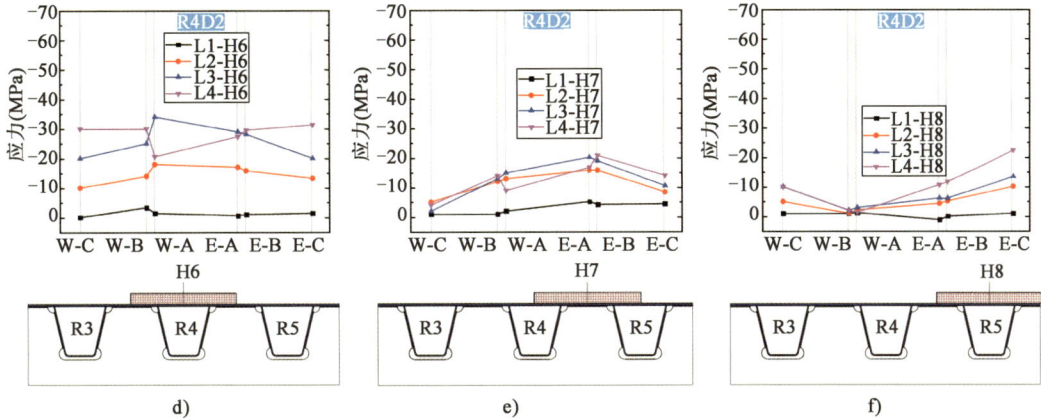

图 3-22 静载试验两道横隔板 R4 纵肋各测点应力

经过 200 万次荷载幅 1.0 倍 F_r（120kN）的疲劳加载后，对整个模型进行检查，尤其是 R4 纵肋相关细节，未发现肉眼可见裂缝。提高应力幅至 1.8 倍 F_r（216kN）后，继续进行疲劳试验。

图 3-23 为疲劳试验中各次停机静载测点的应力值，可以看出相同荷载上限作用下，各测点应力值基本一致，表明疲劳试验中结构一致处于弹性阶段。同时，在荷载上限 236kN 作用下，B 类测点应力值最高达到 125.6MPa。根据《公路钢结构桥梁设计规范》（JTG D64—2015），该细节属于 FAT 70 类别。此时 B 点应力远高于常幅疲劳极限的疲劳强度，因此成为疲劳开裂易发生区域。

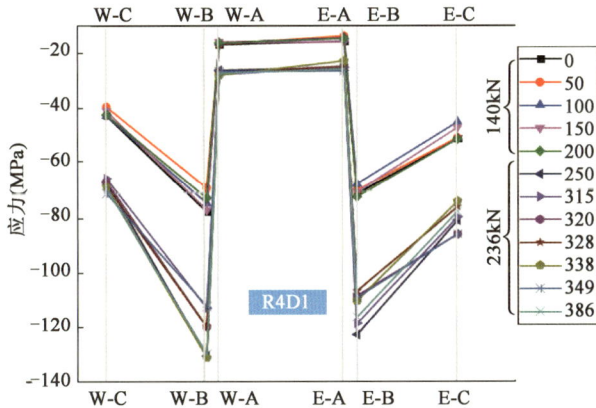

图 3-23 疲劳试验中各次停机静载测点的应力值

试验显示，第 315 万次疲劳加载发现肉眼可见疲劳裂缝。裂缝萌生于模式I或者模式II并沿 U 肋腹板约 45°斜向下扩展。第 315 万次疲劳加载首见裂缝时，距离以模式I焊趾作为起点 7.6mm，如图 3-24 所示。值得注意的是，试验过程中为了提高效率，整个过程不停机，因此未能及时发现此处裂缝的萌生，故只能说明此处裂缝萌生于第 300 万～315 万次疲劳加载之间。

将第 315 万次裂缝尖端作为起点（C1），静力试验中在荷载幅上限 236kN 作用下，裂缝尖端应力达到 227MPa。而后，分别在第 320 万次（C2）、328 万次（C3）、338 万次（C4）、349 万次（C5）、386 万次（C6）停机进行静力试验，对各阶段裂缝尖端应力进行测试，对裂缝扩展后的上

131

述各阶段保留测点的应力，各阶段标识及尖端测试如图 3-25 所示。同时，记录裂缝扩展长度以及至顶面下缘的距离，各阶段裂缝扩展情况如图 3-25 所示。

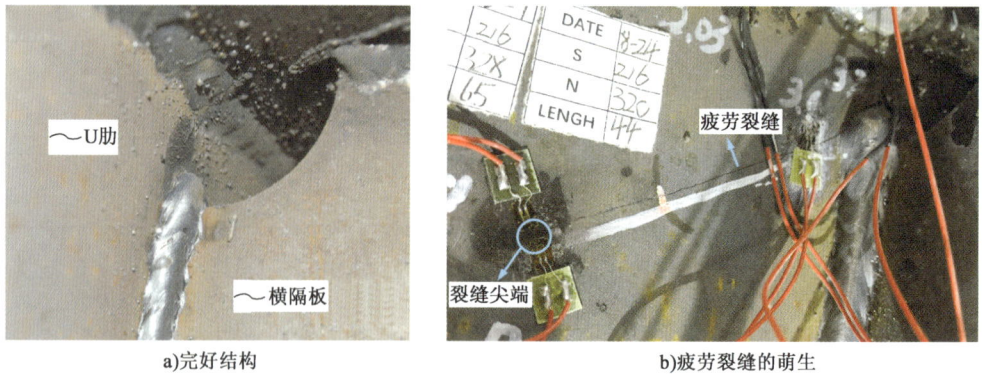

a)完好结构   b)疲劳裂缝的萌生

图 3-24   疲劳试验中 Type-B 裂缝萌生与完好结构对比

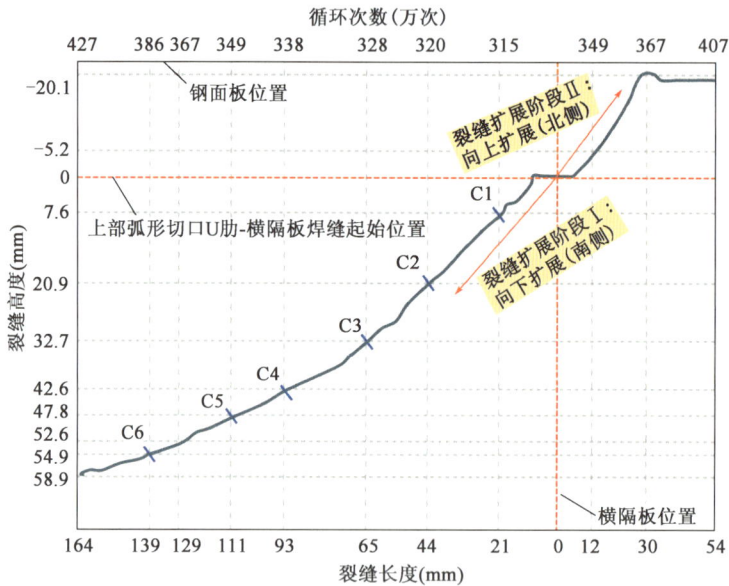

图 3-25   各停机静载阶段裂缝扩展情况

研究发现，从起点 C1 后，裂缝在横隔板 D1 南侧持续沿 U 肋腹板斜向下扩展且逐渐趋于水平方向。直至第 349 万次疲劳加载，在横隔板 D1 北侧发现疲劳裂缝，该裂缝萌生于 Type-B 焊趾，并沿 U 肋腹板斜向上扩展至面板-U 肋焊缝，而后裂缝在焊缝内持续水平扩展。通过 349 万次裂缝向南侧扩展情况可以明确，北侧裂缝萌生于 Type-B 焊趾，横隔板-U 肋焊接接头的疲劳开裂模式为起源于 Type-B 焊趾并持续沿 U 肋腹板扩展，如图 3-26 所示。这与阶段(1)静力试验中三类测点中测点 B 存在最高应力水平的测试结果相对应。

各阶段裂缝尖端应力及裂缝尖端通过测点后保留测点应力如图 3-27 所示。结果表明，随着裂缝的持续扩展，尖端应力水平逐渐降低，由第 315 万次的 -227MPa 降至第 386 万次的 -151MPa。当裂缝尖端通过测点后，裂缝法向应力降至较低水平，各阶段应力处于 $-41 \sim -21\text{MPa}$。试验表明，裂缝尖端存在极高的法向应力水平，根据断裂力学原理，裂缝尖端附近应力场与应力强度因子呈线性关系，尖端的高应力水平导致了裂缝持续扩展，而当裂缝尖端通过测点后，应力明显降低。为了验证后续阶段 UHPC 桥面结构对于裂缝尖端应力水平的降低,保持该裂缝尖端处于较高应力水平,因此至 427 万次后停止疲劳试验,此时裂缝尖端应力为 −139MPa。对于钢桥面板现有裂缝,铺筑 UHPC 后裂缝尖端应力由 −139MPa 降至 −51.6MPa,降幅为 62.9%。

图 3-26　疲劳裂缝扩展全过程

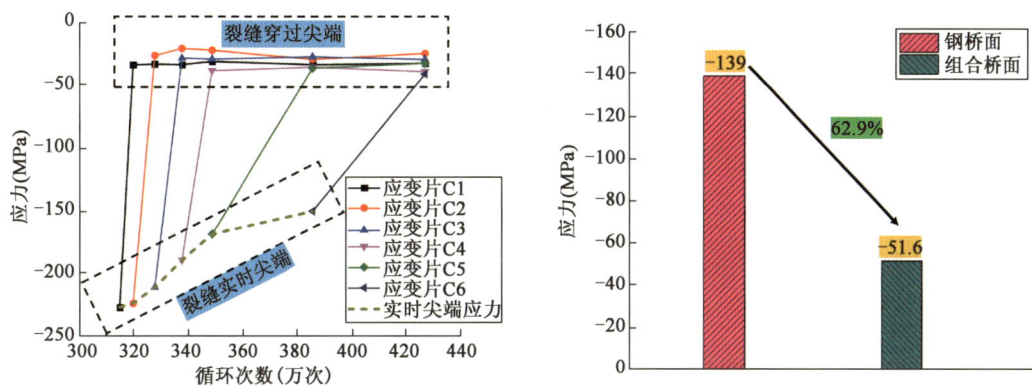

图 3-27　裂缝尖端与裂缝通过后测点应力对比

对组合桥面结构进行 200 万次疲劳试验后,裂缝仅扩展 1.2mm。图 3-28 表明,钢桥面板裂缝扩展速率(dC/dN,C 为裂缝长度,N 为循环次数)随着裂缝扩展逐渐降低,表明裂缝扩展初期具有较高的扩展速率,这与前期裂缝尖端应力值较大相关。随着裂缝的扩展、尖端应力水平的逐渐降低,扩展速率逐渐减小,至 427 万次时,$dC/dN = 0.61$mm/万次,而铺筑 UHPC 后,$dC/dN = 0.0095$mm/万次。

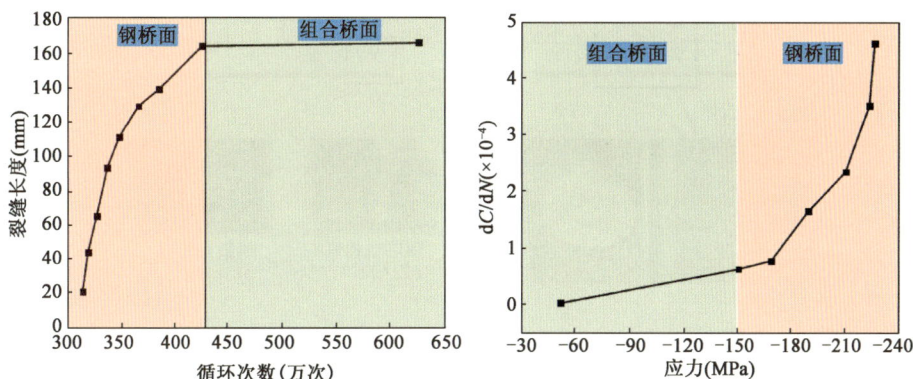

图 3-28　UHPC 铺筑前后裂缝扩展对比

综上所述,UHPC 的铺筑极大地降低了裂缝的持续扩展,保证钢桥面板在后续服役期内不出现使其退出工作的疲劳破坏。同时推测,若在裂缝扩展前期就铺筑 UHPC,则能够更大幅度降低裂缝尖端应力,极大延长钢桥面板的疲劳寿命[13]。

3.5 钢板条-UHPC 组合桥面结构横向抗弯性能研究

3.5.1 构件设计

制作 16 个组合桥面构件,在静力试验中,对不同设计形式的 12 个构件进行参数试验,试验设计变量为:钢板条宽度(50mm、80mm、100mm)、UHPC 层厚度(45mm、50mm、55mm)、板条-面板连接方式(点焊、胶粘),并包括 2 个无钢板条构件作为对比。在疲劳试验中,选择同一设计形式的 4 个构件作为试验对象,试验中将疲劳荷载上限作为试验参数。16 个组合构件中,钢面板、钢板条均采用 Q345D 钢材,其中钢面板厚 12mm,钢板条厚 8mm;钢筋采用 HRB400 螺纹钢筋,横向钢筋直径为 12mm,间距 50mm;纵向钢筋直径为 10mm,间距 37.5mm,其他设计尺寸详见图 3-29、表 3-2。UHPC 材料中采用混杂钢纤维,包括长度 8mm、直径 0.12mm、体积含量 1.5% 以及长度 13mm、直径 0.2mm、体积含量 2.0% 的两种长直纤维。通过材料性能试验,该 UHPC 材料立方体抗压强度为 172MPa,抗折强度为 29.8MPa,弹性模量为 43.7GPa,扩展度为 600mm。浇筑后自然养护 48h,而后进行 48h 的高温蒸汽养护,蒸养温度约 94℃。

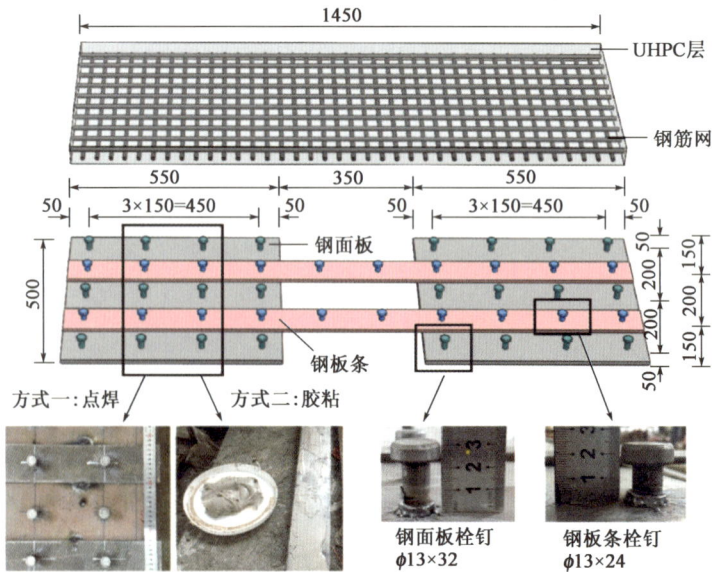

图 3-29 构件设计示意图(单位:mm)

表 3-2　构件参数表(单位:mm)

序号	编号	UHPC 层厚度	钢板条宽度	钢板条厚度	板条-面板连接方式
1	55-100-W	55	100		点焊
2	55-100-A				胶粘
3	55-80-W	55	80		点焊
4	55-80-A				胶粘
5	50-80-W	50	80		点焊
6	50-80-A				胶粘
7	45-80-W	45	80	8	点焊
8	45-80-A				胶粘
9	45-50-W	45	50		点焊
10	45-50-A				胶粘
11	45-0-1	45	0	0	—
12	45-0-2				—

注:编号中 45/50/55 代表 UHPC 层厚度;50/80/100 代表钢板条宽度;W(weld)代表点焊、A(adhesive)代表胶粘,45-0-1、
45-0-2 为 2 个无钢板条构件。

3.5.2　加载方式

静力试验中,对 12 个组合桥面构件进行参数化试验,各构件设计参数如表 3-2 所示。试验采用 MTS(电液伺服万能试验机)进行加载,先以力控制再位移控制的方式进行四点抗弯试验,加载跨径 1350mm,纯弯段长度 240mm。其中,力加载阶段为 0 ~ 12kN,每级 2kN;位移控制阶段根据试验进行调整,每级 0.5 ~ 2mm。试验中主要观测 UHPC 层、钢板条及钢筋应变,跨中及支点位移,裂缝的长度与宽度,钢板条与 UHPC 层间滑移值等。位移的测量采用千分位移计,裂缝宽度的测量采用 PTS-E40 裂缝观测仪(中国,精度 0.01mm),利用粘贴电阻式应变片测量应变并通过 TDS-602 静态数据采集系统(日本)采集各级应变。

疲劳试验中,对 4 个组合桥面构件分别进行 1000 万次循环加载,其中 3 个为常幅疲劳加载,1 个为变幅疲劳加载,构件形式统一为 55-100-W。采用 100kN 的液压脉动疲劳机配合分载梁对试件进行四点弯曲加载,加载频率 3Hz,试件支点及荷载作用点间距与静载相同。试验中将荷载上限 $F_{f,max}$ 作为参数,其值参照构件 55-80-W 在静力试验中 UHPC 层裂缝宽度达 0.05mm 时的荷载值 F_{qe}。荷载幅下限考虑仪器限制及试验过程的稳定性,统一选取 2kN。静力与疲劳试验加载装置如图 3-30 所示。

纯弯段内构件底面等间距布置 4 列应变片,顶面布置 2 列应变片,间距均为 50mm;各列等间距布置 5 排应变片,各排位于每个钢板条或 UHPC 条带的中心线;在构件侧面沿高度布置两排应变片,各排位于 UHPC 层厚的三等分线。详细布置如图 3-31 所示。

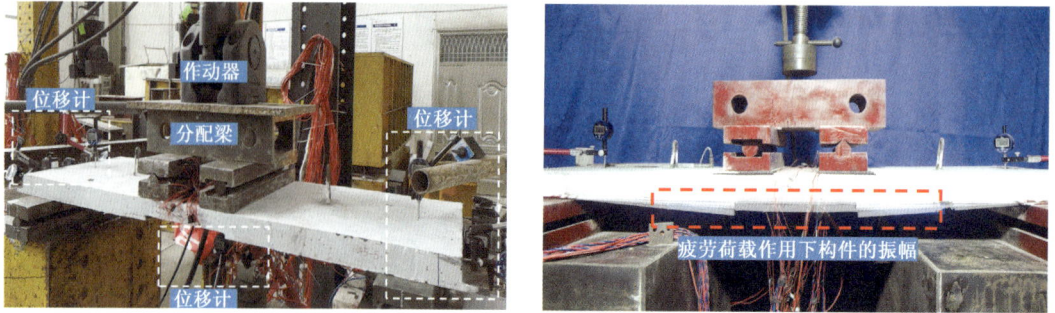

图 3-30　静力与疲劳试验加载装置

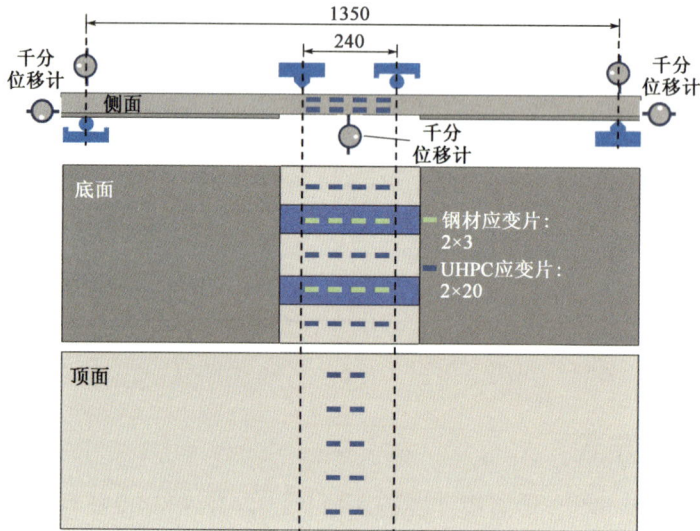

图 3-31　测点布置图（单位:mm）

3.5.3　静力试验结果分析

（1）破坏模式

试验得到 12 个试件的荷载-跨中位移曲线,定义点 A 的荷载为出现第一条肉眼可见裂缝时的荷载,点 B 为准线弹性极限点荷载,点 C 为破坏点。如图 3-32 所示,整个过程包括四个阶段:

①线弹性阶段:跨中位移随荷载的增加呈线性增长,UHPC 层底面无肉眼可见裂缝。

②裂缝发展阶段:跨中位移与荷载呈近似线性关系并逐渐偏折,UHPC 层底面产生可视裂缝;裂缝的数量不断增加,裂缝间距逐渐减小,但其长度与宽度扩展缓慢。

③屈服强化阶段:荷载-跨中位移曲线出现明显转折点,并呈非线性关系,UHPC 层底面裂缝迅速扩展并延伸至 UHPC 层侧面,侧面裂缝沿高度方向继续扩展,构件刚度大幅降低。

④破坏阶段:随着跨中位移继续增加,荷载突然降低,UHPC 层顶面压溃,层底出现主裂缝,构件破坏。

对于无钢板条构件,荷载-跨中位移曲线各阶段基本持平。相比带钢板条构件,裂缝扩展阶段短,裂缝的萌生与扩展只依靠钢纤维的桥接作用来抑制;无强化阶段,达到准线弹性极限后构件即发生破坏,无法发挥 UHPC 的应变硬化性能。由此可见,经钢板条强化后的 UHPC 层,可以使构件在弹性阶段过后呈现屈服强化,提高构件的整体刚度以及极限承载力。

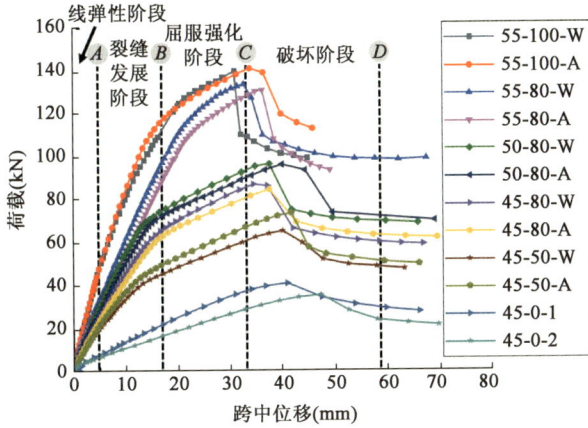

图 3-32　荷载-跨中位移曲线

（2）裂缝分布特征

构件 UHPC 层底面的典型裂缝分布如图 3-33 所示,呈现多元开裂的现象,裂缝密而细。试验中统计了稳定状态下纯弯段内的有效可视裂缝数量和平均裂缝间距,并计算了此时构件的名义开裂应力。目前,国内外对于 UHPC 桥梁结构,一般考虑将裂缝宽度达到 0.05mm 或 0.2mm 作为正常使用极限状态下的裂缝宽度控制标准,裂缝的产生与扩展达到稳定阶段时,最大裂缝宽度约 0.05mm,因此,计算平均裂缝间距以及名义开裂应力时,所统计的裂缝是指最大裂缝宽度达到 0.05mm 的可视裂缝[5-6],如图 3-33、表 3-3 所示。

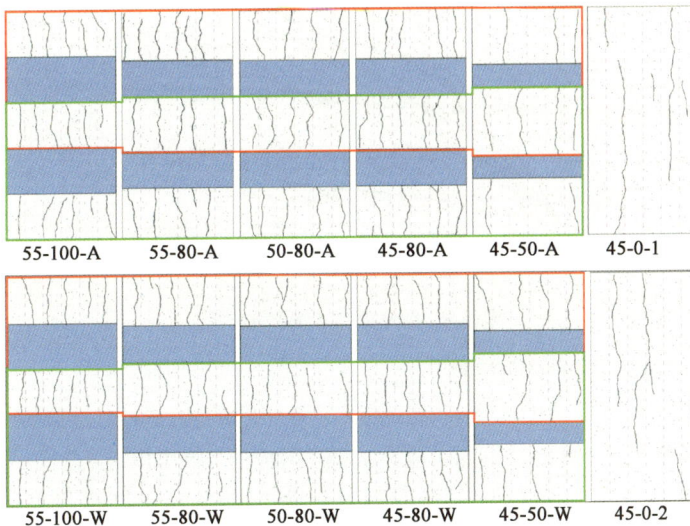

图 3-33　构件 UHPC 层底面的典型裂缝分布图

表 3-3 平均裂缝间距与名义开裂应力

构件编号	有效可视裂缝数量 （条）	平均裂缝间距 （mm）	裂缝宽度 0.05mm 荷载 F_{qe} （kN）	名义开裂应力 σ_{qe} （MPa）
55-100-W	6	34.3	38.8	22
55-100-A	6	34.3	41.5	23.6
55-80-W	5	40	28.2	21.5
55-80-A	5	40	29.3	22.3
50-80-W	5	40	22.1	20.6
50-80-A	5	40	23.4	21.9
45-80-W	6	34.3	22.2	26.0
45-80-A	6	34.3	23.9	28.0
45-50-W	4	48	18.3	22.9
45-50-A	4	48	16	20.1
45-0-1	2	80	6.5	9.7
45-0-2	3	60	4.8	7.2

图 3-34 给出了 12 个试验构件的荷载-最大裂缝宽度曲线。可以看出,在最大裂缝达到 0.2mm 之前,裂缝宽度随荷载的逐级变化呈线性增长。

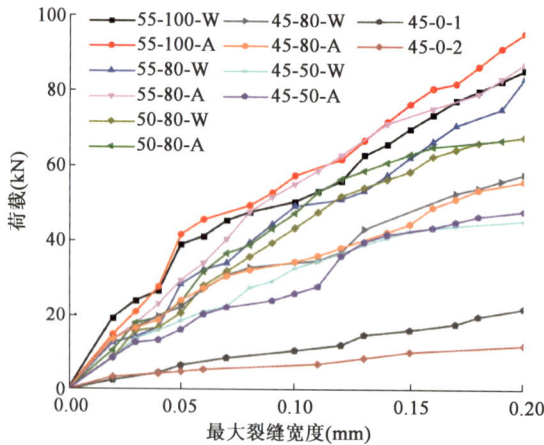

图 3-34 荷载-最大裂缝宽度曲线

（3）钢板条与 UHPC 层间界面滑移

钢板条作为加固 UHPC 层的永久构造,保证二者之间的协调受力是关键。通过对 10 个带钢板条构件的滑移测试,如图 3-35 所示,可以发现,钢板条与 UHPC 层之间的滑移极小。各构件破坏时,滑移量仅为 $0.05 \sim 0.09$mm,可以近似认为二者之间不产生滑移,且与钢板条和钢面板的连接方式无关。图 3-36 列举了构件 45-80-A 破坏时钢面板、钢板条、UHPC 三者间的界面形态,未发现三者之间发生界面破坏。

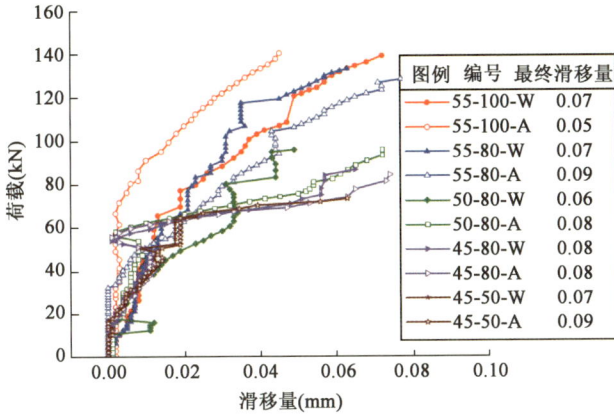

图 3-35 钢板条与 UHPC 层间界面滑移

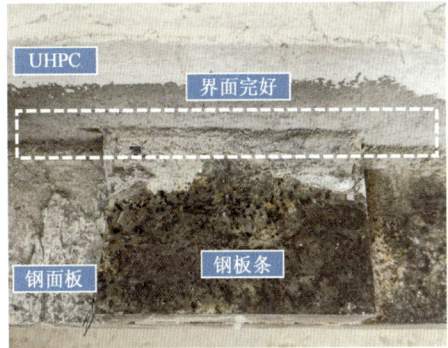

图 3-36 构件破坏时界面形态

3.5.4 主要参数影响规律分析

参数试验中分别考虑 UHPC 层厚、钢板条宽度、板条-面板连接方式三个参数,从构件的破坏模式(图 3-32)、平均裂缝间距(表 3-3)、名义开裂应力(表 3-3)、界面滑移(图 3-35)可以看出,UHPC 层厚与钢板条宽度的变化影响明显,而板条-面板连接方式对上述各现象无明显影响。这与构件的传力机制相关,板条-面板间属临时连接,而板条与 UHPC 之间依靠超短栓钉作为连接件,且各构件栓钉布置一致,使得板条-面板连接方式对构件的受力无影响。因此,后文在分析试验现象时,将同一 UHPC 层厚与钢板条宽度的两种连接方式的构件取均值。

(1)对构件刚度的影响

图 3-37 给出了 UHPC 层厚与钢板条宽度对于构件在各关键点荷载的影响,包括线弹性极限(点 A)、准弹性极限(点 B)、破坏极限(点 C)。考虑钢板条宽度的影响,当 UHPC 层厚为 55mm 时[图 3-37a)],钢板条宽度为 100mm 比钢板条宽度为 80mm 的构件在各点的荷载分别提高 31%、10%、6%;当 UHPC 层厚为 45mm 时[图 3-37b)],钢板条宽度为 80mm 比钢板条宽度为 50mm 的构件在各点的荷载分别提高 27%、30%、25%,相比无钢板条构件影响更加明显,分别提高了 75%、43%、60%。考虑 UHPC 层厚的影响,当钢板条宽度为 80mm 时[图 3-37c)],UHPC 层厚为 45mm 与 UHPC 层厚为 50mm 的构件在各点荷载相差不大,而当 UHPC 层厚增至 55mm 时,B 点和 C 点的荷载明显增大,分别提高 41%~47% 及 26%~34%,而 UHPC 层厚为 45mm 的构件出现第一条可视裂缝时的荷载(点 A)较其他两种 UHPC 层厚大。上述现象表明,带钢板条构件相比无钢板条构件刚度明显提高,对于较薄的 UHPC 层构件(45mm),钢板条宽度增加对刚度的提高作用明显;而对于较厚的 UHPC 层构件,钢板条宽度增加对刚度影响较小,这是因为 UHPC 层越厚,钢板条宽度的增加对于中性轴上移幅度的影响越小,承载能力的提高有限,而钢板条宽度的增加相当于提高了配筋率,会降低构件在强化阶段的延性。

(2)对平均裂缝间距的影响。

图 3-38 绘制了各参数对平均裂缝间距的影响,可以看出,钢板条宽度的影响较 UHPC 层厚的影响更加明显。当 UHPC 层厚 55mm 时,钢板条宽度由 80mm 增加至 100mm,平均裂缝间距缩短 14%;而 UHPC 层厚 45mm 时,钢板条宽度由 50mm 增加至 80mm,平均裂缝间距缩短

17%,相比无钢板条构件降低40%以上。然而,增加UHPC层厚对平均裂缝间距影响较小,相比UHPC层厚为45mm的构件,UHPC层厚为50mm和55mm的UHPC构件仅提高7%和14%。这表明,钢板条宽度的增加使得UHPC层底面裂缝呈明显的密而细特征,同等荷载作用下,较小的裂缝间距将使得最大裂缝宽度减小,从而提高构件的抗裂强度。而对于无钢板条构件,UHPC表面只有1~2条主裂缝,裂缝数量少、裂缝间距大。

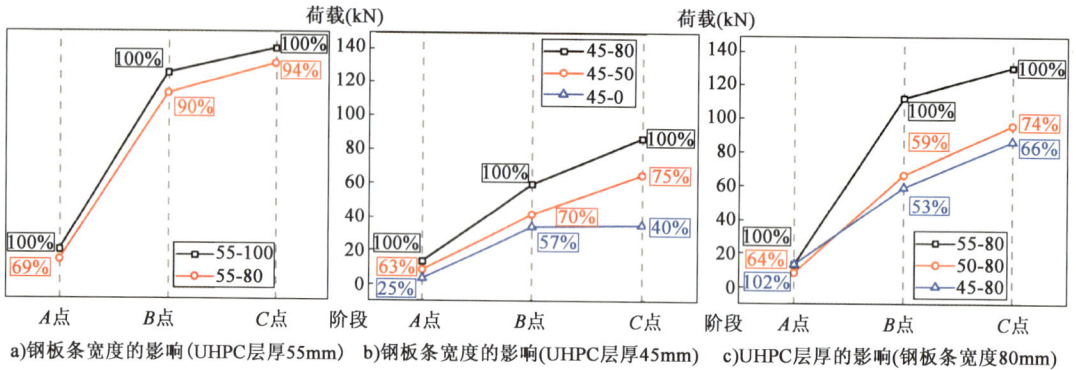

a)钢板条宽度的影响(UHPC层厚55mm) b)钢板条宽度的影响(UHPC层厚45mm) c)UHPC层厚的影响(钢板条宽度80mm)

图3-37　主要参数对构件刚度的影响

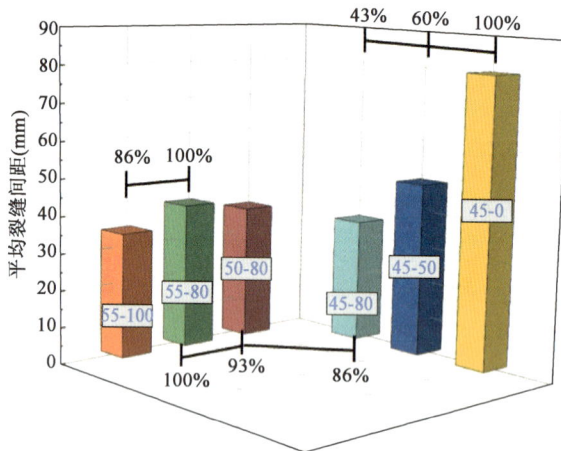

图3-38　主要参数对平均裂缝间距的影响

（3）对名义开裂应力的影响

名义开裂应力受钢板条宽度和UHPC层厚的影响与平均裂缝间距相似,依然是钢板条宽度的影响更加明显。当UHPC层厚为45mm时,钢板条宽度从50mm增至80mm,名义开裂应力提高65%,是无钢板条构件的2~3倍。但这一规律在UHPC层厚为55mm时并不明显,相比钢板条宽度为80mm的构件,钢板条宽度为100mm的构件名义开裂应力仅提高4%,如图3-39所示。这是因为钢板条的加宽对名义开裂应力的提高存在上限,当UHPC较厚、钢板条较宽时,名义开裂应力受截面惯性矩影响,不再呈现持续大幅提高的规律。

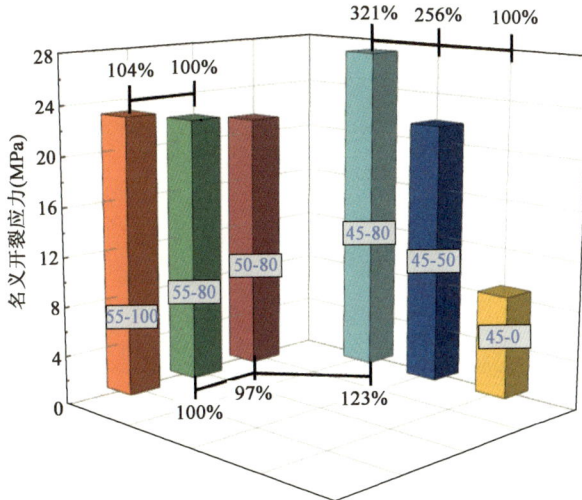

图3-39 主要参数对名义开裂应力的影响

3.5.5 疲劳试验结果分析

（1）破坏模式与裂缝分布特征

将静力试验中 55-80-W、55-80-A 两个构件 UHPC 层裂缝宽度达到 0.05mm 时的荷载均值 $F_{qe}=28.8$kN 作为疲劳试验荷载幅上限的取值标准，考虑 4 个构件在荷载比 $S=F_{f,max}/F_{qe}$ 影响下的疲劳损伤过程，S 的范围在 0.42~0.77 之间，如表3-4 所示。

表3-4 疲劳试验参数

构件编号	N_f（×10⁴ 次）	$F_{f,max}$（kN）	$F_{f,min}$（kN）	$R_s=F_{f,min}/F_{f,max}$	$S=F_{f,max}/F_{qe}$
F-S1	0~1000	12.3	2	0.16	0.43
F-S2	0~1000	15.6	2	0.13	0.54
F-S3	0~1000	21.8	2	0.1	0.76
F-S4	0~400	12.1	2	0.17	0.42
	400~800	17.2	2	0.12	0.6
	800~1000	22.1	2	0.1	0.77

依据每 50 万次停机静力试验的结果，给出 4 个构件在 1000 万次疲劳试验中的每次静力加载的荷载-跨中位移曲线，如图 3-40 所示，各阶段裂缝宽度及剩余刚度如表 3-5 所示。

对于构件 F-S1，当疲劳荷载上限低于 $0.43F_{eq}$ 时，构件在 1000 万次疲劳作用后，荷载-跨中位移曲线呈现一簇直线，这表明刚度未现衰减。在 650 万次作用后，UHPC 层出现 1 条可视裂缝，这表明，在开裂前的疲劳周期中，几乎没有明确的损伤累计。最终裂缝宽度仅 0.03mm，表明构件在整个疲劳周期中累计的损伤较小。由于对裂缝宽度扩展的抑制，延缓了疲劳损伤演化，UHPC 材料具有显著的应力和变形重分布能力。若以 1000 万次作为该构件的疲劳寿命极限，可认为当 $S<0.43$ 时，构件具备无限疲劳寿命。

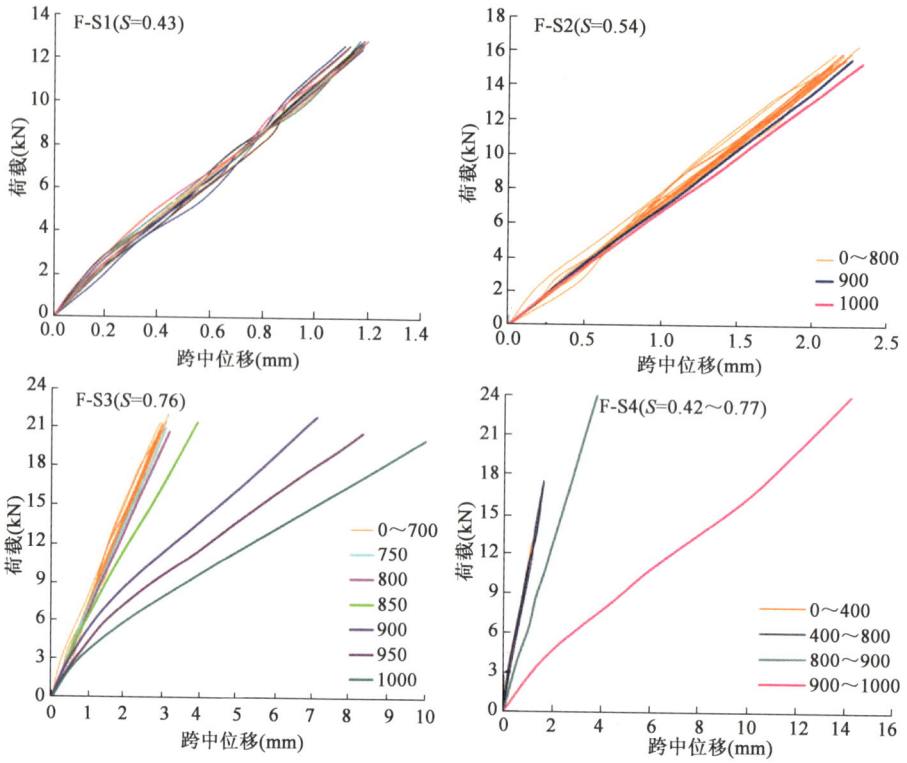

图 3-40　疲劳试验各次停机静载的荷载-跨中位移曲线

表 3-5　裂缝宽度与剩余刚度

基本性能	裂缝宽度（mm）				剩余刚度			
疲劳寿命 （万次）	F-S1	F-S2	F-S3	F-S4	F-S1	F-S2	F-S3	F-S4
0	0	0	0	0				
450	—	—	—	0.02				
650	0.02	—	—	0.03			100%	
700	—	—	0.04	—		100%		100%
800		0.03	0.06	0.05	100%		—	
850	—		0.09	0.07			72.0%	
900	0.03	0.06	0.23	0.21		94.2%	39.6%	60.3%
950	—		0.31	—		—	31.7%	—
1000	0.03	0.07	0.44	0.38		90.3%	22.8%	16.0%

　　对于构件 F-S2，当荷载上限达到 $0.54F_{eq}$ 时，构件在前 800 万次作用中依旧保持 100% 刚度；此后，构件刚度开始衰减，在 900 万次、1000 万次之后分别剩余 94.2% 和 90.3%。在 900 万次疲劳周期时，裂缝宽度已超过 0.05mm，这对于以 0.05mm 作为 UHPC 桥梁构件正常使用

极限标准的情况,此时构件已达到疲劳寿命极限。对比 F-S1 和 F-S2,可认为 S 在 0.43～0.54 之间时,构件的损伤在疲劳初期累计较高,并在 1000 万次之前出现明显的破坏迹象。

对于构件 F-S3,当荷载上限达到 $0.76F_{eq}$ 时,构件刚度在 700 万次作用后开始衰减,850 万次时剩余 72%,随着疲劳周期的增长,刚度衰减速度加快,1000 万次作用后仅剩 22.8%。表明 $S=0.76$ 时,构件早期存在极高的损伤积累,当刚度开始衰减后,这种积累加快了构件的破坏,并使得裂缝扩展速度加快,成为损伤扩展的主要因素,仅 200 万次疲劳作用,裂缝宽度就由刚度衰减前的 0.06mm 扩展至最终的 0.44mm,并最终导致剩余强度极低。

构件 F-S4 作为变幅疲劳作用构件,各荷载幅作用下的疲劳现象与上述 3 个构件的特征基本相符:$S<0.43$ 时,构件几乎不存在早期损伤积累,UHPC 层仅有 1 条 0.02mm 的可视裂缝;$S=0.6$ 时,构件在短期内未出现明显刚度折减,但此期间损伤已经积累,并导致 S 达到 0.77 时出现明显的疲劳破坏现象,相比 F-S3 在 $S=0.76$ 作用下,F-S4 的破坏速度较慢,说明在此之前的损伤累积低于 F-S3,而在 $0.77F_{eq}$ 的短期高荷载幅作用下,最终剩余刚度仅为 16.0%。

图 3-41 给出了 4 个构件经历 1000 万次疲劳循环后,UHPC 层底面的裂缝分布特征,其中 F-S4 构件因剩余刚度过小导致作动器失稳使得构件直接加载至破坏。可以看出,对于构件 F-S1 和 F-S2,裂缝密集、裂缝间距小,因此最大裂缝宽度较小,呈现明显的密而细的裂缝分布特征。这表明构件在较低荷载幅作用下,UHPC 呈现与静力试验相似的多元开裂现象。对于构件 F-S3 和 F-S4,UHPC 裂缝数量明显减少,使裂缝间距增大并导致裂缝宽度持续扩展,加速了构件的破坏。

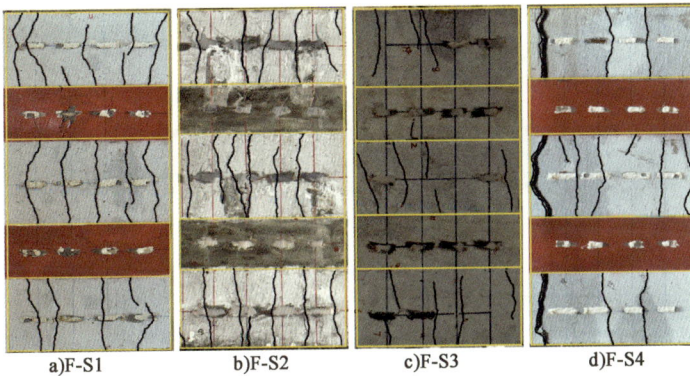

a)F-S1   b)F-S2   c)F-S3   d)F-S4

图 3-41 1000 万次疲劳荷载循环后 UHPC 层底面裂缝分布

3.5.6 疲劳寿命评估与 *S-N* 曲线拟合

目前,国内在进行 UHPC 构件在桥梁结构中受疲劳荷载作用下的寿命评估有两种方法:基于普通混凝土的 *S-N* 曲线进行寿命评估和基于钢结构的 *S-N* 曲线进行近似评估。前者因普通混凝土与 UHPC 基本性能的巨大差异而十分保守。目前工程上多采用桥梁规范中对钢结构的评估方法进行保守评估,计算方法如式(3-1)所示。

$$N_f = \sum_{i=1}^{n} \left(\frac{\sigma_i}{\sigma_d} \right)^m n_i \tag{3-1}$$

式中:σ_d——设计应力,MPa;

σ_i——施加应力，MPa；

m——S-N 曲线斜率，取值为 3.0；

n_i——在施加应力 σ_i 作用下经历的循环次数；

N_f——设计荷载作用下的等效循环次数。

经计算，4 个构件的等效疲劳寿命如表 3-6 所示。

表 3-6 钢结构规范评估结果

构件编号	n_i（万次）	$F_{f,max}$（kN）	$F_{f,min}$（kN）	设计应力对应荷载（kN）	等效疲劳寿命（万次）
F-S1	1000	12.3	2		386
F-S2	850	15.6	2		669
F-S3	750	21.8	2	16.9	1502
F-S4	400	12.1	2		568
	400	17.2	2		

Shen[14]首次采用双轴弯曲加载方式对 UHPC 薄板进行了疲劳试验研究，并得到 S-N 曲线，如式（3-2）所示：

$$S = 0.0372\lg(N_f) + 0.8012 \tag{3-2}$$

根据式（3-2）进行评估，可得到 4 个构件等效疲劳寿命。其中，构件 F-S4 为变幅疲劳作用，根据疲劳寿命相等的原则对其进行换算，计算结果如表 3-7 所示。

表 3-7 疲劳寿命评估

构件编号	S	N_f（万次）
F-S1	0.43	9.5×10^9
F-S2	0.54	1.1×10^7
F-S3	0.76	1.3×10^1
F-S4	0.58	8.8×10^5

上述评估方法因构件与材料类型、加载方式、疲劳极限的定义存在较大差异，疲劳评估寿命结果迥异。考虑到我国高速公路桥梁的交通量大，超载车辆比例高，为防止在长期服役中 UHPC 层开裂，以 UHPC 裂缝宽度达到 0.05mm 作为疲劳极限，根据 4 个构件在四点弯曲疲劳荷载作用下的试验结果，给出一种钢板条-UHPC 构件的 S-N 曲线。因疲劳试验构件数量有限，疲劳试验中裂缝宽度的观测存在误差，所以，根据有效裂缝宽度观测点做出裂缝宽度-加载次数曲线，据此选取裂缝宽度在 0.05mm 时的疲劳循环次数，如图 3-42 所示。根据试验中 UHPC 最大裂缝宽度达到 0.05mm 时的循环周期，拟合出 S-N 曲线，如图 3-43 所示，该曲线方差仅 $R^2 = 0.986$。

图例	构件编号	S	$\lg N_f$
	F-S1	0.43	7.00
	F-S2	0.54	6.94
	F-S3	0.76	6.77
	F-S4	0.58	6.70

疲劳损伤界限 ➡ 裂缝宽度0.05mm

$S=-1.404\log(N_f)+10.268$
Adj.R-square=0.99

1000万次疲劳极限S=0.44

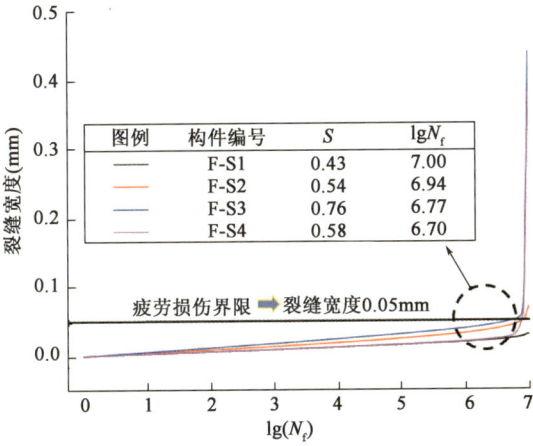

图 3-42 裂缝宽度-$\lg(N_f)$ 曲线   图 3-43 钢板条-UHPC 组合桥面构件疲劳试验 S-N 曲线

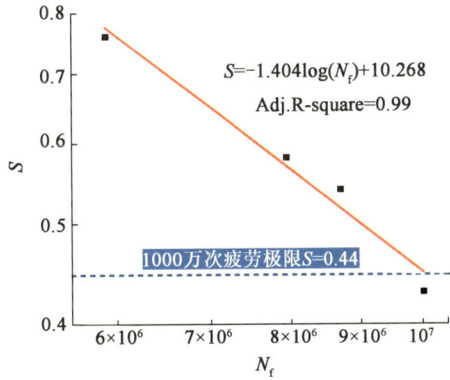

3.6 钢板条-UHPC 组合桥面结构纵向抗弯性能研究

考虑到横向钢板条的引入,在纵向受力时钢板条与 UHPC 界面会存在应力集中的现象,为保证钢板条的引入安全、可靠,开展了纵向抗弯性能试验。

3.6.1 试验方案及加载过程

纵向抗弯性能试验包括正、负弯矩两类试验,构件的主要构造参数如图 3-44、表 3-8 所示,其余设计细节参见 3.5.1 相关构造参数。

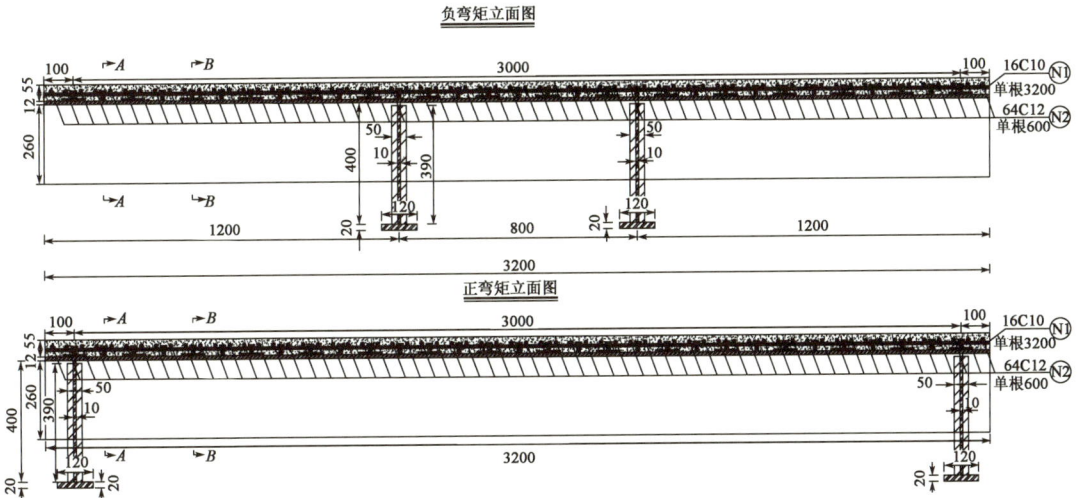

图 3-44

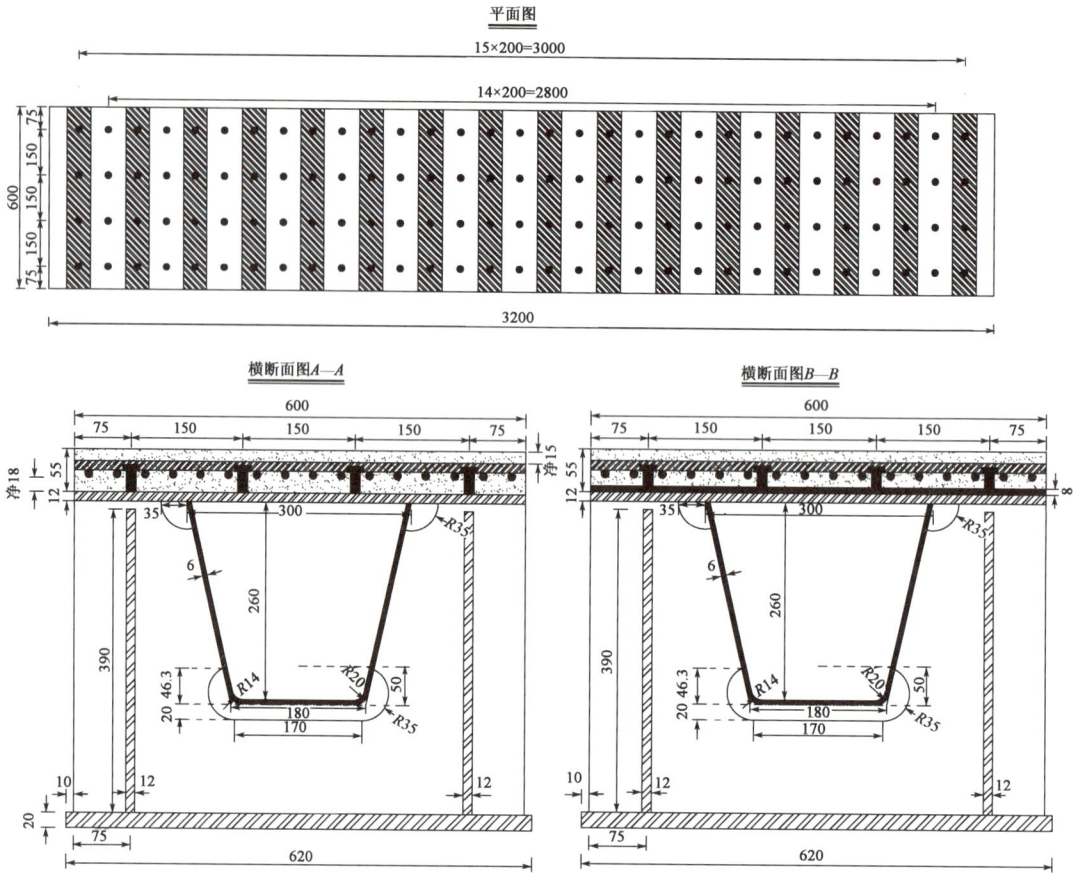

图 3-44　纵向构件构造图（单位：mm）

表 3-8　纵向构件构造参数（单位：mm）

主要项目	设计参数	主要项目	设计参数
UHPC 层厚	55	钢面板栓钉	150×200（横向×纵向）
钢板条栓钉	150（横向）	横向钢筋	φ12 间距 50
钢板条	80×1450×8（宽×长×厚）	纵向钢筋	φ10 间距 37.5
钢面板	3200×600×12（宽×长×厚）		

　　纵向构件的制作工序与横向构件基本一致，包括焊接栓钉、定位钢板条、绑扎钢筋、浇筑 UHPC、常温湿养、高温蒸养等，此处不再赘述，主要工序如图 3-45 所示。

　　纵桥向正、负弯矩静力试验均为四点抗弯试验，计算跨径 3000mm，纯弯段长度 800mm。采用 MTS（电液伺服测试系统）进行加载，两端支座位置以及跨中位置各布置一个百分表观测挠度，钢面板两侧各布置一个千分表观测滑移。试验各仪器布置如图 3-46、图 3-47 所示。

图 3-45　试件浇筑及养护

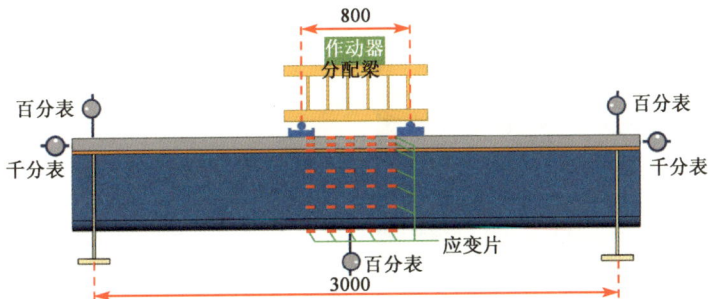

图 3-46　纵向构件正弯矩加载模型(单位:mm)

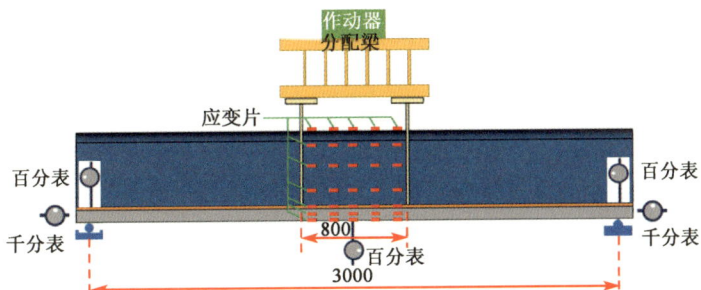

图 3-47　纵向构件负弯矩加载模型(单位:mm)

加载过程:

(1)为了保证正式加载时所有仪器仪表均能正常工作没有异常,试验正式开始前进行2级预加载,荷载分别为5kN、10kN,而后回到0kN。

(2)正式加载时通过 MTS 分级加载,根据 UHPC 本构关系及材料力学理论,加载过程首先采用力控制加载,每级5kN 加载至60kN。

(3)为了准确得到开裂荷载,加载方式转入位移控制加载,每级位移参照力控制时 MTS 传感器反馈的每级位移,加载位移随着实验的进行随时调整。

整个加载过程每级均需采集应变、挠度、滑移，且出现裂缝之后需应用裂缝观测仪测量裂缝宽度并查找新裂缝。

3.6.2 正弯矩抗弯性能试验结果

正弯矩试验破坏模式分为三个阶段：

（1）线弹性阶段，UHPC 层、钢顶板及部分 U 肋腹板受压，大部分 U 肋腹板及底板受拉，荷载与挠度呈线性关系，钢梁未屈服，结构刚度基本保持不变。

（2）钢梁屈服阶段，这一阶段从 U 肋底板开始逐渐屈服，直至腹板、顶板完全屈服，此过程中 UHPC 层一直处于受压状态，结构刚度减小。

（3）U 肋及钢顶板完全屈服，UHPC 层开始进入受拉阶段，裂缝高度不断上移变大，荷载增长缓慢，而挠度迅速增加，预示着试件的刚度已大幅度降低。正弯矩构件加载及破坏形式如图 3-48 所示。

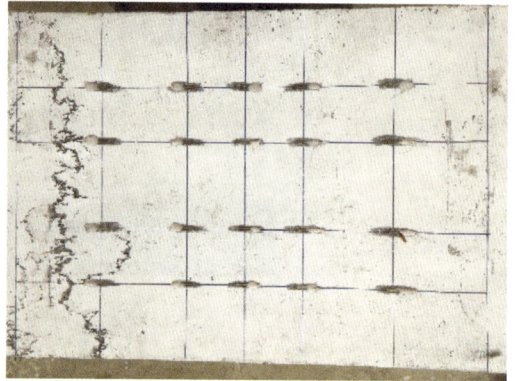

a)纵向构件正弯矩加载   b)支座位置UHPC层顶面受压破坏

图 3-48　正弯矩构件加载及破坏形式

带钢板条的轻型组合结构中横向钢板条沿纵桥向等间距布置，纵向构件试验时，UHPC 层沿钢板条厚度方向会出现应力集中现象，因此试验中应特别关注此位置的裂缝开展情况。图 3-49 给出几个典型的观测照片，可以看出，当构件达到极限荷载发生破坏之后，钢板条处的应力集中并未导致此处的 UHPC 层严重开裂，反而是其他位置的裂缝持续沿构件厚度扩展。

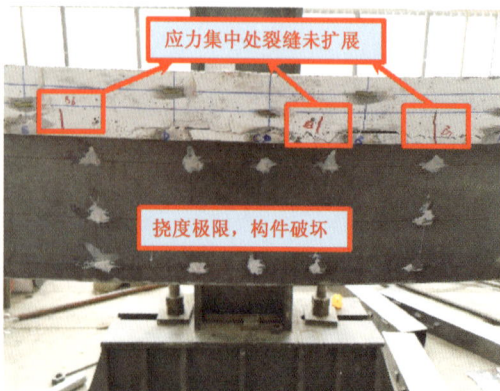

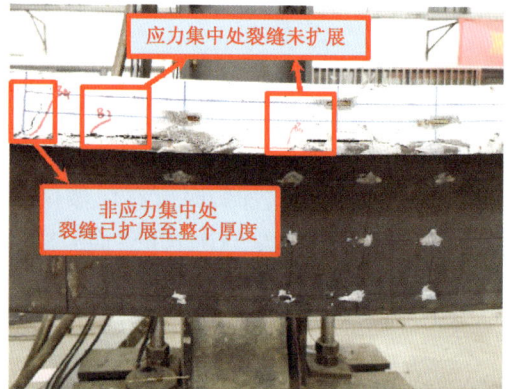

图 3-49　钢板条位置 UHPC 层受力集中现象

3.6.3　负弯矩抗弯性能试验结果

纵向构件负弯矩试验破坏模式分为三个阶段：

（1）线弹性阶段，UHPC 层、钢顶板及部分 U 肋腹板受拉，大部分 U 肋腹板及底板受压，钢梁未屈服，UHPC 层未开裂，结构刚度基本保持不变。

（2）UHPC 层开裂阶段，这一阶段裂缝宽度、长度较小，发展缓慢，此过程中 UHPC 层一直处于受拉状态，结构刚度减小。

（3）U 肋屈曲阶段，随着荷载增加，U 肋底板突然发生屈曲现象，构件破坏，如图 3-50 所示。

图 3-50　负弯矩构件屈曲破坏形式

与正弯矩构件相同，负弯矩构件的受力同样要考虑 UHPC 层沿钢板条厚度方向会出现应力集中现象，因此试验中应特别关注此位置的裂缝开展情况。由图 3-51 可以看出，当构件达到极限荷载发生破坏之后，钢板条处的应力集中并未导致此处的 UHPC 层严重开裂，同样是其他位置的裂缝持续沿构件厚度扩展。

纵向构件在负弯矩作用下，在线弹性阶段，荷载与挠度呈线性关系，试件未开裂，结构刚度基本保持不变，之后伴随着裂缝的出现和扩展，结构刚度减小；随着荷载的增加，UHPC 层裂缝扩展缓慢，新裂缝萌生极少，而 U 肋随即发生了屈曲现象，此时，UHPC 层最大裂缝宽度仅为 0.04mm，如图 3-52 所示。

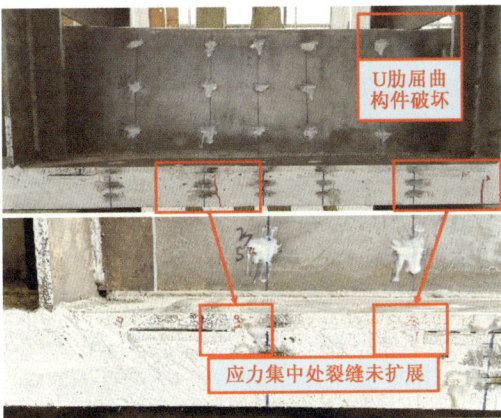

图 3-51　钢板条位置 UHPC 层受力集中现象

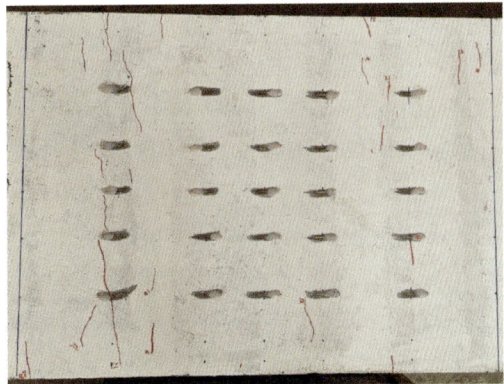

图 3-52　纵向构件负弯矩作用下 UHPC 层裂缝分布

图 3-53a)给出了纵向构件的荷载-U 肋底板应变关系曲线,可以看出,U 肋底板始终处于受压状态,直至发生屈曲破坏后,应变随荷载的增加逐渐减小。

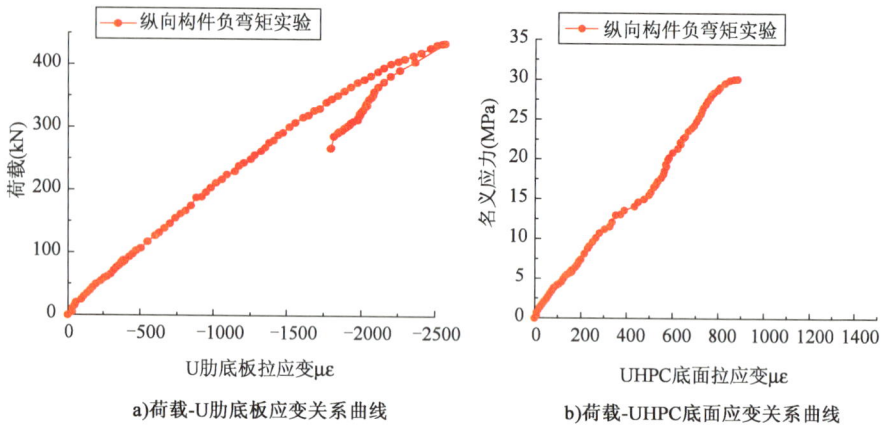

a)荷载-U肋底板应变关系曲线　　　　b)荷载-UHPC底面应变关系曲线

图 3-53　荷载-应变关系曲线

通过分析图 3-53b)给出的荷载-UHPC 底面应变关系曲线,可以看出 UHPC 底面一直处于受拉状态,根据 UHPC 的本构关系,曲线在弹性阶段处于直线状态;随着 UHPC 层的开裂,曲线开始偏离直线,但偏离程度较小,这也符合负弯矩试验裂缝少、发展缓慢的特点,最终构件的破坏为 U 肋的屈曲。

3.7　钢板条-UHPC 组合桥面结构裂缝宽度计算

3.7.1　裂缝宽度计算理论

目前,对于钢筋混凝土结构的裂缝宽度计算方法主要基于黏结-滑移理论、非黏结-滑移理论以及二者相结合的理论方法。对于带栓钉加劲的 UHPC 薄板裂缝宽度的计算应采用何种理论,可以从两个主要方面进行讨论。

其一,将带栓钉钢板条视作嵌入 UHPC 薄板的钢筋,则应考察钢板条与 UHPC 薄板之间的滑移情况,根据 3.5.3 节中所述的二者间滑移值可以发现,10 个构件中钢板条与 UHPC 层间滑移的最大值仅为 0.09mm,出现在构件加载最终的破坏阶段。而当 UHPC 层最大裂缝宽度为 0.05mm 时,各构件的滑移值仅在 0.001~0.009mm 之间。因此,可以看出 UHPC 层裂缝的产生并不是与钢板条之间产生滑移导致。

其二,根据黏结-滑移理论,钢筋混凝土结构产生裂缝时,裂缝位置处的钢筋应变与混凝土应变将突然出现明显差值,即钢筋应变值出现激增的现象。为此,选取 10 个构件,在 UHPC 层裂缝宽度达到 0.05mm 之前的某级荷载作用下,对比 UHPC 层底面应变与钢板条底面应变,如图 3-54 所示,可以看出,各构件在逐级荷载下,二者的应变值均匀变化,在 UHPC 出现裂缝时钢板条底面应变未出现激增现象。

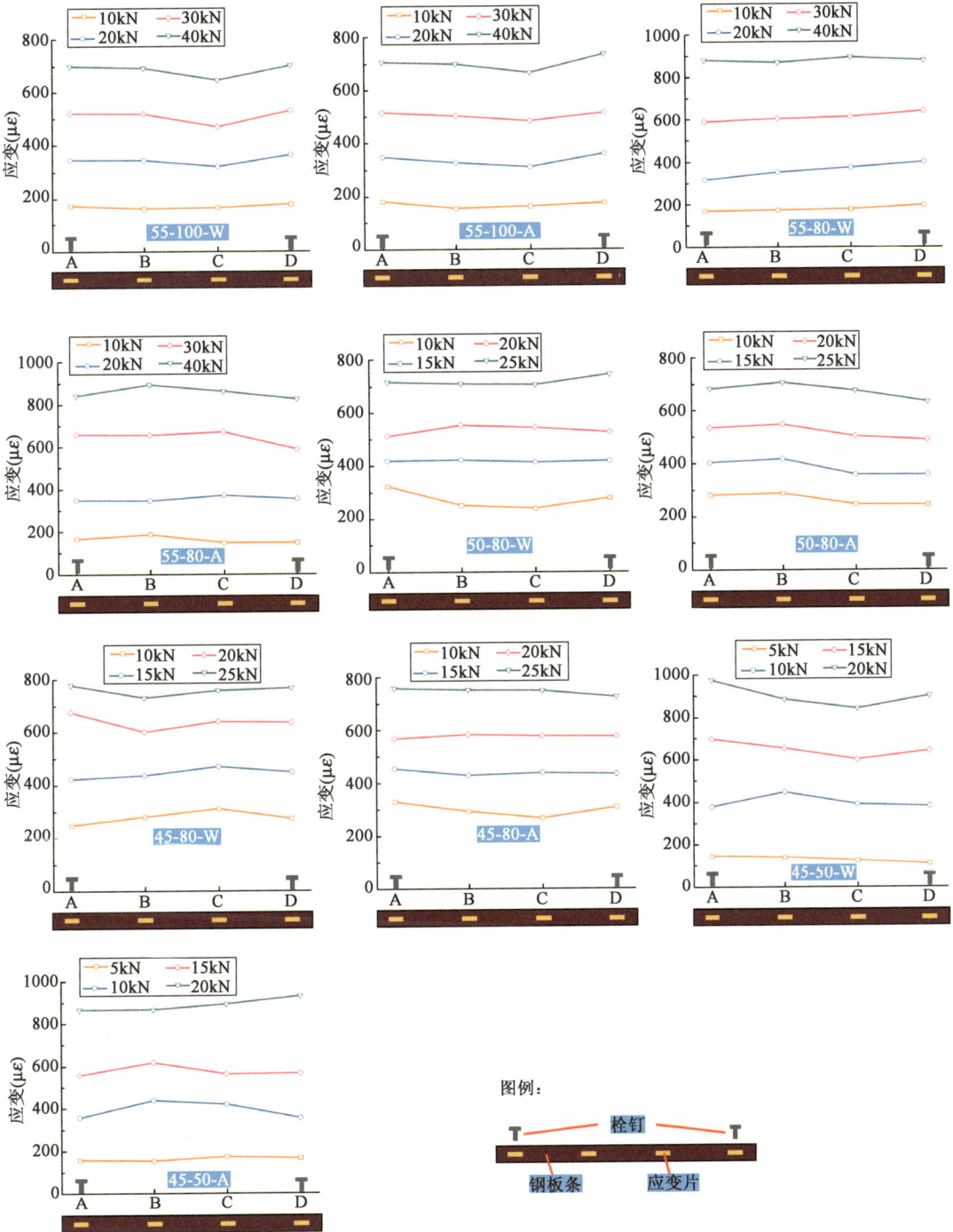

图 3-54　UHPC 层裂缝宽度 0.05mm 前各级荷载下钢板条底面应变

考虑到 UHPC 层裂缝宽度 0.05 ~ 0.2mm 阶段，10 个构件应变数据量较大，采用散点分布图的方式考察 UHPC 层与钢板条应变差值的变化趋势。考察方法为定义一个变量 $\overline{\varepsilon_s}/\varepsilon_{smax}$，其含义为各级荷载下钢板条底面各测点应变的平均值与最大值之比，其意义在于反映该级荷载下钢板条底面应变的均匀性。

如图 3-55 所示，各级荷载下的 $\overline{\varepsilon_s}/\varepsilon_{smax}$ 稳定分布于 0.8～1.0 之间，这表明，UHPC 层在裂缝宽度 0.05～0.2mm 的后期开裂阶段依然保持着钢板条底面应变的均匀性。结合前述，可以认为钢板条-UHPC 组合桥面结构并不符合基于黏结-滑移理论的传统的钢筋混凝土裂缝宽度计算方法。

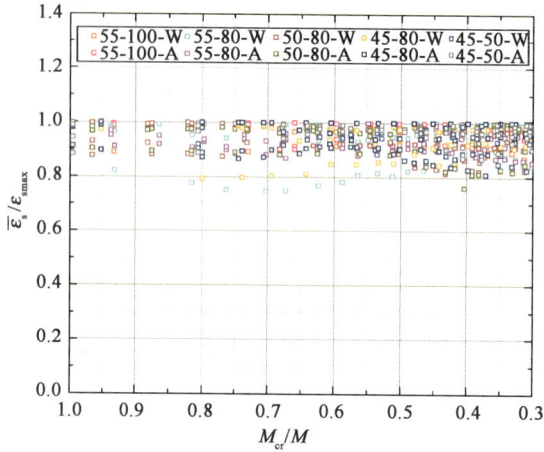

图 3-55　UHPC 裂缝宽度 0.05mm 后钢板条 $\overline{\varepsilon_s}/\varepsilon_{smax}$ 值

因此，对于将钢板条-UHPC 组合桥面结构中的钢板条视为 UHPC 层的加劲构件，选取法国规范 NF P 18-710 提供的对于无配筋 UHPC 结构的裂缝宽度计算方法，如式（3-3）所示，并对组合桥面结构中的 UHPC 薄板裂缝宽度计算公式进行拟合。

$$w_{max} = \left(\varepsilon_{t,a} - \frac{f_{tk}}{KE_c} \right) l_c \tag{3-3}$$

式中：$\varepsilon_{t,a}$——基于截面平衡计算的 UHPC 最大应变值（绝对值）；

　　　f_{tk}——UHPC 轴拉强度；

　　　K——UHPC 中纤维取向系数；

　　　E_c——UHPC 的弹性模量；

　　　l_c——UHPC 平均裂缝间距。

3.7.2　UHPC 底面应变计算方法

UHPC 底面应变的准确计算是裂缝宽度预测的关键，编制 MATLAB 程序对由 UHPC 层、钢筋及钢板条组成的结构进行迭代计算，不考虑栓钉的影响。UHPC 的拉压本构关系采用式（3-4）：

$$\sigma_t = \begin{cases} \dfrac{f_{tk}}{\varepsilon_{t0}}\varepsilon_t & (0 \leqslant \varepsilon_t < \varepsilon_{t0}) \\[2mm] f_{tk} & (\varepsilon_{t0} \leqslant \varepsilon_t \leqslant \varepsilon_{tu}) \end{cases} \tag{3-4}$$

式中：f_{tk}——抗拉强度，取 9MPa；

　　　ε_{t0}——弹性阶段峰值应变，取 206με（=9MPa/43.7GPa）；

　　　ε_t——UHPC 应变；

ε_{tu}——极限应变，取 $3000\mu\varepsilon$。

迭代的具体计算过程如下：

（1）将截面沿高度方向细分成若干条带并假定每个条带内应变相等，给定每次迭代的初始曲率 φ，并假设受压区高度为 x，即可根据式（3-5）得到 UHPC 层、钢筋及钢板条任一条带的应变值 ε_{ui}、ε_{Ri} 及 ε_{si}。

$$\varepsilon_{ni} = h_{ni}\varphi_i \tag{3-5}$$

式中：ε_{ni}——任一条带应变；

h_{ni}——UHPC 层、钢筋及钢板条任一条带的中心至中性轴的距离；

φ_i——各条带迭代时的曲率。

（2）根据各材料的本构关系，可得 UHPC 层、钢筋及钢板条任一条带对应的应力 σ_{ui}、σ_{Ri} 及 σ_{si}，即可算得各部分每个条带的内力，如式（3-6）所示。

$$\begin{aligned} F_{ui} &= E_{ui}\varepsilon_{ui}b_{ui}dh = \sigma_{ui}dA_{ui} \quad \text{（UHPC 层）} \\ F_{si} &= E_{si}\varepsilon_{si}b_{si}dh = \sigma_{si}dA_{si} \quad \text{（钢板条）} \\ F_{Ri} &= \sigma_{Ri}A_{Ri} \quad \text{（钢筋）} \end{aligned} \tag{3-6}$$

式中：E_{ui}、E_{si}——UHPC 层、钢板条的弹性模量；

b_{ui}、b_{si}——UHPC 层、钢板条任一条带的宽度；

dh——条带的高度；

dA_{ui}、A_{Ri}、dA_{si}——UHPC 层、钢筋及钢板条任一条带的面积。

截面的应变、应力分布及内力计算图示如图 3-56 所示。

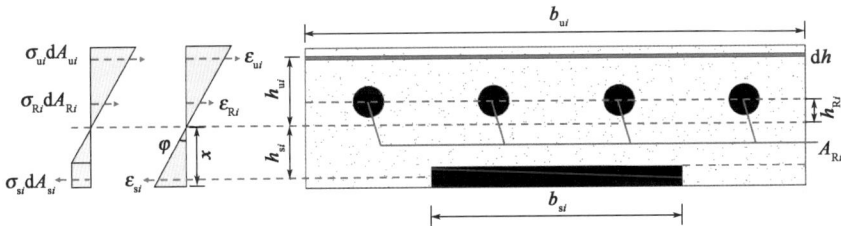

图 3-56　钢板条-UHPC 组合构件等效截面

（3）根据式（3-7）所示的截面轴力为 0 的平衡方程，采用二分法求解得到受压区高度 x，即可得到该次迭代各条带的真实应变、应力值。

$$\sum F_i = 0 \Rightarrow \sum \sigma_{ui}dA_{ui} + \sum \sigma_{si}dA_{si} + \sum \sigma_{Ri}A_{Ri} = 0 \tag{3-7}$$

重复上述步骤进行多次迭代，可得到加载全过程的 UHPC 底面应变值，计算流程图见图 3-57。

通过上述计算方法，得到 10 个构件中 UHPC 底面应变计算值，与试验值进行对比可以发现，二者吻合良好，如图 3-58 所示，表明该计算方法具有较高可靠性。

3.7.3　平均裂缝间距的计算

根据第 3.5.4 节的研究，可以发现组合桥面结构中 UHPC 平均裂缝间距主要受 UHPC 层厚度和钢板条宽度的影响，并与 UHPC 层厚成正比，与钢板条宽度成反比。因此，根据 10 个构件的试验结果，拟合提出适用于该结构的平均间距计算公式，如式（3-8）所示。

$$l_c = 0.364 \frac{h_c}{\rho_t} \qquad (3\text{-}8)$$

式中：h_c——UHPC 层厚度；

ρ_t——每延米钢板条宽度。

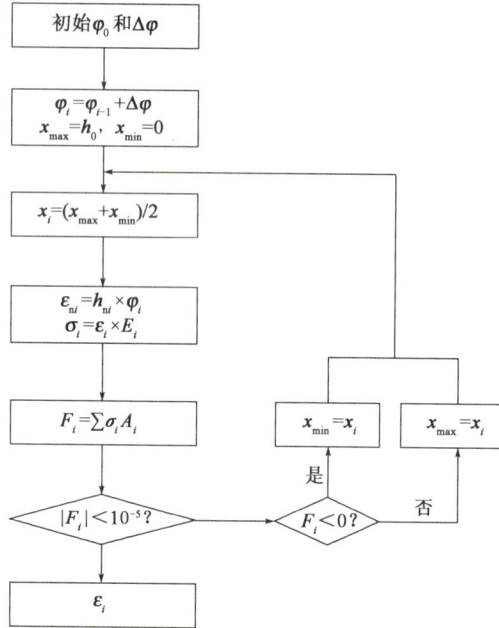

图 3-57　UHPC 层底面应变值迭代计算流程图

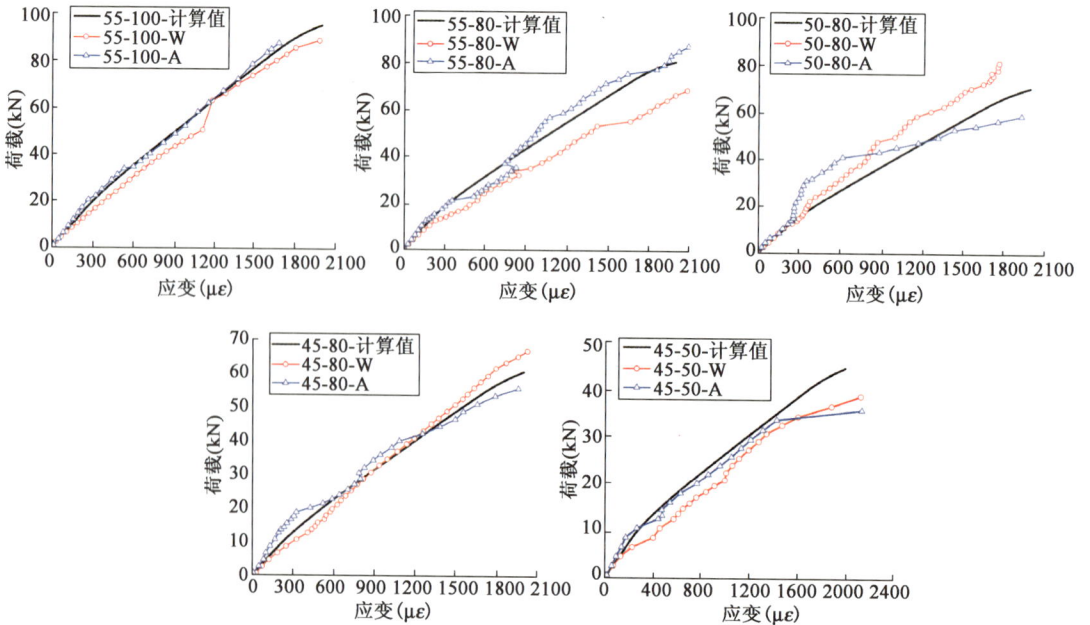

图 3-58　UHPC 层底面应变计算值与试验值对比

基于式(3-8)的平均裂缝间距计算值与 10 个构件的试验值如表 3-9 所示。

表 3-9 平均裂缝间距计算值与试验值对比

项目	55-100	55-80	50-80	45-80	45-50
h_c	55	55	50	45	45
ρ_t	0.5	0.4	0.4	0.4	0.25
l_{c-e}(试验值)	40.0	51.0	44.0	42.0	65.0
l_{c-a}(计算值)	40.0	50.0	45.5	41.0	65.5
l_{c-a}/l_{c-e}	1.00	0.98	1.03	0.98	1.01

图 3-59 表明,对比发现二者吻合非常良好,标准差仅 0.02。可以表明,式(3-8)对于组合桥面结构中 UHPC 层的平均裂缝间距的计算可靠。

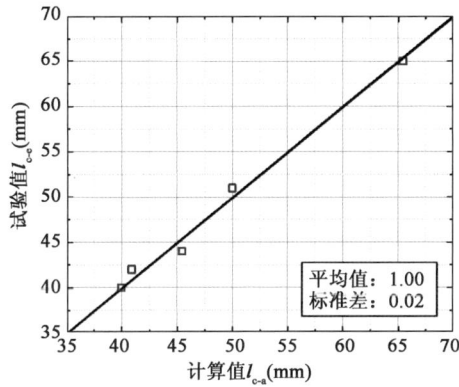

图 3-59 平均裂缝间距计算值与试验值对比

3.7.4 钢板条-UHPC 组合桥面结构裂缝宽度预测模型

根据上述的讨论和分析,预测最大裂缝宽度计算公式可总结为:

$$w_{\max} = \alpha \left(\varepsilon_{t,a} - \frac{f_{tk}}{KE_c} \right) l_c \tag{3-9}$$

式中:α——修正系数,取 4.4;

$\varepsilon_{t,a}$——UHPC 底面应变;

f_{tk}——不配筋 UHPC 的轴心抗拉强度标准值,MPa;

K——UHPC 中纤维取向系数,取 1.25;

E_c——UHPC 的弹性模量,MPa;

l_c——平均裂缝间距,mm。

根据式(3-8)、式(3-9)计算得到的钢板条-UHPC 组合桥面结构的最大裂缝宽度曲线如图 3-60 所示。因 UHPC 材料本身具有非匀质性,裂缝的产生和发展具有一定的随机性,所以,部分构件计算结果和试验结果存在一定的差异。整体而言,预测模型计算得到的最大裂缝宽度具有 90%的保证率,可用于钢板条-UHPC 组合桥面结构的裂缝宽度计算和实际工程设计。

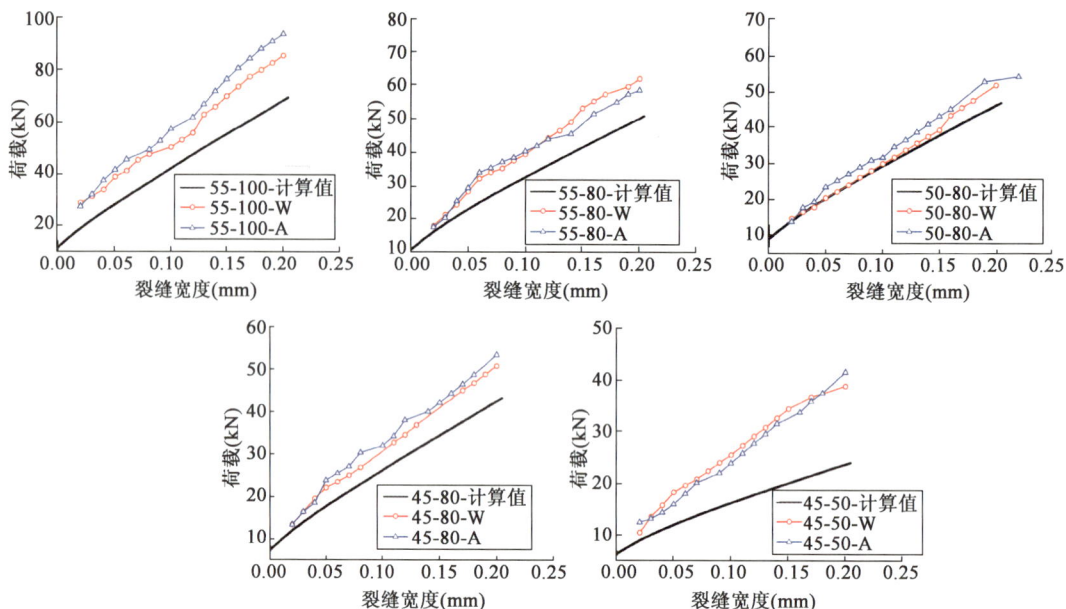

图 3-60 裂缝宽度计算值与试验值对比

3.8 钢板条-UHPC 组合桥面结构安全性分析

3.8.1 桥梁整体安全性

在役桥梁钢桥面的加固,应以保证原桥梁整体安全性为首要条件,在不影响桥梁第一体系受力性能的基础上,对钢桥面结构进行加固改造。在诸多桥梁形式中,大跨径悬索桥作为柔性体系,对主梁结构自重较为敏感,钢板条-UHPC 组合桥面结构的引入,虽不会引起主梁自重的大幅变化,但仍须关注自重变化对桥梁主要构件受力性能的改变,如索塔、主缆、锚碇、吊索、加劲梁等,确保关键受力构件具有足够的安全性。选取宜昌长江公路大桥实桥应用案例,分析钢板条-UHPC 组合桥面结构在实施过程中对桥梁整体安全性的影响。

依据《公路桥涵设计通用规范》(JTG D60—2015)、《公路悬索桥设计规范》(JTG/T D65-05—2015)对原铺装方案(70mm SMA 铺装层)主索鞍及锚碇的抗滑稳定性系数进行验算,结果如表 3-10 所示。

表 3-10 原铺装方案主索鞍及锚碇的抗滑稳定性系数

验算项目	主索鞍		锚碇	
	计算值	标准值	计算值	标准值
验算结果	4.4	2.0	2.3	2.0

原铺装方案其余主要构件的计算结果如表 3-11 所示。

表 3-11 原铺装方案其余主要构件的计算结果

验算项目	验算结果	标准值
钢箱梁应力(MPa)	$-87.8 \sim 107.5$	275
1.0 倍车道荷载下加劲梁竖向最大挠度(m)	2.62	3.2
主缆应力(MPa)	$547 \sim 607$	640
吊索应力(MPa)	$171 \sim 292$	462.5
塔底最大压应力(MPa)	7.24	21

采用 55mm 厚 UHPC 并铺筑 10mm TPO 磨耗层的组合桥面结构,桥梁主索鞍及锚碇的抗滑稳定性系数如表 3-12 所示,其余主要构件的计算结果如表 3-13 所示。

表 3-12 组合桥面结构主索鞍及锚碇的抗滑稳定性系数

验算项目	主索鞍		锚碇	
	计算值	标准值	计算值	标准值
验算结果	4.7	2.0	2.2	2.0

表 3-13 组合桥面结构其余主要构件的计算结果

验算项目	验算结果	标准值
钢箱梁应力(MPa)	$-78.1 \sim 116.2$	275
UHPC 层应力(MPa)	$-13.7 \sim 10.2$	26.8
1.0 倍车道荷载下加劲梁竖向最大挠度(m)	2.59	3.2
主缆应力(MPa)	$564 \sim 626$	640
吊索应力(MPa)	$175 \sim 297$	462.5
塔底最大压应力(MPa)	7.59	21

综上所述,组合桥面结构的铺筑对桥梁各主要构件的受力改变较小,且均在规范规定的限值之内,保证了桥梁整体的安全性。

3.8.2 组合桥面结构安全性

在役钢桥面的加固改造,因原钢桥面存在较为严重的疲劳开裂,在不完全修补现有裂缝的情况下直接实施组合桥面结构,需关注加固结构自身的安全性。截至目前,钢板条-UHPC 组合桥面结构已经成功应用于两座实桥的加固改造,对其自身安全性可从以下两个方面探究:

(1)钢面板失效

截至钢桥面改造前最后一次检测,武汉某长江大桥钢桥面疲劳开裂状况如图 3-61 所示。正如 3.3.1 节所述,大桥钢桥面 78% 的裂缝源于面板-U 肋焊接细节,主要包括始于焊趾沿钢面板厚度方向开裂以及始于焊趾沿 U 肋腹板开裂两种形式。为此,在钢板条-UHPC 组合桥面结构可行性研究中,采用断开相邻 U 肋间钢面板的方式,保守认为因疲劳开裂导致钢面板完全失效,以此为基础考查 UHPC 薄层的基本性能。

裂缝数量分布占比

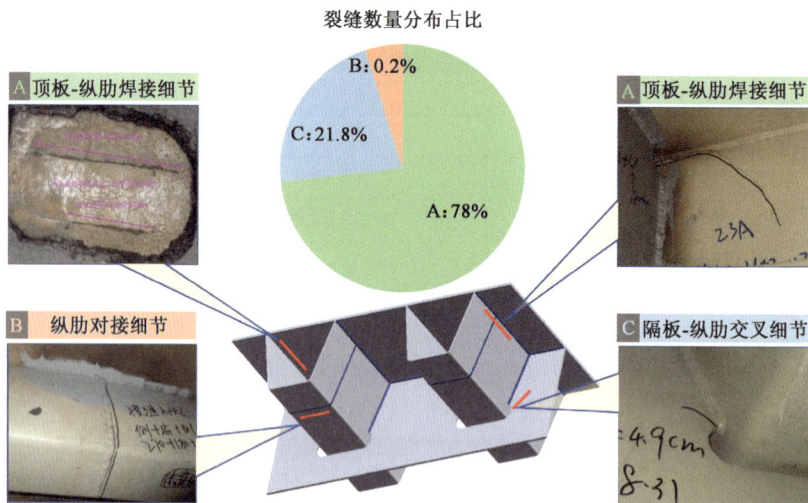

图 3-61 武汉某长江大桥裂缝分布

如 3.5.3 节所述,在不考虑原钢桥面板对组合桥面结构的协同保护作用下,UHPC 下缘的名义开裂应力达到 28.0MPa。根据《公路钢结构桥梁设计规范》(JTG D64—2015)规定的疲劳荷载模型Ⅲ计算的 UHPC 下缘设计应力为 12.9MPa,组合桥面结构具备 28.0/12.9 = 2.2 的安全系数。如 3.5.5 节所述,当组合桥面结构在 15.6/12.9 = 1.2 倍设计应力的疲劳荷载幅作用下,具备 900 万次疲劳寿命(以 UHPC 层裂缝宽度达到 0.05mm 作为疲劳损伤极限)时,换算可得组合桥面结构具备约 1555 万次的疲劳寿命,超过完好钢桥面自身疲劳截止限。可以认为,在钢桥面板完全失效的极端状况下,失去钢桥面板协同保护作用的组合桥面结构具备无限疲劳寿命。

(2)U 肋腹板严重开裂

如 3.4.1 节所述,宜昌长江公路大桥足尺模型疲劳试验得到了与实桥完全一致的开裂形式,在原钢桥面经历 427 万次疲劳循环后,U 肋腹板出现严重疲劳裂缝,裂缝穿透 U 肋腹板并出现明显刚度弱化,如图 3-62 所示,此时该位置的局部刚度衰减。铺筑组合桥面结构之后,足尺模型进行了 200 万次的疲劳荷载循环,UHPC 薄层未出现裂缝。这表明在局部 U 肋因严重疲劳开裂导致局部刚度降低的情况下,对应位置的 UHPC 薄层并未受其影响,依然保证了自身的安全性。

图 3-62 宜昌长江公路大桥足尺试验 U 肋腹板疲劳裂缝

综上所述,钢板条-UHPC 组合桥面结构在已应用的实桥方案中,考虑了钢桥面两大易疲劳开裂情况:钢面板失效、U 肋腹板严重开裂导致局部刚度降低。组合桥面结构自身的安全性均得到保证,在不完全修补原钢桥面裂缝的情况下,组合桥面结构具备足够的安全储备。

3.9 实桥应用成果

3.9.1 武汉某长江大桥

2018 年,钢板条-UHPC 轻型组合桥面结构成功应用于武汉某长江大桥下游半幅桥面改造工程,图 3-63 为主要施工过程。

a)原钢桥面上短栓钉的焊接以及将焊有短栓钉的钢板条固定于原钢桥面

b)绑扎钢筋网

c)浇筑UHPC

d)UHPC层的高温蒸汽养护

e)铺筑沥青磨耗层

f)改造后的武汉某长江大桥

图 3-63 武汉某长江大桥桥面改造施工过程

改造后对武汉某长江大桥钢箱梁主要疲劳细节位置进行实桥应力监测,测点在上、下游两幅钢箱梁对称布置,其中下游半幅为 UHPC 轻型组合桥面结构,上游半幅为原树脂沥青组合体系(ERE)铺装。关注行车道钢面板-U 肋焊趾处测点应力监测结果,上游半幅(ERE 铺装)实测应力 56.5MPa,下游半幅(UHPC 桥面结构)实测应力 17.4MPa,降幅 69.2%,改善效果显著,延长了已经重度疲劳损伤的钢箱梁的服役寿命。

3.9.2 宜昌长江公路大桥

宜昌长江公路大桥维修加固工程于 2021 年 8 月 5 日开始,2021 年 12 月 4 日结束并开放交通。分两次分别浇筑上、下游幅桥面,在开始浇筑 UHPC 至蒸养结束的时段内封闭全桥交通(约 7d),进行其他工序时保持半幅桥面交通的正常通行。桥面的主要施工工艺如图 3-64 所示。UHPC 从跨中往两端对称浇筑,实现了约 20h 单次浇筑 10250m³ 的高效施工新纪录。

图 3-64　宜昌长江公路大桥主要施工工艺

为了监测实桥应用的效果，在大桥钢桥面加固施工的不同阶段，分别对大桥在原沥青铺装、无铺装（原沥青铺装铲除）、UHPC 完工后三种桥面状态下进行试验。实桥监测结果表明，对比组合桥面与无铺装桥面，各疲劳细节应力降幅在 28% ~ 89% 之间，其中钢面板-U 肋纵向焊缝部位应力降幅达 89%，顶部过焊孔-U 肋应力降幅达 59%，横隔板弧形切口应力降幅达 28%。组合桥面结构显著降低了钢桥面各类疲劳细节的应力，既能有效抑制钢桥面现有疲劳裂纹的扩展，还能防止新疲劳裂纹的萌生，从根源上降低了钢桥面的疲劳病害风险。

3.10　本章小结

我国早期修建的大跨径钢桥桥面普遍重度疲劳开裂，采用常规方法维修后反复开裂，无法治本。本章立足以上现状，提出了在役钢桥面板 UHPC 加固改造新技术，通过有限元计算、足尺模型试验、构件参数试验、裂缝宽度预测模型参数拟合等相关研究，揭示了加固结构的受力机理、形成设计计算方法，为我国早期修建的一大批大跨径钢桥桥面加固改造提供切实可行的解决方案，有助于延长桥梁使用寿命。主要得到以下结论：

（1）介绍了现有钢-UHPC 轻型组合桥面结构不能直接用于加固在役开裂钢桥面的基本原理，提出了对 UHPC 底面的横桥向抗裂性能进行强化的钢板条-UHPC 组合桥面新结构。

（2）以武汉某长江大桥为背景进行有限元计算分析，计算中模拟了钢面板极端开裂状态下，经 UHPC 层加固后，钢桥面典型疲劳细节的平均应力降幅为 64%，其中应力降幅最明显的是钢面板-纵肋疲劳细节,应力降幅高达 92%。加固后,钢面板中应力幅小于其常幅疲劳极限,意味着不经修复的钢面板疲劳裂纹不会扩展。

(3)以宜昌长江公路大桥为背景,进行了足尺模型静力试验及疲劳试验,通过多次静力试验找到了最不利加载位置,据此进行的疲劳试验得到了与实桥完全一致的开裂形式。对比铺筑 UHPC 薄层前后疲劳裂缝的扩展情况以及未开裂细节的应力降幅,组合桥面整体提升了钢桥面的刚度,大幅降低了现有疲劳裂缝的扩展速率,从理论上满足裂缝不再扩展的要求,同时,其他疲劳细节以及 UHPC 层本身未出现新裂缝。

(4)开展了钢板条-UHPC 组合桥面构件的静力参数试验,得到了各参数对于组合桥面构件性能指标的影响。通过不同荷载幅作用下的疲劳试验,给出了组合桥面结构具备无限疲劳寿命的荷载比取值范围,并提出了针对钢板条-UHPC 组合构件的 S-N 曲线,可为类似结构的疲劳寿命评估提供参考。

(5)通过对 UHPC 层开裂过程中钢板条与 UHPC 之间的滑移、二者应变差的变化趋势,揭示了 UHPC 层的开裂机理,提出了基于法国规范 NF P 18-710 的钢板条-UHPC 组合桥面结构裂缝宽度预测模型,该计算方法具备 90% 的保证率,可用于钢板条-UHPC 组合桥面结构的裂缝宽度计算和实际工程设计。

参 考 文 献

[1] 中华人民共和国交通运输部. 公路桥涵设计通用规范:JTG D60—2015[S]. 北京:人民交通出版社股份有限公司,2015.

[2] 中华人民共和国交通运输部. 公路钢结构桥梁设计规范:JTG D64—2015[S]. 北京:人民交通出版社股份有限公司,2015.

[3] CAO J H, SHAO X D, DENG L,et al. Static and fatigue behavior of short-headed studs embedded in a thin ultrahigh-performance concrete layer[J]. Journal of Bridge Engineering, 2017, 22(5):04017005.1-04017005.16.

[4] 王洋,邵旭东,陈杰,等. 重度疲劳开裂钢桥桥面的 UHPC 加固技术[J]. 土木工程学报, 2020,53(17):92-101,115.

[5] LUO J, SHAO X D, CAO J H, et al. Transverse bending behavior of the steel-UHPC lightweight composite deck: orthogonal test and analysis[J]. Journal of Constructional Steel Research, 2019, 162:105708.1-105708.19.

[6] WANG Y, SHAO X D, CHEN J, et al. UHPC-based strengthening technique for orthotropic steel decks with significant fatigue cracking issues[J]. Journal of Constructional Steel Research, 2021, 176:106393.

[7] 张清华,卜一之,李乔. 正交异性钢桥面板疲劳问题的研究进展[J]. 中国公路学报,2017, 30(3):14-30.

[8] TOMASZ S, MACIEJ K, LUCJAN J. Remaining fatigue life prediction of welded details in an orthotropic steel bridge deck[J]. Journal of Bridge Engineering, 2019, 24(12): 05019013.

[9] FISHER J, BARSOM J. Evaluation of cracking in the rib-to-deck welds of the Bronx-Whitestone Bridge[J]. Journal of Bridge Engineering, 2016, 21(3): 04015065.

［10］ 王洋,邵旭东,沈秀将,等.钢板条-UHPC 组合桥面结构静力及疲劳试验[J].中国公路学报,2021,34(8):261-272.

［11］ SHAO X D, QU W T, CAO J H, et al. Static and fatigue properties of the steel-UHPC lightweight composite bridge deck with large U ribs[J]. Journal of Constructional Steel Research, 2018, 148: 491-507.

［12］ SHAO X D, YI D T, HUANG Z Y, et al. Basic performance of the composite deck system composed of orthotropic steel deck and ultrathin RPC layer[J]. Journal of Bridge Engineering, 2013,18:417-428.

［13］ 廖卫东,陈露一,高立强,等.武汉军山长江大桥超高性能混凝土组合桥面改造技术及实施效果分析[J].世界桥梁,2019,47(6):65-69.

［14］ SHEN X J, EUGEN B. Biaxial flexural fatigue behavior of strain-hardening UHPFRC thin slab elements[J]. International Journal of Fatigue, 2020, 138:105727.

第 4 章

UHPC桥面板结构

4

INNOVATIVE BRIDGE STRUCTURES BASED
ON ULTRA-HIGH PERFORMANCE CONCRETE (UHPC)

THEORY, EXPERIMENT AND APPLICATION

4.1 概述

钢结构桥梁具有质量轻、强度高、装配化施工快、环保耐久、可循环使用等特点,逐渐在桥梁建设领域得到了广泛的发展。其中钢-混凝土组合梁结构是一种通过剪力连接件将钢梁与混凝土桥面板组合为一个整体的结构形式,如图 4-1 所示,它结合了钢材适合受拉和混凝土材料适合受压的性能优势,提升了桥梁结构整体受力的合理性与经济性。

a)下部钢梁   b)栓钉剪力连接件   c)普通混凝土桥面板

图 4-1 钢-混凝土组合梁结构

从 20 世纪 50 年代起,欧美和日本等发达国家和地区首先开始将钢-混凝土组合梁应用于中小跨径梁式桥建设中。到了 20 世纪 80 年代,德国著名桥梁专家 Leonhardt 教授在美国 the Sunshine Skyway Bridge 竞标方案中首次提出了大跨径钢-混凝土组合梁斜拉桥的想法[1],随后,许多组合梁斜拉桥开始不断建设发展。我国钢-混凝土组合梁建设始于 20 世纪 80 年代,从中小跨径的梁式桥到大跨径的斜拉桥、悬索桥、拱桥,钢-混凝土组合梁结构均发挥了良好的综合经济效益和应用效果。

随着大量钢-混凝土组合梁桥的建成与使用,研究者们对组合梁结构耐久性的考虑日渐增多,材料性能自然退化[2-3]、结构原生缺陷劣化[4-5]、车辆冲击振动等[6-8]内外因素都会对组合梁结构的长期健康状况产生影响。从应用效果来看,钢-混凝土组合梁结构存在以下技术难题。

国内外工程实践表明,钢-混凝土组合梁桥存在着混凝土桥面板易开裂的难题;应用于大跨径桥梁时,相比全钢梁,组合梁自重偏大。产生上述难题的根本原因是普通混凝土材料强度低,桥面板较厚,开裂应变小,收缩徐变效应明显,在收缩徐变效应及温度作用下极易产生约束拉应力,致使混凝土桥面板在运用中存在开裂风险。这些因素成为制约钢-混凝土组合梁进一步发展的主要技术瓶颈。

表 4-1 和表 4-2 分别列举了全世界主要已建大跨径悬索桥和斜拉桥,统计结果表明:目前已建最大跨径的悬索桥与斜拉桥分别为主跨跨径 1991m 的明石海峡大桥和主跨跨径 1104m 的俄罗斯岛大桥,它们均为使用正交异性钢桥面板的钢梁;而在应用钢-混凝土组合梁后,最大跨径的悬索桥与斜拉桥分别为主跨跨径 850m 的武汉鹦鹉洲长江大桥和主跨跨径 720m 的赤壁长江大桥,相比上述钢梁结构的桥梁最大跨径,分别对应减小了 57.3% 和 34.8%。对于斜拉桥体系,过重的桥面板会引起斜拉索用量和拉力增大,而倾斜的拉索会造成主塔附近的主梁

压应力累积,基于该原因,组合梁斜拉桥的经济跨径一直难以超过 700m;而对于悬索桥体系,主缆作为第一受力体系对加劲梁桥面板自重更为敏感,组合梁悬索桥的经济跨径因此更小。

表 4-1　世界主要已建大跨径悬索桥

序号	桥名	国家	建成年份	主梁结构形式	主跨跨径(m)
1	明石海峡大桥	日本	1998	钢梁	1991
2	杨泗港大桥	中国	2019	钢梁	1700
3	南沙大桥	中国	2019	钢梁	1688
4	西堠门大桥	中国	2009	钢梁	1650
5	大贝尔特桥	丹麦	1998	钢梁	1624
6	奥斯曼一世大桥	土耳其	2016	钢梁	1550
7	李舜臣大桥	韩国	2012	钢梁	1545
8	润扬长江大桥	中国	2005	钢梁	1490
9	武汉鹦鹉洲长江大桥	中国	2014	组合梁	850
10	宜昌至喜长江大桥	中国	2016	组合梁	838

表 4-2　世界主要已建大跨径斜拉桥

序号	桥名	国家	建成年份	主梁结构形式	主跨跨径（m）
1	俄罗斯岛大桥	俄罗斯	2012	钢梁	1104
2	沪苏通长江公铁大桥	中国	2020	钢梁	1092
3	苏通长江公路大桥	中国	2008	钢梁	1088
4	昂船洲大桥	中国	2009	钢梁	1018
5	鄂东长江大桥	中国	2010	钢梁	926
6	多多罗大桥	日本	1999	钢梁	890
7	赤壁长江大桥	中国	2021	组合梁	720
8	昆斯费里大桥	苏格兰	2017	组合梁	650
9	安徽望东长江大桥	中国	2016	组合梁	638
10	福州青州闽江大桥	中国	2002	组合梁	605

在组合桥梁结构中,以 UHPC 桥面薄板替代传统钢-混凝土组合梁中的混凝土桥面厚板,有望有效解决上述难题。与传统钢-混凝土组合梁结构相比,钢-UHPC 组合梁具有以下优势:

(1)减轻结构自重。UHPC 桥面板等效厚度仅为普通混凝土桥面板厚度的 50% 左右,可使组合梁的自重降低 30% ~40% ,从而使组合梁的适用跨径获得进一步拓展。

(2)规避桥梁结构梁体和连接节点开裂、渗漏风险,提高耐久性。UHPC 材料抗拉和抗渗性能远优于普通混凝土,可有效解决钢-混凝土组合梁负弯矩区桥面板在运营阶段易开裂问题。

(3)利于快速化施工。因 UHPC 中钢筋锚固长度仅需约 10 倍的钢筋直径,现场各桥面板间接缝宽度可大幅度缩小,并可实现现场钢筋零焊接,由此可减少现场作业量约 70%,UHPC 强度 24h 可达 60MPa,从而实现快速化施工。

(4)减少占用预制场地。对于传统钢-混凝土组合梁的混凝土桥面板,为尽可能消除收缩徐变引起的次内力,预制桥面板通常需存放 4 个月以上才能与钢梁组合,预制板堆放占用场地大,而钢-UHPC 组合梁的 UHPC 板经 3d 蒸汽养护后,收缩为零,因而存放时间短,占用场地小、周转快。

下面分别介绍不同类型的 UHPC 桥面板。

4.2 不同类型 UHPC 桥面板及其技术特点

4.2.1 UHPC 平桥面板

普通混凝土平板具有造型简单、施工制作难度低等优点,是钢-混凝土组合梁中最常用的桥面板结构形式。普通混凝土平桥面板结构通常采用矩形截面,结构内配置双层钢筋网,并通常配合预应力钢束共同受力。目前,大跨径组合梁的传统普通混凝土平桥面板的平均厚度通常为 28cm 左右,局部高弯拉应力区或高剪应力区,厚度时常会增至 40cm。

与之相比,UHPC 平桥面板结构如图 4-2 所示,UHPC 平桥面板中设置上、下双层钢筋网。

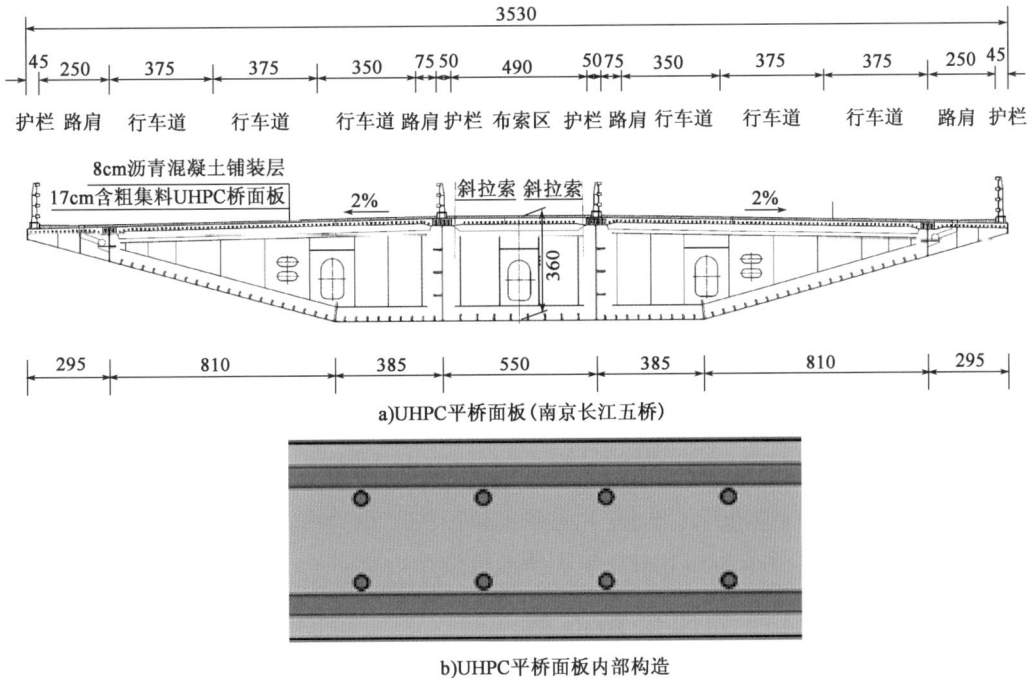

a)UHPC平桥面板(南京长江五桥)

b)UHPC平桥面板内部构造

图 4-2 UHPC 平桥面板结构

UHPC 平桥面板技术特点:

(1)UHPC 平桥面板厚度为 16～18cm,与传统方案相比,桥面板结构自重可减轻 35%～

40%，从而使主梁自重降低 25% ~ 28%，这有助于突破大跨径组合梁结构的跨越极限。

（2）鉴于配筋 UHPC 构件具有优异的开裂强度、裂后刚度、抗剪性能和抗弯性能，可采用无预应力 UHPC 平板方案，故桥面板整体施工会更加简洁，长期性能更优。

2020 年建成通车的南京长江五桥采用了 UHPC 平桥面板结构。该桥为主跨 $2 \times 600\text{m}$ 的三塔组合梁斜拉桥，主梁采用流线型箱形组合梁，顶板采用 17cm 厚含小型粗集料 UHPC 平桥面板，仅设置少量预应力钢束。

4.2.2　UHPC 华夫桥面板

UHPC 华夫桥面板由面板和纵肋、横肋组成，如图 4-3 所示。UHPC 华夫桥面板通过剪力连接件与钢梁组合形成主梁结构。将较重的普通混凝土桥面板替换为较轻的 UHPC 华夫桥面板，在减轻结构自重的同时，确保了桥面板具有足够的刚度。

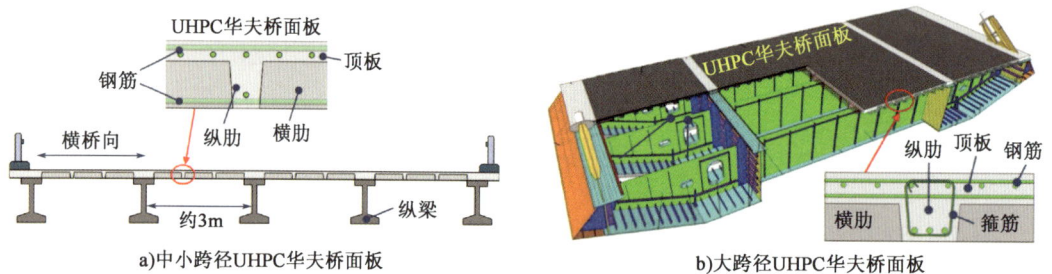

图 4-3　UHPC 华夫桥面板结构

UHPC 华夫桥面板技术特点：

（1）UHPC 华夫桥面板等效厚度为 12 ~ 14cm，与传统方案相比，桥面板结构自重可减轻约50%，从而大幅度降低主梁自重约 30%。

（2）UHPC 华夫桥面板结构中，同时设置有纵肋和横肋，保证桥面板结构具有较大抗弯刚度。

（3）UHPC 华夫桥面板中一般无须设置预应力结构，从而降低了施工难度。

美国联邦公路局（FHWA）在艾奥瓦州瓦佩洛县（Wapello County，Iowa）的一个桥面板更换项目中首次使用全预制 UHPC 华夫桥面板，全桥总长约 18m，宽度约 10m，为双车道单跨梁桥，底部为预应力混凝土 I 形梁。UHPC 华夫桥面板在工厂预制并通过现场浇筑剪力槽和纵横向接缝处的 UHPC 使得桥面板和底部混凝土梁形成整体。FHWA 对 UHPC 纵横向湿接缝、剪力槽、结构弯曲静力疲劳性能进行了试验，并对华夫桥面板尺寸、主梁间距、接缝和剪力槽构造特点给出建议，于 2013 年颁布预制 UHPC 华夫桥面板设计指南。

4.2.3　UHPC 单向纵肋桥面板

对于大跨径桥梁，主梁桥面板往往呈单向板受力情形，例如大跨径桥梁主梁横隔板间距通常为 3 ~ 4m，而纵隔板间距通常在 7m 以上，桥面板的主要受力方向为纵向，横向受力相对较小。此时可以将华夫桥面板中的横肋取消，变为仅含有纵肋的 UHPC 桥面板结构，称为 UHPC 单向纵肋桥面板，如图 4-4 所示。纵肋内部需要配置抗弯和抗剪钢筋，考虑纵肋内部空间较小,配筋较多时可能影响 UHPC 浇筑时的纤维自由流动,造成质量隐患,为此提出在纵肋底部设置钢板,通过剪力钉使钢板与纵肋形成整体,以取代传统受弯钢筋。此外,在钢板上焊接长栓钉,将长栓钉的圆柱头延伸至 UHPC 顶板内,由此,长栓钉可起到剪力连接件和抗剪箍筋两种作用[图 4-4b)],为钢板与 UHPC 纵肋板在水平与竖向上均提供可靠的组合作用,提高钢-UHPC 纵肋板的抗弯和抗剪能力。采用这种体外配筋方式后,UHPC 纵肋内无钢筋,仅有栓钉,浇筑时质量可控性大大提高。

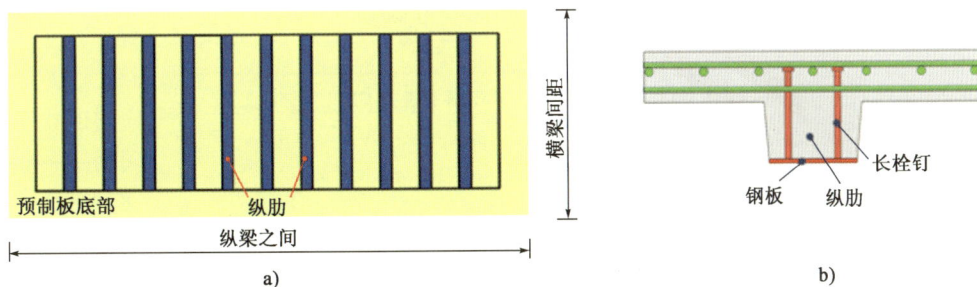

图 4-4　UHPC 单向纵肋桥面板结构形式

UHPC 单向纵肋桥面板技术特点如下:

(1)相较于华夫桥面板,单向纵肋桥面板进一步减轻了桥面板结构自重,简化了施工,消除了纵、横肋相交处 UHPC 开裂的风险。

(2)可采用体外配筋方式,即在纵肋底部设置钢板条,通过长栓钉实现钢板条与 UHPC 纵肋板的连接,长栓钉同时提供了足够的抗剪强度。

(3)UHPC 单向纵肋桥面板中一般无须设置预应力。

目前,已经建设完成的湖南益阳青龙洲大桥采用了 UHPC 单向纵肋桥面板结构。该桥为主跨跨径 260m 的自锚式悬索桥,桥梁全长 600m,与原桥面板方案(传统的 26cm 厚预应力普通混凝土桥面板)相比,UHPC 单向纵肋桥面板方案均厚 14cm(考虑接缝部位),自重减轻约 44%,且无须使用预应力钢束,既保证了施工质量,又加快了施工速度。

4.2.4　型钢-UHPC 组合桥面板

型钢-UHPC 组合桥面板由型钢、焊接有短栓钉的钢板条和 UHPC 板组合而成,如图 4-5 所示。型钢作为纵肋,置于 UHPC 板底部;钢板条作为横向抗拉的主要构件,沿横向布置在型钢上翼缘板上,并通过短栓钉埋于 UHPC 板的下缘;UHPC 作为面板,为沥青铺装提供一个混凝土基面。

与传统正交异性钢桥面板相比,型钢-UHPC 组合桥面板具有以下替换关系,如图 4-6 所示:

(1)用带栓钉的型钢代替传统正交异性钢桥面板中的钢 U 肋。

(2)用带钢板条的 UHPC 桥面板代替钢面板,型钢通过上翼缘栓钉与 UHPC 板连接形成整体受力结构。

(3)用普通铺装代替传统正交异性钢桥面板中的专用铺装材料,可使全寿命铺装成本大幅降低。

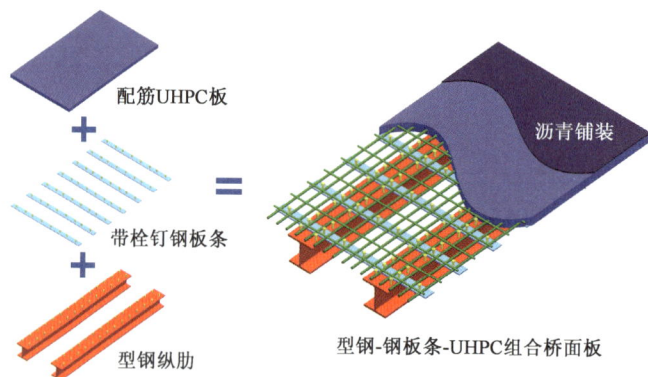

配筋UHPC板

＋

带栓钉钢板条

＝

沥青铺装

型钢纵肋

型钢-钢板条-UHPC组合桥面板

图 4-5　型钢-UHPC 组合桥面板结构体系

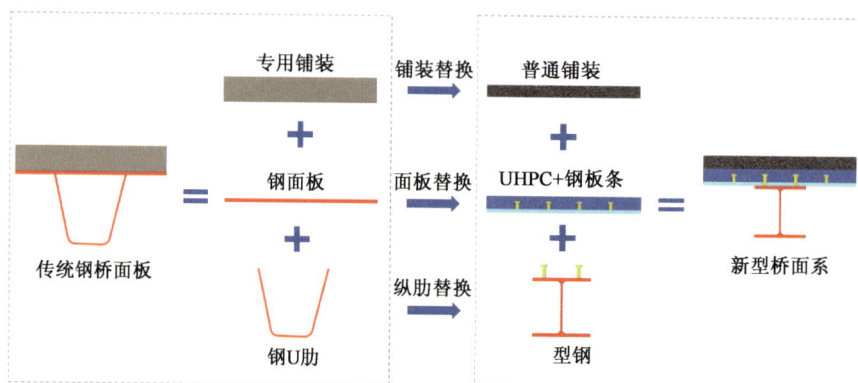

专用铺装　铺装替换　普通铺装

＋

钢面板　面板替换　UHPC+钢板条

＝　＋

传统钢桥面板

纵肋替换

型钢

新型桥面系

钢U肋

图 4-6　传统钢桥面板与型钢-UHPC 组合桥面板的替换关系示意

型钢-UHPC 组合桥面板技术特点如下：

（1）结构自重方面：型钢-UHPC 组合桥面板自重与正交异性钢桥面板持平。UHPC 面板厚度可减小至 55mm 左右，因而能适用于悬索桥等对自重高度敏感的大跨径桥梁。

（2）局部刚度方面：型钢-UHPC 组合桥面板局部刚度为正交异性钢桥面板局部刚度 10 倍以上，因而型钢-UHPC 组合桥面板的铺装早期病害不易发生。

（3）疲劳性能方面：型钢-UHPC 组合桥面板除了栓钉焊接之外，无任何其他焊接（包括接缝），因此型钢和钢板条的抗疲劳能力将高于传统焊接钢结构，而配筋 UHPC 具有优异的抗疲劳性能，由此，型钢-UHPC 组合桥面板具有良好的抗疲劳性能。

（4）经济性能方面：经测算，型钢-UHPC 组合桥面板初始造价为正交异性钢桥面板的 44%，全寿命成本仅为正交异性钢桥面板的 21%。由此，型钢-UHPC 组合桥面板结构具有良好的经济性。

型钢-UHPC 组合桥面板结构对于不同桥梁类型具有良好的适应性，如图 4-7 所示：在纵向受力方面，通过调整工字钢纵肋的疏密，能够适应大跨径斜拉桥、连续梁桥面纵向轴力剧烈变化情形[图 4-7a)]；在横向受力方面，对于一般桥面板受力状况，钢板条可稀疏布置，对于横向大悬臂结构情形，通过加密钢板条，使其适应桥面横向高拉应力的要求[图 4-7b)]。

型钢-UHPC 组合桥面板的主要施工流程如图 4-8 所示。

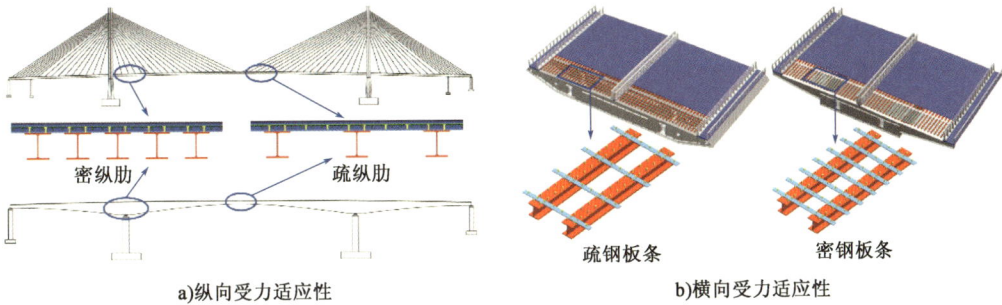

a)纵向受力适应性   b)横向受力适应性

图 4-7 型钢-UHPC 组合桥面板结构对于不同桥梁类型的适应性

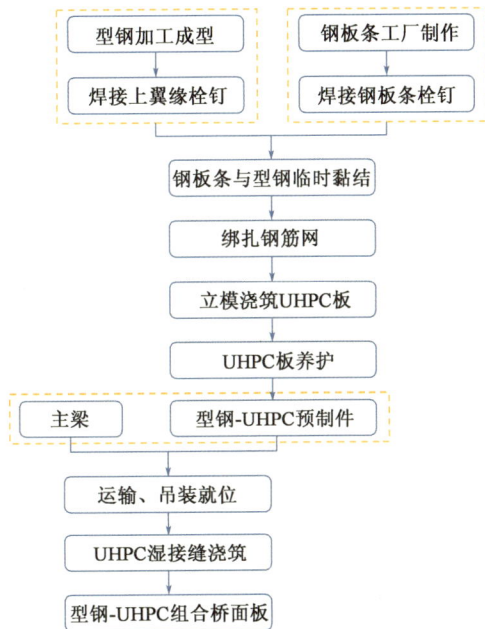

图 4-8 型钢-UHPC 组合桥面板施工流程

施工过程:在 UHPC 层浇筑成型之前,带栓钉的钢板条与带栓钉的型钢通过结构胶进行临时黏结;UHPC 浇筑完成后,型钢-钢板条-UHPC 形成整体受力的桥面板。在主梁与桥面板预制节段全部吊装就位后,现场仅需在各预制桥面板间浇筑湿接缝。最后,对 UHPC 表面进行抛丸糙化,摊铺沥青铺装,完成全部桥面系施工。

目前,正在建设的广西藤县西江二桥已采用型钢-UHPC 组合桥面板结构。该桥为主跨跨径 450m 的双塔组合梁斜拉桥,桥面板采用 HW200 型钢 + 65mm 厚 UHPC,与原方案(桥面铺设 260mm 厚普通混凝土)相比,桥面板自重减轻 58%,造价节省 3000 万元,同时节省了后期管理与养护成本。

4.2.5 开口肋正交异性钢-UHPC 组合桥面板

正交异性钢桥面具有轻质高强、方便架设等优点,在国内外钢桥建设中得到了广泛的应用,但钢桥面长期遭受疲劳开裂和铺装破损两大病害的困扰,其根本原因是传统的钢桥面+沥青铺装体系局部刚度过低、层间黏结困难,导致运维成本巨大。作者团队首创了钢-UHPC 轻型组合桥面新体系,相较于传统钢桥面体系,新体系自重和造价持平,钢桥面局部刚度提高 30~40倍,钢桥面疲劳应力幅平均降低约 50%,不仅大幅降低了钢桥面疲劳开裂风险,还将昂贵的钢桥面铺装转化为经济的普通混凝土桥面铺装,降低了铺装层的巨额翻修成本,两种桥面结构对比如图 4-9 所示。

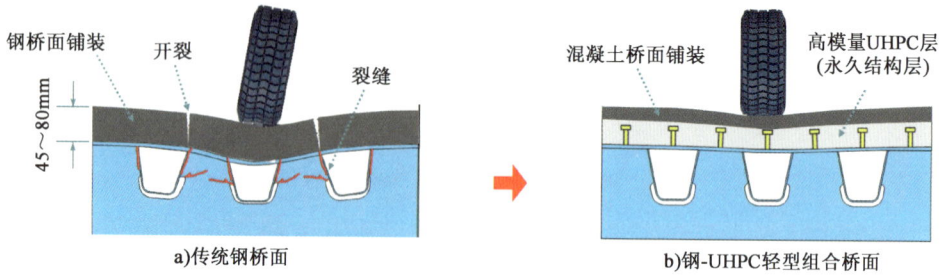

图 4-9　两种桥面结构对比

图 4-9 所示的闭口肋构造复杂,加工焊接工作量大。在钢桥面上增设 UHPC 层之后,闭口肋正交异性钢桥面存在优化空间,为此,提出了一种开口肋正交异性钢-UHPC 组合桥面结构(以下简称开口肋组合桥面),如图 4-10 所示。

开口肋组合桥面包括钢顶板、焊接在顶板下的型钢纵肋、拼接在主梁结构横隔板上方的型钢横肋以及钢顶板上的 UHPC 薄层。其中,纵肋底部与横肋顶部翼缘沿横桥向焊接,并通过横肋腹板连接至钢主梁对应横隔板。开口肋组合桥面结构主要施工流程如下:

(1)在工厂车间,将钢顶板置于底层,在钢顶板上焊接型钢纵肋。

(2)在型钢纵肋上焊接横桥向型钢,形成正交异性钢桥面板单元(图 4-11)。

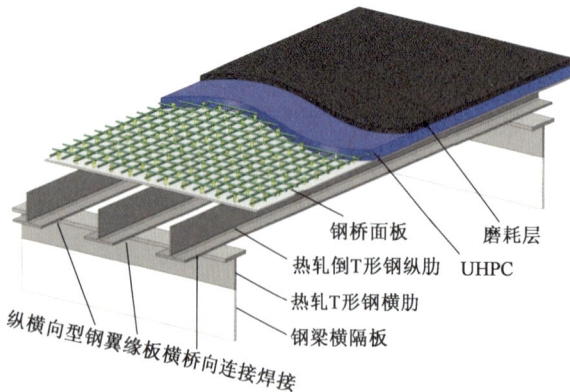

图 4-10　开口肋正交异性钢-UHPC 组合桥面结构

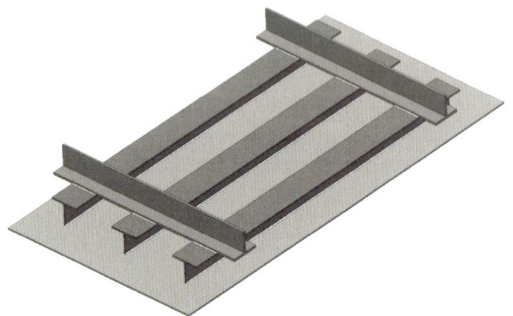

图 4-11　钢桥面板单元

(3)将正交异性钢桥面板单元翻转,通过对接焊桥面板单元的横向型钢腹板与钢梁横隔板、对接焊面板,形成整体桥梁钢主梁节段。

(4)现场钢主梁施工完成后,焊接栓钉,布置钢筋网,浇筑超高性能混凝土,形成完整桥面构造。

经分析计算,与传统钢桥面相比,开口肋组合桥面具有以下特点:

(1)所有的焊缝均处于低应力状态,钢桥面疲劳寿命得以显著延长。

(2)横隔板无须穿孔,焊接工艺大大简化,制造质量更易保证。

(3)采用成品型钢取代部分钢板,材料单价低,更有经济优势。

目前,正在建设的江西起元大桥已采用开口肋组合桥面,该桥为主跨跨径 168m 的连续刚构-拱组合体系桥。主梁为扁平流线型钢箱梁,梁宽 40.0m,梁高 3.5m,横隔板间距 3.0m。钢桥面采用开口肋组合桥面,具体构造如下:桥面为 60mm 密配筋超高性能混凝土,12mm 厚钢顶板,纵肋为 TN200mm × 200mm 型钢,横向间距 500mm,横肋为 TW100mm × 200mm 型钢。主梁及桥面构造如图 4-12 所示。

与原闭口肋正交异性钢桥面设计方案相比,开口肋组合桥面的造价减少了 20%。

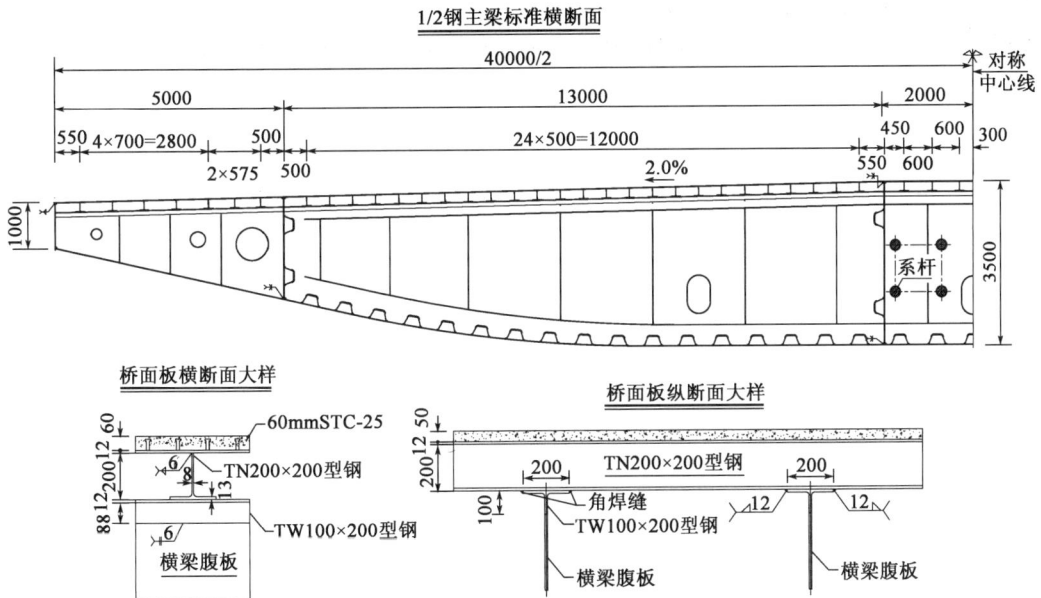

图 4-12　江西起元大桥主梁及桥面构造(单位:mm)

4.3　不同类型桥面板空间受力性能

4.3.1　背景桥介绍

某大桥是一座双塔双索面半漂浮体系斜拉桥,桥跨布置为 181.95m + 450m + 181.95m。斜拉索标准索距为 10.5m,加密区为 4.5m,主桥立面布置如图 4-13 所示。大桥设计时速为 100km,设计标准为公路-Ⅰ级、双向四车道。主梁设计宽度为 29.3m,梁高 3.5m,中腹板间距 12.600m,横隔板间距 3.5m。

主梁设计方案采用 PK 型分离双箱组合梁形式,主梁全宽 29.3m(0.9m 宽风嘴 + 27.5m 顶宽 + 0.9m 宽风嘴);梁高 3.5m(组合梁中心线处),中腹板间距 12.6m,标准梁端横隔板间

173

距3.5m,加密梁段调整为2.25m,无拉索处横隔板厚12mm,拉索处横隔板厚16mm,边腹板和中腹板厚度均为24mm,横隔板上翼缘钢板厚度为16mm。该斜拉桥原初步设计方案采用传统钢-混凝土组合梁结构,混凝土桥面板厚28cm,如图4-14所示。

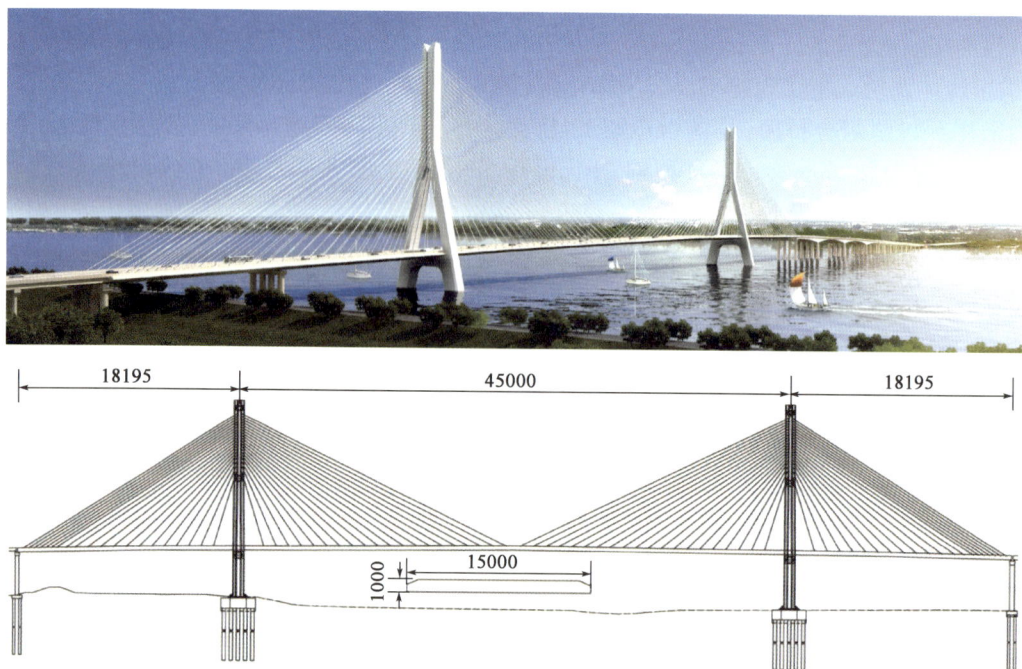

图4-13 主桥立面布置图(单位:cm)

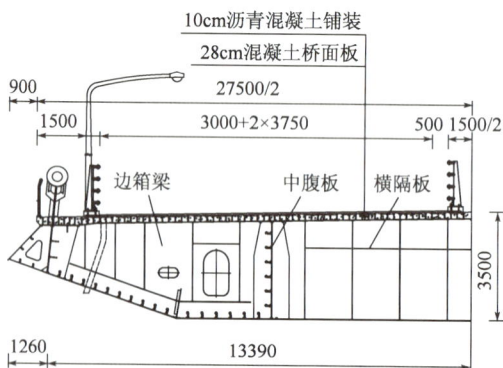

图4-14 传统钢-混凝土组合桥梁主梁方案(单位:mm)

4.3.2 桥面板结构形式对比方案

将钢-UHPC轻型组合梁应用于上述背景桥梁,根据UHPC桥面板是否设置纵肋或横肋,提出三种超高性能混凝土桥面板结构形式:(1)UHPC平桥面板;(2)UHPC单向纵肋桥面板;(3)UHPC华夫桥面板。钢-UHPC轻型组合桥梁横截面如图4-15所示。桥面板结构形式与几何参数如表4-3所示,三种桥面板的均厚基本一致。三种UHPC桥面板仰视图如图4-16所示。

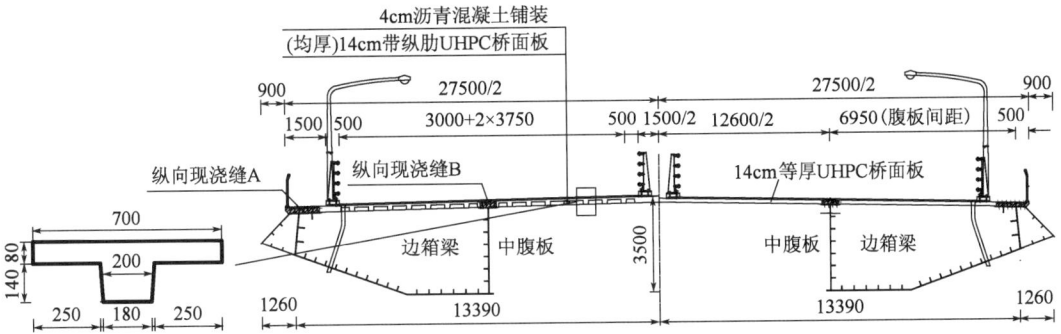

图 4-15 钢-UHPC 轻型组合桥梁横截面(单位:mm)

表 4-3 UHPC 桥面板结构形式与几何参数

编号	桥面板结构形式	桥面板几何参数
方案一	UHPC 平桥面板	桥面板厚 14cm,如图 4-16a)所示
方案二	UHPC 单向纵肋桥面板	顶板厚 8cm,纵肋高 14cm,底宽(顶宽)18cm(20cm),纵肋间距 0.7m,如图 4-16b)所示
方案三	UHPC 华夫桥面板	顶板厚 8cm,纵肋高、底宽(顶宽)分别为 14cm、18cm(20cm),横肋高、底宽(顶宽)分别为 14cm、10cm(12cm),纵、横向加劲肋间距分别为 0.7m、1.1m,如图 4-16c)所示

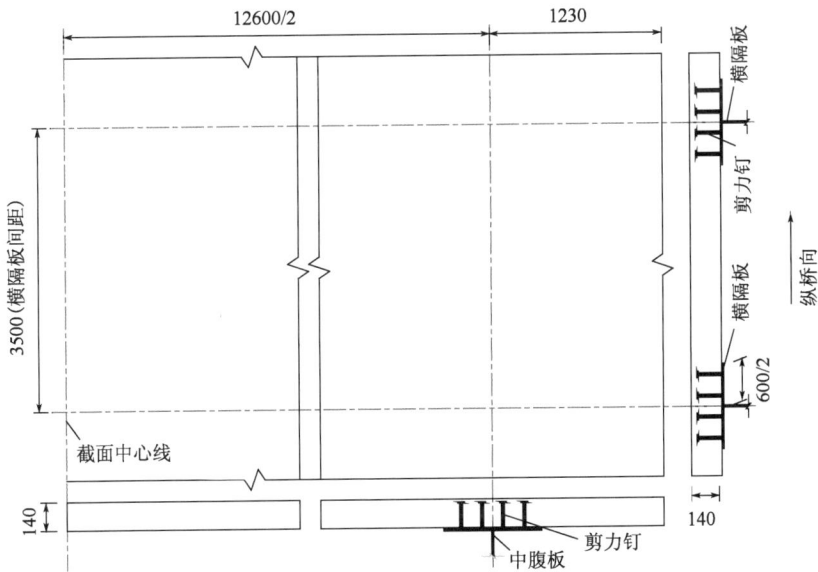

a)UHPC平桥面板

图 4-16

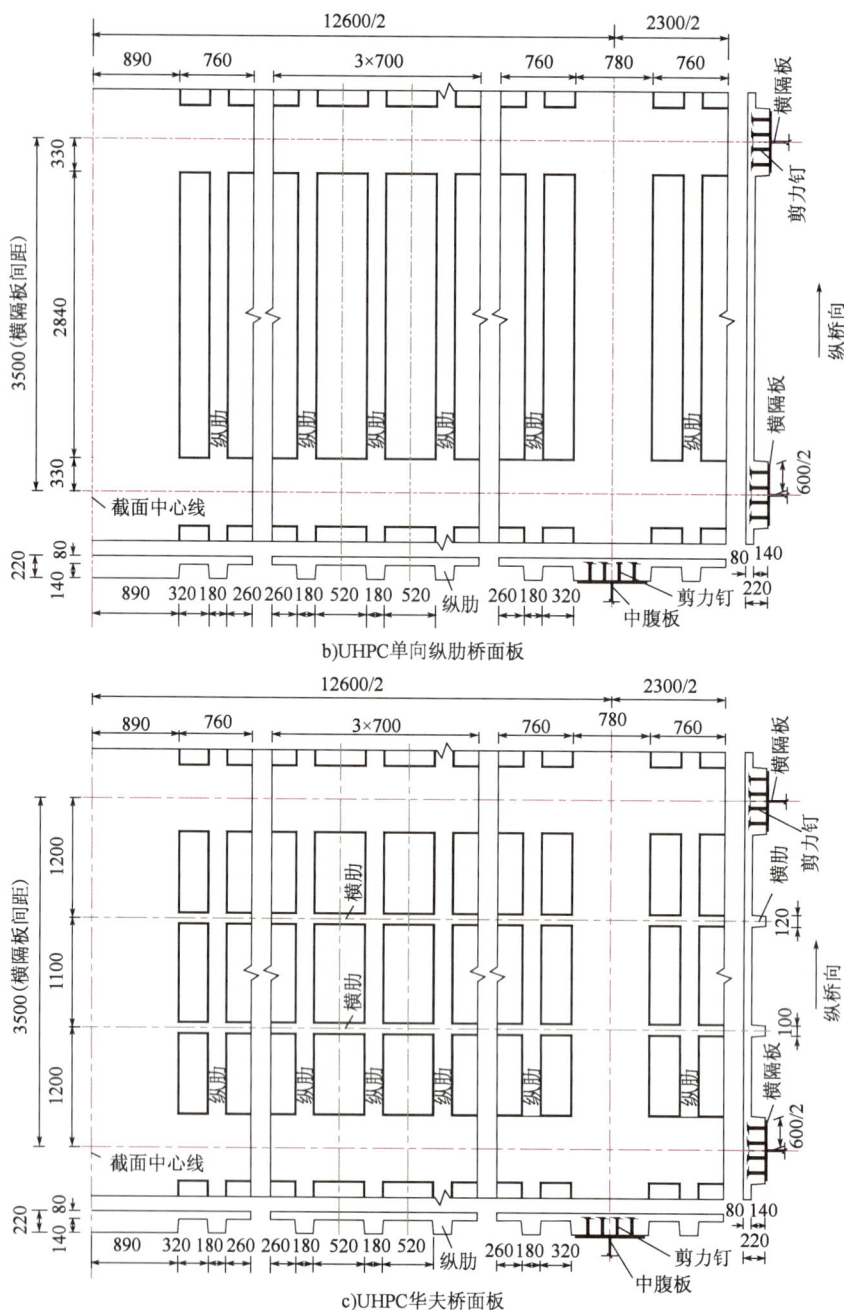

图 4-16　三种 UHPC 桥面板仰视图（单位：mm）

4.3.3　UHPC 桥面板纵、横向受力分析

4.3.3.1　节段有限元模型

采用 ANSYS 对上述三种桥面板结构形式建立节段有限元模型。从背景桥梁中选取标准

梁段,横桥向宽度取 26.5m(不考虑风嘴),纵桥向取 5 个横隔板间距,长 17.5m,梁段范围内包含两对斜拉索,在局部模型中对称布置。钢结构采用 4 节点壳单元 SHELL63,UHPC 桥面板采用 8 节点实体单元 SOLID45。钢材弹性模量为 206GPa,密度为 7850kg/m³,泊松比为 0.3;UHPC 弹性模量为 44.0GPa,密度为 2500kg/m³,泊松比为 0.2。

节段有限元模型中荷载主要考虑钢结构、UHPC 桥面板及 40mm 沥青磨耗层的自重,并按《公路桥涵设计通用规范》(JTG D60—2015)[9] 施加车辆荷载,沥青磨耗层仅作为二期恒载施加于桥面板而不考虑其对组合梁的刚度贡献。在横隔板与边腹板交界点约束模型竖向位移,并在斜拉索位置约束 X 方向和 Z 方向刚体位移,其中 UHPC 华夫桥面板方案的结构有限元模型及其边界条件如图 4-17 所示,其中 X 为纵桥向、Z 为横桥向。

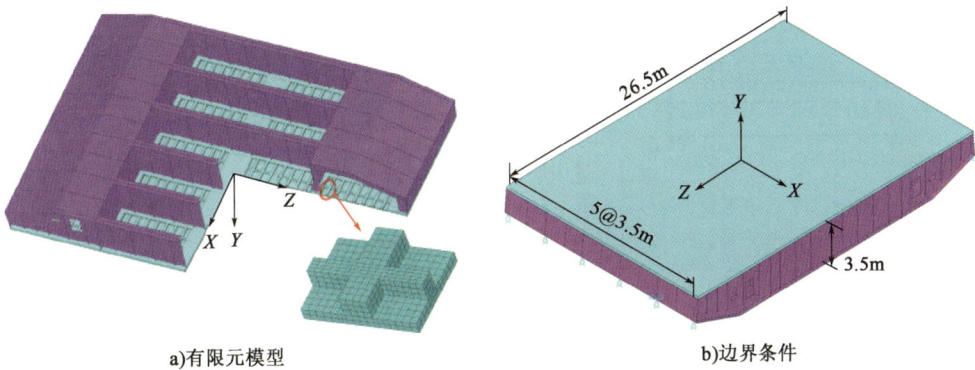

a)有限元模型   b)边界条件

图 4-17   UHPC 华夫桥面板方案局部荷载模型及其边界条件

钢-UHPC 轻型组合桥面板以纵桥向受力为主,在此主要关注 UHPC 桥面板上、下缘最大拉应力。为获取车辆荷载最不利加载工况,分别计算纵、横桥向影响线,综合纵、横桥向的不同工况组合,局部模型受力计算共考虑 18 种荷载工况,如图 4-18 所示。其中横桥向荷载工况一、二将使带纵(横)肋桥面板获得最大纵向拉应力,横桥向荷载工况三、四将使 UHPC 平桥面板获得最大应力;纵桥向荷载工况一使桥面板下缘获得最大纵向拉应力,纵桥向荷载工况三使桥面板上缘获得最大纵向拉应力,纵桥向荷载工况三使 UHPC 华夫桥面板纵、横肋相交位置获得最大纵向拉应力。

4.3.3.2   计算结果及其对比

(1)UHPC 桥面板竖向挠度

三种结构形式的 UHPC 桥面板在各荷载工况下的最大竖向挠度汇总见表 4-4。

表 4-4 UHPC 桥面板最大竖向挠度(单位:mm)					
桥面板方案	一	二	三	(二 - 一)/一	(三 - 二)/二
恒载最大挠度	−4.66	−4.78	−4.80	2.6%	0.4%
车辆荷载最大挠度	−5.30	−3.82	−3.69	−27.9%	−3.4%
频遇组合最大挠度	−8.38	−7.23	−7.21	−13.7%	−0.3%

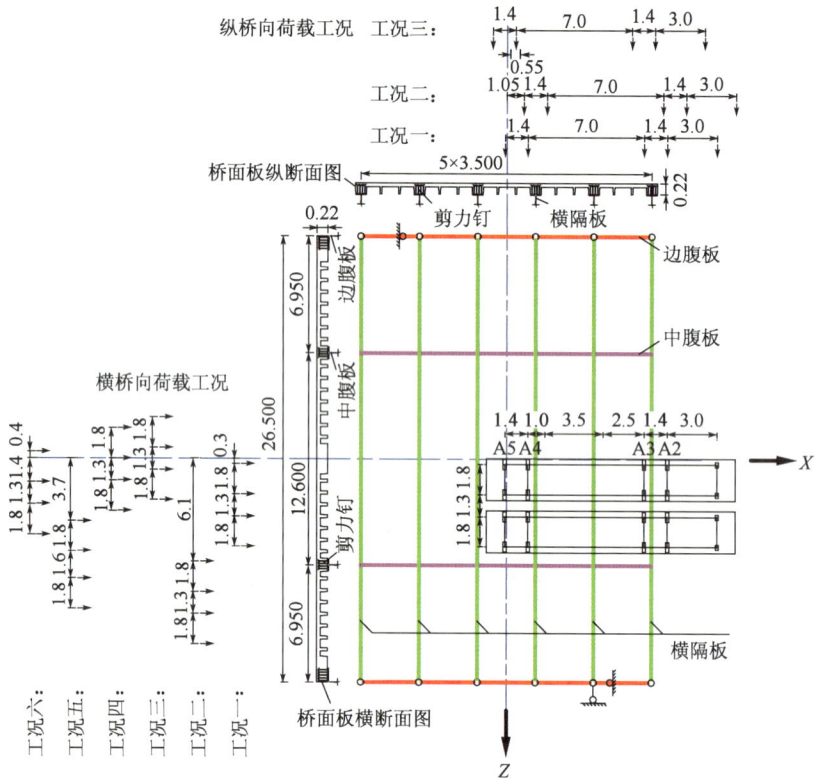

图4-18 车辆荷载纵横向荷载工况（单位：m）

由表4-4可以看出，三种UHPC桥面板方案恒载作用下的竖向挠度基本一致，差值均在3.0%以内。

对比UHPC桥面板方案一和方案二可以看出，车辆荷载作用下方案二竖向挠度减小27.9%，频遇组合下方案二竖向挠度减小13.7%，表明纵肋构造增大了桥面板整体和局部刚度。

对比UHPC桥面板方案二和方案三可以看出，车辆荷载作用下方案三竖向挠度减小3.4%，频遇组合下方案三竖向挠度减小0.3%，表明横肋构造对桥面板整体和局部刚度仅稍有改善。

（2）UHPC桥面板纵向拉应力

UHPC平桥面板结构（方案一）中，桥面板下缘纵向最大拉应力出现在荷载工况三（纵向1-横向3）；UHPC单向纵肋桥面板结构（方案二）和UHPC华夫桥面板（方案三）结构中，纵肋下缘纵向最大拉应力出现在荷载工况一（纵向1-横向1）。因此，以荷载工况一和荷载工况三为例，对三种UHPC桥面板方案荷载作用下桥面板下缘的纵向应力分布进行分析，如图4-19所示。

对比上述荷载作用工况下，方案一桥面板下缘UHPC较大区域处于高应力状态；方案二与方案三荷载作用下仅纵肋下缘拉应力较大，且最大拉应力位置几乎相同，区别在于方案三横向加劲肋的设置使得最大拉应力稍小，且方案三3号、5号和6号纵肋的高应力区较方案二小。因此，当对UHPC桥面板作抗裂设计时，UHPC平桥面板方案需沿桥宽密布配筋，而带纵（横）肋方案仅需在纵肋配置纵向受拉钢筋即可。

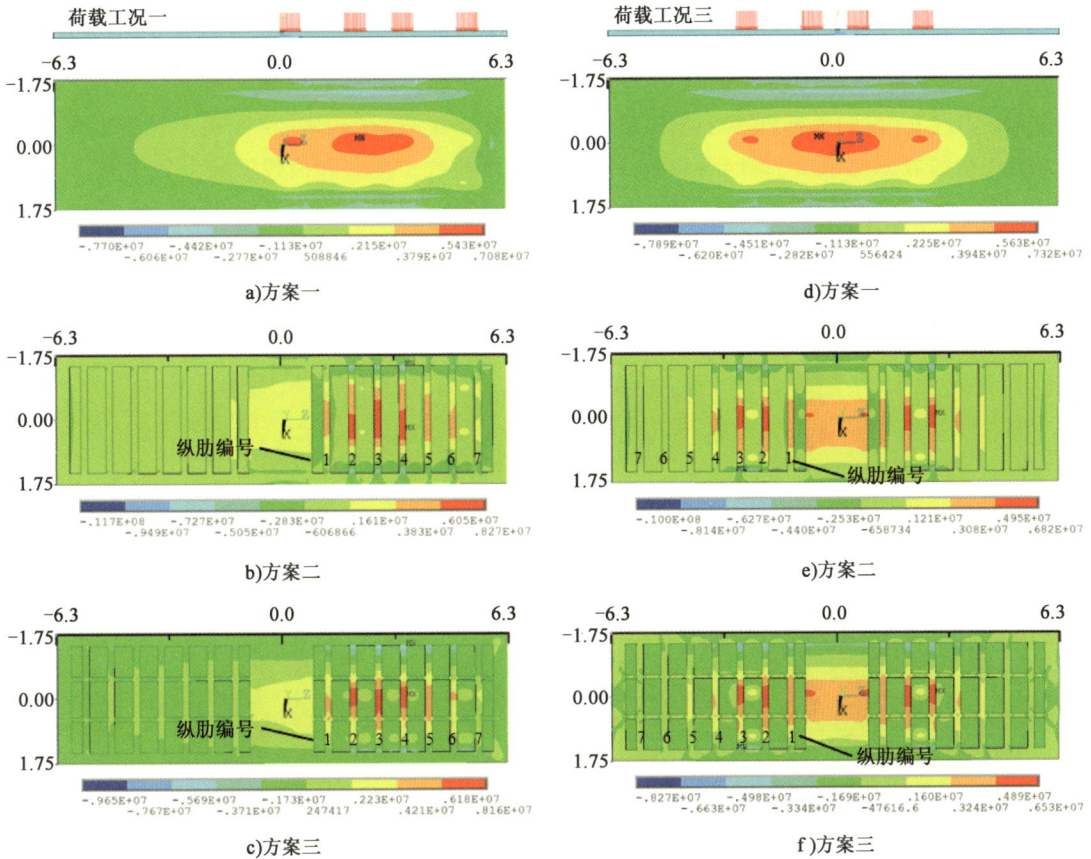

荷载工况一

a)方案一

b)方案二

c)方案三

荷载工况三

d)方案一

e)方案二

f)方案三

图 4-19 UHPC 桥面板下缘纵向应力云图 (单位:Pa)

三种结构形式的 UHPC 桥面板各荷载工况下不同位置的最大纵向拉应力汇总,如表 4-5 所示。

表 4-5   UHPC 桥面板最大纵向拉应力 (单位:MPa)

桥面板方案	一	二	三	(二－一)/一	(三－二)/二
纵肋(面板)下缘	7.32	8.38	8.16	14.5%	－2.6%
桥面板上缘	4.35	2.87	2.68	－34.0%	－6.6%
桥面板下缘	7.32	2.83	2.61	－61.3%	－7.8%

对比 UHPC 桥面板方案一和方案二可以看出,方案二纵肋下缘纵向拉应力增大 14.5%, 而桥面板上缘拉应力则减小 34.0%,桥面板下缘拉应力减小 61.3%,表明纵肋构造大大改善了桥面板负弯矩纵向受力性能。

对比 UHPC 桥面板方案二和方案三可以看出,方案三桥面板的纵向拉应力稍有减小:纵肋下缘拉应力减小 2.6%,桥面板上缘拉应力减小 6.6%,桥面板下缘拉应力减小 7.8%。表明增加横肋构造后,桥面板纵向受力性能有所改善。

（3）UHPC 桥面板横向拉应力

根据计算结果，UHPC 平桥面板结构(方案一)中，桥面板上缘横向最大拉应力出现在荷载工况九(纵向 3-横向 5)；UHPC 单向纵肋桥面板结构(方案二)出现在荷载工况十一(纵向 3-横向 1)和荷载工况九(纵向 3-横向 5)；UHPC 华夫桥面板(方案三)结构中，桥面板上缘横向最大拉应力出现在荷载工况十二(纵向 3-横向 2)。因此，以荷载工况九和荷载工况十二为例，对三种 UHPC 桥面板方案荷载作用下桥面板上缘的横向拉应力分布进行分析，如图 4-20 所示。

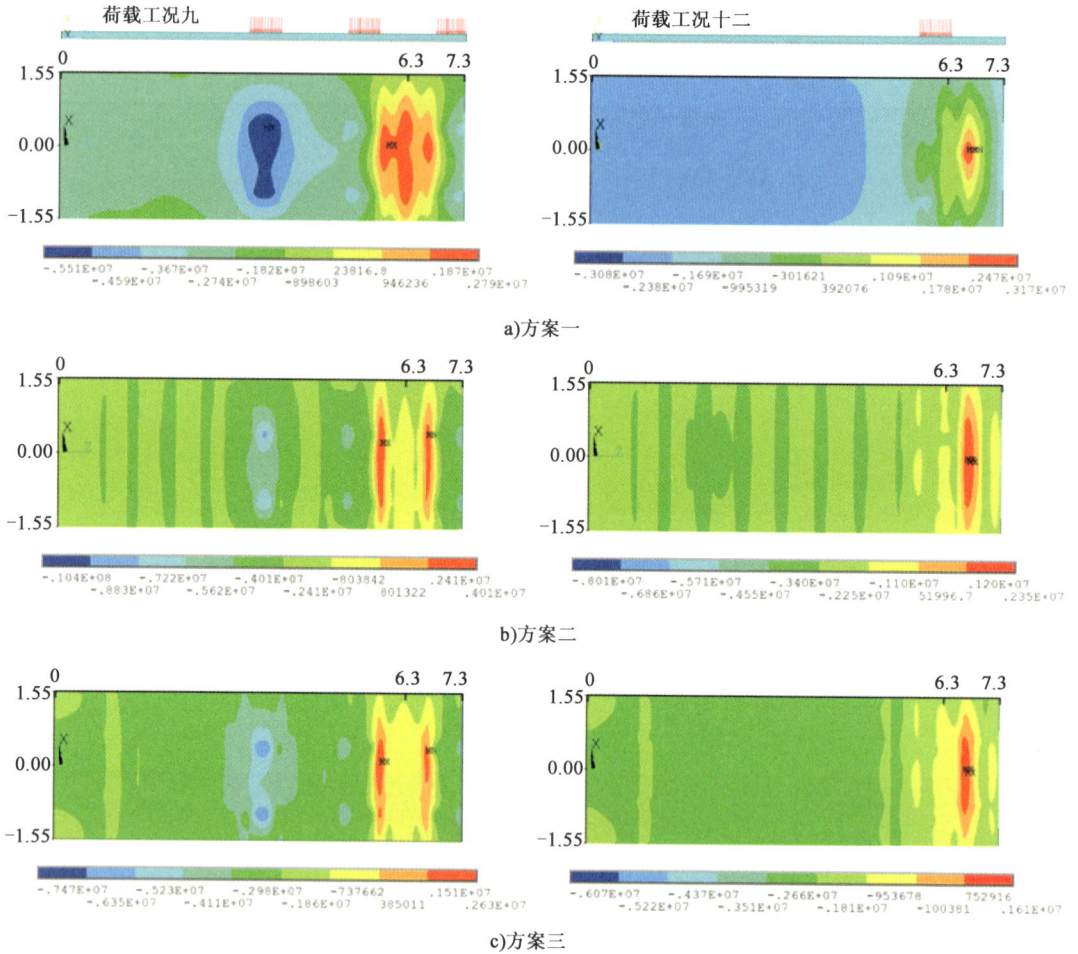

a)方案一

b)方案二

c)方案三

图 4-20　UHPC 桥面板上缘横向拉应力云图(单位：Pa)

对比上述荷载作用工况下，方案一腹板上翼缘上方 UHPC 较大区域处于高应力状态，最大拉应力为 4.43MPa；方案二与方案三仅中腹板附近应力较大，呈条带分布，表明中腹板左、右两侧同时作用车辆荷载时，纵肋构造使得桥面板纵向现浇缝处于低应力受力状态，高拉应力区出现在预制桥面板；纵肋构造改善了桥面板负弯矩状态横向受力分布，而增加横肋构造使得横向最大拉应力进一步减小，明显改善了桥面板横向受力性能。

三种结构形式的 UHPC 桥面板各荷载工况下不同位置的最大横向拉应力汇总，如表 4-6 所示。

表 4-6　UHPC 桥面板最大横向拉应力(单位:MPa)

桥面板方案	一	二	三	(二－一)/一	(三－一)/一	(三－二)/二
UHPC 面板上缘	4.43	4.24	2.63	－4.3%	－40.6%	－38.0%
UHPC 面板下缘	2.54	3.04	1.77	19.7%	－30.3%	－41.8%

由于是单向受力板,表 4-6 中的横向拉应力总体来看均较小。对比 UHPC 桥面板方案一和方案二可以看出,方案二桥面板上缘横向拉应力减小 4.3%,桥面板下缘拉应力增大 19.7%。

对比 UHPC 桥面板方案二和方案三可以看出,方案三桥面板上缘横向拉应力减小 38.0%,桥面板下缘拉应力减小 41.8%,表明增加横肋构造大大改善了桥面板横向受力性能,但由于绝对应力均较小,故这种改善意义不大。

对比 UHPC 桥面板方案一和方案三可以看出,方案三桥面板上缘横向拉应力减小 40.6%,桥面板下缘拉应力减小 30.3%,表明带纵、横肋的 UHPC 华夫桥面板大大改善了桥面板横向受力性能,而横肋下缘拉应力则增大,设计中应予以关注。

4.3.3.3　疲劳荷载作用效应

结合上述局部荷载模型的有限元分析,采用与局部荷载模型静力分析相同的节段模型,按《公路桥涵设计通用规范》(JTG D60—2015)[9] 中的疲劳荷载计算模型Ⅲ施加疲劳荷载,疲劳车总重 480kN,考虑 5 种疲劳车横向荷载工况,如图 4-21 所示。

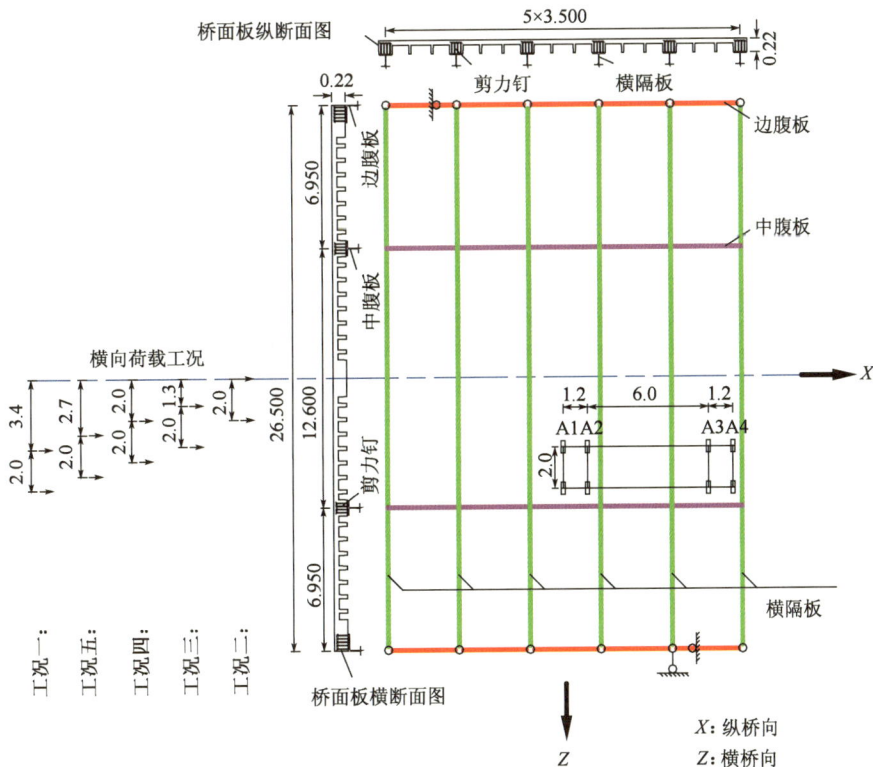

图 4-21　疲劳车横向荷载工况(单位:m)

根据文献[10]中钢桥面板细节应力幅的分析方法,在得到 UHPC 应力关注点应力历程的基础上,通过泄水法可获得各关注点位置的最大疲劳应力幅,如表4-7 所示。

表4-7 UHPC 桥面板应力幅(单位:MPa)

桥面板方案	纵肋(面板)下缘	桥面板上缘		桥面板下缘	
	纵桥向	纵桥向	横桥向	纵桥向	横桥向
方案一	6.88	3.49	1.71	6.88	4.62
方案二	8.35	2.11	1.43	2.73	5.59
方案三	7.89	1.96	1.13	2.71	4.45

4.3.4 背景桥整体受力分析

综合上述三种桥面板结构形式计算结果,对该桥采用 UHPC 华夫桥面板结构方案进行全桥整体计算。采用 MIDAS/Civil 建立全桥有限元模型,如图4-22 所示,其中斜拉索采用桁架单元,主梁、桥塔采用梁单元模拟;主要考虑恒载、汽车荷载、温度荷载、风荷载的作用,桥面板设计应力计算结果如表4-8 所示。

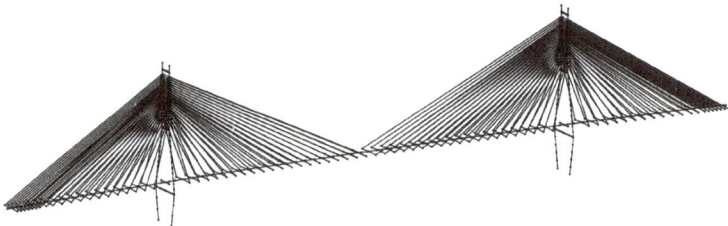

图 4-22 背景桥全桥计算模型

表 4-8 桥面板设计应力计算结果

荷载组合	正常使用极限状态设计拉应力		
	频遇组合(MPa)		
关注点位置	整体	局部	合计
华夫桥面板上缘	6.20	2.12	8.32
华夫桥面板下缘	5.99	7.43	13.42

上述通过理论计算分析了 UHPC 桥面板在纵、横向的受力状态,由于 UHPC 华夫桥面板内仅配置普通钢筋,为探明 UHPC 华夫桥面板在正常使用极限状态下是否满足设计要求,以该桥为背景,从主桥标准节段中分别取含单根纵肋的足尺条带模型和含单根横肋的足尺条带模型,进行配筋 UHPC 纵肋桥面板抗弯性能静载模型试验和配筋 UIIPC 横肋桥面板抗弯性能静载模型试验。

4.4 配筋 UHPC 纵肋桥面板抗弯性能

4.4.1 试验方案设计

UHPC 桥面板纵、横向受力分析结果表明,UHPC 华夫板桥面结构以纵向受力为主。文献[11]考虑下缘纵向钢筋直径及其配筋率、UHPC 平直纤维类型、试验加载方式,共制作 8 根 UHPC 纵肋 T 梁。各试验梁尺寸相同,试件总长 3700mm,计算跨径 3500mm(即一个横隔板间距),宽 700mm,梁高 220mm,翼缘板厚 80mm。T 梁布置上下缘纵向钢筋、横向钢筋、箍筋,钢筋等级均为 HRB400,箍筋净保护层厚 20mm。试验梁基本结构尺寸、内部钢筋布置、横断面示意如图 4-23 ~ 图 4-25 所示。表 4-9 为试验梁基本参数。

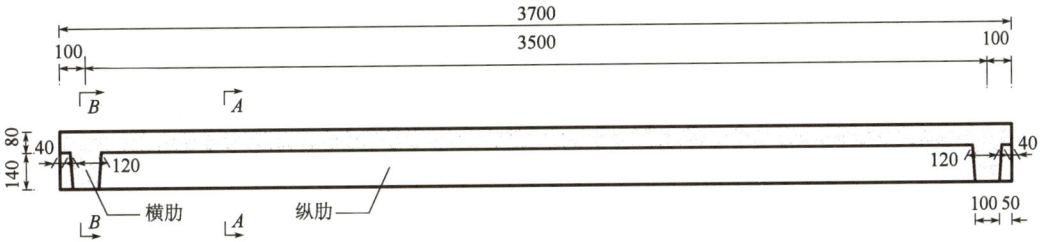

图 4-23 试验梁基本结构尺寸(单位:mm)

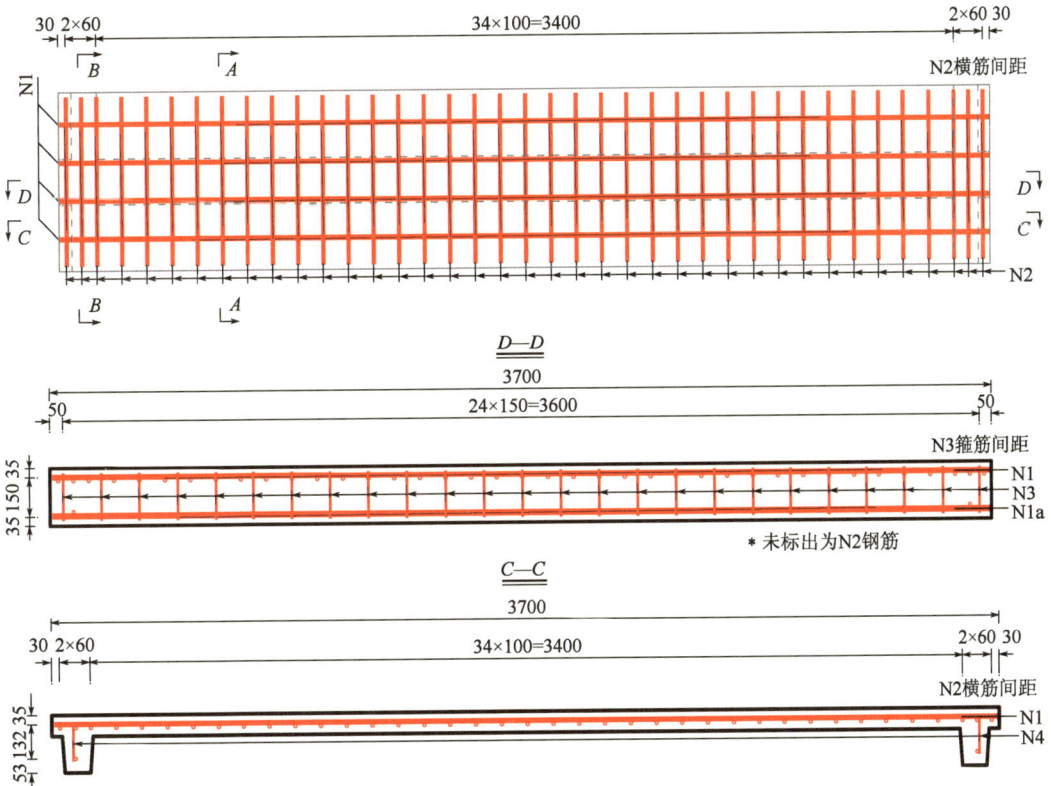

图 4-24 试验梁内部钢筋布置(单位:mm)

183

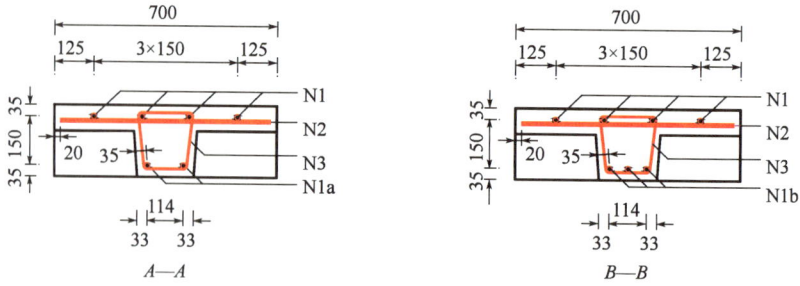

图4-25　试验梁横断面图（单位：mm）

表4-9　试验梁基本参数

编号	下缘纵筋直径（mm）	上缘纵筋直径（mm）	钢纤维类型		抗折强度（MPa）	抗压强度（MPa）
			长度（mm）	直径（mm）		
NT-1	2～20					
NT-2	2～16					
T-1	2～16		13	0.20	21.6	131.6
T-2	2～20	4～16				
T-3	3～16					
T-4	3～20					
T-5	3～20		13	0.16	31.8	126.2
T-6	3～20		10	0.12	33.1	139.6

注：钢纤维均为直线型；试件编号中，T（positive bending test）表示正弯矩试验；NT（negative bending test）表示负弯矩试验。

4.4.2　试验加载装置

试件采用四点加载，条带模型和分配梁的边界条件均为简支。为使荷载尽可能地均匀分配到两加载点，分配梁两端各安置一个压力传感器，千斤顶上方安置一个压力传感器作荷载校对。在纯弯区段选取4个截面测量沿截面高度的应变分布并选取2个截面用引伸仪测量下缘开裂后应变，剪跨区段选6个截面测量主拉应力，共测量7个点的位移，考虑加载点截面受力的复杂性，一个截面测量截面高度的应变分布，一个截面测量其主拉应力。试验中记录开裂后每级荷载下的裂缝宽度及长度。试验加载装置及图示如图4-26所示。

4.4.3　试验结果

4.4.3.1　荷载-位移曲线

（1）正弯矩加载工况

荷载-位移曲线从宏观上反映了结构刚度的大小及变化规律。各试验梁在正弯矩工况的荷载-跨中位移曲线如图4-27所示。正弯矩工况下，其荷载-位移曲线大致可分为四个阶段：弹性阶段、弹塑性发展阶段、裂缝发展阶段、屈服阶段。

a)正弯矩试验   b)负弯矩试验

c)加载图示及测点布置

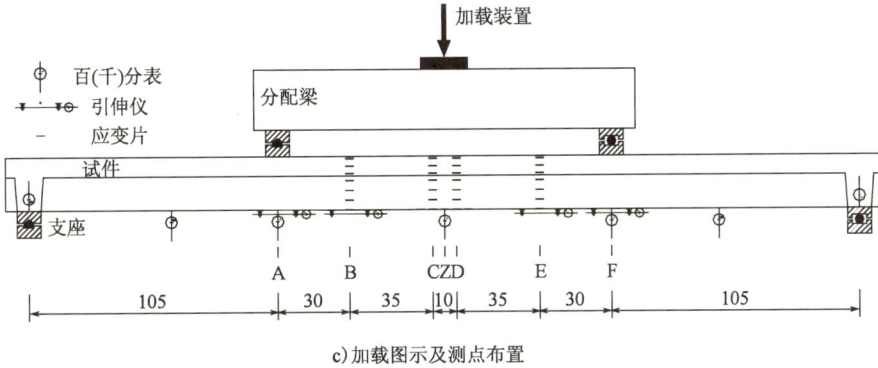

图 4-26　模型试验加载装置及图示(单位:mm)

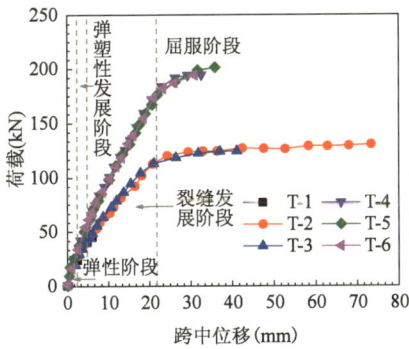

a)正弯矩荷载-跨中位移曲线   b)不同配筋率试验梁曲线

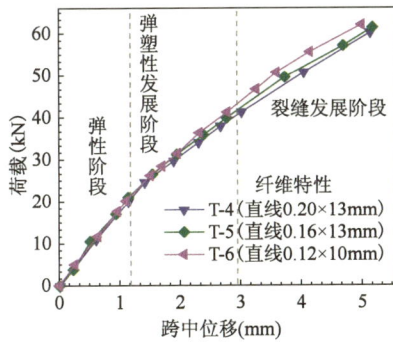

c)不同纤维特性试验曲线

图 4-27　正弯矩加载工况荷载-跨中位移曲线

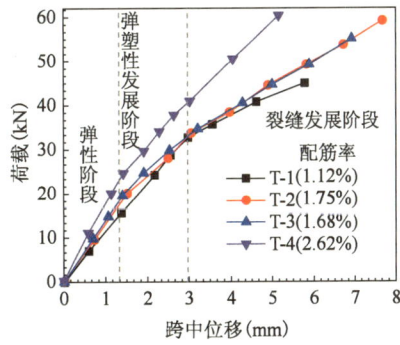

同种纤维特性 UHPC 配筋梁（T-1～T-4）：弹性阶段，随着配筋率的增大，抗弯刚度增大；在裂缝发展阶段，配筋率越高，相同荷载作用下梁的有效抗弯惯性矩（试件开裂后，开裂区 UHPC 仅部分参与工作，截面中性轴上升，试件实际抗弯惯性矩小于全截面抗弯惯性矩，称之为有效抗弯惯性矩，以定性地表示开裂后试件的刚度）越大，其极限承载能力也越大。

对于不同纤维特性、相同配筋率的 UHPC 配筋梁（T-4～T-6），整个加载过程中，试件抗弯刚度未出现明显差异。

（2）负弯矩加载工况

试验梁在负弯矩工况的荷载-跨中位移曲线如图 4-28 所示。随着荷载的增大，试件经历了弹性阶段、弹塑性发展阶段、裂缝发展阶段、下降段。弹性阶段、弹塑性发展阶段各试件的抗弯刚度基本一致；裂缝发展阶段，有效抗弯惯性矩减小，抗弯刚度逐渐减小；随着荷载增加，裂缝加速变宽，试件达到最大承载能力；后以位移控制加载，因裂缝过宽（大于 3mm）试件有效抗弯刚度减小，试件承载能力降低，由于负弯矩试验受压区 UHPC 面积较小，实测应变达到 $3030.1\mu\varepsilon$ 时，UHPC 被压碎（图 4-29），位移突然增大，试件破坏。

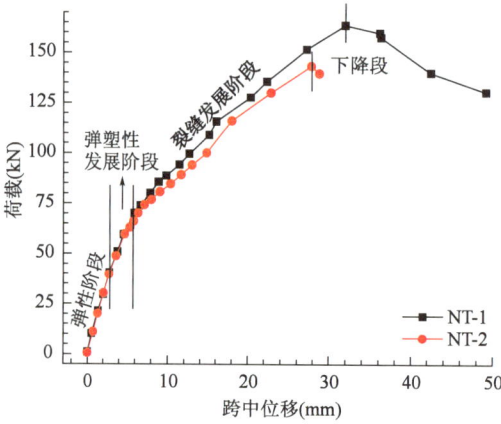

图 4-28　负弯矩加载工况荷载-跨中位移曲线

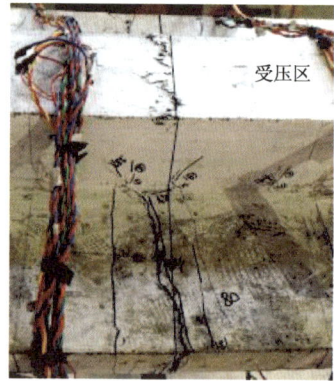

4-29　负弯矩试验（NT-1）UHPC 被压碎

4.4.3.2　UHPC 桥面板开裂特性

将试验梁裂缝宽度为 0.05mm 时的应力状态定义为名义初裂应力；根据本书第 2 章，一般环境下，配筋 UHPC 构件的最大裂缝宽度限值为 0.15mm。表 4-10 中汇总了裂缝宽度达到 0.05mm 和 0.15mm 时各试验梁的名义初裂应力。

表 4-10　裂缝宽度 0.05mm 和 0.15mm 时试验梁名义初裂应力

试件编号	T-1	T-2	T-3	T-4	T-5	T-6	NT-1	NT-2
$\sigma_{w0.05}$（MPa）	9.9	10.0	10.5	10.7	10.4	10.7	9.1	7.7
$\sigma_{w0.15}$（MPa）	—	32.4	28.5	35.6	42.1	33.6	25.5	21.5

对比试件 T-1～T-6，当直线型纤维的直径和长度、钢筋直径、配筋率任一项为变量时，配筋 UHPC 试验梁名义初裂应力 $\sigma_{w0.05}$ 变化幅度均在 10% 以内；对比试件 NT-1～NT-2，其配筋情况相同，直线型纤维试件名义初裂应力基本相等。综合以上对比分析，说明钢筋直径、配筋率

对名义初裂应力影响不大。

由 4.3.4 节中的背景桥整体受力分析可知,UHPC 华夫桥面板下缘纵向在正常使用极限状态频遇组合下的设计拉应力 $\sigma_{bd} = 13.42\text{MPa}$;UHPC 华夫桥面板上缘纵向在正常使用极限状态频遇组合下的设计拉应力 $\sigma_{td} = 8.32\text{MPa}$。

对比配筋 UHPC 纵肋桥面板弯拉试验结果可知:①正弯矩作用下,直线型纤维 UHPC 配筋试验梁 T-2 ~ T-6 在 0.15mm 裂缝宽度下名义初裂应力 $\sigma_{w0.15}$ 为设计拉应力 σ_{bd} 的 2.1 ~ 3.1 倍,UHPC 华夫桥面板在纵向受力方面,UHPC 下缘应力满足桥面板设计要求。②负弯矩作用下,直线型纤维 UHPC 配筋试验梁 NT-1 ~ NT-2 在 0.15mm 裂缝宽度下名义初裂应力 $\sigma_{w0.15}$ 为设计拉应力 σ_{td} 的 2.6 ~ 3.1 倍,UHPC 华夫桥面板在纵向受力方面,UHPC 上缘应力满足桥面板设计要求。

正弯矩加载工况下各试件的荷载-最大裂缝宽度曲线如图 4-30 所示。对比 UHPC 配筋梁 T-2 ~ T-4,随着受拉钢筋配筋率增大,裂缝宽度发展减慢;试件 T-2 ~ T-3 配筋率相同,钢筋直径改变时,试件的裂缝发展情况差别较小,钢筋直径的改变对限制 UHPC 裂缝扩展没有显著影响;UHPC 配筋梁 T-4 ~ T-6 配筋率、钢筋直径相同,直线型纤维长度、直径改变时,裂缝宽度随荷载的变化规律基本一致,说明增加直线型纤维的数量不能有效限制裂缝的扩展。

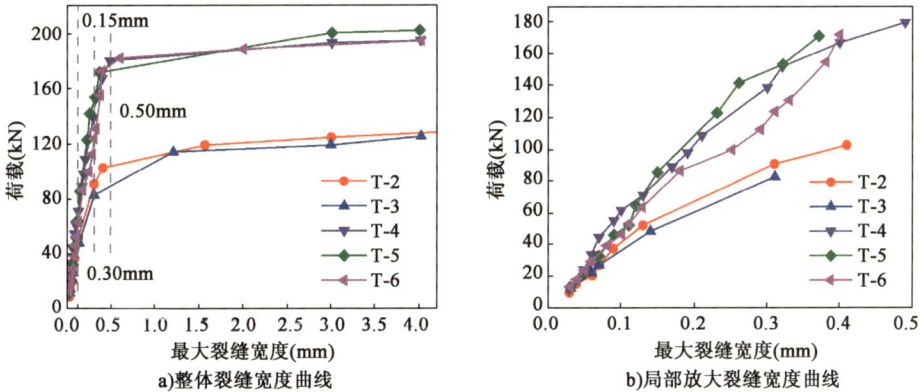

图 4-30　正弯矩加载工况下各试件的荷载-最大裂缝宽度曲线

4.4.4　试验梁理论计算对比分析

4.4.4.1　最大裂缝宽度理论计算

本书第 2 章中依据《公路桥涵超高性能混凝土应用技术规范》(报批稿)[12],详细介绍了超高性能混凝土表面最大裂缝宽度 w_{tmax} 计算公式:

$$w_{tmax} = w_{smax} \cdot (h - x_0 - x') / (h_0 - x_0 - x') \tag{4-1}$$

式中:w_{smax}——钢筋位置处最大裂缝宽度;

　　h——截面高度;

　　h_0——截面有效高度;

　　x_0——受压区的高度;

　　x'——受拉弹性区高度。

根据本书 2.6.3 节中所介绍的配筋 UHPC 表面最大裂缝宽度计算方法,编写 MATLAB 程序,对本节中 UHPC 华夫桥面板纵肋抗弯试验梁表面最大裂缝宽度进行理论计算,各试验梁最大裂缝宽度理论计算值与试验实测值对比如图 4-31 所示。对比分析可知,各试验梁 UHPC 表面裂缝宽度计算值均小于实测值,可保证试验梁的安全性。

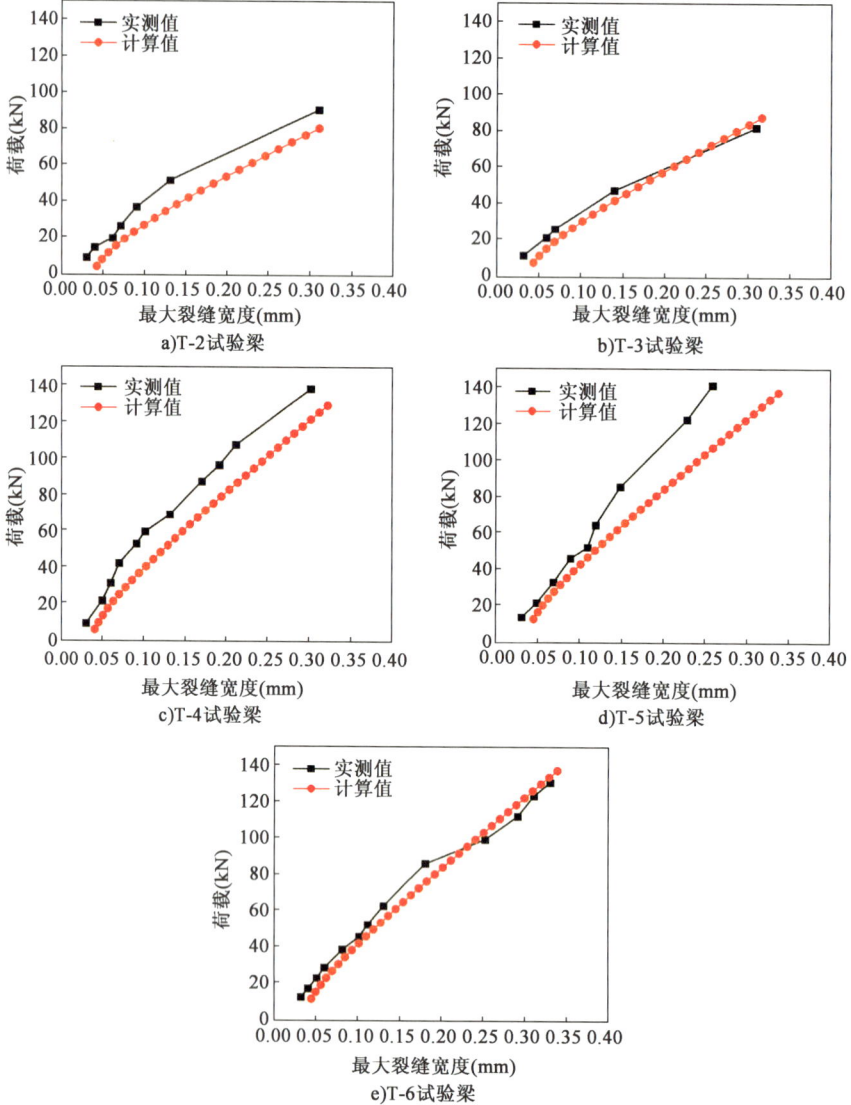

图 4-31　UHPC 华夫桥面板纵肋抗弯试验梁表面最大裂缝宽度对比

4.4.4.2　抗弯承载能力理论计算

根据本书 2.5.2.1 节,持久状况承载能力极限状态下,翼缘位于受压区的 T 形 UHPC 受弯构件,正截面抗弯承载力计算公式为:当 $f_{sd}A_s + f_{pd,i}A_{p,i} + f_{pd,e}A_{p,e} + f_{tud}b\left(h - \dfrac{h'_f}{\beta}\right) + f_{tud}k_f(b_f - b)h_f \leqslant$

$f_{cd}b'_f h'_f + f'_{sd}A'_s + (f'_{pd,i} - \sigma'_{p,i0})A'_{p,i}$ 时,受压区应取宽度为 b'_f 的矩形截面,同时应考虑受拉区翼缘

和腹板超高性能混凝土的抗拉作用,正截面抗弯承载力:

$$M_{u} = f_{cd}b'_{f}x\left(h_{0} - \frac{x}{2}\right) + f'_{sd}A'_{s}(h_0 - a'_s) + (f'_{pd,i} - \sigma'_{p,i0})A'_{p,i}(h_0 - a'_{p,i}) - f_{tud}bx_{t}\left(\frac{x_{t}}{2} - a_{s}\right) -$$

$$f_{tud}k_{f}(b_{f} - b)h_{f}\left(\frac{h_{f}}{2} - a_{s}\right);$$

当 $f_{sd}A_{s} + f_{pd,i}A_{p,i} + f_{pd,e}A_{p,e} + f_{tud}b\left(h - \frac{h'_{f}}{\beta}\right) + f_{tud}k_{f}(b_{f} - b)h_{f} > f_{cd}b'_{f}h'_{f} + f'_{sd}A'_{s} + (f'_{pd,i} - \sigma'_{p0,i})A'_{p,i}$

时,计算中应考虑截面腹板受压的作用和受拉区翼缘、腹板超高性能混凝土的抗拉作用,正截面抗弯承载力:

$$M_{u} = f_{cd}\left[bx\left(h_0 - \frac{x}{2}\right) + (b'_f - b)h'_f\left(h_0 - \frac{h'_f}{2}\right)\right] + f'_{sd}A'_{s}(h_0 - a'_s) +$$

$$(f'_{pd,i} - \sigma'_{p,i0})A'_{p,i}(h_0 - a'_{p,i}) - f_{tud}bx_{t}\left(\frac{x_{t}}{2} - a_{s}\right) - f_{tud}k_{f}(b_{f} - b)h_{f}\left(\frac{h_{f}}{2} - a_{s}\right)$$

根据上述翼缘位于受压区的 T 形 UHPC 受弯构件正截面抗弯承载力计算方法,对本节中 UHPC 华夫桥面板纵肋抗弯试验梁抗弯承载能力进行理论计算,计算中所采用的各项材料特性如表 4-11 所示。

表 4-11 试验梁抗弯承载力计算中参数取值(单位:MPa)

试件编号		T-2	T-3	T-4	T-5	T-6
UHPC 轴心抗压强度	试验值	115.8	115.8	115.8	111.1	122.8
	设计值	58.0	58.0	58.0	58.0	58.0
UHPC 轴心抗拉强度	试验值	6.62	6.62	6.62	6.62	6.62
	设计值	3.31	3.31	3.31	3.31	3.31
钢筋屈服强度	试验值	502	462	502	502	502
	设计值	330	330	330	330	330

依据上述计算公式,将 UHPC 和钢筋各项材料特性代入设计值时,试验梁抗弯承载力计算值汇总于表 4-12;当上述计算公式中 UHPC 和钢筋各项材料特性代入试验实测值时,试验梁抗弯承载力计算值汇总于表 4-13。

表 4-12 试验梁抗弯承载力计算值与理论值对比(材料设计值)

试件编号	T-2	T-3	T-4	T-5	T-6
抗弯承载力试验值(kN·m)	66.9	65.3	101.8	105.7	101.9
抗弯承载力设计计算值(kN·m)	44.8	43.7	63.0	63.0	63.0
试验值/设计计算值	1.49	1.49	1.62	1.68	1.62

表4-13　试验梁抗弯承载力计算值与理论值对比(材料试验值)

试件编号	T-2	T-3	T-4	T-5	T-6
抗弯承载力试验值(kN·m)	66.9	65.3	101.8	105.7	101.9
抗弯承载力试验计算值(kN·m)	65.6	59.5	93.5	93.4	93.6
试验值/试验计算值	1.02	1.10	1.09	1.13	1.09

由表4-12和表4-13中各试验梁抗弯承载力计算值与试验值的计算结果可知,当采用材料设计值进行计算时,UHPC华夫桥面板纵肋抗弯试验梁的抗弯承载能力试验值为试验计算值的1.49~1.68倍,具有一定的安全储备;当采用材料试验值进行计算时,UHPC华夫桥面板纵肋抗弯试验梁抗弯承载能力试验计算值与试验值基本吻合。因此,该规范公式可以较为准确地预测配筋UHPC梁的抗弯承载能力。

4.4.5　抗疲劳性能

文献[13]对UHPC华夫桥面板进行了静力和疲劳性能的试验研究,以静力试验裂缝宽度为0.05mm时相应强度的9/10作为疲劳应力幅对桥面板进行疲劳加载试验,试件经历100万次疲劳荷载循环后没有发生附加疲劳损伤。

文献[14]对轻型组合桥面板进行了疲劳性能研究,并基于普通混凝土的S-N曲线[式(4-2)]计算UHPC层抗拉疲劳寿命,结果表明采用式(4-2)对UHPC进行疲劳寿命评价的方法偏于保守。

$$\lg N = 16.67 - 16.76\frac{\sigma_{max}}{f_{tm}} + 5.17\frac{\sigma_{min}}{f_{tm}} \qquad (4-2)$$

式中:N——普通混凝土的疲劳寿命;

σ_{max}——混凝土的最大拉应力,MPa;

σ_{min}——混凝土的最小拉应力,MPa;

f_{tm}——混凝土的静载抗拉强度,MPa。

将基于有限元计算得到的疲劳应力幅和初裂应力汇总于表4-14。

表4-14　疲劳应力幅设计值与初裂应力

应力关注点位置	疲劳应力幅 σ_{Re}(MPa)	初裂应力 $\sigma_{w0.05}$(MPa)	$\sigma_{Re}/\sigma_{w0.05}$
华夫桥面板上缘	1.96	13.8	0.14
华夫桥面板下缘	7.89	19.4	0.41

根据文献[15]中的S-N曲线可知:疲劳荷载循环次数与应力幅的三次方成反比,如式(4-3),为方便不同疲劳应力幅下荷载循环次数的换算,改写为式(4-4)的形式。基于文献[13]的试验结果对UHPC华夫桥面板进行疲劳性能评估,将$\Delta\sigma_{R1}$、N_1、$\Delta\sigma_{R2}$代入式(4-4)可得N_2,如表4-15所示:即UHPC华夫桥面板下(上)缘能够承受1057.7(26567.0)万次疲劳荷载循环,且仅出现小于0.05mm的微裂缝而无其他疲劳损伤。

$$N_i \propto 1/(\Delta\sigma_{Ri})^3 \qquad (4-3)$$

$$\frac{N_1}{N_2} = \frac{(\Delta\sigma_{R2})^3}{(\Delta\sigma_{R1})^3} \qquad (4-4)$$

式中:N_i——以疲劳应力幅 $\Delta\sigma_{Ri}$ 加载相应的疲劳荷载循环次数($i=1,2$)。

基于文献[14]对 UHPC 抗拉疲劳性能评估的方法预测 UHPC 华夫桥面板疲劳寿命如下:将 $\sigma_{min}=0MPa$, $\sigma_{max}=7.89MPa$($\sigma_{max}=1.96MPa$), $f_{tm}=19.4MPa$ 代入式(4-2), $N=7.1\times10^9$($N=1.0\times10^{13}$), 远大于 200 万次。

表 4-15　疲劳荷载循环计算

参数	文献[13]试验结果	UHPC 华夫桥面板下缘	UHPC 华夫桥面板上缘
疲劳应力幅	$\Delta\sigma_{R1}=0.9\times\sigma_{w0.05}$	$\Delta\sigma_{R2}=0.41\times\sigma_{w0.05}$	$\Delta\sigma_{R2}=0.14\times\sigma_{w0.05}$
疲劳荷载循环次数(次)	$N_1=100\times10^4$	$N_2=1057.7\times10^4$	$N_2=26567.0\times10^4$

基于上文对 UHPC 华夫桥面板疲劳性能的评估, UHPC 华夫桥面板能够满足疲劳设计要求。

4.5　配筋 UHPC 横肋桥面板抗弯性能

4.5.1　试验模型与加载装置

文献[16]从上述背景桥标准节段中截取含单根横肋的足尺条带模型进行静载模型试验,研究 UHPC 华夫桥面板的横桥向抗弯性能。试件总长度均为 2680mm,计算跨径为 2400mm,板宽 1000mm(即一个横肋间距),梁高 200～220mm,翼缘板厚 80mm,横肋肋顶、肋底宽分别为 120mm、100mm。试验梁尺寸图如图 4-32 所示,试件基本参数见表 4-16。各试件均采用正弯矩加载,为便于安放支座,支撑位置处增设一道与试验梁同宽的纵肋。

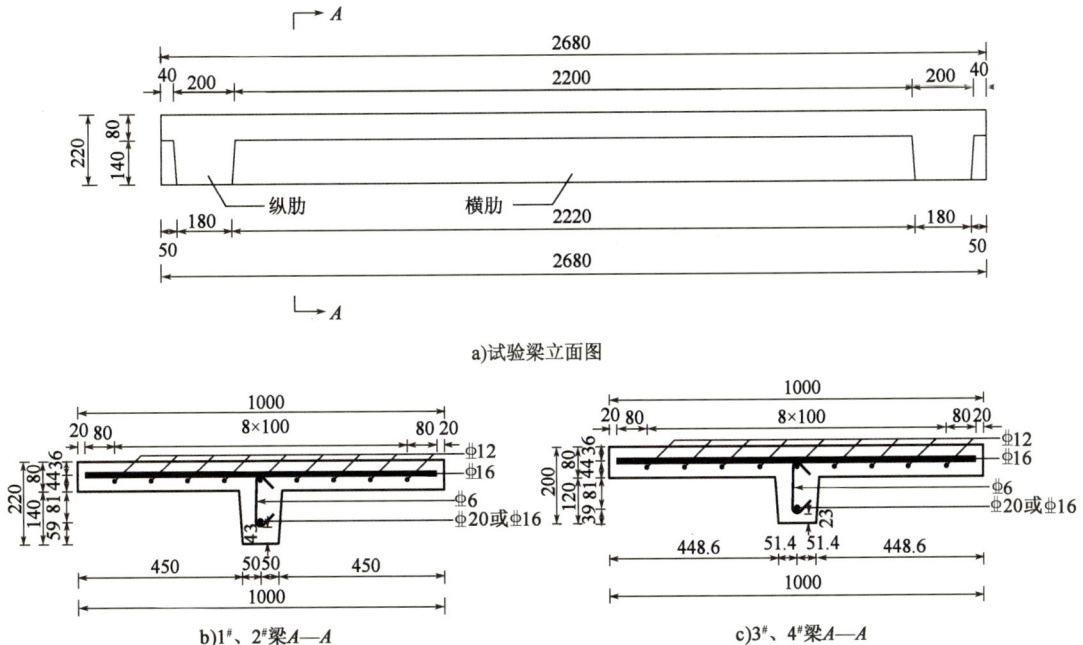

a)试验梁立面图

b)1#、2#梁A—A　　　c)3#、4#梁A—A

图 4-32　试验梁尺寸图(单位:mm)

表 4-16　试件基本参数

试件编号	横肋高度	底部纵筋	配筋率	顶部纵筋
1#	220mm	1 Φ 20	1.43%	
2#	220mm	1 Φ 16	0.91%	9 Φ 12@100
3#	200mm	1 Φ 20	1.43%	
4#	200mm	1 Φ 16	0.91%	

注:1."1"和"9"代表纵筋数目分别为 1 根和 9 根;
　　2.此处纵向指的是模型试验的纵向,即实桥中的横向。

　　UHPC 华夫桥面板横向抗弯性能研究中,UHPC 材料中钢纤维采用直径为 0.20mm、长度为 13mm 的端钩型纤维。试件主要制作工序如图 4-33 所示。

a)模板搭设

b)钢筋定位

c)试件浇筑

d)蒸汽养护

图 4-33　试件制作工序

　　试验采用 PMS-500 型数显式脉动疲劳试验机系统施加静力荷载,进行四点抗弯试验,试验梁和分配梁的边界条件均为简支,试件梁加载图示如图 4-34 所示。试件的纯弯段长度为 600mm,在纯弯段内选取 3 个截面(B、C、D 截面)测量沿截面高度的应变分布,同时在跨中截面(C 截面)底部安装引伸仪,测量开裂后试验梁底面的变形,跨中截面肋的正上方顶板位置对称布置 2 个应变片,测量肋正上方顶板顶面压应变,试验共测量了 5 个截面(即 $A \sim E$)的竖向位移,并记录了裂缝随荷载变化的发展情况。

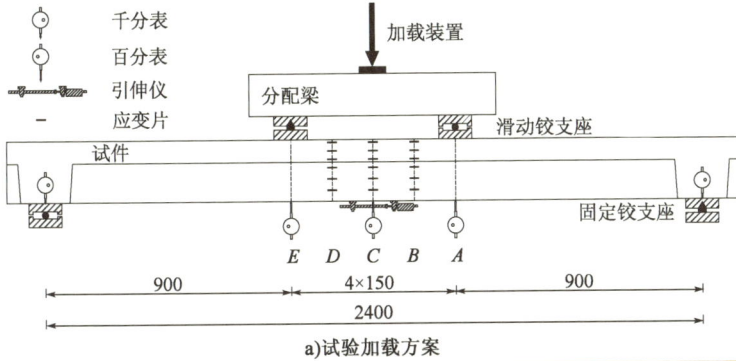

a)试验加载方案

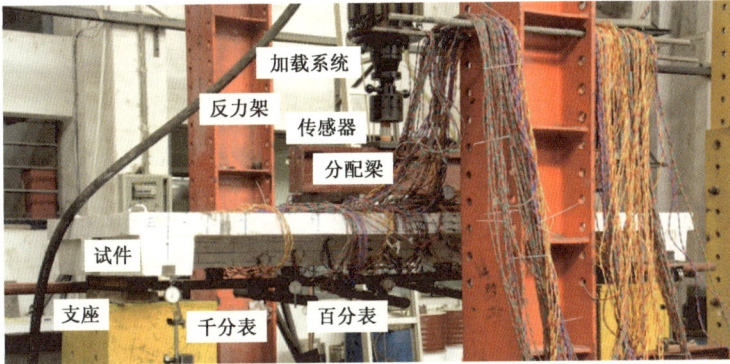

b)试验加载装置

图 4-34　试验梁加载图示(单位:mm)

4.5.2　主要试验结果

4.5.2.1　荷载-跨中挠度曲线

试验所得荷载-跨中挠度曲线如图 4-35 所示。试件的破坏模式为:受拉钢筋被拉断,而受压区 UHPC 并未压溃。这一破坏模式同普通混凝土梁的破坏模式有显著差异。

正弯矩作用下,试件受弯破坏全过程分为三个阶段:(1)线弹性阶段,荷载与跨中挠度呈线性关系,试件未开裂,结构刚度基本保持不变;(2)裂缝发展阶段,这一阶段伴随着裂缝的出现和扩展,荷载-跨中挠度曲线偏离线性段,结构刚度减小,随着荷载的增加,裂缝宽度变大,长度变大,并不断伴随着新裂缝的出现与发展;(3)屈服阶段,此时底部纵向受拉钢筋屈服,裂缝高度不断上移变大,翼缘板底部受拉开裂,荷载增长缓慢,而跨中挠度迅速增加,试件的刚度大幅降低。

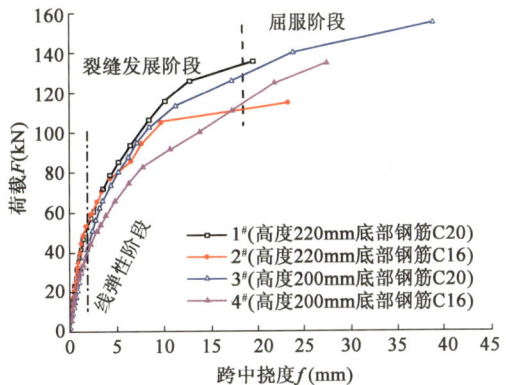

图 4-35　试件荷载-跨中挠度曲线

4.5.2.2　UHPC 开裂特性

裂缝分布特征如图 4-36 和图 4-37 所示,试件荷载-最大裂缝宽度曲线如图 4-38 所示。

193

四根试验梁肋底 UHPC 的名义开裂应力（裂缝宽度 0.05mm）分别为 17.72MPa、16.38MPa、11.66MPa、10.69MPa，大于横肋底面横向设计拉应力 5MPa，均满足设计要求。

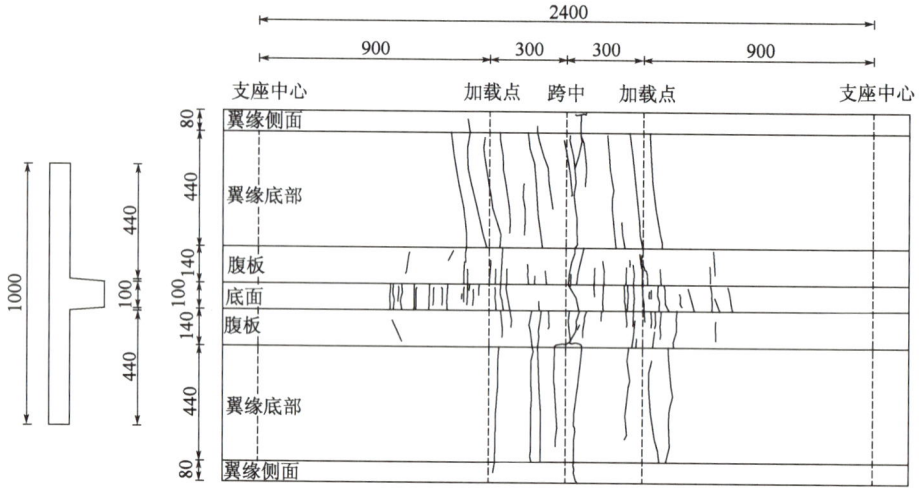

图 4-36　1#梁裂缝分布图（单位：mm）

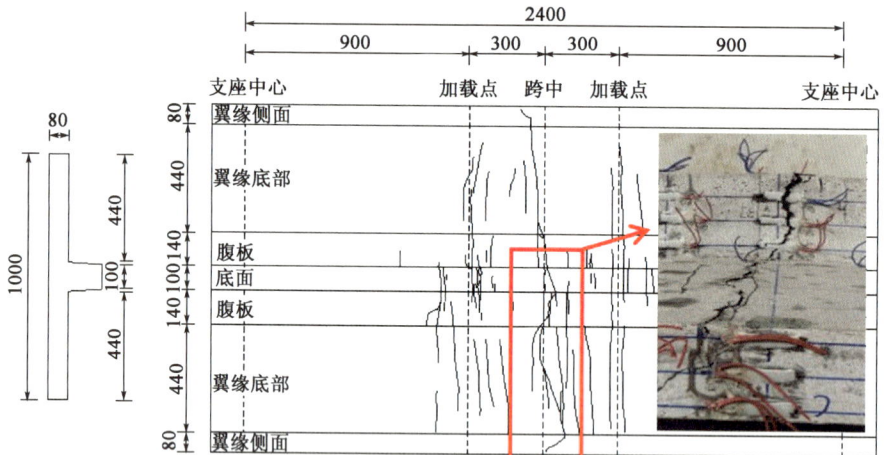

a)2#梁裂缝分布图（极限荷载卸载后）

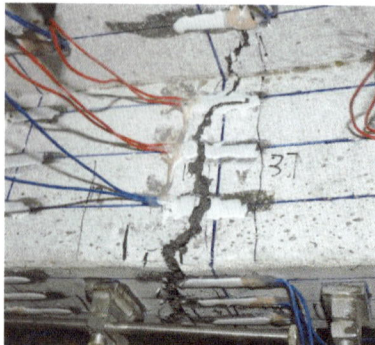

b)2#跨中截面横肋裂缝

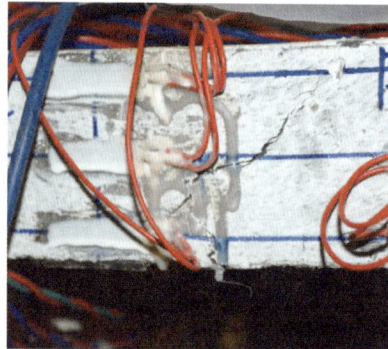

c)2#跨中截面顶板裂缝

图 4-37　2#梁裂缝分布图（单位：mm）

对比 1# 和 2# 试件(或对比 3# 和 4# 试件)发现,钢筋直径越大,试件的名义开裂应力越高,表明增加钢筋直径能够提高横肋的抗裂能力,而对比 1# 和 3# 试件(或 2# 和 4# 试件)发现,虽然钢筋绝对位置相同,但梁高较大的 1#(或 2#)试件具有更强的抗裂能力,其原因为梁高较大的试件具有更大的初始刚度和更低的中和轴,在相同荷载作用下,UHPC 底面拉应变更小。

UHPC 裂缝主要分布在纯弯段,属受弯裂缝。对比 4 根试验梁的最大裂缝宽度演变趋势,钢筋直径的增加对裂缝宽度的发展有一定的限制。

图 4-38 试件荷载-最大裂缝宽度曲线

当最大裂缝宽度小于 0.35mm 时,最大裂缝宽度大致随荷载线性增加,且经历较长的加载区间,表明 UHPC 中钢纤维和底部纵向钢筋有效地限制了 UHPC 中裂缝的发展;当最大裂缝宽度大于 0.35mm 时,随着荷载的增加,最大裂缝宽度迅速增加,但裂缝数量基本保持不变。

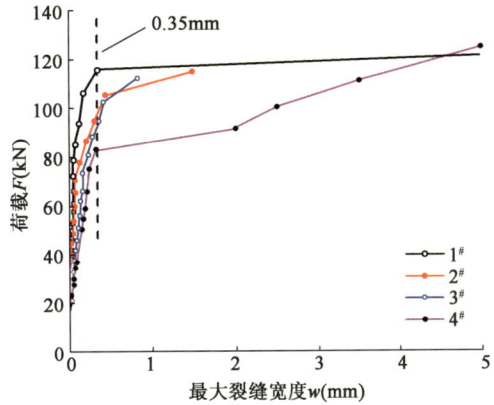

4.5.3 试验梁理论计算对比分析

4.5.3.1 最大裂缝宽度理论计算

根据本书 2.6.3 节所介绍的配筋 UHPC 梁表面最大裂缝宽度计算方法,编写 MATLAB 程序,对本节中 UHPC 华夫桥面板横肋抗弯试验梁表面最大裂缝宽度进行理论计算,各试验梁最大裂缝宽度理论计算值与试验实测值对比如图 4-39 所示。对比分析可知,1# 试验梁和 2# 试验梁最大裂缝宽度计算值较实测值偏大,这可能是因为常规 UHPC 配筋梁保护层厚度为 15 ~ 35mm,而此试验梁纵向受拉钢筋的保护层厚度为 49mm,此梁采用端钩型纤维 UHPC,由于端钩纤维具有更强的裂缝约束能力,UHPC 表面裂缝宽度并不完全符合与钢筋处裂缝宽度呈线性放大关系,所以按规范公式得出的保护层厚度较大的端钩型纤维 UHPC 表面裂缝宽度计算结果偏大;3# 试验梁和 4# 试验梁(保护层厚度 29mm)最大裂缝宽度计算值与实测值基本吻合。

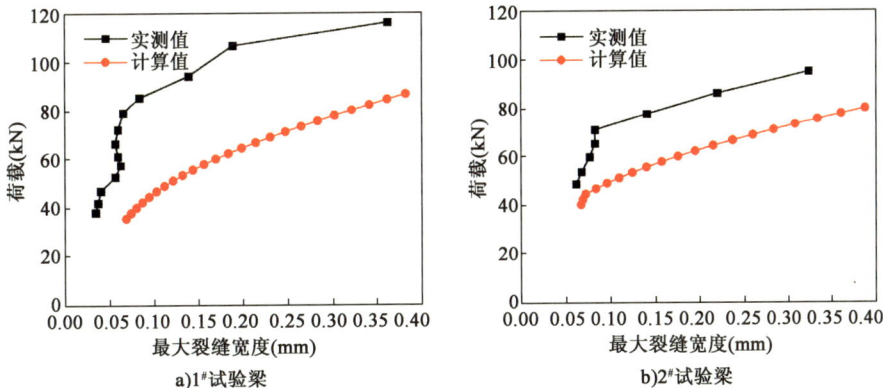

a)1#试验梁

b)2#试验梁

图 4-39

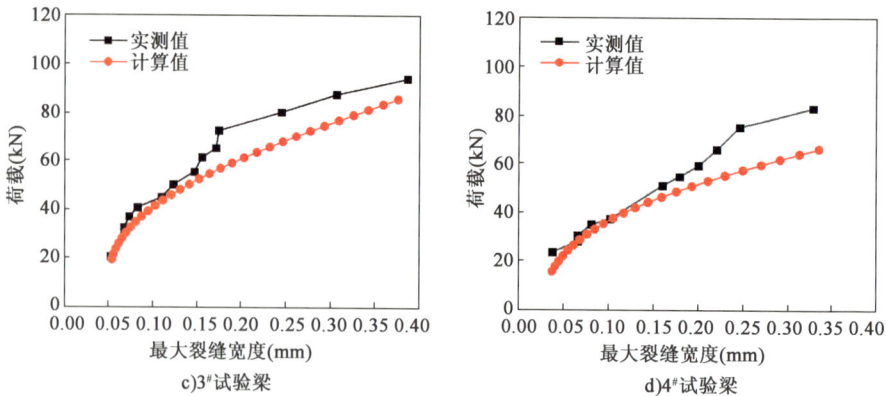

c)3#试验梁   d)4#试验梁

图4-39　UHPC华夫桥面板横肋抗弯试验梁表面最大裂缝宽度对比

4.5.3.2　抗弯承载能力理论计算

根据本书2.6.3节中所介绍的配筋UHPC梁正截面抗弯承载力计算方法,对本节中UHPC华夫桥面板横肋抗弯试验梁抗弯承载能力进行理论计算,由于试验梁加载过程中并未最终完全破坏,取试验梁底部受拉钢筋屈服状态作为计算依据。计算中所采用的各项参数如表4-17所示。

表4-17　试验梁抗弯承载力计算中参数取值(单位:MPa)

试件编号		1#	2#	3#	4#
UHPC轴心抗压强度	试验值	114.2	114.2	114.2	114.2
	设计值	58.0	58.0	58.0	58.0
UHPC轴心抗拉强度	试验值	8.0	8.0	8.0	8.0
	设计值	4.41	4.41	4.41	4.41
钢筋屈服强度	试验值	502	462	502	462
	设计值	330	330	330	330

依据上述计算公式将UHPC和钢筋各项参数代入设计值时,试验梁抗弯承载力计算值汇总于表4-18;依次上述计算公式将UHPC和钢筋各项参数代入试验实测值时,试验梁抗弯承载力计算值汇总于表4-19。

表4-18　试验梁抗弯承载力试验值与理论计算值对比(材料设计值)

试件编号	1#	2#	3#	4#
抗弯承载力试验值(kN·m)	52.2	47.5	46.2	41.2
抗弯承载力设计计算值(kN·m)	25.8	20.0	24.2	18.4
试验值/设计计算值	2.02	2.38	1.91	2.24

表 4-19　试验梁抗弯承载力试验值与理论计算值对比(材料实测值)

试件编号	1#	2#	3#	4#
抗弯承载力试验值(kN·m)	52.2	47.5	46.2	41.2
抗弯承载力试验计算值(kN·m)	41.9	31.8	39.0	28.9
试验值/试验计算值	1.25	1.49	1.18	1.43

由表4-18和表4-19中各试验梁抗弯承载力计算值与试验值的计算结果可知,当采用材料设计值进行计算时,UHPC 华夫桥面板横肋抗弯试验梁的抗弯承载能力试验值为设计计算值的1.91~2.38倍,具有一定的安全储备;当采用材料实测值进行计算时,UHPC 华夫桥面板横肋抗弯试验梁抗弯承载能力试验值为试验计算值的1.18~1.49倍。

4.5.4　配筋 UHPC 桥面板实桥计算结果与试验结果对比

对于配筋 UHPC 华夫桥面板,针对背景桥斜拉桥,进行 UHPC 桥面板纵、横向计算,并进行配筋 UHPC 纵肋和配筋 UHPC 横肋桥面板抗弯试验。一般环境下,配筋 UHPC 构件的最大裂缝宽度限值为 0.15mm[12],汇总试验梁在 0.15mm 裂缝宽度下的名义拉应力如表 4-20 所示。

表 4-20　配筋 UHPC 桥面板应力结果对比(单位:MPa)

位置	桥面板顶部	纵肋底面	横肋底面
实桥荷载下设计应力	8.32	13.42	5.0
试验 0.15mm 裂缝宽度下名义拉应力	21.5~25.5	28.5~42.1	29.9~39.6
试验 0.15mm 裂缝宽度下名义拉应力/实桥荷载下设计应力	2.6~3.1	2.1~3.1	6.0~7.9

综上对比结果可知,配筋 UHPC 纵肋桥面板和配筋 UHPC 横肋桥面板试件的限值应力(裂缝宽度 0.15mm)均高于理论设计值,并具有一定的安全储备,可满足设计要求,从而验证了配筋 UHPC 桥面板结构技术的可行性。

4.6　UHPC 单向纵肋桥面板实桥方案研究

4.6.1　实桥案例——湖南益阳青龙洲大桥

湖南益阳青龙洲大桥是一座主跨跨径 260m 的自锚式悬索桥,跨径布置如图 4-40a)所示,桥梁全长 600m,吊索间距 10.5m,桥梁设计标准为公路-Ⅰ级,双向六车道,设计时速为80km。主梁采用钢-UHPC 轻型组合梁结构,主梁全宽为 34m,中心高度为 3.63m,主梁横断面如图 4-40b)所示。下部钢梁系由主纵箱梁、工字形横梁、工字形小纵梁组成的双主梁梁格体系,工字形横梁间距为 3.5m。上部桥面板结构为 22cm 高的 UHPC 单向纵肋桥面板,由 504块预制板和现浇湿接缝组成,预制板标准尺寸为 300cm×823.2cm(长×宽),在工厂内浇筑完成后,采用高温蒸汽养护 2d(温度 90℃,相对湿度大于 90%),预制完成后再运输到施工现场吊装到钢梁上,通过现场浇筑湿接缝将上部 UHPC 桥面板结构与下部钢梁整合到一起。

a)跨径布置(单位：m)

b)主梁横断面(单位：mm)

图 4-40　青龙洲大桥

标准预制桥面板尺寸如图 4-41 所示,两边的标准预制桥面板横向长 823.2cm,纵向长 300cm,高 22cm;中间的标准预制桥面板横向长 801.2cm,纵向长 300cm,高 22cm。纵肋间距均为 68cm。

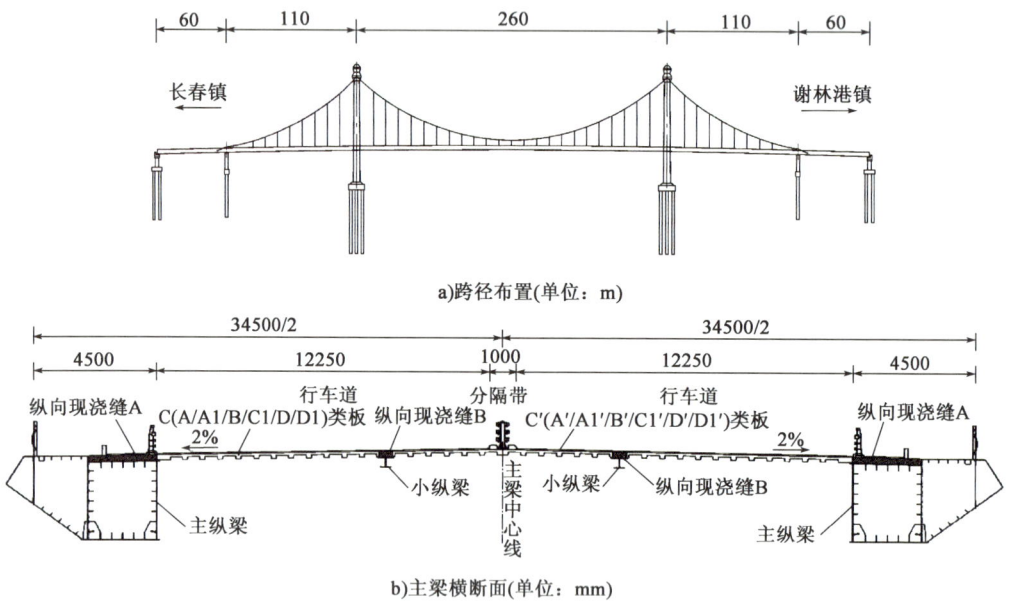

a)两边标准预制板

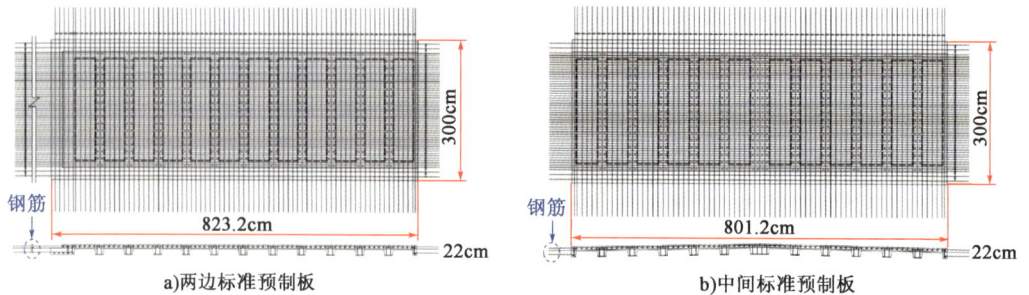

b)中间标准预制板

图 4-41　青龙洲大桥标准预制桥面板

4.6.2 整体模型计算

利用 MIDAS/Civil 有限元软件建立青龙洲大桥整体有限元分析模型,分析结构在第一体系中的整体受力状态,如图 4-42 所示。主缆和吊索均采用只受拉的桁架单元模拟,组合梁和桥塔均采用梁单元模拟,全桥共计使用 166 个桁架单元和 672 个梁单元。组合梁在辅助墩、过渡墩和桥塔处采用简支约束,桥塔底部固结,缆索与桥塔和组合梁在锚固点处设置主从约束。

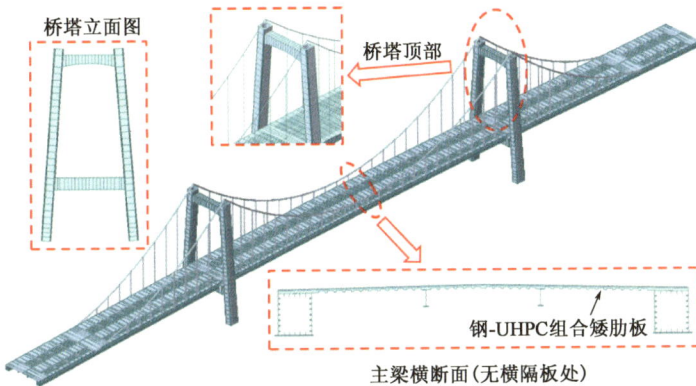

图 4-42 青龙洲大桥整体有限元分析模型

按照我国桥梁结构设计规范《公路钢筋混凝土及预应力混凝土桥涵设计规范》(JTG 3362—2018)[17]和《钢-混凝土组合梁桥设计规范》(GB 50917—2013)[18],对青龙洲大桥的正常使用极限状态和承载能力极限状态进行整体计算分析,主要考虑的荷载作用有:

(1)结构恒载,包括结构自重与二期荷载,其中钢材、普通混凝土和 UHPC 材料的密度分别考虑为 7850kg/m³、2600kg/m³ 和 2800kg/m³,弹性模量分别考虑为 206GPa、35.5GPa 和 41.8GPa。另外,二期荷载考虑为均布荷载(62.5kN/m)。

(2)车道荷载,共考虑六车道,每个车道荷载由均布荷载(10.5kN/m)和中心集中荷载(360kN)组成。

(3)人群荷载考虑为均布荷载(2.4kN/m²)。

(4)设计风荷载考虑为 25m/s。

(5)温度、沉降、汽车制动力荷载,具体设置参考设计规范[17-18]。按照设计规范要求将各分项荷载作用进行组合,并考虑冲击系数为 1.15,计算分析最不利荷载组合下的桥梁结构内力,其中桥面板结构的应力或弯矩包络图如图 4-43 所示。

图 4-43 展示了 UHPC 单向纵肋桥面板结构在悬索桥第一体系中的受力状态。按照设计规范[17-18]要求,在正常使用极限状态下,桥面板设计拉应力在频遇组合作用下计算求得,图 4-43a)中的计算结果表明:预制 UHPC 桥面板的最大拉应力为 3.51MPa,UHPC 接缝处的最大拉应力为 3.15MPa。桥面板设计压应力在标准组合作用下计算求得,图 4-43b)中的计算结果表明:预制 UHPC 桥面板的最大压应力为 23.59MPa。在承载能力极限状态下,桥面板设计弯矩承载能力由基本组合作用下计算求得,图 4-43c)中的计算结果表明:预制 UHPC 桥面板的最大正弯矩为 588.37kN·m,最大负弯矩为 609.02kN·m,由于桥面板结构全宽为 30.58m,故每单位宽度桥面板结构的最大设计正弯矩和负弯矩分别为 19.24kN·m 和 19.92kN·m。

a)频遇组合作用下桥面板应力结果（单位：MPa）

b)标准组合作用下桥面板应力结果（单位：MPa）

c)基本组合作用下桥面板弯矩结果（单位：kN·m）

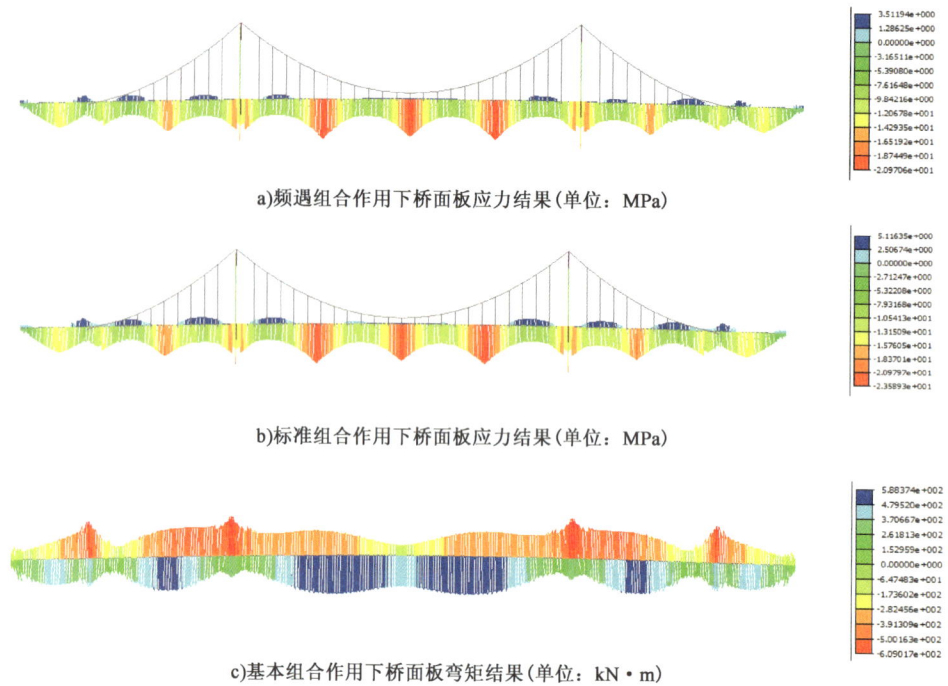

图4-43　青龙洲大桥整体有限元分析结果

4.6.3　局部模型计算

利用 ABAQUS 有限元软件对青龙洲大桥的标准组合梁梁段建立更为精细化的局部有限元模型,分析结构在第二、三体系中的局部受力状态,如图4-44所示,局部标准梁段模型中共包含4道横隔板、5跨桥面板结构和4个吊索固定点,模型全长16.5m,全宽30.58m。上部钢-UHPC 组合桥面板由 8 节点的实体单元（C3D8R）来模拟,下部钢梁由 4 节点的壳单元（S4S4R）来模拟,局部模型中共计使用 894560 个实体单元和 122631 个壳单元。材料属性参数与上述整体有限元模型中考虑的相同。

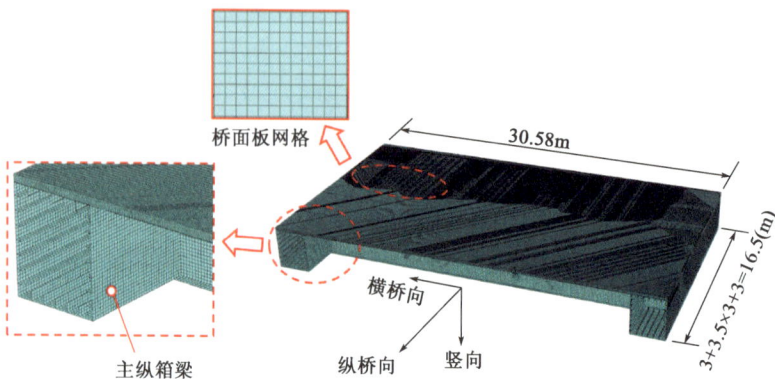

图4-44　青龙洲大桥局部有限元模型

对于局部模型中的荷载作用,除了结构自重和二期荷载,依据我国现行桥梁结构设计规范,选用自重550kN的标准车辆荷载模型Ⅰ作为车辆荷载,其中该模型车轴载及车轮分布如图4-45所示,每个车辆模型长15m,宽2.5m,共有5个车轴,每个车轴考虑有2个车轮荷载,每个车轮荷载长0.2m,宽0.6m,轮载中心横向间距1.8m。最后冲击系数考虑为1.3。

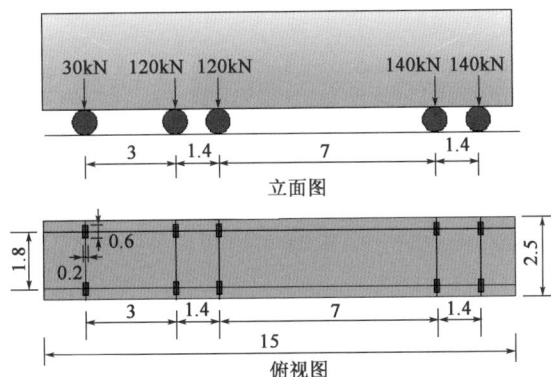

图4-45 550kN 标准车辆荷载模型Ⅰ(单位:m)

局部有限元模型主要用于分析UHPC单向纵肋桥面板在桥梁运营中车轮荷载作用下的局部应力状态,包括UHPC桥面板中最大纵向与横向拉应力,UHPC接缝处最大拉应力。按照实际青龙洲大桥的六车道布置,局部有限元计算分析中同时考虑了6个标准车辆荷载模型Ⅰ的车辆荷载作用,并且在纵桥向上共考虑了4种工况,如图4-46所示,其中工况1~2用于分析桥面板结构正弯矩区的局部受力状态,工况3~4用于分析桥面板结构负弯矩区的局部受力状态。

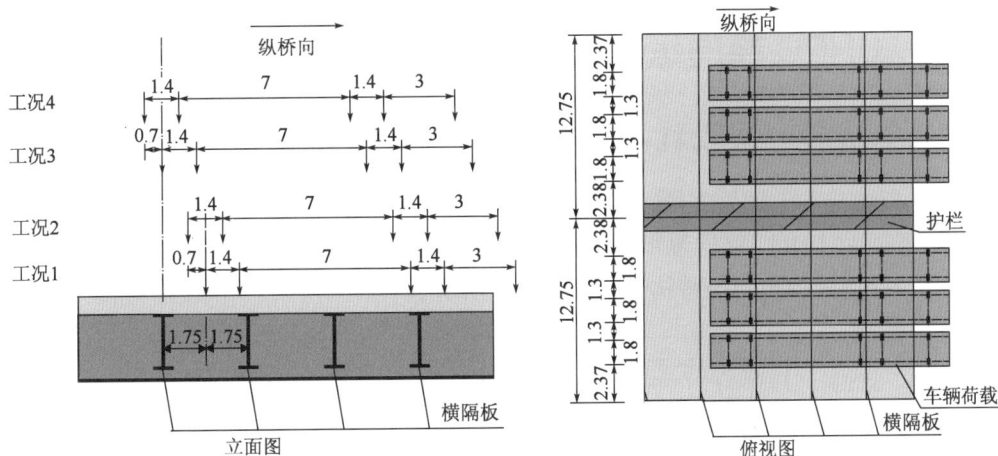

图4-46 车辆荷载模型布置图(单位:m)

青龙洲大桥桥面板计算结果汇总于表4-21,其中,考虑叠加效应,将整体计算频遇组合作用下的分析结果和局部计算分析结果相加,并将相加结果作为UHPC单向纵肋桥面板结构在青龙洲大桥实桥中的最终设计强度要求。

表 4-21 青龙洲大桥整体与局部有限元分析结果（单位：MPa）

有限元分析	冲击系数	预制 UHPC 单向纵肋桥面板			现浇湿接缝	
		UHPC 纵肋纵向拉应力	钢板纵向拉应力	UHPC 顶板横向拉应力	横向接缝	纵向接缝
整体分析（第一体系）	1.15	3.51	17.55	—	3.15	—
局部分析（第二、三体系）	1.30	8.16	49.70	2.55	2.73	2.52
叠加效应		11.67	67.25	2.55	5.88	2.52

注：表中整体计算分析结果为频遇组合作用下的计算结果，对于局部计算分析结果，本书此处偏安全不考虑车辆折减系数。

综合观察计算结果：

（1）UHPC 单向纵肋桥面板结构中底部钢板的最大设计拉应力为 67.25MPa，远低于 Q345 钢材抗拉强度设计值，故满足设计要求。

（2）整体计算分析标准组合作用下 UHPC 桥面板内最大设计压应力为 23.59MPa，远低于 UHPC 材料抗压强度设计值，说明安全富余较多。

上述通过理论计算分析了 UHPC 单向纵肋桥面板中桥面板顶部、UHPC 纵肋和现浇湿接缝的受力状态。下面以青龙洲大桥为背景，从主桥标准节段中分别取含单根纵肋的足尺条带模型、桥面板横向足尺条带模型和纵横向现浇湿接缝模型，进行桥面板抗弯性能静载模型试验，以探明 UHPC 单向纵肋桥面板的抗裂性与承载能力是否满足设计要求。

4.7 UHPC 单向纵肋桥面板纵向抗弯性能

4.7.1 试验方案设计

文献[19]以青龙洲大桥为背景，从主桥标准节段截取含单根纵肋的足尺条带模型进行静载模型试验，下面对 UHPC 单向纵肋桥面板抗弯性能进行详细介绍。试验制作 2 个长度为 300cm、宽度为 68cm 的单肋条带构件，如图 4-47 所示。

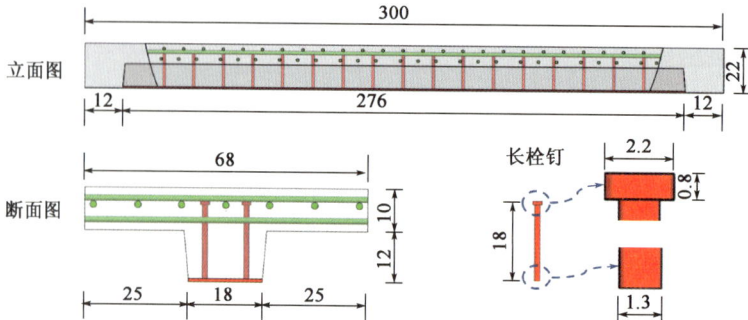

图 4-47 UHPC 单向纵肋桥面板试验构件模型示意图（单位：cm）

UHPC 单向纵肋桥面板试验构件模型中,UHPC 材料中采用体积掺量为 2.0% 的直线型钢纤维,直径和长度分别为 0.16mm 和 13mm。钢筋采用 HRB400,钢板采用 Q345qC 级别钢材,栓钉剪力连接件为 ML15 级别钢材。UHPC 材料基本力学性能参数如表 4-22 所示。

表 4-22 UHPC 材料基本力学性能参数

立方体抗压强度 (MPa)	抗折强度 (MPa)	弹性模量 (GPa)	轴心抗拉强度 (MPa)
151.1	29.9	41.8	8.6

试验构件制作过程如图 4-48 所示,主要分为以下几个步骤:(1)将栓钉剪力连接件焊接在钢板上,并放入钢模具中;(2)竖立侧模,绑扎、安装钢筋网;(3)搅拌、浇筑 UHPC 材料,抹平上表面,附上塑料薄膜以保持湿润,自然养护 2d;(4)高温蒸汽养护 2d,养护温度保持在 90 ~ 100℃,相对湿度保持在 90% 以上;(5)构件制作完成,准备试验。

a)搭设模板,放入钢板条 b)立侧模、绑扎钢筋 c)浇筑UHPC、自然养护

d)蒸汽养护 e)制作完成

图 4-48 试验构件制作过程

4.7.2 试验加载装置

UHPC 单向纵肋桥面板构件抗弯试验采用四点对称加载,如图 4-49 所示。竖向荷载在构件跨中区域形成纯弯段,用来揭示 UHPC 单向纵肋桥面板构件的抗弯性能,包括荷载-挠度、应变响应、裂缝发展特征、开裂强度、钢板与 UHPC 间相对滑移量、损伤破坏机理与抗弯承载能力。其中两个构件采用不同的试验剪跨比(λ = 4.10 或 2.05)进行加载,探究不同剪跨比对 UHPC 单向纵肋桥面板构件抗弯、抗剪性能的影响,试验构件编号与剪跨比参数见表 4-23。

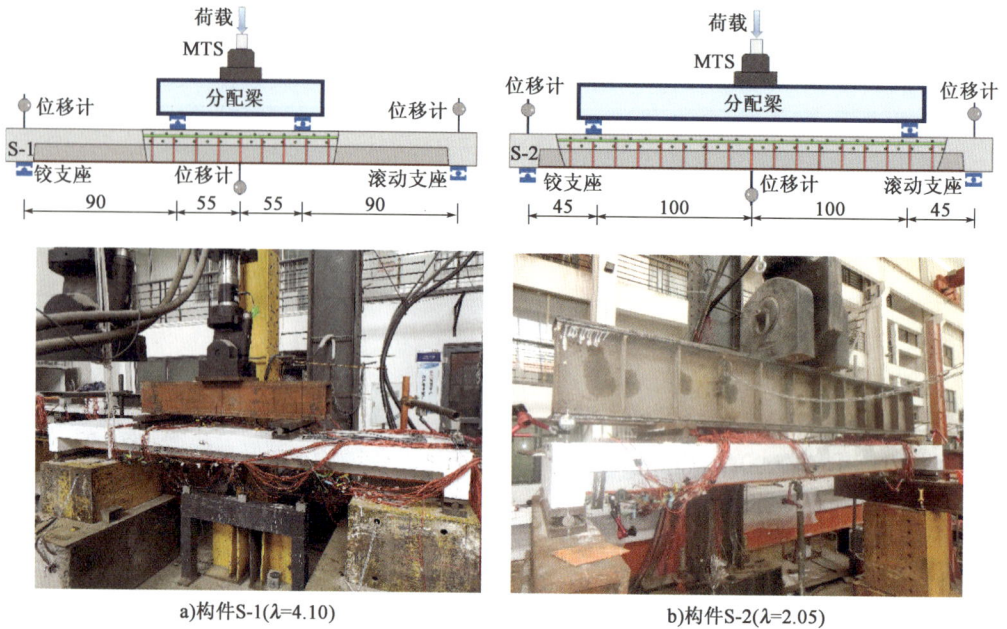

a)构件S-1(λ=4.10)   b)构件S-2(λ=2.05)

图 4-49　UHPC 单向纵肋桥面板抗弯试验加载方案（单位：cm）

表 4-23　桥面板构件编号及参数设置

构件编号	长×宽×高（cm×cm×cm）	配筋率（%）	剪跨比 λ（mm）
S-1			4.10
	300×68×22	3.4%	
S-2			2.05

4.7.3　试验数据分析

两个抗弯构件的试验剪跨比参数不同，但最终的破坏区域都是跨中纯弯段内弯曲破坏，且破坏前构件均表现出了良好的塑性。纯弯段内 UHPC 材料开裂后逐渐形成了十余条竖向裂缝，最后裂缝贯穿了整个矮肋截面，两个试验构件均表现出了良好的裂后抗弯刚度和较长的多元裂缝发展阶段。试验后期，UHPC 顶板下表面出现了大量的发丝裂缝，上表面翼缘边上出现略微压溃破损。

4.7.3.1　应变响应

UHPC 单向纵肋桥面板抗弯构件的损伤与破坏主要集中在纯弯段区域，试验中重点测量了组合抗弯构件跨中截面上钢板底面应变、UHPC 纵肋底部及顶部应变、UHPC 顶板内纵向钢筋应变和 UHPC 顶板上表面应变，并将各试验竖向荷载 F 作用下，各类材料应变沿构件跨中截面高度方向的平均应变分布情况绘制于图 4-50。其中负应变表示受压，正应变表示受拉，F_u 表示整个抗弯试验过程中的极限竖向荷载。

从图 4-50 中可以看出，随着竖向荷载 F 的增大，跨中截面上的应变分布从线性分布向非线性分布发展，中性轴略微向上移动 δ_c。

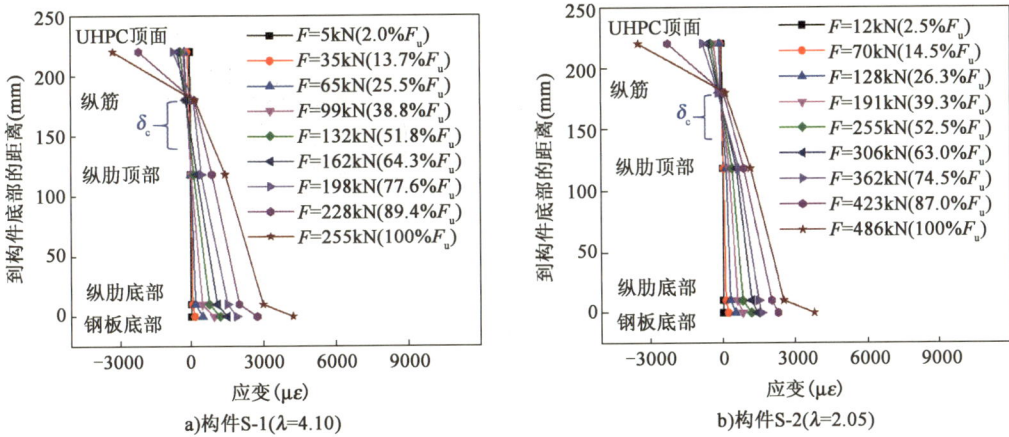

a)构件S-1(λ=4.10)　　　　　　b)构件S-2(λ=2.05)

图4-50　沿抗弯构件跨中截面高度方向的应变分布

对于 UHPC 单向纵肋桥面板构件,当竖向荷载 F 达到极限竖向载荷 F_u 的 25.5% ~26.3% 时,底部钢板与 UHPC 间的应变分布开始呈现出略微的非线性,说明二者之间开始产生应变差,也预示着纵肋底部 UHPC 材料开始产生裂纹,但其他材料应变在沿整个构件跨中截面高度方向上仍呈现线性分布,组合构件近似符合平截面假定。

当竖向荷载 F 达到极限竖向载荷 F_u 的 74.5% ~77.6% 时,纵肋底部钢板应变达到了其屈服应变,所有材料应变在沿整个构件跨中截面高度方向上开始呈现出较为明显的非线性分布,之后组合构件不再符合平截面假定。

4.7.3.2　裂缝特征

UHPC 单向纵肋桥面板纵向抗弯性能研究中,构件裂缝发展呈现出以多条主裂缝发展的现象,每条主裂缝附近还伴随着多条细微裂缝共同发展,且裂缝主要集中在纯弯段内,仅构件 S-2 的剪弯段内出现了少量的发丝裂缝,具体裂缝特征如图 4-51 所示。

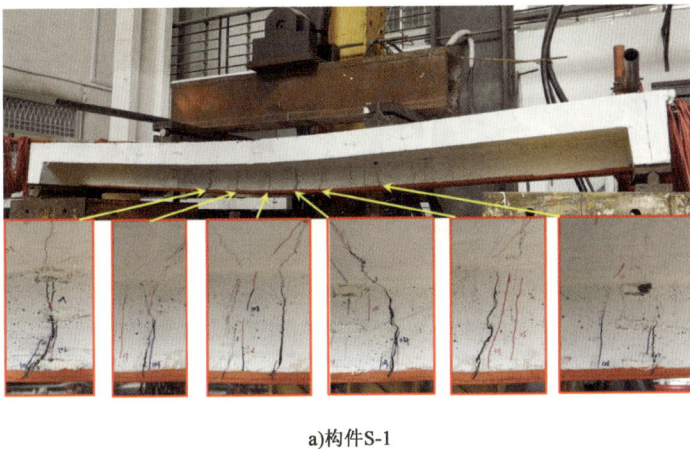

a)构件S-1

图　4-51

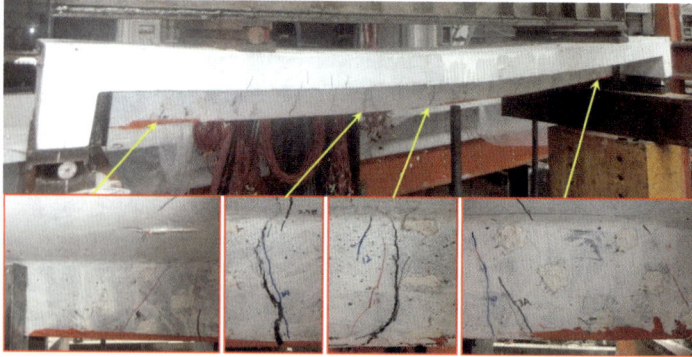

b)构件S-2

图 4-51 UHPC 单向纵肋桥面板构件裂缝特征

纯弯段内的裂缝在构件 S-1 和 S-2 中发展趋势较为相似：

①当跨中弯矩增长到 22.5 ~ 27.0kN·m 时，纯弯段内 UHPC 纵肋侧面最先出现裂缝；

②当跨中弯矩继续增长到 36.0 ~ 40.5kN·m 时，纯弯段内 UHPC 纵肋侧面裂缝开始延伸到 UHPC 顶板下表面，UHPC 顶板底部开始出现裂缝；

③当跨中弯矩继续增长到 86.8kN·m 时，由于构件 S-2 的试验剪跨比相对较小（$\lambda = 2.05$），故剪弯段内的剪力相对较大，构件 S-2 剪弯段内开始出现少量的发丝斜裂缝。

构件跨中弯矩-裂缝宽度曲线如图 4-52 所示，UHPC 单向纵肋桥面板构件在受弯时最宽的裂缝始终出现在纯弯段内 UHPC 纵肋侧面，故实际桥梁工程设计使用 UHPC 单向纵肋桥面板结构时，仅需验算控制纵肋中的裂缝宽度。

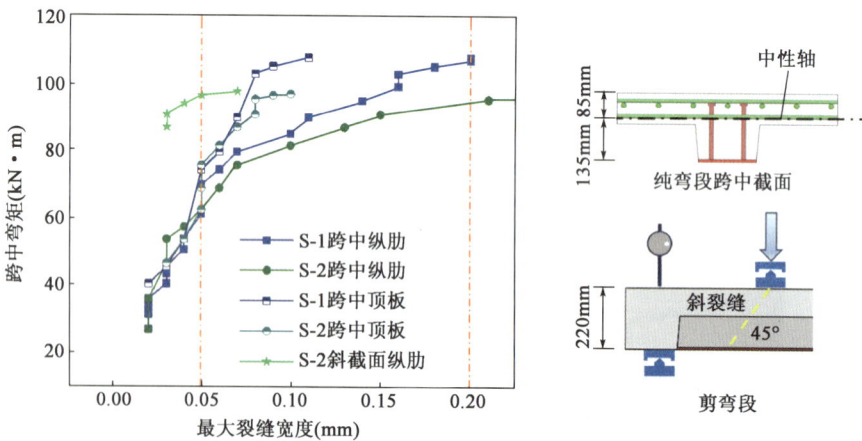

图 4-52 跨中弯矩-裂缝宽度曲线

4.7.3.3 钢板与 UHPC 间相对滑移量

钢板与 UHPC 间的组合作用主要是由长栓钉剪力连接件提供的，由于栓钉剪力连接件属于柔性剪力连接件，在 UHPC 单向纵肋桥面板构件受弯过程中，剪弯段内的长栓钉剪力连接件必然产生剪切变形和弯曲变形，从而引起钢板与 UHPC 间相对滑动。两个构件端部滑移值随竖向荷载的变化情况如图 4-53 所示。

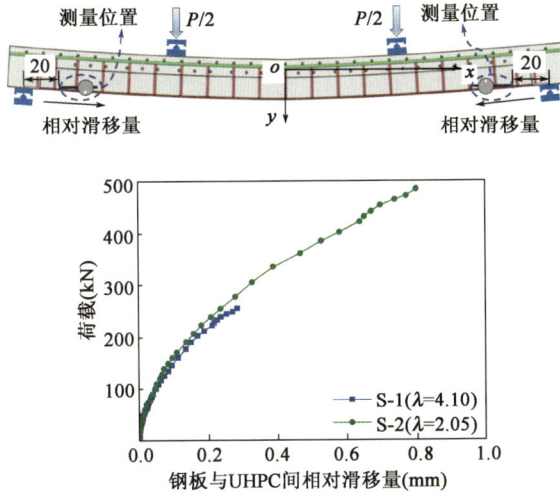

图 4-53　钢板-UHPC 相对滑移量试验结果

由于钢板与 UHPC 间的黏结力与静摩擦力作用,当竖向荷载小于约 25kN 时,两个构件的剪弯区中没有产生相对滑移,随后,当竖向荷载继续增加时,两个构件剪弯区中钢板与 UHPC 间开始产生相对滑移量 S,且相对滑移量 S 增速会略微加快,最终试验结束时,构件 S-1 和 S-2 剪弯段中相对滑移量 S_{max} 分别为 0.283mm 和 0.798mm,这是由两个构件的试验剪跨比不同造成的。

4.7.4　试验梁理论计算对比分析

4.7.4.1　最大裂缝宽度理论计算

不同于传统的体内配筋 UHPC 结构,UHPC 单向纵肋桥面板由于取消了纵肋内部的受拉钢筋和箍筋,而采用肋底外埋 8mm 高钢板作为配筋,钢板和纵肋之间采用 180mm 高的长栓钉进行连接,因此裂缝的萌生和发展过程也与传统配筋 UHPC 构件不同。

试验过程中,初始裂缝首先出现在各个栓钉位置处,当纯弯段几乎每个栓钉位置均出现一条裂缝后,一些微裂缝开始在每条初始裂缝周围产生,但相邻两个栓钉之间并没有裂缝,如图 4-54 所示。因此,认为试件的裂缝间距为栓钉间距。在钢板屈服之前,裂缝宽度随着荷载的增长几乎呈线性变化,而钢板屈服后裂缝宽度迅速增加并在栓钉位置处形成主裂缝,说明钢板对裂缝宽度具有较强的限制作用。

当裂缝发展时,肋底钢板和 UHPC 纵肋之间的化学黏结作用已经失效,钢板无法同传统的体内配筋 UHPC 构件的钢筋通过黏结力连续传递剪力,因此剪力的传递主要取决于栓钉和 UHPC 之间的机械力。此外,UHPC 中嵌入的长栓钉会削弱截面,影响钢纤维的连续性,导致这些截面更脆弱。因此,在 UHPC 单向纵肋桥面板纵向抗弯试验中,纯弯段裂缝全部发生在栓钉位置处。

UHPC 的裂缝宽度可认为是在裂缝间距内 UHPC 的平均应变,本节采用截面非线性分析方法计算 UHPC 的平均应变,并基于平均应变理论得到最大裂缝宽度,计算公式如下:

$$w_{max} = k \cdot (\varepsilon_t - \varepsilon_{cr}) \cdot S_{stud} \tag{4-5}$$

$$\varepsilon_{\mathrm{cr}} = \frac{f_{\mathrm{ctm,el}}}{K_{\mathrm{global}} E_{\mathrm{cm}}} \tag{4-6}$$

式中：ε_{t}——裂缝间距内 UHPC 的平均应变，通过截面非线性平衡方程求得，计算时需考虑 UHPC 的受拉贡献；

$\varepsilon_{\mathrm{cr}}$——UHPC 的开裂应变，通过式（4-6）求得；

S_{stud}——桥面板的裂缝间距，计算中取栓钉间距；

k——考虑微裂缝数量和宽度对裂缝宽度影响的修正系数，取为 0.95；

$f_{\mathrm{ctm,el}}$——UHPC 抗拉弹性极限应力平均值；

E_{cm}——UHPC 弹性模量平均值。

其余符号含义同前。

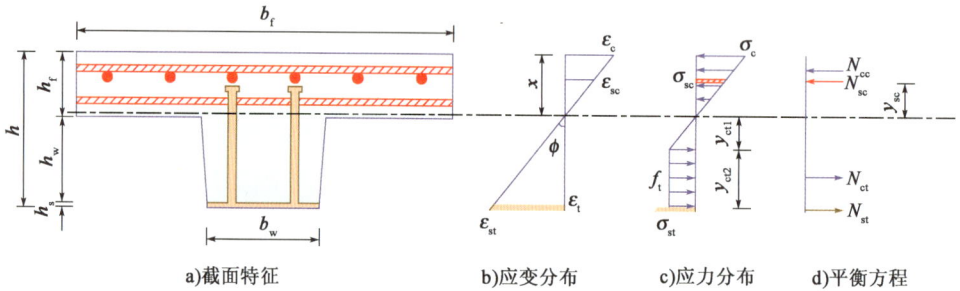

图 4-54　UHPC 单向纵肋桥面板应力计算图示

b_{w} 为纵肋底面宽度；h_{f} 为 UHPC 矮肋板顶板高度；h_{w} 为 UHPC 矮肋板纵肋高度；h_{s} 为肋底钢板厚度；h 为 UHPC 矮肋板总高度；N_{cc} 和 N_{ct} 分别为 UHPC 在受压区和受拉区的轴力；N_{sc} 和 N_{st} 分别为受压区钢筋和受拉区钢板的轴力；σ_{c} 为矮肋板顶面 UHPC 压应力，σ_{sc} 为受压区钢筋应力，σ_{st} 为钢板应力，f_{t} 为 UHPC 抗拉强度；b_{f} 为 UHPC 顶板宽度，x 为结构受压区高度；y_{ct1} 为 UHPC 底面未开裂部分高度；y_{ct2} 为 UHPC 底面开裂部分高度；y_{sc} 为钢筋合力至中心轴的距离；ε_{c} 为 UHPC 受压区顶面的应变；$\varepsilon_{\mathrm{sc}}$ 为钢筋处应变；ε_{t} 为 UHPC 底面受拉应变；$\varepsilon_{\mathrm{st}}$ 为钢板受拉应变。

在计算 UHPC 底部应变时，需考虑 UHPC 的抗拉性能对抵抗外力的贡献。认为试件满足以下假定：

（1）可视裂缝时截面应变分布满足平截面假定。

（2）UHPC 受拉和受压本构均采用双折线模型，如图 4-55 所示。

（3）钢板和钢筋的受拉和受压本构均为双折线模型。

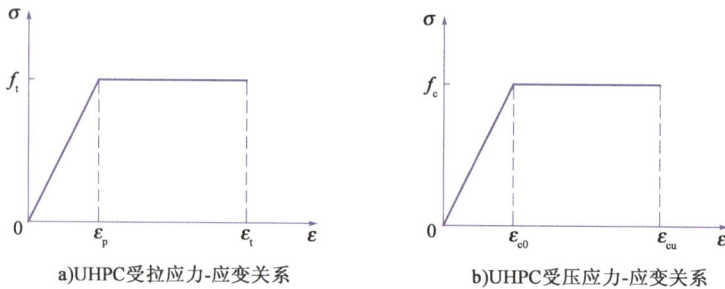

图 4-55　UHPC 计算本构模型

假设截面中 UHPC 材料受拉区未开裂高度为 h_t,根据组合构件截面上水平轴力平衡 $\sum N = 0$,得:

$$h_t = \frac{f_{ctfm}}{E_c \phi} \tag{4-7}$$

$$N_s + N_{ct} - N_{cc} - N_{sc} = 0 \tag{4-8}$$

$$N_s = E_s \cdot \left(h - x - \frac{1}{2}h_s\right)\phi \cdot h_s b_s \tag{4-9}$$

$$N_{ct} = \frac{1}{2}f_{ctfm} \cdot h_t b_e + f_{ctfm}b_e \cdot (h - x - h_t - h_s) \tag{4-10}$$

$$N_{cc} = \frac{1}{2}E_c \cdot x\phi \cdot xb_d \tag{4-11}$$

$$N_{sc} = \sigma_{sc}A_{sc} \tag{4-12}$$

式中:f_{ctfm}——UHPC 材料残余轴心抗拉强度,计算中取 $f_{ctfm} = 8.6$MPa;

ϕ——组合构件截面弯曲曲率;

E_c——UHPC 材料弹性模量,取 $E_c = 41.8$GPa;

N_s——钢板中的水平力;

N_{ct}——受拉区 UHPC 材料中的水平力;

N_{sc}——受压区钢筋中的水平力;

N_{cc}——受压区 UHPC 材料中的水平力;

E_s——钢板弹性模量,取 $E_s = 206$GPa;

h——组合构件总高度;

x——相对受压区高度;

h_s——钢板厚度;

b_s——钢板宽度;

b_e——UHPC 纵肋的有效宽度;

b_d——UHPC 顶板宽度。

根据组合构件截面上中心轴弯矩平衡 $M_{ext} = M_{int}$,对中性轴取矩得:

$$M_{int} = M_s + M_{ct} + M_{cc} + M_{sc} \tag{4-13}$$

$$M_s = E_s \cdot \left(h - x - \frac{1}{2}h_s\right)\phi \cdot h_s b_s \cdot \left(h - x - \frac{1}{2}h_s\right) \tag{4-14}$$

$$M_{ct} = \frac{1}{2}\sigma_f \cdot h_t b_e \cdot \frac{2}{3}h_t + \sigma_f b_e \cdot (h - x - h_t - h_s) \cdot \frac{1}{2}(h - x - h_s + h_t) \tag{4-15}$$

$$M_{cc} = \frac{1}{2}E_c \cdot x\phi \cdot xb_d \cdot \frac{2}{3}x \tag{4-16}$$

$$M_{sc} = N_{sc} \cdot y_{sc} \tag{4-17}$$

式中:M_s——钢板承受的弯矩;

M_{ct}——受拉区 UHPC 材料承受的弯矩;

M_{cc}——受压区 UHPC 材料承受的弯矩;

M_{sc}——受压区钢筋承受的弯矩。

联立式(4-7)~式(4-17),发现在任意已知外部弯矩 M_{ext} 作用下,可求解出各截面中相对

受压区高度 x 和截面弯曲曲率 ϕ 两个未知量,进而求得荷载作用下 UHPC 底部应变。得到 UHPC 底部应变后,由式(4-5)和式(4-6)求得裂缝宽度,如图 4-56 所示。

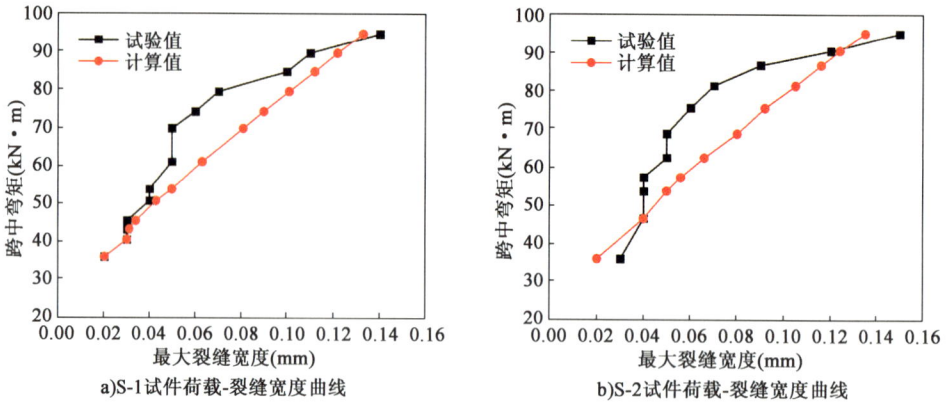

a)S-1试件荷载-裂缝宽度曲线   b)S-2试件荷载-裂缝宽度曲线

图 4-56   UHPC 单向纵肋桥面板荷载-裂缝宽度曲线

由图 4-56 可知,基于平均应变理论所提出的裂缝宽度公式可以较为准确地模拟出结构裂缝的发展趋势。当裂缝宽度在 $0.05 \sim 0.1$mm 之间时,荷载不断增加,但裂缝宽度保持不变,裂缝发展处于硬化阶段,因此荷载-裂缝宽度曲线存在一定偏差。当裂缝宽度大于 0.14mm 时,肋底钢板接近屈服状态,对裂缝宽度的发展限制作用减弱,裂缝宽度在相同荷载增量作用下增长变快,因此将裂缝宽度小于 0.14mm 时的状态作为稳定状态,用于结构设计的参考标准。

总体而言,试验值和计算值的比值大多在 $1.0 \sim 1.5$ 之间,表明计算结果具有可靠性及一定的安全度,该计算方法可作为 UHPC 单向纵肋桥面板抗弯梁体的裂缝宽度验算公式。

4.7.4.2   抗弯承载能力理论计算

对于 UHPC 单向纵肋桥面板抗弯构件,底部钢板屈服时的抗弯承载能力,同样按照平截面假定和弹性设计理论进行计算,计算式如式(4-7)~式(4-17)所示,当 UHPC 单向纵肋桥面板抗弯构件底部钢板应力 σ_s 等于钢板的屈服强度 f_{sp} 时,试验抗弯承载能力 $M_{ext} = M_u$。由于结构破坏时受压钢筋和中性轴位置非常接近,故可忽略其对抗弯承载能力的贡献。

依据上述计算方法,UHPC 单向纵肋桥面板构件抗弯承载能力 M_u 计算结果为 88.17kN·m,与构件 S-1 和 S-2 的平均抗弯承载能力试验结果(90.25kN·m)相比,上述计算结果偏安全 2.3%。

4.8   无横肋桥面板横向抗弯性能

4.8.1   试验模型与加载装置

以青龙洲大桥为背景,制作两个无横肋桥面板横向足尺条带试验模型(224cm 长 $\times 68$cm 宽 $\times 22$cm 高,纵肋间距 68cm),构件编号分别为 H-1 和 H-2,开展横向抗弯试验,讨论无横肋桥面板横向抗弯试验结果,包括开裂强度、抗弯承载能力和破坏模式,如图 4-57 所示。

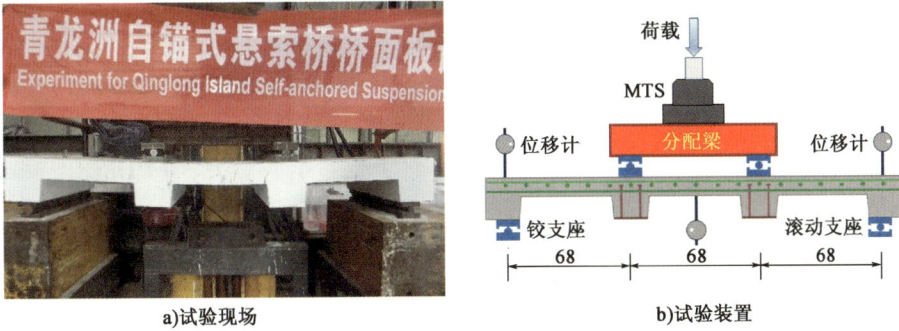

a)试验现场

b)试验装置

图 4-57　无横肋桥面板横向抗弯试验（单位：cm）

4.8.2　主要试验结果

对于无横肋桥面板结构横向抗弯试验,所得荷载-跨中挠度曲线和荷载-最大裂缝宽度曲线绘制于图 4-58,破坏后 UHPC 顶板底部的裂缝分布情况如图 4-59 所示。

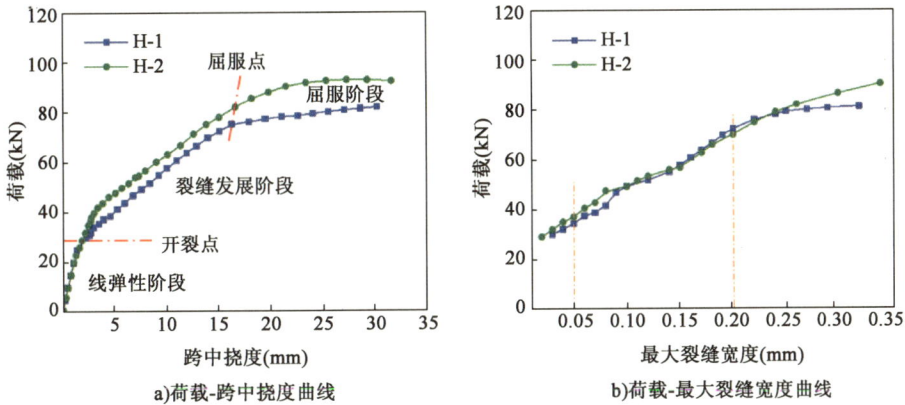

a)荷载-跨中挠度曲线

b)荷载-最大裂缝宽度曲线

图 4-58　无横肋桥面板横向抗弯试验结果

a)试验中

b)卸载后

图 4-59　横向抗弯构件底部裂缝分布情况

无横肋桥面板结构横向抗弯试验结果表明：

(1)对于无横肋桥面板结构横向抗弯构件,其受弯破坏过程同样大致可以分为三个阶段：

线弹性阶段、裂缝发展阶段以及屈服阶段。且横向抗弯构件的破坏原因为 UHPC 顶板内的受弯钢筋屈服，UHPC 材料中裂缝宽度发展迅速，最终导致桥面板构件失去继续承受荷载的能力。

（2）当 UHPC 顶板底面开裂到 0.05mm 时，横向抗弯构件的平均开裂强度为 12.7MPa，是横向抗弯强度设计值（2.55MPa）的 4.98 倍。对于抗弯承载能力，当 UHPC 顶板内部受拉钢筋屈服时，横向抗弯构件的弯矩承载能力为 25.7kN·m 和 27.9kN·m，考虑到试验中横向抗弯构件的宽度为 0.68m，故单位宽度桥面板构件的弯矩承载能力分别为 37.8kN·m 和 41.0kN·m。

（3）该桥局部计算结果中，UHPC 单向纵肋桥面板结构在正弯矩荷载作用下，UHPC 顶板横向抗弯强度设计值为 2.55MPa。与试验结果对比分析，青龙洲大桥桥面板结构的横向开裂强度符合实桥的设计需求，因此，横向抗弯性能可行性良好。

4.9　现浇湿接缝抗弯性能

为缩短施工周期、提高施工效率，组合桥面板越来越多地采用预制施工方法，各预制桥面板节段间采用湿接缝进行连接，湿接缝通常设置在桥面板低应力区域。对于 UHPC 湿接缝，由于接缝位置处钢纤维具有不连续性，且界面两侧新旧混凝土收缩徐变具有一定差异性，接缝位置开裂风险值得关注。

桥面板结构的湿接缝包括横向湿接缝与纵向湿接缝两部分。对于背景工程——湖南益阳青龙洲大桥，接缝处使用的 UHPC 材料类型为含膨胀剂的常规 UHPC 材料，接缝处 UHPC 材料中使用的钢纤维类型与预制桥面板中使用的钢纤维类型一致，同为 2.0% 体积率的直线型钢纤维，钢纤维直径为 0.16mm，长度为 13mm。

4.9.1　横向湿接缝抗弯性能

为探究现浇横向湿接缝结构的抗弯性能，依据青龙洲大桥实际接缝尺寸，制作足尺条带横向湿接缝构件模型，如图 4-60 所示，构件编号为 HJF，长度 400cm，宽度 68cm。

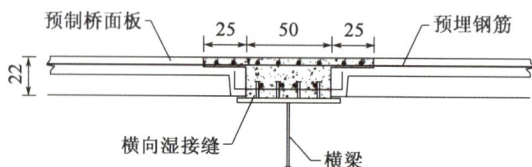

图 4-60　青龙洲大桥桥面板横向 T 形湿接缝（单位:cm）

接缝试件制作流程为：（1）浇筑接缝两端预制桥面板部分并自然养护；（2）浇筑界面凿毛；（3）搭设接缝模板，并放置补强钢筋；（4）湿接缝 UHPC 浇筑并养护。最后，通过三点抗弯试验来模拟实桥接缝受弯情况，并检测现浇横向湿接缝结构的抗弯性能。

为避开横隔板处局部高拉应力区，将横向湿接缝浇筑为 T 形，下台阶宽度 50cm，上台阶宽度 100cm，从而将接缝界面转移至低拉应力区。通过在接缝处设置补强钢筋进一步限制裂缝发展，现浇横向 T 形湿接缝如图 4-61 所示。

a)现场接缝细节

b)三维模型示意图

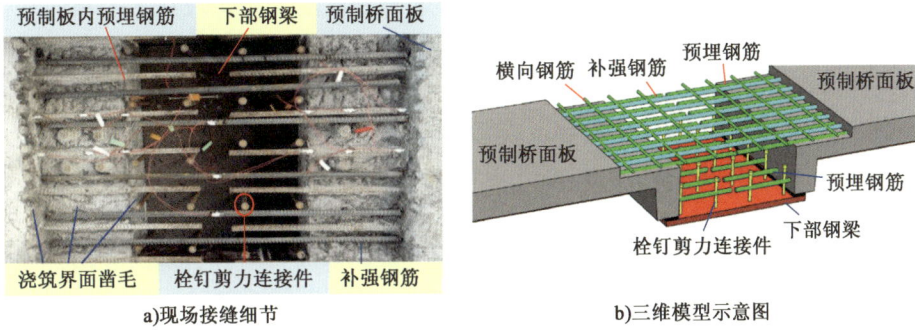

图 4-61 T 形湿接缝内部细节示意图

　　试验中接缝构件的计算跨径为 290cm,如图 4-62 所示。重点观测的横截面主要包括三类:Ⅰ类截面,位于新老 UHPC 交界处,横截面形状为 T 形,截面抗弯刚度最小;Ⅱ类截面,位于 T 形截面与实心截面交界处,属于横截面刚度突变处;Ⅲ类截面,位于跨中 UHPC 实心处,截面抗弯刚度最大,但同样位于负弯矩荷载最大处。对 UHPC 单向纵肋桥面板横向湿接缝进行三点抗弯试验,以模拟实桥接缝受弯情况,并检测现浇湿接缝结构的抗弯性能。

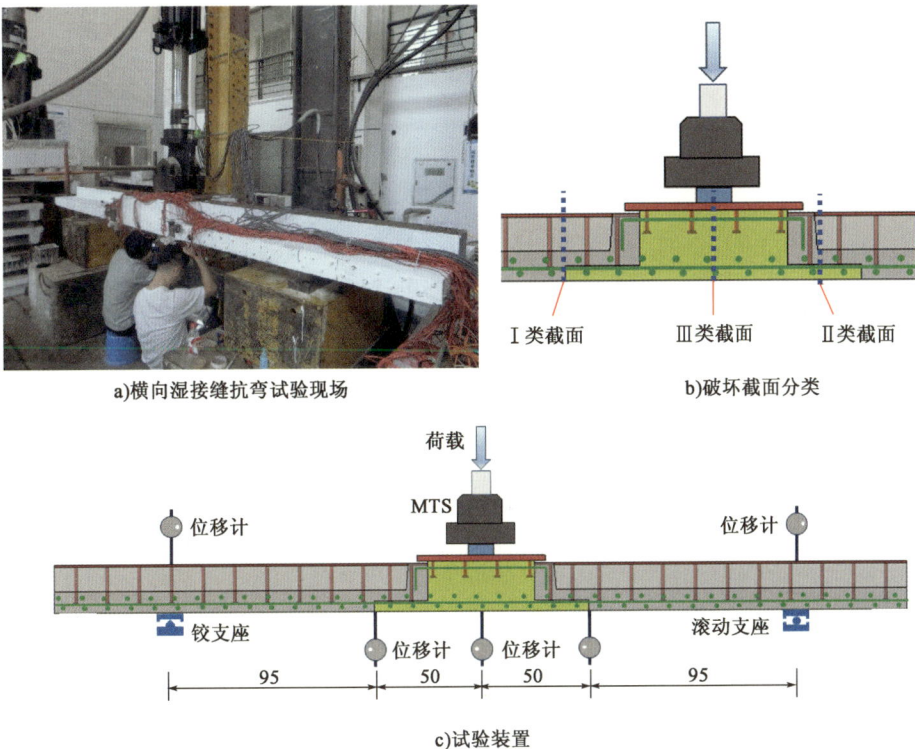

a)横向湿接缝抗弯试验现场

b)破坏截面分类

c)试验装置

图 4-62 UHPC 单向纵肋桥面板横向湿接缝抗弯试验(单位:cm)

　　分别绘制横向湿接缝抗弯试验中测得的荷载-跨中挠度曲线和荷载-最大裂缝宽度曲线,如图 4-63a)和图 4-63b)所示。图中试验结果表明,对于 UHPC 单向纵肋桥面板结构的横向湿接缝抗弯构件(HJF),其破坏过程大致如下:首先弯拉裂缝出现在Ⅰ类截面处,随后Ⅱ、Ⅲ类截面处也相继出现弯拉裂缝,但整个试验过程中,最大裂缝宽度始终出现在Ⅰ类截面处,最后在竖向荷载达到255kN时,构件HJF在Ⅰ类截面处折断破坏,破坏模式属于延性破坏。破坏时,Ⅰ类截面处的抗弯承载能力值为121.1kN·m,跨中Ⅲ类截面处的抗弯承载能力值为184.9kN·m,考虑到试验中接缝构件的宽度为0.68m,故在Ⅰ、Ⅲ类截面处,单位宽度横向接缝抗弯构件的弯矩承载能力分别为178.1kN·m和271.9kN·m,分别是上述抗弯承载能力设计值(19.92kN·m)的8.9倍和13.6倍。

另外,当特征裂缝宽度达到0.05mm时,Ⅰ、Ⅱ、Ⅲ类截面处的开裂强度分别为6.02MPa、10.18MPa和17.67MPa;当构件中Ⅰ类截面处的特征裂缝宽度达到结构设计规范容许的裂缝宽度0.20mm时,其UHPC名义拉应力可达14.59MPa。

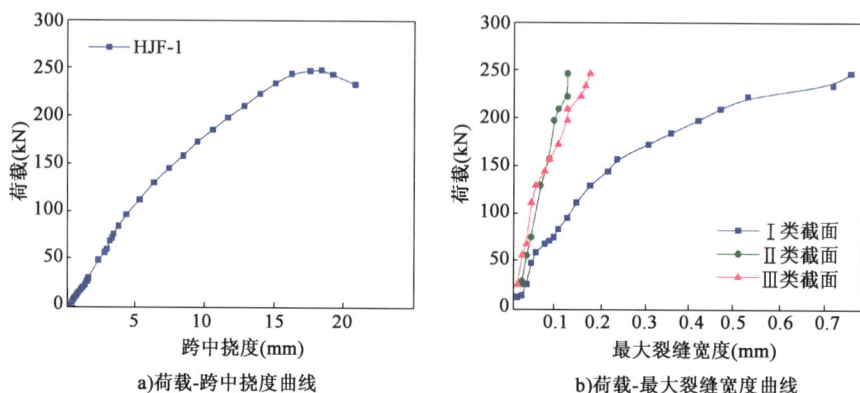

a)荷载-跨中挠度曲线 b)荷载-最大裂缝宽度曲线

图4-63　UHPC单向纵肋桥面板横向湿接缝抗弯试验结果

4.9.2　纵向湿接缝抗弯性能

为探究现浇纵向湿接缝结构的抗弯性能,依据青龙洲大桥实际接缝尺寸,制作足尺条带纵向湿接缝构件模型,如图4-64所示,构件编号为ZJF,长度342cm,宽度68cm。接缝试件制作流程与上述横向湿接缝构件模型保持一致。

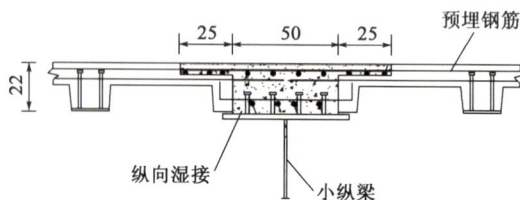

图4-64　青龙洲大桥桥面板横向T形湿接缝(单位:cm)

试验中接缝构件的计算跨径为290cm,对UHPC单向纵肋桥面板纵向湿接缝进行三点抗弯试验,以模拟实桥接缝受弯情况,并检测现浇湿接缝结构的抗弯性能,试验如图4-65所示。

分别绘制纵向湿接缝抗弯试验中测得的荷载-跨中挠度曲线和荷载-最大裂缝宽度曲线,如图4-66a)和图4-66b)所示。图中试验结果表明,对于UHPC单向纵肋桥面板结构的纵向湿接缝抗弯构件(ZJF),其破坏过程大致如下:首先弯拉裂缝出现在Ⅰ类截面处,随后Ⅱ类截面处也相继出现弯拉裂缝,但Ⅲ类截面处却始终保持完好。

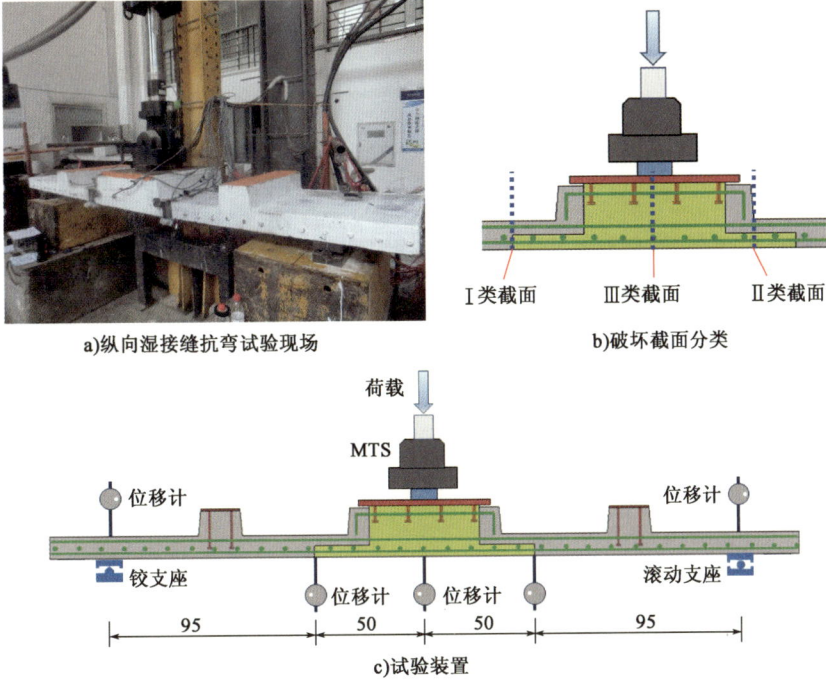

a)纵向湿接缝抗弯试验现场

b)破坏截面分类

Ⅰ类截面　Ⅲ类截面　Ⅱ类截面

荷载

MTS

位移计　位移计

铰支座　位移计　位移计　滚动支座

95　50　50　95

c)试验装置

图 4-65　UHPC 单向纵肋桥面板纵向湿接缝抗弯试验(单位:cm)

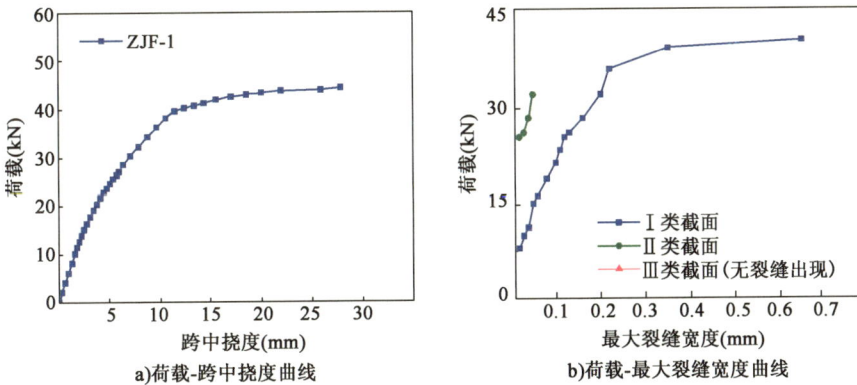

a)荷载-跨中挠度曲线

b)荷载-最大裂缝宽度曲线

图 4-66　UHPC 单向纵肋桥面板纵向湿接缝抗弯试验结果

　　整个试验过程中,最大裂缝宽度始终出现在Ⅰ类截面处,最后在竖向荷载达到44kN时,构件 ZJF 在Ⅰ类截面处折断破坏,破坏模式属于延性破坏。破坏时,Ⅰ类截面处的抗弯承载能力值为20.9kN·m,跨中Ⅲ类截面处的抗弯承载能力值为31.9kN·m,考虑到试验中接缝构件的宽度为0.68m,故在Ⅰ、Ⅲ类截面处,单位宽度纵向接缝抗弯构件的弯矩承载能力分别为30.7kN·m 和46.9kN·m。

　　另外,当特征裂缝宽度达到0.05mm时,Ⅰ、Ⅱ类截面处的开裂强度分别为6.28MPa 和17.05MPa;当构件中Ⅰ类截面处的特征裂缝宽度达到结构设计规范容许的裂缝宽度0.20mm时,其 UHPC 名义拉应力可达13.50MPa。

4.9.3　UHPC 单向纵肋桥面板实桥计算结果与试验结果对比

针对单向钢-UHPC 纵肋桥面板，以湖南益阳青龙洲大桥为背景桥梁进行 UHPC 桥面板理论设计计算，下面将桥梁计算结果汇总于表 4-24，并结合桥面板纵向、桥面板横向和现浇湿接缝纵横向抗弯性能静载模型试验结果，验证单向纵肋 UHPC 桥面板结构技术的可行性。

表 4-24　UHPC 单向纵肋桥面板结果对比（单位：MPa）

位置	UHPC 桥面板纵向抗弯	UHPC 桥面板横向抗弯	纵向湿接缝	横向湿接缝
实桥荷载下设计应力	11.67	2.55	2.52	5.88
试验 0.05mm 裂缝宽度下名义拉应力	20.1 ~ 23.3	12.7	6.28 ~ 17.05	6.02 ~ 17.67
试验 0.05mm 裂缝宽度下名义拉应力/实桥荷载下设计应力	1.72 ~ 2.00	4.98	2.49 ~ 6.76	1.02 ~ 3.01

综合以上对比结果可知，UHPC 单向纵肋桥面板结构中，桥面板纵向、桥面板横向和现浇湿接缝纵、横向的初裂应力（0.05mm）均高于理论设计值，并具有一定的安全储备，可满足设计要求。

4.10　青龙洲大桥施工技术

于 2021 年 6 月建成通车的湖南益阳青龙洲大桥首次应用了 UHPC 单向纵肋桥面板结构，该桥面板结构有许多独特的细节构造与施工特点，如特殊纵肋构造、桥面板平均厚度较小、T形湿接缝、蒸汽养护等，与以往的混凝土平板结构施工差别很大。因此，本小节简要介绍一下青龙洲大桥桥面板结构在施工过程中的一些关键性技术，希望为将来推广 UHPC 单向纵肋桥面板结构提供一些参考建议。

4.10.1　预制 UHPC 桥面板施工技术

工厂预制 UHPC 桥面板施工流程如图 4-67 所示，主要包括四个生产环节：（1）UHPC 材料生产环节；（2）预制桥面板浇筑环节；（3）高温蒸汽养护环节；（4）存放运输环节。

由于纵肋桥面板底部细节构造特殊，故预制桥面板模具选用一体成型的钢模，如图 4-68所示。为了使纵肋桥面板底部密实、无气孔，需要在底模系统上安装附着式振动器，当 UHPC材料浇筑完成后，先启动底部的附着式振动器，以振捣至桥面板上表面无气泡拱起为标准，然后利用振捣整平梁将桥面板表面振捣整平。另外，为了使纵肋桥面板底部方便脱模，需要在底模系统中安装高压气体脱模系统，当桥面板脱模时，首先拆除侧模和顶模，然后启动高压气体脱模系统，将高压气体注入 UHPC 纵肋与底部钢模之间，从而使二者分离，拆除底模。

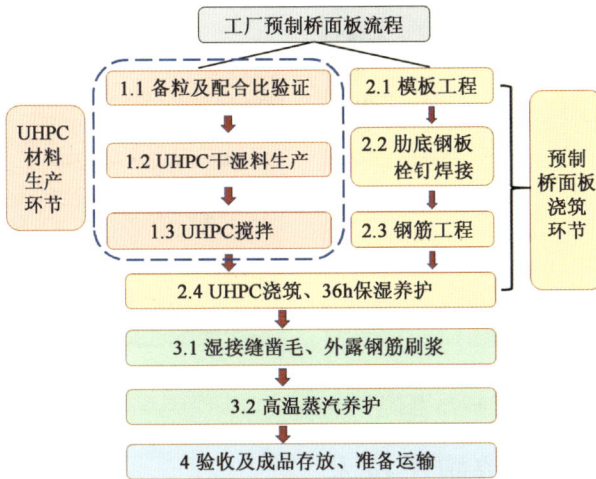

图 4-67　工厂预制 UHPC 桥面板施工流程

a)模板系统　　　b)振动系统　　　c)高压气体脱模系统　　　d)预留接缝凹槽

图 4-68　预制桥面板一体成型钢模系统

由于桥面板结构选用 T 形湿接缝构造,在预制桥面板的顶面四周需要用橡胶顶模预留出5cm 深的凹槽。另外,还需要在预制桥面板进行高温蒸汽养护前,对预制桥面板上接缝交界面进行凿毛预处理,如图 4-69 所示,首先对接缝交界面进行人工凿毛,清除表面浮浆,再利用高压水枪进行二次凿毛,直至裸露大量钢纤维为止,其目的是提高新老 UHPC 交界面处的纤维连续性。最后对接缝处外露的预埋钢筋和钢纤维涂刷 UHPC 浆体,其目的是防止后续高温蒸汽锈蚀外露的钢筋和钢纤维。预制桥面板的高温蒸汽养护与成品摆放如图 4-70 所示。

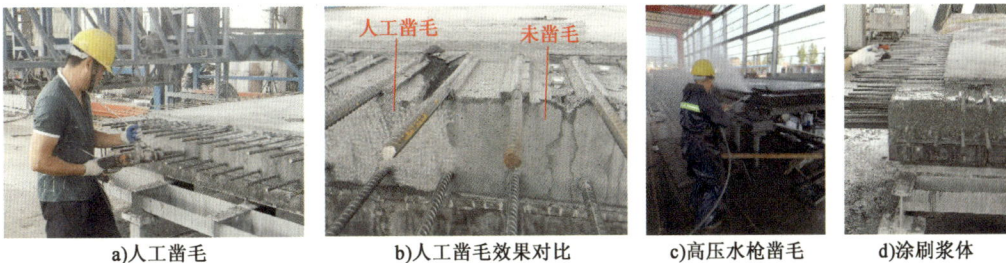

a)人工凿毛　　　b)人工凿毛效果对比　　　c)高压水枪凿毛　　　d)涂刷浆体

图 4-69　高温蒸汽养护前预制桥面板接缝交界面预处理

a)高温蒸汽养护   b)预制板成品摆放

图 4-70　预制桥面板高温蒸汽养护与成品摆放

4.10.2　现浇湿接缝施工技术

青龙洲大桥现场桥面板湿接缝施工如图 4-71 所示,主要包括以下几个环节:(1)吊装摆放预制桥面板;(2)湿接缝处安设补强钢筋;(3)浇筑湿接缝 UHPC 材料并使用振捣整平梁将桥面板表面振捣整平;(4)蒸汽养护湿接缝;(5)全桥桥面板上表面抛丸糙化,铺设桥面铺装层及上部其他结构,完成桥面板结构所有工程。

a)摆放预制桥面板   b)实桥预制板底部   c)现场湿接缝位置

d)现场湿接缝浇筑   e)湿接缝振捣   f)湿接缝蒸汽养护

图 4-71　青龙洲大桥现场桥面板湿接缝施工

4.11　本章小结

基于 UHPC 材料,本章总结了 UHPC 平桥面板、UHPC 华夫桥面板、UHPC 单向纵肋桥面板、型钢-UHPC 组合桥面板和开口肋正交异性钢-UHPC 组合桥面五种类型桥面结构各自的技术特点,上述轻型桥面板减轻了普通混凝土桥面板的自重,降低了开裂风险,提升了传统组合梁桥的跨越能力,使得桥面板结构具有更好的耐久性,从而推动我国大跨径组合梁桥朝更高的品质方向发展。主要得到以下结论:

(1)本章所涉及的五种类型桥面结构可大幅降低桥面板均厚,从而实现减小桥面自重,增强桥梁跨越能力的目的;且桥面板结构一般无须设置预应力,可大幅降低施工难度。

(2)以某桥为背景,对于平均厚度为 14.2cm 的 UHPC 华夫桥面板,端钩型纤维 UHPC 配筋梁具有更优的抗裂性能;正弯矩加载工况下,端钩型纤维 UHPC 初裂应力为设计拉应力的 1.45 倍;负弯矩加载工况下,端钩型纤维 UHPC 配筋梁的初裂应力为设计应力的 1.66 倍。

(3)以青龙洲大桥为背景,对其进行精细化的整体和局部有限元分析,平均厚度为 13.4cm 的 UHPC 单向纵肋桥面板抗弯试验中,底部受拉钢板达到其屈服强度,无法承受更大的荷载,UHPC 裂缝逐渐贯穿整个截面导致构件破坏;将钢板置于矮肋底部并取代传统受弯螺纹钢筋,矮肋的配筋率可以不受限制地提高,2.0% 体积率直线型钢纤维和 3.4% 配筋率的构件名义开裂强度可以提升至 20.4 ~ 23.3MPa。

(4)通过对比可知,抗裂及承载能力理论计算结果与模型试验结果较为吻合,并具有一定的安全储备,证明了 UHPC 华夫桥面板和 UHPC 单向纵肋桥面板结构纵向抗弯性能、横向抗弯性能与接缝抗弯性能在实际桥梁工程建设中的技术可行性。

参 考 文 献

[1] 聂建国.钢-混凝土组合结构桥梁[M].北京:人民交通出版社,2011.

[2] KAYSER J R. The effects of corrosion on the reliability of steel girder bridges[D]. Michigan:University of Michigan, 1988.

[3] KAYSER J R, NOWAK A S. Capacity loss due to corrosion in steel-girder bridges[J]. Journal of Structural Engineering, 1989, 115(6): 1525-1537.

[4] 黄侨,荣学亮,陆军.既有钢-混组合梁桥常见病害分析及其加固策略[C]//交通部公路科学研究院.全国既有桥梁加固、改造与评价学术会议论文集:2008 年卷.北京:人民交通出版社,2008:166-171.

[5] 陈随源,王治国.预应力混凝土组合箱梁施工常见的质量缺陷及其防治措施初探[J].公路交通科技(应用技术版),2010,6(S1):98-99.

[6] OEHLERS D J, FOLEY L. The fatigue strength of stud shear connections in composite beams[J]. Proceedings of the Institution of Civil Engineers, 1985, 79(2): 349-364.

[7] OEHLERS D J. Deterioration in strength of stud connectors in composite bridge beams[J]. Journal of Structural Engineering, 1990, 116(12): 3417-3431.

[8] 聂建国,王宇航.钢-混凝土组合梁疲劳性能研究综述[J].工程力学,2012,29(6):1-11.

[9] 中华人民共和国交通运输部.公路桥涵设计通用规范:JTG D60—2015[S].北京:人民交通出版社股份有限公司,2015.

[10] 丁楠,邵旭东.轻型组合桥面板的疲劳性能研究[J].土木工程学报,2015,48(1):74-81.

[11] 邵旭东,吴佳佳,刘榕,等.钢-UHPC 轻型组合桥梁结构华夫桥面板的基本性能[J].中国公路学报,2017,30(3):218-225.

［12］ 中华人民共和国交通运输部.公路桥涵超高性能混凝土应用技术规范(报批稿)［S］,2022.

［13］ AALETI S, HONARVAR E, SRITHARAN S, et al. Structural characterization of UHPC waffle bridge deck and connections［R］. Iowa State University：Institute for Transportation, 2014.

［14］ CAO J, SHAO X, ZHANG Z, et al. Retrofit of an orthotropic steel deck with compact reinforced reactive powder concrete［J］. Structure and Infrastructure Engineering, 2016, 12(3)：411-429.

［15］ 中华人民共和国交通运输部.公路钢结构桥梁设计规范：JTG D64—2015［S］.北京：人民交通出版社股份有限公司,2015.

［16］ 邵旭东,李玉祺,廖子南,等.UHPC华夫桥面板抗弯性能试验及有限元分析［J］.长安大学学报(自然科学版),2018,38(3)：52-63.

［17］ 中华人民共和国交通运输部.公路钢筋混凝土及预应力混凝土桥涵设计规范：JTG 3362—2018［S］.北京：人民交通出版社股份有限公司,2018.

［18］ 中华人民共和国住房和城乡建设部.钢-混凝土组合梁桥设计规范：GB 50917—2013［S］.北京：中国计划出版社,2013.

［19］ WANG Y, SHAO X, ZHANG X, et al. Structural behaviors of a low-profile steel plate-reinforced UHPC deck panel with longitudinal ribs［J］. Journal of Bridge Engineering, 2021, 26(8)：04021043.

第 5 章

大跨径单向预应力UHPC箱梁桥

INNOVATIVE BRIDGE STRUCTURES BASED ON ULTRA-HIGH PERFORMANCE CONCRETE (UHPC)

THEORY, EXPERIMENT AND APPLICATION

5.1 大跨径预应力混凝土箱梁桥概述

5.1.1 发展现状

预应力混凝土箱梁桥具有施工快捷、经济性能好的优点,在世界各地得到了广泛的应用。目前,多数大跨径预应力混凝土箱梁桥都为三向预应力混凝土结构,即施加了纵向预应力、竖向预应力和横向预应力。1950 年,世界上第一座采用节段悬臂浇筑和后张法施工的预应力箱梁桥——德国 Balduisntein 桥竣工,主跨跨径 62m,该桥的竣工标志着预应力混凝土箱梁桥进入大跨径时期。表 5-1 汇总了国内外大跨径连续桥梁跨径发展情况,研究表明,预应力混凝土连续梁桥的适宜跨径为 30 ~ 200m,而预应力混凝土连续刚构桥的合理跨径为 120 ~ 250m[1]。

当前,世界上仅有 2 座主跨跨径超 300m 的梁桥——挪威斯托尔马桥和重庆石板坡长江大桥复线桥(图 5-1、图 5-2)。挪威斯托尔马桥,主跨跨径 301m,桥梁采用连续刚构体系,跨中 182m 节段采用轻质高强混凝土(LC60),桥梁的其他部分采用 C65 混凝土[2];重庆石板坡长江大桥复线桥,主跨跨径 330m,桥梁采用连续梁与连续刚构混合体系,跨中 108m 节段采用钢箱梁结构,主跨其余部分以及边跨均采用三向预应力混凝土箱梁[3]。此外,西班牙 Pujayo 高架桥,采用密集加劲肋的方式改善混凝土箱梁的结构受力,该桥跨径布置为 60m + 100m × 3 + 60m,主梁为单室混凝土箱梁结构,箱梁顶板和底板横向加劲肋的纵向间距为 5m[4]。

表 5-1 国内外预应力混凝土梁桥

序号	桥名	主跨跨径(m)	结构形式	国家	建成年份
1	石板坡长江大桥复线桥	330	连续梁与连续刚构混合体系	中国	2006 年
2	斯托尔马桥	301	连续刚构	挪威	1998 年
3	拉脱圣德桥	298	连续刚构	挪威	1998 年
4	亚松森桥	270	3 跨 T 构	巴拉圭	1979 年
5	虎门大桥辅航道	270	连续刚构	中国	1997 年
6	苏通长江公路大桥	268	连续刚构	中国	2008 年
7	红河大桥	265	连续刚构	中国	2003 年
8	门道桥	260	连续刚构	澳大利亚	1985 年
9	伐罗德 2 号桥	260	连续梁	挪威	1994 年
10	宁德下白石大桥	260	连续刚构	中国	2008 年

图 5-1　挪威斯托尔马桥

图 5-2　重庆石板坡长江大桥复线桥

5.1.2　主要技术难题

近年来,随着桥梁跨径的不断增加,预应力混凝土箱梁桥的应用与发展面临以下两大技术难题:

(1)主跨下挠、梁体开裂

运营期间主跨过度下挠、梁体开裂是大跨径混凝土梁桥所面临的一大技术难题。大跨径预应力混凝土梁桥主跨下挠的部分案例如表 5-2 所示。现有研究表明:大跨径预应力混凝土梁桥主跨过度下挠是桥梁恒载下挠及预应力上拱共同作用的结果,同时混凝土徐变将扩大这一变形量[5];结构抗弯抗剪能力不足是梁体开裂的主要原因之一[6]。

表 5-2　预应力混凝土箱梁桥主跨下挠的部分案例

序号	桥名	国家	跨径 （m）	建造 年份	下挠 （mm）	测量年份	持时 （年）
1	斯托尔马桥	挪威	301	1998 年	92	2001 年	3
2	虎门大桥	中国	270	1997 年	223	2004 年	7
3	黄石大桥	中国	245	1995 年	305	2002 年	7
4	Koror-Babeldaob 桥	美国	241	1978 年	1200	1990 年	12
5	Stovset 7 桥	挪威	220	1993 年	200	2001 年	8
6	Parrotts 桥	美国	195	1978 年	635	1990 年	12
7	Grand-Mere 桥	加拿大	181	1977 年	300	1986 年	9
8	Kingston 桥	英国	143	1970 年	300	1998 年	28
9	三门峡大桥	中国	140	1992 年	220	2002 年	10

国内外专家学者已从新桥的设计、施工以及旧桥的维修加固等方面来关注和解决上述问题。在大跨径预应力混凝土箱梁桥新桥设计时,目前控制主跨过度下挠的方案主要有设置预拱度、适当增加预应力,防止腹板开裂的方案主要为施加竖向预应力,但效果不佳[7]。

(2)自重过大、跨径受限

梁体自重过大是大跨径混凝土箱梁桥面临的另一个技术难题。在大跨径混凝土箱梁桥中,结构承载能力绝大部分用于克服桥梁结构自重,导致常规预应力混凝土梁桥的跨径难以突破300m级;当预应力混凝土箱梁桥跨径在150~300m范围内时,结构自重产生的弯矩占总弯矩的80%~90%,其有效的承载能力仅为10%~20%。

前文所介绍的2座主跨跨径超300m的梁桥——挪威斯托尔马桥(主跨跨径301m)和重庆石板坡长江大桥复线桥(主跨跨径330m),跨中区段分别采用了轻质混凝土结构和钢结构,以通过减轻结构自重的方式提升主跨跨径并改善结构受力。

大跨径预应力混凝土箱梁桥现有技术瓶颈的根源在于传统混凝土材料强度低、徐变大等固有缺陷,采用高强、高性能材料是突破上述技术瓶颈的核心所在。在大跨径预应力混凝土箱梁桥中引入高强、高性能混凝土材料是解决主梁自重过大、主跨过度下挠和梁体开裂的有效方式[8-9]。

UHPC的高强度能显著减小构件的几何尺寸、减轻结构自重、提高结构抵抗使用荷载的有效性和增大桥梁结构的跨越能力。但是,桥梁结构性能的改善和跨径的提升不能单纯依靠材料的更换。研究表明,新材料+传统结构,将难以发挥新材料优异性能,无法获取高性价比的产品,毫无市场竞争力;而传统材料+结构创新,往往受限于材料性能,无法突破现有技术瓶颈。因此,材料和结构单一方面的创新均不能解决现有技术难题,例如采用UHPC后,箱梁壁厚可大幅度减小,若仍采用传统混凝土箱梁结构,其局部刚度、稳定性、畸变、预应力布置等一系列问题难以解决,因此,必须通过新材料与新结构的协同创新,方能充分发挥材料性能,突破结构技术壁垒,打造出高性能桥梁结构。

作者团队结合现有大跨径预应力混凝土箱梁桥存在的技术难题,提出了一种与超高性能混凝土材料力学性能相适应的UHPC连续箱梁桥方案,称为单向预应力UHPC箱梁桥,既可综合解决预应力混凝土箱梁桥自重过大、主跨过度下挠和梁体开裂等难题,又为实现400m级或更大跨径梁桥提供了一个新途径。

5.2 单向预应力 UHPC 箱梁结构

5.2.1 概念设计

单向预应力UHPC箱梁结构设计方案为:采用体内体外混合预应力体系、设置单向(纵向)预应力、密集横隔板(纵向间距3~5m)、主梁采用薄壁UHPC箱梁,如图5-3b)所示。由于UHPC的材料性能介于普通混凝土与钢材之间,因而,上述UHPC箱梁的结构构造介于传统的预应力混凝土箱梁和钢箱梁之间。具体来说,UHPC箱梁桥具有以下特征:

(1)壁薄质轻。采用UHPC作为其结构材料,板件厚度可大幅减小,与传统PC箱梁桥相比,UHPC箱梁桥结构自重减轻40%~50%。

(2)仅含纵向单向预应力。设置密集横隔板,可综合解决UHPC薄壁箱梁面临的横向局部应力过大、截面畸变等问题,达到UHPC箱梁桥取消竖向和横向预应力,变传统三向预应力结构为纵向单向预应力结构的目的,即箱梁桥的横向受力和竖向受力变为由肋板式结构承担。

(3)采用部分体外预应力体系。由于UHPC箱梁的板厚相对较小,适宜布置可检查、易更换、索力可检测及可补张拉的体外预应力体系,如图5-4所示;同时,密集横隔板为体外预应力筋的转向和可靠锚固提供了方便,因此大跨径 UHPC 箱梁桥宜采用部分体外预应力体系。

（4）节段预制悬拼。UHPC 经高温蒸养,后期收缩基本为零,后期徐变大幅度减小,为有效解决主跨过度下挠问题,UHPC 箱梁桥可采用节段预制悬拼法施工,保证施工质量,加快施工速度。

a)传统混凝土箱梁结构

b)密集横隔板UHPC薄壁箱梁结构

图5-3 传统混凝土箱梁和密集横隔板 UHPC 箱梁结构对比

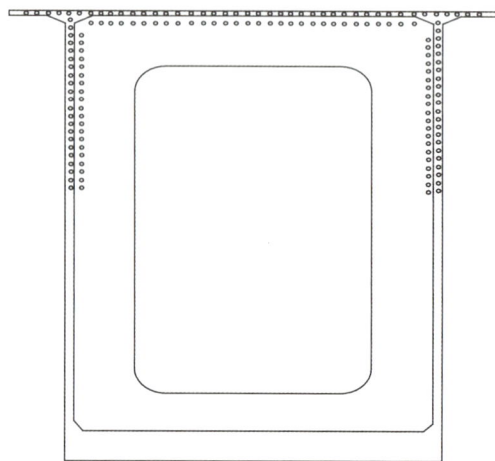

图5-4 UHPC 箱梁的预应力布置示意图

单向预应力 UHPC 箱梁结构中,桥面是由桥面板连同横向加劲肋共同承受车轮荷载。因此,可将 UHPC 箱梁桥面分为 3 个基本受力体系:

第一基本体系:主梁体系,桥面板被视作主梁截面的一部分承受车辆运营荷载。其内力一般可按照杆系平面简化方法求得。

第二基本体系:桥面体系,由桥面板和横向加劲肋(横隔板上弦板)组成桥面结构,承受车辆轮载。其内力可按照正交异性板分析方法求得。

第三基本体系:盖板体系,把支承在腹板和横向加劲肋上的桥面板视为各向同性板,直接承受车辆局部荷载。其内力可按薄板理论计算。

5.2.2　400m 级 UHPC 连续箱梁桥试设计

为探讨超大跨径 UHPC 连续箱梁桥的可行性,对 400m 级 UHPC 连续箱梁桥进行试设计[10],并考察其面内结构受力和空间受力行为。

以一座跨径布置为 240m + 400m + 240m 的三跨预应力 UHPC 连续刚构桥作为试设计方案,桥面宽度取为 16m,UHPC 连续刚构箱梁桥示意图如图 5-5 所示。

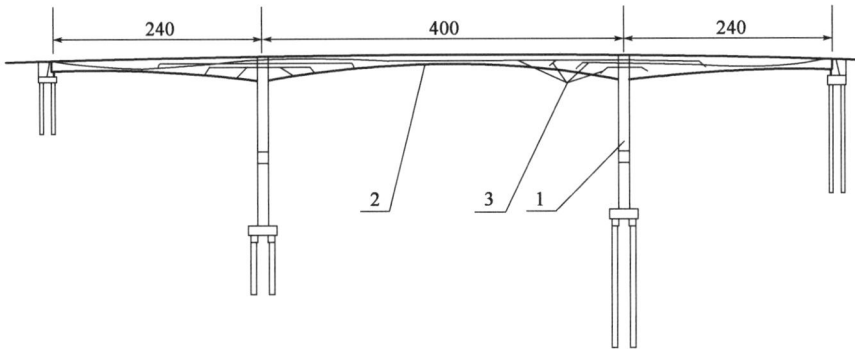

图 5-5　UHPC 连续刚构箱梁桥示意图(单位:m)
1-薄壁柔性桥墩;2-UHPC 箱梁;3-预应力钢束

桥梁上部结构为变截面箱梁,采用直腹式箱形截面。横隔板的具体布置为:纵向每隔 4m 设置一道横隔板,横隔板厚度取为 0.12m;墩顶设有一道 3m 厚的横隔板。内支点处梁高取为 18m,跨中处梁高取为 8m,梁高按二次抛物线变化;边跨接近桥台的 40m 长度范围内,梁高为 8m,余下的 200m 边跨的梁高由 8m 渐变至桥墩处的 18m。墩顶位置底板厚度为 120cm,跨中位置底板厚度为 20cm,顶板全跨等厚为 20cm,腹板全跨等厚为 30cm。UHPC 箱梁刚接桥墩处截面和主跨跨中截面分别如图 5-6 所示。

UHPC 连续箱梁桥采用节段预制,悬臂拼装,每个节段设有一道 0.12m 厚的横隔板;靠近中间桥墩处的节段长度为 2m,其余节段长度为 4m。按照概念设计方案,试设计方案仅在桥梁纵向设置体外预应力体系,纵向体外索锚固在箱梁各节段端面的齿板上。

UHPC 箱梁桥预应力筋统一采用规格为单束 19 孔-15.24 钢绞线群锚体系。具体配置:中支点顶板预应力筋共 152 束;中支点腹板预应力筋共 98 束;主跨跨中顶板预应力筋共 12 束;主跨跨中底板预应力筋共 46 束。预应力钢筋抗拉强度标准值为 1860MPa,张拉控制应力为

1395MPa,单束张拉吨位 3710kN。

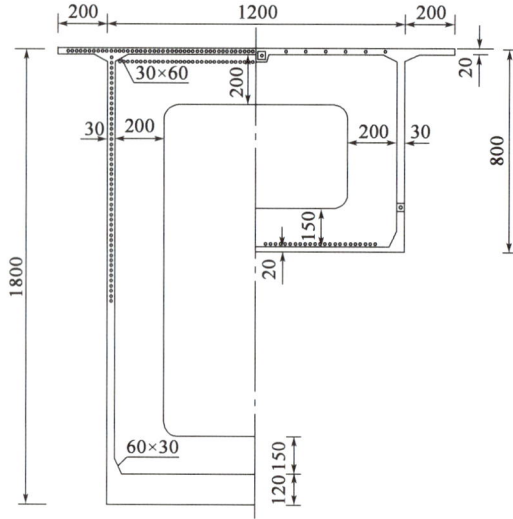

图 5-6　控制截面尺寸(单位:cm)

5.2.3　整体静力分析

采用 MIDAS/Civil 软件对结构进行整体静力分析。计算中考虑恒载、汽车荷载(公路-Ⅰ级)、人群荷载(标准值取为 2.5kN/m²)、温度荷载、基础沉降等作用,所得 UHPC 箱梁桥在正常使用极限状态下的最大主拉应力包络图和最大主压应力包络图如图 5-7 所示。

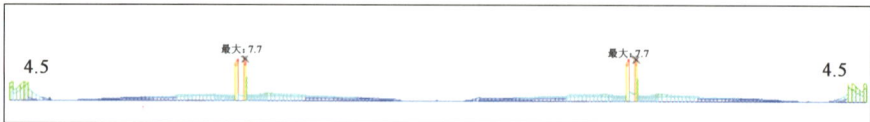

a)正常使用阶段应力验算组合下的最大拉应力包络图

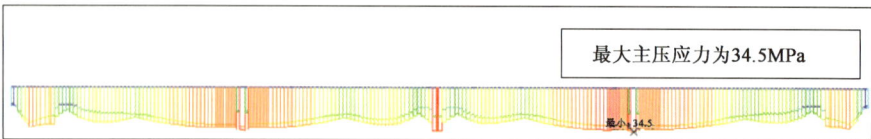

b)正常使用阶段应力验算组合下的最大主压应力包络图

图 5-7　内力包络图(单位:MPa)

正常使用极限状态下,成桥阶段的最大主压应力约为 34.5MPa,最大主拉应力约为 4.5MPa,均处于较低水平;汽车荷载作用下,UHPC 主梁的最大挠度为 0.22m(l/1818,l 为跨径),满足刚度要求。因此,可初步认为单向预应力 UHPC 箱梁桥满足结构整体受力和变形要求。

5.2.4 结构空间受力分析

UHPC 箱梁桥采用单向预应力,密集横隔板的设置使 UHPC 箱梁各板件沿纵向增加了一系列的加劲板,结构空间受力将发生变化。

采用 ANSYS 软件对结构进行空间受力分析,考察车辆荷载作用于 400m 主跨 l/4(l 为跨径)附近时的结构局部受力情况。取外荷载为车辆荷载,荷载作用位置为 l/4 主跨附近,UHPC 箱梁采用 SHELL63 板壳单元进行结构建模;横隔板设置取纵向间隔 4m、纵向间隔 8m 和无横隔板三种情形;在分析截面扭转变形和截面畸变时,考虑偏心车道荷载中的竖向反对称荷载作用于 UHPC 箱梁桥。

不同横隔板情形下 UHPC 箱梁的应力与扭转变形计算结果汇总于表 5-3。计算结果表明,密集设置横隔板可有效降低横桥向的最大拉应力,每隔 4m 设置一道横隔板时,UHPC 箱梁的横桥向最大拉应力为 3.5MPa,仅为无横隔板情形时的 21.88% 左右。与此同时,横隔板可大幅度减少薄壁箱梁的扭转变形,抑制薄壁箱梁的截面畸变,每隔 4m 设置一道横隔板时,箱梁截面扭转变形和箱梁框架横向正应力计算结果如图 5-8 和图 5-9 所示,UHPC 箱梁的主梁扭转角峰值很小(约为 2.99×10^{-4} rad),仅为无横隔板情形时的 39.81% 左右。因此,设置横隔板可明显改善 UHPC 箱梁的结构受力,使得单向预应力 UHPC 箱梁桥方案具有可行性。

表 5-3 不同横隔板情形下 UHPC 箱梁的应力与扭转变形计算结果

板隔板设置情况		每隔 4m 设置一道	每隔 8m 设置一道	无横隔板
横桥向最大拉应力(MPa)		3.5	8.6	16.0
主梁扭转角峰值(10^{-4} rad)	最大值	0.402	0.458	5.10
	最小值	−2.99	−3.24	−7.51
框架横向正应力峰值(MPa)	最大值	0.402	0.505	1.13
	最小值	−0.402	−0.505	−1.13

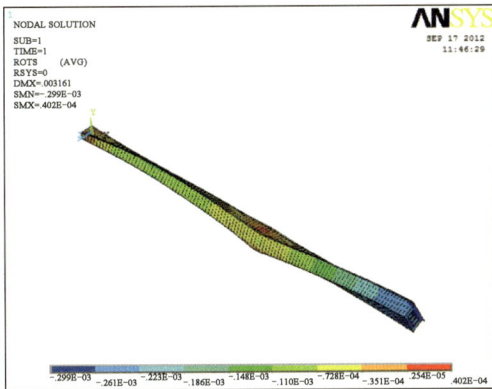

图 5-8 箱梁截面扭转畸变(单位:rad)

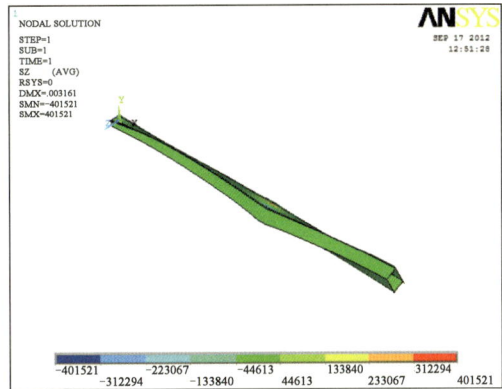

图 5-9 箱梁框架横向正应力(单位:Pa)

针对上述单向预应力 UHPC 箱梁结构,作者团队从 UHPC 箱梁腹板抗剪、桥面板局部受力、扭转畸变、整体及局部稳定、接缝设计与承载以及体外预应力筋转向构造等方面开展了大量试验和理论研究,全面了解并掌握单向预应力 UHPC 箱梁的力学性能,为工程应用提供理论支撑。下面,结合各部分的研究工作进行详细介绍。

5.3 UHPC 箱梁腹板抗剪性能

5.3.1 试验模型尺寸设计

为研究单向预应力 UHPC 箱梁结构中,密集横隔板对箱梁腹板抗剪承载力的影响,根据受力模式相似原则,设计箱梁腹板抗剪性能试验[11]。试验共设计两个抗剪试验梁模型。

试验梁 1 为变截面双悬臂 UHPC 梁,悬臂根部梁高 $h = 700\text{mm}$,翼缘宽度 $b = 200\text{mm}$,腹板厚度 $t = 50\text{mm}$,横隔板厚度 50mm,间距 200mm,如图 5-10 所示。试验模型剪跨比为 1.7,钢筋均采用 HRB330。其中,支撑点截面处纵筋配筋率为 2.47%,直径为 16mm;有横隔板处箍筋为四肢箍,无横隔板处和无横隔板端箍筋为单肢箍,箍筋间距 50mm,直径为 8mm,配箍率为 2%。

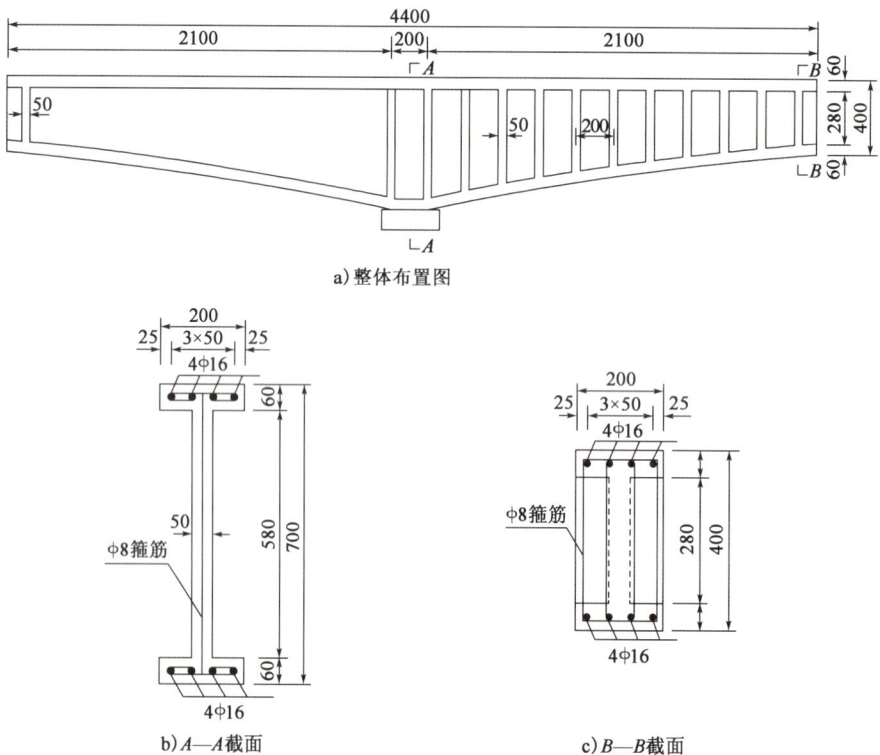

图 5-10 腹板抗剪试验模型 1(单位:mm)

试验梁 2 为变截面双悬臂 UHPC 梁,悬臂根部梁高 $h = 400\text{mm}$,翼缘宽度 $b = 260\text{mm}$,腹板厚度 $t = 40\text{mm}$,横隔板厚度 40mm,间距 150mm,如图 5-11 所示。试验模型钢筋均采用

HRB400,纵向钢筋直径为28mm,梁端截面纵筋配筋率为5.5%;有横隔板处箍筋为三肢箍,无横隔板处和无横隔板端为单肢箍,箍筋间距75mm,直径为10mm,配箍率为2.6%。

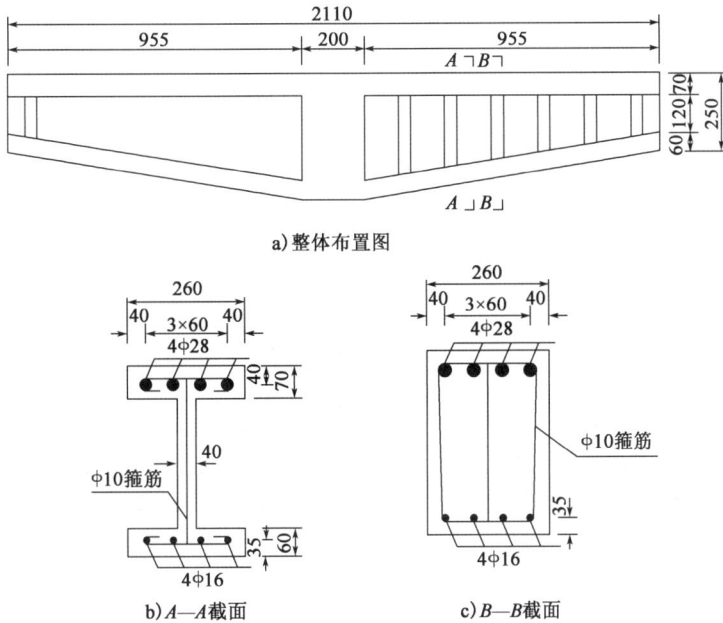

a) 整体布置图

b) A—A截面   c) B—B截面

图 5-11　腹板抗剪试验模型 2(单位:mm)

5.3.2　试验加载和量测内容

对于试验梁1,采用密集横隔板区段加载和无横隔板区段加载两个工况,如图5-12所示。在试验梁两横隔板间的腹板位置粘贴应变片,测试加载过程中梁体应变变化。

对于试验梁2,采用两端对称加载,如图5-13所示。在加载点和支撑点布置千分表,用于观测挠度变形。对无横隔板试验梁段,加载和测点布置与横隔板试验梁段保持对称。

正式加载前,对试验梁以每级10kN荷载进行预压,检查仪器和加载装置是否正常;正式加载时,初期加载为每级20kN,在接近混凝土开裂时每级10kN,观察和记录裂缝的发展;开裂之后每级恢复至20kN,至接近破坏,在破坏阶段每级荷载降低至10kN。

5.3.3　试验结果分析

对于试验梁1,选取悬臂根部最早出现裂缝区域的相关典型测点进行对比分析,图5-14为某典型测点的荷载-主应变曲线对比。当荷载小于55.9kN时,密集横隔板区段构件测点主应变和无横隔板区段构件测点主应变均与荷载呈线性关系;当荷载大于55.9kN时,两者的荷载-主应变曲线出现分叉,密集横隔板区段构件测点主应变与荷载依旧保持线性关系,而无横隔板区段构件测点的主应变产生较大增幅,等荷载条件下,无横隔板区段构件测点处主应变明显高于密集横隔板区段构件测点。

a)测点布置图

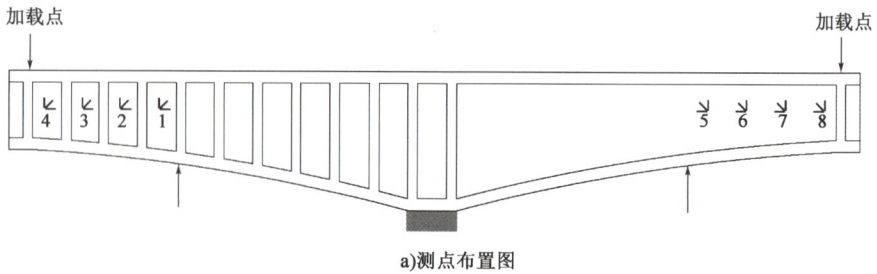

b)无横隔板区段加载

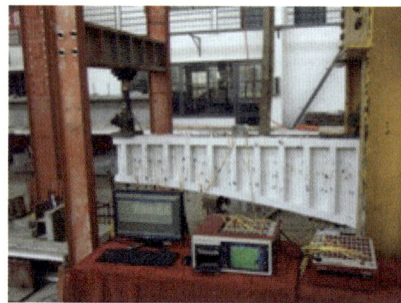

c)密集横隔板区段加载

图 5-12　试验梁 1 腹板抗剪试验

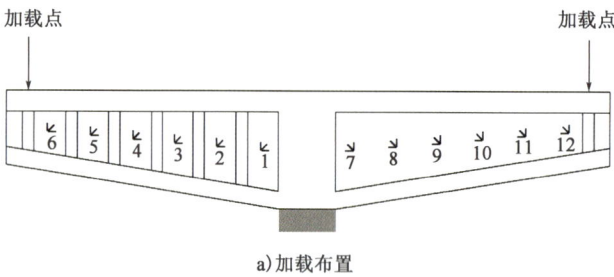

a)加载布置

b)试验加载

图 5-13　试验梁 2 腹板抗剪试验

试验结果表明:腹板开裂时,UHPC 梁的主应变达到 $1000\mu\varepsilon$,UHPC 构件腹板具有较高的抗剪承载能力;横隔板对腹板的加劲作用有效抑制了腹板斜裂缝的产生和发展。因此,密集横隔板的设置可改善腹板的抗剪特性。

对于试验梁 2,试验梁无横隔板区段和密集横隔板区段的裂缝分布如图 5-15 所示。当荷载达到 420kN 时,无横隔板区段梁体发生剪压破坏;对于密集横隔板区段的悬臂梁,在荷载相当的情况下,裂缝开展尚不明显,未形成贯通的斜裂缝。

试验梁腹板处裂缝宽度随荷载变化情况如图 5-16 所示。对于无横隔板区段:当加载至 90kN 时,腹板处产生宽为 0.03mm 的初始裂缝;继续加载至 98.8kN,裂缝宽度达到 0.07mm;当荷载达到 188kN 时,腹板最大裂缝宽度达到 0.2～0.3mm。荷载作用下无横隔板区段的腹板裂缝发展非常迅速。

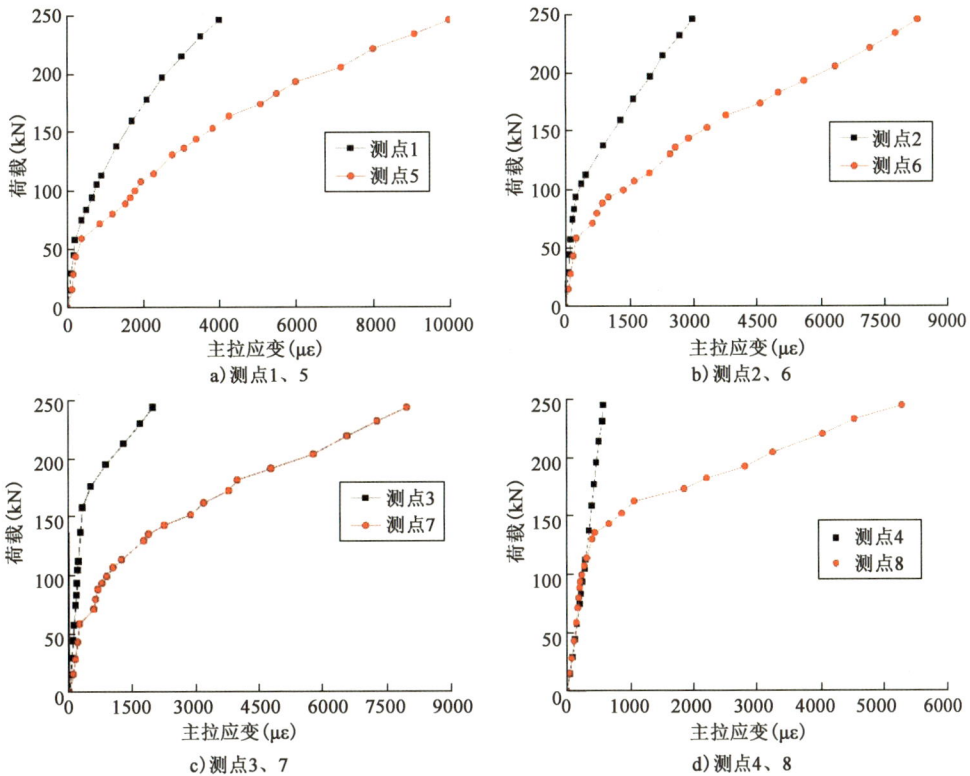

a) 测点1、5   b) 测点2、6

c) 测点3、7   d) 测点4、8

图 5-14 试验梁 1 某典型测点的荷载-主应变曲线对比

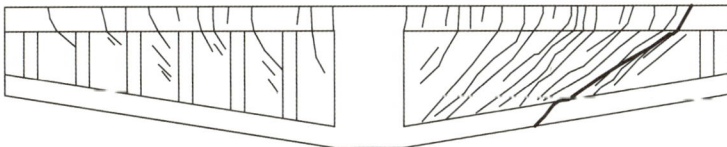

图 5-15 试验梁 2 裂缝分布图

对于密集横隔板区段:当加载至 117kN 时,腹板处产生宽为 0.02mm 的初始裂缝;加载至 157kN 时,裂缝宽度为 0.04mm;当荷载达到 200kN 时,腹板最大裂缝宽度仅为 0.07mm。荷载作用下密集横隔板区段的腹板裂缝发展缓慢,表明密集横隔板的设置可以有效抑制腹板表面裂缝的发展。

综上,横隔板的设置对于改善腹板的抗剪性能是有效的,不仅可延迟结构的开裂,而且对裂后的发展具有较好的抑制性。在相同荷载条件下,有横隔板的梁体斜裂缝相较于无横隔板的梁体腹板斜裂缝具有少而细的分布特性。

5.3.4 抗剪承载力理论计算对比分析

上述 UHPC 箱梁腹板抗剪试验中,试验梁 2 的无横隔板区段发生了剪压破坏现象。以腹板抗剪试验梁 2 的各项试验参数为基准,根据本书 2.5.3 节中介绍的抗剪承载力计算方法,对试验梁进行抗剪承载力理论计算。

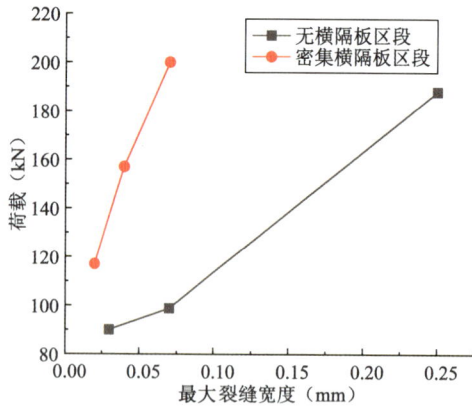

图 5-16　腹板处裂缝宽度随荷载变化情况

$$V_u = \alpha_1 \alpha_2 (V_c + V_f) + V_s + V_p \tag{5-1}$$

其中，UHPC 基体抗剪承载力设计值

$$V_c = \alpha_{cv} \sqrt{f_{ck}} b h_0 \tag{5-2}$$

钢纤维抗剪承载力设计值

$$V_f = 0.9 \alpha_{fv} f_{td} b h_0 \tag{5-3}$$

抗剪钢筋抗剪承载力设计值

$$V_s = 0.9 \frac{A_{sv}}{s} f_{sv} h_0 \tag{5-4}$$

试验梁未设置预应力，故预应力弯起钢筋抗剪承载力设计值 $V_p = 0$。式中各项参数含义见本书 2.5.3 节。

对试验梁 2 中所用的 UHPC 和钢筋强度分别取实测值和设计值进行计算，参数取值与相应计算结果汇总于表 5-4。

表 5-4　试验梁 2 材料参数取值

UHPC 轴心抗压强度	实测值	121.3
	设计值	84.0
UHPC 轴心抗拉强度	实测值	8.0
	设计值	4.41
钢筋强度	实测值	502
	设计值	330

当计算中各项材料参数采用实测值时，试验梁 2 的腹板抗剪承载力计算值为 316.8kN，实际加载过程中，无横隔板区段斜截面在荷载达到 420kN 时发生剪压破坏，是计算值的 1.33 倍；而有横隔板区段由于设置了横隔板会进一步增强腹板的抗剪能力，抗剪承载力更高。当计算中各项材料参数采用规范值时，试验梁 2 的腹板抗剪承载力计算值为 204.2kN，试验值为计算值的 2.1 倍。

5.4　UHPC 箱梁桥面板局部受力性能

密集横隔板的设置有利于解决 UHPC 箱梁薄壁化所面临的桥面板局部刚度问题，改变了桥面板在汽车轮载作用下的局部受力模式。传统混凝土箱梁桥多在墩顶及跨中处设置横隔板,桥面轮载由顶板至腹板单向传递,如图 5-17a) 所示;而在密集横隔板 UHPC 箱梁桥中,横隔板沿纵桥向密集设置,横隔板与箱梁腹板共同支承顶板承受桥面轮载,桥面轮载沿纵横双向传递,如图 5-17b) 所示,与传统构造混凝土箱梁桥面板相比,其受力性能与传力机理均发生质变。

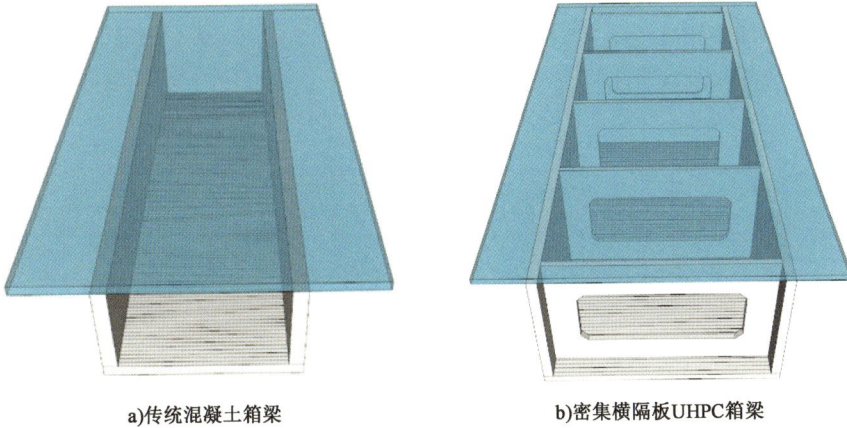

a)传统混凝土箱梁   b)密集横隔板UHPC箱梁

图 5-17   箱梁桥面板传力模式对比

针对单向预应力 UHPC 箱梁结构,本节主要通过模型试验与数值模拟分析 UHPC 箱梁桥面板在荷载作用下的局部受力性能。

5.4.1   UHPC 箱梁桥面板静载模型试验

5.4.1.1   试验模型

选取 400m 级 UHPC 连续箱梁桥的 35m 长预制梁段,结合 UHPC 箱梁桥面板受力性能研究需要,设计 UHPC 箱梁 1∶5 缩尺试验模型[12],如图 5-18 所示。模型长 7m,顶板宽 1.9m,底板宽 1.6m,为设置有密集横隔板的双悬臂变截面 UHPC 箱梁。为对比不同隔板间距下桥面板受力性能差异,左右两侧采用不同横隔板间距。模型设计由三节段拼装而成,节段间黏结环氧树脂胶。

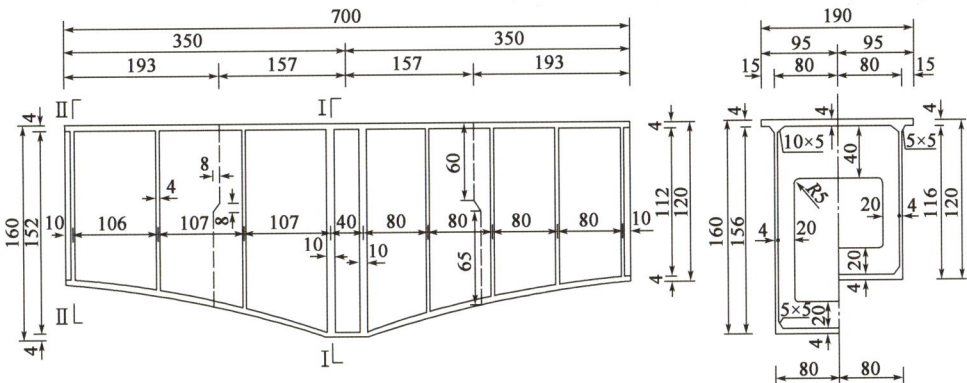

图 5-18   试验模型(单位:cm)

顶、底板水平接缝采用单键齿形式:倾角45°,键齿深10cm,高60cm;腹板竖向接缝采用单牛腿式,牛腿倾角45°,深8cm,高取1/2梁高,为65cm;模型沿纵桥向配置6束体外预应力钢束锚于端横隔板上,预应力钢束采用公称直径15.24mm的低松弛钢绞线,钢束张拉控制应力近顶板4束均为1046MPa,近底板2束均为865MPa,预应力钢束锚于端横隔板上并对端横隔板进行局部加强,锚固区为15cm×15cm锚固块,锚具采用OVM低回缩锚固体系,预应力钢束布置及锚固如图5-19所示。

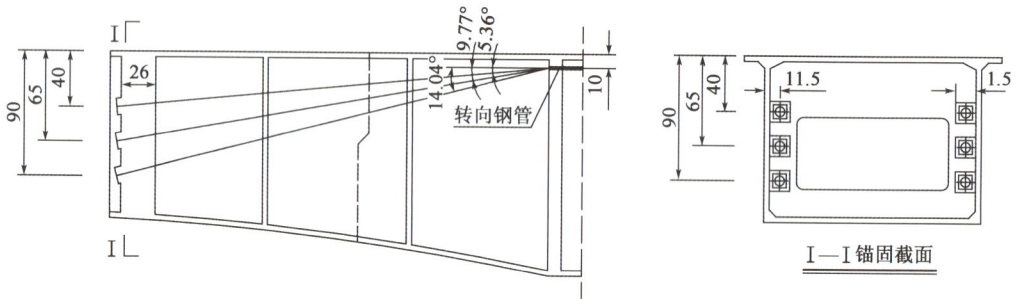

图5-19　试验模型预应力布置图(单位:cm)

试验模型(图5-20)采用工厂标准化UHPC原材料制作,水胶比为0.2,钢纤维体积掺量为2.5%,UHPC立方体试件抗压强度为99.2MPa,棱柱体试件抗折强度为20.1MPa,弹性模量 E_c 为38.2GPa。

a)箱梁外部　　　　　　　　　　　　　　b)内部横隔板

图5-20　试验模型

5.4.1.2　加载设计

试验按照应力等效原则进行加载设计。为削弱箱梁整体作用和扭转变形的影响,避免出现单侧悬臂加载不平衡的现象,并对接缝进行有效保护,在箱梁根部加载、端横隔板根部及接缝处均设置竖向支承。试验按照正常使用极限状态采用螺旋式千斤顶逐级进行加载,以加载中心处桥面板底面测点的单向应变量达 $500\mu\varepsilon$ 为加载上限,以便后续箱梁畸变、箱梁接缝等节段模型试验能顺利开展。

试验加载工况如图5-21所示,测点布置如图5-22所示,试件加载测试如图5-23所示。加载工况Ⅰ、Ⅱ为正弯矩加载工况,加载工况Ⅲ为跨横隔板负弯矩加载工况,图中 l 为纵桥向横隔板中心间距。其中加载工况Ⅰ、Ⅱ分别为考虑单轮作用的跨内正弯矩中心和偏心加载工况，对图 5-18 中横隔板间桥面板(共 7 块)分别独立进行加载；加载工况Ⅲ为考虑最大轴重的车辆后轴双轮跨横隔板负弯矩加载工况，对图 5-18 中桥面板间横隔板(共 5 片)分别独立进行加载。

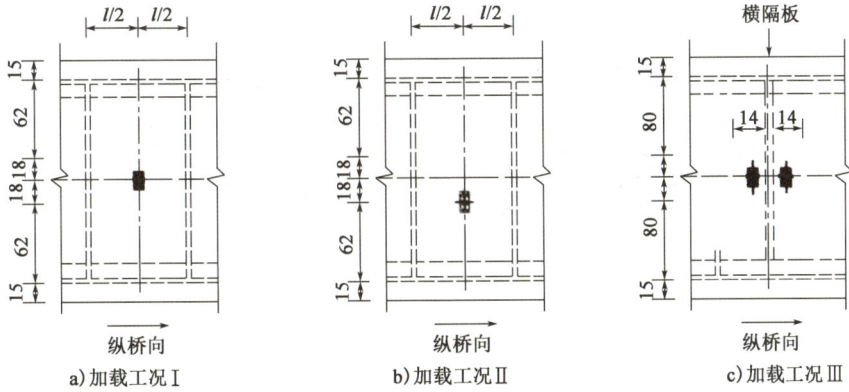

图 5-21 试验加载工况(单位:mm)

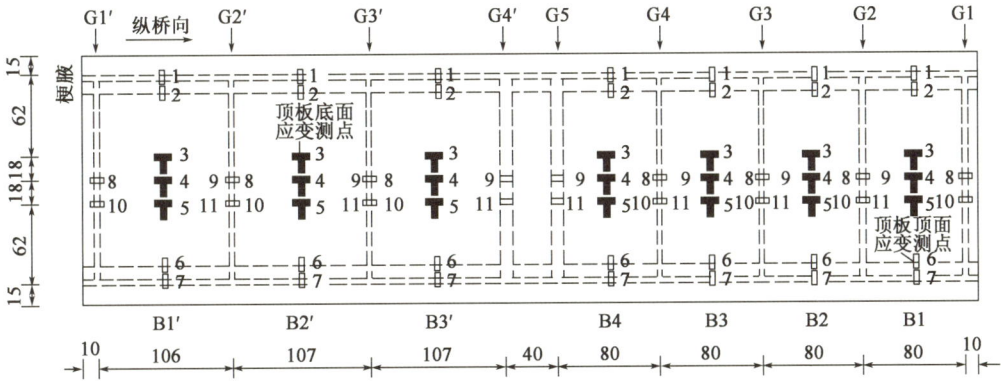

图 5-22 测点布置(单位:mm)

图 5-23 试件加载测试

5.4.1.3 试验模型有限元分析

ANSYS 建立有限元模型对试验模型进行辅助分析。箱体采用体单元 SOLID 45 模拟，预应力筋采用杆单元 LINK 8 模拟,预应力荷载采用初应变法模拟。试验加载过程中穿心式压力传感器对预应力的监测显示,预应力值变化较小,且试验中在荷载作用下接缝处箱梁顶板下缘未消压,可保证此处桥面板弹性受力,故忽略接缝影响,有限元模型如图 5-24 所示。有限元模型与试验模型边界条件一致:在箱梁根部、端横隔板根部及接缝处均约束其竖向位移。

图 5-24　UHPC 箱梁有限元模型

5.4.1.4　试验结果分析

不同的试验板位与试验载位组合下荷载工况众多,选取工况Ⅰ:桥面板跨中正弯矩,对相应测点的荷载-应变发展历程进行试验实测值与有限元计算值的对比,如图 5-25 所示。

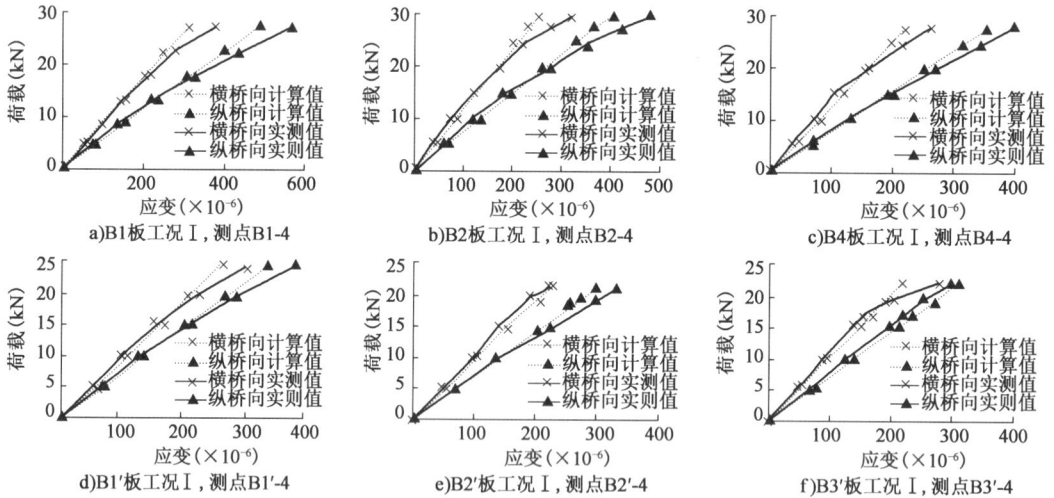

a)B1板工况Ⅰ,测点B1-4　　b)B2板工况Ⅰ,测点B2-4　　c)B4板工况Ⅰ,测点B4-4

d)B1′板工况Ⅰ,测点B1′-4　　e)B2′板工况Ⅰ,测点B2′-4　　f)B3′板工况Ⅰ,测点B3′-4

图 5-25　桥面板测点荷载-应变历程曲线

图 5-25 表明:试验荷载加至 20kN 前,实测纵、横桥向荷载-应变历程曲线基本呈线性变化,桥面板处于线弹性受力阶段,按照相似原理,试验荷载 20kN 可等效实桥荷载 500kN,约为《公路桥涵设计通用规范》(JTG D60—2015)中规定的车辆标准轮重并考虑冲击系数(0.3)后所得荷载的 5.5 倍。密集横隔板支承下 UHPC 箱梁桥面板表现出良好的受力性能。

针对 UHPC 箱梁受力特性,做出以下原因分析:

一是源于 UHPC 材料自身高弹性模量和超高韧性的特点,其弯拉强度可达 20~60MPa,约为普通混凝土的 10 倍。

二是密集横隔板的设置改变了桥面板的支承体系,桥面轮载沿纵、横两个方向分别传递至横隔板和腹板,桥面板成为双向受力构件。箱梁桥面板双向受力状态下,一方面降低了桥面板单向承载的比重,另一方面由于横隔板沿纵桥向密集设置,使纵桥向板跨成为短跨方向,与传统构造混凝土箱梁相比,桥面板主要受力方向由横桥向变为纵桥向,故图 5-25 中同一荷载等级跨中板底测点应变纵桥向大于横桥向。又由于纵桥向板跨跨径小于横桥向板跨跨径,故可进一步降低相同荷载等级下跨中及支承处的截面弯矩。

5.4.2 UHPC 箱梁桥面板传力分配

结合前面 UHPC 箱梁桥面板静载模型试验结果可知,桥面板在局部轮载作用下为双向受力构件,因此,确定单一方向轮载分配比重是对桥面板横、纵桥向内力分别计算的前提条件。下面针对 UHPC 箱梁桥面板,对其荷载双向分配进行详细介绍。

5.4.2.1 桥面板荷载双向分配理论

关于双向板的荷载分配问题,我国现行公路桥梁设计规范[13]采用的是弹性力学的方法,同时推荐美国 AASHTO 规范[14]简易算法,认为:

$$P_x/P_z = l_z^3/l_x^3 \tag{5-5}$$

式中:P_x、P_z——横、纵桥向板带分配轮载大小;

l_x、l_z——横、纵桥向板带计算跨长。

在密集隔板与腹板共同支承下的桥面板,其空间约束复杂,准确的弹性力学计算不易实现,式(5-5)方法是利用荷载作用位置处横、纵桥向板带挠度相同的原理推导而得,但忽略了支撑刚度和边界条件的影响。对于 UHPC 箱梁桥面板模型,在已获得线弹性阶段可靠实测与有限元应变结果的前提下,可通过一定的推导计算,确定其荷载纵横向分配比值。

已知加载中心处板底横向应变 ε_x,纵向应变 ε_z,且

$$\varepsilon_x = \frac{1}{E_c}(\sigma_x - \mu\sigma_z) \tag{5-6}$$

$$\sigma_x = \frac{M_x}{I_x} \cdot y_x, \quad \sigma_z = \frac{M_z}{I_z} \cdot y_z \tag{5-7}$$

式中:μ——材料泊松比;

σ_x、σ_z——加载中心处板底横、纵桥向应力;

I_x、I_z——横、纵桥向单位宽度板带在荷载作用截面的抗弯惯性矩;

y_x、y_z——横、纵桥向单位宽度板带荷载作用截面中性轴至板底面的距离;

M_x、M_z——考虑双向弯矩相互影响的横、纵桥向单位宽度板带的跨内弯矩。

$$M_x = m_x + \mu m_z, \quad M_z = m_z + \mu m_x \tag{5-8}$$

式中:m_x、m_z——$\mu = 0$ 时横、纵桥向单位宽度板带计算的跨内弯矩。

$$m_x = \alpha P_x l_x, \quad m_z = \beta P_z l_z \tag{5-9}$$

式中:α、β——与桥面板横、纵向边界支承条件相关的计算系数。

由以上各式得:

$$\begin{cases} \varepsilon_x = \dfrac{\alpha P_x l_x}{E_c}\left(\dfrac{y_x}{I_x} - \dfrac{\mu^2 y_z}{I_z}\right) + \dfrac{\mu\beta P_z l_z}{E_c}\left(\dfrac{y_x}{I_x} - \dfrac{y_z}{I_z}\right) \\[3mm] \varepsilon_z = \dfrac{\beta P_z l_z}{E_c}\left(\dfrac{y_z}{I_z} - \dfrac{\mu^2 y_x}{I_x}\right) + \dfrac{\mu\alpha P_x l_x}{E_c}\left(\dfrac{y_z}{I_z} - \dfrac{y_x}{I_x}\right) \end{cases} \tag{5-10}$$

设板厚为 ι,对上述薄壁箱梁模型,顶板板厚与板跨长之比最大为 $1/20 < 1/8$,可视为薄板,对横、纵等厚单位宽度板带跨内截面存在:

$$I_x = I_z = \frac{1}{12}t^3 \tag{5-11}$$

$$y_x = y_z = \frac{t}{2} \tag{5-12}$$

将式(5-11)、式(5-12)代入式(5-10)并化简得：

$$\frac{P_x}{P_z} = \frac{\varepsilon_x}{\varepsilon_z} \cdot \frac{l_z}{l_x} \cdot \frac{\beta}{\alpha} \tag{5-13}$$

对式(5-13)采用以下两种思路进行化简。

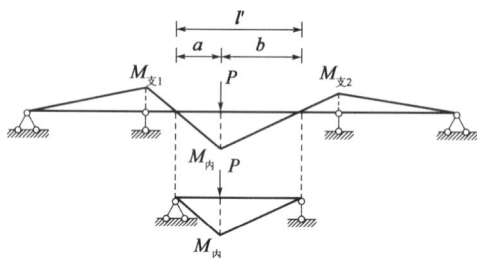

图 5-26 等代简支跨计算图式

思路一：桥面板四边与支承梁肋整体连接，近似视四边支承条件的影响相同取 $\alpha \approx \beta$，则式(5-13)可化简为：

$$\frac{P_x}{P_z} \approx \frac{\varepsilon_x}{\varepsilon_z} \cdot \frac{l_z}{l_x} \tag{5-14}$$

思路二：桥面板属多跨连续板，如图 5-26 所示，其纵、横向单宽板带按连续梁计算的荷载作用位置处截面弯矩与取连续梁等代简支跨计算的同位置处截面弯矩相等。

图 5-26 中：P 为汽车轮载，$M_内$ 为荷载作用位置处截面弯矩，$M_{支1}$、$M_{支2}$ 为连续跨左、右支承处弯矩，a、b 为荷载作用位置至等代简支跨左右边界距离，l' 设为等代简支跨长，则：

$$M_内 = \frac{ab}{(a+b)^2}Pl' \tag{5-15}$$

正弯矩作用最不利工况为图 5-21a)所示加载工况 I，荷载作用于跨中，则 $a = b$，式(5-9)按照等代简支跨思路可化为：

$$m_x = \frac{1}{4}P_x l'_x, \quad m_z = \frac{1}{4}P_z l'_z \tag{5-16}$$

式中：l'_x、l'_z——横、纵桥向等代简支跨跨长。$\alpha = \beta = 1/4$，式(5-13)可等代替换为：

$$\frac{P_x}{P_z} = \frac{\varepsilon_x}{\varepsilon_z} \cdot \frac{l'_z}{l'_x} \tag{5-17}$$

等代简支跨的思路避免了荷载分配计算时，桥面板实际边界相关系数 α、β 无法准确取定所造成的误差。

5.4.2.2　桥面板荷载双向分配计算

提取正弯矩作用最不利中心加载工况(工况I)下各模型桥面板加载至 5.5 倍设计轮载

(20kN)时相关有限元计算结果,分别按照上述公式计算各板轮载横纵分配比,结果如表5-5所示。

表 5-5　荷载横纵分配比 P_x/P_z 计算

面板长宽比($l_z : l_x$)		疏隔板侧(1:1.5)			密隔板侧(1:2)			
	桥面板编号	B1′	B2′	B3′	B4	B3	B2	B1
P_x/P_z	按式(5-5)	0.314	0.323	0.323	0.135	0.135	0.135	0.135
	按式(5-14)	0.497	0.497	0.483	0.318	0.323	0.323	0.332
	按式(5-17)	0.665	0.648	0.615	0.527	0.523	0.526	0.551

由于疏隔板侧桥面板的长宽比大于密隔板侧,疏隔板侧荷载横纵分配更均匀,故表5-5中各式计算荷载横纵分配比疏隔板侧均大于密隔板侧;按照式(5-5)、式(5-14)、式(5-17)计算的荷载横纵分配比逐渐增大;按照式(5-17)计算工况Ⅰ荷载纵横比均值,疏隔板侧约为1:0.64,密隔板侧约为1:0.53。

5.4.2.3　桥面板控制内力计算

选取B2′、B2板在工况Ⅰ下加载至20kN为算例,利用表5-5中各式计算所得的荷载分配比值分别确定桥面板横、纵桥向分配荷载 P_x、P_z,再以此为计算荷载并参照我国现行公路桥梁设计规范[13]及美国 AASHTO 规范[14]中对桥面板跨中弯矩的计算方法,对纵横向单位宽度板带跨中弯矩进行加载计算,并与有限元计算值和试验测试值对比,如表5-6所示。

表 5-6　单位宽度板带跨中弯矩计算(单位:kN·m)

荷载分配算法	跨中弯矩算法	B2′板跨中弯矩		B2板跨中弯矩	
		纵桥向	横桥向	纵桥向	横桥向
式(5-5)	文献[13]算法	4.75	1.97	5.27	1.18
式(5-14)		4.20	2.68	4.52	2.43
式(5-17)		3.81	3.18	3.92	3.43
式(5-5)	文献[14]算法	4.44	1.71	5.27	0.97
式(5-14)		3.92	2.32	4.52	1.99
式(5-17)		3.56	2.75	3.92	2.82
有限元计算值		3.40	2.73	3.22	2.36
试验测试值		3.54	2.66	3.34	2.47

随着表5-5中式(5-5)、式(5-14)、式(5-17)计算荷载横纵分配比的逐渐增大,荷载横纵分配趋于均匀,桥面板受力更为合理,与表5-6中实测横、纵向内力相差较小的事实一致,按照式(5-17)计算的荷载分配比下的内力计算结果与实测内力最接近,且基于计算所得内力控制值,相对实测内力值需偏安全而又不过于保守的考虑,按照式(5-17)进行荷载分配计算较合理;由于我国及美国 AASHTO 规范中关于连续桥面板内力算法的理论来源均为单向板,故其内力算法直接用于该 UHPC 双向受力桥面板尚存在一定偏差。

对于桥面板支承负弯矩区,由于密集横隔板的设置,使其构造与受力较传统箱梁均复杂,现分别计算B2′、B2板在图5-21所示各试验加载工况Ⅰ、Ⅱ、Ⅲ下,加载至20kN时,桥面板纵、横支承处的实测负弯矩值,并选取其中最大值为控制值,与对应的有限元计算值和按照前文方法的推导计算值进行对比,如表5-7所示。

表5-7 单宽板带支承处弯矩计算(单位:kN·m)

内力值		B2′板支承处弯矩		B2板支承处弯矩	
		纵桥向	横桥向	纵桥向	横桥向
试验测试值	加载工况 I	0.97	0.77	0.99	0.43
	加载工况 II	0.90	1.14	0.96	0.78
	加载工况 III	3.25	—	2.83	—
控制值		3.25		2.83	
对应有限元值		3.16		2.97	
对应推算值1		3.89		3.35	
对应推算值2		3.54		3.95	

对UHPC薄壁箱梁双向受力桥面板,腹板与横隔板支承处均为承载负弯矩区,表5-7表明桥面板负弯矩以横隔板支承处顶部纵桥向弯矩为控制值;利用前文等代简支跨思路计算得到的结果与实测内力相接近;表5-7中其他受力部位及工况下的负弯矩绝对值均小于控制值,可确保UHPC桥面板不开裂。

综上,与传统构造混凝土箱梁桥面板相比,具有密集横隔板构造的UHPC箱梁桥面板属双向受力构件,桥面板单向承载比重降低,且主受力方向由传统的横桥向变为纵桥向;线弹性受力阶段,最不利正弯矩工况下桥面板轮载纵、横向分配比的平均值疏隔板侧(板的边长比1:0.67)约为1:0.64,密隔板侧(板的边长比1:0.50)约为1:0.53,密集横隔板的设置使桥面板荷载趋于双向分配,桥面板的受力效率提高。

5.5 UHPC箱梁扭转畸变性能

相关研究[15]表明:对于中间不设置横隔板的30m简支梁,壁厚约为1/10梁高时,扭转与畸变荷载共同作用下箱梁所产生的纵向翘曲应力,在数值上与恒载及活载作用下箱梁弯曲正应力处于同一水平。由此,在箱形截面梁内力计算时,畸变效应是不可忽视的重要影响因素。本节主要通过畸变模型试验,分析UHPC箱梁在荷载作用下的扭转畸变性能。

5.5.1 试验概况

依据本章5.4节图5-18介绍的UHPC箱梁桥面板局部受力静载试验模型,在局部受力静载试验结束后,开展UHPC箱梁扭转畸变试验[16]。设计了四种加载工况,以便对UHPC扭转畸变进行分离,具体加载工况如图5-27所示,其中,a、b指同一工况下先在a位置加载,而后在b位置进行加载。UHPC箱梁扭转畸变试验梁如图5-28所示。

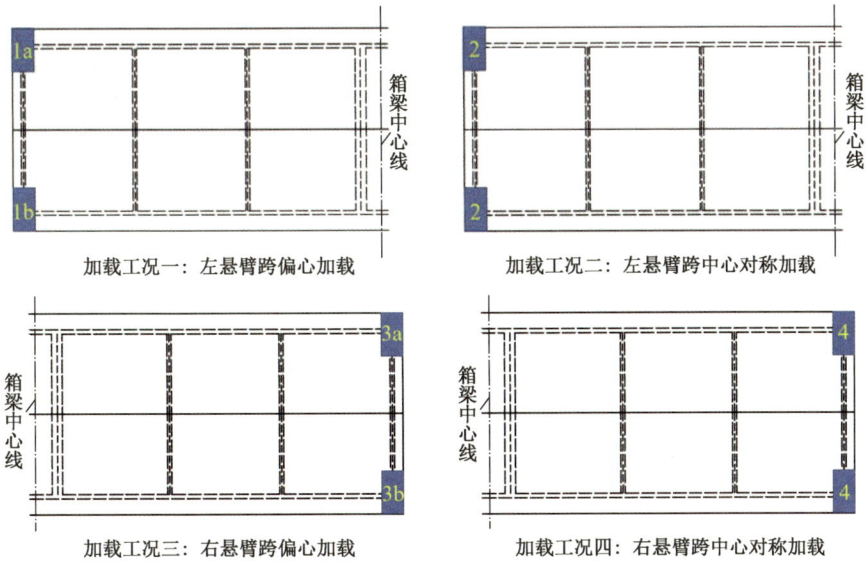

加载工况一：左悬臂跨偏心加载　　　　　加载工况二：左悬臂跨中心对称加载

加载工况三：右悬臂跨偏心加载　　　　　加载工况四：右悬臂跨中心对称加载

图 5-27　UHPC 箱梁扭转畸变试验加载工况

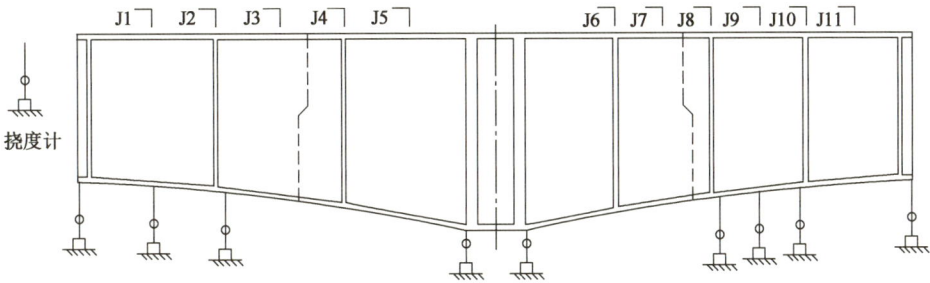

图 5-28　UHPC 箱梁扭转畸变试验梁

5.5.2　扭转畸变翘曲正应力

箱梁在偏心荷载作用下,不仅会产生弯曲应力,还会产生刚性扭转翘曲正应力以及畸变翘曲正应力。分析时,当将偏心荷载一侧应力实测值减去中心对称荷载作用下的应力值,即为扭转畸变纵向翘曲应力实测值,而扭转畸变效应的应力值占弯曲效应应力值的百分比能够反映出对箱梁受力状态的影响程度。不同工况下梁体荷载-纵向正应力曲线及 140kN 荷载条件下应力对比如图 5-29 所示。图中角点位置即为横隔板与腹板交界点,当作用偏心荷载时,为加载侧顶板角板;当作用中心荷载时,为顶板两角点平均值。

从图 5-29a)、b)可以看出,荷载-应力变化曲线基本呈线性关系,说明试验过程中梁体是基本处于弹性变形的,而且整体应力处于较低的水平。薄壁箱梁结构与传统混凝土箱梁比较,在相同偏心荷载下,由于壁厚的减小,畸变问题会更加突出,各截面应力值也会增大,而本节研究的 UHPC 薄壁箱梁由于密集横隔板的存在,从图 5-29 可以看出,应力值都处于较低的水平;此外,该薄壁结构从三横隔板增加至四横隔板,应力值最大减幅达到了 38%。

243

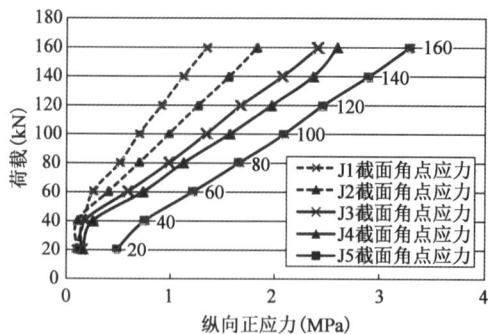

a)工况1a三隔板跨荷载-应力曲线

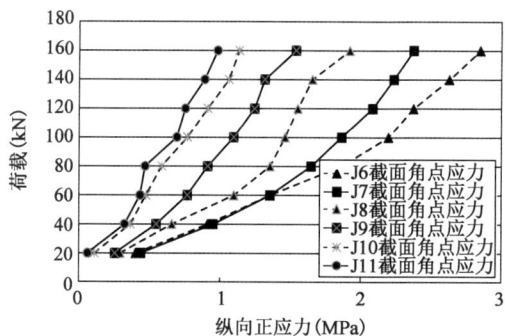

b)工况3a四隔板跨荷载-应力曲线

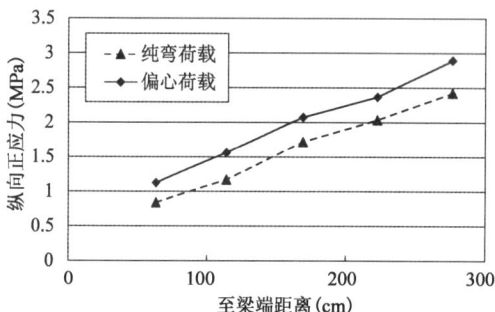

c)工况1a、工况2三隔板跨应力

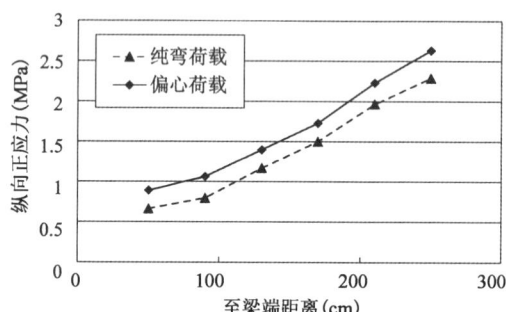

d)工况3a、工况4四隔板跨应力

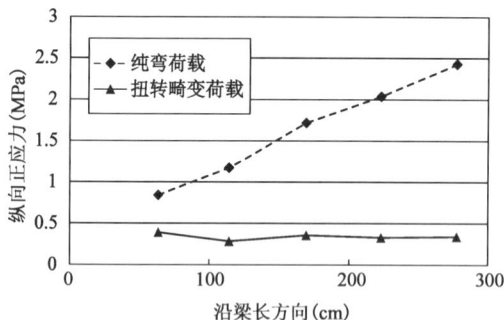

e)三隔板跨纯弯与扭转畸变应力

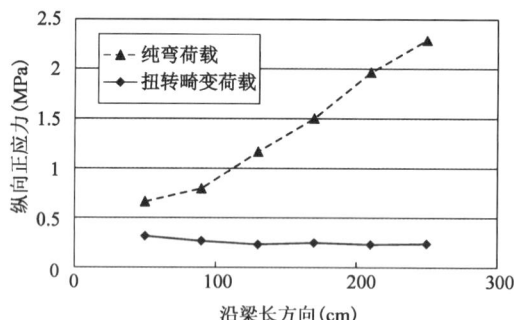

f)四隔板跨纯弯与扭转畸变应力

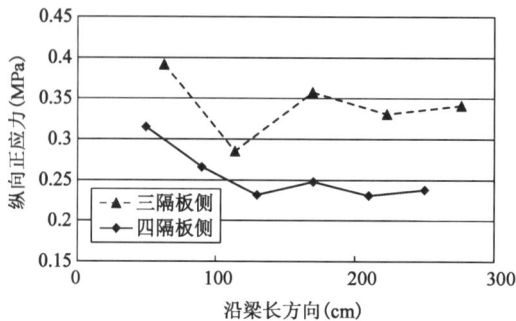

g)两悬臂跨扭转畸变正应力

图 5-29　UHPC 箱梁扭转畸变试验应力结果

由此说明,增加横隔板的数量在一定程度上可以减小扭转畸变应力,这是因为增加横隔板数量后,箱梁的横向连接增强,从而使箱梁的框架刚度得以增强,约束并减小箱梁腹板和顶底板的变形,增强了梁体的抗扭刚度。因此设置密集横隔板对于薄壁箱梁是必要的;而减幅最大的地方,正好是在增加的横隔板附近,说明在某截面设置一道横隔板,可使该截面以及附近一定区域截面的扭转畸变效应产生不同程度的减小。

在荷载等级为 140kN 时,悬臂梁测试角点纵向翘曲正应力之间的关系如表 5-8 和表 5-9 所示。

表 5-8　三隔板悬臂梁测试角点纵向翘曲正应力(单位:MPa)

至梁端距离(cm)	63	114	169.5	223	276.5
扭转畸变应力(①)	0.3914	0.274	0.3572	0.3306	0.3411
弯曲应力(②)	0.8398	1.2219	1.7176	2.0368	2.4244
①/②	46.6%	22.4%	20.8%	16.2%	14.1%

表 5-9　四隔板悬臂梁测试角点纵向翘曲正应力(单位:MPa)

至梁端距离(cm)	50	90	130	170	210	250
扭转畸变应力(①)	0.315	0.258	0.2318	0.248	0.231	0.238
弯曲应力(②)	0.6612	1.0812	1.1666	1.501	1.9646	2.2876
①/②	47.6%	23.9%	19.9%	16.5%	11.8%	10.4%

从表中数据可以看出,三隔板悬臂梁扭转畸变应力与相应荷载的弯曲应力比值为 14.1% ~46.6%,四隔板悬臂梁扭转畸变应力与相应荷载的弯曲应力比值为 10.4% ~47.6%,因此,当分析大跨径变截面 UHPC 连续箱梁在偏心荷载下作用下的内力时,不能忽略扭转畸变效应的影响。从加载位置到固端,畸变翘曲应力占同荷载下的弯曲应力比值在不断减少,且畸变应力的影响在降低,且对于偏心集中荷载,畸变的影响区域有限,越靠近加载点,畸变效应越强烈。

5.5.3　挠度分析

图 5-30 为扭转畸变试验中 UHPC 箱梁试件挠度,荷载等级为 140kN 时,悬臂梁角点挠度值之间的关系如表 5-10 和表 5-11 所示。

等偏心荷载作用下,三横隔板悬臂端的竖向挠度为 4.47mm(纯弯竖向挠度 3.59mm,扭转畸变竖向挠度 0.88mm),四横隔板悬臂端的竖向挠度为 3.83mm(纯弯竖向挠度 3.32mm,扭转畸变竖向挠度 0.51mm)。由此可以看出,当横隔板数从三块增加到四块,偏心荷载作用下的竖向挠度、等条件下纯弯竖向挠度以及扭转畸变挠度都有所降低,这说明增加横隔板数在一定程度上可以降低弯曲、扭转和畸变效应值。

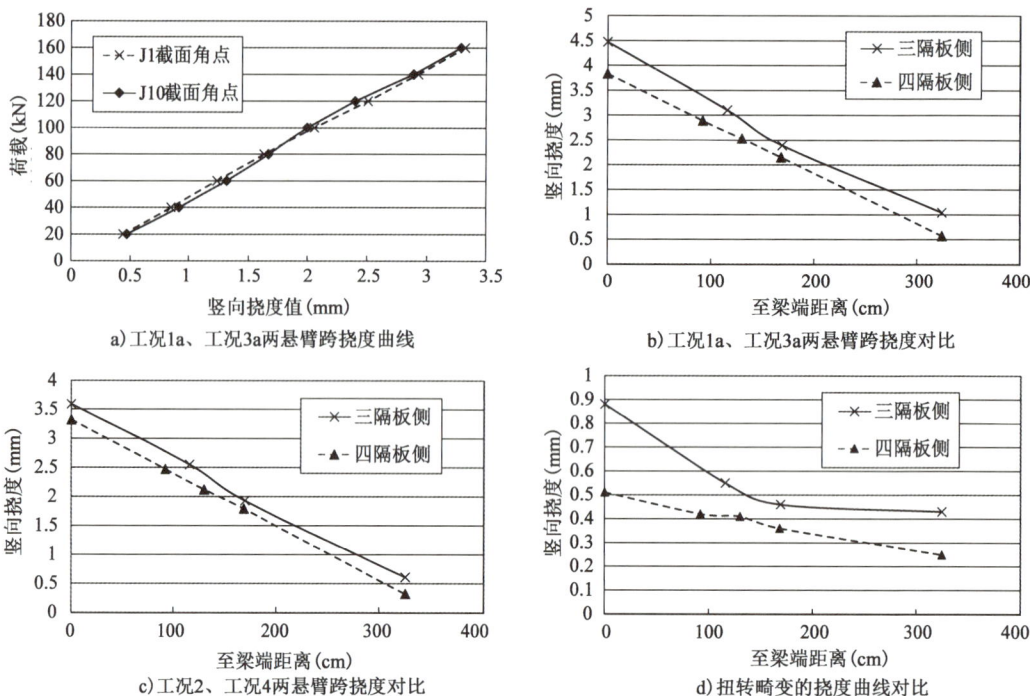

a) 工况1a、工况3a两悬臂跨挠度曲线

b) 工况1a、工况3a两悬臂跨挠度对比

c) 工况2、工况4两悬臂跨挠度对比

d) 扭转畸变的挠度曲线对比

图 5-30　UHPC 箱梁扭转畸变试验挠度结果

表 5-10　三隔板悬臂梁角点挠度值(单位:mm)

至梁端距离(cm)	0	116	169.5
偏心挠度(①)	4.47	3.1	2.39
纯弯挠度(②)	3.59	2.55	1.93
①/②	1.25	1.22	1.24

表 5-11　四隔板悬臂梁角点挠度值(单位:mm)

至梁端距离(cm)	0	92	130	168
偏心挠度(①)	3.83	2.95	2.53	2.15
纯弯挠度(②)	3.32	2.47	2.12	1.79
①/②	1.15	1.19	1.19	1.20

综上,横隔板的设置对减少箱梁的畸变效应有明显效果,从三横隔板悬臂端到四横隔悬臂端板最大的扭转畸变应力降幅为 38%,最大的畸变角降幅为 55%。因此,合理布置横隔板密度对降低扭转畸变效应有非常重要的作用。

5.6　UHPC **箱梁稳定问题**

采用薄壁构件的结构稳定问题尤其需要关注,桥梁结构的失稳现象主要有三类[17],如表 5-12 所示。

表 5-12　桥梁结构的失稳现象分类

失稳类型	失稳现象举例
个别构件的失稳	压杆的失稳和梁的侧倾
部分结构或整个结构的失稳	桥门架或整个拱桥的失稳
构件的局部失稳	组成压杆的板和板梁腹板的翘曲等, 局部失稳常导致整个体系的失稳

对于大跨径单向预应力 UHPC 箱梁桥,沿桥梁纵向布置的预应力最终将以压应力的形式传递到 UHPC 箱梁各板件上,结合本章 5.2.3 节中对 400m 级 UHPC 连续箱梁桥的整体静力计算,考虑荷载组合作用,成桥阶段主梁的压应力水平比较高,最大主压应力可达 35MPa 左右,因此,UHPC 箱梁的稳定问题尤其需要关注。本节将从 UHPC 箱梁顶板受压、底板受压、腹板剪切三个方面对单向预应力 UHPC 箱梁结构的稳定问题进行分析,以全面掌握 UHPC 箱梁结构的稳定性能[18]。

5.6.1　顶板受压弹性屈曲分析

UHPC 箱梁顶板不仅受到其腹板的嵌固约束作用,还受到柔性横隔板的支承作用。在弹性屈曲分析时,横隔板对 UHPC 薄壁箱梁顶板的支承作用可简化为弹性支承,则 UHPC 箱梁顶板局部稳定可转化为多跨弹性支承连续矩形薄板的稳定问题。

5.6.1.1　计算模型——多跨弹性支承连续矩形薄板受压屈曲

为简化计算,偏安全忽略 UHPC 箱梁腹板对其顶板的嵌固约束作用,将腹板对 UHPC 箱梁顶板的约束作用简化为简支边,UHPC 箱梁顶板受压弹性屈曲分析即转变为多跨弹性支承连续矩形薄板的屈曲问题,其计算简图如图 5-31 所示,其中:板的长度、宽度、厚度分别为 $(\alpha_1 + \alpha_2 + \cdots + \alpha_{n-1} + \alpha_n)L$、$L$、$h$,第 i 个 $(i = 1, 2, \cdots, n)$ 跨间弹性支承的刚度为 $k_i([\text{力}]/[\text{长度}])$,第 i 跨的跨径为 $\alpha_i L$;支承边 AD 和 BC 为简支边,另外两支承边 AB 和 CD 可为简支边、夹支边、自由边或弹性转动约束;βN、γN 分别为 $AB(CD)$ 和 $AD(BC)$ 边的面内压力荷载,β 和 γ 为荷载参数,N 为作用于薄板的面内压力荷载(单位板宽上的压力值);材料弹性模量为 E,泊松比为 v,剪切模量为 $G = E/[2(1 + v)]$。

对于横隔板所提供的弹性支承刚度,可将横隔板视为一根等截面梁,考虑均布荷载作用,近似取横隔板跨中处的刚度系数作为其弹性支承刚度。横隔板示意图如图 5-32 所示,记箱梁腹板之间的长度为 L,横隔板的高度为 h_d,横隔板的厚度为 t_d,则其等效的弹性支承刚度为

$$k = \frac{384EI_d}{5L^4} = \frac{384E}{5L^4}\frac{t_d h_d^3}{12} = \frac{32Et_d h_d^3}{5L^4} \tag{5-18}$$

式中:I_d——横隔板的等效抗弯惯性矩,即 $I_d = \dfrac{t_d h_d^3}{12}$。

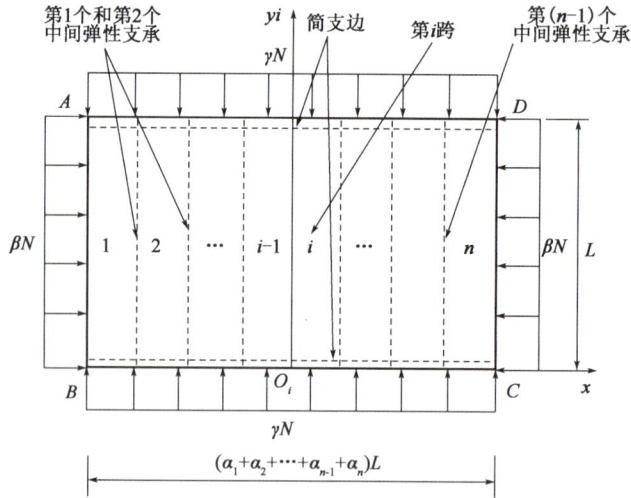

图 5-31　计算模型——多跨弹性支承连续矩形薄板

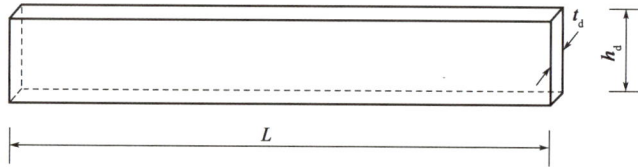

图 5-32　支承顶板的横隔板示意图

5.6.1.2　求解方法

目前,弹性支承连续矩形薄板屈曲分析的现有研究方法主要是有限条法和有限元法等数值方法,但由于弹性支承连续矩形薄板屈曲问题比较复杂,现有研究方法存在计算量较大、不便于进行影响因素分析和工程应用等问题,因此本节基于状态-空间向量法建立了一种用于弹性支承连续矩形薄板屈曲分析的计算方法,并采用文献[19]有限条法算例验证其可靠性。

对于弹性支承连续矩形薄板的第 $i(i=1,2,\cdots,n)$ 跨,其屈曲控制微分方程为[20]:

$$D\left(\frac{\partial^4 w_i}{\partial x_i^4} + 2\frac{\partial^4 w_i}{\partial x_i^2 \partial y_i^2} + \frac{\partial^4 w_i}{\partial y_i^4}\right) + \beta N\frac{\partial^2 w_i}{\partial x_i^2} + \gamma N\frac{\partial^2 w_i}{\partial y_i^2} = 0 \tag{5-19}$$

式中:下标 i——第 i 跨;

　　　w_i——矩形薄板的挠度;

　　　D——矩形薄板的抗弯刚度,即 $D = Eh^3/[12(1-v^2)]$;

　　　β、γ——荷载参数,可取 0~1 组合出不同的荷载工况,如单向受压($\beta=0$ 或 $\gamma=0$)或双向受压($\beta\neq0$、$\gamma\neq0$)。

第 i 跨坐标系 xO_iy_i 原点取为第 $(i-1)$ 个中间弹性支承与 BC 边的交点 O_i,y_i 轴与第 $(i-1)$ 个弹性支承边重合,取向上为正,各跨 x 轴与 BC 边重合,取向右为正。

第 $i(i=1,2,\cdots,n)$ 跨的挠度函数可设为[21]:

$$w_i(x,y) = \sin(m\pi y/L)X_i(x) \tag{5-20}$$

式中:m——屈曲模态 y 方向的半波数;

    X_i——屈曲模态 x 方向的形函数。

其中,式(5-20)已满足简支边 $AD(y=L)$ 和 $BC(y=0)$ 的边界条件。

将式(5-20)代入式(5-19),采用状态-空间向量表示,可得到齐次线性微分方程组:

$$\boldsymbol{\Psi}'_i - \boldsymbol{H}_i \boldsymbol{\Psi}_i = 0, \quad i = 1, 2, \cdots, n \tag{5-21}$$

式中,$\boldsymbol{\Psi}_i = \begin{bmatrix} X_i & X'_i & X''_i & X'''_i \end{bmatrix}$,$\boldsymbol{\Psi}'_i$ 是 $\boldsymbol{\Psi}$ 对 x 的一阶导数;$\boldsymbol{H}_i$ 是一个 4×4 的矩阵,它对于弹性支承连续矩形薄板的每一跨都相同,$\boldsymbol{H}_i$ 的非零元素为:

$$\begin{cases} H_{12} = H_{23} = H_{34} = 1 \\ H_{41} = -(m\pi/L)^4 + (m\pi/L)^2 \cdot \gamma N/D \\ H_{43} = 2(m\pi/L)^2 - \beta N/D \end{cases} \tag{5-22}$$

方程(5-21)可采用其基本矩阵解进行求解,即:

$$\boldsymbol{\Psi}_i = \mathrm{e}^{H_i x} \boldsymbol{c}_i = \boldsymbol{F}_i(x) \boldsymbol{F}_i^{-1}(0) \boldsymbol{c}_i \tag{5-23}$$

式中:$\mathrm{e}^{H_i x}$——式(5-21)的一个基本通解;

    $\boldsymbol{c}_i$——4×1 的待定系数矩阵,可由 AB 边和 CD 边的边界条件和跨间弹性支承处的连续条件求得。

函数 $\boldsymbol{F}_i(x)$ 可由矩阵 $\boldsymbol{H}_i$ 的特征值和特征向量求得[21]:

$$\boldsymbol{F}_i(x) = \begin{bmatrix} f_1(x) & f_2(x) & f_3(x) & f_4(x) \end{bmatrix} \tag{5-24}$$

$\boldsymbol{H}_i$ 有两个互异的实特征值 λ_1 和 λ_2,相应的特征向量分别为 v_1 和 v_2;此外,$\boldsymbol{H}_i$ 还有一对共轭特征值 $\lambda_3 = \lambda_3^r + \mathrm{i}\lambda_3^s$ 和 $\lambda_4 = \lambda_3^r - \mathrm{i}\lambda_3^s$,相应的特征向量分别为 $v_3 = v_3^r + \mathrm{i}v_3^s$ 和 $v_4 = v_3^r - \mathrm{i}v_3^s$,其中,$\mathrm{i} = \sqrt{-1}$,$\lambda_3^r$、$\lambda_3^s$、$v_3^r$ 和 v_3^s 均为实数。则有:

$$\begin{cases} f_1(x) = \mathrm{e}^{\lambda_1 x} v_1 \\ f_2(x) = \mathrm{e}^{\lambda_2 x} v_2 \\ f_3(x) = \mathrm{e}^{\lambda_3^r x}(v_3^r \cos\lambda_3^s x - v_3^s \sin\lambda_3^s x) \\ f_4(x) = \mathrm{e}^{\lambda_3^r x}(v_3^r \sin\lambda_3^s x + v_3^s \cos\lambda_3^s x) \end{cases} \tag{5-25}$$

考虑弹性支承连续矩形薄板形函数 X_i 具有与弹性支承连续梁类似的特征,可取弹性支承连续矩形薄板 x 方向的单位宽度板条进行分析,则 $X_i(i=1,2,\cdots,n)$ 应满足如下连续条件:

$$X_i \big|_{x=\alpha_i L} = X_{i+1} \big|_{x=0} \tag{5-26}$$

$$\frac{\partial X_i}{\partial x}\Big|_{x=\alpha_i L} = \frac{\partial X_{i+1}}{\partial x}\Big|_{x=0} \tag{5-27}$$

$$-DX''_i \big|_{x=\alpha_i L} = -DX''_{i+1} \big|_{x=0} \tag{5-28}$$

$$-DX'''_i \big|_{x=\alpha_i L} + k_i \cdot X_i \big|_{x=\alpha_i L} = -DX'''_{i+1} \big|_{x=0} \tag{5-29}$$

引入无量纲参数:

$$\kappa_i = k_i L^3 / D \tag{5-30}$$

则式(5-29)可改写为:

$$X'''_i \big|_{x=\alpha_i L} - \frac{\kappa_i}{L^3} \cdot X_i \big|_{x=\alpha_i L} = X'''_{i+1} \big|_{x=0} \tag{5-31}$$

当 AB 边为简支边、夹支边、自由边或弹性转动约束时，X_1 应分别满足如下边界条件：

$$\begin{cases} X_1 \big|_{x=0} = 0; \quad -D\,X_1'' \big|_{x=0} = 0 \\ 或 X_1 \big|_{x=0} = 0; \dfrac{\partial X_1}{\partial x}\bigg|_{x=0} = 0 \\ 或 -D\,X_1'' \big|_{x=0} = 0; \quad -D\,X_1''' \big|_{x=0} = 0 \\ 或 X_1 \big|_{x=0} = 0; \quad -D\,X_1'' \big|_{x=0} = -K_{1\theta}\,X_1' \big|_{x=0} \end{cases} \tag{5-32}$$

式中：$K_{1\theta}$——弹性转动约束刚度。

当 CD 边为简支边、夹支边、自由边或弹性转动约束时，相应地：

$$\begin{cases} X_n \big|_{x=\alpha_n L} = 0; \quad -D\,X_n'' \big|_{x=\alpha_n L} = 0 \\ 或 X_n \big|_{x=\alpha_n L} = 0; \dfrac{\partial X_n}{\partial x}\bigg|_{x=\alpha_n L} = 0 \\ 或 -D\,X_n'' \big|_{x=\alpha_n L} = 0; \quad -D\,X_n''' \big|_{x=\alpha_n L} = 0 \\ 或 X_n \big|_{x=\alpha_n L} = 0; \quad -D\,X_n'' \big|_{x=\alpha_n L} = -K_{n\theta}\,X_n' \big|_{x=\alpha_n L} \end{cases} \tag{5-33}$$

式中：$K_{n\theta}$——弹性转动约束刚度。

将 X_i、X_i'、X_i'' 和 X_i''' 用式（5-23）表示，代入连续条件式（5-26）~式（5-29）和边界条件式（5-32）~式（5-33），可得：

$$\boldsymbol{K} \cdot \begin{bmatrix} c_1 & c_2 & \cdots & c_i & c_{i+1} & \cdots & c_n \end{bmatrix}^{\mathrm{T}} = 0 \tag{5-34}$$

式中，$\boldsymbol{K}$ 是一个 $4n \times 4n$ 的系数矩阵，当 $\det(\boldsymbol{K})=0$ 时，相应的 N 值即为弹性支承连续矩形薄板可能的屈曲荷载，可能屈曲荷载的最小值即为弹性支承连续矩形薄板的临界屈曲荷载。屈曲系数可采用 MATLAB 软件进行编程计算，其具体步骤为：

（1）令屈曲系数 $\lambda = NL^2/(\pi^2 D)$，并设 λ 等于一个较小的初始值。

（2）计算 N 值，即 $N = \lambda \pi^2 D/L^2$。

（3）形成矩阵 $\boldsymbol{H}_i$，计算其特征值和特征向量，计算得到式（5-23）中的通解 $\mathrm{e}^{H_i x}$。

（4）结合边界条件和连续条件，得到系数矩阵 $\boldsymbol{K}$。

（5）判断 $\det(\boldsymbol{K})$ 是否变号：当 $\det(\boldsymbol{K})$ 不变号时，增大屈曲系数，即将 λ 变为 $\lambda + \Delta\lambda$，回到步骤（2）进行迭代计算；当 $\det(\boldsymbol{K})$ 变号时，进入下一步。

（6）结合前面使 $\det(\boldsymbol{K})$ 变号的屈曲系数试算值，进一步减小屈曲系数的增量，重新回到步骤（2）进行迭代计算，直到屈曲系数 λ 的误差达到设定的容许误差之内。

在求得屈曲系数 λ（相应的临界屈曲荷载为 $N = \lambda \pi^2 D/L^2$）和屈曲模态 y 方向的半波数 m 后，将其代入式（5-22）即可得到相应的矩阵 $\boldsymbol{H}_i$，并计算 $\boldsymbol{H}_i$ 的特征值和特征向量，结合边界条件和连续条件可得到系数矩阵 $\boldsymbol{K}$，对式（5-34）进行求解并作归一化处理即可得到屈曲模态。

取文献[19]算例（三跨弹性支承连续矩形薄板）：$L = 10\mathrm{m}$，$\alpha_1 = \alpha_2 = \alpha_3 = 1$，$h = 0.5\mathrm{m}$，$E = 31\mathrm{GPa}$，$k_1 = k_2 = k$，$\upsilon = 0.3$，计算前 5 阶屈曲系数。表 5-13 给出了有限条法和上文（1）~（6）方法计算结果的对比，本书方法与有限条法计算结果吻合很好，其最大误差小于 1%。

λ_i	$\kappa = 0$		$\kappa = 100$		$\kappa = 1000$	
	有限条法	本书方法	有限条法	本书方法	有限条法	本书方法
λ_1	4.00000	4.00000	4.00000	4.00000	4.00000	4.00000
λ_2	4.34031	4.34028	4.40437	4.40438	4.41008	4.41011
λ_3	4.69424	4.69444	5.27609	5.27582	5.34356	5.34330
λ_4	5.13804	5.13778	6.25083	6.25000	6.25083	6.25000
λ_5	6.25083	6.25000	7.26890	7.26877	7.70058	7.69848

表 5-13　三跨弹性支承连续矩形薄板屈曲系数计算结果对比

5.6.1.3　屈曲模态分析

为了解多跨弹性支承连续矩形薄板的屈曲特征,采用本书计算方法考察多跨弹性支承连续矩形薄板的屈曲模态。

(1)三跨弹性支承连续方板

取三跨弹性支承连续方板 $L = 12\text{m}, h = 0.2\text{m}, E = 40\text{GPa}, \upsilon = 0.2$,按本书方法计算,图 5-33 给出了四边简支三跨弹性支承连续方板单向受压时($\beta = 1, \gamma = 0$)的屈曲模态。结果表明:弹性支承连续方板的屈曲模态介于单跨板(无中间支承)与中间刚性支承连续板之间;随着弹性支承刚度的增大,其屈曲模态逐渐向刚性支承连续板逼近;随着弹性支承刚度的减小,其屈曲模态逐渐向单跨板逼近。

如图 5-33a)所示,对于等间距、等刚度设置弹性支承的连续矩形薄板,当 κ 较小时($\kappa_1 = \kappa_2 = 50$ 及 $\kappa_1 = \kappa_2 = 80$),屈曲模态两个方向的半波数均为 1,与单跨板($\kappa_1 = \kappa_2 = 0$)基本一致;随着弹性支承刚度的增大,跨中将出现反弯点,屈曲模态在受压方向(x 方向)的半波数变为 2,如图 5-33a)中 $\kappa_1 = \kappa_2 = 200$ 与 $\kappa_1 = \kappa_2 = 400$ 所对应的屈曲模态。计算表明:当 $\kappa_1 = \kappa_2 \approx 100$ 时,屈曲模态 x 方向的半波数由 1 变为 2;当 $\kappa_1 = \kappa_2 \approx 770$ 时,x 方向的半波数由 2 变为 3,且屈曲模态和屈曲系数与刚性支承连续板十分接近。须指出,当屈曲模态的半波数相同时,弹性支承刚度对屈曲模态的影响较小,但对屈曲系数的影响较大。如 $\kappa_1 = \kappa_2 = 200$ 和 $\kappa_1 = \kappa_2 = 400$ 的屈曲模态均为 2 个半波,但后者的屈曲系数比前者高 17.3%。

如图 5-33b)所示,对于等间距、不等刚度设置弹性支承的连续矩形薄板,弹性支承刚度对屈曲模态的影响与等刚度情况类似。当 κ 较小时,屈曲模态两个方向的半波数均为 1。但是,随着 κ 的增大,屈曲模态反弯点将出现在较大刚度弹性支承附近,而半波波峰将出现在较小刚度弹性支承附近,且反弯点与较小刚度弹性支承侧边支座之间的距离逐渐减小,即屈曲系数主要取决于刚度较小的弹性支承。图 5-33a)、b)中,$\kappa_1 = 50$、$\kappa_2 = 80$ 的屈曲系数(5.9276)介于 $\kappa_1 = \kappa_2 = 50$(5.5341)与 $\kappa_1 = \kappa_2 = 80$(6.4485)之间,且 $\kappa_1 = 50$、$\kappa_2 = 200$ 的屈曲系数(6.3279)仍小于 $\kappa_1 = \kappa_2 = 80$ 的屈曲系数。因此,对于三跨弹性支承连续板,等间距、不等刚度布置弹性支承不利于其稳定。

如图 5-33c)所示,对于等刚度、不等间距设置弹性支承的连续矩形薄板,模态波峰出现在跨径最大跨(第 2 跨);随着 κ 的增大,模态波峰所在的半波逐渐变窄,跨径较小的边跨附近将出现反弯点,且屈曲模态逐渐向刚性支承连续板模态逼近,屈曲系数也逐渐增大。当各弹性支承刚度不相等时,屈曲模态受第 2 跨(跨径最大)和较小刚度弹性支承共同影响,如 $\kappa_1 = 200$、

$\kappa_2 = 400$ 时的屈曲半波波峰较等刚度（$\kappa_1 = \kappa_2 = 200$）时明显偏于较小弹性支承刚度（$\kappa_1 = 200$）一侧，而反弯点出现在较大刚度（$\kappa_2 = 400$）弹性支承附近。

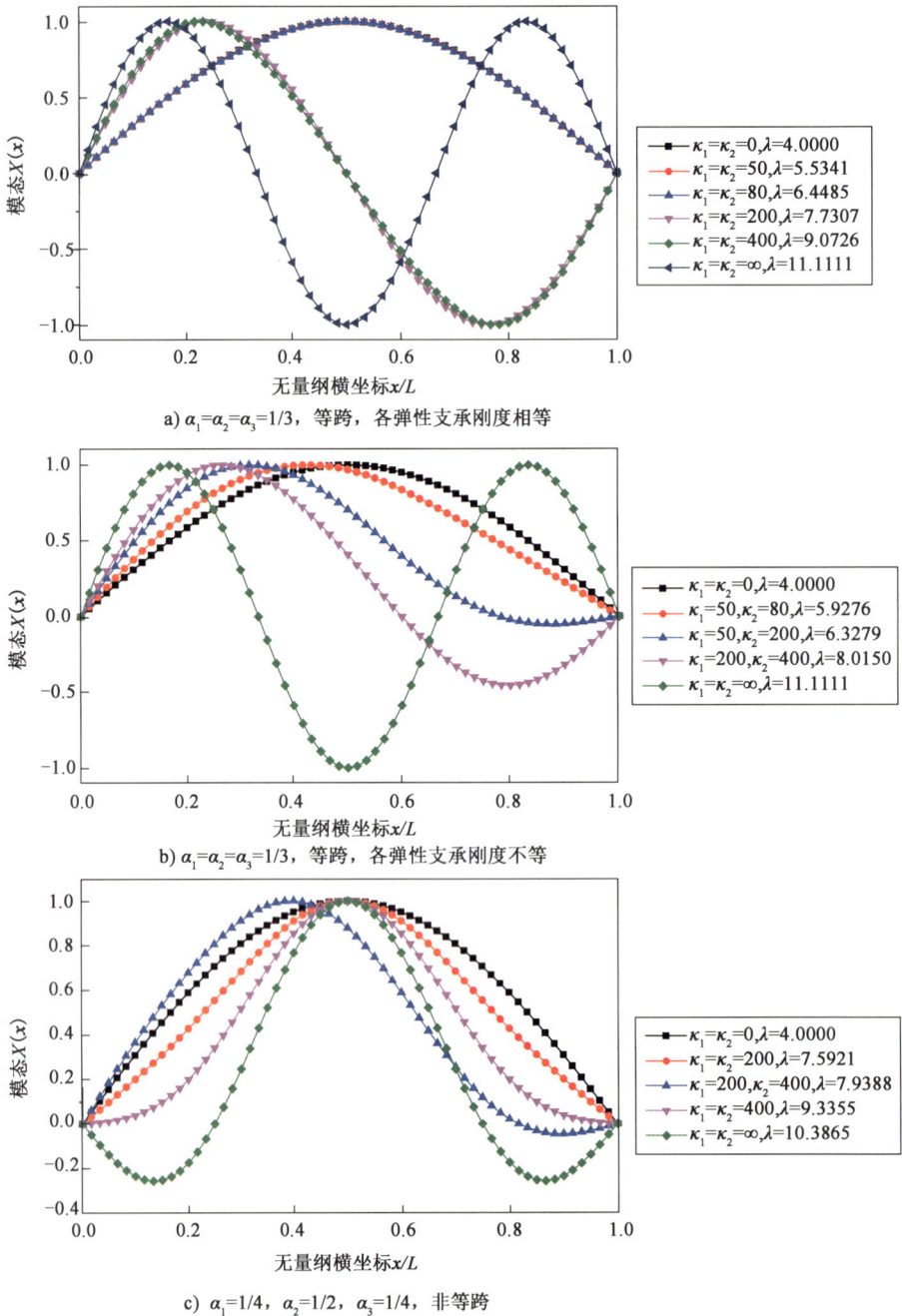

a) $\alpha_1 = \alpha_2 = \alpha_3 = 1/3$，等跨，各弹性支承刚度相等

b) $\alpha_1 = \alpha_2 = \alpha_3 = 1/3$，等跨，各弹性支承刚度不等

c) $\alpha_1 = 1/4$，$\alpha_2 = 1/2$，$\alpha_3 = 1/4$，非等跨

图5-33　四边简支三跨弹性支承连续方板单向受压时的屈曲模态

（2）四跨弹性支承连续矩形薄板

取四跨弹性支承连续矩形薄板 $L = 12\text{m}$，$h = 0.2\text{m}$，$E = 40\text{GPa}$，$v = 0.2$，按本书方法计算，

图 5-34 给出了四边简支四跨弹性支承连续矩形薄板单向受压时$(\beta=1,\gamma=0)$的屈曲模态。

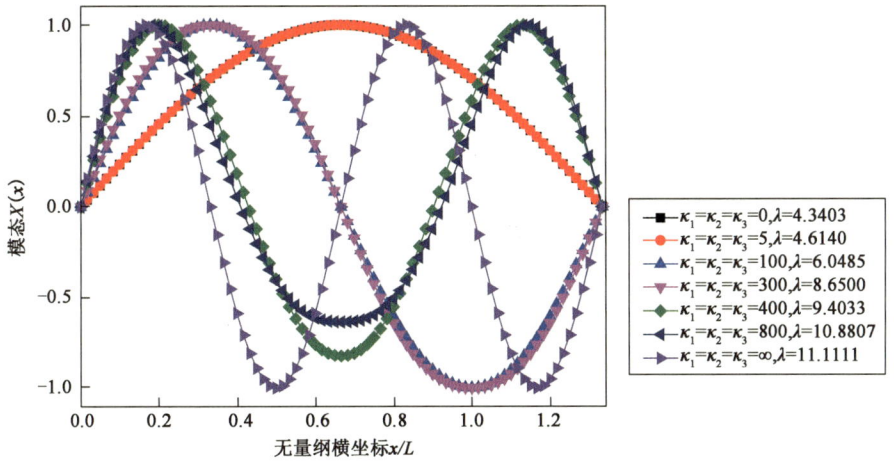

a)$\alpha_1=\alpha_2=\alpha_3=\alpha_4=1/4$,等跨,各弹性支承刚度相等

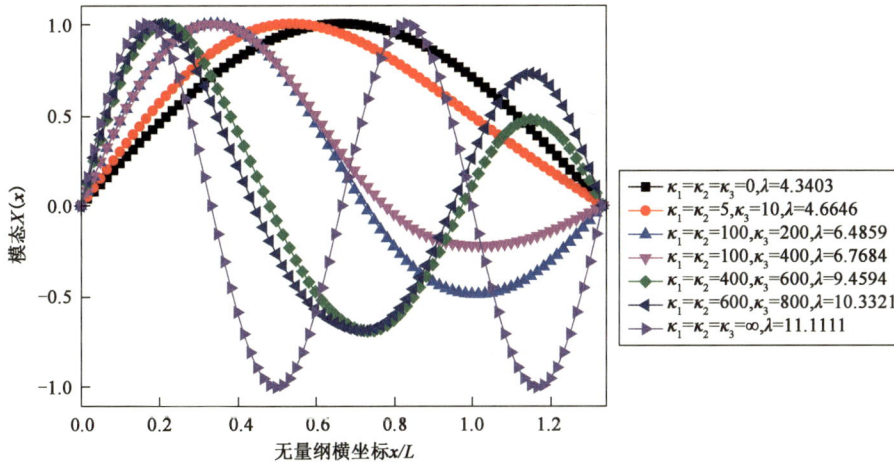

b)$\alpha_1=\alpha_2=\alpha_3=\alpha_4=1/4$,等跨,弹性支承刚度不相等,弹性支承刚度左右不对称

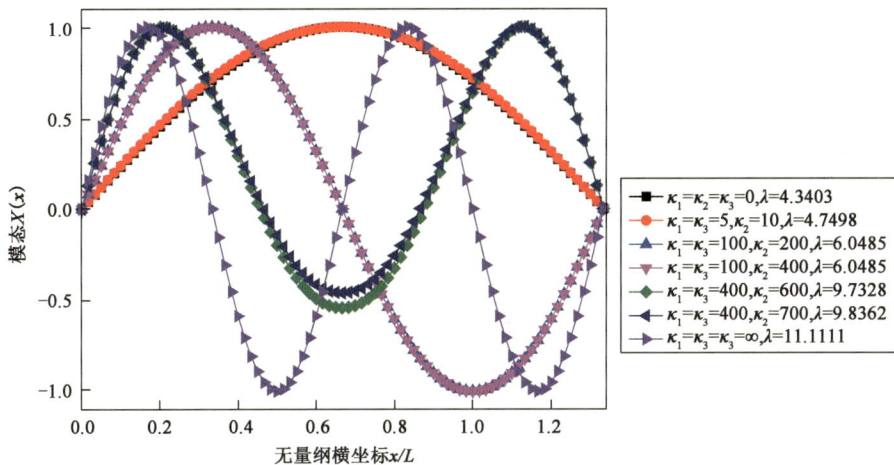

c) $\alpha_1=\alpha_2=\alpha_3=\alpha_4=1/4$,等跨,各弹性支承刚度不相等,弹性支承刚度左右对称Ⅰ

图 **5-34**

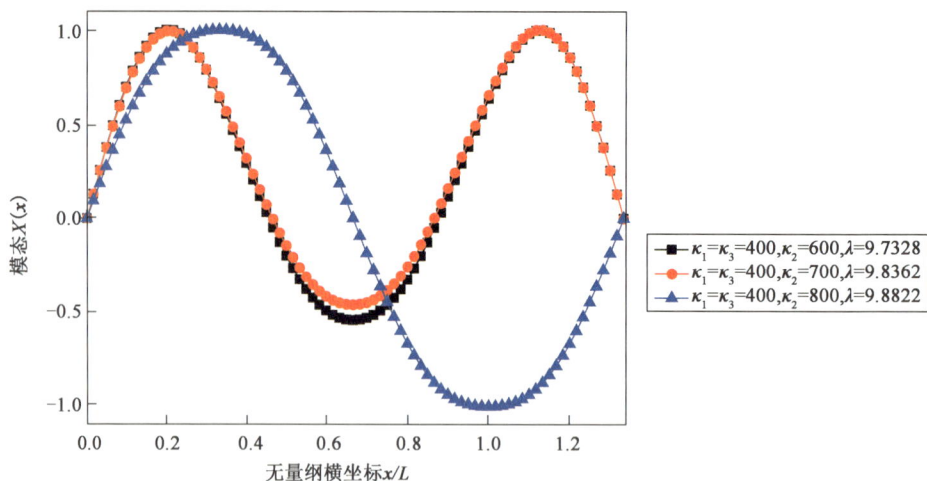

d) $\alpha_1=\alpha_2=\alpha_3=\alpha_4=1/4$, 等跨, 各弹性支承刚度不相等, 弹性支承刚度左右对称 Ⅱ

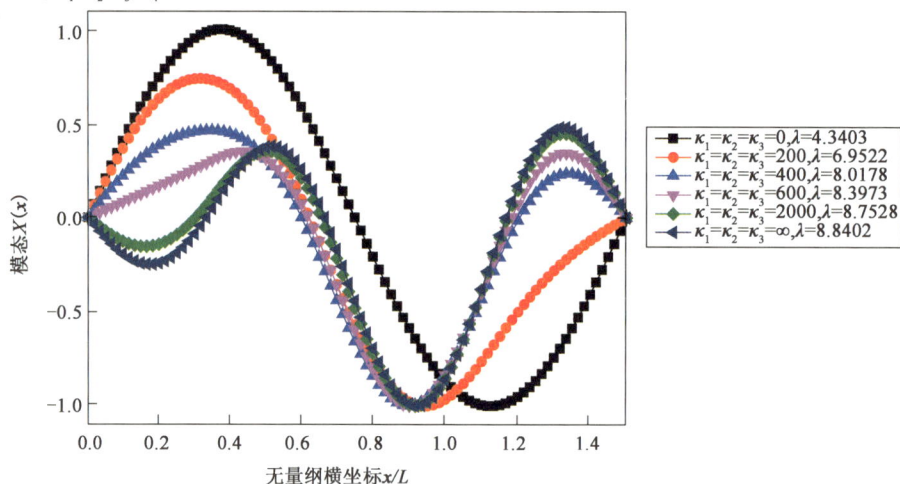

e) $\alpha_1=\alpha_2=\alpha_4=1/3$, $\alpha_3=1/2$, 非等跨, 各弹性支承刚度相等

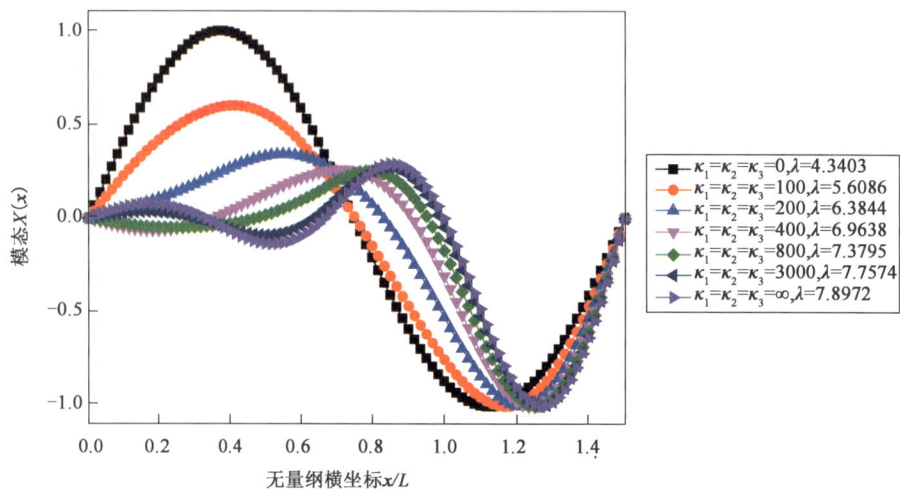

f) $\alpha_1=\alpha_2=\alpha_3=1/3$, $\alpha_4=1/2$, 非等跨, 各弹性支承刚度相等

图 5-34 四边简支四跨弹性支承连续矩形薄板单向受压时的屈曲模态

　　如图 5-34a) 所示,对于等间距、等刚度设置弹性支承的连续矩形薄板,当 κ 较小时($\kappa_1 = \kappa_2 = \kappa_3 = 5$),屈曲模态两个方向的半波数均为 1,与单跨板($\kappa_1 = \kappa_2 = \kappa_3 = 0$)基本一致;随着弹性支承刚度的增大,跨中将出现反弯点,屈曲模态在受压方向(x 方向)的半波数变为 2,如图 5-34a) 中 $\kappa_1 = \kappa_2 = \kappa_3 = 100$ 与 $\kappa_1 = \kappa_2 = \kappa_3 = 300$ 所对应的屈曲模态;进一步增大弹性支承刚度,屈曲模态在受压方向(x 方向)的半波数变为 3,如图 5-34a) 中 $\kappa_1 = \kappa_2 = \kappa_3 = 400$ 与 $\kappa_1 = \kappa_2 = \kappa_3 = 800$ 所对应的屈曲模态。计算表明:当 $\kappa_1 = \kappa_2 = \kappa_3 \approx 10$ 时,屈曲模态 x 方向的半波数由 1 变为 2;当 $\kappa_1 = \kappa_2 = \kappa_3 \approx 340$ 时,x 方向的半波数由 2 变为 3;当 $\kappa_1 = \kappa_2 = \kappa_3 \approx 890$ 时,x 方向的半波数由 3 变为 4,且屈曲模态和屈曲系数与刚性支承连续矩形板十分接近。同样,当屈曲模态的半波数相同时,弹性支承刚度对屈曲模态的影响较小,但对屈曲系数的影响较大。如 $\kappa_1 = \kappa_2 = \kappa_3 = 100$ 和 $\kappa_1 = \kappa_2 = \kappa_3 = 300$ 的屈曲模态均为 2 个半波,但后者的屈曲系数比前者高 43.0%;$\kappa_1 = \kappa_2 = \kappa_3 = 400$ 和 $\kappa_1 = \kappa_2 = \kappa_3 = 800$ 的屈曲模态均为 3 个半波,但后者的屈曲系数比前者高 15.7%。

　　如图 5-34b)、c) 所示,对于等间距、不等刚度设置弹性支承的连续矩形薄板,弹性支承刚度对屈曲模态的影响除了与弹性支承刚度有关外,还与弹性支承的布置有关。当弹性支承刚度左右不对称布置时,如图 5-34b) 所示(即 $\kappa_1 = \kappa_2 \neq \kappa_3$),当 κ 较小时,屈曲模态两个方向的半波数均为 1,随着 κ 的增大,屈曲模态 x 方向的半波数逐渐由 1 变为 2,由 2 变为 3,直至增大到 4,同时,其半波波峰将出现在较小刚度弹性支承(即 κ_1 和 κ_2)附近,屈曲系数主要取决于刚度较小的弹性支承。由图 5-34a)、b) 可知,$\kappa_1 = \kappa_2 = 100$、$\kappa_3 = 400$ 的屈曲系数(6.7684)介于 $\kappa_1 = \kappa_2 = \kappa_3 = 100$(6.0485)与 $\kappa_1 = \kappa_2 = \kappa_3 = 400$(9.4033)之间。当弹性支承刚度左右对称布置时,如图 5-34c) 所示(即 $\kappa_1 = \kappa_3 \neq \kappa_2$),由于结构的对称性,其屈曲模态或为正对称或为反对称,当屈曲模态为正对称时,其屈曲系数随着弹性支承刚度的增大而增大;当屈曲模态为反对称时,对称轴处的弹性支承(即 κ_2)对其屈曲系数的影响很小。由图 5-34c) 可知,$\kappa_1 = \kappa_3 = 100$、$\kappa_2 = 200$ 的屈曲系数与 $\kappa_1 = \kappa_3 = 100$、$\kappa_2 = 400$ 的屈曲系数均为 6.0485,其屈曲模态均为 2 个半波,呈反对称分布;$\kappa_1 = \kappa_3 = 400$、$\kappa_2 = 700$ 的屈曲系数(9.8362)比 $\kappa_1 = \kappa_3 = 400$、$\kappa_2 = 600$ 的屈曲系数(9.7328)略高,其屈曲模态均为 3 个半波,呈正对称分布。须指出,当 $\kappa_1 = \kappa_3$ 不变时,其屈曲系数随着 κ_2 的增大而增大,但当 κ_2 增大到一定量值时,中间弹性支承(即 κ_2)处将出现屈曲模态反弯点,原先正对称的屈曲模态也将变为反对称。如图 5-34d) 所示,$\kappa_1 = \kappa_3 = 400$、$\kappa_2 = 600$ 和 $\kappa_1 = \kappa_3 = 400$、$\kappa_2 = 700$ 的屈曲模态均为 3 个半波,呈正对称分布,但 $\kappa_1 = \kappa_3 = 400$、$\kappa_2 = 800$ 的屈曲模态为 2 个半波,其中间弹性支承处出现了反弯点,其屈曲模态呈反对称分布。因此,对于四跨弹性支承连续矩形板,等间距、不等刚度布置弹性支承不利于其稳定。

　　如图 5-34e)、f) 所示,对于等刚度、不等间距设置弹性支承的连续矩形薄板,模态波峰出现在跨径最大跨(分别为第 3 跨和第 4 跨);随着 κ 的增大,模态波峰所在的半波逐渐变窄,模态的半波数逐渐增多,模态反弯点逐渐向最大跨的弹性支承靠近,且屈曲模态逐渐向刚性支承连续板模态逼近,屈曲系数也逐渐增大。当各弹性支承刚度不相等时,与三跨弹性支承连续板类似,其屈曲模态将受最大跨和较小刚度弹性支承共同影响。

5.6.1.4　屈曲系数影响因素分析

(1)弹性支承与加载边边界条件

取三跨弹性支承连续方板 $L = 12\text{m}$,$h = 0.2\text{m}$,$E = 40\text{GPa}$,$v = 0.2$,按本书方法计算,计算结

果表明：三跨弹性支承连续方板的屈曲系数介于单跨板和中间刚性支承板之间，当 κ 大于某一数值（记为 κ_∞）后，λ 变化很小，并与对应的刚性支承连续板[21]相差小于 5%，可视为刚性支承连续板。表5-14 给出了典型弹性支承连续方板单向受压的 κ_∞ 值。

薄板类型	$\alpha_1, \alpha_2, (\alpha_3)$	加载边的边界条件		
		简支-简支	夹支-夹支	夹支-简支
二跨方板	$1/2, 1/2$	100	160	360
	$2/5, 3/5$	160	300	460
	$1/5, 4/5$	500	1100	650
三跨方板	$1/3, 1/3, 1/3$	660	1300	1500
	$1/4, 1/2, 1/4$	700	2600	1500
	$3/20, 7/10, 3/20$	2300	5200	3500

表5-14 单向受压弹性支承连续方板 κ_∞ 值

图 5-35 给出了三跨等刚度弹性支承连续方板单向受压（$\beta=1, \gamma=0$）λ-κ 关系曲线。如图 5-35a）所示，加载边为"简支-简支"时，随着 κ 的增大，曲线 A（等间距、等刚度）分三段近似按线性规律增长，曲线 B（最大跨径为 $L/2$、等刚度）与曲线 C（最大跨径为 $7L/10$、等刚度）呈非线性增长，三者最终均向其对应的刚性支承连续板逼近。其中，曲线 A 分别在 $\kappa_1 = \kappa_2 \approx 100$ 处和 $\kappa_1 = \kappa_2 \approx 770$ 处存在折点，其原因是屈曲模态 x 方向的半波数分别由 1 变为 2 和由 2 变为 3。当 $\kappa \leqslant 500$ 时，曲线 B 与曲线 A 的差别很小，而曲线 C 明显低于曲线 A 和曲线 B；当 $\kappa > 500$ 时，曲线 B 与曲线 A 的相对差别小于 10%，而曲线 C 与曲线 A 的相对差别可达 22.5% ~ 33.5%。

对于加载边为"夹支-夹支"情况，如图 5-35b）所示，λ-κ 关系曲线 A、B、C 均随着 κ 的增大呈非线性增长，最终均向对应的刚性支承连续板逼近。曲线 B 介于曲线 A 与曲线 C 中间，当 $\kappa \geqslant 200$ 时，曲线 B 与曲线 A 和曲线 C 之间的相对差别分别可达 21.3% ~ 28.1% 和 18.6% ~ 39.5%。对于加载边为"夹支-简支"情况，其 λ-κ 关系曲线与加载边为"夹支-夹支"情况类似，如图 5-35c）所示，但曲线 B 与曲线 A 之间的差别明显小于曲线 B 与曲线 C 之间的差别，曲线 B 与曲线 A 和曲线 C 之间的最大相对差别分别为 10.0% 和 38.2%。

综合图 5-33 和图 5-35 可得：

① κ 越大，λ 越大，即弹性支承刚度越大，对弹性支承连续方板的稳定性越有利。

② 绝大多数情况下，弹性支承等间距、等刚度布置优于非等间距或非等刚度布置，且弹性支承的刚度或间距差别越大，对弹性支承连续方板的稳定性越不利。但是，对于四边简支三跨等刚度弹性支承连续方板[图 5-33a）]，当 $\kappa \leqslant 500$、弹性支承最大间距为 $L/3 \sim L/2$ 时，稳定系数差别不大。

③ 当板的尺寸、弹性支承刚度和布置相同时，加载边"夹支-夹支"λ 最大，"夹支-简支"居中，"简支-简支"最小，即加载边约束越强，λ 越大，越有利于板的稳定性。

（2）荷载参数

取四边简支等间距、等刚度设置弹性支承的三跨连续方板 $L=12\text{m}$，$h=0.2\text{m}$，$E=40\text{GPa}$，$v=0.2$，$\alpha_1 = \alpha_2 = \alpha_3 = 1/3$ 计算，荷载工况分别取单向受压（$\beta=1, \gamma=0$）、双向不等值受压（$\beta=1, \gamma=0.5$）和双向等值受压（$\beta=1, \gamma=1$），图 5-36 给出了 λ-κ 关系曲线。结果表明：

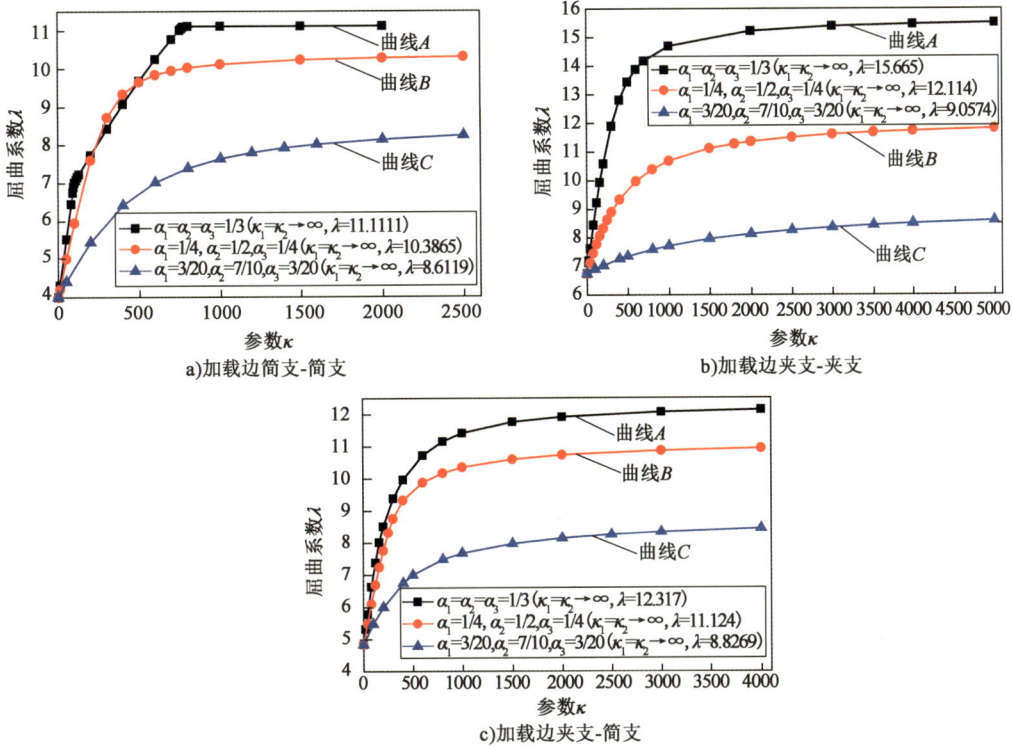

图 5-35　三跨等刚度弹性支承连续方板单向受压时的 λ-κ 关系曲线

①不同荷载工况下,λ-κ 曲线变化规律基本相同,分三段近似按线性规律增长,且增幅随 κ 的增加逐渐减小。其中:单向受压工况,当 κ≈100 和 κ≈770 时,屈曲模态半波数分别由 1 变为 2 和由 2 变为 3,λ-κ 曲线出现折点;双向不等值受压工况,当 κ≈200 和 κ≈900 时,半波数发生变化,λ-κ 曲线出现折点;双向等值受压工况,当 κ≈320 和 κ≈1050 时,半波数发生变化,λ-κ 曲线出现折点。

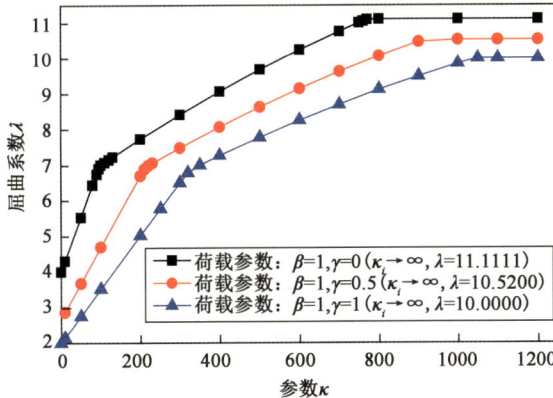

图 5-36　不同荷载工况连续方板 λ-κ 关系曲线

②单向受压 λ 最大,双向等值受压 λ 最小,双向不等值受压的 λ 值居中,即随着主压方向(x 轴)与次压方向(y 轴)荷载比值 γ 的增大,屈曲系数 λ 减小,增大次压方向荷载不利于板的稳定性。

③当 κ 较小($0 \leqslant \kappa \leqslant 100$)时,荷载参数对屈曲系数影响显著,单向受压与双向等值受压 λ 的比值 r 可达 2.00 左右,但随着 κ 的增大,比值 r 呈非线性减小。比值 r 与 κ 之间的对应关系如表 5-15 所示。

表 5-15 弹性支承连续方板比值 r 与 κ 之间的对应关系

κ 范围	$0 \leqslant \kappa \leqslant 100$	$100 < \kappa \leqslant 320$	$320 < \kappa \leqslant 770$	$\kappa > 770$
比值 r	≈ 2.00	$2.00 \sim 1.24$	≈ 1.24	$1.24 \sim 1.10$

综上所述,弹性支承连续矩形薄板的弹性屈曲系数随着弹性支承刚度的增大呈非线性增长;通常,等间距、等刚度布置弹性支承有利于板的稳定,弹性支承的刚度或间距差别越大,对板的稳定越不利;不同荷载工况下,λ-κ 曲线变化规律基本相同,屈曲系数随着弹性支承刚度的增大呈非线性增长;当弹性支承刚度较小时,荷载参数对屈曲系数影响显著。

按前述分析,为提高新型 UHPC 箱梁顶板的受压稳定性,宜等间距、等刚度布置其柔性横隔板;当横隔板刚度较小时,适当增大横隔板刚度,可显著提高 UHPC 箱梁顶板受压屈曲的屈曲系数;减小次压方向(y 轴)荷载,如取消 UHPC 箱梁顶板的横向预应力,有利于提高新型 UHPC 箱梁顶板受压稳定的屈曲系数,即有效提高新型 UHPC 箱梁顶板的受压稳定性。

5.6.2 底板受压弹性屈曲分析

5.6.2.1 计算模型——多跨弹性支承连续圆柱曲板受压屈曲

UHPC 连续箱梁桥的主梁为变截面 UHPC 薄壁箱梁,其梁底下缘曲线通常可取为 2.0 次抛物线、1.8 次抛物线或圆曲线等,UHPC 箱梁底板的局部稳定应按曲板稳定问题考虑。在局部稳定问题中,UHPC 箱梁横隔板对底板同样具有支承作用,忽略横隔板对底板的抗扭转效应时,横隔板对底板的支承可简化为弹性支承,UHPC 箱梁底板局部稳定则可转化为多跨弹性支承连续曲板的稳定问题。忽略 UHPC 箱梁腹板对其底板的嵌固约束作用,可将腹板对 UHPC 箱梁底板的约束作用简化为简支边。从 UHPC 箱梁底板的受力情况来看,底板横截面上以压应力为主,并且量值较大;相对于 UHPC 箱梁梁高,箱梁底板的厚度很小,底板横截面上的正应力在梁高方向上的变化较小,因此,底板横截面上的弯矩也很小,可近似忽略不计;此外,考虑箱梁底板厚度和剪应力均较小,底板横截面上的剪力也很小,可忽略不计。因此,UHPC 箱梁底板的内力主要是沿底板边方向的中面力。为方便分析,同时考虑曲率半径对曲板稳定影响较大,这里将 UHPC 箱梁底板局部稳定问题简化为四边简支多跨弹性支承连续圆柱曲板的屈曲问题。多跨弹性支承连续圆柱曲板计算模型如图 5-37 所示,其中弹性支承位于曲板外侧。

对于多跨弹性支承连续圆柱曲板,取弹性支承圆柱曲板的中面为 xy 坐标面,z 轴垂直于 xy 面并指向曲率中心,曲板直边长为 l,曲边弧长为 b,曲率半径为 R,其中 $b < \pi R / 4$,曲板厚度为 h,记 u, v, w 为曲板中面的位移分量,曲板在其 y 方向等间距设置 N 处弹性支承,即在 $y = n_1 b / (N + 1)$($n_1 = 1, 2, 3, \cdots, N$)处设有弹性支承,弹性支承刚度均为 k,弹性支承与曲板径向的夹角为 Φ_i($i = 1, 2, 3, \cdots, N$),考虑实际 UHPC 箱梁各邻近横隔板与底板之间的夹角值差别不大,为方便分析,这里近似取 $\Phi_1 = \Phi_2 = \cdots = \Phi_n = \Phi$。材料弹性模量为 E,泊松比为 ν,剪切模量为 $G = E / [2(1 + \nu)]$。弹性支承曲板的外荷载情况为:曲板中仅有环向中面力 $\overline{N}_y^0 = N_y^0$,即

另外两个中面力 $\overline{N}_x^0 = \overline{N}_{xy}^0 = 0$。在多跨弹性支承连续圆柱曲板弹性屈曲分析时,采用以下基本假设:(1)弹性范围:应力不超过材料的比例极限;(2)薄板(壳):曲板厚度与曲率半径相比很小;(3)扁壳:采用 Donnell 扁壳方程;(4)线性理论:屈曲前为无矩应力状态。

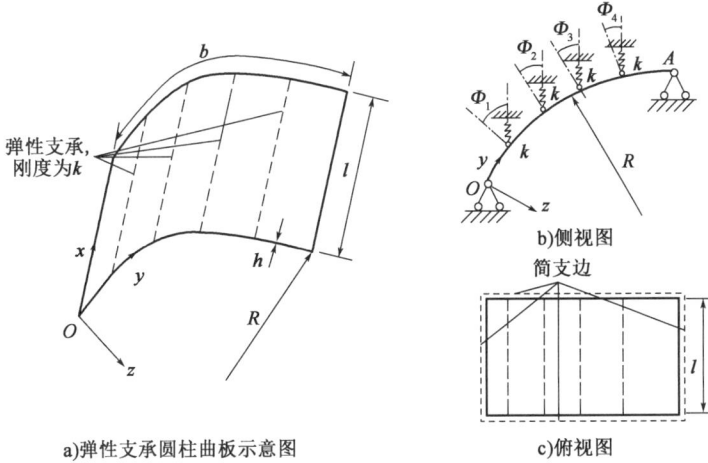

图 5-37 计算模型——多跨弹性支承连续圆柱曲板

5.6.2.2 求解方法

参照离散加筋圆柱曲板屈曲基本方程的推导[22],这里采用能量法推导弹性支承圆柱曲板在环向中面力 $\overline{N}_y^0 = N_y^0$ 单独作用下(即 $\overline{N}_x^0 = \overline{N}_{xy}^0 = 0$)屈曲的基本方程。根据线性理论,曲板所有的广义力和广义位移均由屈曲引起,它们都是屈曲前无矩应力状态中的一些小量。

曲板中面的应变与位移之间的关系式:

$$\varepsilon_{x_0} = \frac{\partial u}{\partial x}, \quad \varepsilon_{y_0} = \frac{\partial v}{\partial y} - \frac{w}{R}, \quad \gamma_{xy_0} = \frac{\partial u}{\partial y} + \frac{\partial v}{\partial x} \tag{5-35}$$

曲板的应变能表达式为:

$$U_0 = \frac{1}{2} \int_0^b \int_0^l \left(N_{x_0}\varepsilon_{x_0} + N_{xy_0}\varepsilon_{xy_0} + N_{y_0}\varepsilon_{y_0} - M_{x_0}\frac{\partial^2 w}{\partial x^2} - 2M_{xy_0}\frac{\partial^2 w}{\partial x \partial y} - M_{y_0}\frac{\partial^2 w}{\partial y^2} \right) dx dy \tag{5-36}$$

式中,N_{x_0}、N_{y_0}、N_{xy_0},M_{x_0}、M_{y_0}、M_{xy_0} 分别为曲板屈曲变形时的内力和内力矩,其表达式为:

$$\begin{cases} N_{x_0} = B(\varepsilon_{x_0} + \nu\varepsilon_{y_0}) \\ N_{y_0} = B(\varepsilon_{y_0} + \nu\varepsilon_{x_0}) \\ N_{xy_0} = Gh\gamma_{xy_0} \\ M_{x_0} = -D\left(\frac{\partial^2 w}{\partial x^2} + \nu\frac{\partial^2 w}{\partial y^2}\right) \\ M_{y_0} = -D\left(\frac{\partial^2 w}{\partial y^2} + \nu\frac{\partial^2 w}{\partial x^2}\right) \\ M_{xy_0} = -D(1-\nu)\frac{\partial^2 w}{\partial x \partial y} \end{cases} \tag{5-37}$$

式中:B——板的拉伸刚度,$B = \dfrac{Eh}{1-\nu^2}$;

D——板的抗弯刚度，$D = \dfrac{Eh^3}{12(1-\nu^2)}$。

将式（5-37）代入式（5-36），并利用式（5-35），曲板的应变能表达式可改写为：

$$U_0 = \frac{1}{2}\int_0^b\int_0^l \left\{ \begin{array}{l} B\left[\left(\dfrac{\partial u}{\partial x}\right)^2 + 2\nu\dfrac{\partial u}{\partial x}\left(\dfrac{\partial v}{\partial y} - \dfrac{w}{R}\right) + \left(\dfrac{\partial v}{\partial y} - \dfrac{w}{R}\right)^2\right] + Gh\left(\dfrac{\partial u}{\partial y} + \dfrac{\partial v}{\partial x}\right)^2 + \\ D\left(\dfrac{\partial^2 w}{\partial x^2} + \dfrac{\partial^2 w}{\partial y^2}\right)^2 - 2(1-\nu)D\left[\dfrac{\partial^2 w}{\partial x^2}\dfrac{\partial^2 w}{\partial y^2} - \left(\dfrac{\partial^2 w}{\partial x\partial y}\right)^2\right] \end{array}\right\} \mathrm{d}x\mathrm{d}y$$

（5-38）

第 n_1 个弹性支承的弹性势能为：

$$U_{n_1} = \int_0^l \frac{k}{2}\left(w\cdot\cos\Phi_{n_1} - v\cdot\sin\Phi_{n_1}\right)^2\bigg|_{y=n_1\cdot\frac{b}{N+1}}\mathrm{d}x$$

（5-39）

因此，所有弹性支承的弹性势能总和为：

$$U_1 = \sum_{n_1=1}^N\int_0^l \frac{k}{2}\left(w\cdot\cos\Phi_{n_1} - v\cdot\sin\Phi_{n_1}\right)^2\bigg|_{y=n_1\cdot\frac{b}{N+1}}\mathrm{d}x$$

（5-40）

外力势能表达式为：

$$U_L = \frac{1}{2}\int_0^b\int_0^l N_y^0\left(\frac{\partial w}{\partial y}\right)^2\mathrm{d}x\mathrm{d}y$$

（5-41）

所以，由屈曲变形引起的曲板总势能为：

$$V = U_0 + U_1 + U_L$$

（5-42）

设屈曲位移函数为双三角函数级数展开式：

$$\left.\begin{array}{l} u = \sum_{m=1}^\infty\sum_{n=1}^\infty u_{mn}\cos\dfrac{m\pi x}{l}\sin\dfrac{n\pi y}{b} \\ v = \sum_{m=1}^\infty\sum_{n=1}^\infty v_{mn}\sin\dfrac{m\pi x}{l}\cos\dfrac{n\pi y}{b} \\ w = \sum_{m=1}^\infty\sum_{n=1}^\infty w_{mn}\sin\dfrac{m\pi x}{l}\sin\dfrac{n\pi y}{b} \end{array}\right\}$$

（5-43）

显然，此位移函数满足四边经典简支边界条件：

当 $x=0,l$ 时，曲板上 $w = M_{x_0} = N_{x_0} = v = 0$；当 $y=0,b$ 时，曲板上 $w = M_{y_0} = N_{y_0} = u = 0$。

将屈曲位移函数代入式（5-38）、式（5-40）和式（5-41），分别得到：

$$U_0 = \frac{\pi^2\beta Eh}{8(1-\nu^2)}\sum_{m=1}^\infty\sum_{n=1}^\infty m^2\left\{\begin{array}{l}\left[1+\dfrac{(1-\nu)}{2}\theta^2\right]u_{mn}^2 + (1+\nu)\theta u_{mn}v_{mn} + \left(\dfrac{1-\nu}{2}+\theta^2\right)v_{mn}^2 \\ + \dfrac{2\nu}{rm}u_{mn}w_{mn} + \dfrac{2\theta}{rm}v_{mn}w_{mn} + \left[\dfrac{1}{r^2m^2}+\pi^2\gamma m^2(1+\theta^2)^2\right]w_{mn}^2\end{array}\right\}$$

（5-44）

$$U_1 = \frac{kl}{4}\sum_{n_1=1}^N\sum_{m=1}^\infty\left\{\begin{array}{l}\left[\sum_{n=1}^\infty w_{mn}\sin\dfrac{n\pi n_1}{N+1}\cos\Phi_{n_1}\right]^2 + \left[\sum_{n=1}^\infty v_{mn}\cos\dfrac{n\pi n_1}{N+1}\sin\Phi_{n_1}\right]^2 \\ -2\left[\sum_{n=1}^\infty w_{mn}\sin\dfrac{n\pi n_1}{N+1}\cos\Phi_{n_1}\right]\left[\sum_{n=1}^\infty v_{mn}\cos\dfrac{n\pi n_1}{N+1}\sin\Phi_{n_1}\right]\end{array}\right\}$$

（5-45）

$$U_L = \frac{\pi^2 N_y^0}{8\beta}\sum_{m=1}^\infty\sum_{n=1}^\infty(n^2 w_{mn}^2)$$

（5-46）

式中，$\beta = \dfrac{b}{l}$，$\theta = \dfrac{nl}{mb} = \dfrac{n}{m\beta}$，$r = \dfrac{\pi R}{l}$，$\gamma = \dfrac{h^2}{12l^2}$。将式(5-44)～式(5-46)代入式(5-42)即可得到总势能表达式，根据总势能变分为零的要求，即：

$$\frac{\partial V}{\partial u_{mn}} = \frac{\partial V}{\partial v_{mn}} = \frac{\partial V}{\partial w_{mn}} = 0, \quad (m = 1,2,3,\cdots,\infty; n = 1,2,3,\cdots,\infty) \tag{5-47}$$

这样便得到如下屈曲方程：

$$\begin{cases}
\left[1 + \dfrac{(1-\nu)}{2}\theta^2\right]u_{mn} + \dfrac{(1+\nu)}{2}\theta v_{mn} + \dfrac{\nu}{rm}w_{mn} = 0 \\[3mm]
\dfrac{\pi^2 \beta E h}{8(1-\nu^2)}m^2\left[(1+\nu)\theta u_{mn} + 2\left(\dfrac{1-\nu}{2} + \theta^2\right)v_{mn} + \dfrac{2\theta}{rm}w_{mn}\right] + \\[3mm]
\dfrac{kl}{2}\sin^2\varPhi \sum_{j=1}^{\infty} v_{mj}\varGamma_{Nnj} - \dfrac{kl}{2}\sin\varPhi\cos\varPhi \sum_{j=1}^{\infty} w_{mj}\varPi_{Nnj} = 0 \\[3mm]
\dfrac{\pi^2 \beta E h}{8(1-\nu^2)}m^2\left\{\dfrac{2\nu}{rm}u_{mn} + \dfrac{2\theta}{rm}v_{mn} + 2\left[\dfrac{1}{r^2 m^2} + \pi^2\gamma m^2(1+\theta^2)^2\right]w_{mn}\right\} + \\[3mm]
\dfrac{kl}{2}\cos^2\varPhi \sum_{j=1}^{\infty} w_{mj}X_{Nnj} - \dfrac{kl}{2}\sin\varPhi\cos\varPhi \sum_{j=1}^{\infty} v_{mj}\varLambda_{Nnj} + \dfrac{n^2\pi^2 N_y^0}{4\beta}w_{mn} = 0
\end{cases} \tag{5-48}$$

式中：$X_{Nnj} = \displaystyle\sum_{n_1=1}^{N} \sin\frac{n\pi n_1}{N+1}\sin\frac{j\pi n_1}{N+1}$；$\varGamma_{Nnj} = \displaystyle\sum_{n_1=1}^{N} \cos\frac{n\pi n_1}{N+1}\cos\frac{j\pi n_1}{N+1}$；

$\varLambda_{Nnj} = \displaystyle\sum_{n_1=1}^{N} \sin\frac{n\pi n_1}{N+1}\cos\frac{j\pi n_1}{N+1}$；$\varPi_{Nnj} = \displaystyle\sum_{n_1=1}^{N} \cos\frac{n\pi n_1}{N+1}\sin\frac{j\pi n_1}{N+1}$。

为简化方程组(5-48)，引入以下无量纲参数：

$$v_{mn}^0 = v_{mn}\frac{l}{\pi}\sqrt{\frac{Eh}{D}}; \quad r^0 = r\frac{\pi}{l}\sqrt{\frac{D}{Eh}} = \frac{\pi^2 R}{l^2}\sqrt{\frac{D}{Eh}}; \quad F = \frac{kl^3}{\pi^2 D}; \quad K_N = -\frac{N_y^0 l^2}{\pi^2 D}; \quad \gamma = \frac{h^2}{12l^2} \tag{5-49}$$

由式(5-48)的第一式消去其第二式和第三式中的 u_{mn}，得到：

$$\begin{cases}
A_{mn}v_{mn}^0 + \dfrac{2\beta}{n^2(1-\nu^2)}\gamma F\sin^2\varPhi \sum_{j=1}^{\infty} v_{mj}^0 \varGamma_{Nnj} + B_{mn}w_{mn} - \dfrac{2\beta}{n^2\pi\sqrt{1-\nu^2}}\sqrt{\gamma}F\sin\varPhi\cos\varPhi \sum_{j=1}^{\infty} w_{mj}\varPi_{Nnj} = 0 \\[3mm]
B_{mn}v_{mn}^0 - \dfrac{2\beta\sin\varPhi\cos\varPhi}{n^2\pi\sqrt{1-\nu^2}}\sqrt{\gamma}F\sum_{j=1}^{\infty} v_{mj}^0\varLambda_{Nnj} + C_{mn}w_{mn} + \dfrac{2\beta\cos^2\varPhi}{n^2\pi^2}F\sum_{j=1}^{\infty} w_{mj}X_{Nnj} = K_N w_{mn}
\end{cases} \tag{5-50}$$

其中，A_{mn}、B_{mn} 和 C_{mn} 分别为：

$$A_{mn} = \frac{(1+\theta^2)^2}{\theta^2(1+\nu)[(1-\nu)\theta^2 + 2]}$$

$$B_{mn} = \frac{(\theta^2 + \nu + 2)}{r^0 m\theta(1+\nu)[(1-\nu)\theta^2 + 2]}$$

$$C_{mn} = \frac{1}{\theta^2}\left\{\frac{1}{r^{02}m^2(1-\nu^2)} + m^2(1+\theta^2)^2 - \frac{2\nu^2}{r^{02}m^2(1-\nu^2)[(1-\nu)\theta^2 + 2]}\right\}$$

记 $\varOmega_n = \dfrac{2\beta}{n^2(1-\nu^2)}\gamma F\sin^2\varPhi$，$P_n = -\dfrac{2\beta}{n^2\pi\sqrt{1-\nu^2}}\sqrt{\gamma}F\sin\varPhi\cos\varPhi$，$Z_n = \dfrac{2\beta\cos^2\varPhi}{n^2\pi^2}F$，

则方程组(5-50)可进一步改写为：

$$
\begin{cases}
A_{mn}v_{mn}^0 + \Omega_n\sum\limits_{j=1}^{\infty}v_{mj}^0\Gamma_{Nnj} + B_{mn}w_{mn} + P_n\sum\limits_{j=1}^{\infty}w_{mj}\Pi_{Nnj} = 0 \\[2mm]
B_{mn}v_{mn}^0 + P_n\sum\limits_{j=1}^{\infty}v_{mj}^0\Lambda_{Nnj} + C_{mn}w_{mn} + Z_n\sum\limits_{j=1}^{\infty}w_{mj}X_{Nnj} = K_N w_{mn}
\end{cases}
\tag{5-51}
$$

对于方程组(5-51)中v_{mn}^0和w_{mn}有非零解，即要求其系数行列式为零，便可求得屈曲的临界荷载。实际上该系数行列式是无穷阶的，可以通过有限阶系数行列式来近似计算，只要取足够大的m和n值，便可得到满意的计算结果。

考虑到方程组(5-51)中的m是可以分离的，临界荷载可以分别取定m来进行计算，然后取其最小值。将方程组(5-51)改写为向量表达式：

$$
\begin{cases}
\boldsymbol{A}_{11}\,\boldsymbol{v}^0 + \boldsymbol{A}_{12}\boldsymbol{w} = 0 \\[2mm]
\boldsymbol{A}_{21}\,\boldsymbol{v}^0 + \boldsymbol{A}_{22}\boldsymbol{w} = K_N\boldsymbol{w}
\end{cases}
\tag{5-52}
$$

其中，$\boldsymbol{v}^0 = \begin{bmatrix} v_{m1}^0 & v_{m2}^0 & v_{m3}^0 & \cdots & v_{mn}^0 \end{bmatrix}^{\mathrm{T}}$，$\boldsymbol{w} = \begin{bmatrix} w_{m1} & w_{m2} & w_{m3} & \cdots & w_{mn} \end{bmatrix}^{\mathrm{T}}$。

系数矩阵$\boldsymbol{A}_{11}$、$\boldsymbol{A}_{12}$、$\boldsymbol{A}_{21}$和$\boldsymbol{A}_{22}$如下：

$$
\boldsymbol{A}_{11} = \begin{bmatrix}
A_{m1} + \Omega_1\Gamma_{N11} & \Omega_1\Gamma_{N12} & \Omega_1\Gamma_{N13} & \cdots \\
\Omega_2\Gamma_{N21} & A_{m2} + \Omega_2\Gamma_{N22} & \Omega_2\Gamma_{N23} & \cdots \\
\Omega_3\Gamma_{N31} & \Omega_3\Gamma_{N32} & A_{m3} + \Omega_3\Gamma_{N33} & \cdots \\
\cdots & \cdots & \cdots &
\end{bmatrix}
$$

$$
\boldsymbol{A}_{12} = \begin{bmatrix}
B_{m1} + P_1\Pi_{N11} & P_1\Pi_{N12} & P_1\Pi_{N13} & \cdots \\
P_2\Pi_{N21} & B_{m2} + P_2\Pi_{N22} & P_2\Pi_{N23} & \cdots \\
P_3\Pi_{N31} & P_3\Pi_{N32} & B_{m3} + P_3\Pi_{N33} & \cdots \\
\cdots & \cdots & \cdots &
\end{bmatrix}
$$

$$
\boldsymbol{A}_{21} = \begin{bmatrix}
B_{m1} + P_1\Lambda_{N11} & P_1\Lambda_{N12} & P_1\Lambda_{N13} & \cdots \\
P_2\Lambda_{N21} & B_{m2} + P_2\Lambda_{N22} & P_2\Lambda_{N23} & \cdots \\
P_3\Lambda_{N31} & P_3\Lambda_{N32} & B_{m3} + P_3\Lambda_{N33} & \cdots \\
\cdots & \cdots & \cdots &
\end{bmatrix}
$$

$$
\boldsymbol{A}_{22} = \begin{bmatrix}
C_{m1} + Z_1X_{N11} & Z_1X_{N12} & Z_1X_{N13} & \cdots \\
Z_2X_{N21} & C_{m2} + Z_2X_{N22} & Z_2X_{N23} & \cdots \\
Z_3X_{N31} & Z_3X_{N32} & C_{m3} + Z_3X_{N33} & \cdots \\
\cdots & \cdots & \cdots &
\end{bmatrix}
$$

由式(5-52)的第一式可得$\boldsymbol{v}^0 = -\boldsymbol{A}_{11}^{-1}\boldsymbol{A}_{12}\boldsymbol{w}$，将其代入式(5-52)的第二式，可得到：

$$
(\boldsymbol{A}_{22} - \boldsymbol{A}_{21}\boldsymbol{A}_{11}^{-1}\boldsymbol{A}_{12})\boldsymbol{w} = K_N\boldsymbol{w}
\tag{5-53}
$$

因此，临界荷载参数K_N的计算即转化为求无穷阶矩阵的特征值问题，它可以通过有限阶矩阵来进行近似计算，即取足够大的m和n值，使参数K_N收敛到满意的结果，这里同时可得到相应的特征向量$\boldsymbol{w}$，该特征向量可用于分析其屈曲模态的波型。

当各弹性支承均为径向弹性支承时，即$\Phi_1 = \Phi_2 = \Phi_3 = \cdots = \Phi_N = 0$，则$\Omega_n = 0, P_n = 0, Z_n =$

$\dfrac{2\beta}{n^2\pi^2}F$, 方程组 (5-52) 的系数矩阵分别变为:

$$A_{11} = \begin{bmatrix} A_{m1} & 0 & 0 & \cdots \\ 0 & A_{m2} & 0 & \cdots \\ 0 & 0 & A_{m3} & \cdots \\ \cdots & \cdots & \cdots & \end{bmatrix}$$

$$A_{12} = A_{21} = \begin{bmatrix} B_{m1} & 0 & 0 & \cdots \\ 0 & B_{m2} & 0 & \cdots \\ 0 & 0 & B_{m3} & \cdots \\ \cdots & \cdots & \cdots & \end{bmatrix}$$

$$A_{22} = \begin{bmatrix} C_{m1} + Z_1 X_{N11} & Z_1 X_{N12} & Z_1 X_{N13} & \cdots \\ Z_2 X_{N21} & C_{m2} + Z_2 X_{N22} & Z_2 X_{N23} & \cdots \\ Z_3 X_{N31} & Z_3 X_{N32} & C_{m3} + Z_3 X_{N33} & \cdots \\ \cdots & \cdots & \cdots & \end{bmatrix}$$

5.6.2.3 屈曲模态分析

为了解多跨弹性支承连续圆柱曲板的屈曲特征,采用上述方法考察多跨弹性支承连续圆柱曲板的屈曲模态。

取弹性支承连续圆柱曲板: $l = 12\text{m}$, $b = 24\text{m}$, $R = 1238\text{m}$, $h = 0.2\text{m}$, $E = 42.6\text{GPa}$, $\nu = 0.2$, $N = 4$ 或 5, $\Phi_1 = \Phi_2 = \Phi_3 = \cdots = \Phi_N = \Phi = 0$, 即 $\beta = 2$, $r^0 = 5$, $\gamma = 2.315 \times 10^{-5}$。按本书方法采用 MATLAB 软件进行计算,计算时将方程 (5-53) 的无穷阶矩阵取为有限阶,这里取 $n = 30$,即取 30×30 阶矩阵进行计算,这相当于位移函数取 30 项。

图 5-38 给出了四边简支五跨 ($N = 4$) 等间距、等刚度设置弹性支承的连续圆柱曲板的 y 方向屈曲模态。结果表明:当 F 较小 ($F = 1$) 时, x 方向屈曲模态的半波数为 1, y 方向屈曲模态的半波数为 2,其反弯点出现在跨中处,与无中间弹性支承的圆柱曲板 ($F = 0$) 基本一致;随着参数 F 的增大, y 方向屈曲模态的半波数逐渐由 2 变为 3,由 3 变为 4,最后其半波数变为 5,

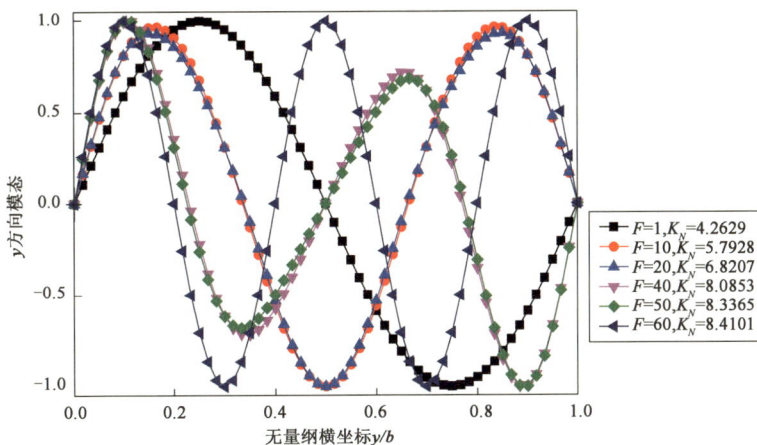

图 5-38 四边简支五跨弹性支承连续圆柱曲板的屈曲模态

如图 5-38 所示，$F=10$ 和 $F=20$ 所对应的屈曲模态半波数为 3，$F=40$ 和 $F=50$ 所对应的屈曲模态半波数为 4，$F=60$ 所对应的屈曲模态半波数为 6。计算表明：当 $F \approx 5$ 时，y 方向屈曲模态的半波数由 2 变为 3；当 $F \approx 30$ 时，y 方向屈曲模态的半波数由 3 变为 4；当 $F \approx 51$ 时，y 方向屈曲模态的半波数由 4 变为 5，且屈曲模态和临界荷载参数与刚性支承连续曲板十分接近。

须指出，当 y 方向屈曲模态的半波数相同时，参数 F 对屈曲模态的影响较小，但对临界荷载参数 K_N 的影响较大。如 $F=10$ 和 $F=20$ 的 y 方向屈曲模态的半波数均为 3，但后者的临界荷载参数比前者高 17.7%；$F=40$ 和 $F=50$ 的 y 方向屈曲模态的半波数均为 4，但后者的临界荷载参数比前者高 3.1%。

图 5-39 给出了四边简支六跨（$N=5$）等间距、等刚度设置弹性支承的连续圆柱曲板的 y 方向屈曲模态。结果表明：当 F 较小时（$F=1$），x 方向屈曲模态的半波数为 1，y 方向屈曲模态的半波数为 2，其反弯点出现在跨中处，与无中间弹性支承的圆柱曲板（$F=0$）基本一致；随着参数 F 的增大，y 方向屈曲模态的半波数逐渐由 2 变为 3，由 3 变为 4，由 4 变为 5，最后其半波数变为 6，如图 5-39 所示，$F=10$ 和 $F=20$ 所对应的屈曲模态半波数为 3，$F=40$ 和 $F=60$ 所对应的屈曲模态半波数为 4，$F=70$ 和 $F=80$ 所对应的屈曲模态半波数为 5，$F=100$ 所对应的屈曲模态半波数为 6。计算表明：当 $F \approx 5$ 时，y 方向屈曲模态的半波数由 2 变为 3；当 $F \approx 27$ 时，y 方向屈曲模态的半波数由 3 变为 4；当 $F \approx 70$ 时，y 方向屈曲模态的半波数由 4 变为 5；当 $F \approx 99$ 时，y 方向屈曲模态的半波数由 5 变为 6，且屈曲模态和临界荷载参数与刚性支承连续曲板十分接近。

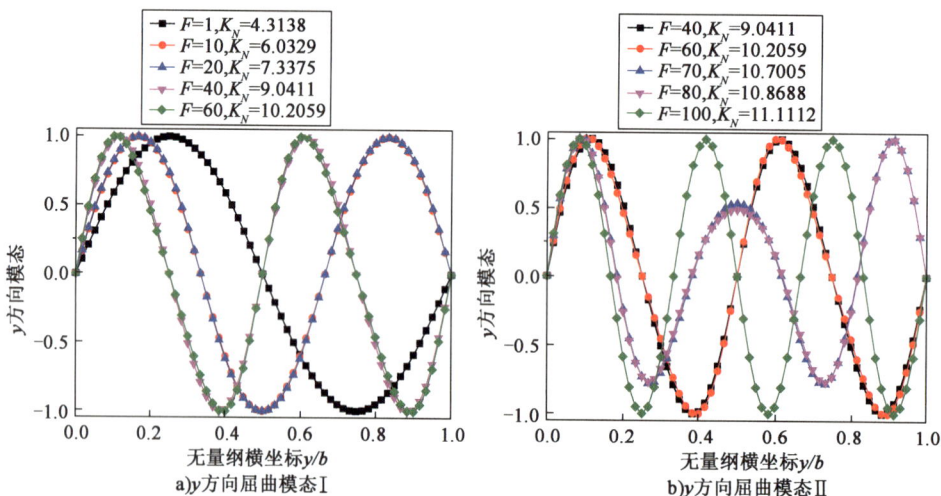

图 5-39　四边简支六跨弹性支承连续圆柱曲板的屈曲模态

同样，当 y 方向屈曲模态的半波数相同时，参数 F 对屈曲模态的影响较小，但对临界荷载参数 K_N 的影响较大。如 $F=10$ 和 $F=20$ 的 y 方向屈曲模态的半波数为 3，但后者的临界荷载参数比前者高 21.6%；$F=40$ 和 $F=60$ 的 y 方向屈曲模态的半波数均为 4，但后者的临界荷载参数比前者高 12.9%；$F=70$ 和 $F=80$ 的 y 方向屈曲模态的半波数均为 5，但后者的临界荷载参数比前者高 1.6%。

取弹性支承连续圆柱曲板：$l = 12\text{m}, b = 24\text{m}, R = 1238\text{m}, h = 0.2\text{m}, E = 42.6\text{GPa}, \upsilon = 0.2$，$N = 5$，并取 $F = 50$ 或 $F = 80$，按本书方法采用 MATLAB 进行计算，依然取 $n = 30$，弹性支承与曲板径向之间的夹角 Φ 对弹性支承连续圆柱曲板屈曲模态的影响如图 5-40 所示。

结果表明：对于参数 $N = 5, F = 50$，其临界荷载参数 K_N 随着夹角 Φ 的增大而减小，其屈曲模态（Φ 为 0° ~ 30°）的半波数均为 4，且夹角 Φ 对屈曲模态的影响很小；对于参数 $N = 5, F = 80$，其临界荷载参数 K_N 同样随着夹角 Φ 的增大而减小，当 Φ 为 0° ~ 20° 时，其屈曲模态的半波数均为 5，且夹角 Φ 对屈曲模态的影响很小，但 $\Phi = 30°$ 的屈曲模态完全不同于 Φ 为 0° ~ 20° 的屈曲模态，其 y 方向屈曲模态的半波数变为 4，这是因为夹角 Φ 的增大导致曲板弹性支承的有效刚度大幅下降，从而使得其屈曲模态发生变化。

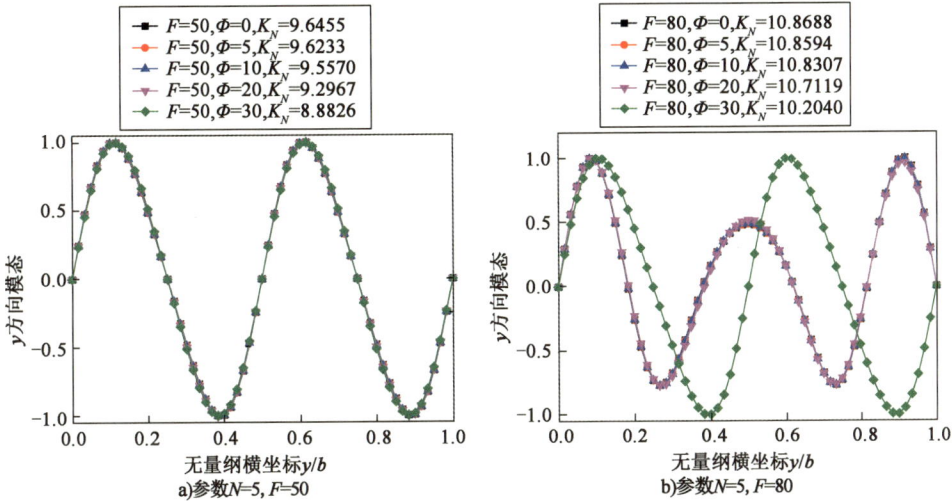

图 5-40　夹角对弹性支承连续圆柱曲板屈曲模态的影响

5.6.2.4　临界荷载参数影响因素分析

取弹性支承连续圆柱曲板：$l = 12\text{m}, h = 0.2\text{m}, E = 42.6\text{GPa}, \upsilon = 0.2$，为分析方便，这里引入弹性支承曲板曲率参数：

$$K_2 = \frac{1}{r^0} = \frac{l^2}{\pi^2 R} \sqrt{\frac{Eh}{D}} \tag{5-54}$$

下面分别讨论参数 N、F、β、K_2 和 Φ 对临界荷载参数 K_N 的影响。

（1）弹性支承数 N

图 5-41 给出了弹性支承圆柱曲板的临界荷载参数曲线，结果表明：当 K_2 较小时（如 K_2 为 0.0025，0.1，0.2 或 1），在同等条件下，临界荷载参数 K_N 随着参数 N 的增大而增大；当 K_2 较大时（如 $K_2 = 10$），参数 K_N 将受到参数 N、β 等的共同影响。当 $\beta = 1, K_2 = 10$ 时，如图 5-41i）所示，在同等条件下，参数 K_N 随着参数 N 的增大而增大；但当 $\beta = 2, K_2 = 10$ 时，如图 5-41j）所示，参数 K_N 受到参数 N、β 等的共同影响，对于一定的 F 值，有 $K_{N=6} > K_{N=5} > K_{N=2} > K_{N=4} > K_{N=3} \approx K_{N=1}$。

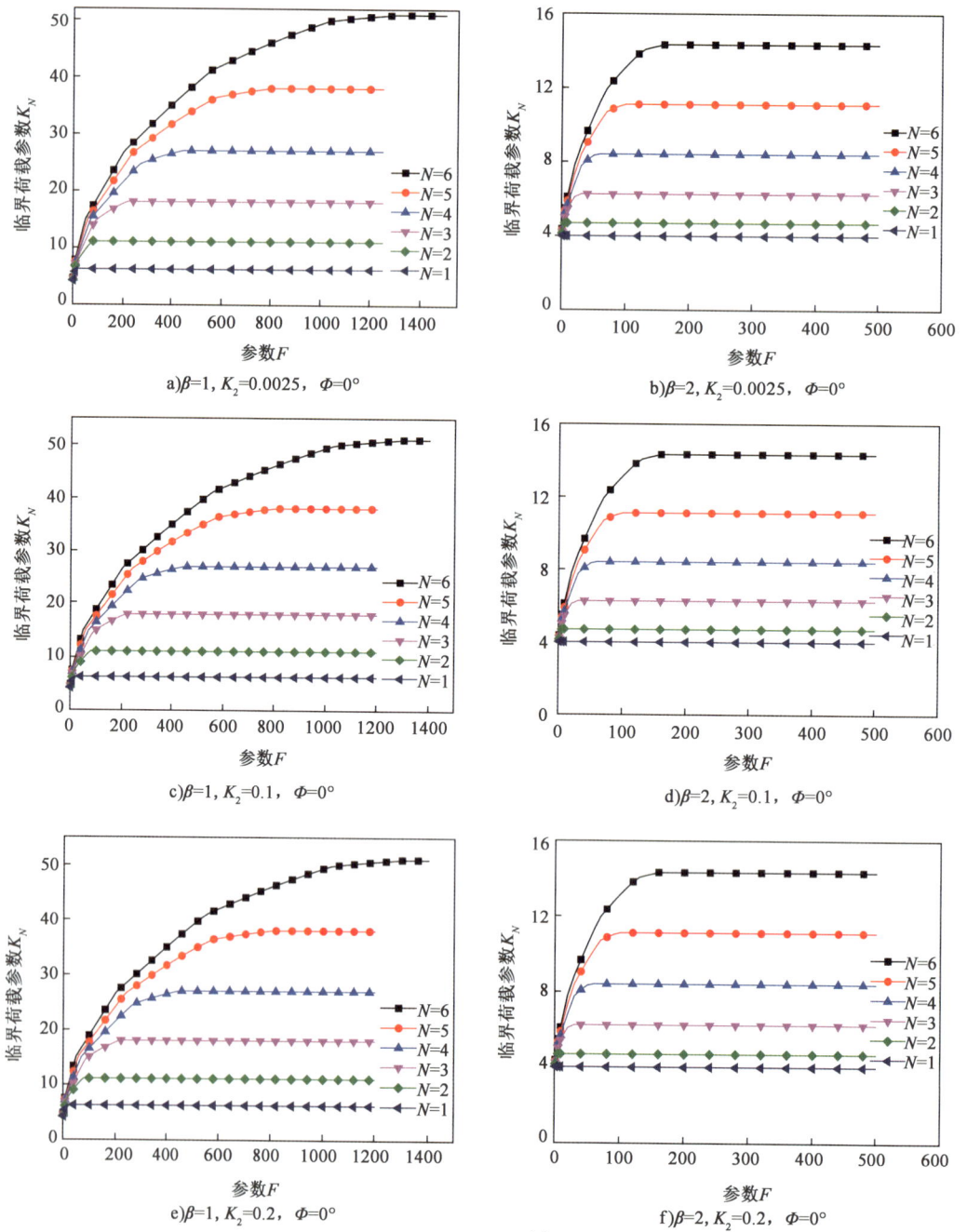

a)$\beta=1$, $K_2=0.0025$, $\Phi=0°$

b)$\beta=2$, $K_2=0.0025$, $\Phi=0°$

c)$\beta=1$, $K_2=0.1$, $\Phi=0°$

d)$\beta=2$, $K_2=0.1$, $\Phi=0°$

e)$\beta=1$, $K_2=0.2$, $\Phi=0°$

f)$\beta=2$, $K_2=0.2$, $\Phi=0°$

图 5-41

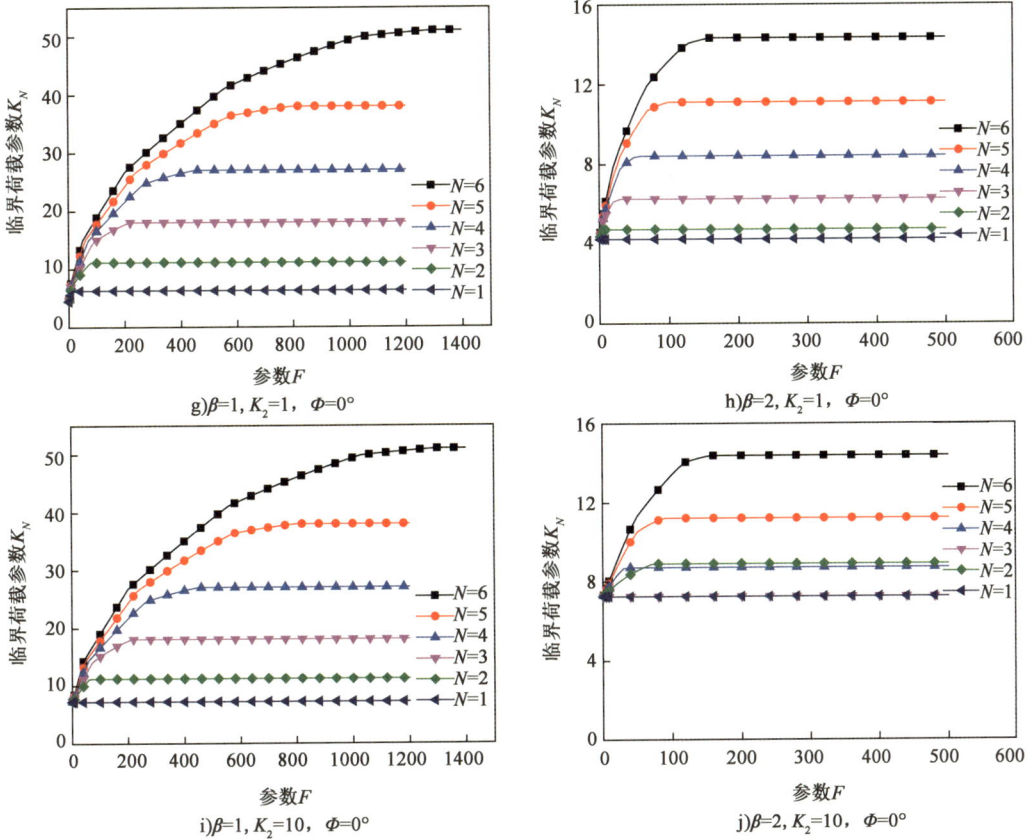

g)$\beta=1$，$K_2=1$，$\Phi=0°$

h)$\beta=2$，$K_2=1$，$\Phi=0°$

i)$\beta=1$，$K_2=10$，$\Phi=0°$

j)$\beta=2$，$K_2=10$，$\Phi=0°$

图 5-41　弹性支承连续圆柱曲板的临界荷载参数曲线

（2）弹性支承刚度参数 F

由图 5-41 可知：在同等条件下，临界荷载参数 K_N 随着参数 F 的增大呈非线性增大，并最终向其对应的刚性支承连续曲板逼近。除参数 N 和 β 共同影响参数 K_N 的情形之外，参数 N 越大，参数 K_N 越大，参数 K_N 的极值也越大，因此适当增加弹性支承数 N 时，可有效提高弹性支承连续圆柱曲板的稳定性。

（3）曲板的宽长比 β

通过对比 $\beta=1$ 和 $\beta=2$ 两种情况来看，β 对临界荷载参数 K_N 的影响不大，但当 K_2 较大时（如 $K_2=10$），参数 β 和参数 K_2 对参数 K_N 有一定影响。如前文所述，当 $\beta=1$，$K_2=10$ 时，如图 5-41i）所示，在同等条件下，参数 K_N 随着参数 N 的增大而增大；但当 $\beta=2$，$K_2=10$ 时，如图 5-41j）所示，参数 K_N 受到参数 N、β 等共同影响，对于一定的 F 值，有 $K_{N=6}>K_{N=5}>K_{N=2}>K_{N=4}>K_{N=3}\approx K_{N=1}$。

（4）曲率参数 K_2

取 $\beta=1$，$N=2$ 以及 $\beta=2$，$N=5$ 进行分析，图 5-42 给出了弹性支承圆柱曲板在不同 K_2 下的临界荷载参数曲线，结果表明：在同等条件下，临界荷载参数 K_N 随着曲率参数 K_2 的增大呈非线性增大，即随着曲率参数 K_2 的增大，连续圆柱曲板的弹性支承效应得到加强，致使连续圆柱曲板的稳定性得到提高；对于不同的 F 值，随着曲率参数 K_2 的增大，其临界荷载参数曲线的差别将渐趋减小,甚至最终趋于逼近。如图 5-42a)所示,当 $\beta=1$, $N=2$ 时,随着参数 K_2 的增大,$F=25$ 和 $F=50$ 所对应的临界荷载参数 K_N 的渐趋逼近,并在 $K_2 \approx 20$ 时趋于相等。

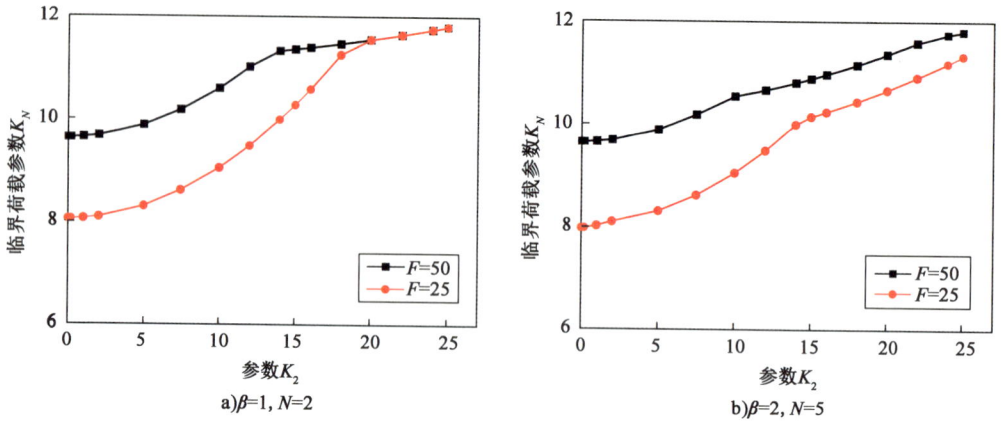

a)$\beta=1$, $N=2$ b)$\beta=2$, $N=5$

图 5-42　参数 K_2 对临界荷载参数的影响

（5）夹角 Φ

取 $\beta=1$, $N=2$, $K_2=0.2$ 以及 $\beta=2$, $N=5$, $K_2=0.2$ 进行分析,图 5-43 给出了弹性支承圆柱曲板在不同 Φ 时的临界荷载参数曲线,结果表明:在同等条件下,参数 K_N 随着参数 Φ 的增大而减小,即随着参数 Φ 的增大,弹性支承连续圆柱曲板的有效弹性支承刚度将逐渐减小,致使连续圆柱曲板的稳定性降低;当 Φ 较小时（如 $\Phi<10°$）,参数 Φ 对参数 K_N 的影响很小,可忽略不计;但当 Φ 较大时（如 $\Phi=20°$ 或 30°）,参数 Φ 对参数 K_N 的影响比较显著,应该加以考虑。

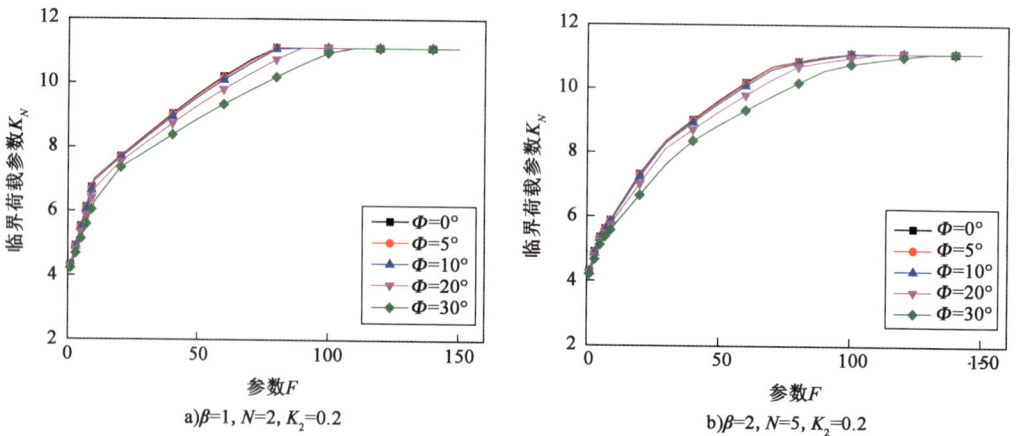

a)$\beta=1$, $N=2$, $K_2=0.2$ b)$\beta=2$, $N=5$, $K_2=0.2$

图 5-43　参数 Φ 对临界荷载参数 K_N 的影响

因此,为提高 UHPC 箱梁底板受压稳定性,在等间距、等刚度布置柔性横隔板的基础上,还可考虑适当提高横隔板刚度,适当增加横隔板数量（即弹性支承数 N）。

5.6.3 腹板弹性剪切屈曲分析

5.6.3.1 计算模型

UHPC 箱梁腹板不仅受到其翼缘板的嵌固约束作用,还受到其柔性横隔板的支承作用。在 UHPC 箱梁腹板弹性剪切屈曲分析时,可忽略横隔板对腹板的抗扭转效应,横隔板对 UHPC 箱梁腹板的支承作用可简化为弹性支承,则 UHPC 箱梁腹板剪切稳定问题可转化为弹性支承连续薄板的稳定问题。

为分析方便,这里忽略 UHPC 箱梁翼缘板对其腹板的嵌固约束作用,即可将 UHPC 箱梁翼缘板对腹板的约束作用简化为简支边;同时忽略 UHPC 箱梁腹板与下翼缘板联结线的曲率,即可将 UHPC 箱梁腹板的下缘曲边取为直边,因此 UHPC 箱梁腹板弹性剪切屈曲问题即转变为四边简支弹性支承连续矩形薄板的弹性剪切屈曲问题。

取腹板剪切屈曲的计算模型为等间距布置弹性支承的四边简支连续矩形薄板,如图 5-44 所示。其中:板的长度、宽度和厚度分别为 a、b 和 h,弹性支承数目为 N,第 i 个($i = 1, 2, \cdots, N$)跨间弹性支承的刚度均为 k([力]/[长度]),第 i 跨的跨径均为 $a/(N+1)$;支承边 AB、AD、BC 和 CD 均为简支边;N_{xy} 为 $AB(CD)$ 和 $AD(BC)$ 边的面内均布剪力;材料弹性模量为 E,泊松比为 v,剪切模量为 $G = E/[2(1 + v)]$。

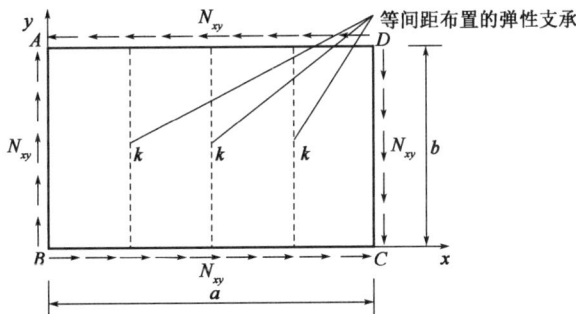

图 5-44 计算模型——等间距布置弹性支承的四边简支连续矩形薄板

横隔板对腹板提供的弹性支承刚度,可参考 5.6.1 节所述方法进行估算,即可将横隔板视为一根等截面梁,考虑均布荷载作用,近似取横隔板跨中处的刚度系数作为其弹性支承刚度。记腹板的厚度为 h_w,横隔板处的箱梁腹板高度为 L_w,支承腹板的横隔板高度为 h_{dw},横隔板的厚度为 t_d,则其弹性支承刚度为:

$$k = \frac{384EI_{dw}}{5L_w^4} = \frac{384E}{5L_w^4} \frac{t_d h_{dw}^3}{12} = \frac{32Et_d h_{dw}^3}{5L_w^4} \tag{5-55}$$

式中:I_{dw}——横隔板的等效抗弯惯性矩,即 $I_{dw} = \dfrac{t_d h_{dw}^3}{12}$。

5.6.3.2 求解方法

(1)能量法

采用能量法推导四边简支弹性支承连续矩形薄板剪切屈曲的基本方程。取双重三角级数作为屈曲板的挠曲面的表达式,则可符合简支边的边界条件,即:

$$w = \sum_{m=1}^{\infty} \sum_{n=1}^{\infty} a_{mn} \sin\frac{m\pi x}{a}\sin\frac{n\pi y}{b} \tag{5-56}$$

于是,屈曲板的弯曲应变能为:

$$U_0 = \frac{D}{2}\int_0^a\int_0^b\left\{\left(\frac{\partial^2 w}{\partial x^2}+\frac{\partial^2 w}{\partial y^2}\right)^2 - 2(1-v)\left[\frac{\partial^2 w}{\partial x^2}\frac{\partial^2 w}{\partial y^2}-\left(\frac{\partial^2 w}{\partial x\partial y}\right)^2\right]\right\}\mathrm{d}x\mathrm{d}y \tag{5-57}$$

第 $n_1(n_1=1,2,\cdots,N)$ 个弹性支承的弹性势能为:

$$U_{n_1} = \int_0^b\frac{k}{2}\left(w\big|_{x=n_1\cdot\frac{a}{N+1}}\right)^2\mathrm{d}y \tag{5-58}$$

所有弹性支承的弹性势能总和为:

$$U_1 = \sum_{n_1=1}^N\int_0^b\frac{k}{2}\left(w\big|_{x=n_1\cdot\frac{a}{N+1}}\right)^2\mathrm{d}y \tag{5-59}$$

外力势能表达式为:

$$U_L = -\int_0^a\int_0^b N_{xy}\frac{\partial w}{\partial x}\frac{\partial w}{\partial y}\mathrm{d}x\mathrm{d}y \tag{5-60}$$

因此,由屈曲变形所引起的弹性支承连续矩形薄板总势能为:

$$V = U_0 + U_1 + U_L \tag{5-61}$$

将式(5-56)代入式(5-57)、式(5-59)和式(5-60),并注意到:当 $(m\pm p)$ 为偶数时, $\int_0^a\sin\frac{m\pi x}{a}\cos\frac{p\pi x}{a}\mathrm{d}x\mathrm{d}y = 0$;当 $(m\pm p)$ 为奇数时, $\int_0^a\sin\frac{m\pi x}{a}\cos\frac{p\pi x}{a}\mathrm{d}x\mathrm{d}y = \frac{2a}{\pi}\frac{m}{m^2-p^2}$ 。因此,可分别得到:

$$U_0 = \frac{D\pi^4 ab}{8}\sum_{m=1}^{\infty}\sum_{n=1}^{\infty}a_{mn}^2\left(\frac{m^2}{a^2}+\frac{n^2}{b^2}\right)^2 \tag{5-62}$$

$$U_1 = \frac{kb}{4}\sum_{n_1=1}^N\sum_{n=1}^{\infty}\left(\sum_{m=1}^{\infty}a_{mn}\sin\frac{m\pi n_1}{N+1}\right)^2 \tag{5-63}$$

$$U_L = 8N_{xy}\sum_m\sum_n\sum_p\sum_q a_{mn}a_{pq}\frac{mnpq}{(m^2-p^2)(q^2-n^2)} \tag{5-64}$$

式(5-64)中的 m,n,p,q 为使 $(m\pm p)$ 以及 $(n\pm q)$ 为奇数的整数。将式(5-62)~式(5-64)代入总势能表达式(5-61),令薄板总势能的变分为零,即:

$$\frac{\partial V}{\partial a_{mn}} = 0 \quad (m=1,2,3,\cdots,\infty;\quad n=1,2,3,\cdots,\infty) \tag{5-65}$$

这样,便可得到如下方程组:

$$(m^2+n^2\beta^2)^2 a_{mn} + \frac{2\beta^3}{\pi^4}K_w\sum_{n_1=1}^N\sin\frac{m\pi n_1}{N+1}\left(\sum_{j=1}^{\infty}a_{jn}\sin\frac{j\pi n_1}{N+1}\right) = K_\tau\sum_p\sum_q a_{pq}\frac{mnpq}{(m^2-p^2)(q^2-n^2)} \tag{5-66}$$

等式(5-66)的右式要求:$(m\pm p)$ 以及 $(n\pm q)$ 为奇数。其中:β 为薄板的长宽比,K_w 和 K_τ 分别为表征弹性支承和临界荷载的无量纲参数,即:

$$\beta = a/b \tag{5-67}$$

$$K_w = kb^3/D \tag{5-68}$$

$$K_\tau = -N_{xy}\frac{32\beta^3 b^2}{\pi^4 D} \tag{5-69}$$

记剪力:

$$N_{xy} = \tau_{cr}h = K_{cr}\frac{\pi^2 D}{b^2 h}h = K_{cr}\frac{\pi^2 D}{b^2} \tag{5-70}$$

则式(5-69)可改写为:

$$K_\tau = -\frac{32\beta^3}{\pi^2}K_{cr} \tag{5-71}$$

记:

$$X_{jm} = \sum_{n_1=1}^{N}\sin\frac{m\pi n_1}{N+1}\sin\frac{j\pi n_1}{N+1} \quad (j = 1,2,3,\cdots,\infty) \tag{5-72}$$

式中:τ_{cr}——薄板剪切屈曲临界应力;

K_{cr}——薄板剪切屈曲临界荷载参数。

则方程组(5-66)可整理为

$$(m^2+n^2\beta^2)^2 a_{mn} + \frac{2\beta^3}{\pi^4}K_w\sum_{j=1}^{\infty}X_{jm}a_{jn} - \frac{32\beta^3}{\pi^2}K_{cr}\sum_p\sum_q a_{pq}\frac{mnpq}{(m^2-p^2)(n^2-q^2)} = 0 \tag{5-73}$$

方程组(5-73)即为 a_{mn} 的齐次线性方程组,令该齐次线性方程组的系数行列式等于零,所求得的 K_{cr} 最小值即为剪切屈曲临界荷载参数,它可以通过有限阶矩阵来进行近似计算。因此,只要取足够大的 m 和 n 值,便可使参数 K_{cr} 收敛到满意的结果。在选定 m 和 n 值之后,可采用 MATLAB 软件进行编程计算 K_{cr}。

显然,当 $k=0$,即 $K_w=0$ 时,方程组(5-73)即转化为四边简支连续矩形薄板剪切屈曲时的齐次方程组。

(2)有限元法

UHPC 箱梁腹板弹性剪切屈曲分析属于第一类失稳问题,其目的就是要求解临界剪切荷载值,可采用有限元软件 ANSYS 中的特征值屈曲分析(Buckling Analysis)进行求解。结构建模是有限元法分析的基础,UHPC 箱梁腹板按四边简支弹性支承连续矩形薄板简化,其中,矩形薄板可采用具有弯曲和膜应力功能的 SHELL 63 单元进行模拟;弹性支承可采用 COMBIN 14 单元进行模拟,弹性支承刚度可通过定义 COMBIN 14 单元的刚度来实现。

具体方法:首先,建立矩形薄板模型,采用 SHELL 63 单元划分网格;然后,在弹性支承位置处添加 COMBIN 14 单元,通过定义其实常数弹簧刚度来模拟弹性支承刚度。边界条件为:约束薄板四条边界节点的平面外位移,同时约束一对对角角点的平面内位移,以防止薄板产生刚体位移;加载条件为:薄板相邻边的剪力值大小相等、符号相反,使弹性支承连续矩形板处于纯剪切状态。按此方法建模,承受剪切荷载的四边简支弹性支承连续矩形薄板($\beta=1,N=1$)的有限元模型如图 5-45 所示。

为验证上述能量法和有限元法的正确性,以弹性支承连续方板的剪切屈曲为例进行对比分析,弹性支承连续方板参数为:$a=12m$,$b=12m$,即 $\beta=1$,$h=0.2m$,$E=42.6GPa$,$\nu=0.2$,$N=1$。

在采用能量法分析时,矩形薄板挠曲面近似取式(5-61)的前 25 项,采用 MATLAB 软件进行编程计算剪切屈曲临界荷载参数 K_{cr};在采用有限元法分析时,取弹性支承刚度为 $K_w D/b^3$,剪切荷载值取式(5-70)的系数 $\pi^2 D/b^2$,采用 ANSYS 软件进行分析计算。以参数 K_w 为自变量,按能量法和有限元法计算所得的剪切屈曲临界荷载参数 K_{cr} 如表 5-16 所示。由表 5-16 可见,由有限元法和能量法计算所得的剪切屈曲临界荷载参数吻合较好,两者的相对误差小于

5%，表明能量法公式推导和编程计算正确，有限元法建模方法合理可行。

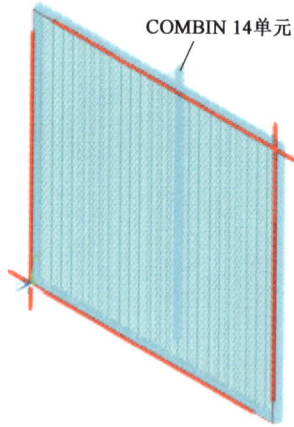

图 5-45　四边简支弹性支承连续矩形薄板剪切屈曲分析有限元模型

表 5-16　不同数值方法计算所得的剪切屈曲临界荷载参数 K_{cr}

K_w	0	50	100	500	1000	2000	3000
能量法（取前 25 项）	9.34	10.23	10.98	13.66	15.29	17.69	19.40
有限元法	9.33	10.24	10.98	13.62	15.22	17.53	19.13
相对误差（%）	0.11	−0.10	0.00	0.30	0.46	0.91	1.41
K_w	4000	5000	6000	7000	8000	9000	无穷大
能量法（取前 25 项）	20.68	21.60	22.28	22.85	23.34	23.76	—
有限元法	20.29	21.07	21.66	22.14	22.54	22.89	26.32
相对误差（%）	1.92	2.52	2.86	3.21	3.55	3.80	—

5.6.3.3　弹性支承对连续矩形薄板弹性剪切屈曲的影响

为了解弹性支承对连续矩形薄板弹性剪切屈曲的影响，取两跨弹性支承连续方板（$a = 12\text{m}, b = 12\text{m}$，即 $\beta = 1, h = 0.2\text{m}, E = 42.6\text{GPa}, \upsilon = 0.2$，即 $\beta = 1, N = 1$）和三跨弹性支承连续矩形薄板（$a = 18\text{m}, b = 12\text{m}$，即 $\beta = 1.5, h = 0.2\text{m}, E = 42.6\text{GPa}, \upsilon = 0.2, N = 2$），采用有限元法考察弹性支承刚度参数 K_w 对屈曲模态的影响。

表 5-17 和表 5-18 分别给出了不同 K_w 时的两跨弹性支承连续方板和三跨弹性支承连续矩形薄板弹性剪切屈曲模态，结果表明：

（1）弹性支承连续矩形薄板的剪切屈曲模态介于单跨板（无中间支承）与中间刚性支承连续板之间；当 K_w 较小时，其屈曲模态与对应四边简支矩形薄板（即 $K_w = 0$）的屈曲模态十分接近，薄板中心位置的平面外位移最大，屈曲时的位移均在板的同一侧，呈一个半波的屈曲形态；随着 K_w 的进一步增大，矩形薄板屈曲模态的半波数逐渐增多，同时弹性支承对矩形薄板屈曲模态倾斜波的阻隔作用逐步显现。

（2）当 $K_w \approx 25000$ 时，两跨弹性支承连续方板屈曲时的倾斜波被弹性支承明显阻隔，其屈曲模态和临界荷载参数 K_{cr} 与对应的刚性支承连续矩形薄板十分接近，可近似按刚性支承连续矩形薄板进行分析；当 $K_w \approx 50000$ 时，三跨弹性支承连续矩形薄板屈曲时的倾斜波被弹性支承明显阻隔，可近似按对应的刚性支承连续矩形薄板进行分析。

（3）当弹性支承刚度较小时,弹性支承连续矩形薄板屈曲时的倾斜波将横穿过弹性支承,弹性支承将随薄板的屈曲发生弯曲;随着弹性支承刚度的增大,弹性支承将对薄板的屈曲产生阻隔作用;当弹性支承刚度(参数 K_w)达到一定的量值时,弹性支承连续矩形薄板屈曲时的倾斜波将被弹性支承明显阻隔,弹性支承所在位置的屈曲近似保持为直线,此时弹性支承连续矩形薄板可近似按刚性支承连续矩形薄板考虑。

表 5-17　两跨弹性支承连续方板的弹性剪切屈曲模态($\beta = 1$)

K_w	K_{cr}	屈曲模态	屈曲模态 Z 向位移云图
0	9.34		
100	10.98		
500	13.62		
1000	15.22		

K_w	K_{cr}	屈曲模态	屈曲模态 Z 向位移云图
2000	17.53		
5000	21.07		
8000	22.54		
10000	23.19		

续上表

$K_{\rm w}$	$K_{\rm cr}$	屈曲模态	屈曲模态 Z 向位移云图
15000	24.22		
20000	24.83		
25000	25.19		
无穷大	26.32		

表 5-18　三跨弹性支承连续矩形薄板的弹性剪切屈曲模态($\beta = 1.5$)

K_{w}	K_{cr}	屈曲模态	屈曲模态 Z 向位移云图
0	7.07		
50	8.12		
100	8.84		
500	11.53		

续上表

K_{w}	K_{cr}	屈曲模态	屈曲模态 Z 向位移云图
1000	13.31	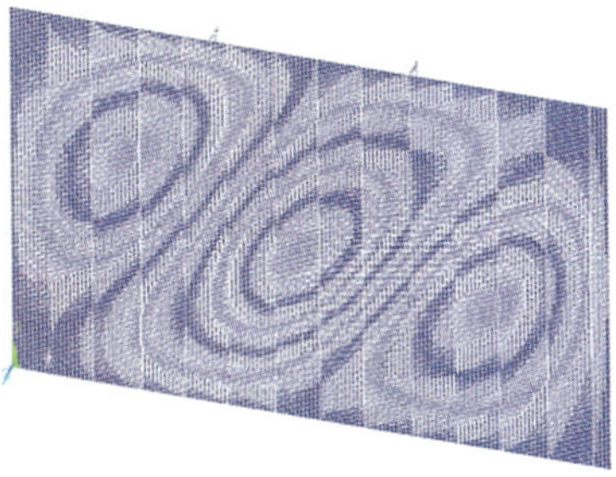	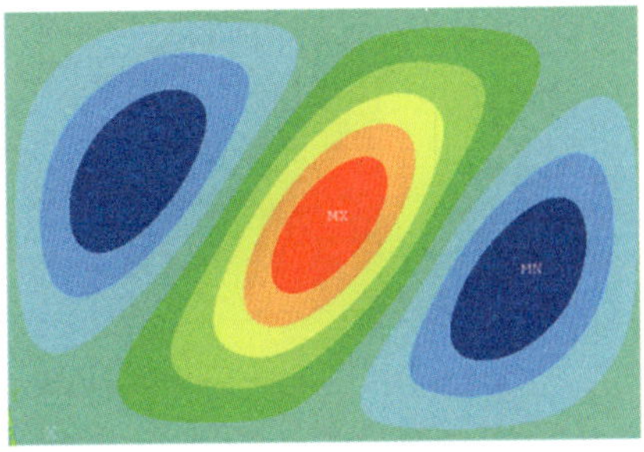
2000	15.78	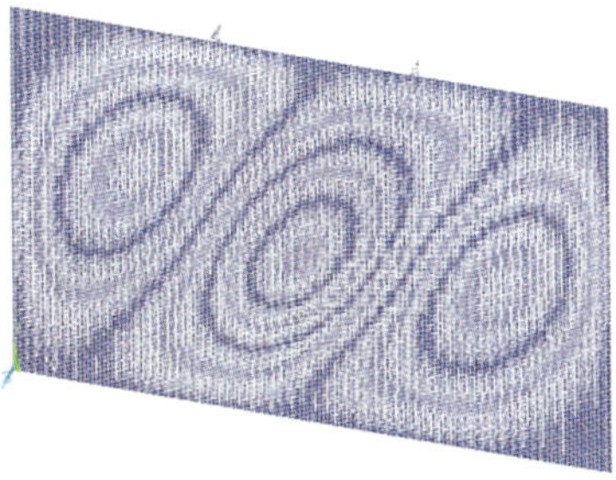	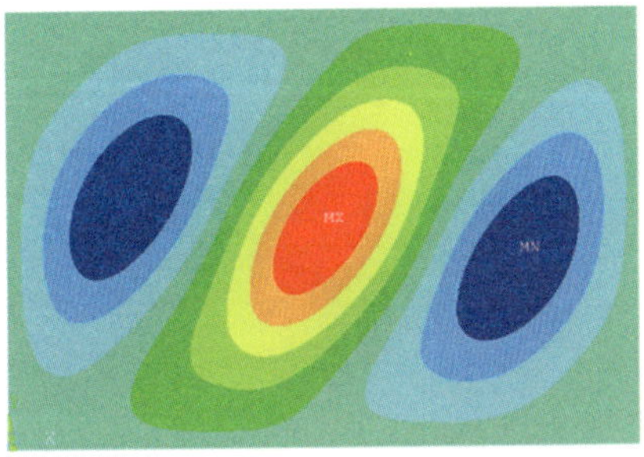
3000	17.53	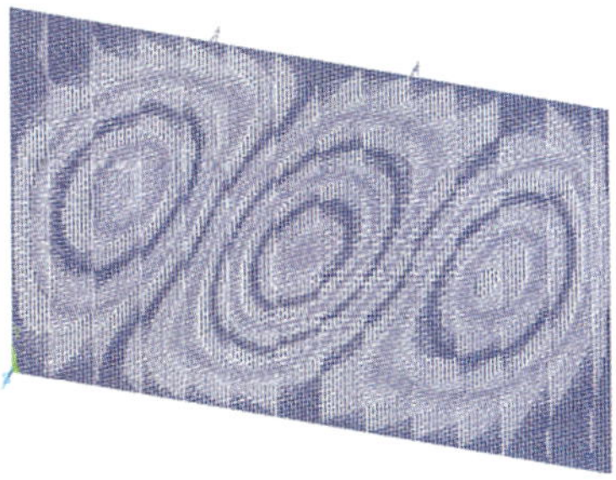	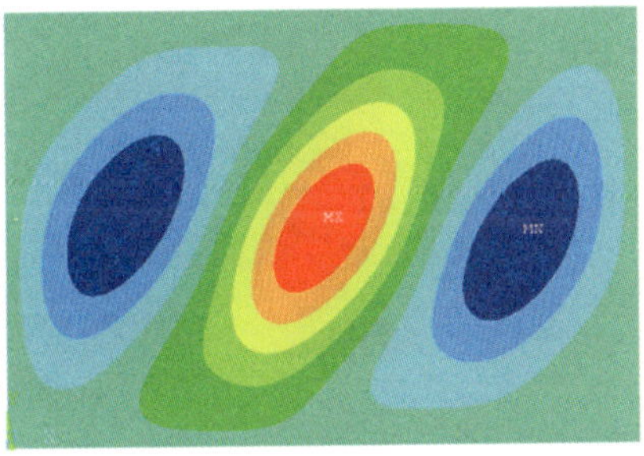
5000	19.74	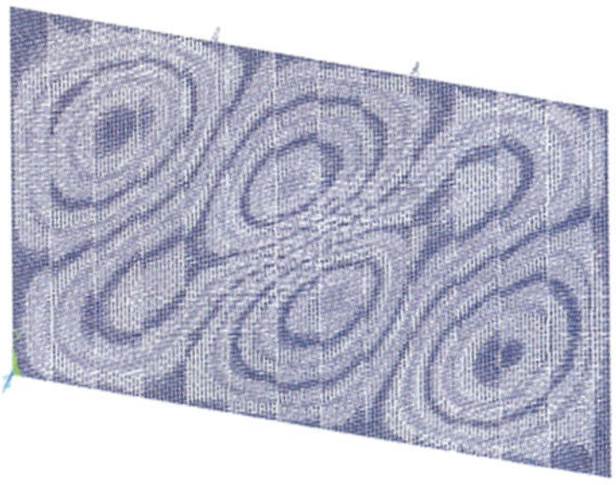	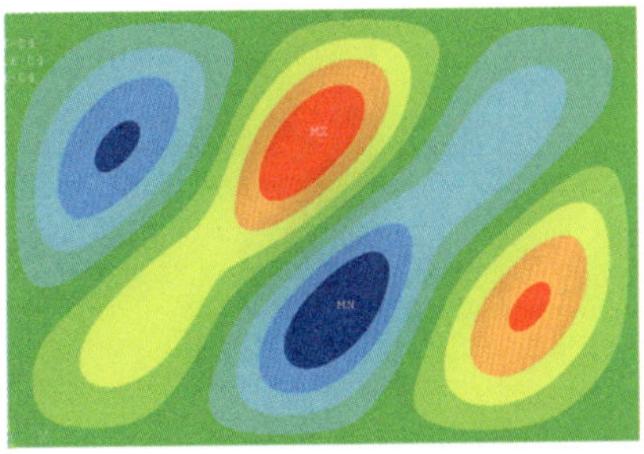

277

K_w	K_{cr}	屈曲模态	屈曲模态 Z 向位移云图
10000	22.28		
20000	24.32		
50000	25.81		
无穷大	26.75		

图 5-46 给出了四边简支弹性支承连续矩形薄板剪切屈曲算例的 K_{w}-K_{cr} 关系曲线。

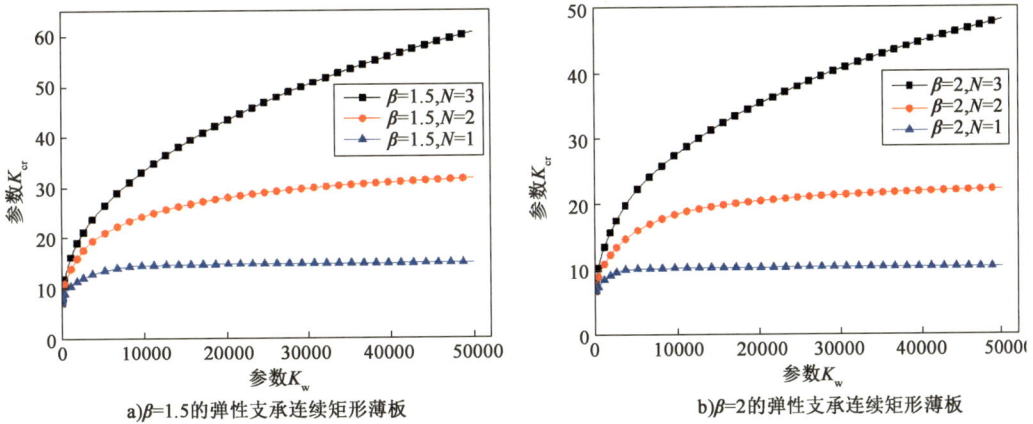

a)β=1.5的弹性支承连续矩形薄板　　　　　　　b)β=2的弹性支承连续矩形薄板

图 5-46　四边简支弹性支承连续矩形薄板剪切屈曲 K_{cr}-K_{w} 关系曲线

（1）弹性支承连续矩形薄板的临界荷载参数 K_{cr} 介于单跨板与中间刚性支承连续板之间，随着参数 K_{w} 的增大，参数 K_{cr} 呈非线性增长，并最终向对应的刚性支承连续矩形薄板逼近。

（2）$N=2$ 所对应的 K_{cr}-K_{w} 关系曲线介于 $N=1$ 与 $N=3$ 所对应的 K_{cr}-K_{w} 关系曲线之间，随着参数 K_{w} 的增大，其 K_{cr} 值之间的差别逐渐增大并最终渐趋于固定值；在 K_{cr}-K_{w} 关系曲线的前段，参数 K_{cr} 随着 K_{w} 的增大而迅速增大，即当 K_{w} 较小时，增大 K_{w} 可显著提高 K_{cr} 值。

（3）在同等条件下，增大弹性支承数 N，可明显提高 K_{cr}。计算结果表明：对于 $\beta=1.5$ 的弹性支承连续矩形薄板，当 $K_{w}\geqslant3200$ 时，$N=2$ 所对应的 K_{cr} 值比 $N=1$ 所对应的 K_{cr} 值大 50% 以上；当 $K_{w}\geqslant16900$ 时，$N=3$ 所对应的 K_{cr} 值比 $N=2$ 所对应的 K_{cr} 值大 50% 以上。对于 $\beta=2$ 的弹性支承连续矩形薄板，当 $K_{w}\geqslant3900$ 时，$N=2$ 所对应的 K_{cr} 值比 $N=1$ 所对应的 K_{cr} 值大 50% 以上；当 $K_{w}\geqslant9900$ 时，$N=3$ 所对应的 K_{cr} 值比 $N=2$ 所对应的 K_{cr} 值大 50% 以上。

综上，可采用多跨弹性支承连续矩形薄板受压屈曲作为单向预应力UHPC箱梁顶板受压弹性屈曲简化分析计算模型；采用多跨弹性支承连续圆柱曲板受压屈曲作为单向预应力UHPC箱梁底板受压弹性屈曲简化分析计算模型；对于UHPC箱梁腹板弹性剪切屈曲问题，可偏安全简化为四边简支弹性支承连续矩形薄板的弹性剪切屈曲问题。

5.7　接缝设计与承载力试验

相关研究表明[23-24]：整体式梁和节段式梁在抗剪切性能方面存在较大差异，接缝的存在较大地削弱了梁体的抗剪能力，并在一定程度上决定了梁体剪切破坏形态与破坏裂缝的形成。节段式梁接缝受力复杂，而对于 UHPC 箱梁结构，板件较普通混凝土箱梁大幅减薄，设置密集横隔板对接缝抗弯、抗剪性能都会有较大影响。因此，悬拼接缝性能的优劣很大程度上决定了该新体系能否实现。本节针对单向预应力 UHPC 箱梁结构，对其接缝构造形式进行设计，并通过接缝承载力试验，研究 UHPC 箱梁接缝的抗剪性能。

5.7.1 接缝设计要点

5.7.1.1 常规混凝土梁接缝设计

常规混凝土梁接缝设计主要考虑以下因素:接缝构造形式、混凝土强度等级、界面粗糙程度、键齿形式、键齿数量等。根据现有研究得到:①接缝的构造形式基本分为斜接缝、阶梯形接缝、抗剪齿块接缝、剪力键接缝四种,如图5-47所示;②混凝土强度等级的提高能明显提高接缝的抗剪能力;③接缝界面多采用环氧树脂胶接缝及凿毛加粗糙处理,两者都能有效改善接缝的抗剪性能;④键齿的分布主要有单键和多键,多键设置接缝的受力比单键接缝均匀,开裂荷载也有所增加。

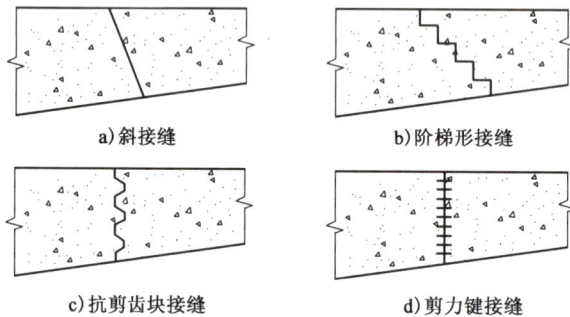

a)斜接缝　　　　b)阶梯形接缝

c)抗剪齿块接缝　　　　d)剪力键接缝

图5-47　接缝构造形式

5.7.1.2 UHPC 梁接缝设计

UHPC 材料具有高抗拉、抗压性能,与普通混凝土梁接缝相比,UHPC 梁接缝抗剪承载能力将会有较大提高,以往常规的接缝设计可以大幅度简化。由此,提出一种单键齿牛腿接缝形式,对接缝键齿倾斜角度、键齿高度、键齿厚度、键齿深度等因素进行优化设计,并与普通混凝土梁常规接缝进行对比分析,进而选择合理的接缝参数[25]。

（1）模拟接缝参数

采用有限元数值分析软件 ANSYS 模拟常规接缝设计的键齿接缝模型 1 及牛腿式接缝模型 2,具体尺寸如图5-48所示。其中,混凝土采用八节点六面体 SOLID 65 单元,并考虑其开裂特性,开口裂缝剪力传递系数 $C_1 = 0.37$,闭口裂缝剪力传递系数 $C_2 = 0.95$[26];采用 CONTA 173 和 TARGE 170 接触单元模拟干接缝,摩擦系数取 0.6,并在模型两侧截面施加 1MPa 预压应力。

有限元中考虑混凝土材料的非线性,普通混凝土以 C50 混凝土为代表,应力-应变曲线采用《混凝土结构设计规范（2015 年版）》（GB 50010—2010）中给出的混凝土本构关系,单轴抗拉强度取 1.83MPa;UHPC 采用文献[27]中依据试验结果所拟合的应力-应变曲线,单轴抗拉强度取试验数据 7.35MPa。

（2）C50 混凝土与 UHPC 常规接缝的对比

选择模型 1,取键齿倾角 $\theta = 45°$,深高比取 $a/h = 25mm/100mm = 0.25$,建立单键齿接缝抗剪模型,图5-49为接缝开裂荷载值与键齿厚度之间的关系曲线。

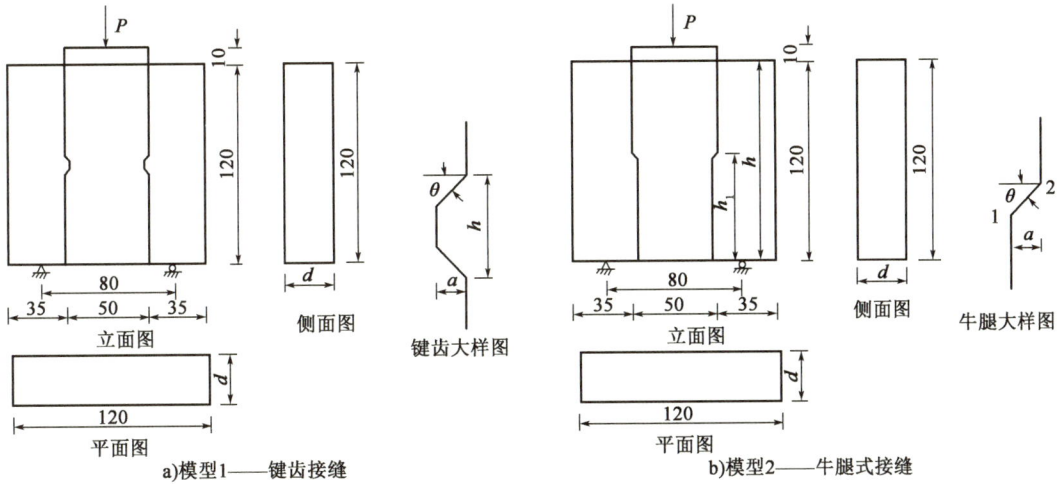

图 5-48 模型尺寸(单位:cm)

a)模型1——键齿接缝   b)模型2——牛腿式接缝

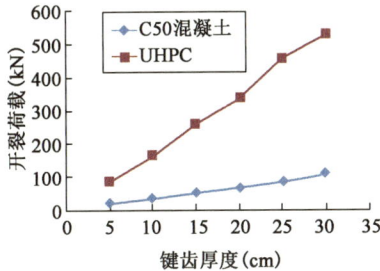

图 5-49 接缝开裂荷载与键齿厚度关系曲线

常规接缝构造下,由两种不同混凝土材料的接缝开裂荷载与键齿厚度之间的关系曲线可知:①UHPC 接缝的开裂荷载随键齿厚度增加而增大的效率较普通混凝土接缝高;②相同键齿厚度下,UHPC 接缝抗剪性能远大于普通混凝土接缝抗剪性能,其开裂荷载是普通混凝土接缝的 4~5 倍。

(3)UHPC 接缝尺寸优化

模型 2 接缝键齿尺寸考虑键齿倾角 θ、键齿高度与截面高度比值(简称齿梁高比)h_1/h、键齿深度 a 三个因素。取接缝牛腿键齿倾角 $\theta = 45°$,深度 $a = 60\text{mm}$,键齿高度以每级 10cm 增加,结构模型高度为 120cm,混凝土本构关系保持不变,UHPC 单轴抗拉强度取 7.35MPa,计算结果如图 5-50 所示,其中,h_1 为牛腿键齿高度,即角趾点 2 至模型底板间距,$h_2 = h - h_1$,为角趾点 1 至模型顶板间距。

对于 h_1 曲线和 h_2 曲线,初期接缝开裂荷载随着键齿高度的增加而增加,达到一定高度后开裂荷载保持平稳,当键齿高度超过临界高度后,接缝开裂荷载随之下降,曲线大致对称。这是因为接缝开裂荷载的大小受接缝最小抗剪面积控制,当键齿高度较小时,接缝抗剪面为键齿牛腿高度部分,裂缝出现在角趾点 2 处,随着键齿高度的增加,接缝抗剪面转变为角趾点 1 到模型顶面部分,裂缝出现在角趾点 1 处。

对于整体模型而言,随着接缝键齿高度的增加,开裂形式由拉剪开裂逐渐转变为压剪开裂。综合考虑,接缝键齿高度在 40~80cm 较为合理,取无量纲键齿高度与结构梁高的比值

281

$h_1/h = 1/3 \sim 2/3$。

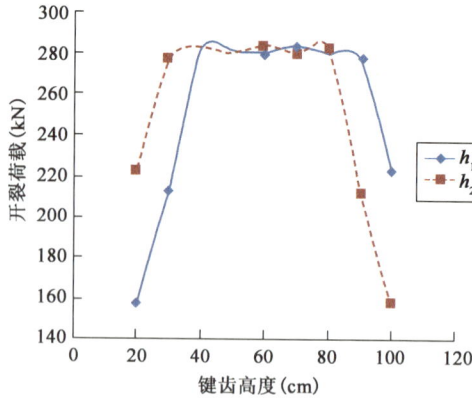

图 5-50　UHPC 接缝开裂荷载-键齿高度曲线

根据上述优化结果,键齿厚度取 10cm,接缝键齿高度取 60cm(1/2 模型高),深度以每级 10mm 增加,键齿倾角每级以 15°增加,分析结果如表 5-19 所示。

表 5-19　模型 2 接缝开裂荷载(单位:kN)

深度	倾角					
	0°	15°	30°	45°	60°	75°
10mm	147.7	149.2	193.1	201.1	117.7	67.9
20mm	160.6	159.2	194.2	197.1	121.1	89.1
30mm	196.9	162.4	221.7	229.8	130.3	117.6
40mm	233.0	184.6	232.4	267.4	156.4	123.2
50mm	252.5	192.8	247.1	265.3	165.1	132.5
60mm	271.4	256.3	265.8	262.5	169.2	118.7
70mm	276.0	263.9	266.7	279.9	167.7	120.1
80mm	270.1	271.9	265.0	274.1	180.5	123.9
90mm	263.4	277.8	276.2	276.3	176.9	117.6
100mm	278.5	276.5	274.5	277.6	182.9	101.5

结合计算结果可知:接缝开裂荷载主要由键齿牛腿水平倾角决定,倾角 $\theta > 45°$ 时,接缝开裂荷载急剧减小;随着深度的增加,接缝开裂荷载增加,当接缝深度 $a \geqslant 60mm$ 时,接缝开裂荷载保持平稳。因此,取无量纲接缝倾角 $\theta = 0 \sim 45°$ 最优并取最优深高比 $a/h_1 \geqslant 1/10$。

综上所述,相比常规混凝土接缝,UHPC 牛腿式接缝抗剪性能强,接缝厚度大幅度减小,接缝最优键齿倾角 $\theta = 0 \sim 45°$,合理的齿梁高比 $h_1/h = 1/3 \sim 2/3$,深高比 $a/h_1 \geqslant 1/10$。

5.7.2　UHPC 箱梁接缝承载力试验

5.7.2.1　试验概况

试验模型如图 5-18 所示,依据 UHPC 箱梁桥面板双向受力静载试验模型,在双向受力静载试验和 UHPC 箱梁扭转畸变试验结束后,开展 UHPC 箱梁接缝承载力试验。

接缝截面顶、底板按常规接缝形式:单键设置,倾角取 45°,键齿深 10cm,高 60cm;腹板接缝按前述的单键牛腿式接缝,牛腿水平倾角取 45°,深度 80mm,键齿牛腿高度取 1/2 梁截面高度为 68cm。对接缝薄弱角趾局部配筋加劲,钢筋采用 φ6 CRB550 冷拔带肋钢筋,双悬臂箱梁接缝配筋图如图 5-51 所示。

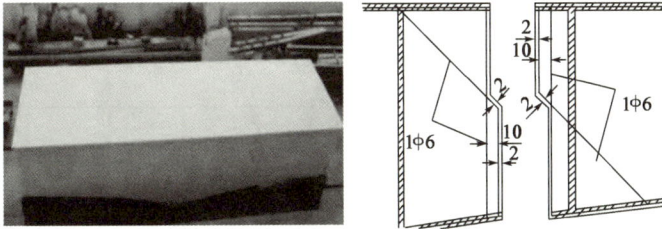

图 5-51 双悬臂箱梁接缝配筋图(单位:cm)

UHPC 箱梁接缝试验(图 5-52)共设计三个荷载工况:

(1)弹性阶段接缝性能,工况 1——弯扭工况、工况 2——直剪工况;

(2)开裂破坏时接缝性能,工况 3——弯剪破坏工况。

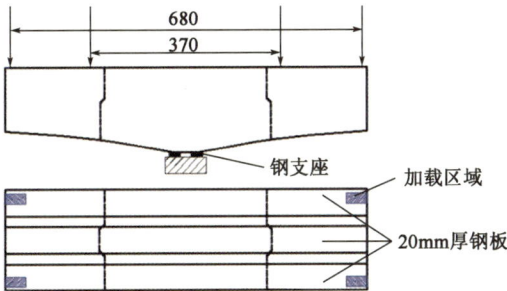

a)加载图示

b)实验室加载示意图

图 5-52 UHPC 箱梁接缝试验加载示意图(单位:cm)

对于大跨径连续箱梁桥而言,抗剪性能是控制设计的主要因素之一。因此,对于试验工况,将 400m 级超大跨径连续箱梁承载能力极限荷载组合下的剪力,利用相似性原理计算得到缩尺试验模型剪力以指导试验。不考虑箱梁剪力滞效应和扭转,其腹板剪应力可采用简化计算公式:

$$\tau = \frac{VS}{It} \tag{5-74}$$

式中:τ——剪应力;

V——剪力;

S——截面的面积矩;

I——截面惯性矩;

t——板件厚度。

400m 级大跨桥成桥状态承载能力极限标准荷载组合下最大剪力为 58192kN(距纵桥向桥墩中心 8m 处截面剪力),根据模型抗剪截面的尺寸及相似性原理,得到试验模型抗剪荷载值为 745kN。考虑双悬臂梁加载的稳定性，试验荷载分等级加载，并以控制位移方式加载。

接缝角趾是应力集中、裂缝易出现位置，试验重点研究竖向腹板接缝的抗剪性能，因此，对角趾易出现裂缝处需要严格、精确地测试出荷载下的应变，故试验测点增加布置垂直接缝角趾与水平成 135°方向的测点，测点布置于接缝牛腿下端阴角角趾处，斜向应变片贴近并垂直接缝角趾，应变花与接缝角趾水平间距 1.5cm，对于顶、底板接缝角趾处布置应变花以测试弹性阶段下的应变。接缝应变片的布置示意图如图 5-53 所示。

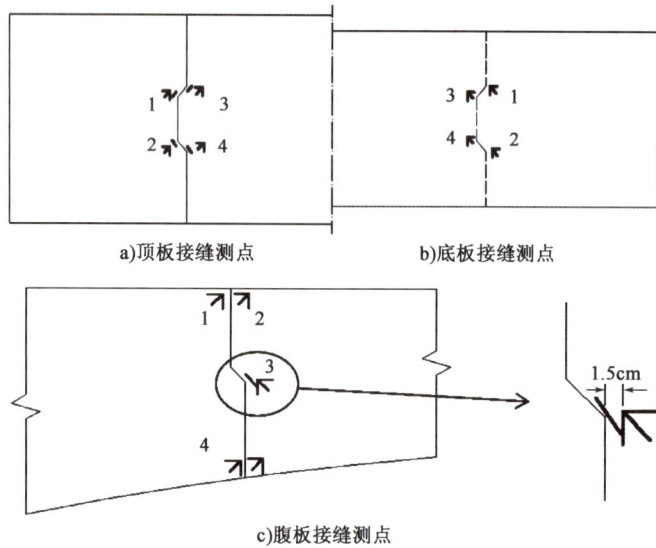

a)顶板接缝测点　　　b)底板接缝测点

c)腹板接缝测点

图 5-53　接缝应变片布置示意图(1~4 为应变片布置位置)

5.7.2.2　UHPC 接缝有限元模型

ANSYS 建立有限元模型对试验模型进行辅助分析。模型中胶接缝摩擦系数取 0.8，整体箱梁及钢板采用弹性单元 SOLID 45 模拟，不考虑混凝土的开裂和压碎；牛腿式接缝采用接触单元 CONTA 173、TARGE 170，考虑接触非线性；预应力采用 LINK 8 单元，用初应变法模拟预应力张拉，因试验模型配筋率较小，故梁体无筋模拟。1/2 接缝有限元计算模型如图 5-54 所示。

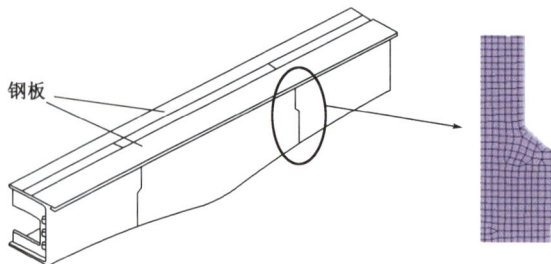

钢板

图 5-54　1/2 接缝有限元计算模型

5.7.2.3　模型试验结果及分析

腹板接缝角趾荷载-斜向拉应变曲线如图 5-55 所示，其中，曲线编号规则为"加载工况-三/四横隔板悬臂梁段腹板-应变片位置"。

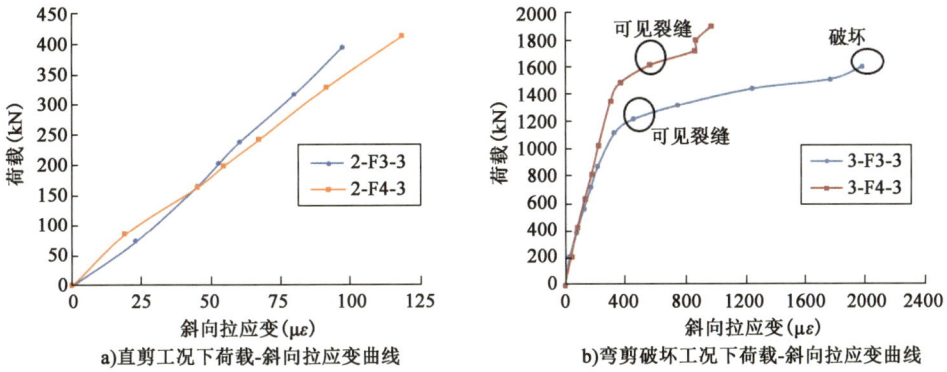

a)直剪工况下荷载-斜向拉应变曲线　　　b)弯剪破坏工况下荷载-斜向拉应变曲线

图 5-55　腹板接缝角趾荷载-斜向拉应变曲线

在弯剪破坏工况的悬臂梁端部对称加载下,测点 3-F3-3、3-F4-3 荷载-斜向拉应变分别在 UHPC 应变达到 $331\mu\varepsilon$、$305\mu\varepsilon$ 前保持良好的线性关系,这与弹性阶段工况 2[图 5-55a)]荷载-斜向拉应变曲线特征保持一致,表明 UHPC 弹性阶段,在相同荷载作用下,不同横隔板数的悬臂梁接缝处应变状态基本相同。

接缝抗剪承载力试验过程中,接缝角趾出现肉眼可见裂缝(宽度 0.03mm)时,三横隔板梁段接缝承受荷载为 1212kN,斜向拉应变达 $455\mu\varepsilon$;四横隔板梁段接缝承受荷载为 1610kN,斜向拉应变达 $576\mu\varepsilon$,两者开裂荷载均远大于按相似比计算的试验设计值 745kN,抗裂安全度分别为 1.63 和 2.16。

梁体最终在三横隔板梁段发生斜拉破坏,裂缝从接缝角趾部位贯穿接缝左侧梁体,这也是节段式预应力混凝土梁在剪力和弯矩共同作用下,弯曲裂缝出现后发展成的一种破坏特征[28],此状态下四横隔板梁段未出现明显破坏现象,接缝开裂形式如图 5-56 所示。

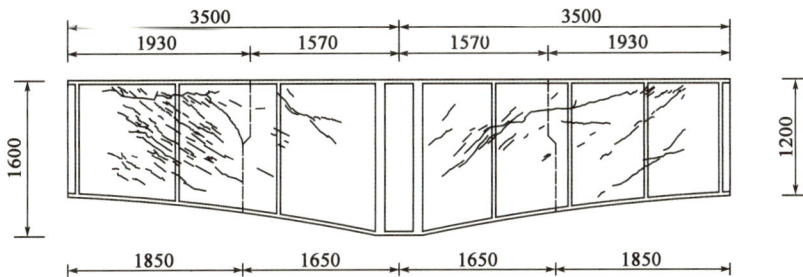

a)接缝开裂整体示意图

b)三横隔板悬臂梁段

图　5-56

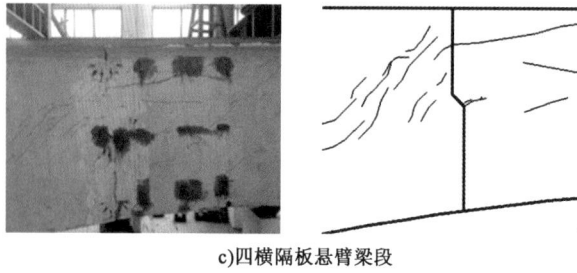

c)四横隔板悬臂梁段

图 5-56　腹板竖向接缝开裂示意图(单位:mm)

综上可知,UHPC 牛腿式接缝抗剪性能远高于普通混凝土接缝,其接缝厚度较普通混凝土接缝厚度可以大幅度减小;牛腿式接缝最优键齿水平倾角 $\theta = 0 \sim 45°$,深高比 $a/h_1 \geqslant 1/10$,合理的齿梁高比 $h_1/h = 1/3 \sim 2/3$;弹性阶段下 UHPC 悬拼薄壁箱梁具有良好的整体性,设置横隔板的 UHPC 薄壁箱梁,其薄壁腹板接缝抗剪性能强,上述牛腿式接缝有足够强的抗剪性能;梁体横隔板的密集程度及横隔板与接缝的间距对接缝抗剪性能有较大影响,可以选择适当接缝与隔板的间距,以进一步提高腹板接缝的抗剪性能。

5.7.3　接缝抗剪承载力理论计算对比分析

根据本书 2.5.4 节,按缝键齿抗剪承载力计算图示如图 5-57 所示,抗剪承载力应按下列公式进行计算:

$$V_{ku} = (0.78\alpha_p \sqrt{f_{ck}} + 1.1f_{td})A_k + \mu\sigma_{pk}A_{sm} \tag{5-75}$$

$$\alpha_p = 1 + \frac{3\sigma_{pk}}{f_{ck}} \tag{5-76}$$

式中:V_{ku}——接缝键齿抗剪承载力;

α_p——键齿局部预应力提高系数;

σ_{pk}——接缝截面的平均预应力,当 $\sigma_{pk} > 0.3f_{ck}$ 时,取 $0.3f_{ck}$;

f_{ck}——UHPC 轴心抗压强度标准值;

f_{td}——UHPC 轴心抗拉强度设计值;

A_k——键齿的剪切面面积;

A_{sm}——接缝非键齿部分的面积;

μ——光滑混凝土表面之间的摩擦系数,取 0.55。

对试验模型中所用的 UHPC 材料选取试验值进行计算,根据上述计算方法,UHPC 箱梁接缝抗剪承载力计算值为 1670.9kN;对试验模型中所用的 UHPC 材料选取设计值进行计算,根据上述计算方法,UHPC 箱梁接缝抗剪承载力设计值为 1059.8kN。实际加载过程中,三横隔板梁段在接缝承受荷载为 1613kN 时梁体出现斜拉破坏,四横隔板梁段在接缝承受荷载近1900kN 时并未出现明显破坏现象,具有更好的抗剪承载能力,进一步体现出密集横隔板的布置可增强箱梁腹板的抗剪性能。

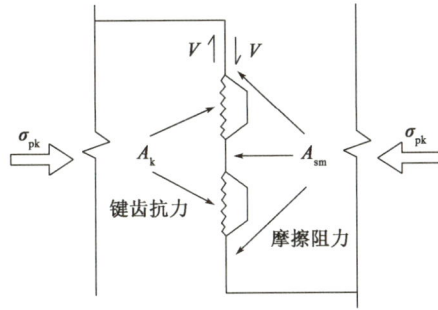

图 5-57　接缝键齿抗剪承载力计算图示

5.8　体外预应力转向块

密集横隔板单向预应力 UHPC 箱梁桥各板件厚度较小,体内束的布束空间被压缩,需配置体外预应力束给结构提供预应力。传统形式的体外预应力束转向构造是基于普通混凝土材料的特点设计的,而 UHPC 材料各项力学性能较普通混凝土均有较大提升,故传统形式的转向构造不再适用于单向预应力 UHPC 箱梁桥。因此,体外预应力束在新结构中的布置以及转向问题值得关注。本节结合体外预应力束的线型特点,提出与 UHPC 箱梁结构相适应的肋块式转向块构造形式,并通过转向块承载试验,分析体外预应力转向块在承受竖向转向力时的力学特征[29]。

5.8.1　转向块设计理念

5.8.1.1　传统体外预应力转向块

体外预应力通过在转向块处实现其线性的变化形成吻合束,从而适应恒载与活载等荷载作用下的受力要求。普通混凝土箱梁体外预应力转向块主要有块式、肋式、横隔板式三种形式,如图 5-58 所示。

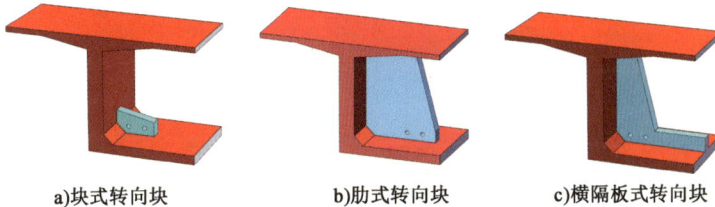

a)块式转向块　　　　b)肋式转向块　　　　c)横隔板式转向块

图 5-58　传统体外预应力转向块

上述三类普通混凝土箱梁体外预应力转向块特点如表 5-20 所示。块式转向块体积与质量均较小,其受力模式以普通混凝土受拉为主,承载力较小。对于肋式转向块,预应力束孔道到箱体部分的肋板形成受压柱,此受压柱因内部横向拉应力增加而发生劈裂破坏,其承载能力较块式转向块更强。当预应力束有竖弯及平弯的共同需求时,可选择横隔板式转向块,在受力时,其竖、横两向均形成类似肋式转向块的受压柱,受力模式与肋式转向块类似。

块式转向块破坏时表现为普通混凝土受拉破坏,而引起肋式、横隔板式转向块劈裂破坏的实质也是受拉破坏,三类传统体外预应力转向块的承载力都受限于普通混凝土的低抗拉强度。此外,承载力相对较大的普通混凝土肋式、横隔板式转向块体积与质量均较大。

表 5-20　各类普通混凝土箱梁体外预应力转向块的特点

转向块	块式	肋式及横隔板式
构造特点	体积、质量均较小,配筋复杂	体积大,结构恒载质量增加明显,配筋复杂
受力特点	以受拉为主,承载能力较小	肋板形成受压柱,承载能力大
破坏模式	混凝土受拉开裂,环向钢筋屈服	受压柱部分混凝土劈裂,环向钢筋屈服
选用条件	所需转向力小,或仅为减小预应力束自由长度时	所需转向力大或同时有竖向、横向转向力需求时

5.8.1.2　UHPC 肋块式转向块

由于 UHPC 材料具有高强性能,UHPC 箱梁只需较小的板件厚度便能满足结构受力要求。对于普通混凝土箱梁桥,往往会在腹板内布置下弯束以保证桥梁在悬臂施工时的抗剪能力。而 UHPC 腹板壁厚较小,腹板的布束空间也较小,因此,需在靠近腹板的位置布置一定量的腹板下折体外预应力束。

在箱梁体系中,腹板在结构自重、汽车荷载等作用下承受了相对较大的剪应力,而横隔板主要起加劲作用,受力相对较小。若仅靠腹板抵抗剪切的能力进行体外预应力束转向,腹板剪力会继续增加,导致腹板受力更为不利;如果将转向块布置在 UHPC 箱梁横隔板上并借助横隔板支撑来进行体外预应力束转向,预应力束产生的竖向转向力将主要沿相对较短的传力路径,即横隔板方向传递,对箱梁腹板的依赖将会减少。

UHPC 箱梁每隔 3～5m 布置一道横隔板,预应力束的转向需要一定的转向半径,并需设置由 UHPC 外包的转向钢管。因此,可在体外预应力束与横隔板接触的位置将横隔板局部加厚形成转向体。这种基于 UHPC 材料并结合 UHPC 箱梁密集横隔板配置的转向块的构造形式介于普通混凝土的块式转向块与肋式转向块之间,兼具两种转向块的优点,称为 UHPC 肋块式转向块,其构造形式如图 5-59 所示,即将转向块与 UHPC 箱梁横隔板重叠布置,转向块布置在横隔板上,借助横隔板提供的支撑力进行预应力束转向。

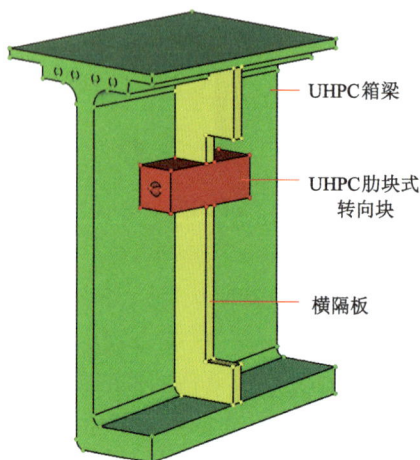

UHPC箱梁

UHPC肋块式
转向块

横隔板

图 5-59　UHPC 肋块式转向块构造

5.8.2 有限元分析

依托广东某桥梁,上部结构采用 56m + 103m + 56m 的 UHPC 变截面连续箱梁结构,全桥长 215m,边主跨比为 0.54。箱梁 0# 段长 4m,梁段标准长度在靠近跨中位置为 3.5m,靠近桥墩支点位置处为 4m。单幅桥宽 16.75m,单向 4 车道;设计速度为 50km/h,汽车荷载为城-A 级,设计安全级别为一级,桥梁结构重要性系数为 1.1。主梁采用两个"T"同时进行对称悬臂拼装。

主桥单箱单室截面箱梁顶宽 16.75m,梁底宽 10.75m,两侧悬臂长为 3.0m,悬臂板厚 8cm。1# ~ 7# 节段,箱梁高度按 1.8 次抛物线变化;8# ~ 15# 节段,箱梁高度均为 2.5m。箱梁腹板根部厚 30cm,跨中厚 20cm,分一个节段直线变化。箱梁 0# 节段长 4m,每个悬拼"T"纵向对称划分为 13 个节段,梁段长从根部至跨中分别为 7 × 3.5m、6 × 4.0m,节段悬拼总长 48.5m。边、中跨合龙段长 2m,边跨整体预制段长 3.5m。其纵向隔板间距为 4m 或 3.5m,横隔板厚 0.12m。其支点与跨中位置标准横断面图分别如图 5-60 和图 5-61 所示。

主梁按照全预应力构件设计,采用体内与体外束结合的纵向单向预应力体系,关键断面的预应力束布置如图 5-62 所示。由于 UHPC 箱梁的腹板厚度较小,该桥不设置腹板体内下弯钢束,代以靠近腹板的下折体外预应力束以提高 UHPC 箱梁桥在悬臂拼装阶段的抗剪能力。该类体外预应力束通过 UHPC 肋块式转向块实现转向,预应力束选用 $\phi^s 15.24$ 高强度低松弛钢绞线,其抗拉强度标准值为 1860MPa;张拉控制应力:体内束张拉控制应力为 1395MPa,体外束张拉控制力为 1209MPa。

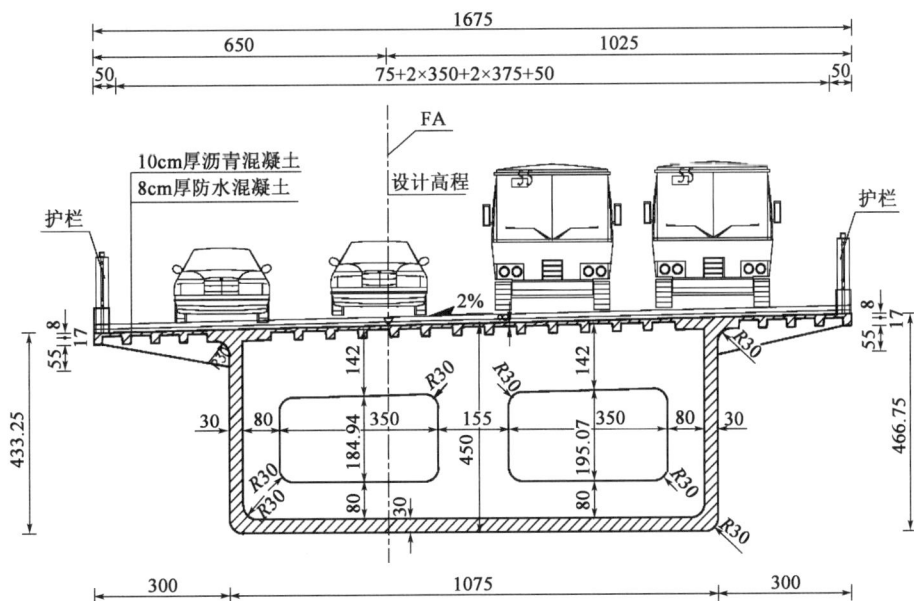

图 5-60 支点标准横断面图(单位:cm)

5.8.2.1 整体计算

采用 MIDAS/Civil 软件建立该桥整体模型进行受力分析。整体模型采用杆系单元进行模拟，即将主梁的质量、抗弯刚度以及扭转刚度集中在一条中心轴线上。梁单元的每个节点有 3 个平动自由度和 3 个转动自由度，整体有限元计算模型如图 5-63 所示，模型共包含 147 个节点，130 个单元。

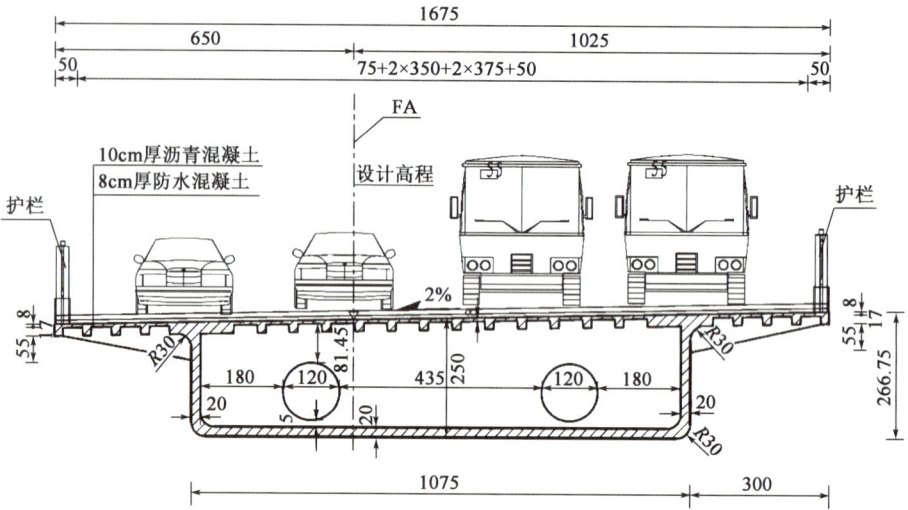

图 5-61　跨中标准横断面图（单位:cm）

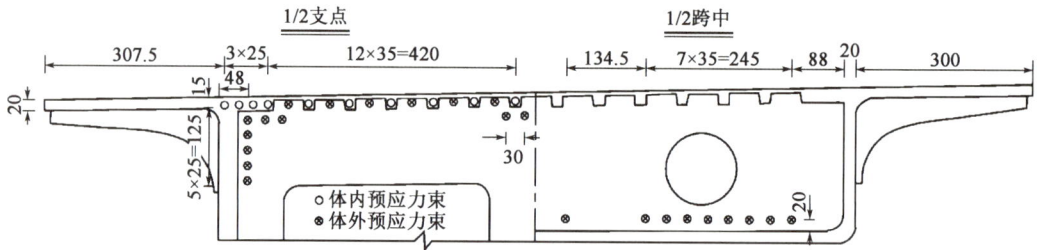

图 5-62　支点与跨中断面预应力束布置图（单位:cm）

UHPC 材料强度等级为 UHPC120，弹性模量 $E = 42\text{GPa}$，容重 $\gamma = 27\text{kN/m}^3$，抗压强度标准值 $f_{ck} = 85\text{MPa}$，抗压强度设计值 $f_c = 60\text{MPa}$；轴心抗拉强度标准值 $f_{tk} = 8\text{MPa}$，轴心抗拉强度设计值 $f_t = 5.5\text{MPa}$。

图 5-63　整体有限元计算模型

按照《公路桥涵设计通用规范》（JTG D60—2015）以及英德市省道 S292 线延长线及公路新建工程《节段预制拼装预应力超高性能混凝土箱梁桥专用技术规程》的要求进行设计计算，分为施工阶段与成桥阶段进行验算。

对于施工阶段，计算结果表明:主梁截面法向最大压应力为 16.4MPa，主梁 UHPC 强度等级为 UHPC120，由《节段预制拼装预应力超高性能混凝土箱梁桥专用技术规程》第 7.2.5 条可

知,施工阶段混凝土的法向应力应符合:

压应力 $\sigma'_{cc} \leqslant 0.65f'_{ck} = 0.65 \times 0.8 \times 85 = 44.2(\text{MPa})$,而 16.4MPa < 44.2MPa,满足要求。

成桥阶段验算需要检验承载能力极限状态内力及正常使用极限状态的应力状态。UHPC箱梁一般为正常使用极限状态控制设计,限于篇幅,此处仅给出正常使用极限状态部分计算结果,如图 5-64 所示。

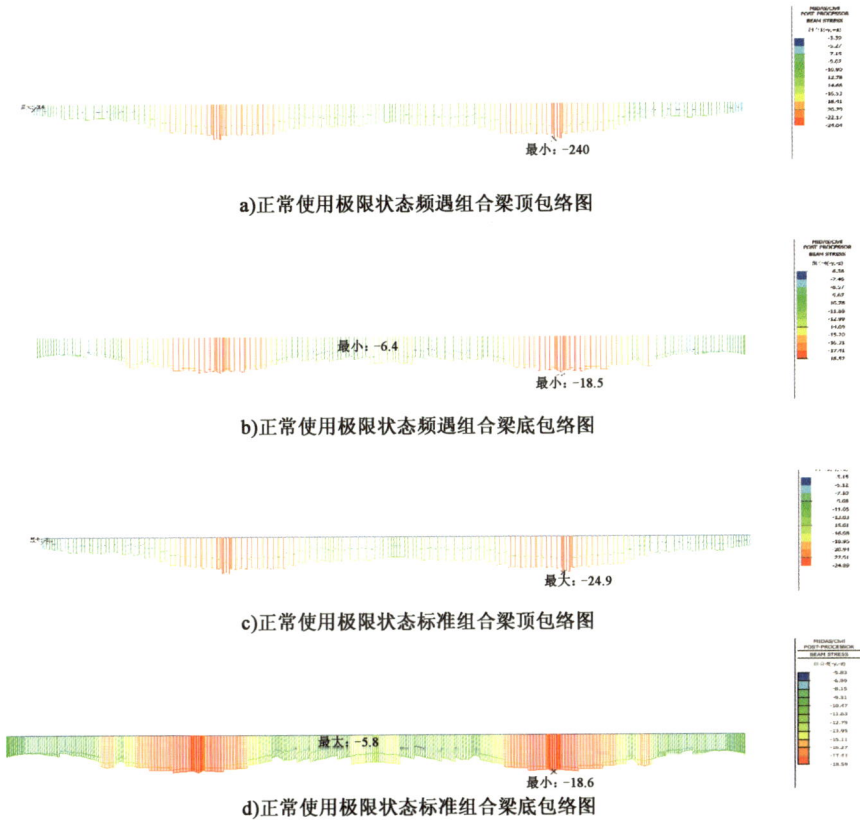

a)正常使用极限状态频遇组合梁顶包络图

b)正常使用极限状态频遇组合梁底包络图

c)正常使用极限状态标准组合梁顶包络图

d)正常使用极限状态标准组合梁底包络图

图5-64 正常使用极限状态内力包络图(单位:MPa)

由正常使用极限状态频遇组合梁顶及梁底的内力包络图可知[图 5-64a)、b)],主梁未现拉应力,满足全预应力构件的设计要求;由标准组合梁顶及梁底内力包络图可知[图 5-64c)、d)],主梁最大压应力为 24.9MPa,小于 $0.45f_{ck} = 0.45 \times 85 = 38.25(\text{MPa})$,满足正截面压应力验算要求。

成桥阶段梁体正常使用极限状态下的内力计算结果表明:频遇组合下主梁最大主拉应力为 3.1MPa,小于 $0.6f_{tk} = 0.6 \times 7.0 = 4.2(\text{MPa})$,满足斜截面抗裂验算要求;标准组合下,主梁最大压应力为 21.6MPa,小于 $0.55f_{ck} = 0.55 \times 85 = 46.75(\text{MPa})$,满足斜截面主压应力验算要求。

综上,该 UHPC 箱梁桥处于比较合理的受力状态。

5.8.2.2 转向块局部受力分析

为满足预应力最小转向半径要求,设计 UHPC 肋块式转向块纵桥向尺寸为 120cm,横断面尺寸为45cm×45cm,如图5-65所示。根据体外预应力束匹配转向钢管,设计预应力孔洞直径为15cm;扣除转向块中间所夹横隔板部分方量后,设计的UHPC肋块式转向块UHPC材料用量不到0.2m³。

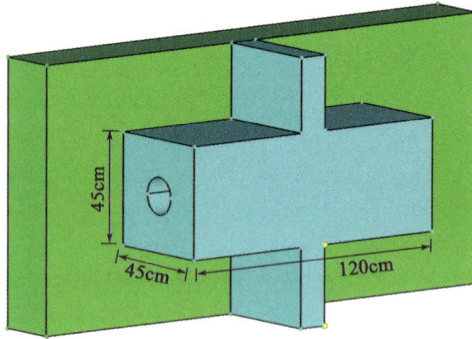

图5-65　转向块尺寸示意图

建立箱梁节段三维实体模型,如图5-66所示,为便于展示箱梁内部结构,图中仅截取了实际模型的1/2结构。为便于对比分析横隔板对体外束转向的框架支撑作用,考虑转向块与横隔板重叠、转向块与横隔板分离两种构造形式。为减少边界条件对局部受力的影响,截取的箱梁模型长16m,转向块在模型靠中间的位置,至两端距离大于1倍梁高;模型左端固结,右端自由,模拟UHPC箱梁在悬臂施工阶段的受力状况。

a)转向块与横隔板重叠　　　　　　　　　b)转向块与横隔板分离

图5-66　箱梁节段三维实体模型示意

以整桥设计时采用的ϕ^s15.24-20钢束计算,得出此箱梁体外预应力束最大张拉力$F_{max}=3385$kN;按照体外预应力束最大转向角度$\alpha_{max}=10°$进行计算,得到最大竖向转向分力$F'_{max}=588$kN。据《公路钢筋混凝土及预应力混凝土桥涵设计规范》(JTG 3362—2018),体外预应力束钢绞线摩阻力损失$\sigma_{ll}=1209\times(1-e^{-0.09\times0.1745})=18.84$MPa,故摩阻力$f=18.84\times20\times140=52.75$(kN)。

（1）腹板受力特征

图5-67为转向块与横隔板重叠、转向块与横隔板分离两种构造形式下,体外预应力束转向力作用下的腹板主拉应力云图。

对于转向块与横隔板重叠构造形式,腹板所受主拉应力较小,在UHPC肋块式转向块与腹板的接触范围内,最大拉应力为3.2MPa。对于转向块与横隔板分离构造形式,预应力束的竖向转向力完全由腹板承担,腹板应力明显比转向块与横隔板重叠设计时大很多,最大拉应力达到7MPa。这是因为转向块与横隔板重叠的构造形式中,布置在横隔板上的UHPC肋块式转向块将腹板、横隔板、转向块结合为整体共同受力;横隔板不仅方便了体外预应力转向块的自由布置,而且有效限制了体外预应力束转向时对箱梁腹板的影响;该构造形式中,腹板局部拉应力因横隔板的支撑作用降低了54%。

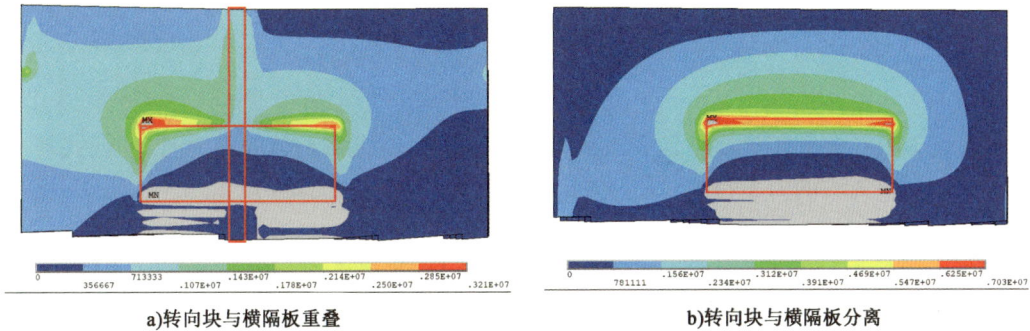

a)转向块与横隔板重叠   b)转向块与横隔板分离

图5-67 腹板主拉应力云图对比(单位:Pa)

(2)转向块局部受力特征

结合上述两种构造形式中腹板受力对比,在此提取转向块与横隔板重叠设计时 UHPC 肋块式转向块局部效应云图,如图5-68 所示。

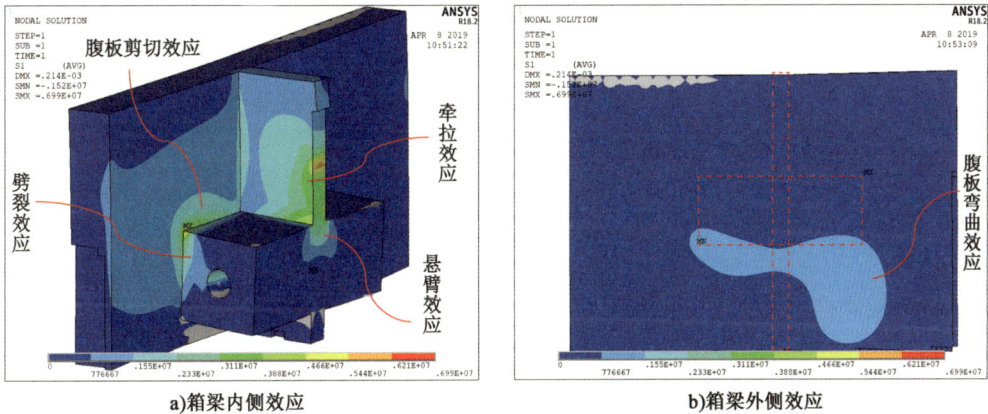

a)箱梁内侧效应   b)箱梁外侧效应

图5-68 UHPC 肋块式转向块局部效应云图

在体外预应力束竖向转向分力及摩阻力作用下,UHPC 肋块式转向块有以下5 种局部效应:

①劈裂效应。当竖向转向分力作用在转向块孔道时,力流在向转向块下方传播过程中会横向扩散,在转向块侧面部位产生横向劈裂应力。

②腹板剪切效应。横隔板虽是转向力的最短传力路径,但腹板仍以承受剪切的方式分担体外预应力束转向力。

③牵拉效应。当预应力作用在预应力孔道上时,转向孔道的上端横隔板处为受拉区,最大的竖向应力出现在转向块的上端横隔板处,产生牵拉效应。

④悬臂效应。在横隔板的支撑下,转向块在长度方向相当于两端悬臂,与横隔板相连的区域有负弯矩产生,所以在转向块与横隔板的交界处出现了悬臂效应。

⑤腹板弯曲效应。腹板在体外预应力束转向力的作用下偏心受压,故从转向块到箱梁底板之间的腹板会产生弯矩,在箱梁腹板外侧呈现腹板弯曲效应。

5.8.3　UHPC 肋块式转向块模型试验

5.8.3.1　试验模型

为研究 UHPC 连续箱梁体外预应力束转向块的抗裂性能和承载能力,探讨肋块式转向块在承受竖向转向力时的力学特征,制作箱梁节段足尺模型,如图 5-69 所示。

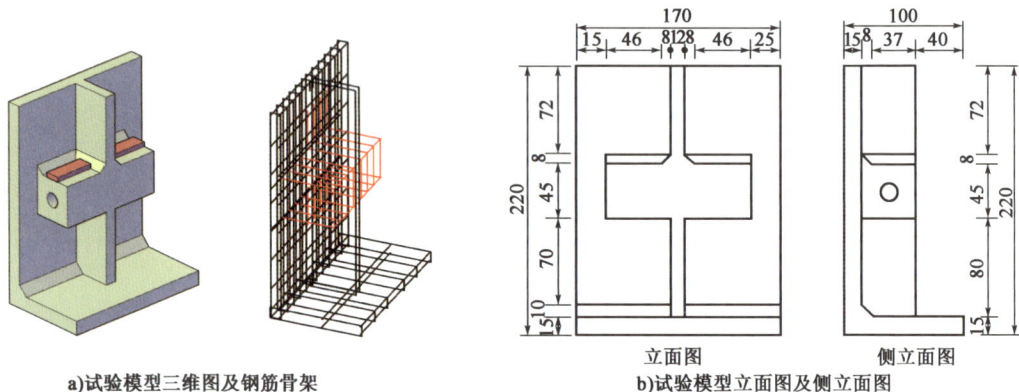

a)试验模型三维图及钢筋骨架　　　　　　　b)试验模型立面图及侧立面图

图 5-69　试验模型(单位:cm)

试件模型总高 220cm,截取箱梁底板尺寸为 170cm × 100cm,腹板尺寸为 220cm × 170cm,转向块上下留出 80cm 的净空间;腹板、底板厚度 15cm,横隔板厚度 12cm,转向块尺寸为 45cm × 45cm × 120cm,根据桥梁预应力束大小设置直径为 15cm 的预应力孔道。此外,在转向块与腹板、横隔板接触的位置设置 8cm × 8cm 的倒角,从而避免该处应力流经过截面突变段产生应力集中现象。转向块附近位置钢筋直径为 16mm,其余构造配筋位置钢筋直径为 10mm,皆为HRB400 钢筋,各钢筋相互绑扎形成整体钢筋笼。

试验模型采用工厂标准化 UHPC 材料制作,水胶比为 0.2,选用直径 0.2mm、长度 13mm的端钩型纤维,体积掺量为 2.5%。蒸汽养护后,实测 UHPC 立方体抗压强度 f_{cu} = 167.7MPa,抗折强度为 27.8MPa,弹性模量为 46.6MPa,如图 5-70 所示。

a)立方体抗压强度测试　　　　　　b)抗折强度测试　　　　　　c)弹性模量测试

图 5-70　UHPC 基本力学性能测试

5.8.3.2 试验加载及量测方案

试验加载主要考虑腹板下折束竖向的转向力对 UHPC 箱梁腹板、横隔板的影响。具体的操作方法为：在转向块上部布置 6cm 厚的钢垫板，其宽度与预应力孔洞直径等同，长度与转向块长度一致；使用油压千斤顶，通过反力架在钢垫板上施加向下的竖向力。油压千斤顶所施加的集中力在钢垫块分散下变成了向下的均布力，真实情况下，体外束竖向转向分力对腹板的影响需要通过转向块孔道上方部分的缓冲才能到达转向块与腹板的交界面；试验直接将加载点放在转向块上方部分的钢垫板上，其对转向块与腹板这个最危险的交界面的影响应更为直接，所以，试验在模拟腹板下折束竖向转向分力这一主要危险点上，应是偏安全的。

在转向块立面位置布置应变片，用以实时监测试件加载后的应变变化；在转向块下方两侧布置千分表以测量转向块在转向力作用下的竖向位移。试验现场加载如图 5-71 所示。

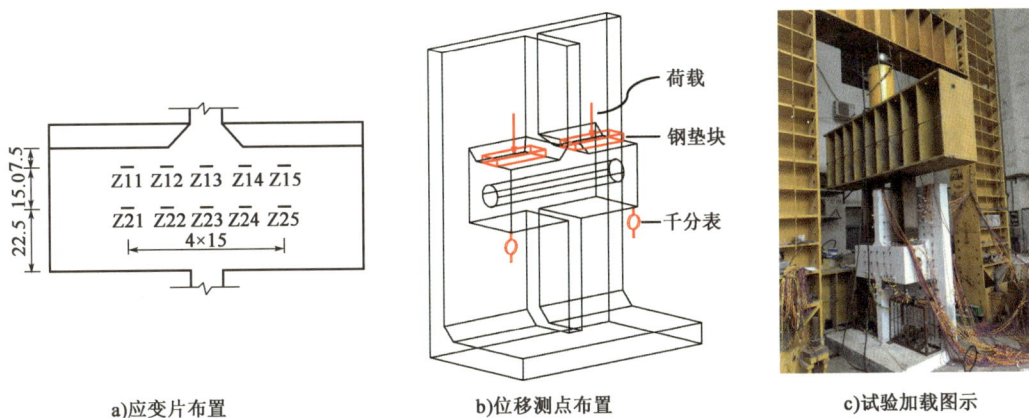

a)应变片布置   b)位移测点布置   c)试验加载图示

图 5-71　试验加载图示及测点布置（单位：cm）

5.8.3.3 试验结果及分析

当采用 UHPC 材料的结构裂缝宽度小于或等于 0.05mm 时，其基本不影响 UHPC 结构的耐久性[30]，故将 0.05mm 的可见裂缝对应的荷载定为开裂荷载。试验全过程大体可分为以下四个阶段：

（1）线弹性阶段

当荷载小于 1589kN 时，试件处于线弹性阶段，UHPC 肋块式转向块、腹板、横隔板均未发现肉眼可见裂缝。

（2）转向块劈裂效应与腹板剪切效应占主导的阶段

当荷载达到 1589kN 时，由于转向力荷载首先沿较短的传力路径，也就是横隔板方向竖向传递，并向下产生横向扩散，转向块横截面的横向应力不断增加，由于圆孔位置的削弱，在圆孔左侧靠上位置，也就是图 5-72 所示位置①首先出现竖向劈裂裂缝，该劈裂裂缝首先向下延伸。之后，腹板剪切效应也慢慢凸显，转向块横截面位置的劈裂裂缝向转向块与腹板交界处延伸。该类特征裂缝的主裂缝表现得较明显，在裂缝尾部会产生分支。

（3）转向块悬臂效应与隔板牵拉效应占主导的阶段

当继续加载到 2095kN 时，在图 5-72 所示位置②，即横隔板倒角处开裂。究其原因，是当劈裂裂缝出现后，转向块内部应力重新分布，腹板对转向块的约束相对减弱，转向块可近似为两端悬臂的构件，其根部产生的负弯矩使得其上表面产生裂缝；继续加载到 3210kN 时，在转向块立面位置，即图 5-72 所示位置③开裂，之后该类裂缝有部分与横隔板倒角处裂缝相连，有些直接向横隔板上侧延伸。

（4）压溃阶段

当慢慢加载到 3802kN 时，如图 5-72 中位置④所示，下侧横隔板竖向裂缝持续发展，横隔板最终被压溃破坏，此时转向块位置除了裂缝增加到 3mm 之外并未产生其他肉眼可见的明显破坏。

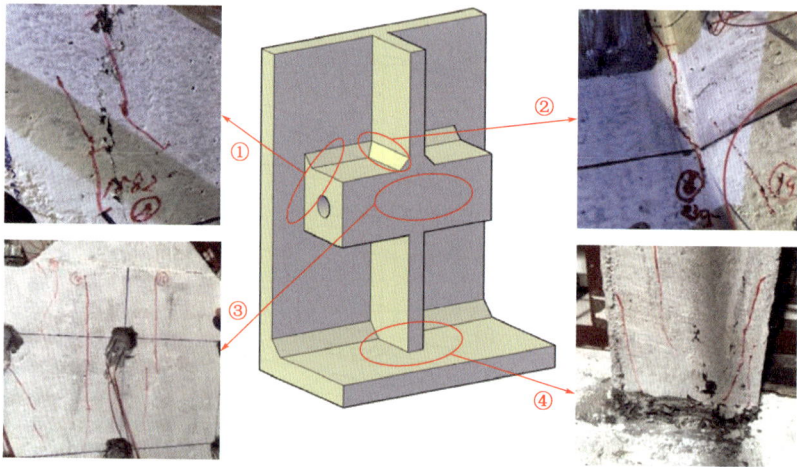

图 5-72　试件整体受力特征图示

注：位置①-预应力孔道位置；位置②-横隔板倒角；位置③-转向块立面；位置④-横隔板与底板。

试件各位置裂缝形态如图 5-73 所示，整个试验过程中，试件背部腹板未出现裂缝。结合图 5-73，所得各位置荷载-最大裂缝宽度曲线如图 5-74 所示。

加载过程中，试件表面裂缝并未集中在某一处出现，从孔道位置、横隔板倒角位置再到转向块立面位置开裂，荷载从 1589kN 增加到 3210kN，裂缝没有突然增大，整体结构也未产生肉眼可见的大变形。此外，在试件横隔板与底板交界位置被压溃前，转向块及转向块与横隔板、腹板交界位置出现的所有裂缝最大宽度达到 3mm 左右，钢纤维并未被拉出，钢筋未外露。这说明 UHPC 内部钢纤维的存在限制了裂缝的发展，UHPC 肋块式转向块结构具有较好的延性。

综上，UHPC 肋块式转向块可以在不显著改变上部结构重量的情况下实现体外预应力束的转向，给下部结构繁重的工程量减轻压力，并提高经济性，为体外预应力束的转向提供一种可行的新思路。

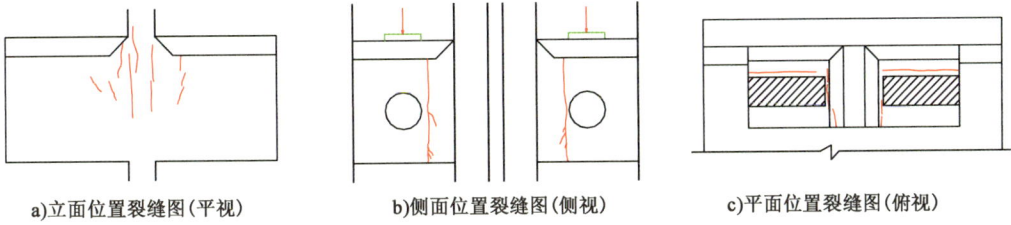

a)立面位置裂缝图(平视)　　　b)侧面位置裂缝图(侧视)　　　c)平面位置裂缝图(俯视)

图 5-73　各位置裂缝形态

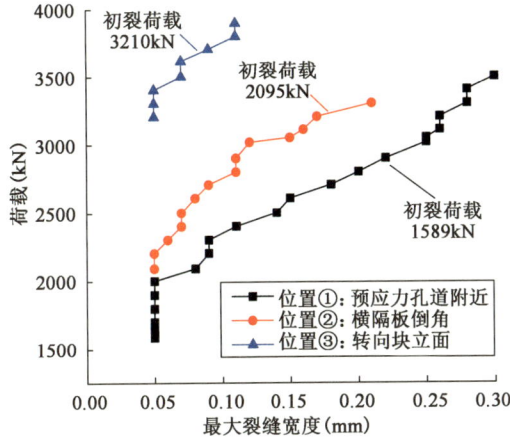

图 5-74　各位置荷载-最大裂缝宽度曲线

5.9　广东英德北江四桥跨堤桥简介

广东省英德市省道 S292 延长线北江四桥跨堤桥,是国内首座采用全 UHPC 设计、施工的大跨径箱梁桥。桥梁跨径102m,如图 5-75 所示,采用等梁高单向预应力 UHPC 简支箱梁,搭设满堂支架节段预制拼装方法施工。桥梁按公路-Ⅰ级标准设计,桥宽37m,为双向六车道,横断面如图 5-76 所示。下部结构桥墩采用双柱接盖梁式桥墩,基础采用桩径 2.0m 的钻孔灌注桩。

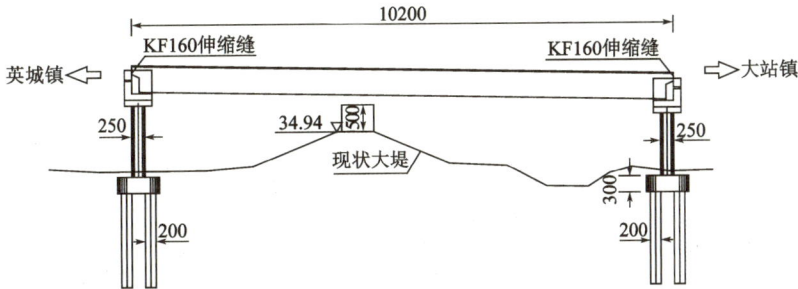

图 5-75　广东英德北江四桥跨堤桥立面图(单位:cm)

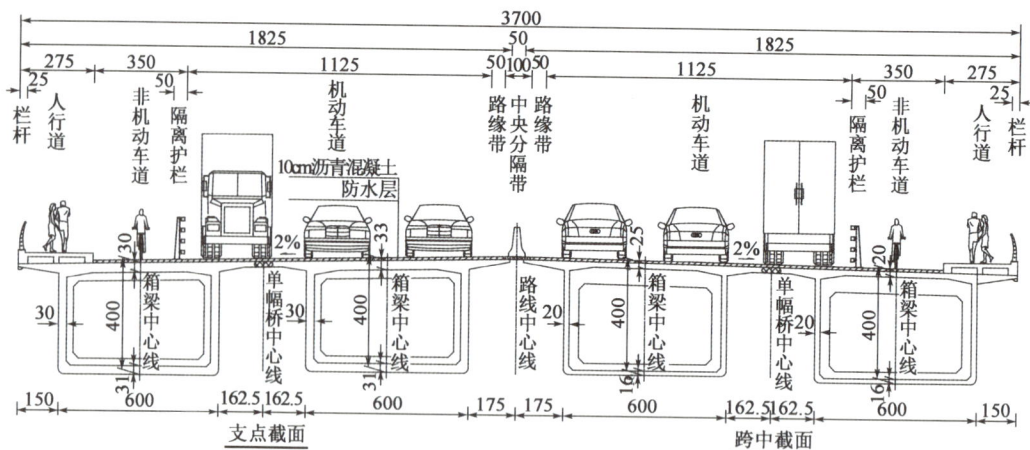

图 5-76　广东英德北江四桥跨堤桥横断面图（单位：cm）

箱梁单幅桥采用双箱单室截面，梁顶设有 2% 的横坡，单个箱梁顶宽 8.825m，底宽 6m，顶板外侧悬臂长 1.5m，内侧悬臂长 1.625m，箱梁间设 60cm 宽，20cm 厚的 UHPC 现浇接缝使两个箱梁形成整体。箱梁高 4m，跨中截面顶板厚 20cm，底板厚 16cm，腹板厚 20cm；支座处截面顶板厚 115cm，底板厚 111cm，腹板厚 30cm。箱梁分为 25 个节段，端部节段长 5m，其余节段长 4m。箱梁沿纵向布置密集横隔板，横隔板间距为 4m，横隔板厚 0.16m。横隔板上弦板（顶板加劲板）高 0.6m，侧板（腹板加劲板）高 0.35m，下弦板（底板加劲板）高 0.25m。箱梁在体外预应力转向处设置转向块，转向块厚 0.5m。主桥上部结构纵向预应力采用体外预应力成品索。体外预应力束采用环氧涂层钢绞线成品索，采用 24Φ*15.2 规格，张拉控制应力 1209MPa。广东英德北江四桥跨堤桥现场施工及最终效果图见图 5-77。

a)预制厂浇筑

b)UHPC箱梁节段

c)蒸养后存梁

d)满堂支架节段预制拼装

e)最终效果图

图 5-77　广东英德北江四桥跨堤桥现场施工及最终效果图

5.10 本章小结

针对目前大跨径预应力混凝土箱梁桥所面临的梁体自重过大、梁体开裂下挠严重的两大技术难题,提出单向预应力 UHPC 箱梁结构,并进行 400m 级 UHPC 连续箱梁桥试设计,从 UHPC箱梁腹板抗剪、桥面板局部受力、扭转畸变、整体及局部稳定、接缝设计与承载以及体外预应力筋转向构造等方面进行理论和试验研究,以全面掌握单向预应力 UHPC 箱梁的力学性能,主要得到以下结论:

(1)横隔板的设置可改善箱梁腹板的抗剪性能,减少箱梁的畸变效应,合理地布置横隔板密度对改善单向预应力 UHPC 箱梁受力具有重要作用。

(2)UHPC 箱梁桥面板具有双向传力特性,主受力方向由传统的横桥向变为纵桥向;桥面板负弯矩以横隔板支承处纵桥向弯矩为控制值;利用等代简支跨原理对轮载分配进行计算的思路较合理,横隔板的设置使轮载分配趋于均匀,桥面板受力效率提高。

(3)UHPC 箱梁顶板受压弹性屈曲分析时,可采用多跨弹性支承连续矩形薄板形式;底板受压弹性屈曲分析时,可采用多跨弹性支承连续圆柱曲板形式;腹板弹性剪切屈曲分析时,可采用四边简支弹性支承连续矩形薄板形式。横隔板对提高 UHPC 箱梁的稳定性具有重要作用。

(4)UHPC 牛腿式接缝构造最优键齿水平倾角 $\theta = 0 \sim 45°$,深高比 $a/h_1 \geq 1/10$,合理的齿梁高比 $h_1/h = 1/3 \sim 2/3$;UHPC 牛腿式接缝具有良好的抗剪性能,梁体横隔板的密集程度及横隔板与接缝的间距对接缝抗剪性能有较大影响。

(5)在体外束竖向转向分力与切向摩阻力的共同作用下,横隔板对 UHPC 肋块式转向块具有框架支撑作用;转向块与横隔板重叠布置时,腹板应力较与横隔板分离布置减小了 54%;UHPC 肋块式转向块为体外预应力束的转向提供了一种可行的新思路。

(6)单向预应力 UHPC 箱梁结构具有自重轻、预应力施工简单、经济性好等优势,目前该技术已经应用于广东英德北江四桥跨堤桥,该桥为国内首座采用全 UHPC 设计、施工的大跨径箱梁桥。

参 考 文 献

[1] 刘效尧,徐岳. 梁桥[M]. 2 版. 北京:人民交通出版社,2011.

[2] INGEBRIGTSEN T. Stolma Bridge, Norway[J]. Structural Engineering International,1999,9(2):100-102.

[3] 邓文中,代彤. 重庆石板坡长江大桥复线桥总体设计[J]. 桥梁建设,2006(6):28-32.

[4] RAMOS Ó R,SCHANACK F,ORTEGA G,et al. Unusual structural effects in a variable-depth box girder bridge:the Pujayo viaduct[J]. Engineering Structures,2011,33(2):615-620.

[5] 石雪飞,杨琪,阮欣. 已建大跨径 PC 梁桥过量下挠及开裂处治技术[M]. 北京:人民交通出版社,2010.

[6] PODOLNY W. The cause of cracking in post-tensioned concrete box girder bridges and retrofit procedures[J]. PCI Journal,1985,30(2):82-139.

［7］ 曹敏辉.竖向预应力对混凝土箱梁抗剪性能影响的研究［D］.长沙：湖南大学,2010.

［8］ 方志,杨剑.FRP 及 RPC 在土木工程中的研究与应用［J］.铁道科学与工程学报,2005 (4)：54-61.

［9］ 王飞,方志.大跨活性粉末混凝土连续刚构桥的性能研究［J］.湖南大学学报(自然科学版),2009,36(4)：6-12.

［10］ 邵旭东,詹豪,雷薇,等.超大跨径单向预应力 UHPC 连续箱梁桥概念设计与初步实验［J］.土木工程学报,2013,46(8)：83-89.

［11］ 雷薇.超大跨径 UHPC 连续箱梁桥抗剪性能研究［D］.长沙：湖南大学,2013.

［12］ 邵旭东,杨志杰,邹同琛,等.密集横隔板 UHPC 箱梁桥面板双向受力性能试验［J］.中国公路学报,2016,29(8)：43-49,66.

［13］ 中华人民共和国交通运输部.公路钢筋混凝土及预应力混凝土桥涵设计规范：JTG 3362—2018 ［S］.北京：人民交通出版社股份有限公司,2018.

［14］ American Association of State Highway and Transportation Officials. AASHTO LRFD Bridge Design Specifications［S］. Washington：AASHTO,2012.

［15］ 刘志翁.薄壁箱梁畸变效应研究［D］.兰州：兰州交通大学,2011.

［16］ 邹同琛.超大跨径 UHPC 连续箱梁桥扭转畸变效应研究［D］.长沙：湖南大学,2015.

［17］ 李国豪.桥梁结构稳定与振动［M］.北京：中国铁道出版社,2010.

［18］ 詹豪.密集隔板超高性能混凝土薄壁箱梁力学性能研究［D］.长沙：湖南大学,2018.

［19］ HUANG M H,THAMBIRATNAM D P. Analysis of plate resting on elastic supports and elastic foundation by finite strip method［J］. Computers & Structures,2001,79(29-30)：2547-2557.

［20］ 铁摩辛柯,盖莱.弹性稳定理论［M］.2 版.张福范,译.北京：科学出版社,1965.

［21］ XIANG Y. Exact solutions for buckling of multispan rectangular plates［J］. Journal of Engineering Mechanics,2003,129(2)：181-187.

［22］ 中国科学院力学研究所固体力学研究室板壳组.加筋圆柱曲板与圆柱壳［C］.北京：科学出版社,1983.

［23］ BUYUKOZTURK O,BAKHOUM M M,MICHAEL B S. Shear behavior of joints in precast concrete segmental bridges ［J］. Journal of Structural Engineering, 1990, 116 (12)：3380-3401.

［24］ LI G P,YANG D H,LEI Y. Combined shear and bending behavior of joints in precast concrete segmental beams with external tendons［J］. Journal of Bridge Engineering,2013,18(10)：1042-1052.

［25］ 张策,邵旭东,张阳.超大跨径 UHPC 连续箱梁桥接缝设计及模型试验［J］.土木工程学报,2015,48(4)：52-58.

［26］ 罗如登.Ansys 中砼单元 Solid 65 的裂缝间剪力传递系数取值［J］.江苏大学学报(自然科学版),2008,29(2)：169-172.

［27］ ZHANG Z,SHAO X D,LI J. Composite Bridge Deck System with Orthotropic Steel Deck and Compact Reinforced Reactive Powder Concrete Layer［C］. Proceeding of 3rd International Orthotropic Bridge Conference,American Society of Civil Engineers,2013：234-240.

[28] 李国平,体外预应力混凝土简支梁剪切性能试验研究[J].土木工程学报,2007,40(2):58-63.

[29] 鲁邦泽,邵旭东,邱明红,等.密集隔板 UHPC 箱梁体外预应力束转向构造研究[J].重庆交通大学学报(自然科学版),2020,39(1):51-59,66.

[30] RAFIEE A. Computer modeling and investigation on the steel corrosion in cracked ultra high performance concrete[D]. Kassel:University of Kassel,2012.

第 6 章

中小跨径装配式梁桥

6

INNOVATIVE BRIDGE STRUCTURES BASED
ON ULTRA-HIGH PERFORMANCE CONCRETE (UHPC)

THEORY, EXPERIMENT AND APPLICATION

6.1 概述

中小跨径桥梁在我国桥梁建设中具有举足轻重的地位。根据交通运输部统计资料,截至 2021 年底,全国公路桥梁达到 96.11 万座,其中中小跨径桥梁 81.92 万座,占比达 85.2%。"轻型化"和"装配化"是我国道路桥梁建设领域的主流发展趋势。推动装配化中小跨径桥梁的发展,对推动桥梁施工方式变革、提高工程质量、缩短工期、减小劳动强度、降低造价、节能环保等具有重要意义。

目前,装配式梁桥主要有装配式混凝土梁桥、装配式钢-混凝土组合梁桥、装配式钢箱梁桥三大类型,如图 6-1 所示。

a) 装配式混凝土梁桥　　　　b)装配式钢-混凝土组合梁桥　　　　c)装配式钢箱梁桥

图 6-1　不同类型的装配式梁桥

(1)装配式混凝土梁桥

装配式混凝土梁桥具有结构简单、受力明确、造价低廉、架设方便等优点,在桥梁结构中得到了一定程度的应用。但是,普通混凝土材料抗拉强度低、收缩徐变大,在车辆荷载长期作用下,梁体易产生裂缝,桥面渗水侵蚀主梁,使结构耐久性大打折扣。

在现有中小跨径梁桥上应用广泛的预制混凝土梁桥主要有以下不足:

①混凝土梁强度低、自重大,运输、安装不便;

②现场施工工序复杂,通常需要设置多道横隔板和纵横向连接接缝;

③多采用预应力形式,由于存梁时长不同,相邻梁体间反拱度偏差造成的施工误差不易控制;

④易出现开裂、接缝漏水、钢筋锈蚀等病害,在恶劣环境下耐久性不足,如图 6-2 所示。

(2)装配式钢-混凝土组合梁桥

装配式钢-混凝土组合梁桥充分利用了钢材受拉、混凝土受压的性能,但是,梁体在负弯矩区域会产生混凝土受拉、钢梁受压的不利情况。正常使用阶段,混凝土桥面板强度低,易产生开裂风险,降低组合梁刚度,影响结构的安全性和耐久性。对于施工性能而言,装配式钢-混凝土组合梁桥中,桥面板为部分预制,浇筑桥面板接缝工作量大,现场施工工作量大,如图 6-3 所示。

（3）装配式钢箱梁桥

装配式钢箱梁桥具有结构自重轻、装配化率高的优点，但现场焊接量大，所需劳动力多，施工效率不高，如图6-4所示。目前钢箱梁普遍采用传统的正交异性钢桥面系，存在钢桥面板疲劳开裂和铺装层破损两大病害难题，维修费用高。因此，对于现代桥梁建设，急需一种安全可靠、绿色环保、可实现快速施工的桥梁结构形式。

a)横隔板底部钢筋竖向弯折后连接　　b)横隔板顶板钢筋平面弯折后连接　　c)预应力筋管道定位困难

d)车轴碾压下桥面板破损　　e)桥面板板底开裂　　f)T梁铰缝渗漏水、钢筋锈蚀

图6-2　预制混凝土梁桥常见病害

a)桥面板二次吊装　　b)现场桥面板接缝浇筑工作量大

图6-3　装配式钢-混凝土组合梁桥面板部分预制，现场浇筑桥面板接缝

装配化是桥梁工业化的主要特征，也是我国建设领域"十三五"期间转型升级与战略产业发展方向。总体而言，现有装配式中小跨径梁桥在施工性能、使用性能、耐久性能等方面仍有较大的改进空间。面对桥梁标准化、装配化、工业化的现实需求，在现有中小跨径梁桥结构体系的基础上，发展具有高施工性能、高使用性能、高耐久性能的高性能装配式梁桥结构是重要发展趋势。

a)施工效率低　　　　　　　　　　　　b)现场焊接工作量大

图 6-4　装配式钢箱梁桥施工劳动力多,现场焊接量大

6.2　结构类型与技术特点

6.2.1　钢-UHPC 组合梁桥

6.2.1.1　结构形式

为克服常规中小跨径梁桥的不足之处,作者团队利用 UHPC 材料抗压强度高、抗拉性能好和 UHPC 构件结构自重小、设计自由度大、韧性好、耐久性高、符合可持续发展的优点,提出了一种钢-UHPC 组合梁桥结构形式,如图 6-5 所示,并结合钢-UHPC 组合梁桥的特点,提出了与之相适应的纵、横向 UHPC 湿接缝构造,如图 6-6 所示。

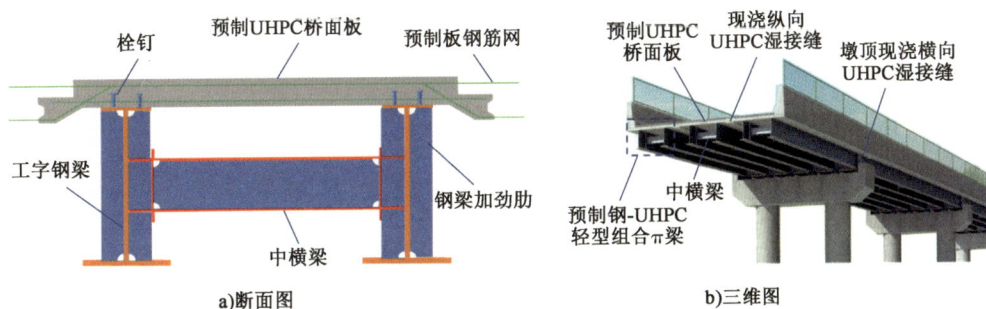

a)断面图　　　　　　　　　　　　　　b)三维图

图 6-5　钢-UHPC 组合梁桥结构

钢-UHPC 组合梁桥由多个钢-UHPC 轻型组合 π 梁单元组成。其中,每个组合梁单元由上部的 UHPC 面板及下部的工字钢梁构成,二者通过焊接栓钉连接成为一个整体,该组合梁单元可实现工厂内整体预制;相邻的组合梁单元之间浇筑梁端横向湿接缝及梁间纵向湿接缝,π 梁单元之间通常无须设置横隔板,以简化现场施工;组合梁单元自重轻,可轻松实现整体运输、整跨吊装;现场仅需浇筑少量接缝,施工周期短,对现场交通环境干扰小,施工效率高;结构可不设置预应力、耐久性好、全寿命费用低,十分适合现代桥梁建设。

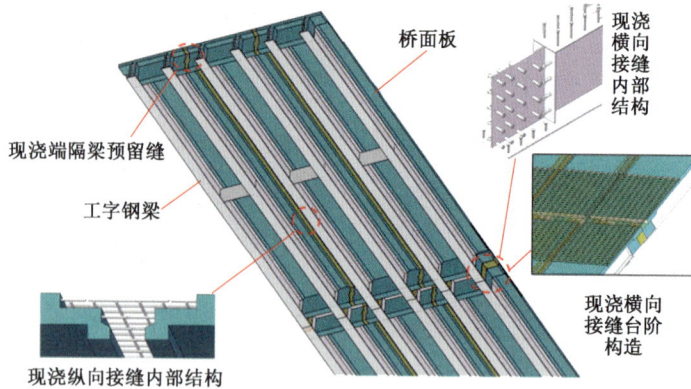

图 6-6　钢-UHPC 组合梁桥接缝构造形式

6.2.1.2　技术特点

钢-UHPC 组合梁桥结构主要特点如下：

（1）高度轻质性：结构自重相比传统组合梁降低 30%～40%，高跨比可达 1/30，能适应城市高架严格限高情形。

（2）施工便捷性：宽幅整梁预制，快速架设。主梁和桥面板形成的双 T π 形单元工厂预制，可实现预制节段快速、高效架设成型；增强施工过程稳定性，减少一半纵向接缝数量。

（3）接缝高强性：接缝现场施工钢筋零焊接，结构简单、节点强度高。纵向接缝构造采用局部加高的"T"形接缝（图 6-6）进行强化处理，达到节点强度高于预制梁本体的要求；横向接缝构造采用带嵌入式钢板的"T"形接缝方案，提高负弯矩区现浇接缝抗裂安全性。

（4）结构耐久性：UHPC 材料耐久性好，病害风险低。材料抗拉强度高、耐腐性能好，荷载作用下可减少梁体病害产生，强化的接缝构造增强了结构整体性能。

6.2.2　型钢-UHPC 组合梁桥

6.2.2.1　结构形式

综合利用热轧型钢和 UHPC 各自的优点，提出了一种型钢-UHPC 组合梁桥结构，如图 6-7 所示。组合结构由位于主梁下方的型钢和上方的 UHPC-T 梁共同组成，两者通过焊接栓钉形成组合结构；相邻两桥面板间设置纵向接缝，相邻跨墩顶设置横向接缝。

型钢材料的热轧、成本低、施工周期短等特点，可弥补传统焊接钢结构焊接工作量大、成本高等劣势。如图 6-8 所示，型钢-UHPC 组合梁桥充分利用型钢和 UHPC 材料的优势，压应力区利用 UHPC 良好的抗压性能，低拉应力区利用 UHPC 应变硬化的受拉特性，高拉应力区布置型钢，新型结构使得型钢和 UHPC 两种材料的性能得以充分发挥。

6.2.2.2　技术特点

型钢-UHPC 组合梁桥结构主要特点如下：

（1）受力匹配优：钢结构置于最高拉应力区域，可充分发挥型钢抗拉强度高和疲劳强度高的优势，同时利用 UHPC 的抗拉性能，使 UHPC 梁的下缘也承担部分拉应力；在型钢约束条件下,UHPC-T 梁受拉区抗裂性能得到有效提升。

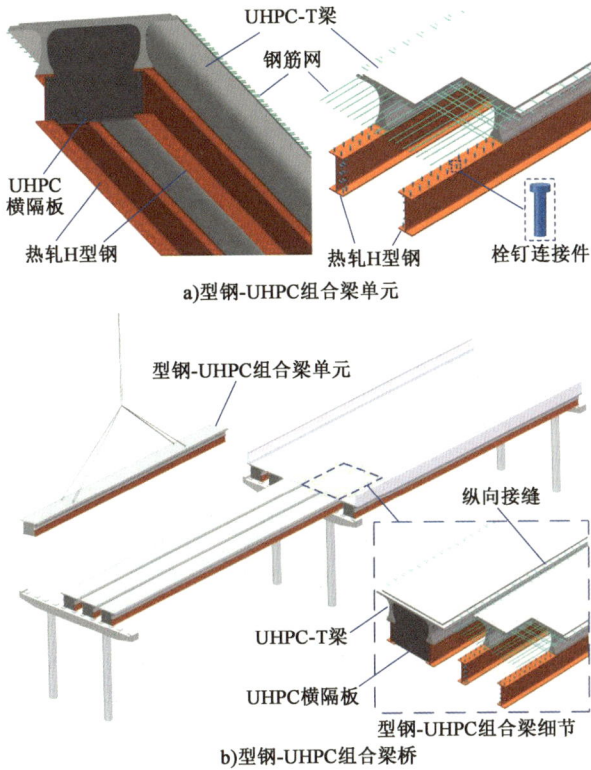

a)型钢-UHPC组合梁单元

b)型钢-UHPC组合梁桥

图 6-7　型钢-UHPC 组合梁桥结构

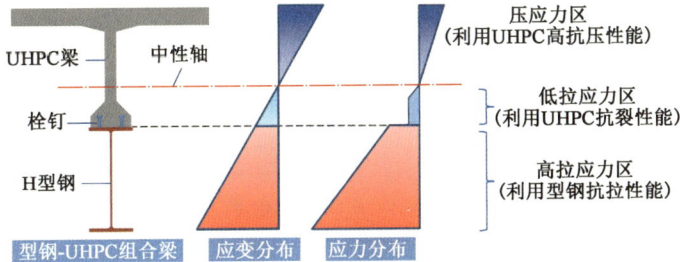

图 6-8　型钢-UHPC 组合梁受力特点

（2）抗剪能力强：主梁腹板由下部的型钢腹板与上部的 UHPC 腹板共同构成,形成了全新的钢-UHPC 组合腹板,提高了组合梁的抗剪承载力,更有利于发挥 UHPC 材料轻质、高强的特性,可适应 UHPC 腹板薄的情况。

（3）现场功效高：型钢-UHPC 组合梁采用整体预制,一次成型施工方法;由于自重轻,可实现整跨吊装,施工方法简便、快捷,施工期间对城市交通影响小,施工效率高。

（4）净空需求低：梁高为跨径的 1/30～1/20,较一般钢-普通混凝土组合结构梁高低,可以适应城市及高速公路立交工程对净空的严苛要求。

（5）耐久性能好：桥面板采用超高性能混凝土,耐久性好,可以实现零维护;由于 UHPC 桥面板抗裂能力强,可以避免雨水渗漏污染下部钢梁,便于维护;此外,型钢抗疲劳强度高,使结构具有更长的疲劳寿命。

6.2.3 无预应力 UHPC-NC 组合梁桥

6.2.3.1 结构形式

为克服传统钢筋混凝土梁适用范围小、预应力梁施工烦琐、梁间反拱不一致导致桥面板厚度不均而开裂、全 UHPC 梁造价偏高等问题,提出了一种无预应力 UHPC-NC 组合梁桥结构,如图 6-9 所示。该结构将 UHPC 用于梁体,以减小主梁尺寸,减轻梁体重量;桥面板采用普通混凝土(NC),以降低造价。此外,与相同跨径的混凝土梁相比,该结构无须布置预应力,且主梁钢筋构造简单。施工时,先预制 UHPC 双工字形主梁,然后在施工现场浇筑 NC 桥面板,施工难度低。综合考虑自重、造价和长期性能,该桥型具有较高的性价比。

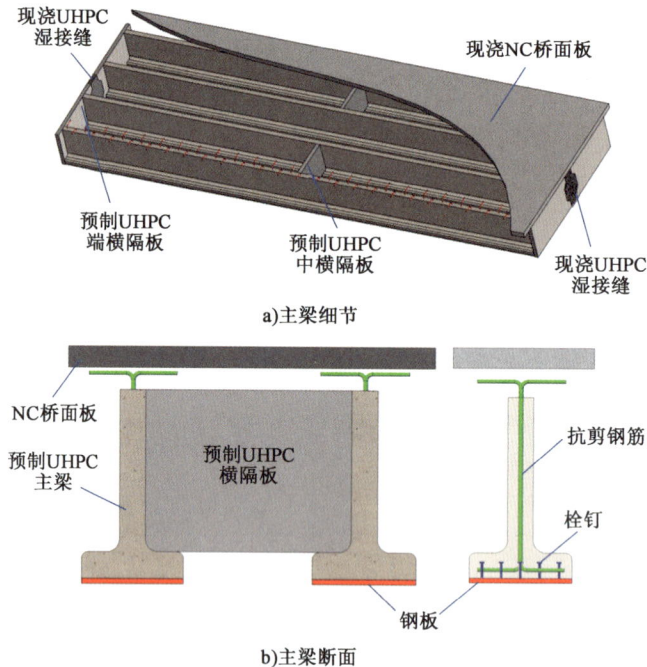

a)主梁细节

b)主梁断面

图 6-9　无预应力 UHPC-NC 组合梁桥结构

图 6-10 为广东省清远市三洲坝桥(赵华教授负责设计及科研)。该桥上部结构采用 5 × 30m 斜交 75°UHPC-NC 组合先简支后桥面连续工字梁,其中,UHPC 双工字梁采用 UHPC 与梁底钢板结合的形式。桥宽 7.5m,梁高 1.6m,高跨比 1/19;预制 30m 长的 UHPC 双工字梁吊重约 57.5t。UHPC 梁下缘拉应力高达 18 ~ 20MPa,利用 UHPC 应变硬化性能,可避免开裂。

6.2.3.2 技术特点

无预应力 UHPC-NC 组合梁桥结构具有如下特点:

(1)承载能力高:利用 UHPC 的应变硬化特点,使钢板与 UHPC 协同工作,提高梁桥结构的抗裂能力和承载力。

| a)UHPC 双工字梁吊装 | b)建成实景 |

图 6-10　广东省清远市无预应力 UHPC-NC 组合梁桥

（2）结构重量轻：UHPC 高强度的特性可以减小截面尺寸，降低梁体重量，方便运输和吊装。

（3）综合效益优：不同材料组合，在保证结构受力性能的同时，也兼顾了经济性，使综合造价降低。

（4）施工周期短：采用非预应力结构，简化施工工序，缩短施工周期，避免张拉预应力引起的梁体反拱不均匀问题，保证梁体质量。

6.2.4　中承式 UHPC 梁桥结构

装配式梁桥结构一般为上承式，即桥面位于主梁的上缘。当上述梁桥结构应用于城市立交特别是多层立交时，由于桥梁的建筑高度较大，故立交需做得很长，多层立交的占地面积很大，或被迫增加纵坡，影响使用效果。

为克服以上不足，作者团队利用 UHPC 材料抗压强度高的优势，研发了一种自重较轻、耐久性好、能有效降低梁体建筑高度的预制超高性能混凝土中承式梁桥结构。

6.2.4.1　结构形式

中承式 UHPC 梁桥结构主要由 UHPC 主梁、UHPC 横隔板和 UHPC 桥面板整体预制而成，如图 6-11 所示。位于两侧的 UHPC 主梁相互平行，与桥面板固接；横隔板沿桥梁纵向均匀布设于桥面板下方，与桥面板和两侧主梁固接；桥面板由主梁及横隔板共同支承。

中承式 UHPC 梁单元沿桥梁纵向的一侧或两侧设有与相邻梁单元进行拼接的连接部，各片预制梁单元可通过连接部进行横向连接；各片预制梁单元沿桥梁纵向通过多个现浇 UHPC 湿接缝连接。该中承式 UHPC 梁桥结构具有自重较轻、耐久性好、能有效降低梁体建筑高度等显著优势。

对于中承式 UHPC 梁桥结构，桥面板采用下部带有纵肋的薄型板件，纵肋的横截面呈倒梯形状。该形式可充分发挥 UHPC 强度高、无粗集料、易密实的技术优势，减轻桥面板自重。主梁总体高度为预制梁单元跨径的 1/30 ~ 1/18。建筑高度可低至跨径的 1/90，横隔板沿梁纵向间距 3 ~ 4m，以确保桥面板处于良好的受力状态。图 6-12 为湘潭市芙蓉大道人行桥，跨径 36m，桥面至梁底高度 0.4m，建筑高跨比 1/90。

a)中承式UHPC梁桥结构

b)中承式UHPC梁桥结构的横断面图

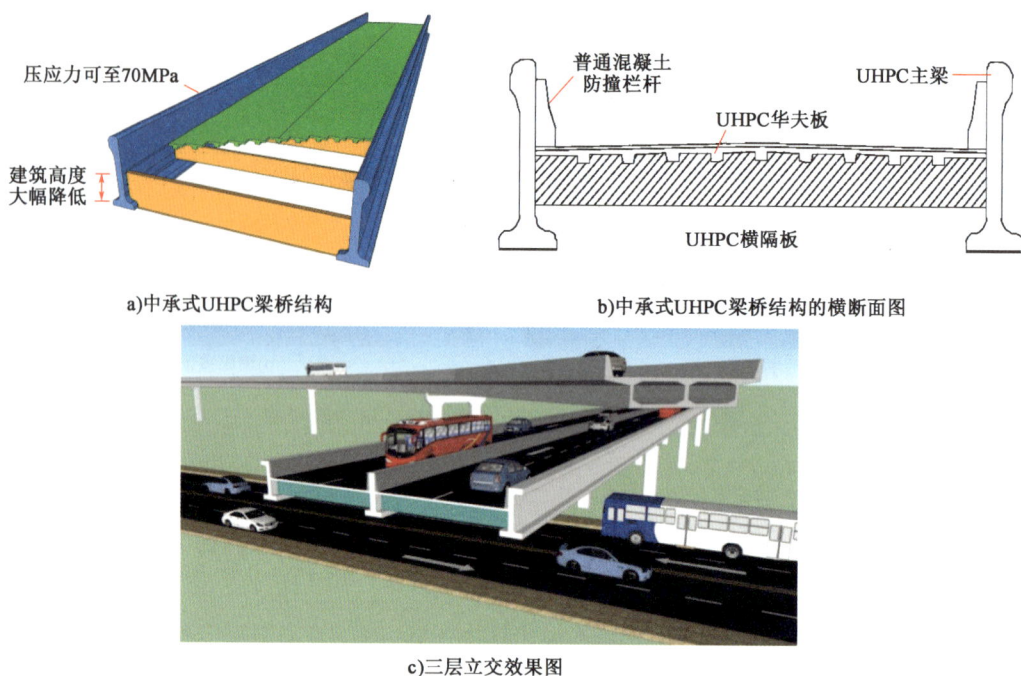

c)三层立交效果图

图 6-11　中承式 UHPC 梁桥结构及效果图

a)UHPC主梁运输

b)建成实景

图 6-12　湘潭市芙蓉大道人行桥（中承式 UHPC 梁桥）

6.2.4.2　技术特点

中承式 UHPC 梁桥结构主要特点如下：

（1）降低立交高度，缩短桥梁长度，提高桥梁美观度：中承式 UHPC 梁桥结构可充分利用 UHPC 的抗压性能，大幅降低主梁建筑高度，故特别适用于多层立交。例如：跨径 50m UHPC 简支梁建筑高度可以控制在 1.0m 左右，由此三层立交总高度降低约 1.5m，桥长缩短约 200m。

（2）受力简单明确，结构轻巧简洁：结构受力体系为简支梁，常规的截面构造，构造简单、受力明确;桥梁采用 UHPC 作为结构材料,并配合了合理的连接设置,使得中承式梁单元的主梁腹板厚度和桥面板平均厚度降低,也使得该中承式桥梁结构在保持截面总高度和宽度与传统预制混凝土梁设计值相当的前提下,整个梁体的自重能大幅减小。

(3)适用跨径多样:设计跨径变化幅度比较大,可广泛适用于不同跨径。对于人行桥,截面高度主要受舒适性振动频率控制;大批量不同跨径的天桥采用同一标准化跨径,对材料用量及吊装重量影响较小,可以采用统一标准化模板;对下部构造的要求较低,适用性较好。

(4)全预制装配式,施工快捷:横向分片、纵向分节段工厂预制,便于节段吊装、运输;现场横向湿接、纵向拼接,张拉预应力,保证结构整体性能;现场整体安装快捷,1 天即可完成主梁安装。

6.3 钢-UHPC 组合梁桥实桥方案研究

对于本章 6.2 节中所提出的钢-UHPC 组合梁桥,该体系采用 UHPC 面板替代传统钢-混凝土组合梁桥的普通混凝土面板,同时取消剪力槽,使组合梁桥整体化、轻型化,实现了宽幅整梁大节段吊装。下面以 4×25m 钢-UHPC 组合连续梁桥为例,介绍钢-UHPC 组合梁桥的设计思路与计算方法,并与相同跨径和技术标准的预应力混凝土小箱梁及常规钢-混凝土组合梁作对比。

6.3.1 实例——广东惠清高速麻埔跨线车行桥

广东惠清高速麻埔跨线车行桥为国内第一座中等跨径全预制钢-UHPC 轻型组合梁桥,该桥于 2020 年 8 月建成通车。桥梁设计标准为公路 Ⅰ 级,标准断面布置为 0.5m(防撞护栏)+7.5m(机动车道)+0.5m(防撞护栏)=8.5m,采用全预制钢-UHPC 组合梁结构。桥梁结构连续,总跨径为 4×25m,单幅横向布置三榀钢-UHPC 轻型组合梁单元,全桥共计 12 榀。每榀梁单元采用整体预制、整体运输、整体吊装就位方式。桥梁总体设计如图 6-13 所示。组合梁单元高 100cm,其中 UHPC 桥面板厚 12cm(外加 1cm 磨耗层,桥面不设其他铺装层),工字梁高 88cm,采用 Q345D 钢,二者通过剪力钉连接。桥梁墩顶处设置预制 UHPC 横隔板,跨中处设置 H 形断面小横梁。典型截面如图 6-14 所示。

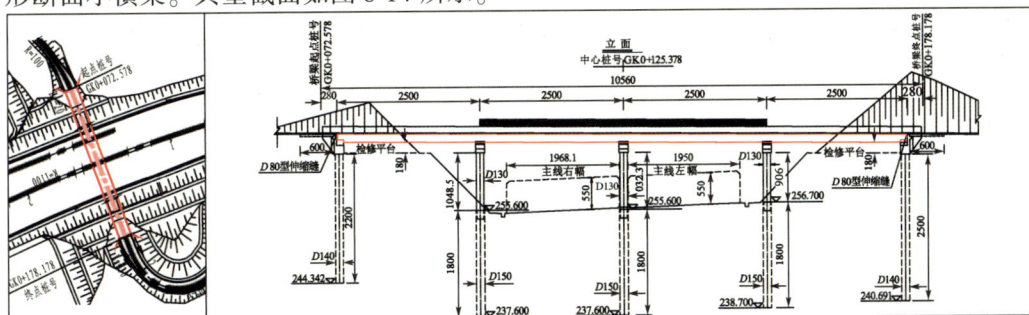

a)桥位平面及桥型立面图(尺寸单位:cm;高程单位:m)

图 6-13

b)设计效果图

c)桥梁实景图

图 6-13　麻埔跨线车行桥总体设计

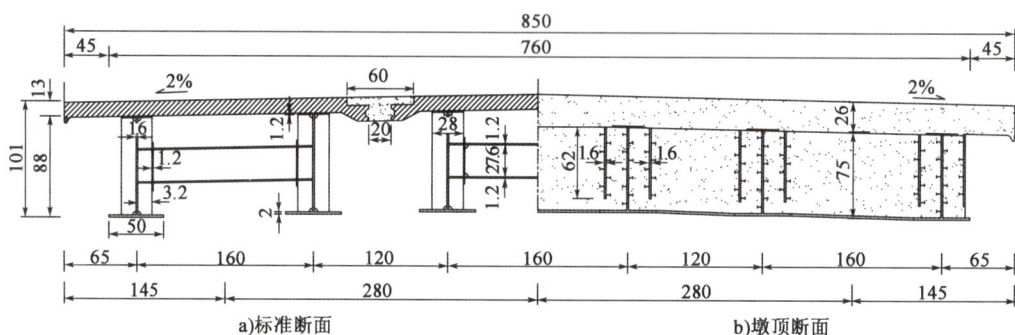

a)标准断面　　　　　　　　　　　b)墩顶断面

图 6-14　主梁横断面(单位:cm)

6.3.2　技术经济性能分析

技术经济性能分析主要针对的是相同跨径、相同技术标准的中等跨径装配式梁桥。比选方案分别为:25m 跨径预应力混凝土预制简支小箱梁桥(图 6-15)、25m 跨径常规钢-普通混凝土组合简支钢板梁桥(图 6-16)和 25m 跨径全预制钢-UHPC 组合梁桥(图 6-14)。

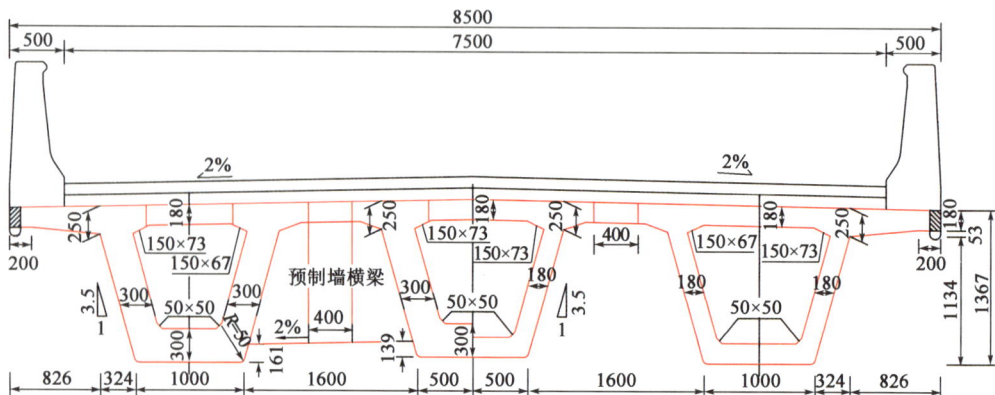

图 6-15　25m 跨径预应力混凝土预制简支小箱梁桥标准断面(单位:mm)

赵明等[1]对三种不同结构形式的梁桥结构进行了详细的经济、施工及耐久性分析,三种方案的综合性能对比如表 6-1 所示。

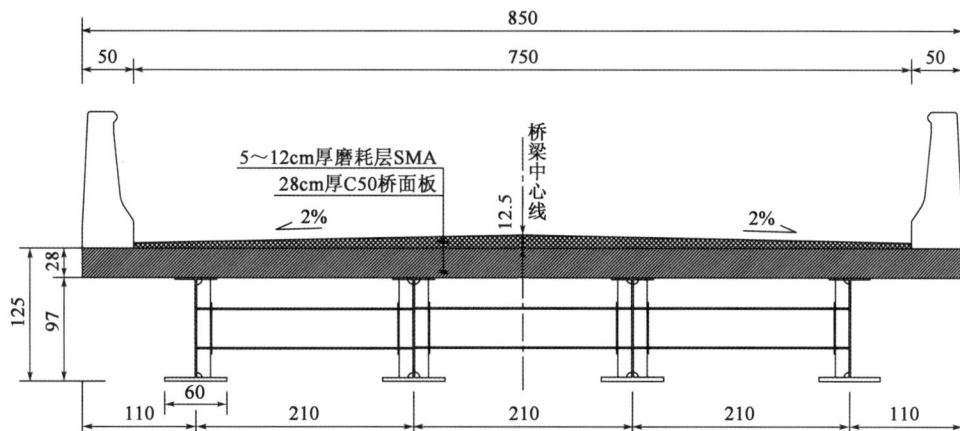

图 6-16 25m 跨径常规钢-普通混凝土组合简支钢板梁桥标准断面(单位:cm)

表 6-1 三种方案综合性能对比[1]		
方案名称	预应力混凝土小箱梁桥	二次组合钢板梁桥	钢-UHPC 组合梁桥
方案概况	常规桥型,受力简单明确,技术成熟可靠	常规桥型,受力简单明确,技术成熟可靠	采用 UHPC,从国内外研究来看,材料指标较好,技术较新颖,有望解决传统钢-混凝土组合梁负弯矩区桥面板易开裂等难题
技术难度及可行性	常规桥型,技术成熟,国内应用广泛	常规桥型,技术成熟	UHPC 理论研究基本成熟,国外应用较多,国内基本具备工程可行性
梁高	1.4m	1.2m	1.0m
制造难度	较复杂	简单	简单
施工方法	工厂预制,现场吊装,施工工艺成熟	工厂部分预制,现场吊装、现浇,施工工艺成熟	工厂预制,现场吊装,施工工艺成熟
吊装重量	约 80t(100%)	约 60t(75%)	约 36t(45%)
实施难易程度	工艺较复杂,需张拉预应力,现场作业量大	工艺简单,无须张拉预应力,桥面板部分预制,现场湿接缝作业量较大	工艺简单,无须张拉预应力,现场湿接缝作业量小
后期检查维护	箱梁检查困难,维护难度大	容易检查,维护难度小	容易检查,维护难度小
政策导向	装配式结构;省标准化成果	装配式结构;交通运输部推行钢结构	装配式结构;交通运输部推行钢结构;新材料、新技术、新工艺推广
综合单价(上部结构)	1795 元/m²(65.5%)	2740 元/m²(100%)	2630 元/m²(96.0%)

对比分析可知,钢-UHPC 组合梁桥上部结构轻盈,工厂化制造,装配化施工,现场作业量少,可实现主梁一次成型、整体运输和整体吊装;较低的梁高可适应严苛的桥梁净空要求,整体架设的方案可减少对桥下现有交通的干扰,在高速公路跨线桥和城市桥梁等方面具有广阔的应用前景。因此,全预制钢-UHPC 轻型组合梁桥方案拥有良好的推广应用潜力。

6.3.3 钢-UHPC 组合梁桥荷载效应分析

6.3.3.1 整体荷载效应

采用 MIDAS/Civil 有限元软件对桥梁整体荷载效应进行计算。模型中钢梁及 UHPC 面板均视为理想弹性,忽略 UHPC 面板及钢材之间的滑移作用。其中钢材的弹性模量和泊松比分别为 206GPa 和 0.3;UHPC 材料的弹性模量和泊松比参考文献[2]中的试验值 42.6GPa 和 0.19。

模型按照实际的约束方式考虑,单个支点采用点约束形式施加于支座位置。除桥梁自重外,施加的荷载包括二期恒载(护栏)、支座沉降、收缩徐变、温度作用以及汽车荷载作用。桥梁荷载效应计算按照实际施工过程分为两个阶段:第一阶段为简支梁阶段,即将单片的钢-UHPC 组合梁单元架设至预设位置,此时梁体仅承受自身的重量;第二阶段为成桥运营阶段,完成纵横向接缝浇筑、浇筑护栏等工序,同时施加车辆荷载等桥梁常见荷载。第二阶段中桥梁的作用组合依据现行规范[3]。两阶段计算结果如表 6-2 所示。其中,基本组合为:

$$S_{ud} = 1.1 \times S\left(\sum_{i=1}^{m} 1.2 G_{ik} + \gamma_{Q1} Q_{1k} + 0.75 \sum_{j=2}^{n} 1.4 Q_{jk}\right) \tag{6-1}$$

频遇组合为:

$$S_{fd} = S\left(\sum_{i=1}^{m} G_{ik} + 0.7 Q_{1k} + \sum_{j=2}^{n} \psi_{qj} Q_{jk}\right) \tag{6-2}$$

式中:S_{ud}——承载能力极限状态下作用基本组合的效应设计值;

S_{fd}——正常使用极限状态下作用频遇组合的效应设计值;

G_{ik}——第 i 个永久作用标准值;

Q_{1k}——汽车荷载标准值;

Q_{jk}——除汽车荷载(含冲击力、离心力)外的第 j 个可变作用的组合值;

γ_{Q1}——汽车荷载(含冲击力、离心力)的分项系数;

ψ_{qj}——第 j 个可变作用的准永久值系数;对于基本组合,支座沉降、收缩徐变和温度作用的分项系数分别为 0.5、1.0 和 1.05;对于频遇组合,其分别为 1.0、1.0 和 0.8。

表 6-2 桥梁两阶段设计应力(单位:MPa)

类目	位置	阶段一	阶段二	
		简支状态	基本组合	频遇组合
UHPC 面板	墩顶	—	+16.2	+9.4
	跨中	−3.9	−23.8	−14.8
	接缝界面	—	+8.6	+4.9
工字钢	下翼缘跨中	+43.2	+206.4	+115.1
	上翼缘跨中	−14.7	−92.0	−53.9

注:"+"表示拉应力,"−"表示压应力。

由表6-2可知,基本组合下工字钢上下翼缘最大应力为227.1MPa(已考虑结构重要性系数),而常见Q345钢材的抗拉强度设计值为270MPa(板件厚度为16~40mm)[4],表明钢结构设计合理;而UHPC材料抗压强度设计值通常在60MPa以上[5,6],UHPC抗压强度满足要求;汽车荷载下,考虑挠度长期增长系数后结构的竖向挠度最大值为30.66mm,小于规范[4]规定的$L/500=50$mm,结构变形满足要求。

6.3.3.2 桥面板局部荷载效应

采用ABAQUS非线性有限元软件对桥梁横向,特别是板间接缝处的设计应力进行进一步的计算及讨论。模型取8m长钢-UHPC轻型组合梁梁段,UHPC面板采用实体单元C3D8R建立,工字钢梁采用壳单元S2R建立。UHPC弹性模量和泊松比分别取42.1GPa和0.2;钢梁弹性模量和泊松比分别取200GPa和0.3。有限元模型边界条件为:梁一侧约束钢梁下翼缘X、Y、Z向(即横向、竖向、纵向)的移动,另一侧约束钢梁下翼缘X、Y向(即横向、竖向)的移动。

模型考虑结构自重、二期恒载、汽车轮载等作用。其中纵桥向汽车轮载施加标准车后轴在模型跨中处,横桥向考虑5种工况:①车轮压在横桥向跨中处;②车轮压在横桥向跨中两侧对称处;③车轮压在组合梁桥面板接缝处;④车轮压在横向桥面接缝两侧对称处;⑤车轮压在支点两侧对称处。有限元模型及车辆荷载加载工况示意图分别如图6-17、图6-18所示。计算结果见表6-3。

图6-17 UHPC桥面板有限元模型示意图

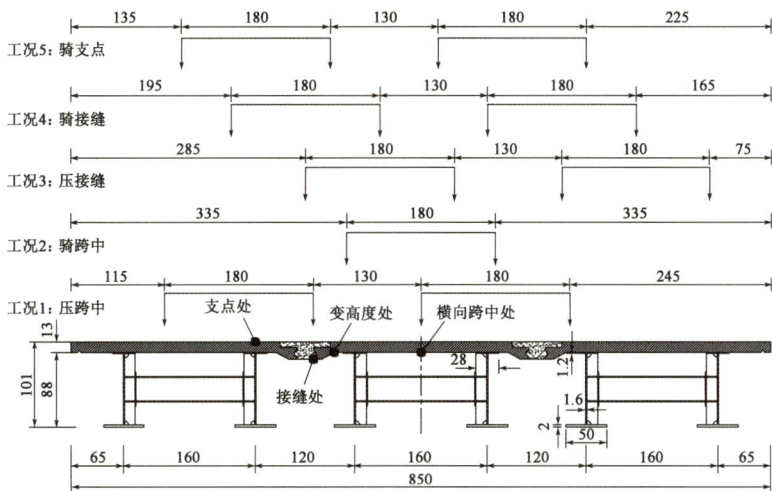

图6-18 车辆荷载加载工况示意图(单位:cm)

表6-3 不同工况下桥面板各关键点峰值应力汇总表（单位：MPa）

关键点位置	横向跨中处		接缝处		支点处		变高度处	
	σ_h	σ_{max}	σ_h	σ_{max}	σ_h	σ_{max}	σ_h	σ_{max}
工况1	2.14	2.19	0.76	0.87	2.4	2.41	1.19	1.32
工况2	1.43	1.43	0.46	0.59	1.22	1.29	1.36	1.47
工况3	2.52	2.59	1.02	1.03	1.57	1.58	1.42	1.69
工况4	3.25	3.27	0.13	0.15	2.12	2.17	0.22	0.33
工况5	2.92	2.96	0.42	0.48	2.43	2.44	0.57	0.6

注：σ_h 表示最大横向拉应力；σ_{max} 表示最大主拉应力。

由表6-3中的桥面板局部计算结果可知，UHPC面板接缝处最大主拉应力约1.03MPa，支点处最大横向应力和主拉应力约2.44MPa，桥面板刚度突变处最大主拉应力约1.69MPa。

上述对钢-UHPC组合梁桥整体、局部荷载效应进行了计算分析，表明UHPC拉应力水平较低。但考虑到接缝位置存在先后浇筑的UHPC界面，UHPC材料中的钢纤维在接缝位置处被人为阻断，导致接缝的抗拉强度被明显削弱，因此UHPC桥面板湿接缝成为桥面板受力的薄弱环节。图6-6中分别展示了与钢-UHPC组合梁桥相适应的纵、横向UHPC湿接缝构造，下面通过试验进一步分析钢-UHPC组合梁桥纵向接缝和横向接缝在荷载作用下的弯拉力学性能，以验证上述接缝构造用于钢-UHPC组合梁桥的可行性。

6.3.4 钢-UHPC组合梁桥实桥方案优化

广东惠清高速麻埔跨线车行桥作为国内首个应用钢-UHPC组合梁桥的实际工程，在设计时对结构留有较大的安全储备。为充分发挥钢-UHPC组合梁桥的优势，本小节以该桥为背景，在保持跨径布置和技术标准相同的情况下，从板件厚度和梁高两个方面对实桥原设计方案进行优化。

6.3.4.1 板件厚度优化

按照基本组合下钢梁下翼缘最大拉应力270MPa控制，对原设计方案的板件厚度进行优化。通过计算，优化后的方案如图6-19所示。

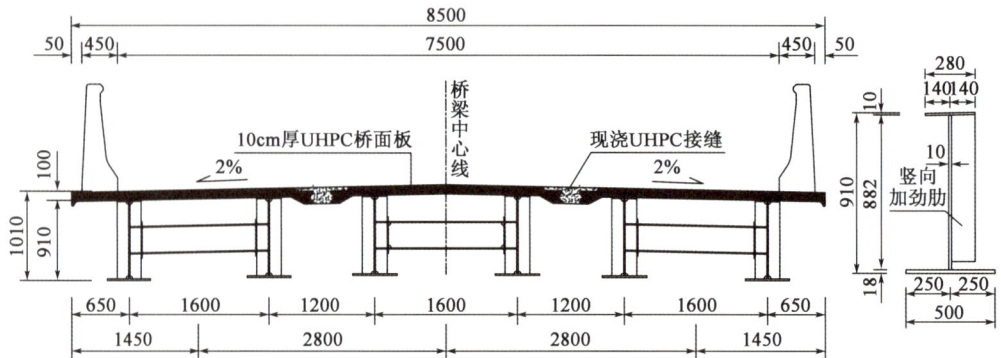

图6-19 板件厚度优化方案（单位：mm）

相比原设计方案,在保持梁高不变的前提下,优化方案的桥面板厚度减小至10cm,钢梁的顶板、腹板和底板的厚度分别调整为10mm、10mm 和 18mm。主要优化结果如表6-4 所示。

表 6-4 板件厚度优化结果				
方案	原设计方案	方案 1	方案 2	方案 3
铺装厚度(cm)	0	0	5	10
梁高(mm)	1010	1010	1010	1010
UHPC 桥面板厚度(mm)	130	100	100	100
钢梁高度(mm)	880	910	910	910
频遇组合墩顶 UHPC 拉应力(MPa)	9.37	9.58	9.64	9.75
墩顶负弯矩区裂缝宽度(mm)	0.018	0.028	0.029	0.031
基本组合钢梁下翼缘拉应力(MPa)	227.07	249.91	262.75	260.11
汽车荷载频遇值挠度(mm)	30.66	35.74	35.74	35.74
每平方米用钢量(kg)	150	115	115	115

注:表中基本组合钢梁下翼缘拉应力已考虑结构重要性系数,汽车荷载频遇值挠度已考虑长期增长系数。

由于优化后的方案钢梁高度有所增加,同时钢梁板件厚度均减小,所以应对优化方案的稳定性进行验算。对于优化后方案的整体稳定性,根据《公路钢混组合桥梁设计与施工规范》(JTG/T D64-01—2015),组合梁钢梁负弯矩区侧扭稳定性满足要求;对于局部稳定性,根据规范要求,组合梁不设竖向加劲肋和纵向加劲肋的最小腹板厚度为 12.5mm,所以仅需在优化方案的组合梁腹板单侧设置间距为1m、厚度为10mm 的竖向加劲肋,即可满足要求。

表 6-4 的计算结果表明,对于优化方案,采用不同厚度的铺装层(0cm、5cm 以及 10cm),其墩顶负弯矩区裂缝宽度、抗弯承载力和汽车荷载频遇值挠度均满足规范要求,而优化方案的每平方米用钢量仅为115kg。即使考虑优化方案设置腹板竖向加劲肋后,组合梁每平方米用钢量也仅增加至123kg,而桥面板应力和钢梁应力基本不增加,与原设计方案相比,优化方案依旧有很大优势。由于 UHPC 具有良好的耐久性,可考虑采用5cm 铺装层方案,此时优化方案的结构自重与原方案基本持平,而上部结构综合单价仅为 2250 元/m²,为原设计方案的85.6%,说明优化方案具有更好的经济性。

6.3.4.2 梁高优化

原设计方案的梁高为 1.0m,高跨比为 1/25。从梁高的角度出发,对原设计方案进行优化,优化结果见表6-5。

表 6-5 梁高优化结果		
方案	原设计方案	方案 1	方案 2
铺装厚度(cm)	0	0	0
梁高(mm)	1010	800	900
UHPC 桥面板厚度(mm)	130	130	130
钢梁高度(mm)	880	670	770

方案	原设计方案	方案1	方案2
钢梁底板厚度(mm)	20	24	20
频遇组合墩顶UHPC拉应力(MPa)	9.37	10.52	9.80
墩顶负弯矩区裂缝宽度(mm)	0.018	0.043	0.029
基本组合钢梁下翼缘拉应力(MPa)	227.07	258.06	255.53
汽车荷载频遇值挠度(mm)	30.66	48.53	40.59
每平方米用钢量(kg)	150	142	140

注：表中基本组合钢梁下翼缘拉应力已考虑结构重要性系数,汽车荷载频遇值挠度已考虑长期增长系数。

表6-5的计算结果表明,在保持钢梁板件厚度和桥面板厚度不变的前提下,原设计方案的梁高可以优化至0.9m,高跨比达到1/27.8;在适当增加钢梁底板厚度的情况下,原设计方案的梁高可以降低至0.8m;此外,梁高的降低也减少了用钢量,使经济性得到了提升。优化方案2的高跨比已降至1/31。这也表明钢-UHPC组合梁桥的应用可以显著降低梁高,使得钢-UHPC组合梁桥在净空受限、路线高程受限时及在高架桥中具有很大的竞争优势。

6.4 钢-UHPC组合梁桥纵向接缝力学性能

6.4.1 钢-UHPC组合梁桥纵向接缝构造形式

合理的接缝设计,既要保证预制装配式结构具有可靠的传力受力性能,又需保证结构具有良好的抗裂性和整体性。作者团队提出的钢-UHPC组合梁桥纵向局部加高T形接缝构造如图6-20所示,该纵向局部加高T形接缝具有以下优点：

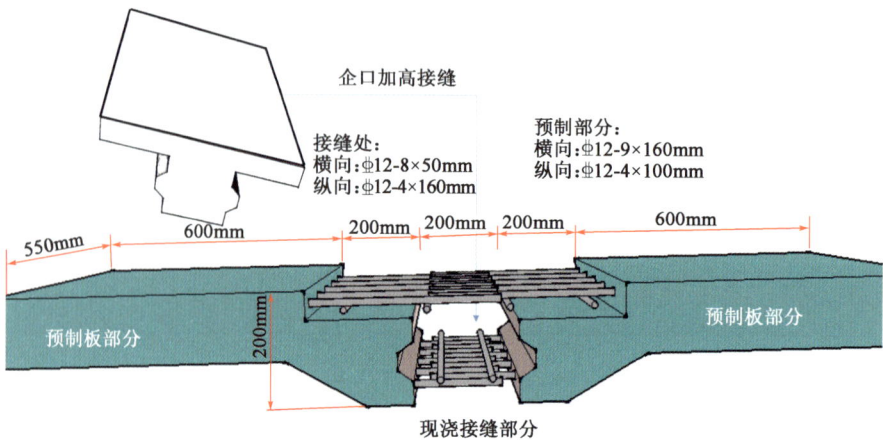

图6-20 钢-UHPC组合梁桥纵向局部加高T形接缝构造形式

(1)接缝通过顶面设置槽口,下部设置企口,使得槽口和企口构造处的新旧超高性能混凝土界面相互错开,可降低接缝界面的渗水风险,有效提高了桥面板接缝处的抗裂性能和抗剪承载力,削弱了钢纤维不连续的影响;

(2)降低了新旧超高性能混凝土界面的收缩应力,避免了接缝出现收缩裂缝,显著增强了桥梁接缝处的耐久性;

(3)接缝局部加高可以增大截面抵抗矩,降低接缝处的弯曲应力。

下面结合试验详细介绍钢-UHPC 组合梁桥纵向接缝力学性能。

6.4.2 钢-UHPC 组合梁桥纵向接缝正弯矩区模型试验

6.4.2.1 试验模型设计

将整体预制桥面板、常规桥面板平口接缝、局部加高 T 形接缝三种模型进行弯拉试验设计,试件模型组成如表 6-6 所示。试件采用 1∶1 足尺模型,试验梁长 1.8m,宽 0.55m,高 0.12m,对于局部加高接缝模型,局部加高到 0.2m,具体构造尺寸如图 6-21 和图 6-22 所示。

表 6-6　试件模型组成

试件编号	构造形式	钢筋直径(mm)	端部状态	界面处理
ZT	预制桥面板	12	—	—
PK-C	平口接缝	12	约束	凿毛
PK-F	平口接缝	12	不约束	凿毛
JG-C	局部加高 T 形接缝	12	约束	凿毛
JG-F	局部加高 T 形接缝	12	不约束	凿毛

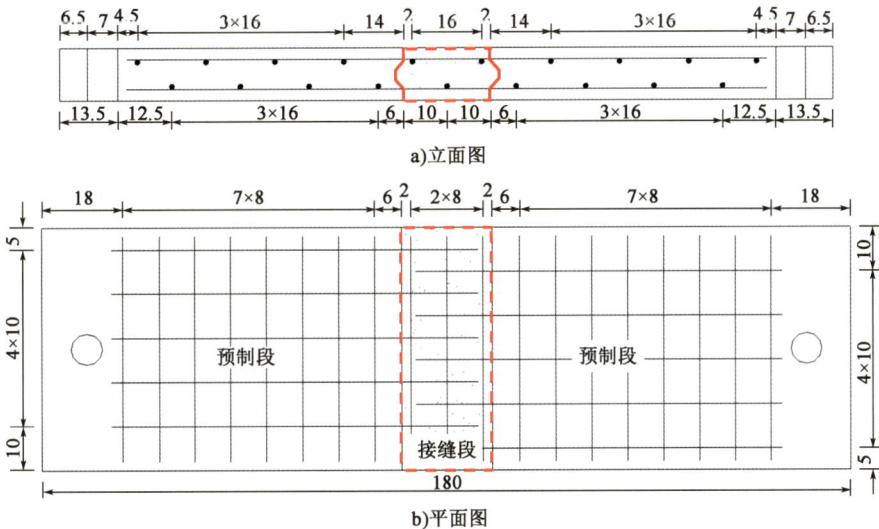

a)立面图

b)平面图

图 6-21　平口接缝试件设计图(单位:cm)

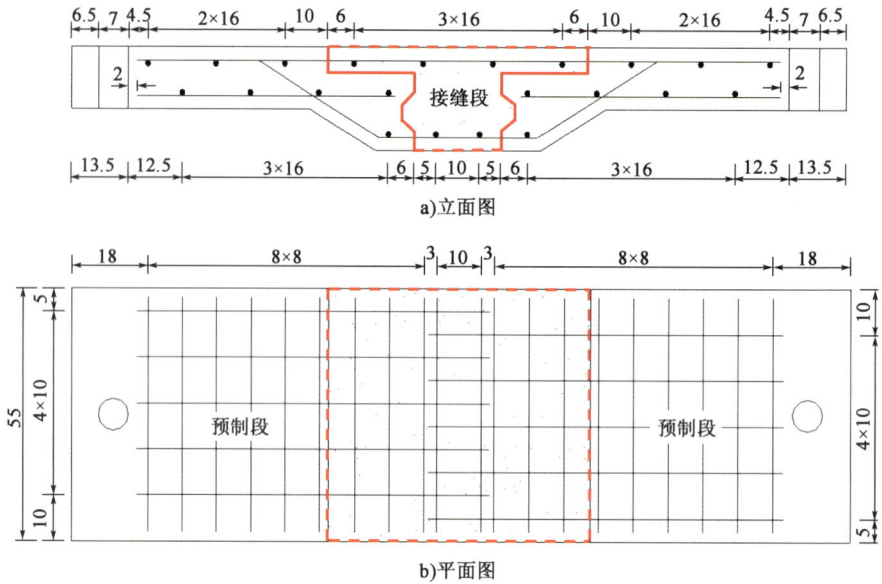

图6-22 局部加高 T 形接缝试件设计图(单位:cm)

对于带接缝试验模型,试件分为两侧预制桥面板和现浇接缝两部分。其中预制段浇筑完成后先自然养护48h,随后在98℃蒸汽环境下养护48h,然后进行接缝部分的浇筑;结合实桥施工条件,接缝位置 UHPC 浇筑完成后进行自然养护。试验所用 UHPC 材料内含 2.5% 的 0.2×13mm 端钩型钢纤维,预制段 UHPC 和现浇接缝段 UHPC 材料基本力学性能见表6-7。

表6-7 UHPC 材料基本力学性能

类别	养护方式	抗压强度(MPa)	抗折强度(MPa)	弹性模量(GPa)
预制桥面板	蒸汽养护	166.0	33.6	49.2
现浇接缝	自然养护	150.1	26.5	48.7

6.4.2.2 试验加载装置

试验采用全自动液压伺服加载控制系统(MTS)进行加载,如图6-23所示,试件纯弯段长 0.8m,支座到纯弯段的距离为 0.4m。试件两支点位置分别由固定支座和滑动支座支撑,试件跨中位置、加载点位置、边支点位置布置百分表以测量加载过程中试件位置变化。在正式试验开始前,先进行预加载,以保证试验装置正常工作,预加载荷载为 10kN,分 1 级加载,预加载后卸载,开始正式试验。正式试验中,先采用力控制,每级荷载增加 3kN;加载至 30kN 后改为位移控制,加载至试件破坏。

6.4.2.3 试验结果及讨论

(1)荷载-跨中位移曲线

各组试件的荷载-跨中位移曲线如图6-24所示。由荷载-跨中位移曲线可见,在荷载作用下,局部加高接缝试件刚度最大,整体预制板次之,平口接缝试件刚度最低。整体上结构受力可分为三个阶段:①线性阶段,此阶段 UHPC 预制板表面、接缝界面无可视裂缝,试件未见明显的刚度降低;②裂缝扩展阶段,裂缝首先在 UHPC 接缝的界面处开展,随荷载增加,接缝处裂缝不断扩展,试件刚度略有下降;③屈服阶段,钢筋进入屈服阶段,荷载基本不增加,位移显著增大,形成主裂缝并显著扩展。

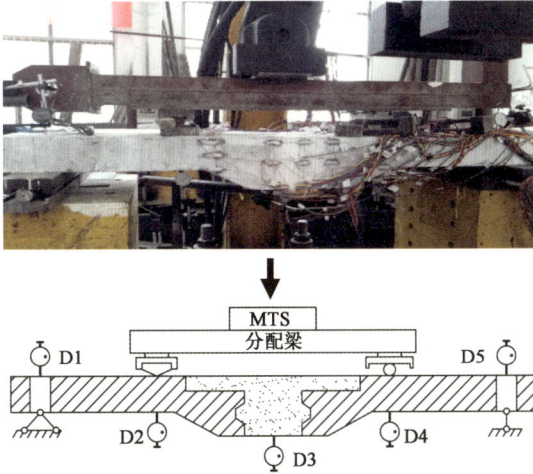

图 6-23 试验模型加载装置

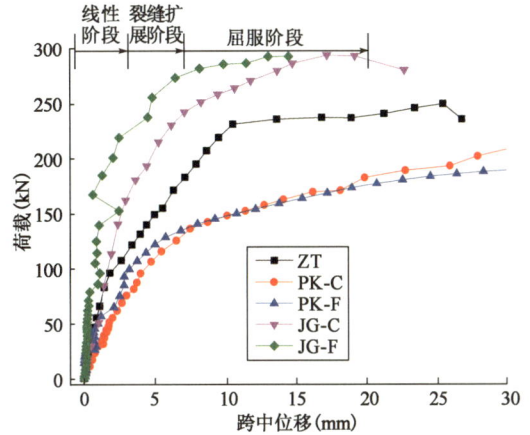

图 6-24 试验模型荷载－跨中位移曲线

(2)裂缝分布特征

各试件破坏形态和主裂缝分布示意图如图 6-25 所示。整体预制板在跨中形成主裂缝并最终破坏;平口接缝试件主裂缝位于新旧 UHPC 界面处,界面位置为薄弱截面;而局部加高接缝试件主裂缝位于预制段区域中的截面变化处。试验加载后期,加高接缝试件截面变化位置处裂缝宽度一直在增加,而接缝断面处裂缝宽度较小,后期呈现闭合状态,说明加高接缝试件接缝位置具有很好的抗裂性,可以减小由钢纤维不连续导致的不利影响,实现接缝位置的强度高于预制段强度的目标。

图 6-25 UHPC 湿接缝桥面板破坏形态及主裂缝分布图示

（3）不同接缝构造试验结果对比（表6-8）

表6-8　不同接缝构造试验结果

项目	整体板(ZT)	平口接缝板（PK）		加高接缝板（JG）	
		两端约束板（PK-C）	两端自由板（PK-F）	两端约束板（JG-C）	两端自由板（JG-F）
开裂荷载(kN)	79.30	32.11	34.73	65.00	67.07
抗裂强度(MPa)	12.10 (100%)	4.90 (40.5%)	5.30 (43.8%)	9.90 (81.8%)	10.20 (82.3%)
极限承载力(kN)	247.6 (100%)	192.4 (77.8%)	230.3 (93.0%)	293.80 (118.7%)	292.59 (118.2%)

根据本章6.3节中桥面板局部有限元分析的结果可知,桥面板横向拉应力最大约2.44MPa,板件的抗裂强度均可满足要求。相比平口接缝板,加高接缝板在开裂荷载和极限承载力方面均大于相同条件的平口接缝板。与整体预制板相比,平口接缝板的极限承载力降低7.0%~22.2%,而局部加高接缝板极限承载力相比于整体预制板提高约18%,由此可见,采用局部加高构造可以提高UHPC湿接缝桥面板的极限承载力,降低由新旧UHPC界面钢纤维不连续带来的承载力降低的不利影响。

6.5　钢-UHPC组合梁桥横向接缝力学性能

本节详细研究了钢-UHPC组合梁桥横向接缝构造、负弯矩区的力学性能,探讨其名义开裂应力和疲劳性能,并结合模型试验,提出了适用于钢-UHPC组合梁桥横向接缝界面的最大裂缝宽度预测公式、考虑UHPC面板受拉刚化效应的挠度计算式,以及简化的负弯矩区承载能力计算方法。

6.5.1　钢-UHPC组合梁桥横向接缝构造形式

相比钢-UHPC组合梁桥纵向接缝,横向接缝往往承受了更高的拉应力,因而内部构造更为复杂。麻埔跨线车行桥钢-UHPC组合梁桥的墩顶横向接缝由焊接有栓钉的钢制横隔板、焊接有栓钉的钢制加劲肋和现浇UHPC材料组成,如图6-26所示。横向接缝构造与钢-UHPC组合梁单元同时预制,现场施工时,仅需将钢-UHPC组合梁单元整体运输至施工现场,架设完毕后,铺设接缝面板处的连接钢筋,浇筑接缝UHPC即可。同时,该钢制横隔板还可在现场施工时用作浇筑接缝的钢模板,有效降低了现场施工难度,加快了施工速度,并进一步降低了预制梁的自重,实现了梁体轻型化。

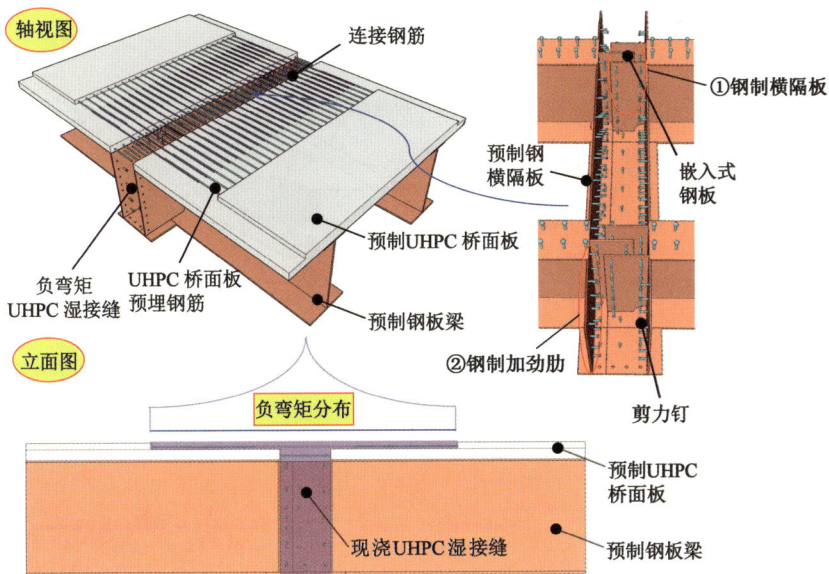

图6-26　钢-UHPC组合梁桥横向接缝构造形式

6.5.2　钢-UHPC组合梁桥横向接缝负弯矩区模型试验

6.5.2.1　试验模型设计

为验证上述钢-UHPC组合梁桥横向接缝的有效性,设计横向接缝负弯矩区模型试验梁,试验模型如图6-27所示。试验梁全长6.4m,UHPC面板宽0.7m,试件由两侧的钢-UHPC组合梁段及中间的现浇接缝段三部分组成。试验梁中先浇UHPC面板内配置7根直径为16mm的纵向钢筋,后浇UHPC接缝部分加密至13根,横向采用12mm钢筋,间距100mm。钢结构部分采用Q345钢材焊接而成,桥面板与钢结构之间采用栓钉连接。

为防止加载点局部失稳,试件于四个加载点处增加共计16块钢板加劲。试件的制作流程主要有:①制作工字钢梁;②安装UHPC浇筑模板,布置先浇部分UHPC面板内部钢筋;③浇筑预制部分UHPC,浇筑完毕后26h进行表面凿毛处理;④蒸汽养护预制UHPC件;⑤布置后浇T形接缝钢筋,浇筑后进行自然养护。

先浇UHPC面板内掺加体积掺量为2.0%的直线型钢纤维,后浇接缝段掺加体积掺量为2.5%的混杂(1%直线型+1.5%端钩型)钢纤维。预制段UHPC浇筑完毕后26h测定立方体试块抗压强度为46.34MPa,随后采用50MPa高压水枪对预制段T形接缝处进行表面凿毛处理,经高压水枪凿毛后,试件表面粗糙,如图6-28所示。第91h时开始蒸养,保持98℃高温蒸养48h。

6.5.2.2　试验加载装置

试件采用MTS控制加载,并将试件翻转以获得负弯矩。正式试验开始前,首先进行预加载(0~20kN),以保证试验装置正常工作,确定加载步长。正式加载时,初期控制位移0.4mm每步,后期逐渐增至最大2mm每步,其间逐步记录试件变形、应变及开裂情况。试件加载示意图及量测方案如图6-29所示。

a)试件三维展示

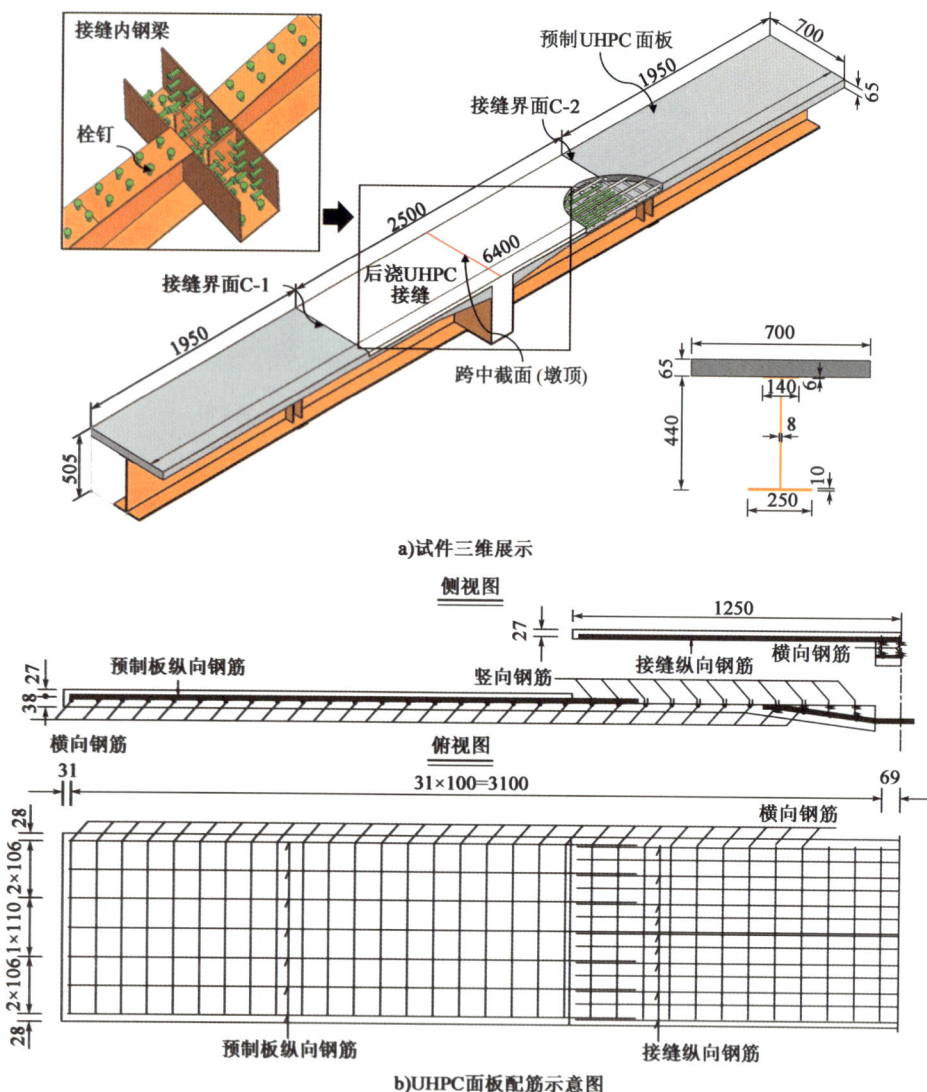

b)UHPC面板配筋示意图

图 6-27　试验模型示意图(单位:mm)

图 6-28　先浇 UHPC 面板表面凿毛

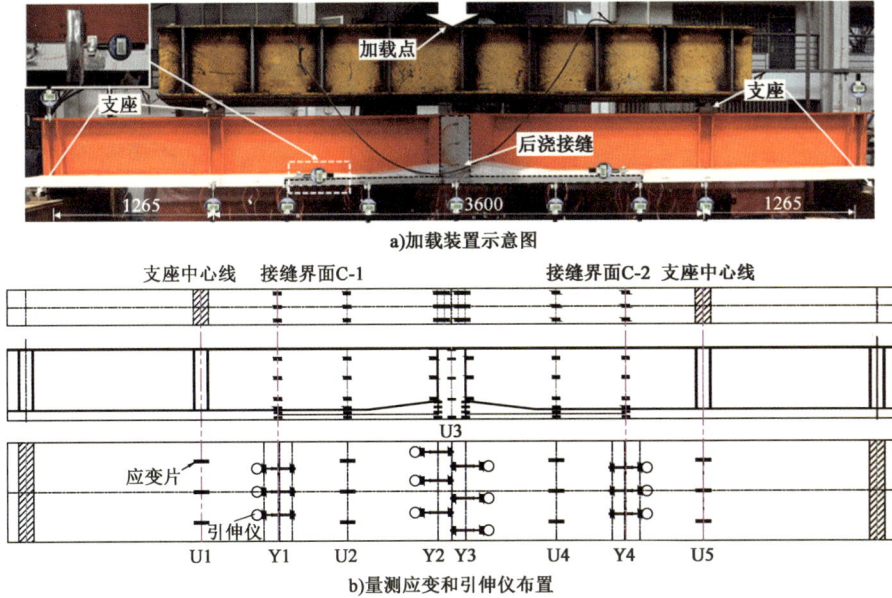

a)加载装置示意图

b)量测应变和引伸仪布置

图 6-29 试验加载及量测装置布置示意图

6.5.2.3 试验结果

（1）裂缝分布特征

试件最终破坏模式为加载点附近钢梁下翼缘屈曲。试件表面裂缝分布特征如图 6-30 所示，界面处的荷载-裂缝宽度曲线如图 6-31 所示，荷载-跨中位移曲线如图 6-32 所示。

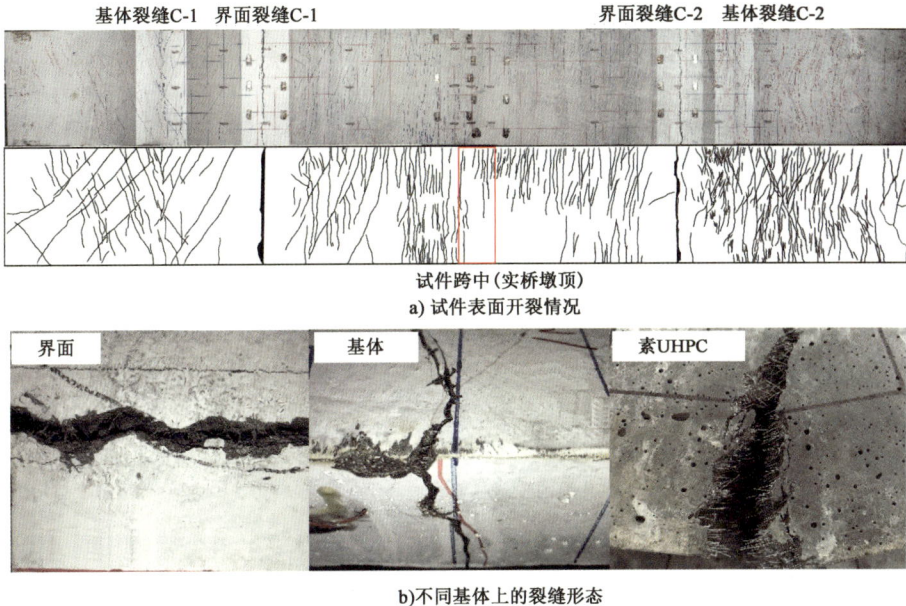

a) 试件表面开裂情况

b)不同基体上的裂缝形态

图 6-30 试件表面裂缝分布特征

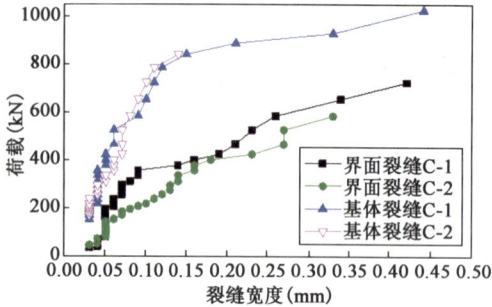

图 6-31　试件荷载-裂缝宽度曲线

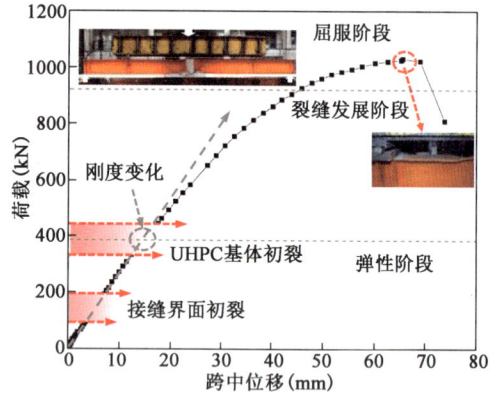

图 6-32　试件荷载-跨中位移曲线

试件左右两侧界面处分别在荷载为 35.2kN 和 46.7kN 时观测到第一条裂缝：界面裂缝 C-1 和 C-2，左右两侧界面裂缝分别在荷载为 196.6kN 和 143.5kN 时达到 0.05mm 的最后一级。当荷载达到 312.3kN 时，加载点下方的 UHPC 基体裂缝达到 0.05mm。随着荷载继续增长，UHPC 表面出现众多密集细小裂缝，主裂缝在界面裂缝 C-1 和 C-2 处形成；UHPC 基体范围内裂缝 C-1 和 C-2 宽度最大。整体上，接缝界面处裂缝发展明显快于基体范围内裂缝发展。

图 6-30b）展示了三种不同基体的开裂特性。其中，接缝界面处钢纤维呈乱向分布，纤维数量明显少于基体裂缝，基体裂缝处钢纤维整体呈纵向分布特征，有利于抵抗拉力；在素 UH-PC 抗折试件破坏的裂缝中可以观察到更多的纤维，而且纤维具有显著的纵向分布特征。由此可以看出：在接缝界面处，纤维相对较少且分布不规则，导致其强度低于 UHPC 基体；UHPC 基体内布置钢筋会使纤维分布不均匀，可能导致初始开裂强度低于素 UHPC。

（2）应变特征

取试件接缝左右两侧界面处、跨中截面处及 UHPC 基体处（U4 截面）绘制应变沿试件高度方向的发展曲线，如图 6-33 所示。当裂缝宽度在 0.05mm 以内时（接缝界面裂缝名义开裂荷载为 143.5 ~ 196.6kN，UHPC 基体名义开裂荷载为 336.6 ~ 424.5kN），所有截面几乎均可符合平截面假定。这与文献[7]、[8]中提出的"当 UHPC 的最大裂缝宽度达到 0.05mm 时，试件仍处于裂纹扩展的早期阶段。当施加荷载达到极限荷载的 76.7% ~ 86% 时，应变沿截面高度方向的分布仍大致符合平截面假定"这一结论基本相符。而墩顶和基体截面几乎加载全程均可符合平截面假定。

6.5.2.4　试验结果讨论

取裂缝宽度 0.05mm 时的应力为名义开裂应力，试件各关键截面（图 6-34）名义开裂应力如表 6-9 所示。

钢-UHPC 组合梁桥结构中，钢梁的疲劳计算与常规钢-混凝土组合梁桥相同，因此可根据相关规定按照常规组合梁的计算方法进行；对于 UHPC 面板疲劳性能的评估，结合文献[9]利用钢桥疲劳评测的公式对 UHPC 面板进行疲劳预测的方法进行。根据规范[6,10]，荷载循环次数与应力幅的三次方成反比，即：

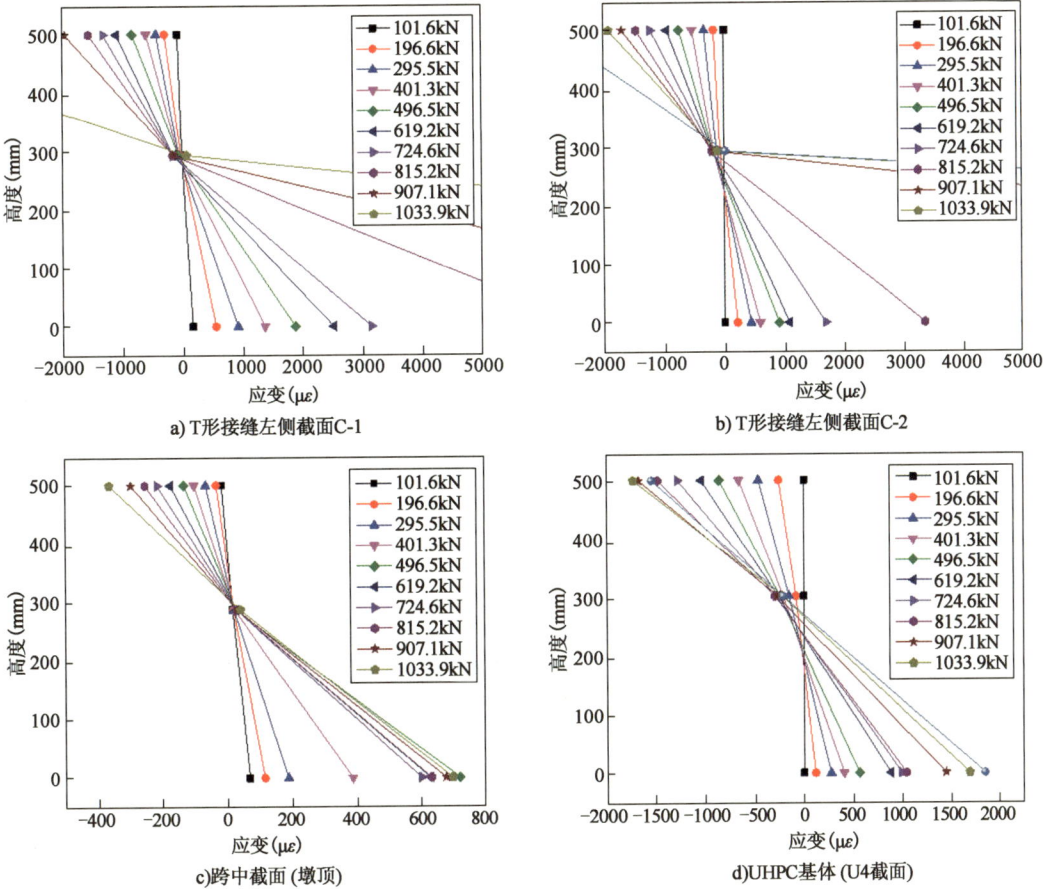

a) T形接缝左侧截面C-1
b) T形接缝左侧截面C-2
c) 跨中截面(墩顶)
d) UHPC基体(U4截面)

图 6-33　应变沿试件高度方向发展曲线

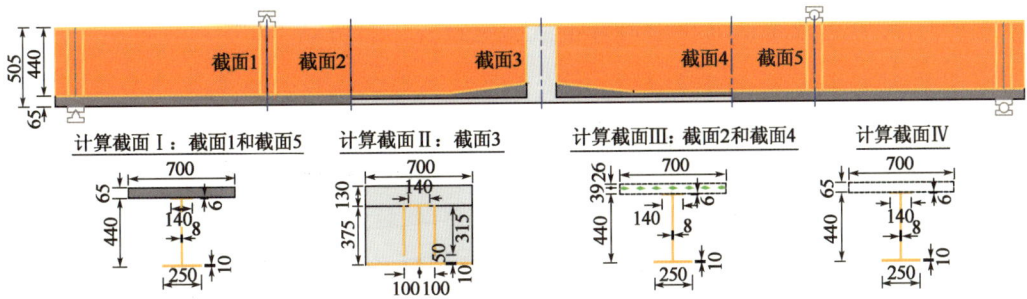

图 6-34　计算截面示意图(单位:mm)

表6-9　关键截面名义开裂应力

截面号	截面2 (接缝界面)	截面4 (接缝界面)	截面1 (UHPC 基体)	截面5 (UHPC 基体)	截面3 (跨中,墩顶)
$P_{cr}(kN)$	196.6	143.5	424.5	336.5	1033.9
$\sigma_{cr}(MPa)$	7.39	5.40	15.96	12.66	19.02

$$N_i \propto 1/\left(\Delta\sigma_{Ri}\right)^3 \tag{6-3}$$

式中：N_i——疲劳荷载循环次数；

$\quad\Delta\sigma_{Ri}$——疲劳应力幅。

根据文献[11]的试验结果，当最大应力幅值为正常使用阶段荷载的 9/10 时，UHPC 板的最大裂缝宽度在荷载循环达到 100 万次时小于 0.05 mm；而对于接缝试验，疲劳荷载为正常使用荷载的 1.0 倍，对应的疲劳荷载循环周期为 100 万次。基于此文献的试验结果对钢-UHPC 组合梁桥墩顶及接缝界面处进行疲劳评估，如表 6-10 和表 6-11 所示。结果表明，钢-UHPC 组合梁桥中 UHPC 接缝处的最小疲劳循环次数为 $N = 3482 \times 10^4$，远远超过 200 万次循环，UHPC 面板接缝处的疲劳性能可满足设计要求。

表 6-10　疲劳应力幅和静载试验结果

位置	疲劳应力幅 σ_{Rc}	$\sigma_{0.05}$	$\sigma_{Rc}/\sigma_{0.05}$
接缝中心	3.26	19.02	0.17
接缝界面	1.96	6.4（均值）	0.58

表 6-11　疲劳性能评估结果

疲劳性能	Aaleti 等[11]	接缝中心	Aaleti 等[11]	接缝界面
疲劳应力幅	$0.9\sigma_{0.05}$	$0.17\sigma_{0.05}$	$\sigma_{0.05}$	$0.58\sigma_{0.05}$
疲劳荷载循环次数（$\times 10^4$）	100	14478	100	3482

6.5.3　横向接缝受力全过程分析

对钢-UHPC 组合梁桥横向接缝负弯矩试验全过程进行分析，细分为以下五个阶段，如图 6-35 所示。

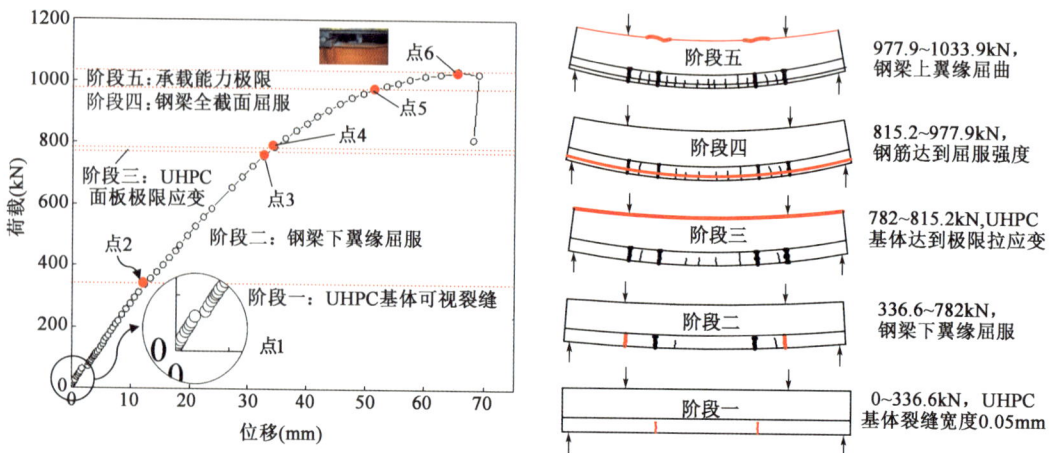

图 6-35　试件负弯矩试验全过程分析示意图

6.5.3.1　阶段一：UHPC 基体可视裂缝

第一阶段从 0 开始,至点 2 结束。在这一阶段中,接缝界面的裂缝宽度在点 1 达到 0.05mm。该部分的讨论分为:①接缝试件最大裂缝宽度预测方法;②点 2 设计弯矩简化计算方法;③考虑 UHPC 受拉刚化效应的钢-UHPC 组合梁挠度计算方法。

(1)接缝试件最大裂缝宽度预测方法

Luo[7,8]对 40 块钢-UHPC 组合板和 8 块钢-UHPC 组合梁进行了负弯矩测试,并基于《混凝土结构设计规范(2015 年版)》(GB 50010—2010)[12]中裂缝宽度计算公式提出适用于钢-UHPC 轻型组合桥面的裂缝宽度计算公式:

$$w_{max} = \alpha_{cr} \psi \frac{\sigma_s}{E_s} l_{cr} \tag{6-4}$$

$$\alpha_{cr} = \tau_l \tau_s \beta \alpha_c \tag{6-5}$$

$$l_{cr} = 1.06 c_s + 0.152 \frac{d_{eq}}{\rho_{te}} \tag{6-6}$$

$$\psi = 1.1 - 0.12 \frac{f_{tk}}{\rho_{te} \sigma_s} \tag{6-7}$$

$$w_{smax} = w_{max} \frac{h - x}{h - x - c} \tag{6-8}$$

式中:w_{max}——钢筋形心处的裂缝宽度;

　　α_{cr}——构件特征受力系数;

　　ψ——裂缝间纵向受拉钢筋应变不均匀系数;

　　E_s——钢筋弹性模量;

　　τ_l——长期作用的影响系数,对于蒸汽养护的 UHPC 材料,后期收缩为零,取 $\tau_l = 0$,对于本节钢-UHPC 组合梁接缝试件,由先浇蒸汽养护的 UHPC 面板和后浇自然养护的接缝组成,该处 τ_l 取值参考规范规定的数值,即 $\tau_l = 1.5$;

　　τ_s——最大裂缝宽度与评价裂缝宽度的比值,其反映了裂缝宽度不均匀分布的影响,是一定荷载标准组合下裂缝宽度的不均匀性存在的扩大系数,《混凝土结构设计规范(2015 年版)》(GB 50010—2010)中对于轴心受拉和偏心受拉构件建议取 $\tau_s = 1.9$;

　　β——裂缝间距的影响系数,钢-UHPC 轻型组合桥面结构横向和纵向受力特性分别为偏心受拉构件和轴心受拉构件,《混凝土结构设计规范(2015 年版)》(GB 50010—2010)中规定对于偏心受拉构件和轴心受拉构件 β 取值分别为 1.0 和 1.1;

　　α_c——裂缝间混凝土自身伸长对裂缝宽度的影响系数,与配筋率、截面形状和混凝土保护层厚度等因素有关,但一般情况下,α_c 变化不大,且对裂缝开展宽度的影响也不大,为简化计算,《混凝土结构设计规范(2015 年版)》(GB 50010—2010)中对于受弯、轴心受拉、偏心受力构件 α_c 均取 0.85;

　　l_{cr}——平均裂缝间距;

　　c_s——保护层厚度;

ρ_{te}——有效截面配筋率；

d_{eq}——纵向钢筋有效钢筋直径；

f_{tk}——UHPC 标准轴拉强度；

σ_s——完整截面计算得到的钢筋应力，其中计入 UHPC 材料的抗拉强度贡献；

w_{smax}——UHPC 表面最大裂缝宽度；

h——组合截面的高度；

x——组合截面中性轴至 UHPC 开裂表面的距离；

c——钢筋形心至 UHPC 表面的距离。

上述公式考虑钢纤维的桥接作用，在计算钢筋应力 σ_s 时，计入了 UHPC 的抗拉强度；但对于本节连续浇筑 UHPC 接缝的界面位置，采用开裂截面计算接缝界面处的钢筋应力，从而得到预测值与试验值的对比，如图 6-36 所示。上述公式预测值与试验结果吻合较好，由于忽略了接缝界面的抗拉强度，仅考虑了钢筋和梁组成的开裂截面，故预测值初期略小于试验值。

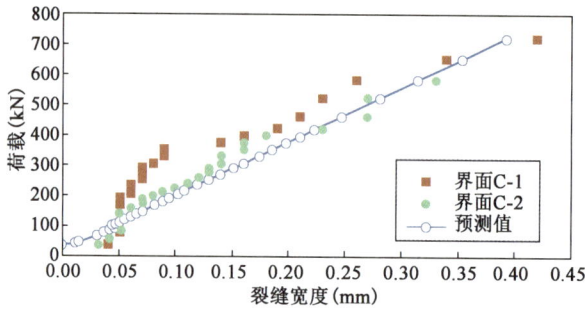

图 6-36　UHPC 表面裂缝宽度试验值与预测值对比

（2）点 2 设计弯矩简化计算方法

此阶段 UHPC 基体裂缝宽度刚刚达到 0.05mm，定义 $\varepsilon_{ca} = 196\mu\varepsilon^{[2]}$，此时结构内力可根据图 6-37a）~ 图 6-37d）进行计算，计算式如下：

$$\sigma_{c1} = \varepsilon_{ca}E_c \tag{6-9}$$

$$\sigma_{r1} = y_{r0}/(h - y_0)\varepsilon_{ca}E_r \tag{6-10}$$

$$\sigma_{t1} = (h_s - y_0)/(h - y_0)\varepsilon_{ca}E_s \tag{6-11}$$

$$\sigma_{l1} = y_0/(h - y_0)\varepsilon_{ca}E_s \tag{6-12}$$

$$M_{c1} = \sigma_{c1}h_cb_cy_{c0} \tag{6-13}$$

$$M_{r1} = \sigma_{r1}A_ry_{r0} \tag{6-14}$$

$$M_{s1} = \sigma_{t1}h_tb_t(h_s - y_0 - h_t/2) + [\sigma_{t1}(h_s - y_0 - h_t)^2 + \sigma_{l1}(y_0 - h_1)^2]b_f/3 + \sigma_{l1}h_1b_1(y_0 - h_1/2) \tag{6-15}$$

$$M_1 = M_{c1} + M_{r1} + M_{s1} \tag{6-16}$$

式中：　E_c、E_r、E_s——分别为 UHPC、钢筋和钢材的弹性模量；

y_{r0}、y_{c0}——分别为钢筋形心和 UHPC 面板中心到中性轴的距离；

y_0——中性轴高度；

h、h_c、h_s——分别为组合梁高度、面板厚度及工字钢梁高度；

ε_{ca}——UHPC 受拉弹性极限点对应的应变；

h_t、h_1、h_f——分别为工字钢梁上、下翼缘的厚度及腹板的高度；

b_c、b_t、b_f、b_1——分别为 UHPC 面板、工字钢梁上翼缘、腹板及下翼缘的宽度；

σ_{c1}、σ_{r1}、σ_{t1}、σ_{l1}——分别为 UHPC 上表面、钢筋及钢梁上、下翼缘的计算应力；

ε_c、ε_r、ε_t——分别为 UHPC 面板顶面、钢筋中心及工字钢梁上翼缘顶面应变；

A_r——纵向钢筋面积；

M_1——阶段 I 的计算设计弯矩；

M_{c1}、M_{r1}、M_{s1}——分别为点 2 处 UHPC 面板、钢筋及工字钢梁的计算弯矩。

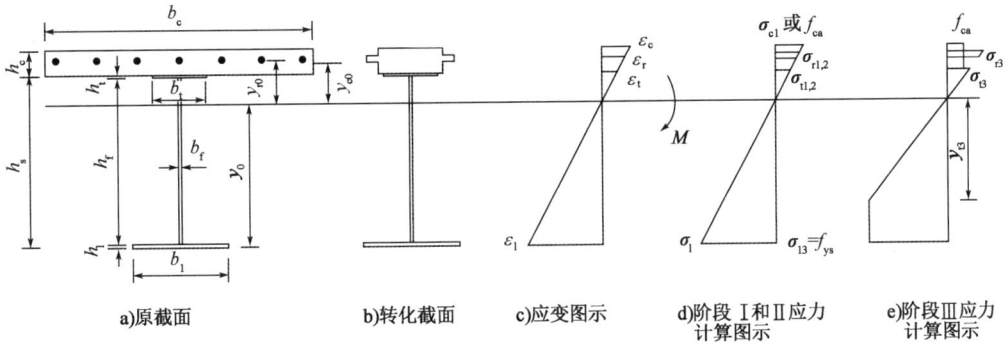

图 6-37 典型截面内力计算示意图(阶段 I ~ III)

经计算,点 2 的计算弯矩为 $M_1 = 213.36\text{kN} \cdot \text{m}$。由图 6-35 可知,当 UHPC 基体裂缝宽度达到 0.05mm 时,对应的荷载为 312.3 ~ 378.6kN（197.53 ~ 239.46kN · m）。理论计算值在这个范围内,说明计算是合理的。另外,点 2 的试验值为 212.90kN · m,与理论值基本一致。

(3)考虑 UHPC 受拉刚化效应的钢-UHPC 组合梁挠度计算方法

对于传统受拉混凝土构件,考虑混凝土受拉刚化效应的挠度计算方法主要有:GB 50010—2010[12]采用刚度分析法;CEB-FIP[13]采用抗拉刚度修正法;ACI 318-08[14]采用有效惯性矩法。其中,ACI 318-08[14]规定,在计算钢筋混凝土构件挠度时,应使用截面的有效惯性矩为:

$$I_{eff} = \left(\frac{M_{cr}}{M}\right)^3 I_0 + \left[1 - \left(\frac{M_{cr}}{M}\right)^3\right] I_{cr} \leqslant I_0 \tag{6-17}$$

式中:I_{eff}——截面有效惯性矩；

M——弹性理论计算得到的弯矩；

M_{cr}——开裂弯矩；

I_0——原截面惯性矩；

I_{cr}——开裂截面惯性矩。

对于承受负弯矩的钢-UHPC 轻型组合梁,令 I_0 表示钢-UHPC 组合梁的原截面惯性矩;I_{cr} 表示仅计入钢筋和钢梁的开裂截面惯性矩;开裂弯矩 M_{cr} 可表示为 UHPC 面板初裂时对应的弯矩:

$$M_{cr} = \frac{f_{ct} I_0 \alpha_E}{y_{cr}} \tag{6-18}$$

式中：f_{ct}——UHPC 的初裂强度；

　　α_E——钢材与 UHPC 的弹性模量之比，即 E_s/E_c，其中 E_s 和 E_c 分别为钢材与 UHPC 的弹
　　　　性模量；

　　y_{cr}——开裂截面中工字钢梁底至中性轴的距离。

对于试验梁跨中挠度的计算，可采用下式进行：

$$D = \frac{M}{E_s I_{eff}}(3L^2 - 4a^2) \tag{6-19}$$

式中：D——试验梁跨中挠度；

　　L——试验梁跨径；

　　a——剪跨段长度。

钢纤维掺量 2% 的 UHPC 的初裂强度为 6.67MPa[2]。因此，计算点 2 处的挠度为 $D_1 = 13.02$mm，此点的试验值为 12.32mm，两者较为接近。

6.5.3.2　阶段二：钢梁下翼缘屈服

第二阶段从点 2 开始，至点 3 结束。在这一阶段，试件刚度略有下降，截面特性可按与第一阶段相同的截面进行计算，工字钢梁下翼缘在点 3 开始屈服。因此，计算假定下翼缘达到屈服强度，即 $\sigma_1 = f_{ys}$。计算图示如图 6-37a）~ 图 6-37c）、图 6-37e）所示。上述计算式可改为：

$$\sigma_{r2} = f_{ys}y_{r0}/y_0 \tag{6-20}$$

$$\sigma_{t2} = f_{ys}(h_s - y_0)/y_0 \tag{6-21}$$

$$\sigma_{12} = f_{ys} \tag{6-22}$$

$$M_{c2} = f_{ca}h_cb_cy_{c0} \tag{6-23}$$

$$M_{r2} = \frac{y_{r0}}{y_0}f_{ys}A_r \tag{6-24}$$

$$M_{s2} = \sigma_{t2}A_ty_{t0} + \frac{1}{3}b_f\left[\sigma_{t2}(y_{t0} - \frac{1}{2}h_t)^2 + \sigma_{12}(y_{10} - \frac{1}{2}h_1)^2\right] + \sigma_{12}A_1y_{10} \tag{6-25}$$

式中：　　f_{ys}——工字钢梁的屈服强度；

　　f_{ca}——UHPC 材料的弹性极限强度，取 $E_c\varepsilon_{ca}$；

　　A_t、A_1——分别为工字钢梁上、下翼缘的面积；

　　y_{t0}、y_{10}——分别为工字钢上、下翼缘中心到截面中性轴的距离；

M_{c2}、M_{r2}、M_{s2}——分别为点 3 处 UHPC 面板、钢筋及工字钢梁的计算弯矩。

计算点 3 的计算弯矩为 $M_2 = 495.90$kN·m，对应的挠度为 $D_2 = 35.03$mm。结合试验结果，下翼缘在 782kN（494.62kN·m）处达到屈服强度，与计算值基本吻合。

6.5.3.3　阶段三：UHPC 面板极限应变

第三阶段自点 3 开始，至点 4 结束。在这一阶段，工字钢梁下翼缘达到屈服强度，先浇的 UHPC 面板在点 4 达到极限拉应变。图 6-37e）为应力计算图示，首先需要计算钢梁腹板弹性受压部分的高度 y_{t3}：

$$y_{t3} = \frac{f_{ys}}{E_s\varepsilon_{lim}}(h - y_0) \tag{6-26}$$

$$M_{c3} = f_{ca}h_cb_cy_{c0} \tag{6-27}$$

$$M_{r3} = \frac{y_{r0}^2}{h - y_0}\varepsilon_{\lim}E_r A_r \tag{6-28}$$

$$M_{s3} = \frac{h_s - y_0}{h - y_0}\varepsilon_{\lim}E_s\left[A_t y_{t0} + \frac{1}{3}b_f\left(h_s - y_0 - h_t\right)^2\right] + \\ \frac{1}{3}f_{ys}b_f y_{t3} + \frac{1}{2}f_{ys}b_f\left[\left(y_0 - h_1\right)^2 - y_{t3}^2\right] + f_{ys}A_1 y_{l0} \tag{6-29}$$

式中:M_{c3}、M_{r3}、M_{s3}——分别为点 4 处 UHPC 面板、钢筋及工字钢梁的计算弯矩;

$\varepsilon_{\lim}$——UHPC 材料的极限拉应变。

钢纤维掺量为 2% 时,UHPC 材料的极限拉应变为 $765\mu\varepsilon^{[2]}$。计算点 4 的计算弯矩为 $M_3 = 514.93\text{kN} \cdot \text{m}$,对应挠度为 $D_3 = 36.43\text{mm}$。

6.5.3.4 阶段四:钢梁全截面屈服

第四阶段自点 4 开始,至点 5 结束。在这一阶段,工字钢梁的上、下翼缘均达到屈服强度,同时腹板的一部分也达到屈服强度。UHPC 面板内的钢筋在点 5 达到屈服强度,同时 UHPC 达到极限应变。因此,采用开裂截面[图 6-38a)]进行计算,计算图示如图 6-38c)所示。同样地,应首先计算钢梁腹板弹性部分的高度:

$$y_{t4} = \frac{f_{ys}E_r}{f_{yr}E_s}y_{r-cr}) \tag{6-30}$$

$$M_{c4} = f_{ca}A_c y_{c-cr} \tag{6-31}$$

$$M_{r4} = f_{yr}A_r y_{r-cr} \tag{6-32}$$

$$M_{s4} = f_{ys}A_t y_{t-cr} + \frac{1}{2}f_{ys}b_f\left[\left(y_{cr} - h_1\right)^2 + \left(h_s - y_{cr} - h_t\right)^2\right] - \frac{1}{3}f_{ys}b_f y_{t4} + f_{ys}A_1 y_{1-cr} \tag{6-33}$$

式中:y_{r-cr}、y_{c-cr}——分别为开裂截面中性轴至钢筋、UHPC 面板中心的距离;

y_{t-cr}、y_{1-cr}——分别为开裂截面中性轴至工字钢梁上、下翼缘中心的距离;

f_{yr}——钢筋的屈服强度。

计算点 5 的计算弯矩为 $M_4 = 620.01\text{kN} \cdot \text{m}$,对应挠度为 $D_4 = 44\text{mm}$。

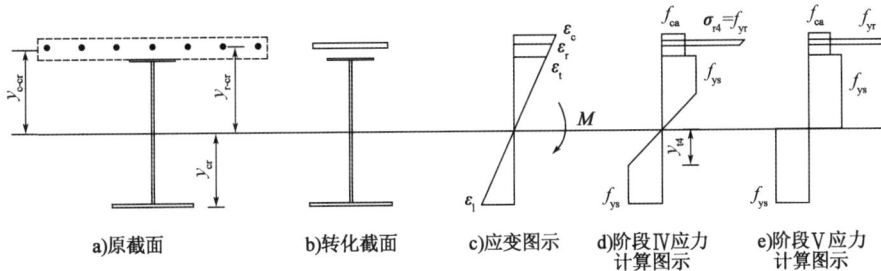

a)原截面   b)转化截面   c)应变图示   d)阶段Ⅳ应力计算图示   e)阶段Ⅴ应力计算图示

图 6-38 典型截面内力计算示意图(阶段Ⅳ和Ⅴ)

6.5.3.5 阶段五:承载能力极限

第五阶段由点 5 至点 6,试件在点 6 达到极限荷载。计算图示如图 6-38e)所示,随着荷载的增加,腹板弹性部分的高度 y_t 逐渐减小,最后工字钢梁的全截面达到屈服。极限承载力可计算为:

$$y_{cr} = \frac{f_{ca}A_c + f_{yr}A_r + f_{ys}A_t + f_{ys}b_f(h_s - h_t + h_1) - f_{ys}A_1}{2f_{ys}b_f}$$

$$M_{u,ULS} = f_{ca}A_c y_{c-cr} + f_{yr}A_r y_{r-cr} + f_{ys}A_t y_{t-cr} + f_{ys}b_f(h_s - y_{cr} - h_t)y_{ft} + f_{ys}b_f(y_{cr} - h_1)y_{fc} + f_{ys}A_1 y_{1-cr}$$

$$(6\text{-}34)$$

式中：y_{ft}——腹板受拉部分形心至中性轴的距离；

　　　y_{fc}——腹板受压部分形心至中性轴的距离。

计算点 6 的计算弯矩值为 $M_5 = 650.07\text{kN} \cdot \text{m}$，对应挠度为 $D_5 = 74.39\text{mm}$。由试验结果可知，试件的极限荷载和挠度分别为 $653.94\text{kN} \cdot \text{m}$ 和 65.43mm。试验得到极限荷载比计算值高，表明理论计算结果较保守。

综合以上各阶段计算值，与试验值进行比较，如图 6-39 所示。图中点 2～点 4 与试验值吻合较好，点 5 和点 6 与试验值略有不同。原因是这些方程简化了梁体实际的加载过程。综上，可根据本节所提出的最大裂缝宽度预测公式和考虑 UHPC 面板受拉刚化效应的挠度计算式，有效预测钢-UHPC 组合梁桥中横向接缝承受负弯矩时的力学行为。

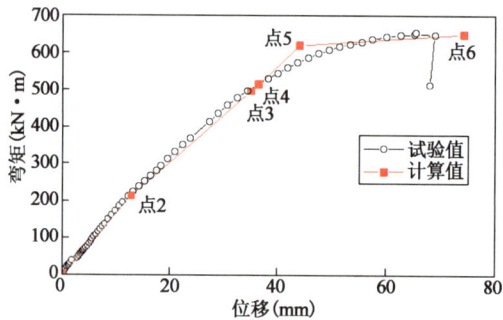

图 6-39　计算值与试验值对比

6.6　钢-UHPC 组合梁正弯矩区力学性能

目前对传统钢-混凝土组合梁桥的研究较为深入，其计算理论与设计方法亦十分成熟，其实际工程也早已广泛应用于桥梁建设中。与之相比，对钢-UHPC 组合梁桥的研究仍处于初步阶段。针对正弯矩作用下的钢-UHPC 组合梁，其上部 UHPC 面板受压、下部钢梁受拉，受力更加简单、明确。因此，本节根据已有研究成果，对正弯矩作用下钢-UHPC 组合梁力学性能进行了理论分析和数值研究，提出了更加精确的极限抗弯承载能力修正塑性计算方法。同时，基于极限承载能力相等的原则，采用 UHPC 面板替代钢-混凝土组合梁混凝土面板，获得了二者截面等效高度，可供设计参考。

6.6.1　试验介绍

文献[15]对钢-UHPC 组合梁桥进行试设计，并以应力等效原则对钢-混凝土组合梁和钢-UHPC 组合梁进行了 1:2 的正弯矩缩尺试验研究。结果表明，在极限抗弯承载力相等的情况下,钢-UHPC 组合梁面板厚度可以减小 28%。本节以文献中的试验为背景,对钢-UHPC 组合梁的正弯矩抗弯承载能力及挠度进行讨论。

正弯矩试验梁截面如图 6-40 所示。钢-混凝土组合梁与钢-UHPC 组合梁下部钢梁尺寸一致,均采用 Q235 型钢,实测钢材屈服强度 $f_y = 253\mathrm{MPa}$,极限强度 $f_u = 369\mathrm{MPa}$。混凝土面板高 125mm,采用 C40 混凝土,实测立方体抗压强度 $f_{cu} = 60.5\mathrm{MPa}$,弹性模量 36.05GPa,内部配置 14 根直径 8mm 的钢筋。UHPC 面板高 90mm,实测立方体抗压强度 133.3MPa,抗折强度 17.4MPa,弹性模量 38.81GPa,内部配置 10 根直径 8mm 的钢筋。其中 UHPC 面板采用预制板后浇湿接缝的方式拼接而成。试件加载方案如图 6-41 所示,其中剪跨段长 2m,纯弯段长 1m。试验期间测试了试件的挠度、应变发展情况。

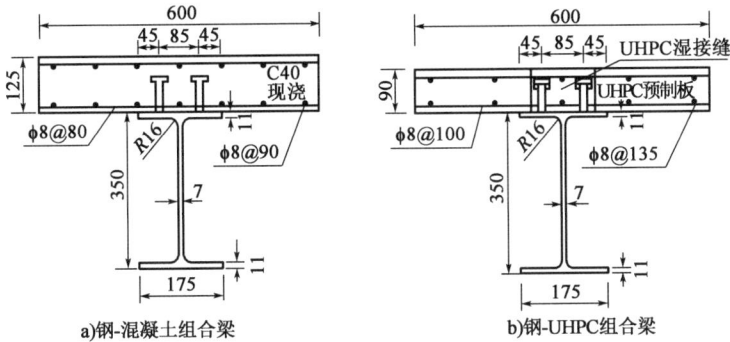

a)钢-混凝土组合梁　　　　　　b)钢-UHPC组合梁

图 6-40　正弯矩试验梁截面(单位:mm)

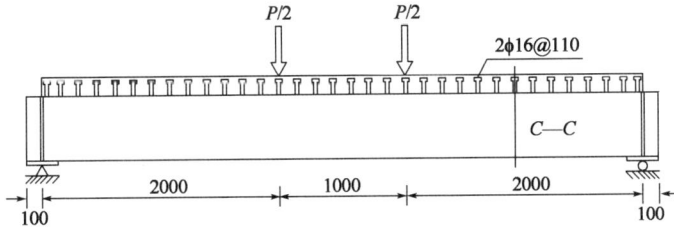

图 6-41　正弯矩试验加载方案(单位:mm)

两个试件荷载-跨中挠度曲线如图 6-42 所示。由图可见,钢梁下翼缘达到屈服强度时,钢-混凝土组合梁荷载略大于钢-UHPC 组合梁;当试件破坏时,二者极限承载能力相似,但钢-UHPC 组合梁挠度略大(110mm/149mm)。

试验中梁体应变沿高度的分布如图 6-43 所示。由测试结果可见,应变沿试件高度方向近似呈线性分布,直至加载到 $0.8P_u$ 时,试件仍近似满足平截面假定。同时,随着荷载增大,结构中和轴逐渐上升。

试验中两个试件混凝土/UHPC 面板表面沿宽度方向的应变(C—C 截面)如图 6-44 所示。随着荷载逐渐增大,混凝土面板表面出现了较明显的剪力滞效应,相对地,即使 UHPC 中部采用的是后浇湿接缝,但直至加载到 $0.9P_u$,也未发现明显的纵向剪力滞后现象。

337

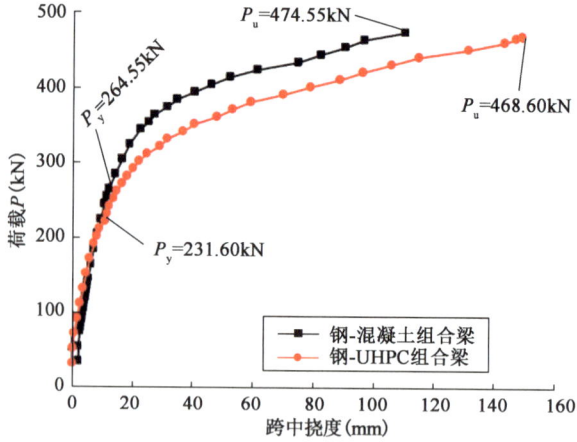

图 6-42　试件荷载-跨中挠度曲线

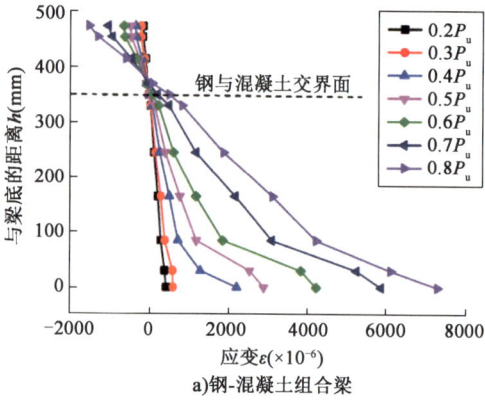

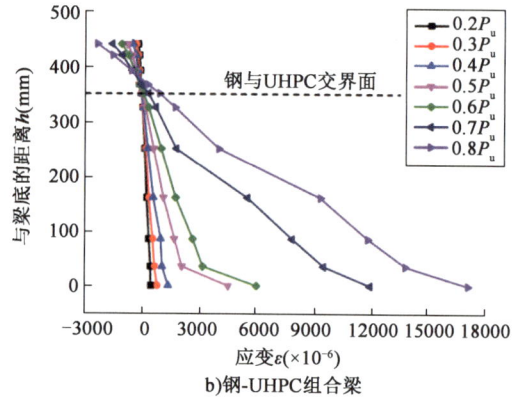

a)钢-混凝土组合梁　　　　　b)钢-UHPC组合梁

图 6-43　应变沿高度方向发展曲线

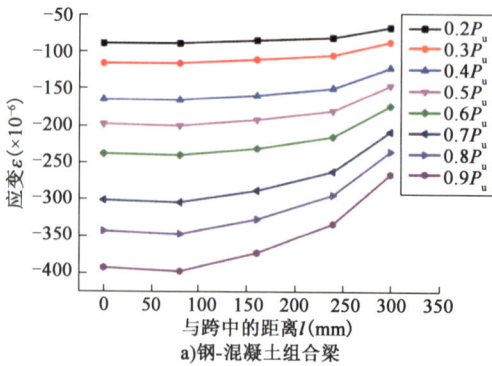

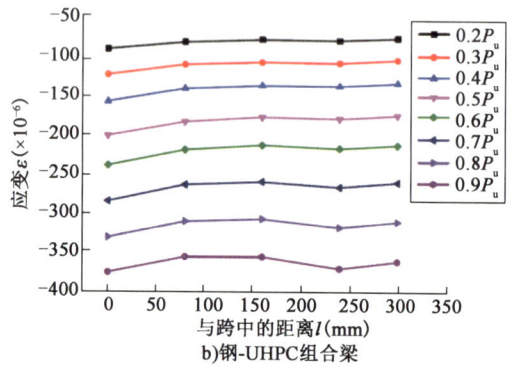

a)钢-混凝土组合梁　　　　　b)钢-UHPC组合梁

图 6-44　面板表面应变沿宽度方向的应变

　　试验中试件混凝土/UHPC 面板与钢梁之间的滑移量如图 6-45 所示。两组试件滑移量均较小，其中钢-普通混凝土组合梁梁端最大滑移量为 0.43mm，而钢-UHPC 组合梁梁端最大滑移量则为 0.32mm。

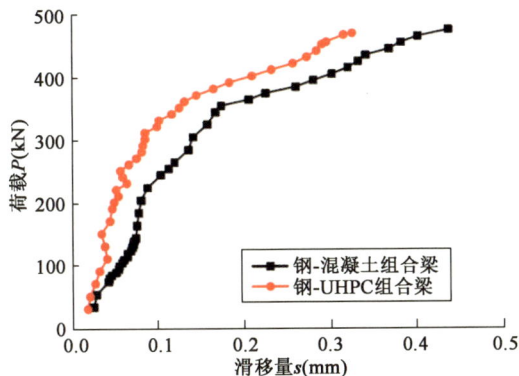

图 6-45　试件荷载-滑移曲线

6.6.2　极限抗弯承载能力修正塑性计算方法

对于组合结构抗弯承载能力计算,《钢-混凝土组合桥梁设计规范》(GB 50917—2013)[16] 和欧洲规范 EC4[17] 规定:当组合梁截面满足一定宽厚比时,可采用塑性方法计算其抗弯承载能力,否则需按照弹性设计方法进行计算,并应计入混凝土收缩徐变等二次效应影响。

一般情况下,桥梁工程中使用的组合梁截面尺寸较大,其宽厚比通常介于 EC4 规范中的第Ⅱ类或第Ⅲ类截面[18]之间,因此,《公路钢结构桥梁设计规范》(JTG D64—2015)[4] 及《公路钢混组合桥梁设计与施工规范》(JTG/T D64-01—2015)[19]建议组合桥梁的抗弯承载能力仍采用弹性理论进行设计计算,但当结构经过充分验证时,可采用更为精确的弹塑性分析方法;当钢梁宽厚比符合《钢-混凝土组合桥梁设计规范》(GB 50917—2013)[16]中的宽厚比要求时,也可采用简化塑性的方法进行计算[17]。

本节对文献[15]中进行的抗弯试验的结果分别采用弹性计算方法和简化塑性计算方法进行承载极限的计算。计算中采用试验中实测材料强度,不考虑材料分项系数、变异系数等折减。其中:①弹性计算方法即假定组合截面由理想线弹性材料组成,采用换算截面验算设计荷载时结构边缘应力能否满足材料强度要求,其计算应力应变图示如图 6-46a)所示;②简化塑性计算方法要求截面可以形成塑性铰,规范中采用钢梁板件宽厚比进行分类,EC4 规范中的分类方式见表6-12。采用简化塑性方法计算时,材料的受压、受拉应力可以简化成达到材料强度的矩形应力块,如图 6-46b)所示。

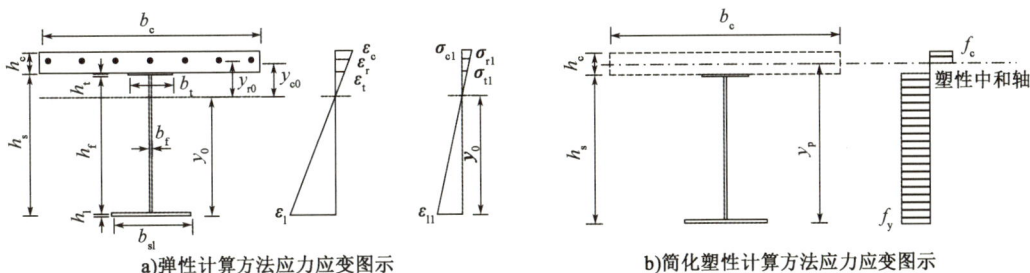

a)弹性计算方法应力应变图示　　　　　　b)简化塑性计算方法应力应变图示

图 6-46　弹性及简化塑性计算方法应力应变图示

339

对比文献试验结果与理论计算结果（表6-13）可知：①采用弹性计算方法、假定钢梁下翼缘达到强度极限时，钢-混凝土组合梁完全吻合，而钢-UHPC组合梁计算值偏小，说明对于钢-UHPC组合梁而言，当钢梁达到极限强度时，UHPC面板仍有一定的承压能力，因此钢梁进入了强化阶段。②采用简化塑性计算方法时，由于钢梁进入屈服与UHPC达到受压极限未出现在同一时刻，且未计入UHPC抗拉强度贡献，因此计算值均偏小。

表6-12 钢-混凝土组合梁截面分类

		翼缘最大宽厚比 c/t	
	$\varepsilon = \sqrt{\dfrac{235}{f_y\,(\mathrm{N/mm^2})}}$	轧制钢	焊接钢
第 I 类		10ε	9ε
第 II 类		11ε	10ε
第 III 类		15ε	14ε
第 IV 类		$>15\varepsilon$	$>14\varepsilon$

表6-13 文献试验结果与理论计算结果对比

项目	钢-混凝土组合梁			钢-UHPC 组合梁			假设失效模式
	试验值	计算值	计算值/试验值	试验值	计算值	计算值/试验值	
极限抗弯承载力(kN·m)	474.55	476.70	1.00	468.60	425.68	0.91	钢梁下翼缘屈服
		433.18*	0.91		396.94*	0.85	

注：＊表示计算值采用的是简化塑性计算方法，否则采用的是弹性计算方法。

针对上述分析结果对简化塑性方法进行修正，计算图示如图6-47a）所示。由于UHPC抗压强度高，因此，绝大多数组合结构塑性中和轴都位于UHPC面板内，计算中考虑UHPC材料抵抗拉伸的能力，并乘0.5的折减系数；同时考虑钢梁屈服后强化阶段，以钢材强化本构模型为基准[图6-47b）]。

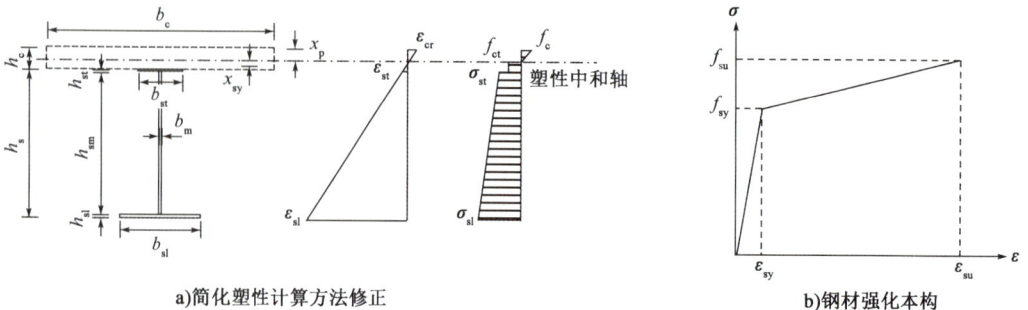

a)简化塑性计算方法修正　　　　　　　b)钢材强化本构

图6-47 钢-UHPC组合梁正弯矩承载力计算图示

结构塑性中和轴位置：

$$\varepsilon_{st} = \frac{h_c - x_p}{x_p}\varepsilon_{cr} \tag{6-35}$$

$$\varepsilon_{sl} = \frac{h - x_p}{x_p}\varepsilon_{cr} \tag{6-36}$$

$$x_{sy} = \frac{\varepsilon_{sy}}{\varepsilon_{cr}}x_p \tag{6-37}$$

当 $x_{sy} + x_p < h_c$ 时,即 $\varepsilon_{st} > \varepsilon_{sy}$,钢梁上翼缘应力大于 f_{sy},此时钢梁上、下翼缘应力分别为:

$$\sigma_{st} = f_{sy} + (\varepsilon_{st} - \varepsilon_{sy})E_{s2} \tag{6-38}$$

$$\sigma_{sl} = f_{sy} + (\varepsilon_{sl} - \varepsilon_{sy})E_{s2} \tag{6-39}$$

组合截面上下部分的压、拉轴力分别为:

$$N_c = \frac{1}{2}f_c x_p b_c \tag{6-40}$$

$$N_t = \frac{1}{2}f_{ct}(h_c - x_p)b_c + \sigma_{st}A_{st} + \frac{1}{2}(\sigma_{st} + \sigma_{sl})A_{sm} + \sigma_{sl}A_{sl} \tag{6-41}$$

式中:x_p——塑性中和轴至 UHPC 面板顶部的距离;

x_{sy}——钢梁屈服应变对应的高度至塑性中和轴的距离;

ε_{cr}——UHPC 面板顶部达到抗压极限时的应变,$\varepsilon_{cr} = f_c/E_c$;

ε_{st}、ε_{sl}——分别为钢梁顶、底部的应变;

f_c、f_{ct}——分别为 UHPC 面板受压、受拉强度,f_{ct} 取 6.9MPa[2];

σ_{st}、σ_{sl}——分别为钢梁顶、底部的计算应力;

f_{sy}——钢梁屈服应力,取实测值 253MPa;

f_{su}——钢梁极限强度,取实测值 369MPa;

ε_{sy}——钢梁屈服时对应的应变,$\varepsilon_{sy} = f_{sy}/E_s$;

ε_{su}——钢梁极限应力对应的应变,取 0.15[20];

h——组合梁梁高。

根据轴力平衡,计算得到试验截面塑性中和轴至 UHPC 表面的距离 $x_p = 43.26$mm,钢梁屈服应变对应的高度至塑性中和轴的距离 $x_{sy} = 15.47$mm,$x_{sy} + x_p < h_c$,满足上述计算式。以上各部分对中和轴取矩可得极限承载力 $M_p = M_{ct} + M_s = 467.68$kN·m,与试验值(468.60kN·m)较为接近。

以上计算过程中,当 $x_{sy} + x_p \geq h_c$ 时,仅需调整钢梁上翼缘应力为 $\sigma_{st} = \varepsilon_{st}E_s$ 以及后续内力计算即可。一般情况下,适用于桥梁工程的 Ⅰ、Ⅱ、Ⅲ 类钢-UHPC 组合梁截面,绝大部分是可以满足 $x_{sy} + x_p < h_c$ 的,仅有宽厚比极小的 Ⅰ 类截面,在计算过程中会出现 $x_{sy} + x_p \geq h_c$ 的情况。

6.6.3 考虑滑移效应的竖向挠度计算

组合梁在正常使用极限状态时,钢梁通常处于弹性状态,混凝土面板的压应力也位于应力-应变曲线的上升段。但目前组合梁中主要采用柔性的栓钉连接件连接混凝土面板和钢梁,在承受荷载时,连接件在传递界面剪力时会产生一定变形,从而使钢梁和混凝土面板产生相对滑移,造成附加的曲率和挠度。因此,对于受滑移效应影响较大的组合梁,《公路钢结构桥梁设计规范》(JTG D64—2015)[4]中提出了考虑滑移效应的刚度和变形计算式。

文献[15]中对两个试件梁端的滑移情况进行了测试。其中，钢-混凝土组合梁最大滑移量为 0.43mm，而钢-UHPC 组合梁略低，为 0.32mm。二者采用了相同的栓钉尺寸和栓钉间距，由此说明 UHPC 内栓钉刚度较大，同时 UHPC 面板与钢梁的自然黏结也要强于传统钢-混凝土组合梁。下面对文献[15]中的挠度分别采用不考虑滑移和考虑滑移的计算式进行计算。

（1）不考虑滑移时，即采用换算截面，根据四点加载挠度计算式得到跨中挠度计算式为：

$$\delta = \frac{M}{24EI}(3L^2 - 4a^2) \tag{6-42}$$

式中：M——外荷载；

EI——组合梁换算刚度；

L——净跨径；

a——剪跨段长度。

（2）考虑界面滑移时，将式（6-42）中的换算截面刚度 EI 替换为考虑滑移效应的折减刚度 B。计算中假定钢梁与混凝土面板间水平剪力与相对滑移成正比，且二者均符合平截面假定，忽略二者间的竖向掀起作用。设抗剪连接件间距为 p，钢与混凝土交界面单位长度的水平剪力为 v，考虑滑移影响的组合梁挠度计算图示如图 6-48 所示。

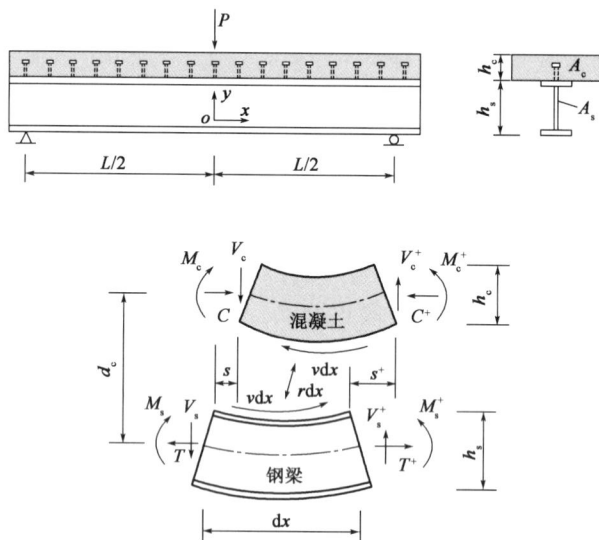

图 6-48　考虑滑移影响的组合梁挠度计算图示

根据计算假定：

$$pv = Ks \tag{6-43}$$

式中：p——栓钉间距；

v——钢与混凝土交界面单位长度的水平剪力；

K——栓钉抗剪刚度；

s——界面滑移距离。

根据内力平衡和弯矩关系，可以得到：

$$\frac{dC}{dx} = -v \tag{6-44}$$

$$\frac{\mathrm{d}M_c}{\mathrm{d}x} + V_c = \frac{\nu h_c}{2} + \frac{r\mathrm{d}x}{2} \tag{6-45}$$

$$\frac{\mathrm{d}M_s}{\mathrm{d}x} + V_s = \nu y_1 - \frac{r\mathrm{d}x}{2} \tag{6-46}$$

式中：h_c——桥面板厚度；

    y_1——钢梁形心至钢梁上翼缘顶面的距离；

    r——单位长度界面上的法向压力。

根据内力图示，有：

$$V_s + V_c = P/2 \tag{6-47}$$

$$\frac{\mathrm{d}M_c}{\mathrm{d}x} + \frac{\mathrm{d}M_s}{\mathrm{d}x} + \frac{P}{2} = \nu d_c \tag{6-48}$$

式中：P——跨中集中荷载；

    d_c——钢梁形心至混凝土面板形心的距离。

因假设桥面板与钢梁曲率相等，故有：

$$\phi = \frac{M_s}{E_s I_s} = \frac{\alpha_E M_c}{E_s I_c} \tag{6-49}$$

式中：I_s、I_c——分别为钢梁和混凝土桥面板的惯性矩；

    α_E——钢与混凝土的弹性模量比。

因此交界面上混凝土面板底部和钢梁上翼缘顶部的应变 ε_{tb}、ε_{tt} 分别为：

$$\varepsilon_{tb} = \frac{\phi h_c}{2} - \frac{\alpha_E C}{E_s A_c} \tag{6-50}$$

$$\varepsilon_{tt} = \frac{T}{E_s A_s} - \phi y_1 \tag{6-51}$$

滑移应变即为 ε_{tb} 与 ε_{tt} 的应变差：

$$\varepsilon_s = s' = \varepsilon_{tb} - \varepsilon_{tt} = \phi d_c - \frac{\alpha_E C}{E_s A_c} - \frac{T}{E_s A_s} \tag{6-52}$$

将式（6-49）代入式（6-48），并结合式（6-43）有：

$$\frac{\mathrm{d}\phi}{\mathrm{d}x} = \frac{\dfrac{K s d_c}{p} - \dfrac{P}{2}}{E_s I_0} \tag{6-53}$$

式中，$I_0 = I_s + \dfrac{I_c}{\alpha_E}$，对式（6-52）求导，并考虑平衡关系 $T = C$，将式（6-53）和式（6-44）代入后得到：

$$s'' = \alpha^2 s - \frac{\alpha^2 \beta P}{2} \tag{6-54}$$

式中：

$$\alpha^2 = \frac{K A_1}{E_s A_0 p}, \ \beta = \frac{hp}{2K A_1}, \ A_1 = \frac{I_0}{A_0} + d_c^2, \ \frac{1}{A_0} = \frac{1}{A_s} + \frac{\alpha_E}{A_c} \tag{6-55}$$

对式（6-54）进行积分，代入边界条件 $s(0) = 0$ 和 $s'(L/2) = 0$ 得到沿梁长度方向滑移分布规律：

$$s = \frac{\beta P(1 + \mathrm{e}^{-\alpha L} - \mathrm{e}^{\alpha x - \alpha L} - \mathrm{e}^{\alpha x})}{2(1 + \mathrm{e}^{-\alpha L})} \tag{6-56}$$

对式(6-56)求导,得到滑移应变:

$$\varepsilon_s = \frac{\alpha\beta P(e^{-\alpha x} - e^{\alpha x - \alpha L})}{2(1 + e^{-\alpha L})} \tag{6-57}$$

由此得到附加曲率、跨中附加挠度以及刚度折减系数分别为:

$$\Delta\phi = \frac{\varepsilon_s}{h} \tag{6-58}$$

$$\Delta\delta_1 = \frac{\beta P}{2h}\left[\frac{1}{2} + \frac{1 + e^{\alpha L}}{\alpha(1 + e^{\alpha L})}\right] \tag{6-59}$$

$$\xi_1 = \eta\left(\frac{1}{2} - \frac{1}{\alpha L}\right) \tag{6-60}$$

$$\eta = 24\frac{EI\beta}{L^2 h} = 24\frac{E_s d_c p A_0}{KhL^2} \tag{6-61}$$

研究表明,适用范围内组合梁 αL 在 $5 \sim 10$ 之间变化,其刚度折减系数 ξ 在不同荷载模式(单点加载、对称荷载、均布荷载)下随 αL 变化差异较小,因此对刚度折减系数进一步简化后得:

$$\xi = \eta\left[0.4 - \frac{3}{(\alpha L)^2}\right] \tag{6-62}$$

上式为《公路钢结构桥梁设计规范》(JTG D64—2015)[4]中刚度折减系数的计算式。除材料特性、截面特性以及梁跨径外,组合梁刚度折减系数主要跟栓钉间距 p、刚度 K 有关。对于传统钢-混凝土组合梁,根据文献研究[18],可取 $K = 0.66n_s N_v^c$,其中 n_s 为同一截面栓钉个数,N_v^c 为单个栓钉的抗剪承载力,可通过下式确定:

$$N_v^c = 0.43A_s\sqrt{E_c f_{cd}} \leqslant 0.7A_s\gamma f \tag{6-63}$$

式中:E_c——混凝土弹性模量;

$\quad A_s$——栓钉钉杆截面面积;

$\quad f_{cd}$——混凝土抗压强度设计值;

$\quad f$——栓钉抗拉强度设计值;

$\quad \gamma$——栓钉材料抗拉强度最小值与屈服强度之比。

对于钢-UHPC 组合梁,不考虑滑移效应计算时得到的挠度为 10.15mm,考虑滑移效应计算得到钢梁屈服荷载下挠度为 11.71mm,与试验值十分接近。表明钢-UHPC 组合梁应考虑滑移效应进行计算。

以上栓钉承载能力以及刚度计算式是针对钢-混凝土组合梁的,相关研究表明[21,22],栓钉位于高强混凝土中时,其根部焊缝尺寸会影响其抗剪承载力。曹君辉[23]对栓钉位于 UHPC 薄层时的抗剪承载力及抗剪刚度进行了试验研究和理论分析,并且对比了各主要规范和文献中的计算式,结果表明采用文献[24]中的计算方法得到的抗剪承载力与实测值更为接近,即:

$$Q_u = (0.85A_{sc}f + \eta f'_c d_{wc}l_{wc})/\gamma_v \tag{6-64}$$

式中:A_{sc}——栓钉杆件横截面面积;

$\quad f$——栓钉抗拉强度;

$\quad \eta$——焊缝尺寸对栓钉抗剪强度影响系数;

$\quad f'_c$——混凝土圆柱体抗压强度;

d_{wc}、l_{wc}——分别为栓钉根部焊缝直径和高度;

γ_v——抗力分项系数,取 1.25。

抗剪刚度采用割线法根据荷载-滑移曲线的斜率确定。Johnson[25]将其定义为荷载-滑移曲线上栓钉抗剪承载力 1/2 的位置,日本钢结构协会(JSSC)[26]将其定义为荷载-滑移曲线上栓钉抗剪承载力 1/3 的位置,欧洲规范 EC4[17]中将其定义为 0.7 倍的承载力位置。Ollgaard 等[27]提出了割线顶点位置、栓钉抗剪承载力与滑移的关系式:

$$F/Q_u = (1 - e^{-18s})^{0.4} \tag{6-65}$$

式中:F——栓钉剪力值(kips);

Q_u——栓钉的抗剪承载力(kips);

s——栓钉滑移量(in)。

注:1kips = 453.592kg,1in = 2.54cm。

采用不同方法所得计算结果汇总于表 6-14 和表 6-15。割线顶点取值越低,栓钉刚度计算值越大;当采用 $0.5Q_u$ 时,采用规范[16]中的方法可以有效计算得到正常使用阶段钢-UHPC 组合梁的挠度。

表 6-14　栓钉刚度及挠度计算值

文献	取值	$\eta = 1.5$	$\eta = 2.5$	K 的平均值	单位	计算挠度
JSSC[26]	$Q/3$	21.57	23.80	242.49	kN	10.80mm
	s	0.0936	0.0936		mm	
	K	230.56	254.43		kN/mm	
Johnson[25]	$0.5Q$	32.36	35.71	123.97	kN	11.36mm
	s	0.2745	0.2745		mm	
	K	117.87	130.07		kN/mm	
EC4[17]	$0.7Q$	45.30	49.99	64.00	kN	12.21mm
	s	0.7445	0.7445		mm	
	K	60.85	67.15		kN/mm	

表 6-15　组合梁挠度计算值与试验值

项目	钢-混凝土组合梁			钢-UHPC 组合梁			计算模式
	试验值	计算值	计算值/试验值	试验值	计算值	计算值/试验值	
钢梁屈服时挠度(mm)	11.76	10.00	0.85	11.51	10.15	0.88	不考虑滑移
		11.71	1.00		11.36	0.99	考虑滑移

6.6.4　计算结果校核及参数分析

为校验前文所提出的修正简化塑性计算方法的有效性,此处对试验模型进行数值模拟,在拟合结果正确的基础上变化对承载能力影响最大的钢梁翼板厚度,以分别形成桥梁工程中常用的第 Ⅱ、Ⅲ类截面,验证所提方法的可用性和适用范围。

6.6.4.1 模型建立

采用 ABAQUS 非线性有限元计算软件建立模型，UHPC 面板采用实体单元 C3D8R,壳体采用 S2R,钢筋采用 T3D2,模型如图 6-49 所示。试验采用的钢材为 Q235 型钢，实测钢材屈服应力 $f_y = 253$ MPa，极限强度为 $f_u = 369$ MPa；钢筋直径 8mm，默认为一级钢筋 HPB300，材料性能参考规范[16]；UHPC 立方体抗压强度 $f_{cu} = 133.3$ MPa，弹性模量为 38.81GPa，UHPC 材料的压缩应力应变则参考文献[28]中的本构模型；试验加载初期 UHPC 面板整体受压，随荷载增大结构中和轴上移，UHPC 面板下部逐渐变为拉应力，但该数值较小，因此，该部分参考文献[29]中的受拉本构模型，取纤维掺量 2%时的 UHPC 受拉材料性能数据。钢材、钢筋及 UHPC 材料性能本构见图 6-50。

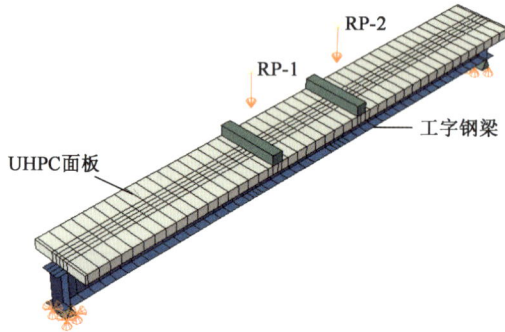

图 6-49　数值计算模型

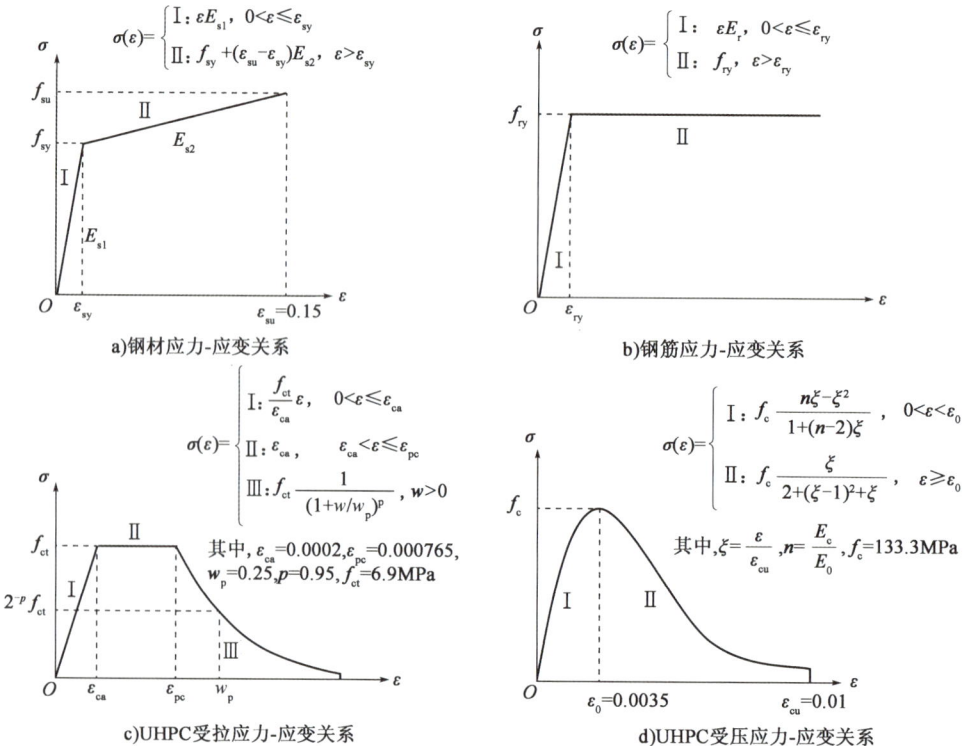

图 6-50　材料本构

6.6.4.2 计算结果校核

取计算中荷载-位移曲线、钢梁下翼缘及 UHPC 面板表面的荷载-应变曲线进行对比,如图 6-51、图 6-52 所示。因钢材及 UHPC 材料属性设置与试验略有不同,故非线性段存在部分误差,但总体吻合良好。

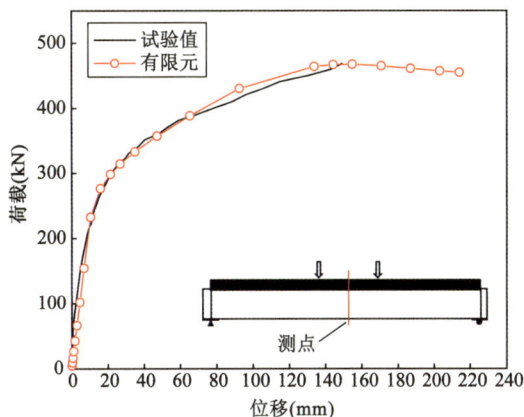

图 6-51　实测与计算荷载-位移曲线对比

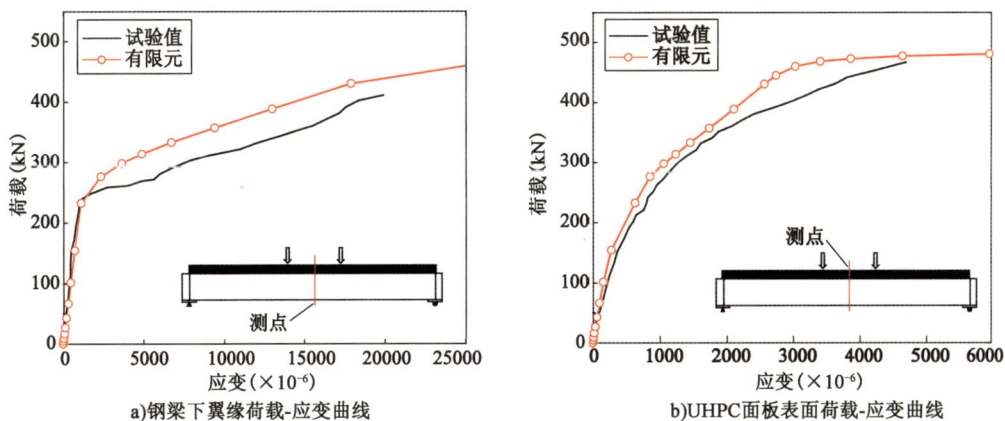

a)钢梁下翼缘荷载-应变曲线

b)UHPC面板表面荷载-应变曲线

图 6-52　实测与计算荷载-应变曲线对比

6.6.4.3 钢梁板件宽厚比对承载力影响分析

板件宽厚比的变化主要体现在钢梁翼板厚度 t 和翼缘宽度 c 上,因此,计算中保持原试验截面高度和钢梁宽度不变,改变翼板厚度 t。文献[15]中的试验梁翼板宽厚比为 $c/t = 7.64$,属于第 I 类截面。而桥梁工程中常用的截面除了第 I 类外,还包括第 II 类和第 III 类截面。每一类截面计算三个模型,以计算获得相应承载极限。计算截面参数见表 6-16。

表 6-16　计算截面参数

截面类型	试件编号	c	t	c/t
第Ⅰ类截面	1-1	84	11	7.64
	1-2	84	15	5.60
	1-3	84	25	3.36
第Ⅱ类截面	2-1	84	9.6	8.75
	2-2	84	9	9.33
	2-3	84	8.75	9.60
第Ⅲ类截面	3-1	84	8	10.50
	3-2	84	7.5	11.20
	3-3	84	6.25	13.44

　　各截面计算荷载-跨中挠度曲线如图 6-53 所示，三类截面均显示随着钢梁底板厚度增加，承载能力增大，但前期刚度未发现明显不同，钢梁屈服时挠度也未见明显不同。采用上文中提出的修正塑性计算方法对以上结果进行校核，如表 6-17 所示。由计算结果与有限元计算结果的对比可见，文中提出的修正塑性计算方法可较好地预测三类截面组合梁极限承载能力。

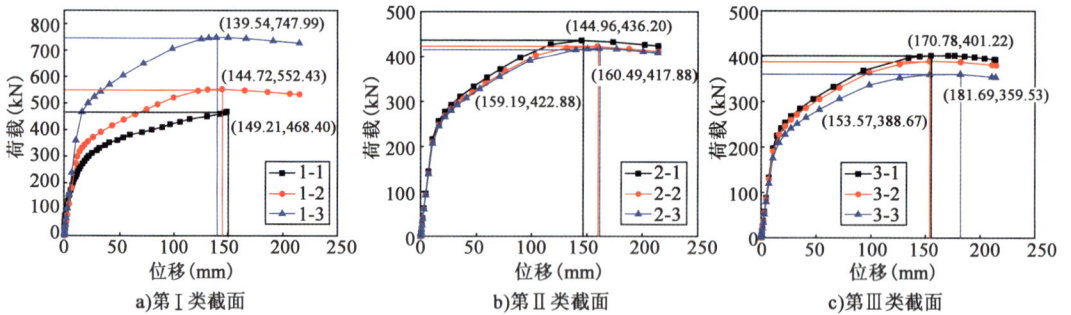

图 6-53　各截面计算荷载-跨中位移曲线

表 6-17　计算结果与修正塑性计算方法

截面类型	编号	c/t	有限元计算值	修正塑性计算值	修正塑性计算值/有限元计算值
第Ⅰ类截面	1-3	3.36	747.99	791.21	1.06
	1-2	5.60	552.43	563.67	1.02
	1-1	7.64	468.40	467.68	1.00
第Ⅱ类截面	2-1	8.75	436.20	434.26	1.00
	2-2	9.33	422.88	419.97	0.99
	2-3	9.60	417.88	414.02	0.99

截面类型	编号	c/t	有限元计算值	修正塑性计算值	修正塑性计算值/ 有限元计算值
第Ⅲ类截面	3-1	10.50	401.22	396.17	0.99
	3-2	11.20	388.67	384.27	0.99
	3-3	13.44	359.53	354.55	0.99

综上,本节提出的适用于钢-UHPC 组合梁承受正弯矩时极限荷载的修正塑性计算方法,经文献试验及有限元计算验证,可准确预测桥梁工程中常见的第Ⅰ、Ⅱ、Ⅲ类组合截面。对钢-UHPC 组合梁进行考虑滑移效应的竖向挠度计算时,可采用常规钢-混凝土组合梁的计算式,但 UHPC 面板中栓钉刚度则略有不同,当栓钉刚度通过 $0.5Q_u$ 确定时,计算所得的挠度与试验值最为接近。

6.7 钢-UHPC 组合梁实桥施工与检测

广东惠清高速麻埔跨线车行桥首次采用了钢-UHPC 组合梁方案,该实桥施工有别于传统钢-混凝土组合梁,本节介绍该实桥的施工工艺与流程。此外,为了检验钢-UHPC 组合梁的结构性能是否满足规范和使用要求,以确保该工程全桥结构的安全性和长期使用性能,对实桥开展静、动力荷载试验进行成桥检测,并依据有关规范和规定对结构的正常使用性能、结构强度、刚度、裂缝等各项指标作出评价。

6.7.1 实桥施工工艺

6.7.1.1 施工工艺原理

工字钢梁节段在钢结构制造工厂加工和拼接,焊接两工字梁之间的横向联系和剪力钉;钢梁运至组合梁预制场后,在台座上搭设桥面板模板,安装桥面板钢筋,浇筑桥面板 UHPC,形成钢-UHPC 组合梁预制单元,同时进行下部结构施工。

将钢-UHPC 组合梁预制单元运抵至桥位,用吊装设备整孔吊装就位;现场绑扎简易连接钢筋(无焊接),并浇筑桥面板纵向湿接缝和墩顶简支变结构连续湿接缝,完成体系转换;待湿接缝强度和弹性模量达到设计要求,对 UHPC 桥面板进行刻槽糙化、安装防撞护栏和施工附属工程。

①工字形钢梁主要由上翼缘板、腹板、下翼缘板焊接组成;在跨中钢-UHPC 组合 π 梁内,设置 H 形断面小横梁(图 6-5)。

②UHPC 桥面板上不设调平层,与钢梁整体预制,一次成型,可提高混凝土板与钢梁的组合效率,充分利用组合梁简支状态下钢结构受拉、混凝土受压的材料特性;同时没有后浇调平层,减少了现场工作量,提高了施工效率。

③UHPC 桥面板和钢主梁通过剪力钉连接,在钢结构制造工厂焊接。

④组合梁墩顶负弯矩处承担大的剪力与弯矩,是确保组合梁桥结构安全的关键位置,且组合梁负弯矩处上缘混凝土板易出现开裂问题,影响结构的安全性和耐久性。该项目结合钢-

UHPC 组合梁结构的技术特点和实际情况,同时满足施工便捷、造价经济的要求,采用负弯矩 T 形接缝方案(图 6-26),可实现现场零焊接。

该构造具有如下特点:①上缘带槽口的 T 形接缝,其中设置槽口的目的主要是将纤维不连续的薄弱面设置在低拉应力区和通过槽口阻滞现浇 UHPC 的收缩;②通过嵌入式的钢板和剪力钉增强现浇 UHPC 与预制钢梁的连接作用,同时将墩顶横梁尺寸减小 50% 以上(常规钢-混凝土组合梁墩顶横梁的纵向长度不小于 0.9m,该项目仅 0.4m),充分发挥 UHPC 优异的力学性能和黏结性能,并减少 UHPC 用量。

6.7.1.2　施工工艺流程

预制钢-UHPC 轻型组合梁桥的施工工艺流程如图 6-54 所示。

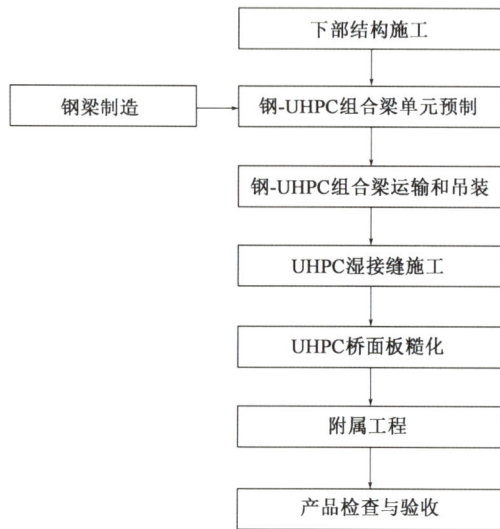

图 6-54　施工工艺流程图

6.7.1.3　钢梁制作与运输

钢梁在钢结构加工厂内制造(图 6-55),钢梁节段由顶板、底板和腹板焊接成工字形主梁,并完成钢梁节段的拼接,然后焊接两工字形钢梁之间的横向联系和剪力钉,再进行钢梁防腐涂装。

①钢梁纵向长 25m,分为 3 个钢梁节段,钢梁节段间采用焊接连接;顶板、腹板、底板拼接焊缝应相互错开,错开距离不少于 250mm。

②在工字梁的翼缘板上焊接剪力钉,剪力钉规格为 22mm×80mm,纵桥向间距为 15cm,单个工字梁上翼缘横向布置 2 列。

③钢梁和剪力钉焊接完成后,对钢梁表面进行喷砂除锈,再涂刷防腐层。除锈等级需达到 Sa2.5 级,涂装漆膜总厚 300μm。

④相邻两 π 梁预制单元间共设 3 道横向联系,采用 10.9S 高强螺栓连接,其中,钢梁连接螺栓规格为 22mm×70mm,栓孔直径为 24mm;钢梁底板预留支座锚栓孔。

a)制作　　　　　　　　　　　　　　　　　b)运输

图 6-55　钢梁制作与运输

⑤钢梁预拱度采用抛物线进行设置,预拱度通过在主梁节段线位置钢梁顶、底板的伸缩量形成。

⑥双工字梁整体制作完成后,经外观检查和焊缝探伤检测,合格后由运输车整体运至桥位附件预制场(图 6-55),妥善堆放待用,临时支点需设 3 点,并使 3 点保持在同一水平面上,防止钢梁发生扭曲变形。

实际施工中,考虑到现场施工的不利因素,钢梁制作最终采用在钢结构厂内整体加工、整体运输的方式。

6.7.1.4　组合梁预制

每个 UHPC 梁单元一次预制成型,预制梁采取流水作业,主要工序环节有:台座设置、桥面板模板安装、桥面板钢筋安装、UHPC 浇筑、UHPC 养护、预制梁吊移及堆放。

(1)台座设置

根据预制梁的型号、规格、数量,结合施工工期要求,本项目预制场共设 3 条台座,分别满足一孔中的左、中、右三片梁板,总共需要 4 次循环完成全部梁板预制。其台座、支架及模板布置见图 6-56。

(2)桥面板模板安装

钢梁吊至预制台座上就位后,首先按钢梁的设计预拱度,调整好在钢梁下的 5 个支点的支垫高度。之后,以钢梁的上翼板为相对基准,分别安装两边的侧模和中间的底模。为得到一个较好的预制梁的边角和线型效果,该项目边梁的外边模采用整体化模板,即由侧模、滴水檐及底模整合成的整体模板。

预制梁模板分为底模、内边模、侧模、压板等,立模和钢筋安装需交叉进行。模板由专业模板厂家定制,定制时要考虑 UHPC 材料特性,相应提高模板的刚度及稳定性。

底模、侧模每次使用前均需要涂刷脱模剂,保证模板表面清洁、平整。每次混凝土浇筑前,按照相关规范及图纸要求检查其几何尺寸,经监理工程师认可后方可浇筑。联系模板生产厂家对模板第一次拼装进行现场指导,根据第一次模板拼装情况,采用红油漆在模板外侧进行编号,保证下次模板拼装顺利进行。预制梁模板安装流程如图 6-57 所示。

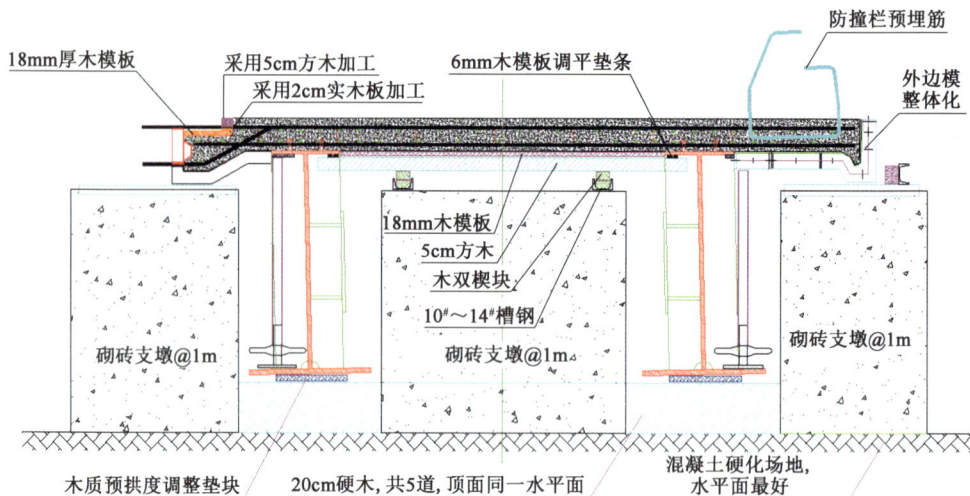

图 6-56　预制梁台座、支架、模板布置

a)钢梁就位　　　　　　　b)桥面板底模安装　　　　　　　c)模板安装检测

图 6-57　预制梁模板安装流程

（3）桥面板钢筋安装

钢筋在预制场内钢筋加工区提前加工，在预制台座上进行绑扎、连接（图 6-58）。垫块采用预制的 UHPC 垫块。施工过程中钢筋骨架的受力钢筋间距，箍筋、横向水平钢筋间距、长、宽、高，弯起钢筋位置，保护层厚度，均按设计要求精确控制。

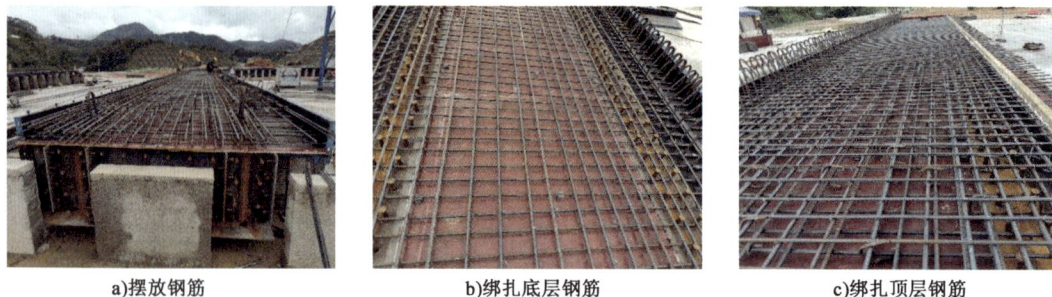

a)摆放钢筋　　　　　　　b)绑扎底层钢筋　　　　　　　c)绑扎顶层钢筋

图 6-58　预制梁钢筋安装流程

现场采用胎具绑扎,直接在台座上绑扎成型。钢筋骨架必须具有足够的刚度和稳定性,拼装时按设计图纸放大样进行。加工好的钢筋半成品应做好标识,原材料、半成品、钢筋做好防锈、防变形等保护措施。

为了确保钢筋保护层厚度,增强结构的耐久性,在钢筋与模板之间设置与底模接触点小的高强垫块,按每平方米 4 个布置,并且相互错开。绑扎垫块和钢筋的铁丝不得深入保护层内,以防成为锈蚀通道。

按照设计图纸及施工措施要求预埋好各项预埋钢筋,比如防撞护栏、湿接缝预埋钢筋、吊点吊环等。

（4）UHPC 浇筑

①UHPC 原材料。

水泥采用散装水泥,在预制场内立罐储存;核心料与石英砂采用吨袋包装,进场后划分不同区域存放于预制场简易棚内,底部采用方木砖块垫高,然后铺设木板方可堆放。钢纤维袋装,置于叉车托架上,外面包裹薄膜,以防雨、防潮、防尘。

②UHPC 的搅拌。

预制件湿拌料搅拌采用大方量的 UHPC 专用搅拌机,单次搅拌容积 10m³（图 6-59）。搅拌机单次拌和 2m³ 湿拌料,水泥、水采用电子秤计量,石英砂、核心料、钢纤维按包装计量,提前准备好尾料。

③UHPC 湿拌料运送与入模。

一片预制梁 UHPC 混凝土方量为 22.5m³,采用 1 台 10m³ 混凝土罐车接料、储料、运料和入模。浇筑前检查模板及其支架、钢筋以及保护层厚度、预埋件位置及尺寸,确认无误后,方可进行浇筑。卸料前快速转动 10s,以排出空气泡。

a)拌和   b)浇筑

图 6-59　UHPC 拌和与浇筑

④UHPC 振捣与整平。

用振捣棒插入式振捣,预制梁顶面用平板振动器振动一遍,再用水平尺刮平（图 6-60）。UHPC 浇筑时,应注意避免模板变形或钢筋位移造成预埋件脱落或者变形;UHPC 浇筑和振捣过程中,要保持预埋件的位置正确。振捣过程中视情况对表面进行喷雾保湿。

a)振捣

b)整平

图 6-60　UHPC 振捣及整平

（5）UHPC 养护

①UHPC 保湿养护。

对浇筑完成后的 UHPC 表面及时进行覆膜保湿养护（图 6-61）,覆膜前对 UHPC 表面进行喷雾湿润。保湿膜采用高分子节水保湿薄膜,将四周压住以防被风吹起,定期进行检查,被风吹起后要及时重新覆盖。

a)保湿

b)自然养护

图 6-61　UHPC 保湿养护

②模板拆除。

UHPC 达到终凝时间为 24～30h,待 UHPC 终凝后,揭掉保湿膜,拆除侧模,对表面进行必要的整修。拆除钢模板后,在高温蒸养之前要继续对预制梁进行保湿养护。

③高温蒸汽养护。

侧模拆除后,搭设支架,再覆以帆布及保温棉,制作成简易养护棚。高温蒸汽养护通过蒸汽发生器、蒸汽管道、蒸汽养护棚等设施实现。预制场共设 2 台功率为 1.5kW 的蒸汽发生器,1 台蒸汽发生器可供 2 片预制梁同时进行高温蒸养（图 6-62）。

养护期间养护温度保持在 80～90℃,养护时间不少于 72h,或养护温度保持在 90℃ 及以上时,养护时间不少于 48h;开始蒸汽高温养护时的升温阶段,每小时升温约 15℃,而养护结束后的降温阶段,应以不大于 15℃/h 的降温速度降温至现场气温。

a)蒸养现场

b)蒸养温度

图 6-62   预制梁高温蒸汽养护

(6)预制梁吊移及堆放

使用 2 台 50t 汽车起重机协同起吊,按设计图进行起重机就位、布设千斤绳等,吊移组合梁到预定堆放台座上临时堆放(图 6-63),需设 3 个堆放临时支点,分别设在梁两端支座位置和跨中位置。

a)预制梁吊装

b)预制梁堆放

图 6-63   预制梁吊移及堆放

6.7.1.5   组合梁运输与吊装

(1)运输

如图 6-64 所示,梁板运输先用起重机吊运梁板垂直落放在运输车上,采用轮式运输车将梁板托运至起重机位置,起重机两端同时提升,下部平车移出,将梁板吊至安装位置。运梁之前,先检查预制组合梁是否已固定牢固,待检查确认后再进行运梁。吊运过程中,要注意起吊平稳;在运输中构件要平衡放正,使用特制的固定架,防止倾覆,并采取防止构件产生过大负弯矩的措施,以免构件断裂。为了安全起见,所有工序均需缓慢进行。

钢-UHPC 组合梁运输要点:

①组合梁采用重型牵引车挂车机组运输。

②运输车辆必须遵守交通管理部门的有关规定,并保持良好的工作状态,安全防护装置必须齐全、可靠,制动保险装置必须灵活、有效。

③确定运输机械设备、专用工具的合理配置,各种专用工具严禁超过规定使用。

④梁体限位:为防止运输过程中因颠簸和倾斜造成钢-UHPC 组合梁位移,装车后必须进行限位措施。限位装置采用钢板焊接在运梁车上的形式,组合梁固定在钢板之间。

⑤车辆出厂顺序严格按照组合梁吊装的先后顺序。

⑥影响运输车拐弯的障碍物需事先拆除,并按运梁车拐弯半径夯实拐弯区。

⑦预制梁采用大型可伸缩式运梁车进行运输,作业时运梁车把预制梁运到帽梁外侧下方,然后进行起吊和安装。

a)预制组合梁运输

b)预制组合梁运输到位

图 6-64　组合梁运输

（2）吊装

①吊装前测量放线。

对桥墩坐标及高程进行复核,核对无误后交工程部长复核,最后交总工程师审核,签字完善后投入使用。专业测量人员对桥墩垫石坐标及高程进行复核,确认无误后,使用墨斗线画出支座垫石纵向和横向中心线,并放出组合梁端面在桥墩上的投影线。

专业测量人员对预制组合梁梁长、高度、宽度进行复核,确认无误后在梁端端面上画出支座纵向中心线,在腹板位置画出支座横向中心线。吊装过程中,施工人员根据支座纵向和横向中心线、梁端投影线及控制标高进行对位安装,安装完成后,测量人员复核组合梁中心线及标高,直至合格完成安装定位工作。

②吊装工艺及吊装步骤。

边跨组合梁吊装[图 6-65a)]:采用 1 台 500t 起重机单机起吊,吊装时,起重机停在路基上。运梁车把预制梁运到桥墩下外侧,由 500t 起重机直接卸车起吊。汽车起重机把预制梁起吊后,将预制梁送到墩顶上方预定的位置,然后对线就位。同一跨的 3 片梁吊装时,以起重机为参考点,采取由远而近的原则,先吊远侧边梁,再吊中梁,最后吊靠近起重机的边梁。

中跨组合梁吊装[图 6-65b)]:采用 2 台 80t 起重机组合,作业时以双机抬吊卸车和起吊方法安装预制梁,把预制梁按图纸规定的位置就位。架设时,两台起重机采取对角就位方式,分别在两对角桥墩外侧处就位,先吊装边梁和中梁,然后进行起重机移位,再吊装另一边梁。吊装时,运梁车把预制梁运到桥墩下外侧,两台起重机分别在桥墩两侧就位,同时抬吊卸车并起吊。起吊到预定的高度后,两台起重机同时、同步旋转吊台,缓慢松下吊钩,预制梁对线就位。吊装时采取由远及近的原则。

a)边跨组合梁吊装   b)中跨组合梁吊装

图 6-65 组合梁吊装

6.7.1.6 UHPC 桥面板湿接缝施工

全桥架设完成后,浇筑桥面板纵向湿接缝(图 6-66),完成 0#、4# 墩顶钢横梁螺栓连接。绑扎连续墩顶处负弯矩区钢筋,浇筑墩顶负弯矩区横梁湿接缝,待接缝强度达到设计强度后,完成简支到连续的体系转换。

a)立模、绑扎钢筋   b)浇筑完成

图 6-66 组合梁面板湿接缝施工

根据设计图,将桥面板湿接缝构造处的钢筋摆放并绑扎好,形成钢筋骨架,所用钢筋均提前在主线钢筋加工棚下料加工好。钢筋绑扎、安装时应准确定位。如钢筋位置与剪力钉布置冲突,可适当挪动钢筋位置。

安装模板,绑好钢筋限位垫块,保证钢筋的最小保护层厚度。湿接缝处的模板应具有足够的强度和刚度,应与桥面板的接触面密贴并具有一定的搭接长度,各接缝应严密、不漏浆,模板周围宜采用高强止浆橡胶条止浆。

桥面板湿接缝及横梁现浇 UHPC 由预制场提前拌和好,装入料斗中运输到吊装现场,利用起重机吊斗浇筑,浇筑前湿润既有 UHPC 表面。

湿接缝 UHPC 终凝后开始高温蒸汽养护,蒸汽发生器置于主线路基上,蒸汽通过管道输送至湿接缝位置,管道外包保温棉。湿接缝及横梁用帆布包裹并绑扎密封,通入蒸汽开始高温蒸养,保持在 90℃ 养护 48h,至 UHPC 达到设计强度。

6.7.2 实桥检测

6.7.2.1 静载试验方案设计

静载试验应能充分反映结构的受力状况,但必须控制其响应不超过规定的容许值,即不会对结构造成新的损伤,同时荷载大小又能使结构特性得以暴露,因而现场试验应准确把握以上原则。为达到试验目的,按照试验规程规定,一般需选择受力最不利、施工质量相对不利、缺陷较多且施工记录不完备的桥跨结构进行加载试验,以检验桥梁的结构性能。由于该桥是新建桥梁,所以应在条件允许的情况下,对每跨的结构性能进行相关试验。

(1)试验跨的选择

该桥静载试验主要关注以下内容:①现浇 UHPC 与预制板界面位置处的拉应力;②墩顶负弯矩区 UHPC 的拉应力;③纵向接缝处桥面板下缘横向拉应力;④单片 π 梁间桥面板底面拉应力;⑤钢梁下翼缘的拉应力。

图 6-26 为钢-UHPC 组合梁桥负弯矩区关键构造,墩顶负弯矩区湿接缝采用 T 形形式,旨在将新旧 UHPC 界面这一薄弱位置布置在低拉应力区。根据连续梁的受力特点,次边墩墩顶的负弯矩大于中墩墩顶负弯矩,所以,如图 6-67 所示,墩顶负弯矩区试验段选择 3#墩(次边墩)墩顶,跨中试验段选择 3#桥墩与 4#桥台之间的第 4 跨。

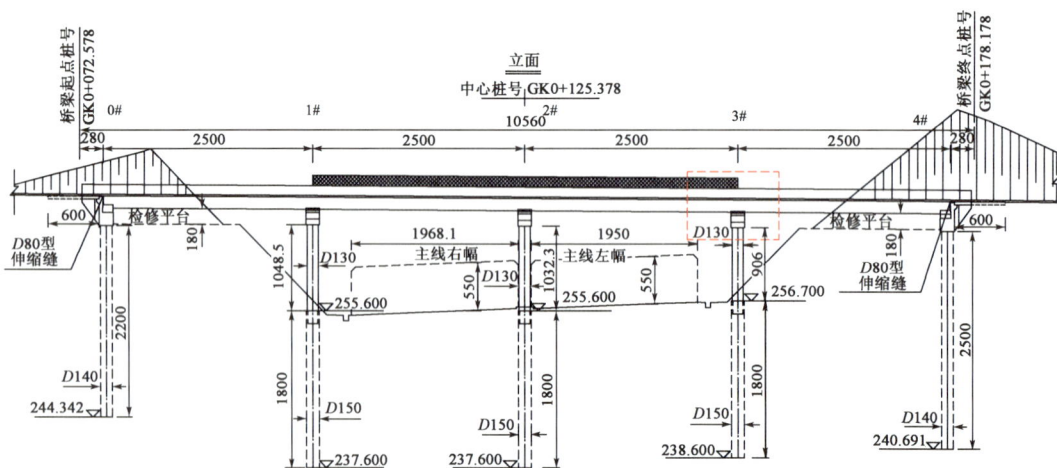

图 6-67 静载试验段选择(单位:cm)

该桥采用钢-UHPC 轻型组合梁结构,墩顶负弯矩区构造旨在提高负弯矩区桥面板抗裂能力,在墩顶负弯矩区,主要存在以下两个控制截面:一是墩顶中心截面,拉应力较大;二是现浇 UHPC 与预制桥面板之间的界面,是薄弱位置。所以静载试验中重点关注这两个位置的 UHPC 拉应力。

(2)测试断面

纵桥向测试断面:由结构分析可知,麻埔跨线车行桥静载试验的纵桥向控制截面如

图 6-68 所示。实际试验时,对这些控制截面按设计荷载进行加载测试。控制截面为次边墩(3#桥墩)墩顶中心截面(Ⅰ—Ⅰ)、次边墩(3#桥墩)墩顶新旧 UHPC 界面(Ⅱ—Ⅱ)、边跨(第 4跨)跨中截面(Ⅲ—Ⅲ)。

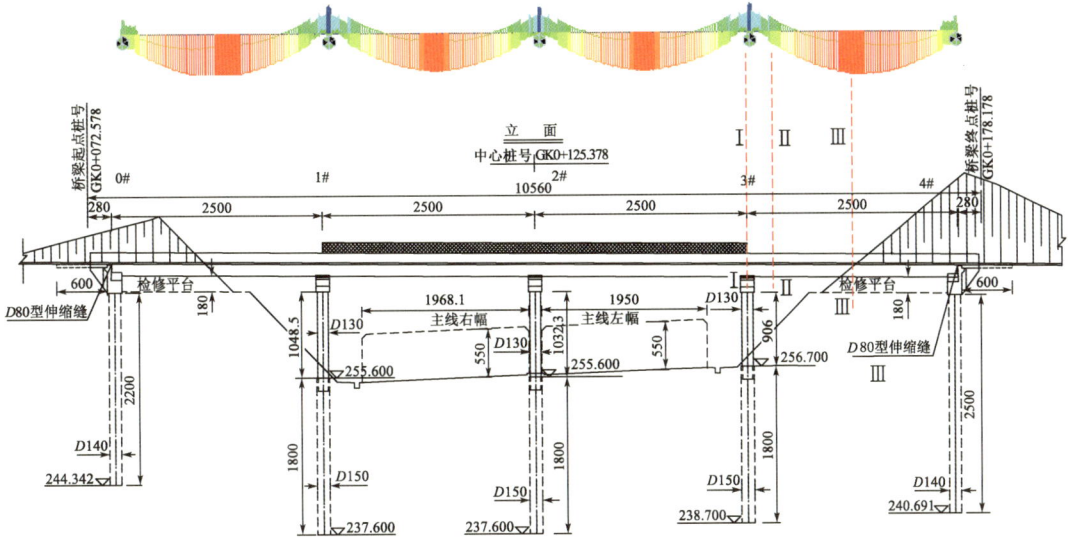

图 6-68 静载试验的纵桥向控制截面(尺寸单位:cm;高程单位:m)

横桥向测试断面:麻埔跨线车行桥每跨由 3 片 π 型组合梁组成,相邻两片组合梁间通过纵向接缝连接,待纵向接缝浇筑完成并达到强度后,3 片钢-UHPC 组合梁在横桥向会形成一个类似于带有悬臂的 6 跨连续梁结构,所以,根据连续梁的受力特点,横桥向控制截面如图 6-69 所示。测试断面主要包括:跨中正弯矩截面(Ⅳ—Ⅳ)、支点负弯矩截面(Ⅴ—Ⅴ)、负弯矩接缝界面(Ⅵ—Ⅵ)、正弯矩接缝界面(Ⅶ—Ⅶ)。其中,截面Ⅳ—Ⅳ和Ⅴ—Ⅴ为预制板截面,截面Ⅵ—Ⅵ和Ⅶ Ⅶ为纵向湿接缝处的新旧 UHPC 界面,属于薄弱位置。横桥向测试断面均选择在边跨(第 4 跨)跨中截面附近,但应避开钢横梁位置,以减小跨中钢横梁对测试桥面板横桥向应力的影响。

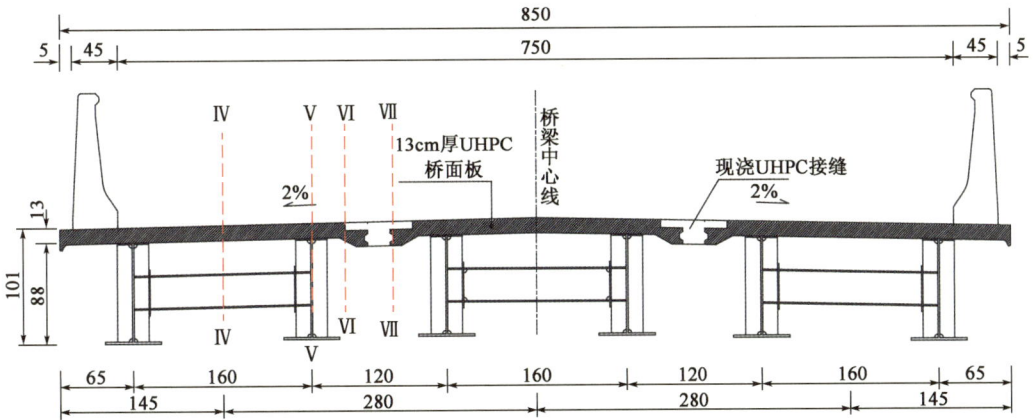

图 6-69 静载试验横桥向控制截面(单位:cm)

（3）测试工况及内容

麻埔跨线车行桥纵桥向各测试截面相应的测试项目和测试内容列于表6-18中。

表6-18　纵桥向测试工况、测试项目和测试内容

控制截面	工况	测试项目	测试内容
I—I	1	正常布载	a. 截面 I—I 桥面板纵向拉应力； b. 钢梁下翼缘压应力； c. 中跨、边跨 $L/2$、$L/4$、$3L/4$ 挠度
	2	超载布载	a. 截面 I—I 桥面板纵向拉应力； b. 钢梁下翼缘压应力； c. 中跨、边跨 $L/2$、$L/4$、$3L/4$ 挠度
II—II	3	正常布载	a. 截面 II—II 桥面板纵向拉应力； b. 钢梁下翼缘压应力； c. 中跨、边跨 $L/2$、$L/4$、$3L/4$ 挠度
	4	超载布载	a. 截面 II—II 桥面板纵向拉应力； b. 钢梁下翼缘压应力； c. 中跨、边跨 $L/2$、$L/4$、$3L/4$ 挠度
III—III	4	正常布载	a. 截面 III—III 桥面板纵向压应力； b. 钢梁上翼缘压应力、下翼缘拉应力； c. 中跨、边跨 $L/2$、$L/4$、$3L/4$ 挠度
	5	超载布载	a. 截面 III—III 桥面板纵向压应力； b. 钢梁上翼缘压应力、下翼缘拉应力； c. 中跨、边跨 $L/2$、$L/4$、$3L/4$ 挠度

注：L 为桥梁的理论跨径。

结合钢-UHPC轻型组合 π 梁的特点，汽车轮载加载时，纵桥向标准车后轴压在边跨（第4跨）跨中；横桥向分为7种工况，横桥向测试工况具体见图6-70。

麻埔跨线车行桥横桥向各测试截面相应的测试项目和测试内容列于表6-19中。

表6-19　横桥向测试工况、测试项目和测试内容

控制截面	工况	测试项目	测试内容
IV—IV ~ VII—VII	1 ~ 7	正常布载	各控制截面桥面板横向应变

（4）测点布置

①应变测点。

根据测试过程中的控制断面和加载工况布置纵桥向和横桥向的应变测点。在布置 UHPC 桥面板应变片时，应注意在布置完应变片［图 6-71a）］后，用厚胶带密封住应变片［图6-71b）］，作为应变片的保护措施，防止在车辆移动过程中应变数据稳定性受到影响甚至出现应变片损坏的现象。

应变数据采集采用电测法，应变片采用箔基应变片，数据采集系统采用江苏东华测试技术股份有限公司生产的 DH3816N 静态应力应变测试分析系统（图6-72）。

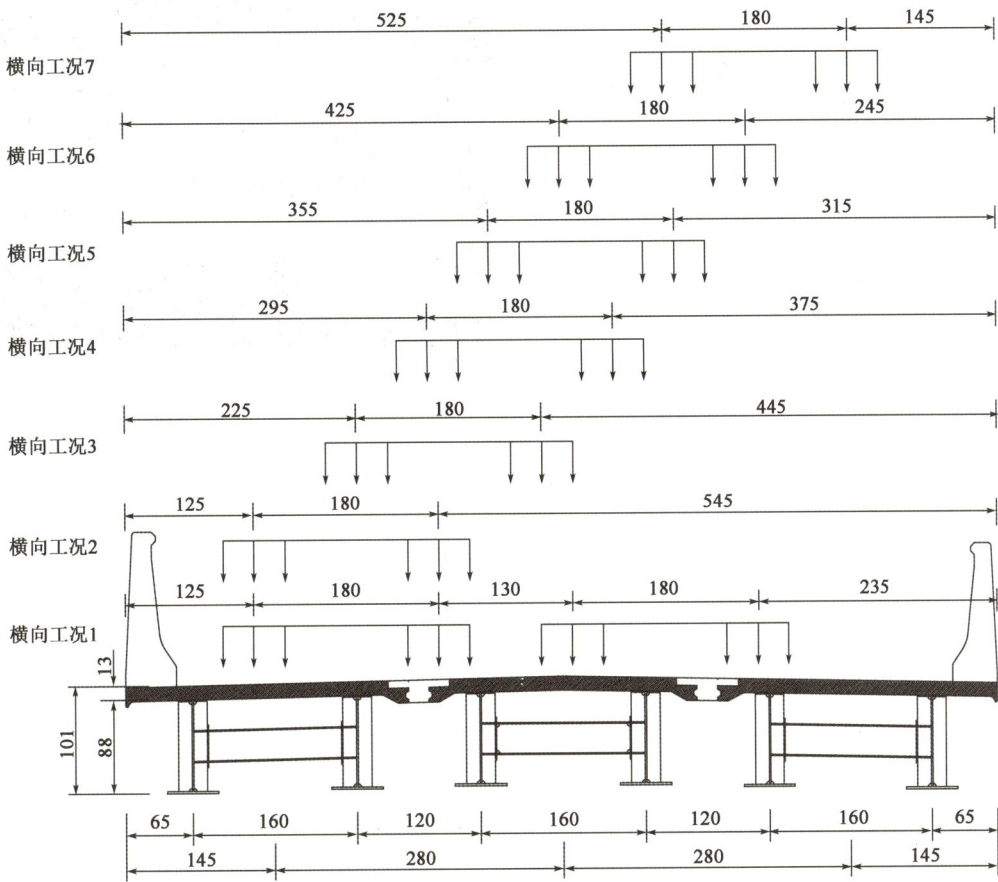

图 6-70　横桥向静载试验测试工况示意图(单位:cm)

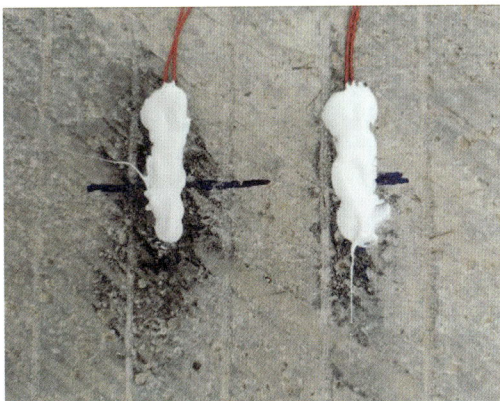

a)应变片布置

b)密封应变片

图 6-71　UHPC 桥面板应变片布置

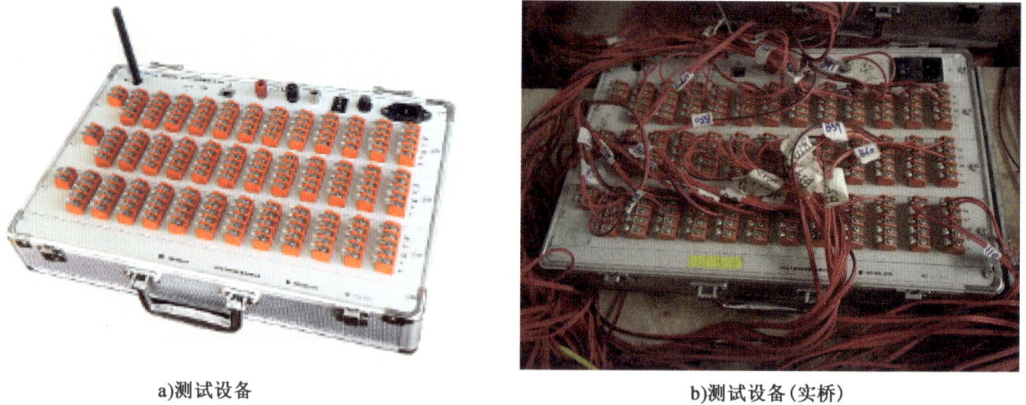

a)测试设备   b)测试设备(实桥)

图 6-72　DH3816N 静态应力应变测试分析系统

②挠度测点。

主桥测试跨挠度变形测点纵向布置如图 6-73 所示,采用精密数字式水准仪进行测试,桥面上、下游各布置一台,测尺绑在机动车道护栏处。挠度测点仅在开展纵桥向静载试验时布置,横桥向静载试验属于局部车轮作用,不再进行挠度测试。

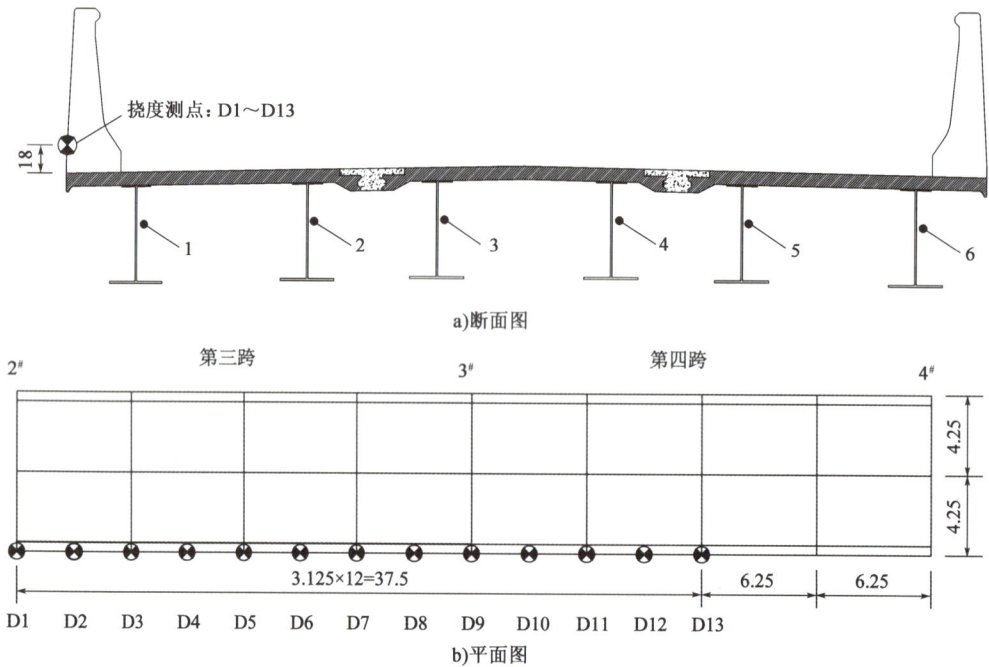

a)断面图

b)平面图

图 6-73　挠度测点位置示意图(单位:cm)

试验过程中挠度测量采用 Trimble DINI03 电子水准仪[图 6-74a)],同时采用配套的数字贴条码[图 6-74b)]。由于地形限制,边跨 1/4 测点未能布置测点。

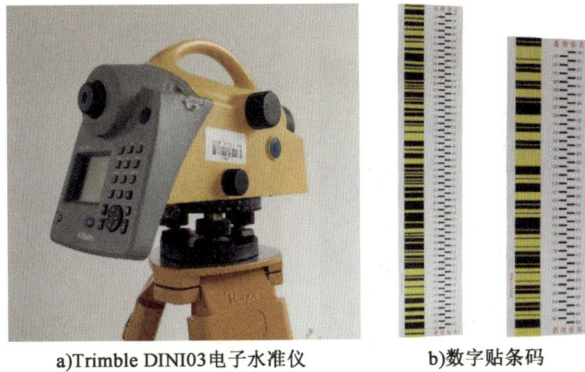

a)Trimble DINI03电子水准仪　　　b)数字贴条码

图6-74　挠度测量设备

6.7.2.2　静载试验加载方案

（1）试验荷载

根据多主梁桥梁结构的特点,边梁的受力最不利,所以静载试验中以边梁各控制截面的应力响应作为依据,确定静载试验荷载工况和布载方案。

考虑到现场桥位处的道路条件和车辆本身承担的重量,静载试验选用如表6-20所示的总重量约40t的加载试验车,对每辆车进行了配重、过磅,使加载试验车轴重达到试验要求,并确保在试验过程中各加载试验车轴重没有发生明显变化。加载试验车轴重和轮距示意图如图6-75所示。

表 6-20　加载试验车轴重、轴距和轮距

轴重（kN）			轴距（m）		轮距（m）	
前轴	后轴	总重	L_1	L_2	前轮	后轮
80	160	400	4.0	1.4	1.8	1.8

静载试验过程中,使用的加载车辆如图6-76所示,现场静载试验加载工况如图6-77所示。

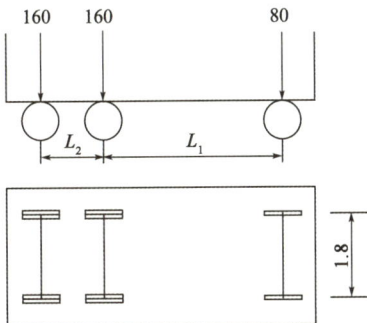

图6-75　加载车辆轴重和轮距示意图

图6-76　现场加载车辆

a)加载工况1   b)加载工况2

图 6-77 　现场静载试验加载工况

（2）加载工况

全桥纵桥向静载试验共有 6 种加载工况，各工况的车辆布置情况如图 6-78 所示。

a)工况1

b)工况2

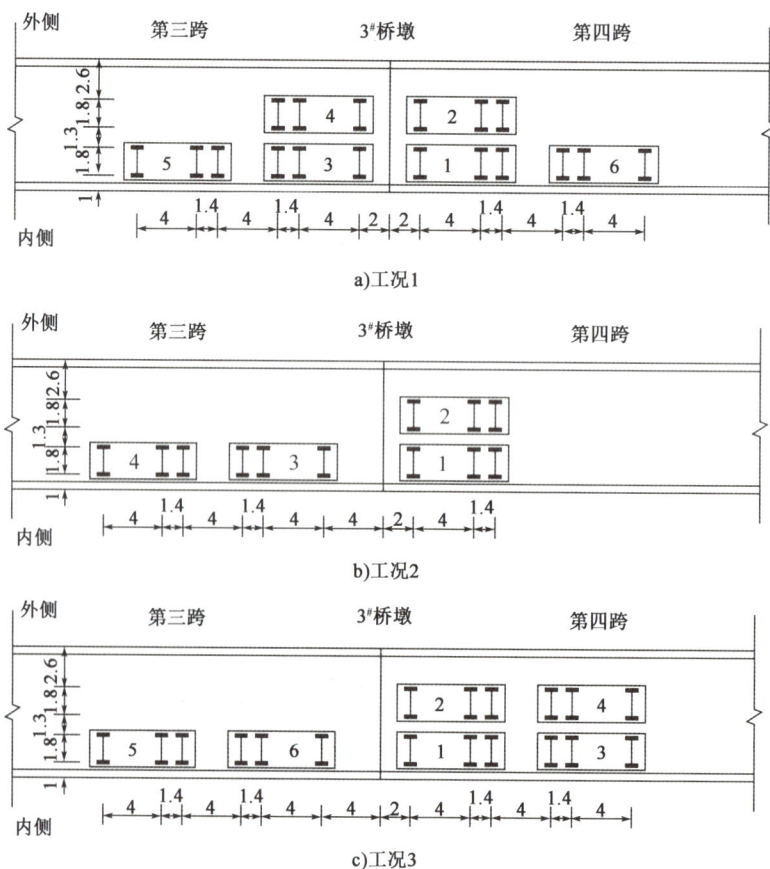

c)工况3

图　6-78

d)工况4

e)工况5

f)工况6

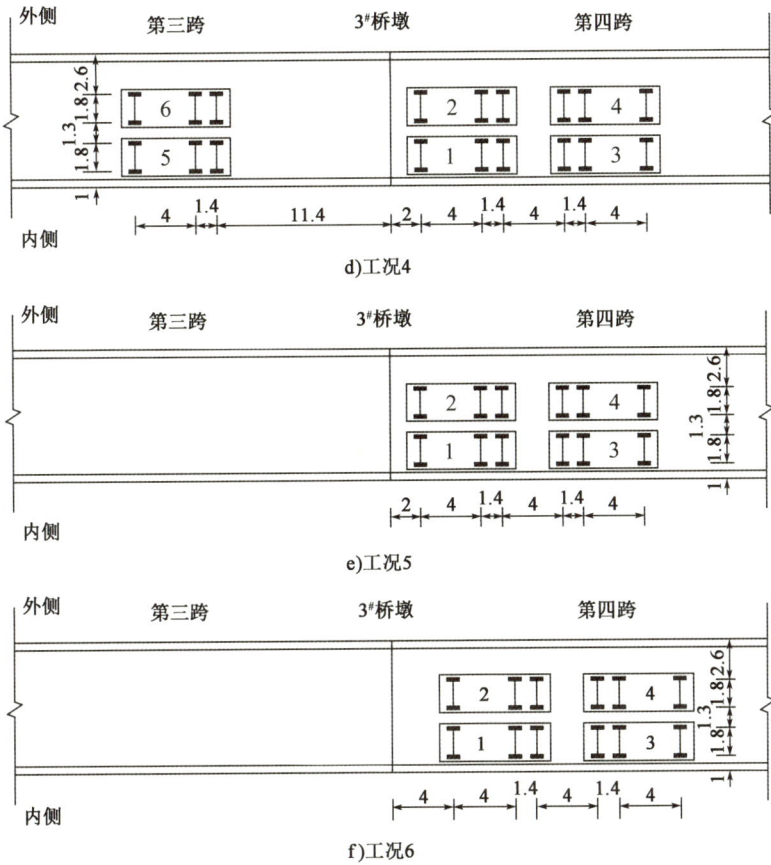

图6-78　纵桥向静载试验加载工况示意图(单位:m)

全桥横桥向静载试验共有 7 种加载工况,各工况的车辆立面布置情况如图 6-70 所示,平面布置情况如图 6-79 所示。

(3)荷载效率

根据测试工况列出纵桥向各控制截面应力静载试验效率系数 η_q,见表 6-21;根据前文内容,横桥向的荷载效率系数为 1.14。

表 6-21　各试验工况下控制截面桥面板纵桥向应力静载试验效率系数 η_q

截面	设计值 （MPa）	正常布载 （MPa）	正常布载/ 设计值 η_q	超载布载 （MPa）	超载布载/ 设计值 η_q
次边墩墩顶	9.37	9.82	1.05	11.47	1.22
现浇湿接缝界面	5.28	4.94	0.94	6.08	1.12
跨中截面	−14.81	−14.58	0.98	−16.74	1.13

注:表中设计值未计入冲击系数;正值表示拉应力,负值表示压应力。

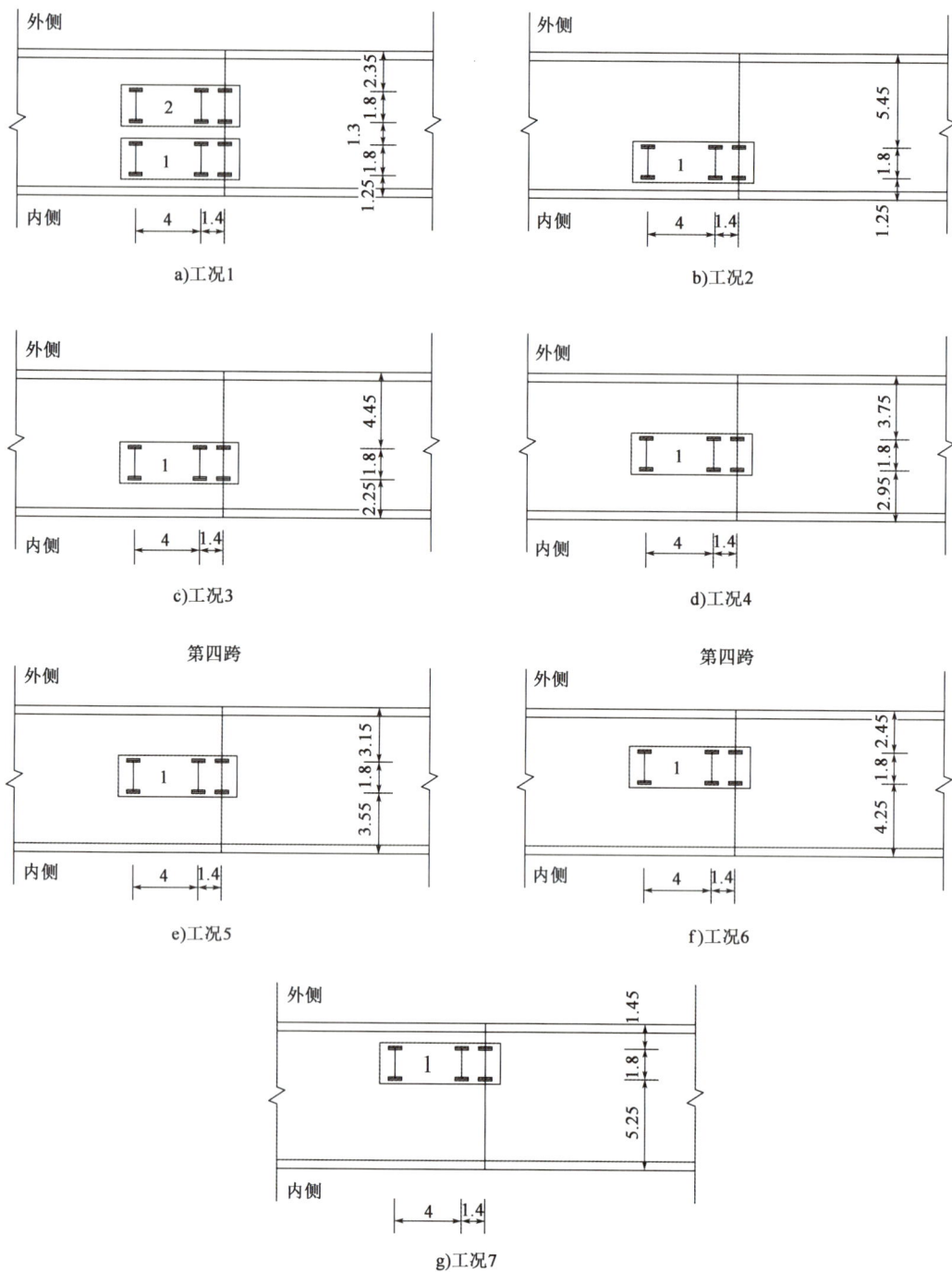

a)工况1

b)工况2

c)工况3

d)工况4

e)工况5

f)工况6

g)工况7

图 6-79　横桥向静载试验加载工况示意图(单位 : m)

表6-21表明各试验工况下的荷载效率系数均能达到相关规范要求。在上述正常布载下,各试验梁荷载效率系数基本在规定的范围内(0.95~1.05),梁体承载力可以得到充分体现,且不至于对梁体造成损伤。

6.7.2.3 静载试验测试结果

(1)纵向工况测试结果

纵向工况测试时,主要包括三个关注截面,每个截面考虑两个布载工况(分别为正常布载和超载布载),测试的数据主要包括中跨和边跨的挠度以及各关注截面的应力。

①挠度。

六个不同加载工况下各测点的位移数据绘于图6-80中。

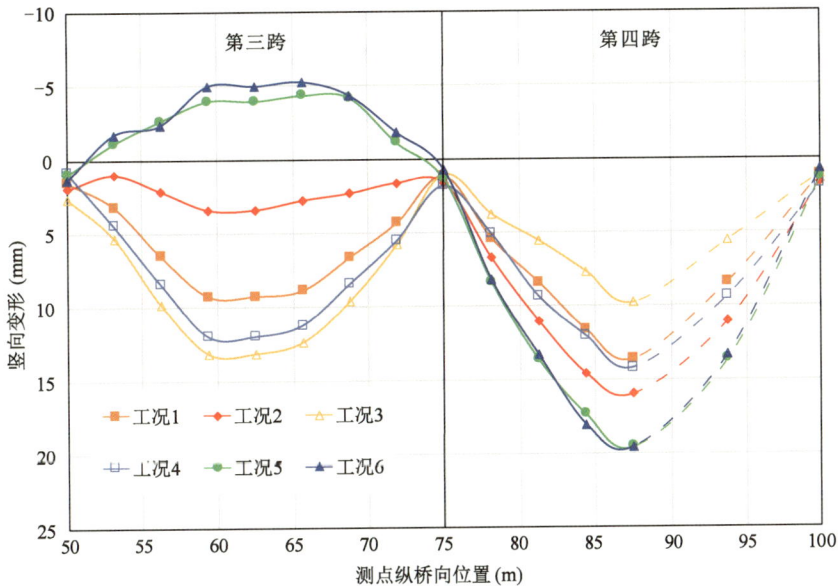

图6-80 静载试验工况变形

根据图6-80,可以发现在纵向工况1~4加载过程中,最大向下挠度为15.98mm;在纵向工况5~6加载过程中,向下的最大挠度为19.57mm,向上的最大位移为5.23mm;则不计冲击系数的荷载产生的最大变形为(19.57+5.23)mm=24.80mm<$l/500$=50mm,满足《公路钢混组合桥梁设计与施工规范》(JTG/T D64-01—2015)的要求。

②应力。

应力测试时主要关注墩顶负弯矩区UHPC桥面板拉应力和钢梁下翼缘压应力,其测试结果见表6-22和表6-23。

表6-22　各试验工况下UHPC桥面板各控制截面应力(单位:MPa)

工况	截面Ⅰ—Ⅰ		截面Ⅱ—Ⅱ		截面Ⅲ—Ⅲ	
	拉应力设计值	拉应力实测值	拉应力设计值	拉应力实测值	压应力设计值	压应力实测值
工况1	9.37	8.57	5.28	2.53	−14.81	−7.76
工况2		**10.50**		2.16		−6.95
工况3		6.91		2.63		−7.77
工况4		10.43		**6.68**		−9.14
工况5		9.05		4.67		**−14.42**
工况6		9.66		5.38		−14.02

注:表中实测值已经考虑恒载效应。

表6-23　各试验工况下钢梁各控制截面应力(单位:MPa)

工况	截面Ⅰ—Ⅰ		截面Ⅱ—Ⅱ		截面Ⅲ—Ⅲ	
	墩顶附近截面下翼缘压应力设计值	墩顶附近截面下翼缘压应力实测值	跨中附近截面下翼缘拉应力设计值	跨中附近截面下翼缘拉应力实测值	跨中附近截面上翼缘压应力设计值	跨中附近截面上翼缘压应力实测值
工况1	−86.05	**−76.82**	115.07	102.57	−53.90	−34.91
工况2		−65.07		102.13		−33.84
工况3		−41.79		104.11		−48.65
工况4		−71.38		97.36		−32.77
工况5		−45.42		140.66		**−71.01**
工况6		−51.62		**143.26**		−63.76

注:表中实测值已经考虑恒载效应。

从表6-22中可以看到,不同静载工况下,墩顶中心截面UHPC桥面板最大拉应力为10.50MPa,加载效率为1.12;墩顶接缝截面UHPC桥面板最大拉应力为6.68MPa,加载效率为1.27;跨中截面UHPC桥面板顶面最大压应力为14.42MPa,加载效率为0.94。在超载布载情况下,墩顶负弯矩区截面始终未观测到肉眼可见的裂缝,同时压应力远小于UHPC的立方体抗压设计值75MPa。

从表6-23中可以看到,不同静载工况下,墩顶附近截面钢梁下翼缘最大压应力为76.82MPa,加载效率为0.89;跨中附近截面钢梁下翼缘最大拉应力为143.26MPa,加载效率为1.24;跨中附近截面钢梁上翼缘最大压应力为71.01MPa,加载效率为1.32。可见,钢梁的最大应力为143.26MPa,即在超载情况下,钢梁的应力仍小于其设计值270MPa。

(2)横向工况测试结果

横向工况下主要关注跨中截面附近UHPC桥面板顶面、底面的拉应力和UHPC桥面板顶面纵向压应力及钢梁下翼缘拉应力,具体测试结果见表6-24～表6-26。横向工况为局部效应,表中实测值均未考虑恒载效应,仅为车辆车轮局部荷载作用效应。

表6-24　各试验工况下跨中截面UHPC桥面板顶面拉应力(单位:MPa)

工况	桥面板顶面 横向(V—V 截面) 拉应力允许值	桥面板顶面 横向(V—V 截面) 拉应力实测值	桥面板顶面 横向(Ⅵ—Ⅵ截面) 拉应力允许值	桥面板顶面 横向(Ⅵ—Ⅵ截面) 拉应力实测值
工况 1		2.53		1.51
工况 2		1.50		1.25
工况 3		2.00		2.00
工况 4	12.0	0.65	5.3	0.20
工况 5		0.84		**3.41**
工况 6		4.65		0.76
工况 7		**4.77**		1.04

注:表中允许值为试验研究中裂缝宽度为0.05mm时对应的名义应力。

表6-25　各试验工况下跨中截面UHPC桥面板底面拉应力(单位:MPa)

工况	桥面板底面 横向(Ⅳ—Ⅳ截面) 拉应力允许值	桥面板底面 横向(Ⅳ—Ⅳ截面) 拉应力实测值	桥面板底面 横向(Ⅶ—Ⅶ截面) 拉应力允许值	桥面板底面 横向(Ⅶ—Ⅶ截面) 拉应力实测值
工况 1		**6.32**		1.72
工况 2		4.42		1.48
工况 3		4.00		1.21
工况 4	12.0	3.16	3.6	**1.90**
工况 5		2.90		1.17
工况 6		4.84		1.16
工况 7		4.97		0.93

注:表中允许值为试验研究中裂缝宽度为0.05mm时对应的名义应力。

表6-26　各试验工况下跨中截面钢梁及UHPC桥面板局部应力(单位:MPa)

工况	钢梁下翼缘拉 应力实测值	钢梁上翼缘压 应力实测值	桥面板顶面压 应力实测值
工况 1	**130.04**	**−43.24**	−19.63
工况 2	100.48	−12.45	−30.55
工况 3	103.87	−24.66	−31.93
工况 4	104.84	−37.73	−35.30
工况 5	102.75	−37.34	−31.19
工况 6	96.28	−39.12	**−35.57**
工况 7	89.79	−20.48	−33.55

从表6-24和表6-25中可以看到,不同横向荷载工况下,UHPC桥面板顶面横向最大拉应力预制部分为4.77MPa,接缝界面位置为3.41MPa,分别小于对应的允许值12.0MPa和5.3MPa,相应的安全系数为2.52和1.55;UHPC桥面板底面横向最大拉应力预制部分为6.32MPa,接缝界面位置为1.90MPa,分别小于对应的允许值12.0MPa和3.6MPa,相应的安全系数为3.31和1.89。

从表6-26中可以看到,不同横向荷载工况下,钢梁下翼缘最大拉应力为130.04MPa,上翼缘最大压应力为43.24MPa,UHPC桥面板顶面最大压应力为35.57MPa,也均远小于Q345q钢材的设计值(270MPa)和UHPC150的设计值(75MPa)。

6.7.2.4　动载试验方案设计

（1）脉动试验——自振频率

脉动试验采用环境激励法测量桥梁在环境激振下的响应,由测量得到的响应推知结构的动力特性。环境激励法,又称为脉动法,它是采集结构在环境激励,如大地脉动、自然风等作用下结构的响应。采用脉动法不需要任何激振设备,也不受结构大小和形式的限制。虽然环境激励对结构的影响比较微弱,但这种激励信号的频率成分非常丰富,通常可以近似当作白噪声处理,由谱分析理论可知,结构在这种激励下的响应谱反映了结构的频响特征。通常脉动法的采样时间比较长,这种长时间的采样信号能有效地减少作用在结构上偶然荷载的干扰和测量系统内外的噪声。通过对脉动法的采样信号进行频谱分析,可得到结构的动力特性,如频率、振型和阻尼。

①测试系统:测试系统框图如图6-81所示。

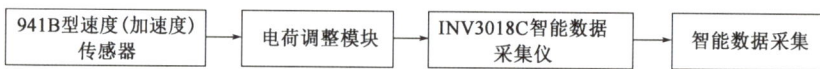

```
941B型速度(加速度)  →  电荷调整模块  →  INV3018C智能数据  →  智能数据采集
传感器                                  采集仪
```

图 6-81　自振特性测试系统框图

②测点布置:麻埠跨线车行桥共四跨,在进行动载脉动试验时,为了更好地了解钢-UHPC组合梁这种新结构的动力特性,拟对四跨结构进行脉动试验。传感器测点布置如图6-82所示,共布置4个测点,脉动试验使用竖向(即V型号)的传感器,在跨中截面桥梁中心线处再布置一个水平(即H型号)传感器。具体测试使用的传感器如图6-83所示。

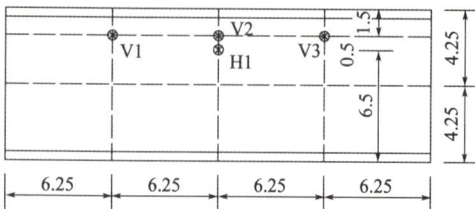

图 6-82　脉动试验传感器测点布置图(单位:m)

图 6-83　脉动测试用水平及垂直加速度传感器(拾振器)

③测试方法：将传感器置于测点上，由其拾取桥梁结构在大地脉动作用下的振动响应。采样时间 15～30min，采样频率 100Hz。

（2）跑车试验——冲击系数

动力荷载作用于结构上，会在结构上产生应变与挠度，相应地可用测试仪器采集控制断面的动应变或动挠度，动应变（挠度）一般较同样的静荷载所产生的相应静应变（挠度）大。动应变（挠度）与静应变（挠度）的比值称为活荷载的冲击系数。由于应变（挠度）反映了桥跨结构在荷载作用下的受力情况，是衡量结构性能的主要依据，因此活载冲击系数综合地反映了动力荷载对桥梁结构的动力作用，它与结构型式、车辆运行速度、桥面的平整度等有关。

如图 6-84 所示，跑车试验是车辆以不同速度分别进行匀速行驶的试验。行车速度 V 一般为 10km/h、20km/h、30km/h、40km/h、50km/h。

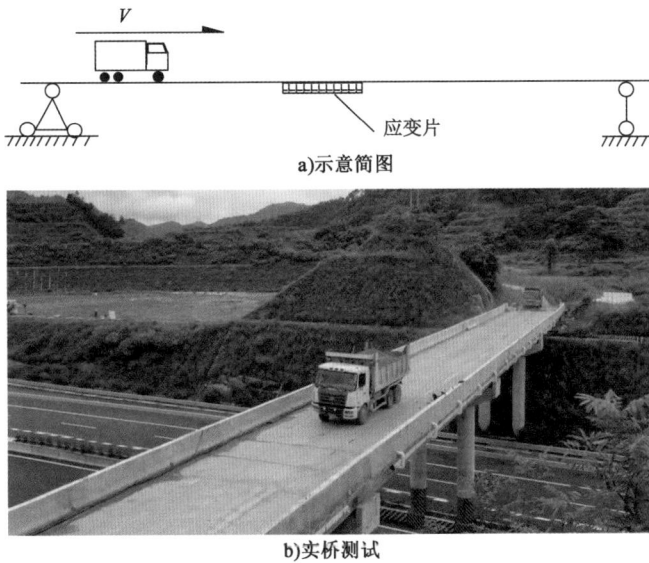

a)示意简图

b)实桥测试

图 6-84 跑车试验

如图 6-85 所示，在车辆荷载的作用下，桥梁的振动是随机的，即实际振动响应是由静荷载引起的 $y_s(x,t)$ 和动荷载引起的 $y_d(x,t)$ 合成。冲击系数可通过静、动荷载引起的最大响应 $y_{smax}(x,t)$ 和 $y_{dmax}(x,t)$ 来获取，即：

$$\mu = \frac{y_{dmax}(x,t)}{y_{smax}(x,t)} - 1 \tag{6-66}$$

式中： μ ——冲击系数；

$y_{dmax}(x,t)$ ——动荷载引起的最大响应；

$y_{smax}(x,t)$ ——静荷载引起的最大响应。

①静应变测试：根据主桥控制截面的影响线，用 2 辆 400kN 载重汽车作用于控制截面的最不利位置，测试其在相应荷载作用下的静应变。

②动应变测试：试验采用 2 辆同样的载重汽车，分别以 10km/h、20km/h、30km/h、40km/h、50km/h 五个不同车速沿桥中心线匀速行驶过桥，测量桥梁各控制截面的动应变响应。

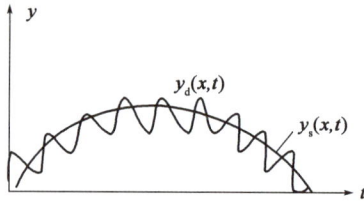

图 6-85　桥梁振动响应图示

动应变测试系统框图如图 6-86 所示。

图 6-86　动应变测试系统框图

③测点布置:在各测试跨跨中截面选取 2 个测点,进行跑车试验。跑车试验中拾振器测点布置如图 6-87 所示,其中 V1～V3 为垂直加速度传感器,H1 为水平加速度传感器。

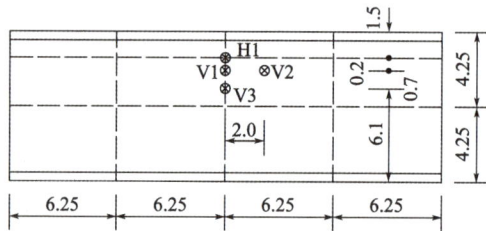

图 6-87　跑车试验动测测点(第三跨)布置图(单位:m)

④测试方法:2 辆 400kN 载重汽车,分别以五种不同车速匀速行驶过桥,测试时实施交通管制,仪器采样频率 50Hz。

跑车试验中,由于试验桥的桥面有效行车宽度为 7.5m,考虑到两辆车同时跑车会比较困难,所以最终选择采用一辆车进行跑车试验;另外,由于桥梁所在路线两端接曲线,同时桥端伸缩装置未完全安装好,所以车速仅能达到 30km/h。

6.7.2.5　动载试验测试结果

（1）自振频率

在进行结构基频测量时,根据现场情况,选取第一跨和第三跨作为测试跨,测试结果见表 6-27。

表 6-27　主桥自振频率测试结果(单位:Hz)

模态阶数	竖向弯曲振动 （第 1 阶）	竖向弯曲振动 （第 2 阶）	竖向弯曲振动 （第 3 阶）
第一跨	4.10	4.69	5.86
第三跨	4.10	4.69	5.86

从表 6-27 中可以看到,在脉动测试过程中,选取的不同两跨的自振基频完全相同,可以反映出测试结果的准确性;对于建成并浇筑防撞护栏和安装排水设施后的麻埔跨线车行桥,其前三阶模态对应的结构基频分别为 4.10Hz、4.69Hz 和 5.86Hz。

(2)冲击系数

冲击系数的测试结果见表 6-28。考虑到冲击系数在计算时对测量值的大小范围比较敏感,所以选择应变较大的钢梁上的应变测点作为动应变测点,并通过应变数据计算冲击系数。

表 6-28　冲击系数测试结果

应变测点	编号	静应变 ($\mu\varepsilon$)	10km/h		20km/h		30km/h	
			动应变 ($\mu\varepsilon$)	冲击系数	动应变 ($\mu\varepsilon$)	冲击系数	动应变 ($\mu\varepsilon$)	冲击系数
钢梁动应变 测点	1	65.5	77.6	0.185	85.1	0.299	87.2	0.331
	2	98.2	118.1	0.203	123.9	0.262	124.4	0.267
	3	130.8	163.3	0.248	169.5	0.296	173.4	0.326
	4	−183.1	−212.2	0.159	−233.2	0.274	−240.3	0.312

注:冲击系数 = 动应变/静应变 − 1.0。

从表 6-28 中可以看出,重载 400kN 的卡车以不同车速通过试验桥时,采用动应变与静应变计算得到的冲击系数,随着车速的增加会稍有增大;车速分别为 10km/h、20km/h、30km/h时,冲击系数大致在 0.16 ~ 0.33 的范围内。

6.8　型钢-UHPC 组合梁桥实桥方案研究

针对本章 6.2 节提出的型钢-UHPC 组合梁桥结构,本节以采用简支变结构连续体系的 4 × 35m 连续梁桥为例,进行了实桥方案试设计。介绍了型钢-UHPC 组合梁桥的设计思路与主梁结构断面,并在结构自重、技术经济性等方面与具有相同跨径和技术标准的钢-混凝土组合梁桥进行对比。

6.8.1　实桥方案试设计

试设计的型钢-UHPC 组合梁桥为 4 × 35m 的简支变结构连续的梁桥[图 6-7b)],单幅桥梁宽 16.25m,为三车道,设计公路等级为一级高速公路,荷载等级为公路-I 级。

常规中小跨径梁桥的跨高比为 15 ~ 25[30,31]。考虑到 UHPC 材料优异的力学性能和良好的耐久性,在应用于组合梁替代普通混凝土时,可进一步优化结构尺寸。因此将组合梁的梁高拟定为 1.5m,对应的跨高比为 23.3。为了较好地利用 UHPC 材料的抗拉性能,将 UHPC 梁高拟定为 0.8m,H 型钢的梁高为 0.7m,根据规范选取 HN700 × 300 规格型钢[32],在此设计下中性轴位于 UHPC 腹板内。参考文献[1][33]的研究,将 UHPC π 梁的顶板宽度和厚度分别拟定为 2.7m 和 0.12m,将腹板厚度定为 0.08m。

单榀预制 π 型组合梁由双 T 梁和跨中及端部 UHPC 横隔板构成,相邻两个拼装的 π 型组合梁之间不设横隔板。单榀 π 梁内两 H 型钢间距为 1.5m。UHPC 顶板内的钢筋参考文献[34]的布置。UHPC 梁顶板中布置三层钢筋网,上下两层为直径 12mm 的横向钢筋,且交错布置,中间一层为直径 16mm 的纵向钢筋,每层钢筋网内的钢筋间距均为 150mm。剪力连接件为 19mm × 100mm 的 ML15Al 栓钉,栓钉横向间距为 120mm;考虑到钢-UHPC 界面接近中性轴,水平剪力较大,因此栓钉纵向间距拟定为 100mm。

根据上述布置,设计的主梁标准断面如图 6-88a)所示。π 梁单元截面和简化截面细节如图 6-88b)~d)所示。

a)试设计桥梁标准断面图

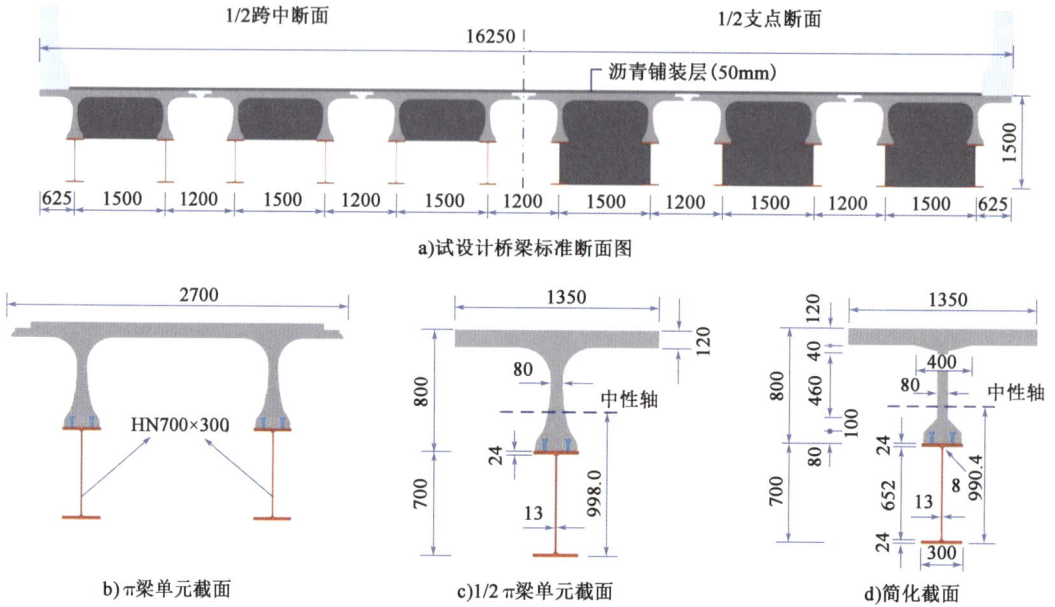

b)π梁单元截面　　　c)1/2 π梁单元截面　　　d)简化截面

图 6-88　试设计桥梁断面图(单位:mm)

6.8.2　技术经济性能分析

为了解型钢-UHPC 组合梁方案在技术经济性方面的优势,将图 6-88 所示的方案作为方案 1,与图 6-89 所示的传统少主梁钢-混凝土组合梁方案(方案 2)进行对比。方案 2 为 4 × 35m 跨径常用的标准设计图。由于 UHPC 具有良好的抗裂性能和耐久性,因此方案 1 采用 50mm 厚沥青铺装层,仅为方案 2 的一半[35,36]。

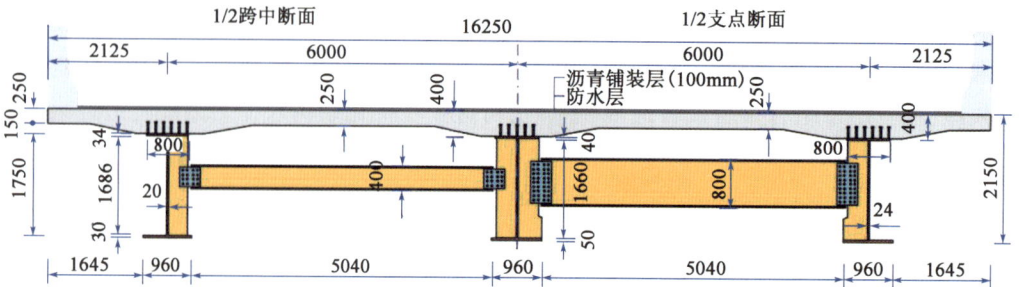

图 6-89　传统少主梁钢-混凝土组合梁方案(单位:mm)

在具有相同跨径和技术标准的前提下,对两个方案的主要材料用量和经济性进行对比,对比结果见表 6-29。由表 6-29 可见,方案 1 的每平方米自重仅为方案 2 的 63%,每平方米用钢量仅为方案 2 的 70%。由于采用了低成本的型钢,方案 1 的每平方米预估造价仅为方案 2 的 88%。由此可见,相比于少主梁钢-混凝土组合梁方案,型钢-UHPC 组合梁方案自重更轻、经济性更好。

表 6-29　主要材料用量和经济性对比结果

主要材料用量	方案 1:型钢-UHPC 组合梁	方案 2:少主梁钢-混凝土组合梁
沥青混凝土(m³)	26.7	53.4
普通混凝土(m³)	—	166.9
UHPC(m³)	117.1	—
钢筋(t)	10.4	67.8
预应力钢筋(t)	—	4.8
型钢(t)	76.4	—
焊接钢结构(t)	—	109.2
每平方米用钢量(kg)	134.4(70%)	192.0(100%)
每平方米自重(kg)	800.7(63%)	1278.6(100%)
每平方米造价(元)	2773.9(88%)	3156.2(100%)

注:材料容重取值为沥青混凝土 24kN/m³,普通混凝土 25kN/m³,UHPC 26kN/m³,钢材 78.5kN/m³;材料单价取值为 1cm 厚沥青混凝土 24 元/m²,普通混凝土预制板(含钢筋)3000 元/m³,UHPC(含钢筋)9000 元/m³,预应力钢绞线(含波纹管、锚具、灌浆)15000 元/t,型钢 6000 元/t,焊接工字钢 10000 元/t。

在技术难度和可行性方面,方案 2 的钢板组合梁为中小跨径梁桥常用的结构型式,技术成熟;方案 1 为基于 UHPC 研发的高性能桥梁结构,虽然型钢-UHPC 组合梁结构尚未应用于工程实际,但 UHPC 作为主要工程材料已逐步应用于国内外桥梁工程中[37,38],因此方案 1 具备一定的工程可行性。

在施工方面,方案 2 工厂部分预制,现场吊装,施工工艺成熟,桥面板二次吊装,现场湿接缝作业量大;需张拉预应力,增加施工难度;此外,钢结构的焊接工作量大,焊接质量要求高。方案 1 工厂整体预制 π 型梁单元,整体性好,一次吊装,现场湿接缝作业量小;无须张拉预应力,施工周期短;采用型钢,仅需考虑接长处的对接焊缝,焊接工作量极少。

综上分析可知,虽然型钢-UHPC 组合梁作为新结构未见应用,但关于 UHPC 桥梁工程的基础研究和应用已经很广泛;此外,新结构自重更轻、经济性更优、装配化效率更高、耐久性更好,因此,型钢-UHPC 组合梁方案具有应用于中小跨径梁桥的潜力。

6.8.3　型钢-UHPC 组合梁桥荷载效应分析

6.8.3.1　设计参数

根据公路桥规[3]中的规定,对型钢-UHPC 组合梁桥的作用效应进行计算。表 6-30 和表 6-31分别为 UHPC 和型钢的材料设计参数。

表6-30　UHPC 材料的设计参数

材料性能	符号	取值
密度（kg/m³）	ρ_c	2800
泊松比	μ_c	0.2
线膨胀系数（°C⁻¹）	α_c	1.1×10^{-5}
弹性模量（GPa）	E_{cm}	47.5
立方体抗压强度特征值（MPa）	$f_{cu,k}$	160.0
轴心抗压强度标准值（MPa）	f_{ck}	112.0
轴心抗压强度设计值（MPa）	f_{cd}	77.0
抗拉强度标准值（MPa）	f_{tk}	8.0
抗拉强度设计值（MPa）	f_{td}	4.4

注：f_{cd} 和 f_{td} 可以通过 $\alpha_{cc}\alpha f_{cu,k}/\gamma_c$ 和 $f_{tk}/\gamma_{cf}/K$ 得到。其中，α_{cc} 为长期效应影响系数，取 0.88；α 为棱柱体抗压强度与立方体抗压强度的比值，取 0.8；γ_c 和 γ_{cf} 分别为在承载力极限状态下受压 UHPC 和受拉 UHPC 的材料分项系数，均取 1.45；K 为纤维取向系数，取 1.25。

表6-31　型钢材料的设计参数

材料性能	符号	取值
密度（kg/m³）	ρ_s	7850
泊松比	μ_s	0.3
线膨胀系数（°C⁻¹）	α_s	1.2×10^{-5}
弹性模量（GPa）	E_{sm}	206
屈服强度（MPa）	f_y	330
抗拉强度设计值（MPa）	f_d	270
抗剪强度设计值（MPa）	f_{vd}	155

6.8.3.2　模型建立

如图 6-90 所示，采用 MIDAS/Civil 有限元软件建立 4×35m 简支变结构连续的型钢-UHPC 组合梁桥全桥模型。模型采用平面梁格法，并用施工阶段联合截面的方法模拟型钢-UHPC 组合梁施工过程中的受力状况；此外，模型中型钢和 UHPC 材料均视为理想弹性材料，忽略 UHPC-T 梁内的钢筋和钢-UHPC 界面的滑移效应。全桥模型所采用的型钢为 Q345，UHPC 为 U160，具体的设计参数见表 6-30 和表 6-31。

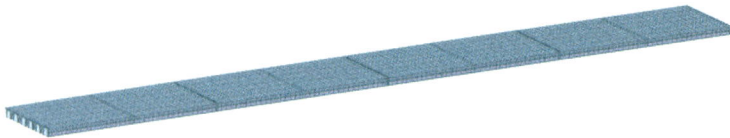

图6-90　型钢-UHPC 组合梁桥全桥模型

施工过程主要包括:预制型钢-UHPC 组合梁单元、吊装预制单元、浇筑纵横向湿接缝、体系转换、二期恒载施工、成桥运营。所考虑的荷载主要包括:恒载(自重 + 二期恒载)、支座沉降、收缩徐变、温度作用(分别考虑整体温度和梯度温度)、汽车荷载。其中汽车按设计车道数考虑三个车道,按最不利偏载的情况布置车道。

6.8.3.3　荷载效应计算结果

荷载的作用组合按照《公路桥涵设计通用规范》(JTG D60—2015)[3]。其中,基本组合和频遇组合分别按式(6-1)和式(6-2)确定。型钢-UHPC 组合梁的荷载效应主要计算结果见表 6-32。

表 6-32　荷载效应计算结果(单位:MPa)

类目	位置	阶段一(施工阶段)		阶段二(成桥运营)	
		预制单元吊装	施工桥面系	基本组合	频遇组合
UHPC	跨中顶板压应力	−7.4	−11.5	−33.2	−22.1
	跨中翼缘拉应力	4.3	6.3	19.1	12.3
型钢	下翼缘跨中拉应力	68.8	100.9	244.9	158.3
	支座处下翼缘压应力	0	−60.1	−186.2	−120.3

由表 6-32 可知,基本组合下工字钢上下翼缘最大应力为 269.4MPa(已考虑结构重要性系数),而常见 Q345 钢材的抗拉强度设计值为 270MPa(板件厚度为 16 ~ 40mm)[4],表明钢结构设计合理;持久状况和短暂状况下 UHPC 的压应力宜小于 $0.6f_{ck}$(= 67.2MPa),表 6-32 的计算结果表明 UHPC 压应力满足要求。

6.9　本章小结

本章针对中小跨径梁桥,分别提出钢-UHPC 组合梁桥、型钢-UHPC 组合梁桥、无预应力UHPC – NC 组合梁桥和中承式 UHPC 梁桥四种不同形式的装配式梁桥结构,实现结构轻型化、材料耐久化、施工快捷化,为新型桥梁设计提供参考。对于钢-UHPC 组合梁桥结构,通过试验研究、数值模拟及理论分析相结合,研究了钢-UHPC 组合梁和其纵向接缝、横向接缝的弯曲力学性能,还针对实际工程介绍了钢-UHPC 组合梁桥的施工与检测。主要得到以下结论:

(1)以 4 × 25m 钢-UHPC 组合梁桥为例,通过与相同跨径和相同技术标准的预应力混凝土小箱梁、常规钢-混凝土组合梁相比,钢-UHPC 组合梁桥具有良好的经济优势,同时自重减小45% ~ 58% 。

(2)钢-UHPC 组合梁桥纵向局部加高 T 形接缝具有优异的抗裂性能,可降低接缝界面开裂的风险;钢-UHPC 组合梁桥横向接缝负弯矩区模型试验结果表明,试件主裂缝仍出现在接缝界面处,试件中心墩顶位置依然未见可视裂缝,接缝左右两侧的钢腹板在墩顶交错布置,强化了桥梁墩顶负弯矩区的抗裂性能,试件中心墩顶位置名义开裂应力可达到 19.02MPa。

(3)钢-UHPC 组合梁桥承受正弯矩荷载时,极易出现 UHPC 面板强、钢梁弱的情况,采用传统弹性计算方法或简化塑性法均无法准确预测其极限承载能力,因此提出对简化塑性方法的修正,所提方法可以准确预测文献试验及数值模拟计算结果。

（4）以采用钢-UHPC组合梁方案的广东惠清高速麻埔跨线车行桥为背景,介绍了4×25m简支变结构连续的钢-UHPC组合梁桥的施工工艺和施工流程,为同类型桥梁的施工提供了经验。

（5）对首次应用钢-UHPC组合梁结构的实桥开展了动静载成桥检测试验,试验结果表明实桥在正常使用阶段具有良好的安全性和耐久性,试验过程中未发现UHPC桥面板出现裂缝,同时UHPC压应力和钢梁的应力水平均较低,满足规范要求;脉动试验测得结构的前三阶模态对应的结构基频分别为4.10Hz、4.69Hz和5.86Hz,通过跑车试验得到的冲击系数范围大致为0.16~0.33。

（6）以4×35m简支变结构连续梁桥为背景,与具有相同跨径和技术标准的普通钢板组合梁相比,型钢-UHPC组合梁每平方米结构自重减小37%,造价减少12%。

参 考 文 献

[1] 赵明,何湘峰,邱明红,等.全预制钢-UHPC轻型组合梁在中小跨径桥梁中的设计与应用研究[J/OL].公路工程,2019,44(5):63-66.https://doi.org/10.19782/j.cnki.1674-0610.2019.05.013.

[2] 张哲,邵旭东,李文光,等.超高性能混凝土轴拉性能试验[J/OL].中国公路学报,2015,28(8):50-58.https://doi.org/10.19721/j.cnki.1001-7372.2015.08.007.

[3] 中华人民共和国交通运输部.公路桥涵设计通用规范:JTG D60—2015[S].北京:人民交通出版社股份有限公司,2015.

[4] 中华人民共和国交通运输部.公路钢结构桥梁设计规范:JTG D64—2015[S].北京:人民交通出版社股份有限公司,2015.

[5] Association Française de Génie Civil(AFGC). Ultra high performance fibre reinforced concretes:AFGC-2013[S]. Paris:AFGC&SETRA Working Group,2013.

[6] RICHARD P,CHEYREZYM. Composition of reactive powder concretes[J/OL]. Cement and concrete research,1995,25(7):1501-1511. https://doi.org/10.1016/0008-8846(95)00144-2.

[7] LUO J,SHAO X,CAO J,et al. Transverse bending behavior of the steel-UHPC lightweight composite deck:Orthogonal test and analysis[J/OL]. Journal of constructional steel research,2019,162(105708):35-47. https://doi.org/10.1016/j.jcsr.2019.105708.

[8] LUO J,SHAO X,FAN W,et al. Flexural cracking behavior and crack width predictions of composite(steel + UHPC) lightweight deck system[J/OL]. Engineering structures,2019,194:120-137. https://doi.org/10.1016/j.engstruct.2019.05.018.

[9] 邵旭东,吴佳佳,刘榕,等.钢-UHPC轻型组合桥梁结构华夫桥面板的基本性能[J/OL].中国公路学报,2017,30(3):218-225,245. https://doi.org/10.19721/j.cnki.1001-7372.2017.03.024.

[10] European Committee for Standardization(CEN). Design of Steel Structures. General Rules and Rules for Buildings:EN 1993-1-1[S]. Brussels,2005.

［11］ AALETI S,HONARVAR E,SRITHARAN S,et al. Structural characterization of UHPC waffle bridge deck and connections［R］. Ames:Iowa State University Press,2014.

［12］ 中华人民共和国住房和城乡建设部. 混凝土结构设计规范(2015 年版):GB 50010—2010［S］. 北京:中国建筑工业出版社,2016.

［13］ CODE M. Fib model code for concrete structures 2010［S］. Berlin:Ernst & Sohn,2010.

［14］ American Concrete Institute(ACI). Building code requirements for structural concrete and commentary:ACI 318-08［S］. State of Michigan:American Concrete Institute,2008.

［15］ 刘君平,徐帅,陈宝春. 钢-UHPC 组合梁与钢-普通混凝土组合梁抗弯性能对比试验研究［J］. 工程力学,2018,35(11):92-98,145.

［16］ 中华人民共和国住房和城乡建设部. 钢-混凝土组合桥梁设计规范:GB 50917—2013［S］. 北京:中国计划出版社,2013.

［17］ European Committee for Standardization(CEN). Design of composite steel and concrete structures:EN 1994-1-1［S］. Brussels,2005.

［18］ 聂建国. 钢-混凝土组合结构桥梁［M］. 北京:人民交通出版社,2011.

［19］ 中华人民共和国交通运输部. 公路钢混组合桥梁设计与施工规范:JTG/T D64-01—2015［S］. 北京:人民交通出版社股份有限公司,2015.

［20］ 陈俊岭,舒文雅,李金威. Q235 钢材在不同应变率下力学性能的试验研究［J］. 同济大学学报(自然科学版),2016,44(7):1071-1075.

［21］ AN L,CEDERWALL K. Push-out tests on studs in high strength and normal strength concrete［J/OL］. Journal of constructional steel research,1996,36(1):15-29. https://doi. org/10. 1016/0143-974X(94)00036-H.

［22］ HEGGER J,SEDLACEK G,DÖINGHAUS P,et al. Studies on the ductility of shear connectors when using high-strength steel and high-strength concrete［C］// International symposium on connections between steel and concrete. RILEM Publications SARL,2001.

［23］ 曹君辉. 钢-薄层超高性能混凝土轻型组合桥面结构基本性能研究［D］. 长沙:湖南大学,2016.

［24］ P DÖINGHAUS,GORALSKI C,WILL N. Design rules for composite structures with high performance steel and high performance concrete［C］// International conference on high performance materials in Bridges,2003.

［25］ JOHNSON R P,MAY I M. Partial-interaction design of composite beams［J］. Structural engineer,1975,53(8):305-311.

［26］ JSSC. Guidelines for performance-based design of steel-concrete hybrid structures［S］. Tokyo:Japan Society of Civil Engineers(JSCE),2002.

［27］ OLLGAARD J G,SLUTTER R G,FISHER J W. Shear strength of stud connectors in lightweight and normal weight concrete［J］. AISC engineering journal,1971:71-100.

［28］ 杨剑,方志. 超高性能混凝土单轴受压应力-应变关系研究［J］. 混凝土,2008(7):11-15.

［29］ 张哲. 钢-配筋 UHPC 组合桥面结构弯曲受拉性能研究［D］. 长沙:湖南大学,2016.

［30］ Japan Bridge Association. JBA 2006:'06 Design Data Book［S］. Tokyo,2006.

［31］ Steel Market Development Institute of the America. Short span steel bridge standard drawings：SMDI 2012［S］. Southfield：MI，2012.

［32］ 中华人民共和国国家质量监督检验检疫总局，中国国家标准化管理委员会. 热轧 H 型钢和剖分 T 型钢：GB/T 11263—2017［S］. 北京：中国标准出版社，2017.

［33］ GRAYBEAL B. NTIS Accession No. PB2009-115496：Structural behavior of a 2nd generation ultra-high performance concrete pi-girder［J］. Washington DC，2009.

［34］ DENG S，SHAO X，YANB，et al. Transverse joint design of small-medium-span fully precast steel – UHPC lightweight composite bridge［J/OL］. Journal of bridge engineering，2021，26(8)：04021046. https：//doi. org/10. 1061/(ASCE) BE. 1943-5592. 0001745.

［35］ RESPLENDINO J. Ultra-high performance concretes-Recent realizations and research programs on UHPFRC bridges in France［C］// Kassel：Kassel University Press，2008：31-43.

［36］ RESPLENDINO J，TOULEMONDE F. Designing and building with UHPFRC：State of the art and development［M］. John Wiley & Sons，Inc. ，2010.

［37］ 邵旭东，邱明红，晏班夫，等. 超高性能混凝土在国内外桥梁工程中的研究与应用进展［J］. 材料导报，2017，31(23)：33-43.

［38］ GRAYBEAL B A，BRÜHWILER E，KIM B S，et al. International perspective on UHPC in bridge engineering［J］. Journal of bridge engineering，2020，25(11)：4020094. 1-4020094. 16.

第 7 章

特大跨径拱桥新体系探索

INNOVATIVE BRIDGE STRUCTURES BASED
ON ULTRA-HIGH PERFORMANCE CONCRETE (UHPC)

THEORY, EXPERIMENT AND APPLICATION

7.1 概述

7.1.1 拱桥的发展历程

拱桥是大跨径桥梁的主要形式,对于地质条件好,或桥址处于山区的情形,相比其他桥型,拱桥方案往往具有更好的经济性[1]和耐久性。早在古罗马时期和中国古代,人们就已经开始广泛建造石拱桥,而近现代随着建筑材料的变革和进步,如混凝土、铁和钢的发明及应用,拱桥跨径得以大幅增加。目前已建的大跨径拱桥主要有钢拱桥、混凝土拱桥和钢管混凝土拱桥三种形式。

7.1.1.1 钢拱桥

随着金属制造技术的成熟,人们开始建造金属拱桥。1779 年,英国建成了第一座铸铁拱桥,是由 Thomas Pritchard 设计的 Iron 桥,主跨跨径 30.5m;美国于 1874 年建成了 Eads 钢拱桥,由三跨跨径 158.5m 的钢管组成,开启了大跨径钢拱桥的新时代[2]。与国外相比,我国钢拱桥起步较晚,1937 年天津建成了新大红桥,为主孔跨径 57.37m 的三孔下承式钢拱桥[3]。部分早期建造的钢拱桥如图 7-1 所示。2000 年以后,我国钢拱桥的发展速度加快,修建了许多大跨径钢拱桥。世界范围内已建跨径 400m 以上的钢拱桥如表 7-1[3,4] 所示,部分大跨径钢拱桥如图 7-2 所示。

a)英国Iron桥	b)美国Eads桥	c)天津新大红桥

图 7-1 早期钢拱桥

表 7-1 已建跨径 400m 以上的钢拱桥(截至 2022 年底)

桥名	建成年份	主跨跨径(m)	地点
朝天门长江大桥	2007 年	552	中国重庆
卢浦大桥	2003 年	550	中国上海
秭归长江公路大桥	2019 年	530	中国湖北
New River Gorge 桥	1977 年	518.3	美国西弗吉尼亚州
Bayonne 桥	1931 年	504	美国新泽西州和纽约州
Sydney Horbor 桥	1932 年	503	澳大利亚新南威尔士州

桥名	建成年份	主跨跨径(m)	地点
大瑞铁路怒江大桥	在建	490	中国云南
Chenab 桥	在建	465	印度 Katra
明州大桥	2011 年	450	中国浙江
西江大桥	2012 年	450	中国广东
鸭池河大桥	2018 年	436	中国贵州
新光大桥	2007 年	428	中国广东
菜园坝大桥	2007 年	420	中国重庆
大宁河大桥	2010 年	400	中国重庆
第二横琴大桥	2015 年	400	中国广东

a)朝天门长江大桥　　　　　　　　b)卢浦大桥　　　　　　　　c)秭归长江公路大桥

d)New River Gorge桥　　　　　　　e)Sydney Horbor桥

图 7-2　部分大跨径钢拱桥

7.1.1.2　混凝土拱桥

1759 年水泥被发明后,混凝土因其优异的抗压性能被应用在拱桥中。1875 年,Monier 建成了第一座混凝土拱桥;1942 年,西班牙建成了主跨为 210m 的 Esla 桥;1943 年,瑞典建成了跨径为 264m 的 Sando 桥[5]。我国在 20 世纪 60 年代后修建了大量的钢筋混凝土拱桥,其间研发了许多钢筋混凝土拱桥的结构形式,随后我国钢筋混凝土拱桥的跨径逐渐增大[6]。世界范围内已建跨径 300m 以上的混凝土拱桥如表 7-2[4,6]所示,部分大跨径混凝土拱桥如图 7-3 所示。

表7-2　已建跨径300m以上的混凝土拱桥（截至2022年底）

桥名	建成年份	主跨跨径(m)	地点
天峨龙滩特大桥	在建	600	中国广西
新市西宁河特大桥	在建	510	中国四川
沪昆高铁北盘江大桥	2016 年	445	中国云南
万州长江大桥	1997 年	420	中国重庆
云贵高铁南盘江大桥	2016 年	416	中国贵州
Krk 1 号桥	1980 年	390	克罗地亚克尔克岛
Almonte 大桥	2016 年	384	西班牙 Cáceres
渝贵铁路夜郎河大桥	2017 年	370	中国贵州
昭化嘉陵江大桥	2013 年	364	中国四川
大瑞铁路澜沧江大桥	在建	342	中国云南
郑万高铁梅溪河大桥	2022 年	340	中国重庆
江界河大桥	1995 年	330	中国贵州
Alcantara Reservoir 桥	2017 年	324	西班牙 Cáceres
Colorado 桥	2010 年	323	美国科罗拉多州
胡佛大桥	2010 年	323	美国亚利桑那州
邕江大桥	1996 年	312	中国广西
Gladesville 桥	1964 年	305	澳大利亚悉尼

a)天峨龙滩特大桥

b)新市西宁河特大桥

c)沪昆高铁北盘江大桥

d)万州长江大桥

e)Krk 1号桥

f)胡佛大桥

图7-3　部分大跨径混凝土拱桥

7.1.1.3　钢管混凝土拱桥

钢管混凝土拱桥是在钢管拱肋中填充混凝土,不仅提高了钢管的局部稳定性,而且通过钢管的套箍作用增大了混凝土韧性和强度。苏联于 1937 年在列宁格勒建成了第一座钢管混凝土拱桥，为跨径 101m 的下承式钢管混凝土拱桥。我国于 1990 年建成了四川旺苍东河大桥，跨径为 110m，随后钢管混凝土拱桥在我国被逐渐推广[7]。世界范围内已建跨径 400m 以上的钢管混凝土拱桥如表 7-3[4,7] 所示，部分大跨径钢管混凝土拱桥如图 7-4 所示。

表 7-3　已建跨径 400m 以上的钢管混凝土拱桥（截至 2022 年底）

桥名	建成年份	主跨跨径(m)	地点
平南三桥	2020 年	575	中国广西
合江长江一桥	2013 年	530	中国四川
合江长江公路大桥	2021 年	507	中国四川
德余高速乌江特大桥	在建	504	中国贵州
石家渡漓江大桥	2002 年	483	中国广西
田湾大渡河大桥	在建	466	中国四川
巫山长江大桥	2005 年	460	中国重庆
大小井特大桥	2019 年	450	中国贵州
蒙新高速凉水沟大桥	2009 年	430	中国云南
支井河特大桥	2009 年	430	中国湖北
拉林铁路藏木特大桥	2021 年	430	中国西藏
莲城大桥	2007 年	400	中国湖南

a)平南三桥　　　　　　　　b)合江长江一桥　　　　　　　c)合江长江公路大桥

d)石家渡漓江大桥　　　　　　　　e)巫山长江大桥

图 7-4　部分大跨径钢管混凝土拱桥

7.1.1.4　UHPC 拱桥

UHPC 是根据最大堆积密度原理(减小孔隙率和大孔)和低水胶比制备形成的高致密水泥基复合材料[8-10]。UHPC 具有高强度、高弹模、低徐变等突出优点,试验结果表明:UHPC 经热养后,后期收缩基本为零,徐变大幅减小。UHPC 的抗压强度通常在 150MPa 以上(约为普通混凝土的 4 倍),弯曲抗拉强度在 20MPa 以上(约为普通混凝土的 10 倍),可以保证拱肋能承受较大的压应力和拉应力;UHPC 的长期徐变变形仅为普通混凝土的 20%[11],可以保证拱桥的内力和位移不会因徐变而受到太大的影响;同时,UHPC 可以保证拱桥的耐久性,UHPC 结构的造价低于钢结构,可以保证拱桥的经济性,因而 UHPC 非常适合用于拱桥结构。诸多工程实践表明:UHPC 能够在保证同等强度的条件下有效减小构件的尺寸,减轻结构自重,增强跨越能力。

对于不同材料的承压构件(图 7-5),当承受相同轴力时,其造价、自重及碳排放指标的计算结果如表 7-4 和图 7-6 所示。计算结果表明:UHPC 承压构件与钢承压构件相比,自重基本持平,前者材料造价和碳排放仅为后者的 34% 和 20%;UHPC 承压构件与普通混凝土承压构件相比,材料造价持平,而前者自重和碳排放均约为后者的 1/3;且 UHPC 结构寿命可达 200 年。因而采用高性能材料 UHPC,能起到减少材料用量和碳排放、延长结构寿命的关键作用,从而为达到"双碳"目标做出突出贡献。

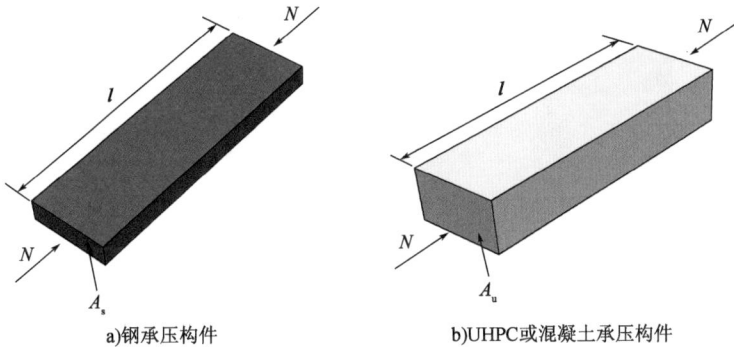

a)钢承压构件　　　　　　　　　　b)UHPC或混凝土承压构件

图 7-5　不同材料的承压构件

表 7-4　不同材料的承压构件的指标对比

项目	单价 (1)	密度 (2)	单位碳排放 (3)	抗压设计值 (4)	面积 A (5)	造价 (1)×(5)	自重 (2)×(5)	含钢率 (3%)	总碳 排放
Q345 钢	13000 元/t × 7.85t/m³ = 102050 元/m³	7.85t/m³	20.41t/m³	260MPa	$N/260$	$392.5N$	$0.0302N$		$0.0785N$
UHPC150	10000 元/m³	2.7t/m³	0.588t/m³	75MPa	$N/75$	$133.3N$	$0.036N$	$0.0004N$	$0.016N$
C50 混凝土	3000 元/m³	2.5t/m³	0.385t/m³	22.4MPa	$N/22.4$	$133.9N$	$0.112N$	$0.0013N$	$0.0445N$
UHPC150/ Q345 钢						0.34	1.19		0.20
C50 混凝土/ Q345 钢						0.34	3.71		0.57
UHPC150/ C50 混凝土						1.0	0.32		0.35

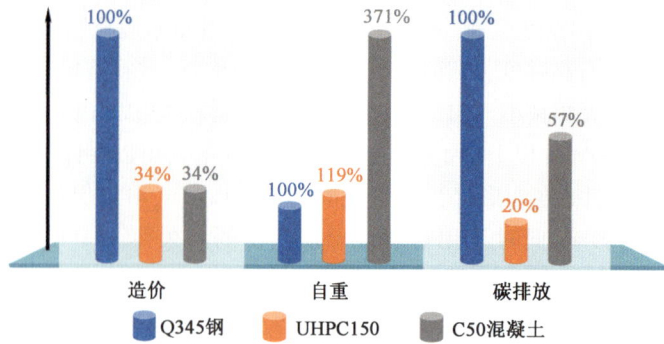

图7-6　不同材料的承压构件指标对比示意图

2002 年,韩国修建了 UHPC 拱桥——仙游人行拱桥,如图 7-7 所示,跨径为 120m。主拱圈采用 π 形截面,采用预制拼装方式进行施工,拱肋节段采用蒸汽养护以减少 UHPC 后续的收缩和徐变。

图7-7　韩国仙游人行拱桥

2010 年,奥地利建成世界上第一座 UHPC 公路拱桥——Wild 拱桥,如图 7-8 所示。该桥为主跨跨径 70m 的上承式 UHPC 箱形拱桥,矢高 18m,主拱圈由多道折线构成,为预制构件,节段拼装并由体外预应力筋连接,UHPC 拱肋壁厚仅为 6cm。

2015 年,福州大学建成了单跨跨径 10m(矢跨比 1/4)的 UHPC 拱桥,厚 10cm,现浇 UHPC 拱圈并蒸汽养护。

2019 年 3 月,国内首座 UHPC 车行装配式刚架拱桥在广东高恩高速建成,如图 7-9 所示。该桥利用了 UHPC 高抗压强度的优势,自重轻、安装方便,且轻巧美观、耐久性好。该桥主跨跨径 58m,全长 66m,桥宽 5.5m,矢跨比 1/8.9。主拱及边梁材料采用 UHPC150,由 3 道 30cm 厚 UHPC 刚架拱片和 UHPC 边梁构成,每道拱片分 3 段卧式预制,共计 15 个预制节段。桥面板及防撞栏杆采用现浇普通混凝土。拱片及边梁预制蒸养(耗时约 3 周)后运输至现场吊装并进行空中翻转就位(耗时 2 天,拱肋最大节段吊装吨位 25.8t,长 24m),之后浇筑 UHPC 接缝与普通混凝土桥面板及栏杆。该拱桥自重仅为传统混凝土拱桥的 50%。该桥按公路-Ⅰ级荷载设计,全桥未设置预应力,UHPC 主拱最大压应力 40.5MPa,最大拉应力 15.6MPa,最大裂缝宽度按 0.05mm 进行控制。该桥在 UHPC 湿接缝构造设计、主体结构裂缝控制、超薄刚架拱片卧式预制与空中翻转就位等方面进行了有益尝试,相关经验有望推动 UHPC 拱桥及装配式桥梁快速化施工技术的发展。

图 7-8　奥地利 Wild 拱桥

图 7-9　广东高恩高速 UHPC 车行装配式刚架拱桥

2020 年,云南昌保高速八丘田车行 UHPC 箱形拱桥建成,如图 7-10 所示。该桥为国内首座采用机制砂 UHPC 建设的车行箱形拱桥,主跨跨径 34m,矢跨比 1/5,拱肋壁厚 8～15cm。由于 UHPC 具有高抗压强度,故将 UHPC 应用于以承压为主的拱桥,有望使拱桥的跨径实现进一步突破。

图 7-10　云南昌保高速八丘田车行 UHPC 箱形拱桥

7.1.2　特大跨径拱桥主要技术难题

对于跨径600m以上的桥梁,目前应用的桥型只有斜拉桥和悬索桥。主要原因是当拱桥向这一跨径领域发展时,其结构自重大、施工困难等因素致使其经济性变差。普通混凝土拱桥因自重过大,混凝土强度将基本被其自重消耗殆尽,如法国米勒高架桥602m混凝土拱桥方案[12]采用单箱单室截面作为拱圈截面,由于普通混凝土的抗压强度低,故拱圈截面尺寸过大、结构过重,以致难以施工。而特大跨径钢拱桥又存在厚板焊接困难、费用过高等问题,如跨径550m的某拱桥,钢板焊接厚度达到了100mm,导致焊接十分困难。

在特大跨径拱桥施工方面,主要采用悬臂节段拼装结合斜拉扣挂悬臂法施工,如图7-11所示,由于主拱在合龙前自身不能承受大的弯矩,需用斜拉扣索支撑各个主拱节段,即先做成带地锚的斜拉桥,待合龙后拆除扣索再形成拱桥。因主拱自重大,所需的扣塔、斜拉扣索、地锚等临时措施费用非常高,严重影响了拱桥方案的经济性,这些都是制约拱桥向更大跨径发展的主要因素。

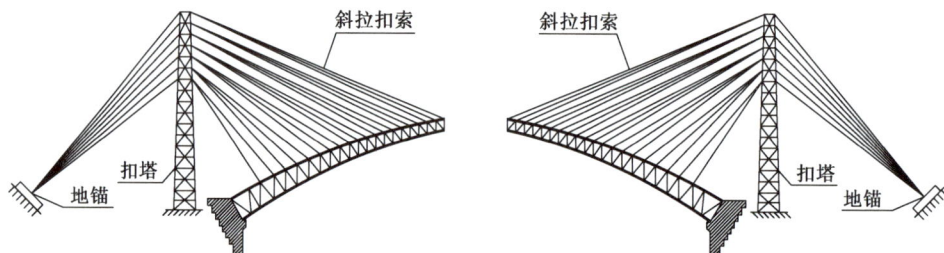

图7-11　斜拉扣挂悬臂法示意图

7.2　分次合龙钢-UHPC组合桁式拱桥方案

7.2.1　钢-UHPC组合桁式拱桥概述

为综合解决特大跨径拱桥自重大、施工困难、造价高等难题,不仅有必要引入UHPC,并且需要创建新的拱桥结构。作者团队利用UHPC的优异性能,提出了一种特大跨径钢-UHPC组合桁式拱桥新结构及相应的循环施工新方案[13-14],新型拱桥针对特大跨径拱桥技术瓶颈,采取的对策如下:

(1)瓶颈:混凝土拱桥自重过大,混凝土强度基本被其自重消耗殆尽。

对策:用超高强度的UHPC减重。

(2)瓶颈:钢拱桥厚板焊接困难、造价高。

对策:UHPC构件连接无须焊接,造价约为钢构件的一半。

(3)瓶颈:悬臂施工,临时措施费用过高。

对策:分次合龙,降低施工时主拱悬臂重量。

计算表明,新结构具有自重轻、施工效率高、造价低的优势,有望为跨径600m以上,特别是跨径700m以上的拱桥提供一种切实可行的解决方案。

7.2.2　钢-UHPC 组合桁式拱桥结构方案

7.2.2.1　结构特点

如图 7-12 所示,钢-UHPC 组合桁式拱桥为一种结构介于普通混凝土拱桥和钢拱桥之间的拱桥,具体来说,钢-UHPC 组合桁式拱桥具有以下特征:

(1)用 UHPC 箱形拱肋承受巨大的轴力,相比混凝土拱桥,其可降低约 2/3 的自重,相比钢拱桥,其避免了厚钢板焊接;腹杆、横联等全部采用钢结构,以降低自重并避免开裂;拱上立柱为钢结构,桥面结构为钢 + UHPC 轻型组合梁。整体布置如图 7-12 所示。主拱结构包括桁架拱和横桥向连接件,桁架拱由 UHPC 材料构成的箱形上、下弦拱肋和钢腹杆组成,钢腹杆与UHPC 拱肋通过连接件连接为一个整体,如图 7-13a) 所示,拱肋节段间的连接如图 7-13b) 所示。

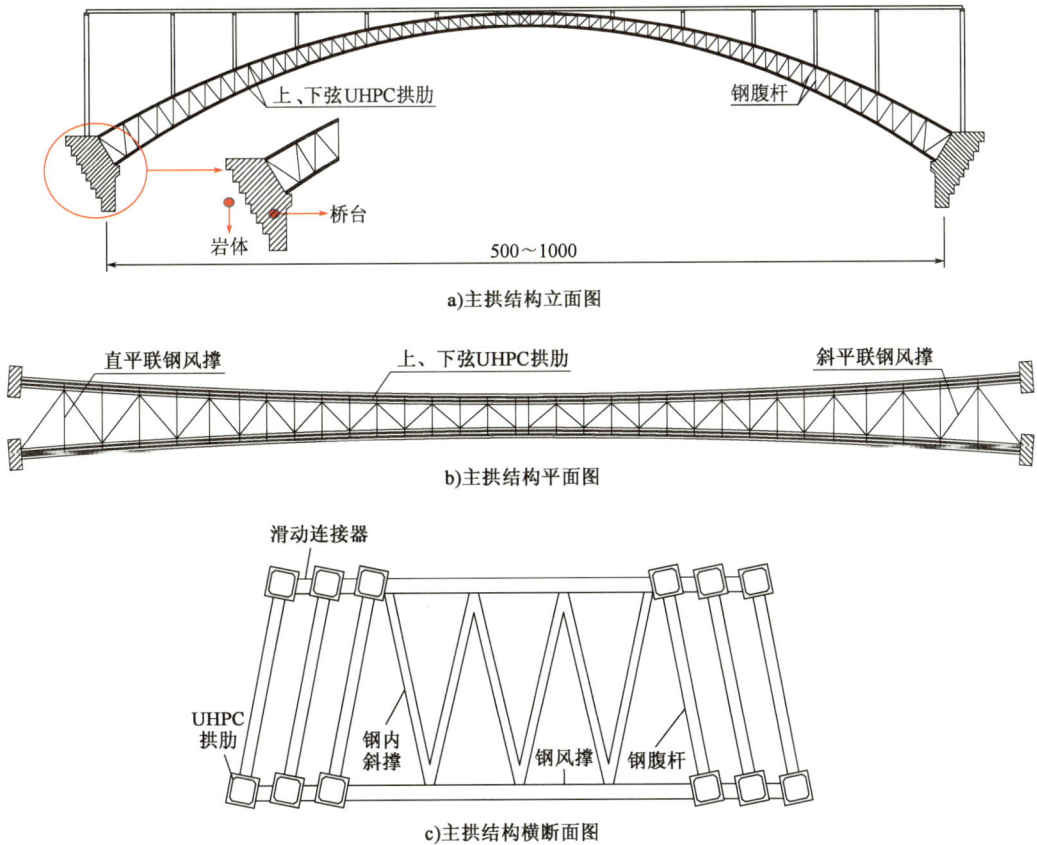

a)主拱结构立面图

b)主拱结构平面图

c)主拱结构横断面图

图 7-12　钢-UHPC 组合桁式拱桥示意图(单位:m)

(2)桁架拱的数量为多于两排的偶数排,如图 7-12 所示,其均向内倾斜形成提篮拱结构,以提高其横向稳定性。

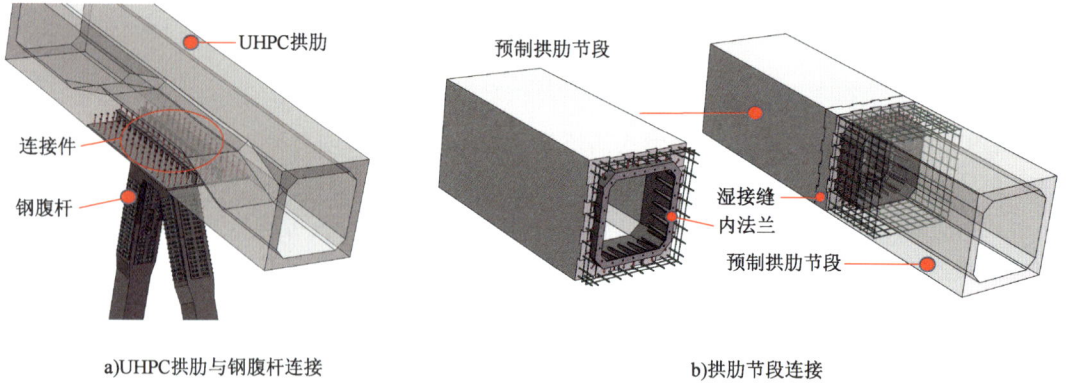

a)UHPC拱肋与钢腹杆连接　　　　　　　　　　b)拱肋节段连接

图 7-13　构件连接示意图

7.2.2.2　循环施工方法

钢-UHPC 组合桁式拱桥的循环施工方法包括以下步骤：

S1：节段预制桁架拱（图 7-14）和横桥向连接件，同步建设拱座，用斜拉扣挂悬臂法在拱座上同时安装横桥向最内侧两排桁架拱（以下简称内拱）以及横桥向连接件，待内拱合龙后放松扣索，如图 7-15a）所示。

S2：利用斜拉扣挂悬臂法在拱座上安装与内拱相邻的桁架拱，如图 7-15b）、c）所示，将放松后的扣索从内拱分别移至相邻的桁架拱并张紧。拱肋间设有横向的滑动连接器，施工过程中滑动连接器容许拱肋在面内自由滑动，在面外相互约束，在纵桥向、横桥向与竖向均有一定的滑动空间。在拱圈合龙及临时索全部放松后，滑动连接器完全锁定并浇筑 UHPC 将其包覆，使得两拱肋间牢固结合，如图 7-16 所示，随后将临时索移至其他桁架拱。

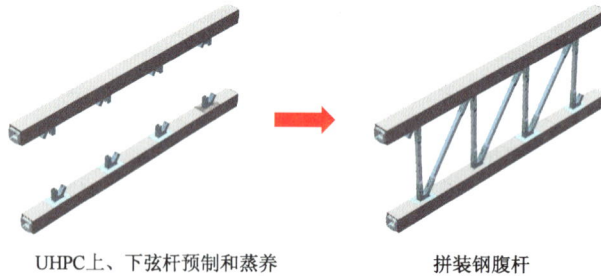

UHPC上、下弦杆预制和蒸养　　　　　　　拼装钢腹杆

图 7-14　拱肋预制

S3：重复 S2，直至所有的桁架拱均合龙，拆除斜拉扣索，再完成拱上结构的施工。

滑动连接器避免了特大跨径钢-UHPC 组合桁式拱桥在循环施工过程中的应力叠加问题，后续施工的拱肋不会对前期施工完成的拱肋的应力产生叠加效应，能够保证各排拱肋在各工况下的应力分布较为均衡，使主拱结构展现出良好的受力性能。

计算表明，1000m 级钢-UHPC 组合桁式拱桥如采用分 4 次合龙的循环施工法，斜拉扣索只需承担约 25.7% 的主拱自重，并重复利用 4 次，节省了扣塔、斜拉扣索、地锚等临时措施的费用，使施工成本大幅度降低。该钢-UHPC 组合桁式拱桥的技术方案可用常规的施工技术和施工设备实现，从而保证桥梁构造及其施工建造的可行性。

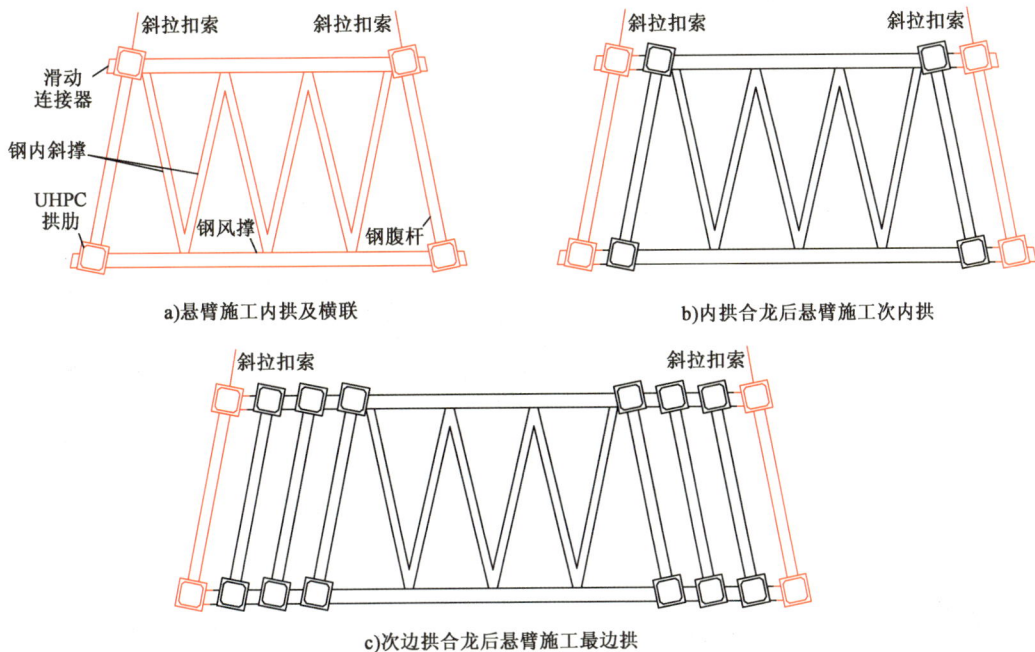

a)悬臂施工内拱及横联

b)内拱合龙后悬臂施工次内拱

c)次边拱合龙后悬臂施工最边拱

图7-15 主拱圈分四次合龙的循环施工步骤示意图(扣索只需支撑红色部分主拱)

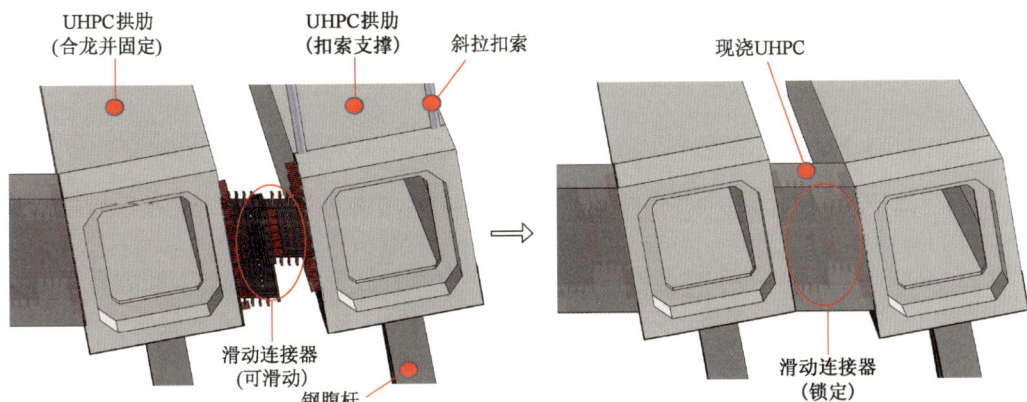

图7-16 滑动连接器

7.2.3 结构设计

7.2.3.1 总体设计

以一座跨径1000m、矢跨比1/6、桥面宽度36m的上承式钢-UHPC组合桁式拱桥作为试设计方案。主拱结构为提篮式,由两侧对称分布的8排桁架拱组成,8排桁架拱在横桥向均按1:5.5倾斜布置,两个最外侧的下弦拱肋的中心间距在拱顶处为31m,在拱脚处为93m,一侧的相邻桁架拱的中心间距均为3m。8排桁架拱通过钢横撑和内斜撑连接成一整体,组成桁架拱的上、下弦 UHPC 拱肋通过钢腹杆连接，腹杆采用 N 形桁式，上、下弦拱肋为 UHPC 箱形拱肋。上、下弦拱肋分别采用抛物线和悬链线作为拱轴线，下弦拱肋的拱轴系数 m 取 1.2，上、下弦拱肋计算矢高分别为 159.7m、173.6m，矢跨比分别为 1/6.4、1/5.7；在拱顶、拱脚处的拱圈断面高度分别为 15m、35m，整体布置断面图如图 7-17 所示。

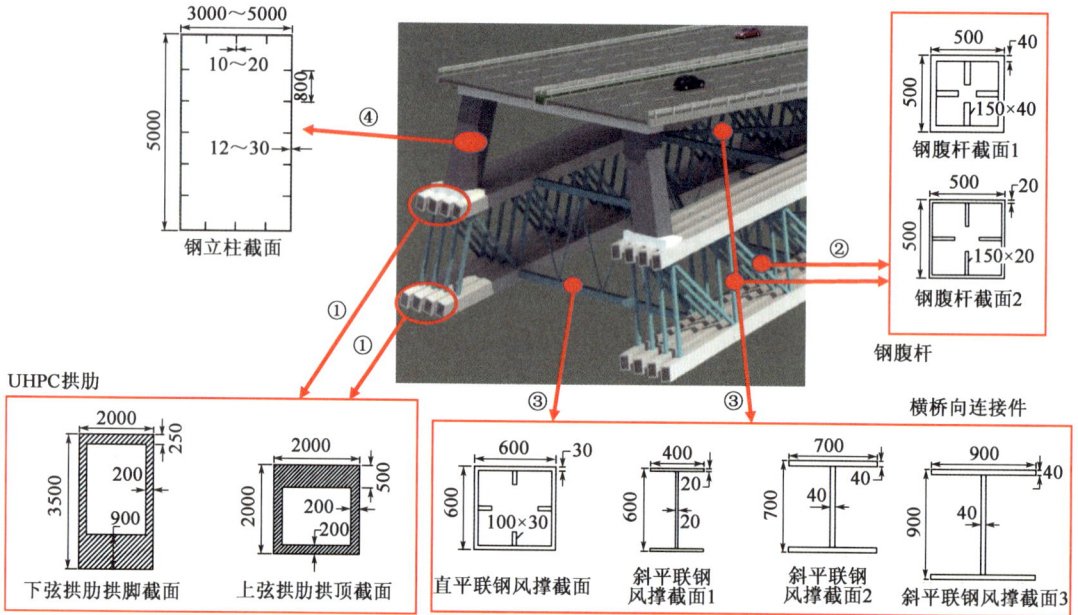

图 7-17　整体布置断面图（单位：mm）

7.2.3.2　UHPC 拱肋①

上、下弦 UHPC 拱肋均采用变截面设计，只改变顶板、底板的厚度，其中下弦拱肋的截面高度也进行相应的改变。

上弦拱肋在距拱顶 0～180m 范围内的截面呈多段线性变化，并在立柱下的应力集中处进行截面线性加厚；最内侧的两条上弦拱肋在距拱脚 0～226m 范围内采用等截面箱形断面，长宽均为 2000mm，壁厚为 150mm，其余上弦拱肋在该范围内的壁厚为 200mm。

下弦拱肋在距拱脚 0～35m 范围内的截面呈二次抛物线变化，在 35～285m 范围内的截面呈多段线性变化；最内侧的两条下弦拱肋在距拱顶 0～160m 范围内采用壁厚为 150mm 的等截面，其余下弦拱肋在该范围内的壁厚为 200mm。

上弦 UHPC 拱肋拱顶处以及下弦 UHPC 拱肋拱脚处的截面尺寸分别如图 7-18a）、b）所示。

7.2.3.3　钢腹杆②及横桥向连接件③

腹杆分为竖腹杆和斜腹杆两类，两者均采用箱形断面，其截面尺寸有 2 种，如图 7-18c）、d）所示，其中靠近拱脚处的腹杆受力大，采用图 7-18c）截面尺寸，其他腹杆采用图 7-18d）截面尺寸。腹杆采用 N 形桁式，竖腹杆的间距取 10～15m 不等，其布置方式如图 7-12 所示。

直平联钢风撑③采用箱形断面，其截面尺寸如图 7-18e）所示；斜平联钢风撑③采用工字形断面,其截面尺寸有3种,如图7-18f)、g)、h)所示,靠近拱脚处采用图7-18g)、h)截面尺寸,其他部分采用图7-18f)截面尺寸。

直平联钢风撑每隔一个竖腹杆布置一道,其位置与竖腹杆相对应,直平联钢风撑垂直于纵桥向中心线设置,相邻直平联钢风撑之间的距离为10~30m,两相邻直平联钢风撑的间距在近拱顶处为10m,拱脚处为30m;斜平联钢风撑设于内拱之间,其起点与终点均设于两相邻直平联钢风撑与内拱的交点处,且起点与终点不在同一排桁架拱上。

7.2.3.4 拱上结构

主拱结构上共设置28根立柱④,相邻立柱的间距为60m,横桥向采用双立柱设计,在拱顶处仅设置承台和盖梁,不设置相应的立柱。立柱为带肋的空心矩形薄壁钢箱结构,立柱与拱肋以及桥面系下的盖梁之间均采用固定连接方式。近拱脚处立柱高为122m,近拱顶处立柱高为4m。为了保证立柱的稳定性,对近拱脚处的立柱进行了加厚壁厚和加宽截面的处理,从拱脚到拱顶的立柱截面的壁厚逐渐减小,其截面尺寸如图7-18i)所示。两端立柱布置在桥台上,采用长5m、宽4m、壁厚0.3m的C50箱形截面。

盖梁采用加肋的空心矩形薄壁钢箱形断面[图7-18j)],在横桥向长度取34m,两端的悬臂长度取10m。

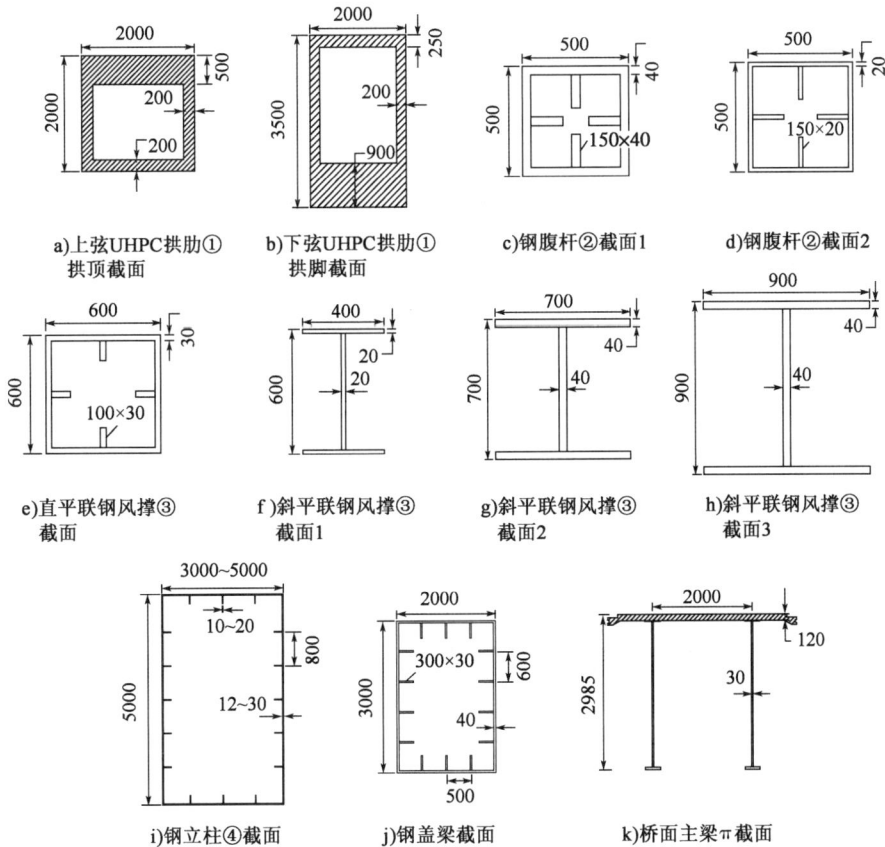

a)上弦UHPC拱肋① 拱顶截面
b)下弦UHPC拱肋① 拱脚截面
c)钢腹杆②截面1
d)钢腹杆②截面2

e)直平联钢风撑③ 截面
f)斜平联钢风撑③ 截面1
g)斜平联钢风撑③ 截面2
h)斜平联钢风撑③ 截面3

i)钢立柱④截面
j)钢盖梁截面
k)桥面主梁π截面

图 7-18 构件截面尺寸图(单位:mm)

桥面结构布置为连续梁,采用钢-UHPC轻型组合梁,梁高3m,沿横桥向工字钢每隔2m布置一个,工字钢与UHPC板采用栓钉连接,UHPC板的厚度为120mm,工字钢宽300mm,上翼缘厚16mm,下翼缘厚35mm[图7-18k)],采用π截面进行预制装配;横隔板采用工字形断面,高800mm,宽200mm,翼缘和腹板厚度均为10mm,每隔4m布置一道。

7.3 结构受力分析

7.3.1 有限元模型

采用MIDAS/Civil建立设计方案的有限元模型,全桥共划分为30684个单元,19700个节点。全桥均采用梁单元进行模拟,桥面结构采用梁格法进行模拟,钢-UHPC组合梁采用组合梁截面进行模拟。由于桥面系的主梁和横隔板代表了桥面结构的总质量,所以各主梁间采用无质量的虚拟横梁建立横向联系,有限元模型如图7-19所示。

图7-19 有限元模型

7.3.2 设计参数

设计荷载的相应参数取值为:①UHPC的材料参数取值如表7-5所示;②钢材(Q345)容重为78.5kN/m³,桥面铺装等二期恒载以4.6kN/m的线均布荷载加在纵梁上;③考虑整体升温、降温25℃;④设计车道为8个车道,汽车活载为公路-Ⅰ级荷载[15]。

表7-5 UHPC材料参数取值表

强度等级	弹性模量（GPa）	徐变系数	容重（kN/m³）	立方体抗压强度标准值$f_{cu,k}$（MPa）	轴心抗压强度标准值f_{ck}（MPa）	抗压强度设计值f_{cd}（MPa）
UHPC160	42.6	0.3	27	160	112	77

7.3.3 静力计算结果

考虑永久作用(包括自重和徐变)、温度荷载和汽车荷载的作用及其荷载组合效应,分别计算了全桥在正常使用极限状态和承载能力极限状态下各构件的内力、应力情况及拱顶挠度,部分结果汇总于表7-6、表7-7。

表7-6 主拱UHPC拱肋内力汇总

关注位置		正常使用极限状态轴力和弯矩				承载能力极限状态轴力和弯矩			
		频遇组合				基本组合			
		总内力	永久作用	温度荷载	汽车荷载	总内力	永久作用	温度荷载	汽车荷载
拱顶轴力（kN）	上弦拱肋	-649937（100%）	-608303（93.6%）	-19974（3.1%）	-21660（3.3%）	-795593（100%）	-729137（91.7%）	-20972（2.6%）	-45484（5.7%）

续上表

关注位置		正常使用极限状态轴力和弯矩				承载能力极限状态轴力和弯矩			
		频遇组合				基本组合			
		总内力	永久作用	温度荷载	汽车荷载	总内力	永久作用	温度荷载	汽车荷载
拱顶轴力 (kN)	下弦拱肋	−333847 (100%)	−288821 (86.5%)	−29980 (9.0%)	−15046 (4.5%)	−411107 (100%)	−348034 (84.6%)	−31479 (7.7%)	−31594 (7.7%)
拱脚轴力 (kN)	上弦拱肋	−260272 (100%)	−191799 (73.7%)	−43665 (16.8%)	−24808 (9.5%)	−329735 (100%)	−231791 (70.3%)	−45849 (13.9%)	−52095 (15.8%)
	下弦拱肋	−1047131 (100%)	−972620 (92.9%)	−40063 (3.8%)	−34448 (3.3%)	−1280201 (100%)	−1165797 (91.1%)	−42066 (3.3%)	−72338 (5.6%)
拱顶弯矩 (kN·m)	上弦拱肋	31861 (100%)	30619 (96.1%)	218 (0.7%)	1024 (3.2%)	38194 (100%)	35814 (93.8%)	229 (0.6%)	2151 (5.6%)
	下弦拱肋	27867 (100%)	26387 (94.7%)	790 (2.8%)	690 (2.5%)	33207 (100%)	30928 (93.1%)	829 (2.5%)	1450 (4.4%)
拱脚弯矩 (kN·m)	上弦拱肋	−37704 (100%)	−27175 (72.0%)	−7334 (19.5%)	−3195 (8.5%)	−47226 (100%)	−32816 (69.5%)	−7701 (16.3%)	−6709 (14.2%)
	下弦拱肋	−291966 (100%)	−163244 (55.9%)	−116236 (39.8%)	−12486 (4.3%)	−346412 (100%)	−198145 (57.2%)	−122047 (35.2%)	−26220 (7.6%)

注:对于弯矩,负号表示截面上缘受拉,下缘受压;正号表示截面下缘受拉,上缘受压。

表7-7 应力汇总

关注位置	正常使用极限状态应力峰值(MPa)				承载能力极限状态应力峰值(MPa)			
	频遇组合				基本组合			
	总应力	永久作用	温度荷载	汽车荷载	总应力	永久作用	温度荷载	汽车荷载
上弦拱肋应力 (UHPC)	−50.7 (100%)	−47.9 (94.5%)	−0.7 (1.4%)	−2.1 (4.1%)	−62.4 (100%)	−57.3 (91.8%)	−0.8 (1.3%)	−4.3 (6.9%)
下弦拱肋应力 (UHPC)	−52.3 (100%)	−47.4 (90.6%)	−3.6 (6.9%)	−1.3 (2.5%)	−63.8 (100%)	−57.7 (90.5%)	−2 (3.1%)	−4.1 (6.4%)
腹杆应力 (钢)	−144 (100%)	−130 (90.3%)	−5 (3.5%)	−9 (6.2%)	−181 (100%)	−155 (85.6%)	−5 (2.8%)	−21 (11.6%)
横桥向连接件应力 (钢)	−173 (100%)	−156 (90.2%)	−5 (2.9%)	−12 (6.9%)	−213 (100%)	−182 (85.5%)	−6 (2.8%)	−25 (11.7%)

由表 7-6 可知,承载能力极限状态下,拱脚下弦拱肋承受着更大的轴力与弯矩,其最大轴力为 1280201kN,最大弯矩为 346412kN·m。由于其巨大的轴力,所以 1000m 级钢-UHPC 组合拱桥主要适合用于桥台基础为比较坚硬完整的岩石桥址,桥台起应力扩散的作用,只需将拱脚的巨大轴力均匀地扩散到一定面积的岩石上,使岩石能够承受此应力即可,如图 7-12a)所示。

由表 7-7 可知,承载能力极限状态下,基本组合的 UHPC 最大应力为 −63.8MPa,考虑结构重要性系数 1.1 后为 −70.18MPa,小于抗压强度设计值 f_{cd}(77MPa);正常使用极限状态下,频遇组合的 UHPC 最大应力为 −52.3MPa,小于《钢-混凝土组合桥梁设计规范》(GB 50917—2013)及《公路钢筋混凝土及预应力混凝土桥涵设计规范》(JTG 3362—2018)要求的 $0.5f_{ck}$(56MPa)。基本组合、频遇组合下,下弦拱肋拱脚处的 UHPC 应力分别为 −62.2MPa、−51.0MPa。上弦拱肋的最大压应力位于拱顶附近的立柱处,在拱脚处,上弦拱肋的截面上缘不产生拉应力,整个拱肋均处于受压状态。基本组合、频遇组合下,主拱结构中钢构件的最大应力分别为 −213MPa、−173MPa,满足规范要求。

由表 7-6、表 7-7 可知,所有荷载中永久作用起主导作用,温度荷载和汽车荷载占比较小。温度荷载对下弦拱肋的拱脚弯矩影响较为明显,汽车荷载对主拱结构中钢构件的应力影响较为明显。其中,UHPC 的徐变对结构的影响较小,在徐变单独作用下,主拱结构中的 UHPC 拱肋产生的最大应力为 −1.5MPa,钢构件产生的最大应力为 −29MPa。

在刚度方面,参考《公路钢管混凝土拱桥设计规范》(JTG/T D65-06—2015)[16],主拱在汽车荷载(不计冲击力)作用下的最大竖向挠度(正负挠度绝对值之和)为 218mm,挠跨比为 1/4587 < 1/1000,满足规范要求。

7.3.4 动力计算结果

基于有限元分析,主拱第一阶面外自振频率为 0.15Hz,如图 7-20a)所示;主拱第一阶面内自振频率为 0.21Hz,如图 7-20b)所示。

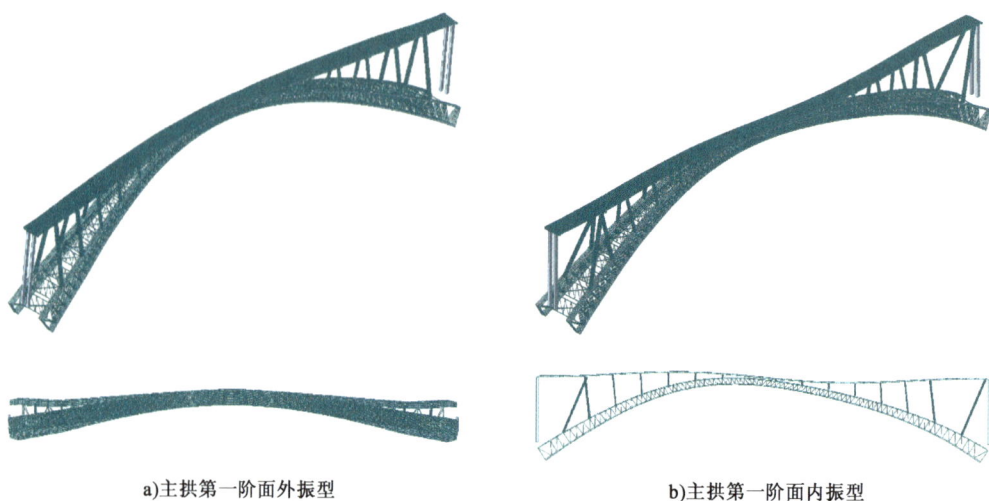

a)主拱第一阶面外振型　　　　　　　　　　b)主拱第一阶面内振型

图 7-20　主拱振型图

7.4 稳定性分析

7.4.1 施工过程中斜拉扣挂节段重量分析

新型拱桥采用悬臂节段拼装与斜拉扣挂相结合的方法进行主拱结构施工,分四次合龙,其步骤如图 7-15 所示。

计算表明,在第一次循环施工过程中,单边扣塔、扣索等承受的最大重量为半跨内拱以及横桥向连接件的重量,共 12000t,之后三次循环施工承受的重量均为 11594t。由此可见,采用四次循环施工,可大大减轻斜拉扣挂体系的负担,提高施工效率,减少施工临时措施费用。

主拱结构采用节段预制,由于重量较大,节段长度在 5 ~ 30m 较为合适。下面对两种方案进行分析,方案一为将三个竖腹杆之间的部分主拱结构作为一个节段,如图 7-21a) 所示;方案二为将两个竖腹杆之间的部分主拱结构作为一个节段,如图 7-21b) 所示。第一次循环施工的节段重量都要大于后面三次循环施工所对应的节段重量,所以扣塔、扣索等的布置与构造主要由第一次循环施工来控制。

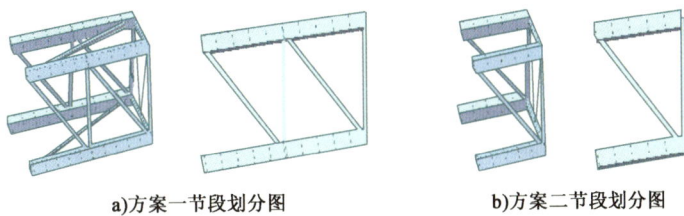

a)方案一节段划分图   b)方案二节段划分图

图 7-21 不同方案的主拱节段划分

对于方案一,第一次循环施工的内拱以及横桥向连接件的半跨被分为 22 个节段,全跨被分为 45 个节段,整个主拱结构被分为 180 个节段。其中,最长节段水平投影长 30m,位于拱脚处,其余节段长 20 ~ 24m 不等;节段最大重量为 1059t,最小重量为 373t。

对于方案二,第一次循环施工的内拱以及横桥向连接件的半跨被分为 44 个节段,全跨被分为 88 个节段,整个主拱结构被分为 352 个节段。其中,最长节段水平投影长 21.3m,位于拱脚处,其余节段长 10 ~ 15m 不等;节段最大重量为 682t,最小重量为 186t。

当分别采用方案一、方案二进行第一次循环施工时,斜拉索与主拱顶的最小夹角定为 18.3°,单根斜拉索的最大内力分别为 4418kN 和 2412kN,半跨的所有斜拉索的总内力分别为 122470kN 和 123200kN。因此,可根据不同的吊装能力选择对应的节段划分方案,近拱脚处由于节段较重,可采用支架施工。

7.4.2 施工过程稳定性分析

对于特大跨径拱桥,稳定性尤为重要,下面在考虑自重、温度荷载以及 UHPC 徐变的作用下,对试设计方案的四次循环施工过程中的弹性屈曲稳定性和受力情况进行简要分析。

建立四次循环施工合龙拱肋后以及成桥状态下的有限元模型,如图 7-22 所示,稳定系数及失稳形态如表 7-8 所示,应力峰值及拱顶挠度如表 7-9 所示。

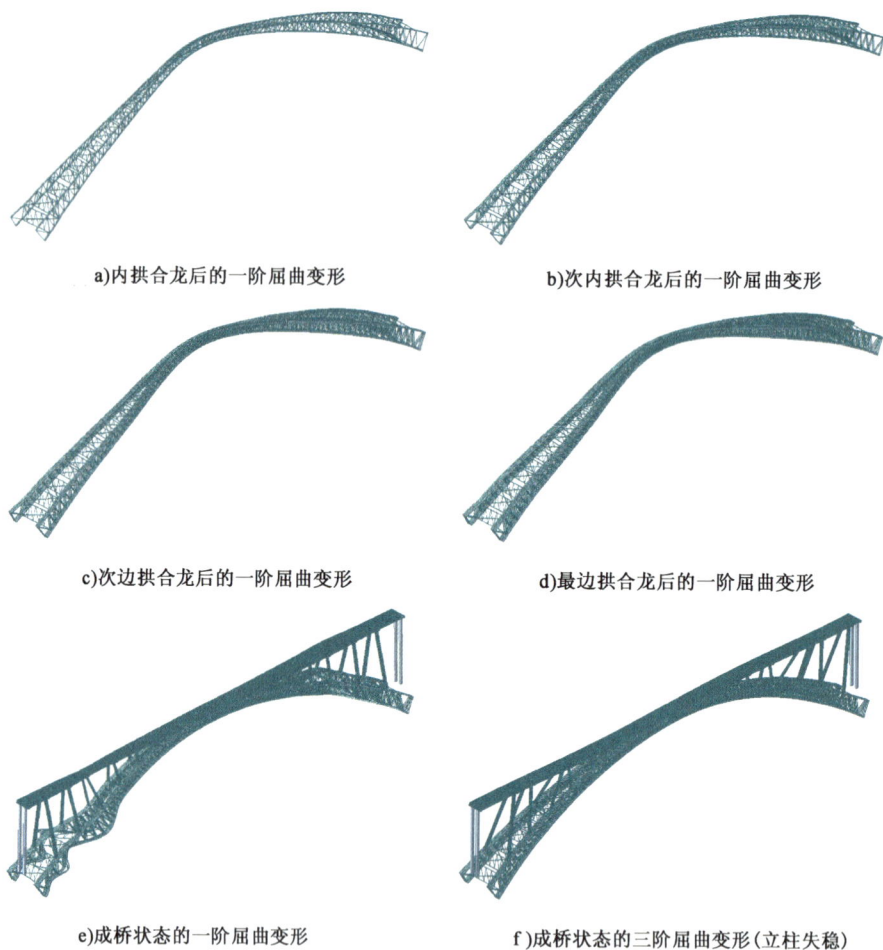

a)内拱合龙后的一阶屈曲变形

b)次内拱合龙后的一阶屈曲变形

c)次边拱合龙后的一阶屈曲变形

d)最边拱合龙后的一阶屈曲变形

e)成桥状态的一阶屈曲变形

f)成桥状态的三阶屈曲变形(立柱失稳)

图 7-22　各阶段的失稳形态图

表 7-8　稳定分析结果汇总

施工阶段	特征值	失稳形态
合龙内拱	5.51	面外失稳
合龙次内拱	5.82	面外失稳
合龙次边拱	5.71	面外失稳
合龙最边拱	5.56	面外失稳
成桥状态	4.46	拱脚局部失稳

表7-9 应力峰值及拱顶挠度汇总

施工阶段	合龙内拱	合龙次内拱	合龙次边拱	合龙最边拱
拱肋	内拱	次内拱	次边拱	最边拱
拱顶挠度(m)	1.27	1.34	1.34	1.34
上弦拱肋应力(MPa)	−37.8	−33.1	−32.9	−32.6
下弦拱肋应力(MPa)	−41.4	−36.7	−37.0	−37.3
腹杆应力(MPa)	141	135	133	133
横桥向连接件应力(MPa)	153	157	153	153

从以上的稳定性分析结果可以看出,该试设计方案在施工阶段及成桥状态的弹性整体稳定系数均大于4,满足《公路钢管混凝土拱桥设计规范》(JTG/T D65-06—2015)的要求。在四次循环施工过程中,拱的稳定系数为5.51~5.82,变化不大,且均为面外失稳。成桥后稳定系数为4.46,由拱脚的局部稳定性控制。成桥状态下立柱失稳是第三阶失稳形态,如图7-22f)所示,稳定系数为4.48。

从以上的应力及拱顶挠度分析结果可以看出,在主拱结构的整个施工阶段中,UHPC拱肋的最大应力为−41.4MPa,拱顶最大挠度为1.34m,均满足要求。

7.4.3 不同拱脚处拱肋高度对稳定性的影响

保持拱顶处拱肋高度为15m不变,分别建立拱脚处拱肋高度为15m、25m、35m的模型,对其进行稳定性分析,取其一阶模态,结果见表7-10。

表7-10 不同拱脚处拱肋高度方案的稳定分析结果

施工阶段		合龙内拱	合龙次内拱	合龙次边拱	合龙最边拱	成桥状态
15m方案	特征值	3.80	4.01	4.07	4.11	2.57
	失稳形态	面内失稳	面内失稳	面内失稳	面内失稳	面内失稳
25m方案	特征值	5.18	5.41	5.29	5.15	3.83
	失稳形态	面外失稳	面外失稳	面外失稳	面外失稳	面内失稳
35m方案	特征值	5.51	5.82	5.71	5.56	4.46
	失稳形态	面外失稳	面外失稳	面外失稳	面外失稳	拱脚局部失稳

由表7-10可知:随着拱脚处拱肋高度的增加,各施工阶段的稳定性均增强,且主拱的失稳形态由面内失稳向面外失稳转换,这说明拱脚处拱肋高度主要控制其面内稳定性。

7.5 钢与 UHPC 连接节点试验研究

7.5.1 拱肋与腹杆 K 形节点平面三向受力性能分析

7.5.1.1 节点构造形式

为确保 UHPC 拱肋与钢腹杆连接的牢固性,提出了如图 7-23 所示的连接构造,UHPC 箱形拱肋和钢腹杆之间通过钢接头连接。UHPC 箱形拱肋在预埋钢接头的底板(或顶板)区域加厚,钢接头与钢腹杆通过拼接板和摩擦型高强螺栓连接。钢接头的钢板上焊有栓钉和 T 形钢板,T 形钢板上方焊有短栓钉,T 形钢板侧边挖有圆边槽孔,形成 PBL 剪力键,且增大 PBL 孔洞的面积,保持拱肋中钢接头预埋区域 UHPC 钢纤维连续性,保证拱肋的横向受力性能。

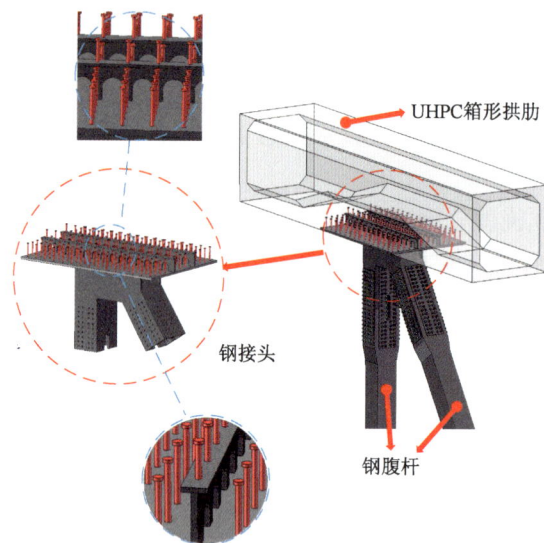

UHPC箱形拱肋

钢接头

钢腹杆

图 7-23 UHPC 拱肋与钢腹杆连接构造

7.5.1.2 节点内力计算

(1)全桥模型内力计算

为分析拱肋与腹杆节点在正常使用极限状态和承载能力极限状态下的力学性能,选取拱肋轴向压力荷载和钢腹杆压力荷载综合最大的节点为最不利节点,由于靠近拱脚区域下弦拱肋轴向压应力远大于上弦拱肋,故如图 7-24 所示,最不利节点取在下弦拱肋处。分别选取荷载频遇组合下最不利节点中钢腹杆拉力荷载和压力荷载最大的工况,以及荷载基本组合下钢腹杆拉力荷载最大的工况,提取相应节点的拱肋轴向压应力、钢腹杆轴压力和钢腹杆轴拉力作为频遇组合 1 工况、频遇组合 2 工况和基本组合工况,如表 7-11 所示,不同工况下相应的最不利节点位置如图 7-24 所示。其中,频遇组合 1 工况为最不利节点在频遇组合中钢腹杆拉荷载最大的工况,频遇组合 2 工况为最不利节点在频遇组合中钢腹杆压荷载最大的工况,基本组合工况为最不利节点在基本组合中钢腹杆拉荷载最大的工况。

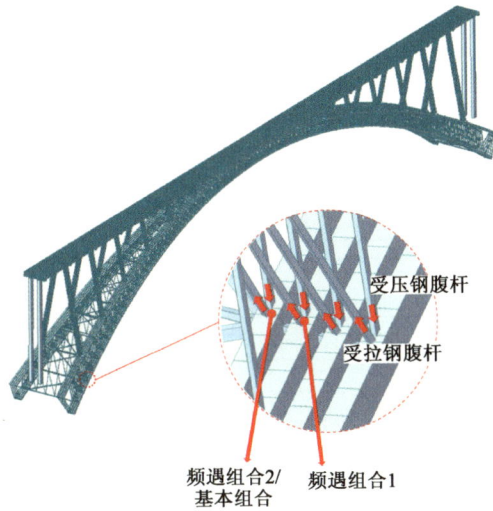

图 7-24 各工况最不利节点选取点

表 7-11 各工况最不利内力

工况名称	腹杆拉力（kN）	腹杆压力（kN）	拱肋应力（MPa）	腹杆拉力/压力（%）
频遇组合 1	7804	11228	45	70
频遇组合 2	8349	10520	45	79
基本组合	10521	13282	60	79

可以看出，最不利的两个节点分别位于靠近拱脚区域内拱圈和次内拱圈的下弦拱肋处，对拱肋和钢腹杆节点进行设计，具体尺寸如图 7-25 所示，受拉钢腹杆为直腹杆，受压钢腹杆为斜腹杆。

（2）节点局部内力计算

对图 7-25 所示的受力最不利节点节段，用 ABAQUS 建立局部模型进行弹性分析。在该受力最不利节点节段，拱肋平均水平间距为 15.2m，该节点纵桥向相邻两腹杆间拱肋长度为 36.47m，考虑圣维南效应，拱肋长取 20m，为拱肋截面高度的 8 倍，钢腹杆长取 4m，为钢腹杆截面高度的 10 倍，以消除边界条件的影响。UHPC 拱肋、钢腹杆、钢接头、栓钉均采用 C3D8R 单元模拟，忽略钢筋，有限元模型如图 7-26a）所示。

钢接头中钢板与 UHPC 拱肋采用面-面接触，栓钉和 T 形 PBL 钢板嵌入 UHPC 拱肋中。模型的荷载和边界条件如图 7-26b）所示，在 UHPC 拱肋和钢腹杆截面处设置加载点与截面节点进行耦合，然后对拱肋进行两端铰支约束；从 MIDAS 全桥模型中提取节点相应截面的内力，在拱肋一端施加该处的轴力荷载，并在拱肋两端截面施加弯矩荷载，同时施加钢腹杆的拉、压荷载。UHPC 和钢材均采用弹性材料本构，UHPC 弹性模量为 42.6GPa，泊松比为 0.2，钢材弹性模量为 206GPa，泊松比为 0.3。

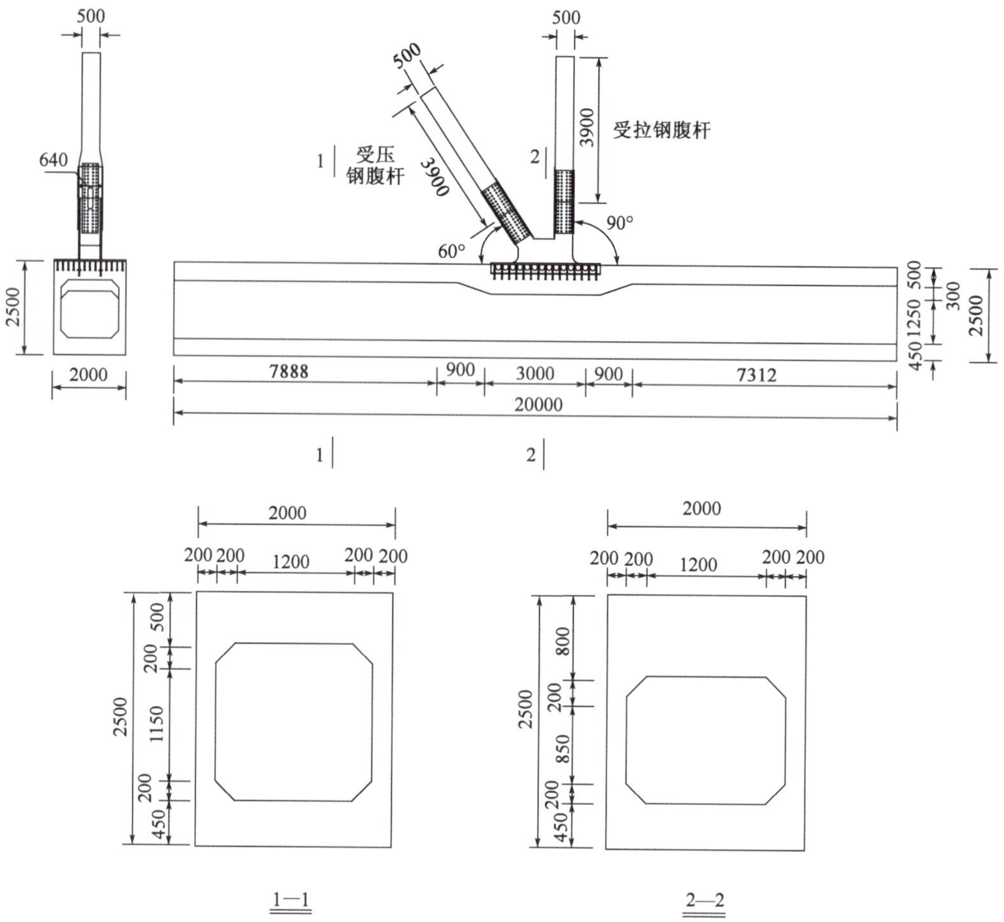

图 7-25　最不利节点的尺寸设计（单位：mm）

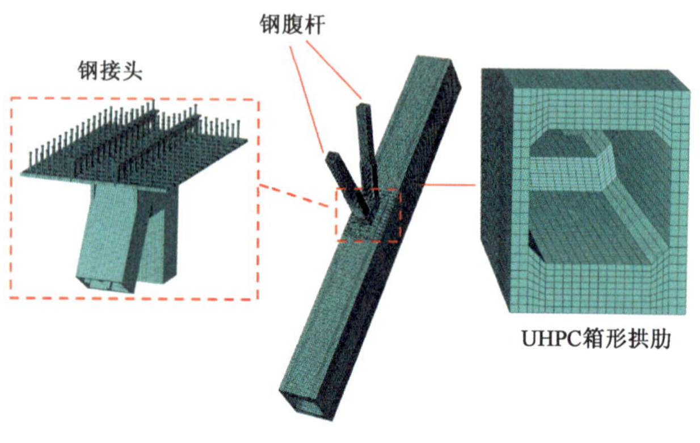

a)网格划分

图　7-26

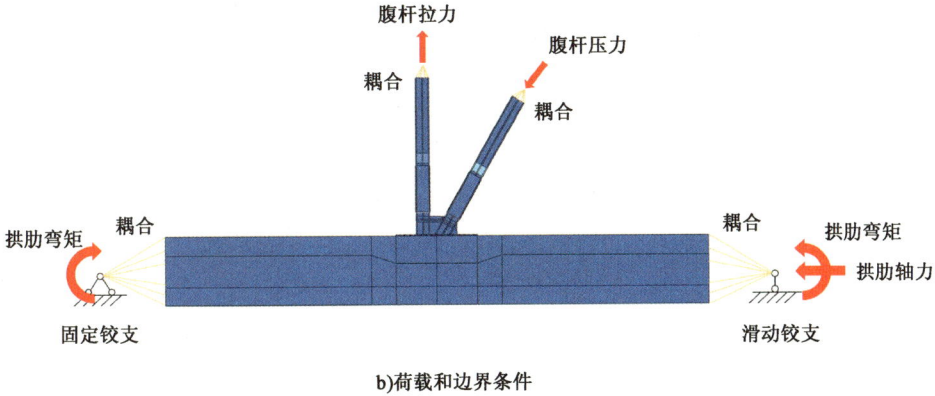

b)荷载和边界条件

图7-26　节点局部 ABAQUS 模型

取节点附近的 UHPC 拱肋段,在基本组合工况下其最大主应力云图如图 7-27a)所示,UHPC箱形拱肋的最大主拉应力为 27.17MPa,位于钢接头与 UHPC 拱肋的内部嵌入受拔区域,承受较大的拉荷载,UHPC 拱肋节点与钢接头的节点共位移,存在明显应力集中现象,非钢接头嵌入区域拱肋的最大主拉应力为 7.23MPa。基本组合工况下拱肋的最小主应力分布如图 7-27b)所示,最大主压应力为 83.46MPa。如图 7-27c)所示,基本组合工况下拱肋的纵向应力在全截面均为压应力,故 UHPC 拱肋表面不会产生横向裂缝。

由图 7-27d)可知,UHPC 箱形拱肋的腹板和底板区域的最大主拉应力为 3.41MPa,是拱肋顶板非钢接头嵌入区域最大主拉应力(7.23MPa)的 47%;腹板和底板区域的最大主压应力为 55.34MPa,是拱肋顶板区域最大主压应力(83.46MPa)的 66%。节点处钢腹杆的拉、压荷载直接作用到未设置腹板的顶板中部区域,且拱肋的腹板和底板区域的应力水平低于拱肋顶板区域,故 UHPC 箱形拱肋与钢腹杆连接的顶板是受力最复杂且不利区域。

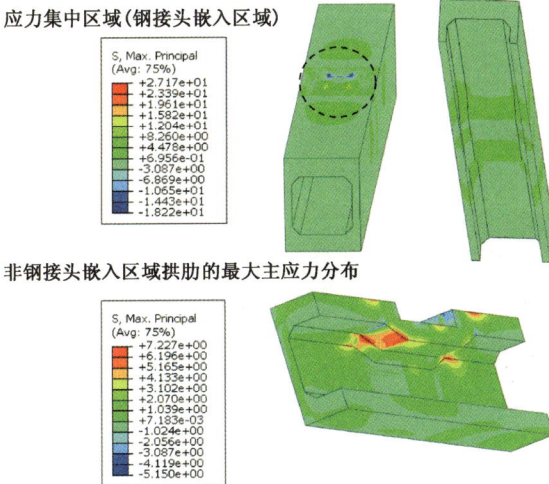

应力集中区域(钢接头嵌入区域)

非钢接头嵌入区域拱肋的最大主应力分布

a)基本组合工况下拱肋最大主应力云图

图　7-27

405

b)基本组合工况下拱肋最小主应力云图　　　　　c)基本组合工况下拱肋纵向应力云图

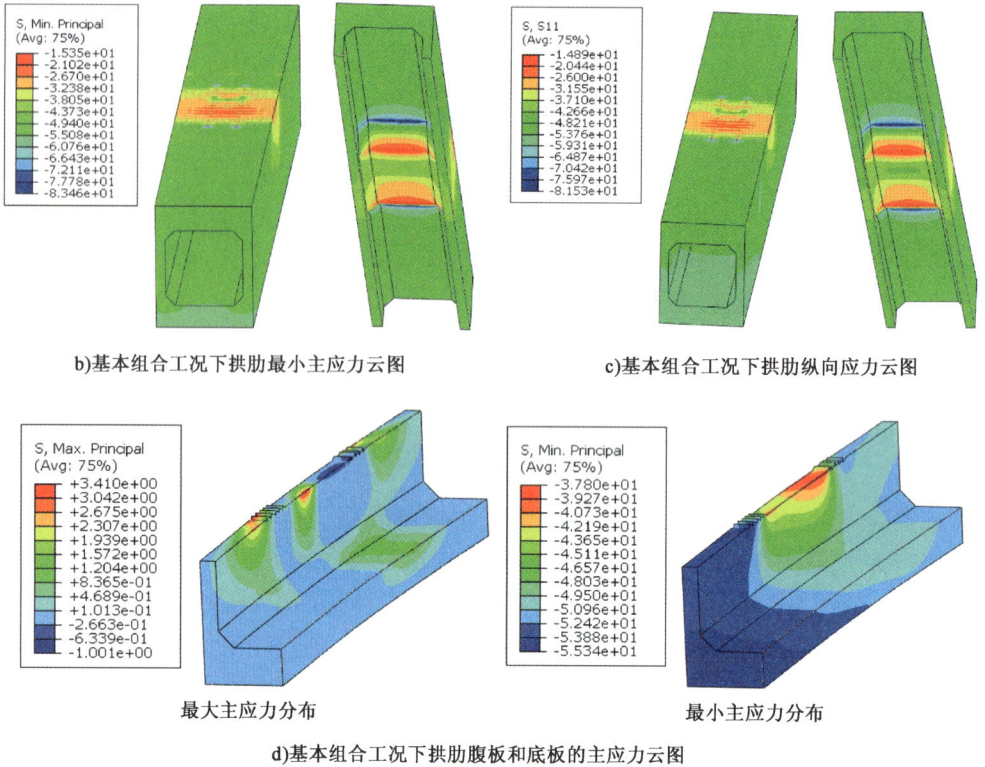

最大主应力分布　　　　　　　　　　　最小主应力分布

d)基本组合工况下拱肋腹板和底板的主应力云图

图7-27　节点有限元结果（单位：MPa）

在设计试验模型时，不考虑箱形拱肋腹板和底板对节点局部受力的贡献，取UHPC箱形拱肋的顶板浇筑缩尺模型，确保模型各参数指标与实桥节点具有相似性，且便于观察拱肋的裂缝发展等试验现象。

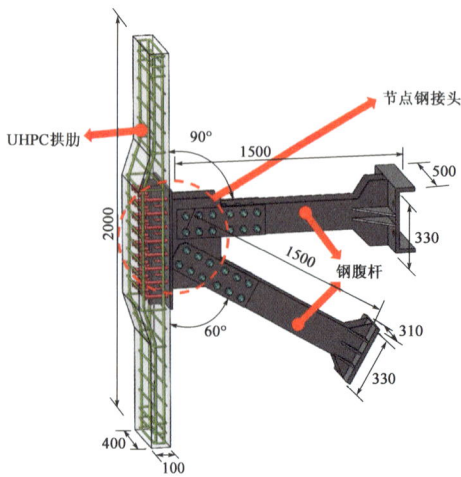

图7-28　试验模型（单位：mm）

7.5.1.3　K形节点平面三向受力试验设计

（1）试件设计及制作

为探究UHPC拱肋与钢腹杆连接节点的受力性能，对UHPC拱肋与钢腹杆的连接节点进行1∶5缩尺试验，拱肋部分取UHPC箱形拱肋顶板，栓钉按刚度等效原则进行缩尺，为方便连接，钢腹杆按面积和抗弯惯性矩相似的原则缩尺成工字形截面腹杆，如图7-28所示。考虑到圣维南效应，防止边界条件对节点受力的影响，模型长度不能过短，但当模型的长度过长后，试件容易在拱肋压力荷载下失稳，综合考虑下，取模型总长度为2m。钢接头预埋在UHPC拱肋中，与钢腹杆通过节点板和摩擦型高强螺栓连接。

钢接头构造如图7-29a)所示,与UHPC拱肋贴合的钢板上焊有长120mm、直径19mm的栓钉,长120mm、直径13mm的栓钉和T形钢板,T形钢板上方焊有长40mm、直径13mm的小栓钉,侧面每隔70mm开有圆边槽孔,并穿入直径8mm的横向钢筋形成PBL剪力键,预埋至UHPC拱肋中传递钢腹杆的拉、压荷载。如图7-29b)所示,UHPC拱肋在中部嵌入钢接头区域加厚至160mm,两端等截面区域截面厚度为100mm。UHPC拱肋仅在顶板的四角布置直径12mm的纵向钢筋,在拱肋端部和变截面区域设置直径8mm的箍筋,其余区域布置直径8mm的横向钢筋组成钢筋网。

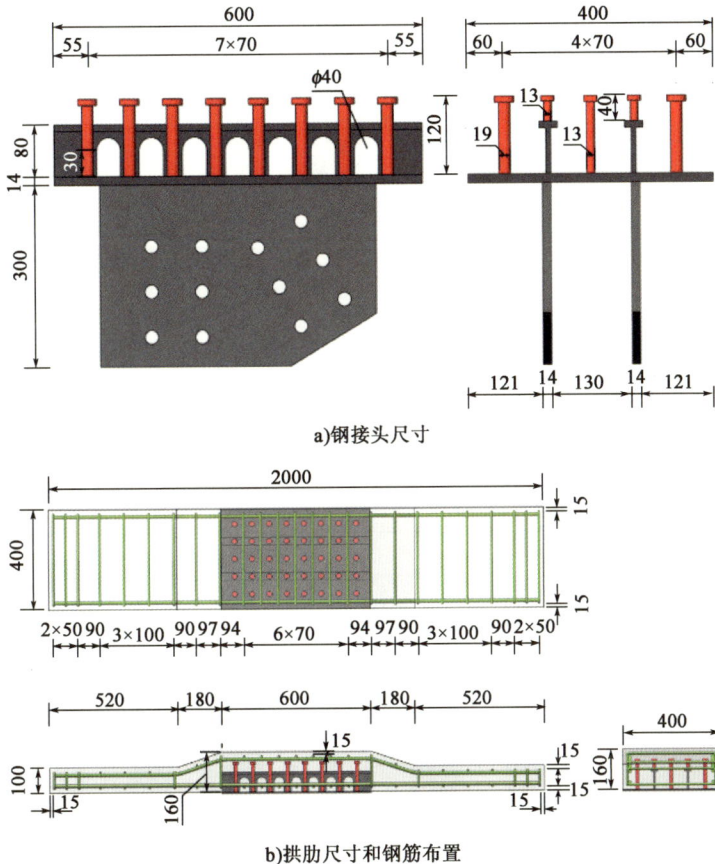

a)钢接头尺寸

b)拱肋尺寸和钢筋布置

图 7-29 节点尺寸和钢筋布置(单位:mm)

节点试件制作流程如图7-30所示:①在钢板上焊接T形带孔钢板,随后焊接不同直径和不同高度的栓钉;②焊接与钢腹杆拼接的节点板;③在钢接头的基础上搭建试件模板并绑扎钢筋;④绑扎完钢筋网后浇筑UHPC;⑤在室温自然养护48h后高温蒸汽养护48h。

(2)材料参数

试件采用的UHPC材料中掺入两种不同规格的钢纤维,总体积掺量为2%,钢纤维具体参数如表7-12所示。加载前按照现行国家标准试验方法[17]的要求测得试件所用UHPC材料的基本力学性能,如图7-31所示,按照法国规范[18]由四点弯曲结果得到的UHPC拉伸弹性极限应力标准值为7.69MPa,测试结果如表7-13所示。

a)焊接T形带孔钢板和栓钉

b)焊接节点板

c)搭建模板，绑扎钢筋

d)浇筑UHPC

e)蒸汽养护

图 7-30　节点试件制作流程

表 7-12　UHPC 中钢纤维参数

纤维种类	长度（mm）	直径（mm）	体积掺量
短纤维	8	0.12	0.5%
长纤维	13	0.16	1.5%

a)立方体抗压试验

b)弹性模量试验

c)抗折试验

图 7-31　UHPC 材料性能试验

表 7-13　UHPC 基本力学性能

抗压强度（MPa）	抗折强度（MPa）	抗拉强度（MPa）	弹性模量（GPa）
149	24.9	7.7	47

试件采用 10.9S 级 M22 摩擦型高强螺栓，其他钢筋、栓钉和钢板的基本力学性能汇总如表 7-14 所示。

表 7-14 材料基本性能

类别	材料	弹性模量（GPa）	屈服强度（MPa）	抗拉强度（MPa）
钢筋	HRB400	195	462	583
栓钉	ML15	206	400	530
钢板	Q345qD	206	374	521

（3）试验加载与测试方案

①试验装置和加载方案。

为模拟实际结构中拱肋节点的受力情况，如图 7-32 所示，采用液压千斤顶进行平面三向加载。在门式反力架底部增设一片横梁，形成回字自平衡结构。UHPC 拱肋固定在反力架左侧立柱上，拱肋端部左右两侧各有一滑动铰支座，约束拱肋的水平位移，允许拱肋端部上下移动和转动。在 UHPC 拱肋上端通过钢板和球铰与上部反力梁接触，拱肋下端用 1 号千斤顶对拱肋施加轴向压力。将 2 号千斤顶固定在三角形反力墩上，对斜向钢腹杆施加轴向压力，用花篮螺栓和钢索将 3 号千斤顶水平固定在反力架右侧立柱上，高强螺杆穿过反力架中孔洞将水平钢腹杆和 3 号千斤顶右侧钢板连接在一起，对水平钢腹杆施加轴向拉力。

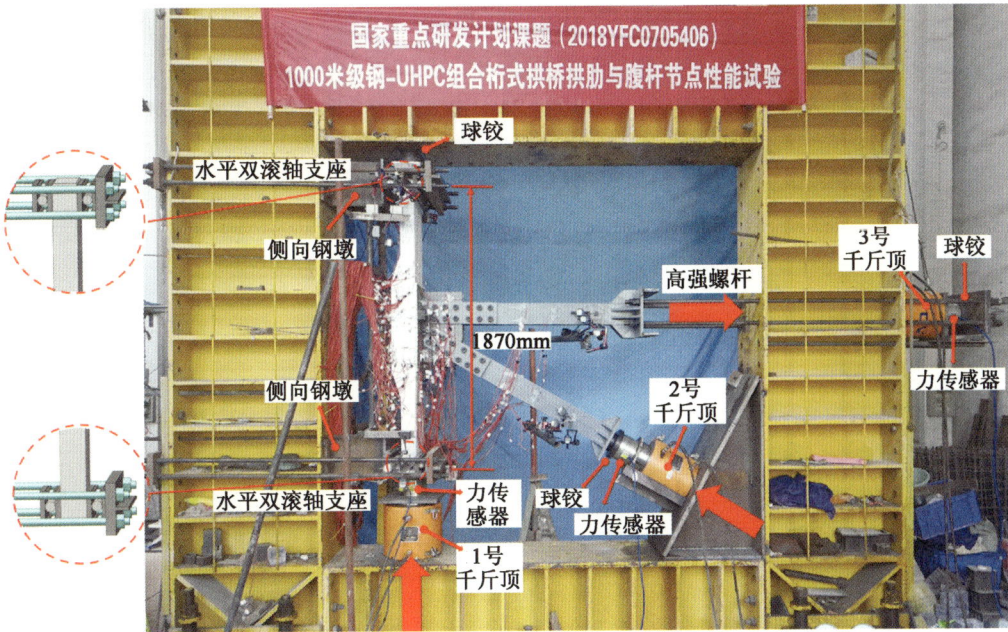

图 7-32 平面三向加载装置

根据应力等效的原则对表 7-11 的节点钢腹杆荷载进行 $1:5^2$ 缩尺，拱肋轴向压应力保持相等，各工况的设计荷载如表 7-15 所示。

表7-15 各工况的设计荷载值

工况名称	腹杆拉力荷载(kN)	腹杆压力荷载(kN)	拱肋应力(MPa)	腹杆拉力荷载/压力荷载(%)
频遇组合1	312	449	45	70
频遇组合2	334	421	45	79
基本组合	421	531	60	79

注：如图7-32所示，受拉钢腹杆为直腹杆，受压钢腹杆为斜腹杆；为研究节点的极限承载能力，在加载至基本组合工况设计荷载后，按相同的加载方式继续加载至构件破坏。

试验加载时，1号千斤顶按200kN一级对UHPC拱肋施加轴向压力至1800kN，保证UHPC拱肋压应力为45MPa。在频遇组合1工况和频遇组合2工况中，2号和3号千斤顶按照表7-15中相应的荷载比例分级同时加载至设计荷载(2号千斤顶每级加载50kN)，随后2号和3号千斤顶卸载。在基本组合工况中，1号千斤顶先按200kN一级对UHPC拱肋施加轴向压力至2400kN，保证UHPC拱肋压应力为60MPa。随后2号和3号千斤顶按照表7-15中相应的荷载比例分级同时加载至设计荷载，最后按照相同的加载方式继续加载直至破坏。

②试验测试方案。

试验中主要测试内容有UHPC拱肋的应变、钢接头中T形钢板和节点板的应变、钢接头的脱开和滑移量、裂缝的发展和宽度等。UHPC拱肋和钢接头的应变通过电阻应变片和三相电阻应变花测量得到，主要的应变片和应变花的布置如图7-33a)所示。钢接头的脱开和滑移量等数据通过布置在图7-33b)所示的相应位置的千分表测量得到。在试验过程中，每级荷载持荷5min，采集数据，寻找裂缝并测量裂缝宽度。

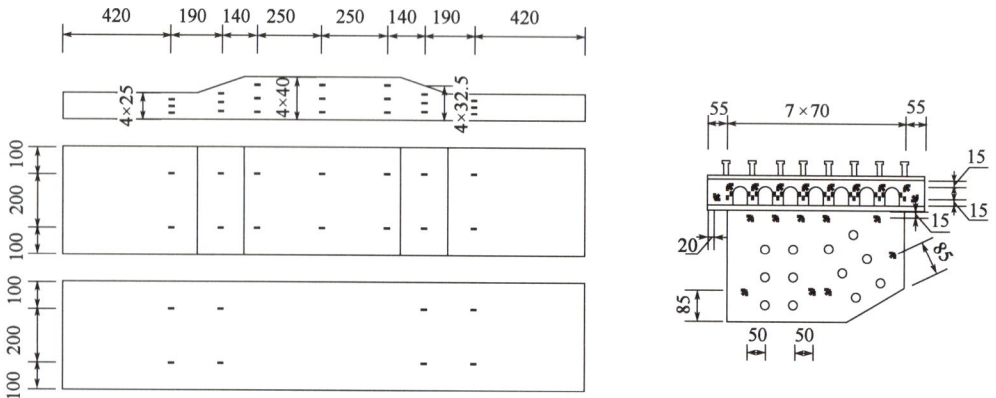

a)主要应变片和应变花布置(单位：mm)

图 7-33

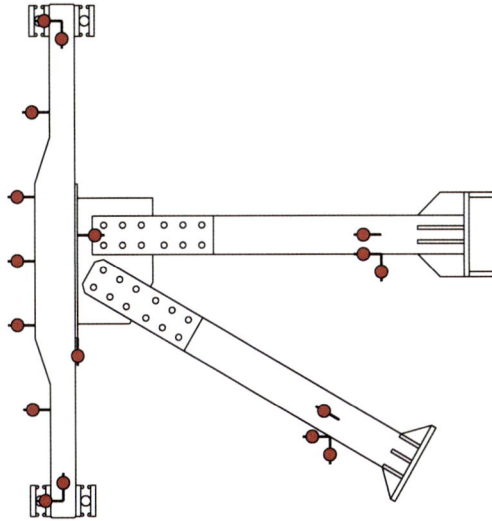

b)位移表布置

图 7-33 平面三向加载试验测试方案

7.5.1.4 K 形节点平面三向受力试验结果

(1)节点破坏模式和裂缝发展

①节点破坏模式和极限承载力。

平面三向加载试验中,取 UHPC 箱形拱肋的顶板作为拱肋,不考虑箱形拱肋中腹板和底板对节点局部受力的贡献,且边界条件简化为两边铰支,因此试件中拱肋受力比实桥中节点拱肋更不利,试件中拱肋将比实桥节点中的拱肋更早开裂和破坏。

在钢腹杆的斜向轴压力加载至 1445kN 时,UHPC 拱肋 2 面主裂缝快速发展,1 面和 3 面靠近 2 面的裂缝迅速向 4 面方向延伸,UHPC 拱肋受压区面积迅速减小,4 面 UHPC 压溃,随后 1 面和 3 面中靠近 4 面的 UHPC 局部压溃,压溃处表面起皮,不断有基体颗粒脱落,如图 7-34 所示。节点破坏前一级荷载下,压溃区 UHPC 的平均压应变为 3997.58$\mu\varepsilon$。

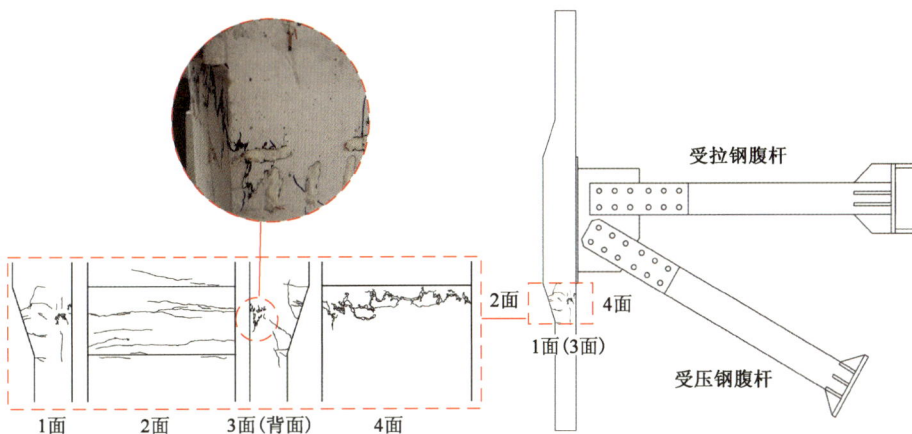

图 7-34 节点破坏模式及裂缝分布

节点破坏时,节点极限承载力如表 7-16 所示,可以看出,钢腹杆的拉、压力极限承载力的安全系数均为 2.72,满足节点的承载能力极限状态要求。

表 7-16　节点极限承载力与基本组合工况下荷载

项目	UHPC 压溃	基本组合工况	安全系数
钢腹杆压力荷载(kN)	1445	531	2.72
钢腹杆拉力荷载(kN)	1146	421	2.72

②裂缝发展。

试验加载过程中,裂缝的发展过程如下:a. 当加载至频遇组合 1 工况设计荷载时,发生轻微声响,出现了 3 条裂缝,最大裂缝宽度为 0.04mm,钢腹杆卸载后裂缝闭合;b. 在频遇组合 2 工况中,当钢腹杆的压力荷载为 308kN 时,裂缝重新张开,加载至频遇组合 2 工况设计荷载时,最大裂缝宽度为 0.03mm,钢腹杆卸载后裂缝再次闭合;c. 在基本组合工况中,当钢腹杆的压力荷载为 359kN 时,裂缝重新张开,加载至基本组合设计荷载时,最大裂缝宽度为 0.03mm,当钢腹杆压力荷载为 670kN 时,最大裂缝宽度为 0.05mm,当钢腹杆压力荷载为 703kN 时,开始出现新裂缝。最大裂缝宽度随钢腹杆压力荷载增长的曲线如图 7-35 所示。

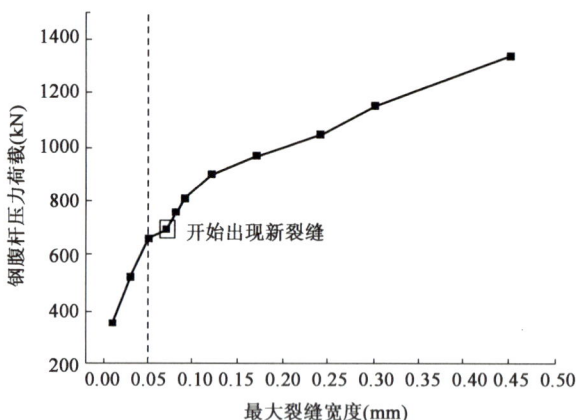

图 7-35　钢腹杆压力荷载-最大裂缝宽度曲线

③拱肋开裂名义应力。

节点试件的计算简图如图 7-36 所示,拱肋节点的计算长度为 L,钢腹杆压力为 F_1,与下端支座距离为 l_1,钢腹杆拉力为 F_2,与上端支座距离为 l_2。支座反力分别为 R_1、R_2、N_2,主裂缝截面高度为 h,与下端支座距离为 l_3,截面上的轴力为 N_3,弯矩为 M_3,剪力为 F_3,N_3 和 N_2 之间的距离为 e(包括拱肋在荷载作用下的水平挠度)。

对图 7-36 中下端支座可列出下列平衡方程:

$$R_1 + R_2 = F_1 \times \cos \frac{\pi}{6} - F_2 \tag{7-1}$$

$$F_1 \times \cos \frac{\pi}{6} \times l_1 - F_2 \times (L - l_2) - R_2 \times L = 0 \tag{7-2}$$

由式(7-1)和式(7-2)可以解出 R_1、R_2,然后对图 7-36 所示主裂缝截面轴心处可列出下列

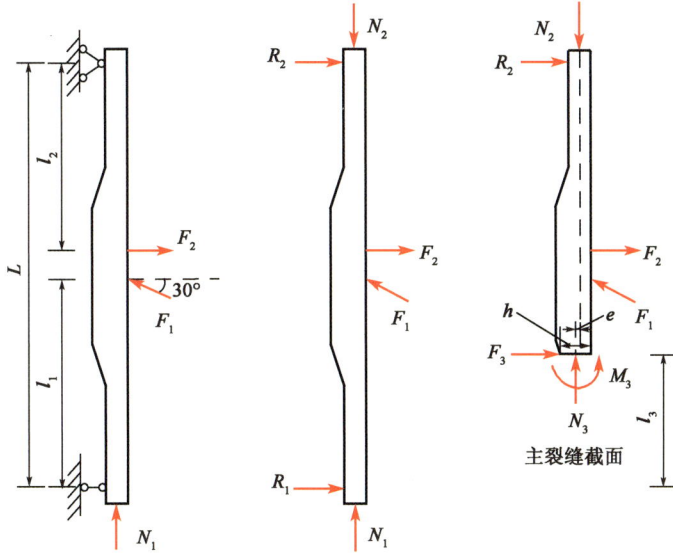

图 7-36　拱肋节点计算简图

平衡方程：

$$N_3 + F_1 \times \sin\frac{\pi}{6} = N_2 \tag{7-3}$$

$$M_3 + F_1 \times \cos\frac{\pi}{6} \times (l_1 - l_3) + F_1 \times \sin\frac{\pi}{6} \times \frac{h}{2} - F_2 \times (L - l_2 - l_3) - R_2 \times (L - l_3) - N_2 \times e = 0 \tag{7-4}$$

由式(7-3)和式(7-4)可以求解出主裂缝截面中的 N_3 和 M_3。为计算拱肋开裂时 UHPC 的名义拉应力，假设钢筋与 UHPC 间不发生相对滑移，主裂缝截面上的应变和名义应力分布如图 7-37 所示。受压区钢筋名义应力为 σ_{sc}，受拉区钢筋名义应力为 σ_{st}，主裂缝截面 UHPC 最大名义压应力为 σ_c，最大名义拉应力为 σ_t。

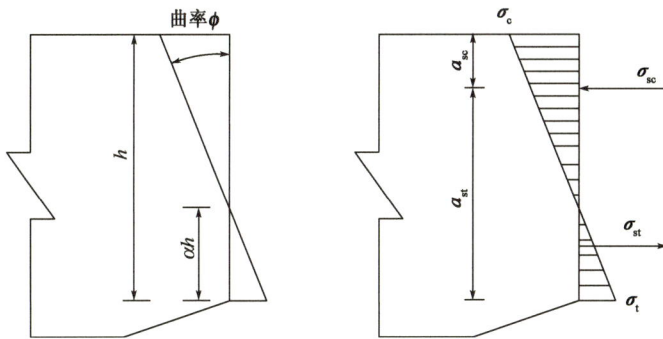

图 7-37　主裂缝截面应变和名义应力分布

利用条带法求解主裂缝截面在指定荷载下的曲率 ϕ 和受拉区相对高度 α，计算流程图如图 7-38 所示，其中，E_c 为 UHPC 的弹性模量，E_{sc}、E_{st} 分别为受压、受拉钢筋的弹性模量，A_{sc} 为受压区钢筋的面积，A_{st} 为受拉区钢筋的面积，a_{sc} 为受压区钢筋中心至受压边缘距离，a_{st} 为受压区钢筋中心至受拉边缘距离，h 为主裂缝截面的高度，b 为主裂缝截面的宽度。将计算所得的 N_3 和 M_3 输入图 7-38 所示程序，可以求出曲率 ϕ 和受拉区相对高度 α，从而可以计算出截面的最大受拉名义应力 σ_t 和最大受压应力 σ_c。

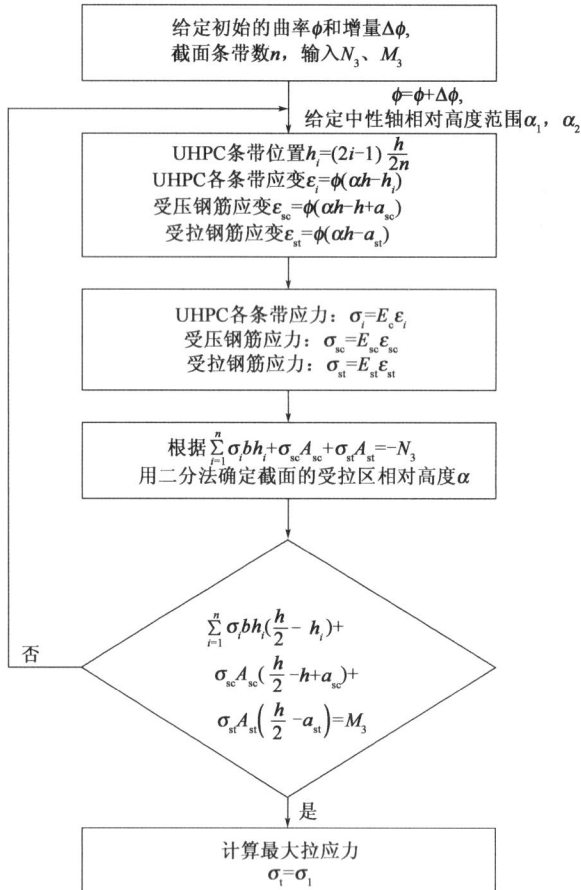

给定初始的曲率 ϕ 和增量 $\Delta\phi$，
截面条带数 n，输入 N_3、M_3

$\phi = \phi + \Delta\phi$，
给定中性轴相对高度范围 α_1，α_2

UHPC 条带位置 $h_i = (2i-1)\dfrac{h}{2n}$
UHPC 各条带应变 $\varepsilon_i = \phi(\alpha h - h_i)$
受压钢筋应变 $\varepsilon_{sc} = \phi(\alpha h - h + a_{sc})$
受拉钢筋应变 $\varepsilon_{st} = \phi(\alpha h - a_{st})$

UHPC 各条带应力：$\sigma_i = E_c\varepsilon_i$
受压钢筋应力：$\sigma_{sc} = E_{sc}\varepsilon_{sc}$
受拉钢筋应力：$\sigma_{st} = E_{st}\varepsilon_{st}$

根据 $\sum\limits_{i=1}^{n}\sigma_i b h_i + \sigma_{sc}A_{sc} + \sigma_{st}A_{st} = -N_3$
用二分法确定截面的受拉区相对高度 α

否

$\sum\limits_{i=1}^{n}\sigma_i b h\left(\dfrac{h}{2} - h_i\right) +$
$\sigma_{sc}A_{sc}\left(\dfrac{h}{2} - h + a_{sc}\right) +$
$\sigma_{st}A_{st}\left(\dfrac{h}{2} - a_{st}\right) = M_3$

是

计算最大拉应力
$\sigma_t = \sigma_1$

图 7-38　最大受拉名义应力计算流程图

根据文献[19]，当 UHPC 层的裂缝宽度小于 0.05mm 时，裂缝对 UHPC 耐久性能基本没有影响，故将构件的最大裂缝宽度为 0.05mm 时主裂缝处名义受拉应力定义为名义开裂应力，将此时的 N_1、F_1、F_2 和 e 计算出的 N_3 和 M_3 代入程序，计算出试验构件的名义开裂应力为 13.36MPa。

试件破坏时，拱肋变形迅速，产生较大的水平挠度，难以测得准确的水平挠度，但此时存在不可忽略的二阶效应，故取试件破坏前一级的荷载 N_1、F_1、F_2 和偏心距 e，将计算出的 N_3 和 M_3 代入程序，得到试件破坏前一级荷载下 UHPC 的最大名义压应力为 93.09MPa。

节点试件的名义开裂应力和破坏前 UHPC 拱肋最大压应力与实桥基本组合工况计算应力的对比如表 7-17 所示，节点试件中拱肋受力比实桥节点更不利，UHPC 拱肋的名义开裂应力是实桥最不利组合计算应力的 1.85 倍，表明拱肋的抗裂性能满足要求。在试件破坏前一级，UHPC 拱肋受拉侧的最大裂缝宽度为 0.45mm，由于开裂原因，部分 UHPC 已进入软化段甚至退出工作，因此受压侧的实际应力将远高于名义压应力（93.09MPa）。

表 7-17 节点试件名义应力与实桥节点计算应力对比

试件破坏阶段	节点试件的名义应力(MPa)	实桥节点最不利组合计算应力(MPa)
开裂(0.05mm)	13.36	7.23
破坏(压溃前一级)	93.09	83.46

(2)节点拱肋的受力性能

①拱肋挠度分布。

试验加载过程中,测量 UHPC 拱肋不同位置的水平挠度,各工况目标荷载值下 UHPC 拱肋在不同高度上的水平挠度分布如图 7-39 所示。由于钢腹杆压力荷载的水平分力大于钢腹杆的水平拉力,故 UHPC 拱肋在水平方向会沿压力分力方向产生挠度。拱肋下端作用压力荷载,上端作用拉力荷载,所以 UHPC 拱肋下半段在水平方向的挠度变形大于上半段。因此 UHPC 拱肋首先在下半段的变截面区域(水平挠度大且刚度变化)产生裂缝,且在后续的加载过程中,裂缝仅在 UHPC 拱肋该区域附近产生和发展直至该区域破坏,其他区域始终未发现裂缝和其他破坏迹象。

②拱肋平截面假定。

为方便叙述,如图 7-40 所示,将 UHPC 拱肋粘贴了纵向应变片的截面划分为 A~G 截面。

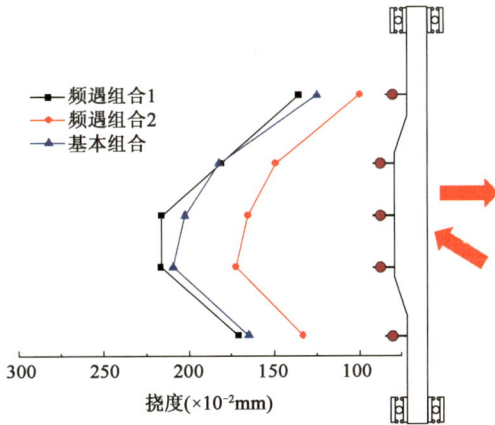

图 7-39 不同工况目标荷载下 UHPC 拱肋水平挠度对比 图 7-40 布置纵向应变片的截面

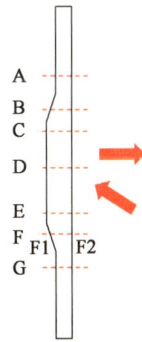

图 7-41a)为 F 截面在仅加载拱肋轴力阶段的应变沿拱肋厚度分布图,由于 F 截面处于变厚度段,F1 侧应变小于 F2 侧应变,为压弯复合受力状态,应变分布满足平截面假定。频遇组合 1 工况中,B~F 截面各级荷载下应变沿 UHPC 拱肋厚度方向的分布如图 7-41b)~图 7-41f)所示,可以看出 B~F 截面基本满足平截面假定。轴压力的存在使截面中性轴处应变不为 0,如在频遇组合 1 工况下,拱肋加载了 45MPa 的轴压力,F 截面中性轴处应变为 $-976.74\mu\varepsilon$。

图 7-42 给出了 F 截面中 F1 侧和 F2 侧的应变和荷载变化曲线,在频遇组合和基本组合中,F1 侧和 F2 侧的应变均线性增长。当钢腹杆压力荷载为 670kN 时,F1 侧和 F2 侧的钢腹杆

压力荷载-应变曲线的线性段结束，F1 侧拉应变达到 $351\mu\varepsilon$，F2 侧压应变为 $2713\mu\varepsilon$。此时穿过 F1 侧应变片位置附近的主裂缝的宽度达到 0.05mm，故之后 F1 侧应变数据不再稳定。

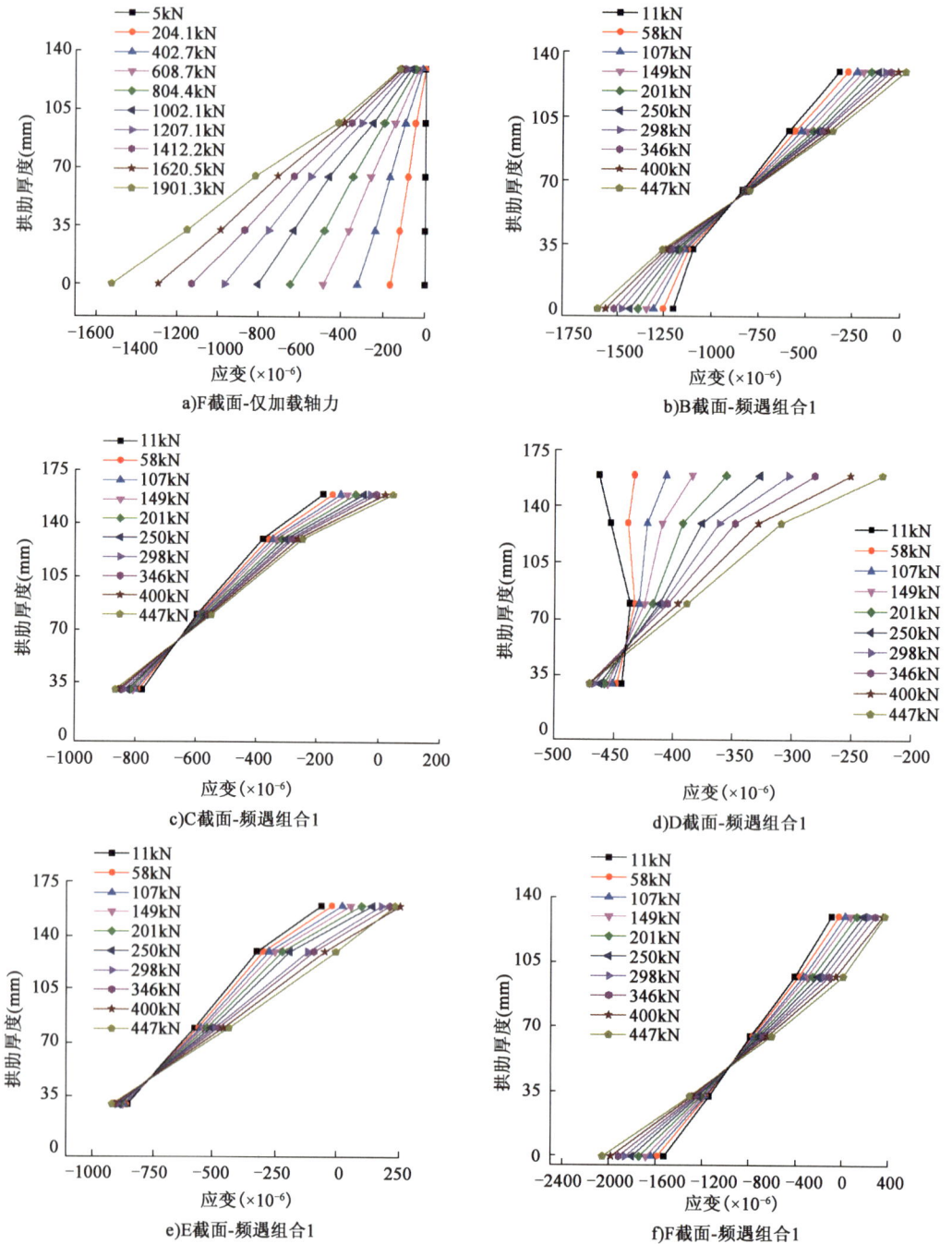

图 7-41　各截面应变沿拱肋厚度变化图

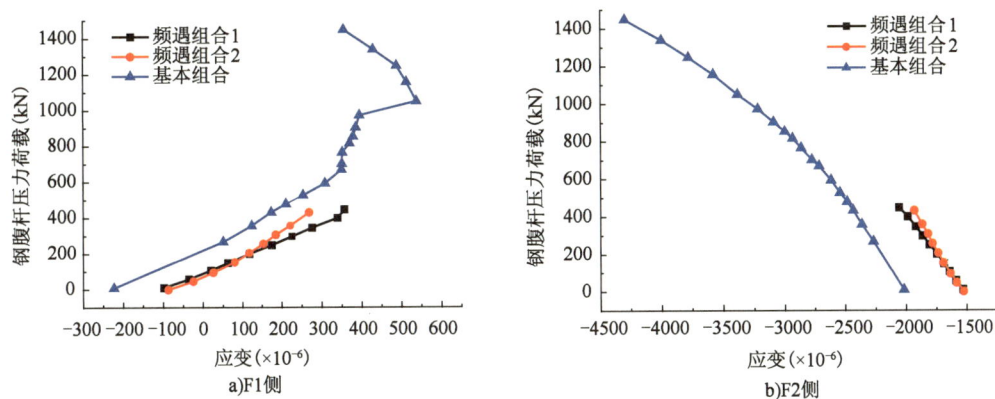

图 7-42   F 截面的荷载-应变曲线

（3）钢接头与 UHPC 拱肋的结合性能

①结合面抗剪性能。

图 7-43 给出了各个工况中钢腹杆压力荷载-结合面滑移量曲线，各工况在达到设计荷载前曲线基本接近，且处于弹性增长段，钢腹杆卸载后结合面滑移恢复。在频遇组合 1 和频遇组合 2 工况下，结合面的最大滑移量为 0.052mm，根据文献[20]，钢-混凝土连接件在正常使用极限状态下结合面的滑移量限值可取 0.2mm，故钢接头与 UHPC 拱肋的结合面满足抗剪正常使用极限状态的要求。

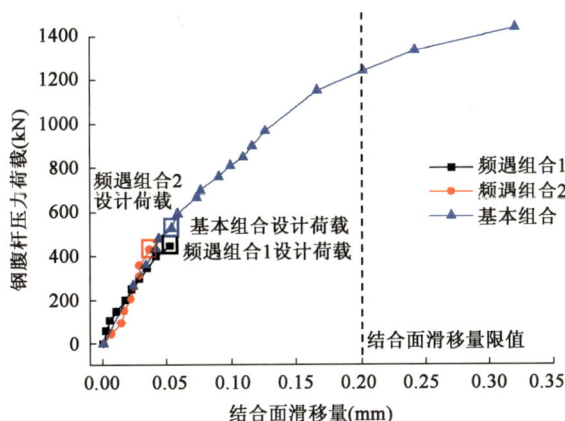

图 7-43   钢腹杆压力荷载-结合面滑移量曲线

在钢腹杆压力荷载为 594kN 时曲线出现拐点，结合面滑移量达到 0.2mm 时，钢腹杆压力荷载为 1248kN，是基本组合设计荷载的 2.35 倍，至节点破坏时，结合面滑移量仅为 0.32mm，表明钢接头与 UHPC 拱肋结合性能良好，各部分可以协同工作。直至最后拱肋 UHPC 压溃破坏，钢接头和 UHPC 拱肋未发生剪切破坏，表明节点满足抗剪承载能力极限状态要求。

根据《公路钢混组合桥梁设计与施工规范》（JTG/T D64-01—2015）[20]，在正常使用极限状态下，连接件的结合面最大滑移值可按式（7-5）计算。

$$s_{max} = \frac{V_{sd}}{k_s}$$ （7-5）

式中：s_{max}——正常使用极限状态下结合面的最大滑移值；

$\quad\quad V_{sd}$——正常使用极限状态下连接件的剪力设计值；

$\quad\quad k_s$——连接件的抗剪刚度。

频遇组合 1 工况为节点试件的正常使用极限状态，钢腹杆的设计压力荷载为 447kN，V_{sd} = 223.5kN，结合面最大滑移值 s_{max} = 0.052mm，由式（7-5）可反算出连接件的抗剪刚度为 4298kN/mm。

②结合面抗拉拔性能。

钢接头在钢腹杆的拉力荷载作用下，钢板与 UHPC 拱肋有脱离的趋势，钢接头节点板附近的钢板会发生图 7-44a）所示的凸起变形。在频遇组合 1、频遇组合 2 和基本组合工况的目标荷载下，钢接头钢板基本未凸起，钢接头的钢腹杆拉力荷载-钢板凸起量曲线如图 7-44b）所示，当钢腹杆的水平拉力荷载达到 830kN 时，钢板凸起量开始明显增加，至试件破坏时，钢板凸起量仅为 0.011mm，此时钢腹杆拉力荷载为 1146kN，为基本组合钢腹杆设计拉力荷载的 2.72 倍，且钢腹杆卸载之后钢板凸起变形恢复，表明钢接头的抗拉拔性能满足要求。

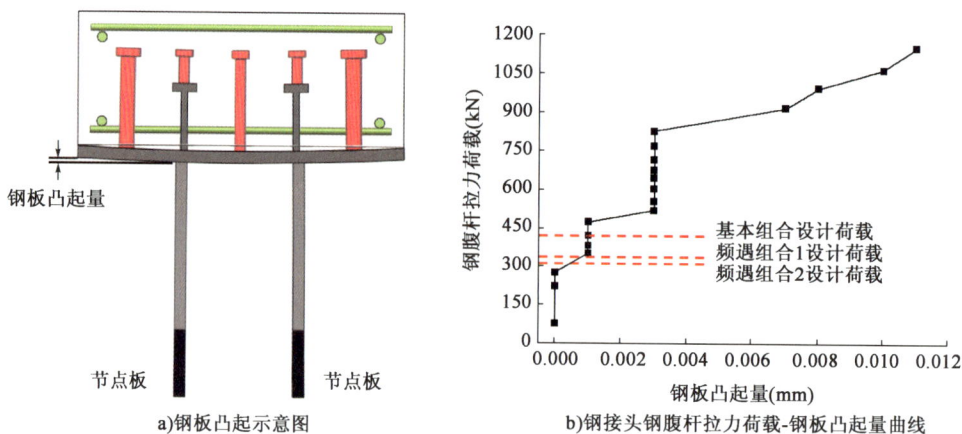

a）钢板凸起示意图　　　　　　　　　b）钢接头钢腹杆拉力荷载-钢板凸起量曲线

图 7-44　钢接头抗拉拔性能

（4）钢接头的应力分布

通过钢接头中三向应变花数据可计算出应变花处主应变的大小和方向，如图 7-45a）所示，图 7-45b）为钢接头中 T 形钢板各截面的应变分布。钢腹杆的拉力和压力同时作用在钢接头的节点板上，使节点板受拉区的主拉应变方向与拉力方向发生了一定的偏角，且越靠近受压钢腹杆处偏角越大。节点板将钢腹杆荷载传递至其上的 T 形钢板处，为方便叙述，将 T 形钢板划分为 T1～T8 截面。T1～T4 截面主要承担钢腹杆的拉力荷载，而 T5～T8 截面受到钢腹杆压力荷载的影响，主要为压应变。T3 截面最靠近拉力钢腹杆的中心线，传力路径最短，故 T3 截面的竖向拉应变最大，为钢接头中受力最不利区域。

图 7-46 给出了 T3 截面在各个工况中的钢腹杆拉力荷载-应变曲线，在各个工况中，曲线的斜率基本相等，且在试件破坏时，钢腹杆荷载为基本组合设计荷载的 2.72 倍，T3 截面钢板的平均应变为 835$\mu\varepsilon$（乘弹性模量后应力为 172MPa），仍处于弹性阶段，表明钢接头满足设计要求，安全储备高。

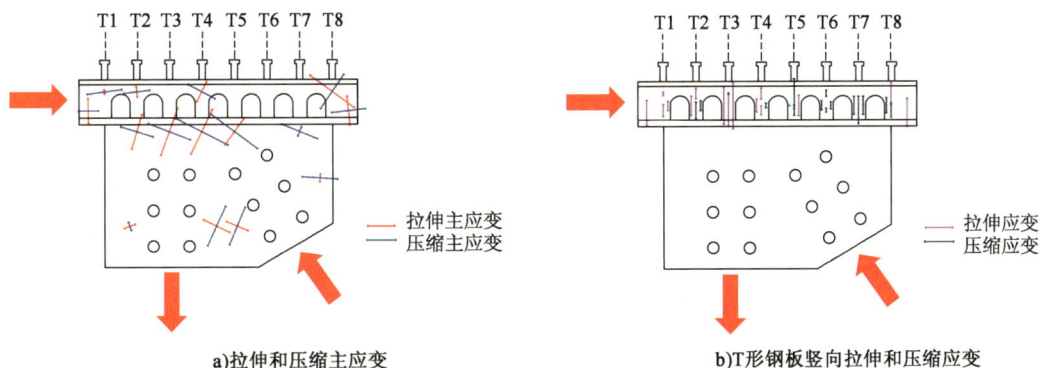

a)拉伸和压缩主应变

b)T形钢板竖向拉伸和压缩应变

图7-45 钢接头应变分布

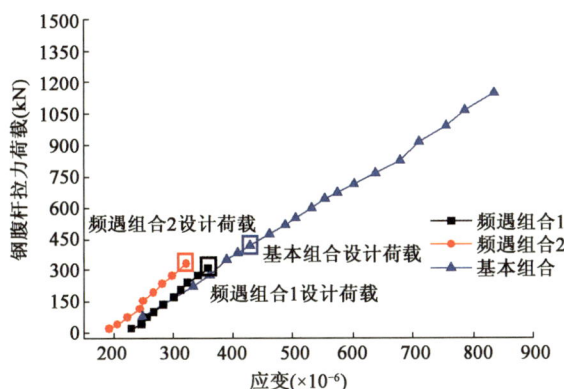

图7-46 T3截面钢腹杆拉力荷载-应变曲线

7.5.2 拱肋与腹杆K形节点拉拔性能分析

7.5.2.1 K形节点抗拔试验

在平面三向加载试验中,UHPC拱肋在靠近受压钢腹杆的变截面区域发生破坏,而拱肋其他区域保持完好,为探究钢接头的抗拔性能,补充了图7-47所示的K形节点抗拔试验。将K形节点试件水平放置在反力梁上,通过高强螺栓将受拉钢腹杆和反力梁锚固在一起,受压钢腹杆抵在反力梁表面。

千斤顶紧贴在K形节点受拉钢腹杆侧,通过顶起UHPC拱肋对钢腹杆施加拉力,与UHPC拱肋接触处放置厚钢板,以避免UHPC拱肋局部压碎。在UHPC拱肋与钢接头结合面两侧设置位移表,测量钢接头与UHPC拱肋的分离量。

7.5.2.2 破坏形态

由于受拉钢腹杆通过高强螺栓固定在反力梁上,存在未知弯矩,故通过粘贴在钢腹杆上的应变片数据得到钢腹杆的轴拉力。试验初期,发现实际加载点离预埋钢接头边缘较远,弯矩较大,加载后出现竖向弯拉裂缝。对加载装置进行调节后重新开始加载,初期弯拉裂缝会随着荷载的增加有一定程度的张开,当钢腹杆拉力为605kN时,UHPC拱肋两侧截面开始出现较多斜裂缝。随后斜裂缝逐渐发展直至贯通成一条主裂缝,且裂缝宽度不断增加,从主裂缝中可以明显观察到拔出的钢纤维以及 UHPC 拱肋内部的钢筋和栓钉。最后,主裂缝沿钢接头轮廓贯通成一个面,一侧 UHPC 拱肋被完全推起,试件破坏情况如图 7-48 所示。

图 7-47　K 形节点抗拔试验装置图

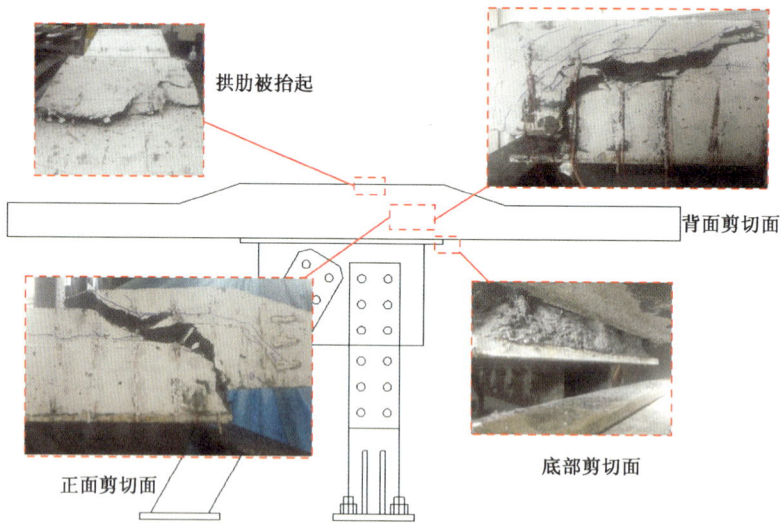

图 7-48　试件破坏形态

7.5.2.3　荷载-钢板分离量曲线

图 7-49 给出了钢接头的钢腹杆拉力荷载-分离量曲线,当钢腹杆拉力为 539kN 时,分离量为 0.101mm,一端钢接头最外侧栓钉下方的 UHPC 拱肋被剪坏,测点所在局部 UHPC 拱肋与另一侧 UHPC 拱肋断开,此后钢接头分离量包含了裂缝宽度的发展。钢腹杆在达到极限拉力荷载 682kN 后,主裂缝快速发展,拱肋一侧被完全剪断,钢腹杆拉力荷载快速减小,纵向钢筋被顶弯曲。

图 7-50 给出了钢接头的钢腹杆拉力荷载-钢板凸起量曲线,当钢腹杆拉力为 682kN 时,钢板凸起量为 0.022mm,随后 UHPC 拱肋被剪断,钢腹杆拉力荷载减小,钢板凸起量逐渐恢复。

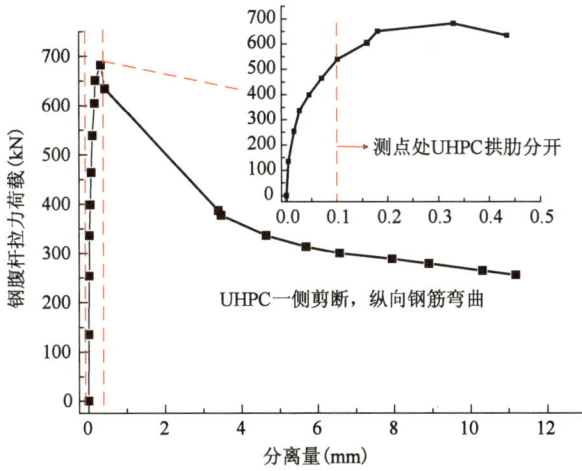

图 7-49 钢腹杆拉力荷载-分离量曲线

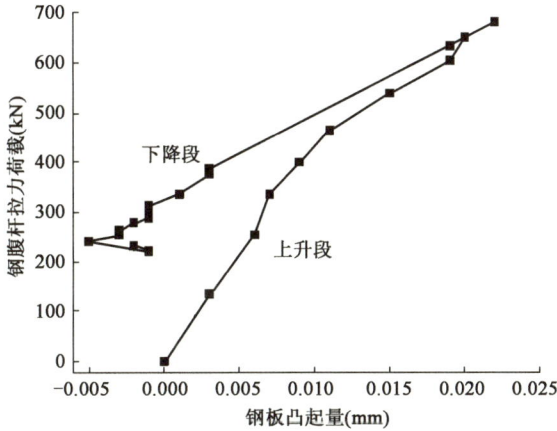

图 7-50 钢腹杆拉力荷载-钢板凸起量曲线

　　钢接头的脱开量和钢板凸起量均较小,且抗拔试验中钢接头未被拔出,表明钢接头与UHPC 拱肋结合牢固。拱肋与钢腹杆连接节点的抗拔极限承载力为 682kN,是基本组合设计拉力荷载值的 1.62 倍。抗拔试验中钢腹杆的拉力荷载比压力荷载在相应方向的分力大534kN,而由表 7-15 可知,所选取的受力最不利节点钢腹杆压力荷载分力大于拉力荷载。对于拱桥中钢腹杆的拉力荷载值大于压力荷载值的节点,钢腹杆的最大拉力荷载值缩尺后为196.2kN,小于拱肋节点的抗拔极限承载力的 1/3。上述结果表明,UHPC 拱肋与钢腹杆连接节点抗拔承载力满足设计要求,安全储备较高。

7.6　主要技术经济指标及对比

　　国外学者曾经对跨径 750m、1000m 的 UHPC 拱桥方案做过研究报道[21],如图 7-51 所示。表 7-18～表 7-20 分别列出了全桥、主拱圈以及施工阶段三个方面的不同 UHPC 拱桥方案的技术经济性对比。

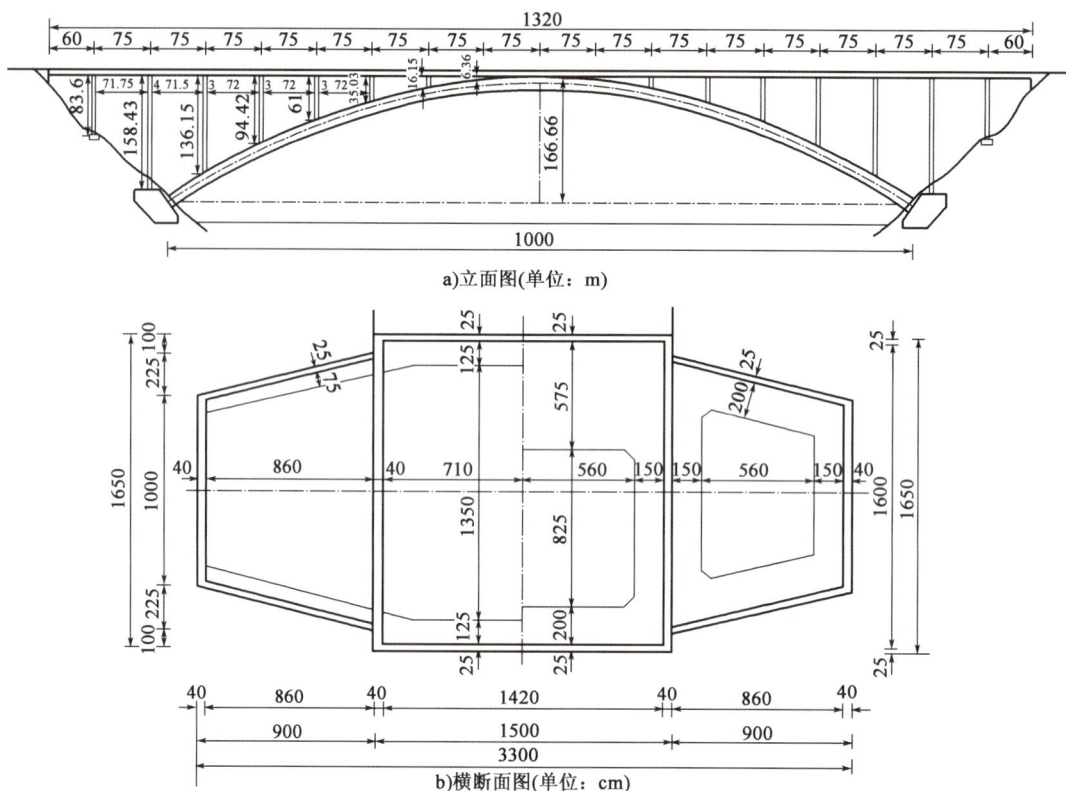

a)立面图(单位：m)

b)横断面图(单位：cm)

图 7-51　国外学者提出的跨径 1000m UHPC 拱桥方案

表 7-18　不同 UHPC 拱桥方案技术经济性比较(全桥)

方案	国外 750m UHPC 拱桥		国外 1000m UHPC 拱桥		本书 1000m 钢-UHPC 拱桥	
指标	每平方米用量（kg）	每平方米单价（元）	每平方米用量（kg）	每平方米单价（元）	每平方米用量（kg）	每平方米单价（元）
UHPC	4725	22750	5697	27430	2403	11570
钢材	—	—	—	—	1097	14261
每平方米总单价(元)	22750(83%)		27430(100%)		25831(94%)	
每平方米结构自重（kg）	4725(83%)		5697(100%)		3500(61%)	
备注	综合单价估算：配筋 UHPC 13000 元/m³；焊接钢材 13000 元/t					

表 7-19　不同 UHPC 拱桥方案技术经济性比较(主拱圈)

方案	国外 1000m UHPC 拱桥		本书 1000m 钢-UHPC 拱桥	
指标	每平方米用量(kg)	每平方米单价(元)	每平方米用量(kg)	每平方米单价(元)
UHPC	3861	18590	2106	10140
钢材	—	—	485	6305
每平方米总单价(元)	18590(100%)		16445(88%)	
每平方米结构自重（kg）	3861(100%)		2591(67%)	

表7-20 不同 UHPC 拱桥方案技术经济性比较（施工阶段）			
方案	国外 750m UHPC 拱桥	国外 1000m UHPC 拱桥	本书 1000m 钢-UHPC 拱桥
处于悬臂施工状态的主拱圈自重（t）	61387（45%）	137325（100%）	24000（17%）
半跨斜拉索的总内力（kN）	400000（68%）	590000（100%）	123200（21%）

由表7-18～表7-20可知：新体系钢-UHPC拱桥相比全UHPC箱形拱桥，在同等跨径条件下结构材料单价具有一定优势，并且自重更轻，降低了施工难度，表明钢-UHPC桁式拱桥的结构效率更高。由于采用分四次合龙的循环施工方法，进一步减轻了悬臂施工状态下主拱圈结构的自重，新方案的半跨斜拉索的总内力（123200kN）仅为跨径1000mUHPC拱桥（590000kN）的21%左右，从而大幅度减少临时措施费用，有效提高特大跨径拱桥的经济合理性。

无论是斜拉桥、悬索桥，还是拱桥，都有其各自适用的场合，对于山区峡谷地形，当地质条件良好时，往往拱桥方案更具有经济性优势。

如图7-52所示的峡谷桥址，当桥面标高较低时，以单跨悬索桥方案与单跨拱桥方案作对比，可见单跨拱桥方案的跨径长度可明显小于单跨悬索桥方案。主桁跨径为1000.5m、桥面宽度为24.5m的悬索桥方案的材料成本约为6.40亿元，每平方米单价约为26109元。当采用主跨跨径为700m、桥面宽度为24.5m的钢-UHPC拱桥方案时，主桥的材料成本约为3.60亿元，总长为1000.5m的全桥的材料成本约为4.16亿元，比悬索桥方案节省近2.24亿元；每平方米单价约为16971元，仅为悬索桥方案的65%。

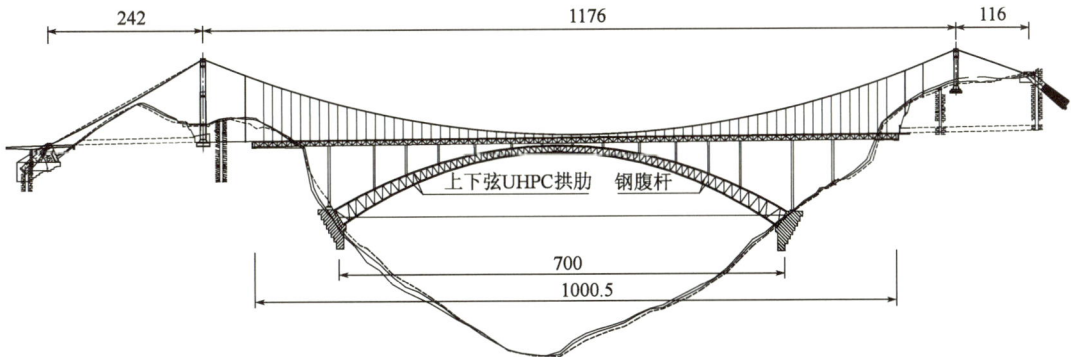

图7-52 悬索桥方案与钢-UHPC拱桥方案对比示意图（单位：m）

当桥面标高较高时，以斜拉桥方案与钢-UHPC拱桥方案作对比，如图7-53所示。参考一座主跨跨径为938m、桥面有效宽度为41m的斜拉桥，其上部结构每平方米材料单价约为15107元，总长为1638m的全桥（不含基础）的材料成本约为10.15亿元。当采用主跨跨径为840m、桥面宽度为41m的钢-UHPC拱桥方案时，主桥（不含基础）的材料成本约为7.06亿元，总长为1638m的全桥（不含基础）的材料成本约为9.56亿元，每平方米单价约为14235元，为斜拉桥方案的94%。同时，由于斜拉桥需要更换斜拉索，悬索桥需要更换吊索，所以钢-UHPC拱桥方案在全寿命造价上同样具有一定的优势。由此可见，对于适用的场合，钢-UHPC拱桥在经济性方面比其他桥型更具优势。

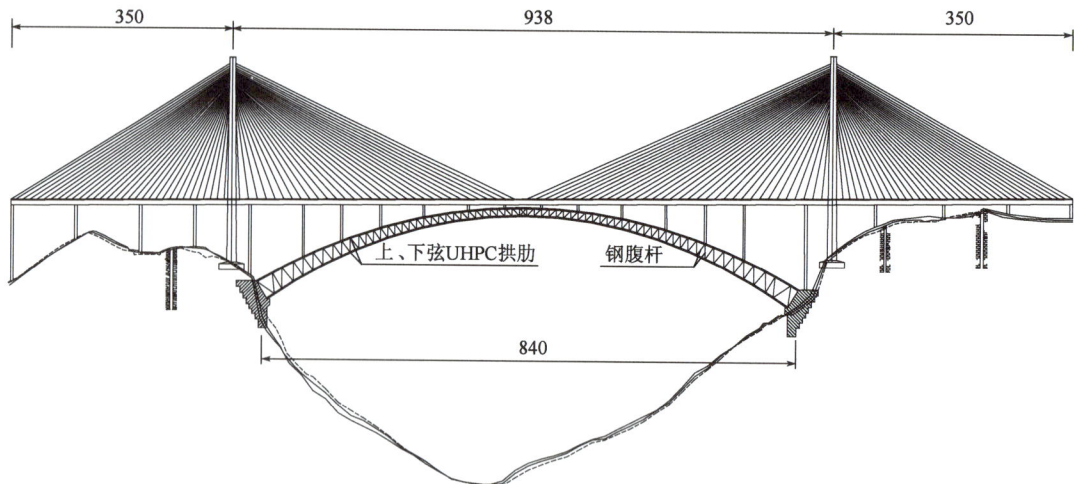

图 7-53 斜拉桥方案与钢-UHPC 拱桥方案对比示意图(单位:m)

7.7 本章小结

(1)钢-UHPC 组合桁式拱桥方案可大大减轻结构自重,新方案每平方米结构自重 (3500kg)仅为跨径为 1000mUHPC 拱桥(5697kg)的 61%;上下弦拱肋采用 UHPC,避免了钢拱肋大量的厚板焊接,对于适用的场合,新方案在经济性方面比其他桥型更具优势。

(2)新型拱桥采用斜拉扣挂悬臂法分多次合龙循环施工,扣索只需承受单次合龙的主拱自重并多次循环利用,跨径为 1000m 时,施工时主拱悬臂自重 24000t,仅为国外方案悬臂自重的 17%,扣索索力仅为国外方案的 21%,因而大幅度节省了扣塔、扣索、地锚等临时措施的费用,施工成本大大降低。

(3)试设计方案在四次循环施工阶段及成桥阶段,其应力、拱顶挠度和恒载作用下的弹性屈曲稳定性均满足要求。拱肋之间的滑动连接器消除了先后合龙拱肋的应力叠加问题,是实现本方案的关键技术之一。

(4)试设计方案每平方米桥面主拱圈材料用量指标:钢材 485kg,UHPC 0.78m³,自重 2.59t。与钢拱桥和 UHPC 拱桥的对比表明新型钢-UHPC 组合桁式拱桥具有显著的技术经济优势,可适用于 500～1000m 级跨径的拱桥。

(5)拱肋与钢腹杆连接节点主要由 UHPC 箱形拱肋、钢接头和钢腹杆 3 部分组成。钢接头预埋至 UHPC 拱肋中,与钢腹杆通过拼接板和高强螺栓连接,为主要受力构件。1000m 钢-UHPC 组合桁式拱桥拱肋与钢腹杆节点试设计的计算结果表明,UHPC 箱形拱肋与钢接头连接的顶板(或底板)受力最为复杂且不利。

(6)平面三向加载试验的破坏模式为 UHPC 拱肋一侧开裂,另一侧压溃破坏;抗拔试验的破坏模式为 UHPC 拱肋沿钢接头的轮廓剪切破坏;由于不考虑箱形拱肋中腹板和底板对拱肋节点局部受力的贡献,且将边界条件简化为两端铰支,节点试件中拱肋受力比实桥节点中拱肋受力更不利,将更早开裂和破坏;平面三向加载试验中,钢腹杆的极限荷载是基本组合设计荷载的 2.72 倍,UHPC 拱肋的名义开裂应力为 13.36MPa,是实桥最不利组合计算应力的 1.85 倍,表明拱肋的承载能力和抗裂性能满足要求。

(7)钢接头的抗剪刚度为 4298kN/mm;钢接头与 UHPC 拱肋结合面的抗剪性能和抗拉拔性能满足正常使用极限状态和承载能力极限状态要求;平面三向加载试验中,试件破坏时钢接头仍处于弹性阶段,承载能力满足要求;抗拔试验中,节点试件的受力形式比实桥中节点的受力形式更加不利,钢腹杆的极限拉力荷载是基本组合设计拉力荷载的 1.62 倍,表明钢接头与 UHPC 拱肋结合可靠,抗拔性能满足要求。

参 考 文 献

[1] 郑皆连,王建军,牟廷敏,等. 700m 级钢管混凝土拱桥设计与建造可行性研究[J]. 中国工程科学,2014,16(8):33-37.

[2] 高婧,陈宝春. 钢拱桥发展综述[C]//中国公路学会桥梁和结构工程分会. 2005 年全国桥梁学术会议论文集:2005 年卷. 北京:人民交通出版社,2005.

[3] 陈宝春,陈康明,赵秋. 中国钢拱桥发展现状调查与分析[J]. 中外公路,2011,31(2):121-127.

[4] 陈宝春,刘君平. 世界拱桥建设与技术发展综述[J]. 交通运输工程学报,2020,20(1):27-41.

[5] 陈宝春. 超大跨径混凝土拱桥的研究进展[C]//中国土木工程学会桥梁及结构工程分会. 第十七届全国桥梁学术会议论文集(上册):2006 年卷. 北京:人民交通出版社,2006.

[6] 陈宝春,叶琳. 我国混凝土拱桥现状调查与发展方向分析[J]. 中外公路,2008(2):89-96.

[7] 郑皆连,王建军. 中国钢管混凝土拱桥[J]. Engineering,2018,4(1):306-331.

[8] GRAYBEAL B A. Material property characterization of ultra-high performance concrete[R]. United States:Federal Highway Administration, Office of Infrastructure Research and Development,2006.

[9] RICHARD P,CHEYREZY M. Composition of reactive powder concretes[J]. Cement and concrete research,1995,25(7):1501-1511.

[10] 王震宇,陈松来,袁杰. 活性粉末混凝土的研究与应用进展[J]. 混凝土,2003(11):39-41,44.

[11] 邵旭东,詹豪,雷薇,等. 超大跨径单向预应力 UHPC 连续箱梁桥概念设计与初步实验[J]. 土木工程学报,2013,46(8):83-89.

[12] 陈宝春,黄卿维. 600m 跨径混凝土拱桥的试设计研究[J]. 中外公路,2006(1):80-82.

[13] 邵旭东,何广. 800m 级钢-UHPC 组合桁式拱桥概念设计与可行性研究[J]. 中国公路学报,2020,33(2):73-82.

[14] SHAO X,HE G,SHEN X,et al. Conceptual design of 1000m scale steel-UHPFRC composite truss arch bridge[J]. Engineering structures,2021,226:111430.

[15] 中华人民共和国交通运输部. 公路桥涵设计通用规范:JTG D60—2015[S]. 北京:人民

交通出版社股份有限公司,2015.

[16] 中华人民共和国交通运输部. 公路钢管混凝土拱桥设计规范:JTG/T D65-06—2015[S]. 北京:人民交通出版社股份有限公司,2015.

[17] 中华人民共和国质量监督检验检疫总局,中国国家标准化管理委员会. 活性粉末混凝土:GB/T 31387—2015[S]. 北京:中国标准出版社,2015.

[18] ASSOCIATION FRANCAISE DE NORMALISATION. Concrete—Ultra-high performance fibre-feinforced concrete -Specifications,performance,production and conformity:NF P18-470[S]. Paris:AFNOR,2016.

[19] RAFIEE A. Computer modeling and investigation on the steel corrosion in cracked ultra high performanceconcrete[M]. Kassel:Kassel University Press,2012.

[20] 中华人民共和国交通运输部. 公路钢混组合桥梁设计与施工规范:JTG/T D64-01—2015[S]. 北京:人民交通出版社股份有限公司,2015.

[21] ČANDRLIć V,RADIć J,GUKOV I. Research of concrete arch bridges up to 1000 m in span[C]//Proceedings of the Fourth International conference on arch bridge. 2004:17-19.

第 8 章

UHPC加固混凝土桥面

8

INNOVATIVE BRIDGE STRUCTURES BASED
ON ULTRA-HIGH PERFORMANCE CONCRETE (UHPC)

THEORY, EXPERIMENT AND APPLICATION

8.1 概述

我国现有的公路混凝土桥梁大多数是根据 20 世纪七八十年代,甚至更早的设计标准建造的,截至 2015 年底,我国约 10.5% 的公路桥梁出现了不同程度的病害,结构老化、超载和管理不当导致交通事故频发,造成了不利的社会影响。在混凝土桥梁病害中,混凝土开裂问题较为突出。例如,交通运输部公路科学研究院曾经对全国公路系统主跨跨径大于 60m 的近 180 座主要预应力混凝土箱梁桥做了裂缝调查与统计,统计结果如表 8-1 所示。可以看出,大跨梁桥梁体的裂缝是普遍存在的,其裂缝产生的原因及裂缝萌生的位置也各有不同,其中顶板开裂现象最为普遍,这与重载车运营、腐蚀劣化等多种因素有关。

表 8-1 箱梁梁体裂缝统计表

腹板裂缝	顶板裂缝	底板裂缝	横隔板裂缝	齿板裂缝
86.4%	90.9%	54.5%	86.4%	36.4%

目前,混凝土桥面加固主要采用粘贴钢板或 CFRP 加固法,粘贴加固法轻质高强、施工便捷、承载力提高明显,但其致命缺陷是耐高温性和耐久性较差,有机粘胶易老化使加固层剥离失效,导致桥梁需反复加固,且存在应力滞后现象,这使得加固材料的高强性能无法充分发挥、材料利用率低,而且加固混凝土桥面板时无法起到防水作用。可见,传统的粘贴加固法无法满足混凝土桥面"性能提升和防水耐久"的维修加固需求。采用高性能、高强度材料是未来桥梁发展的主要方向[1],新材料、新技术的应用将在桥梁加固改造中发挥日益重要的作用,也必将成为加固领域科技创新的主要突破点;研发高效、耐久、适用性强的混凝土桥面加固新技术,是工程研究人员迫切需要解决的问题。

超高性能混凝土(Ultra-High Performance Concrete,UHPC)是一种具有超高力学性能(抗压/拉 >150/10MPa)、超强耐久性的水泥基复合材料。其作为损伤混凝土结构修复材料的潜在优势主要体现为材料的超强拉伸韧性和优异的耐久性[2]:一方面,由于内部致密和钢纤维桥接作用,UHPC 受拉时具有伴随多元开裂特征的应变硬化行为,其开裂强度 σ_{cc}、抗拉强度 σ_{pc} 和延性 ε_{pc} 较高[3-5],UHPC 配筋后的抗拉性能和韧性则更为优异[6-7]。另一方面,UHPC 抗碳化、渗透、冻融和化学腐蚀等耐久性指标远高于普通混凝土[8-9],并且具有微裂缝自愈能力:渗入裂缝中的水汽能够与大量未水化熟料"继续"水化,产生的水化物封闭微裂缝。研究表明,细于 0.05mm 的微裂缝对 UHPC 耐久性几乎无影响[10]。基于上述优异的材料性能,UHPC加固是一种有前途的新型加固方法,2004 年瑞士首次将 UHPC 应用于一座跨径为 10m 的普通混凝土梁桥的加固工程中,加固方案为在被氯离子侵害的原有桥面板上缘铺设一层 3cm 厚的 UHPC 保护层,UHPC 浇筑过程中无须振捣,浇筑完成后立即用薄膜覆盖,保湿养护 8d。瑞士 Chillon 夏兰高架桥建于 20 世纪 60 年代,为后张预应力混凝土箱梁结构,总长 2120m,日均车流量达 50000 次。长期运营下,混凝土桥面板发生碱-集料反应,承载力不足。2016 年采用 4cm 厚 UHPC 层进行加固,如图 8-1 所示。据不完全统计,瑞士已有 150 余座混凝土桥的桥面用 UHPC 进行了加固改造。广州华南大桥为 110m + 190m + 110m 的预应力混凝土连续刚构桥,1998 年通车,运营多年后出现了梁体下挠病害,为提高梁体的刚度及耐久性,2019 年底,采用 UHPC 加固,拆除主桥 10cm 厚钢筋混凝土铺装和 6cm 厚沥青铺装,以 5cm 厚 UHPC 和 2cm 超薄磨耗层重铺。

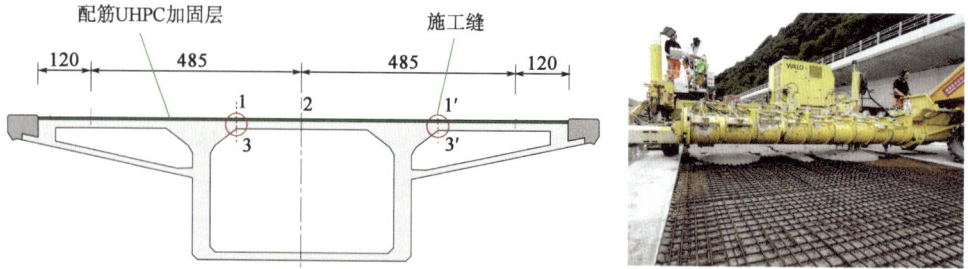

图 8-1　瑞士 Chillon 夏兰高架桥桥面 UHPC 加固(单位:cm)

UHPC 加固维修混凝土桥面的基本方法为:用高压水枪清除旧桥面上损伤、已经劣化或被腐蚀性介质污染的混凝土层(凿毛),去除和更换锈蚀的钢筋(如有必要),然后在混凝土桥面上现浇铺设配筋 UHPC 加固层,见图 8-2。研究表明,UHPC 加固混凝土损伤桥面板技术具有以下优点:

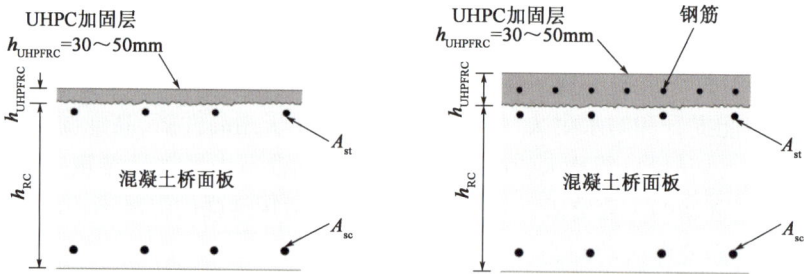

图 8-2　混凝土桥面的 UHPC 加固示意图

(1)加固效果显著:密配筋 UHPC 抗拉强度高(名义拉应力可超过 30MPa),从材料性能方面解决了混凝土抗拉强度低、脆性等先天缺陷,能有效提高被加固结构的抗弯承载力和疲劳性能,大幅改善结构的抗裂性能和应力状态,有效提高桥梁结构的承载等级。

(2)不增加自重,甚至可减轻自重:UHPC 加固层厚度在 5cm 左右,而通常混凝土桥面板上的调平层厚度在 10cm 以上,如果凿除原调平层改铺 UHPC,可显著减轻桥面自重,这对大跨径梁桥有重大意义。

(3)粘接牢固、界面无剥离脱空:UHPC 为水泥基无机材料,与原混凝土表面粘接牢固,通过密配筋,可有效控制 UHPC 的裂缝。

(4)耐久性高:UHPC 为高度致密的无机材料,可以抵抗各种酸、碱、盐对结构物的腐蚀,UHPC 本身还可以对下面的混凝土和钢筋起到保护作用,达到双重加固修补目的。

(5)防水性强:即使在微裂缝状态下,UHPC 的水渗透性也非常低,因此,UHPC 加固层在对混凝土桥面抗弯补强的同时,还对桥面进行了有效的防水处理。

8.2　UHPC加固损伤桥面板受弯性能试验

根据依托工程某特大桥的混凝土桥面板参数,设计 3 块足尺寸箱梁顶板局部模型抗弯加载试验。抗弯试验的目的一方面是探究损伤板开裂对顶板受力性能的影响,另一方面是验证使用超高性能混凝土对损伤板进行加固的效果,确保加固后箱梁的安全性、可靠性、耐久性。

8.2.1　试验概况

8.2.1.1　材料性能

C55 普通混凝土配合比和 UHPC 配合比分别如表 8-2 和表 8-3 所示。UHPC 材料主要由硅灰、水泥、石英粉、石英砂、粉煤灰、混合钢纤维、高效减水剂组成。本章使用的钢纤维为:13mm 长的端钩型钢纤维,直径 0.2mm,体积掺量为 2%;8mm 长的圆直型钢纤维,直径 0.12mm,体积掺量为 1.5%。钢纤维抗拉强度高于 2850MPa,弹性模量为 200GPa。两类钢纤维(圆直型和端钩型)如图 8-3 所示。

表 8-2　C55 普通混凝土配合比

强度等级	水胶比	砂率(%)	坍落度(mm)	每立方混凝土材料用量(kg/m³)						
				水泥	粉煤灰	矿粉	砂	碎石	水	外加剂
C55	0.28	41	215	391	79	64	25	1043	152	5.874

表 8-3　UHPC 配合比

原材料质量比					减水剂掺量(%)	钢纤维体积掺量(%)	水胶比
水泥	石英粉	粉煤灰	硅灰	石英砂			
1	0.2	0.1	0.2	1.1	1.5	3.5	0.18

a)圆直型(8mm)　　　b)端钩型(13mm)

图 8-3　UHPC 中钢纤维类型

试验中浇筑加固层时制作 9 个 100mm×100mm×100mm 的 UHPC 立方体试块与 6 个

100mm × 100mm × 400mm 棱柱体试块，与加固板在相同的环境下养护 24h 后，待 UHPC 终凝，加固板与试块脱模后蒸汽养护 48h，养护温度控制在 90 ~ 100℃ 之间。按标准试验程序测试 UHPC 的基本力学性能，UHPC 材料性能试验过程和结果分别如图 8-4 和表 8-4 所示。C55 普通混凝土材料性能试验结果如表 8-5 所示。

a)UHPC棱柱体抗压　　b)UHPC立方体抗压　　c)UHPC抗折　　d)UHPC弹性模量

图 8-4　UHPC 材料性能试验过程

表 8-4　UHPC 材料性能试验结果

项目	抗压强度(MPa)	抗折强度(MPa)	弹性模量(GPa)	容重(kN/m³)
UHPC	140.3	29.5	43.3	25.5

表 8-5　C55 普通混凝土材料性能试验结果

项目	7d 抗压强度(R7)(MPa)	28d 抗压强度(R28)(MPa)	容重(kN/m³)
C55 普通混凝土	53.0	65.2	24.5

试验试件普通混凝土层内配置的钢筋(包括纵向钢筋、横向钢筋和竖筋)直径为 16mm，UHPC 层内钢筋网直径为 10mm，所有钢筋等级均为 HRB400。钢筋屈服强度 400MPa，设计强度 360MPa，弹性模量 $E = 200$GPa。试验中连接 UHPC 层和 RC 层的栓钉直径为 13mm，高度为 150mm，其屈服强度为 240MPa，弹性模量 $E = 200$GPa。钢筋和栓钉材料性能如表 8-6 所示。

表 8-6　钢筋和栓钉材料性能

项目	弹性模量(GPa)	屈服强度(MPa)	设计强度(MPa)
HRB400 钢筋	200	400	360
栓钉		240	—

8.2.1.2　试件设计

试验前期准备阶段，在依托工程项目部现场浇筑 3 块足尺寸箱梁顶板局部模型作为试验板。各试件的尺寸相同，沿桥梁横向长度为 3200mm，横向净跨 3000mm，沿桥梁纵向长度为 2000mm，厚度 280mm，其中加固试验板厚度增加 50mm 厚的密配筋 UHPC。试件及其主要参数如图 8-5 所示。UHPC 加固层中布置纵横双向钢筋网，通过在顶板上植入总长 150mm 抗剪栓钉与损伤板连接,对剪力钉钉帽以下部分进行压纹[图8-5c)],植入损伤板深度为115mm,UHPC 加固层中高度为35mm,剪力钉沿纵向、横向间距均为300mm,剪力钉布置如图8-5b)所示。为充分模拟混凝土损伤板的实际开裂情况,在对试验板进行加固之前应先对其中两个试件进行预压,使其产生与顶板横向成45°夹角的斜裂缝[图8-5d)]。3 块试件分别为未加固对比试件、正弯矩加固试件和负弯矩加固试件。

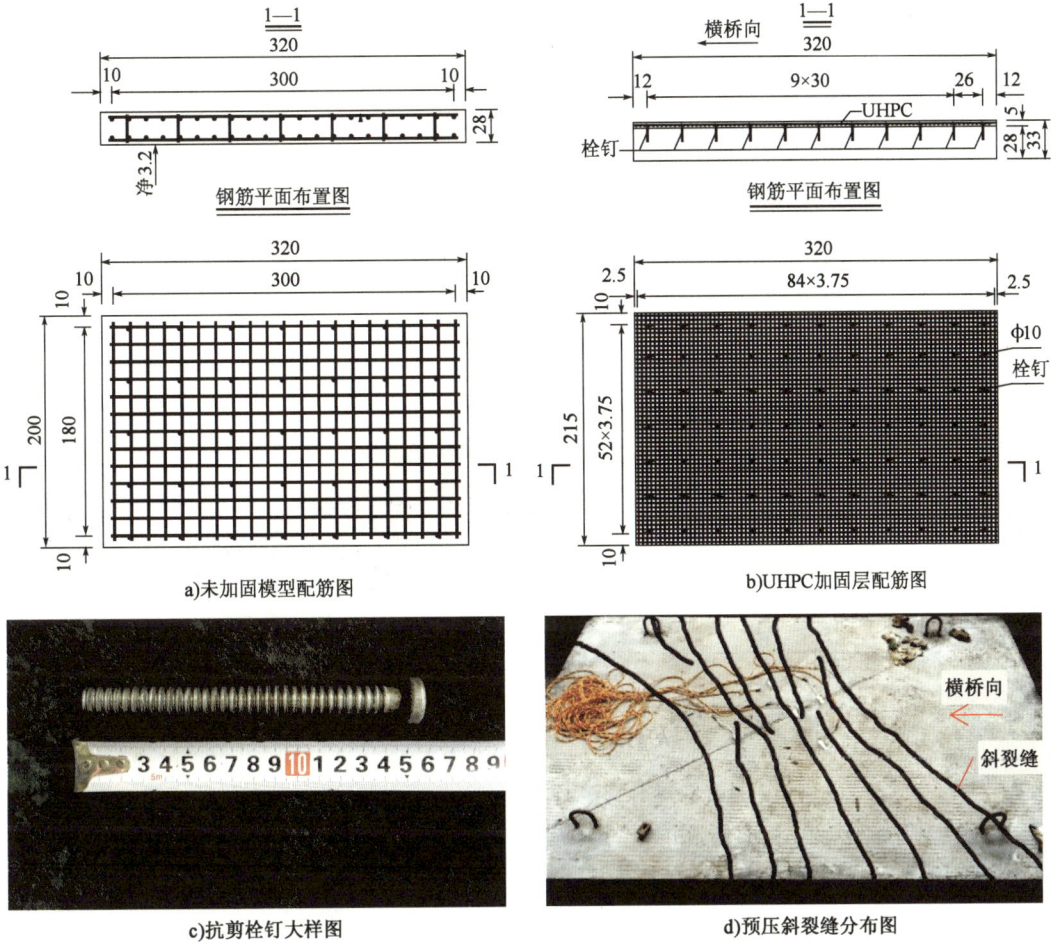

a)未加固模型配筋图　　　　　　　b)UHPC加固层配筋图

c)抗剪栓钉大样图　　　　　　　d)预压斜裂缝分布图

图8-5　试件构造图(单位:cm)

8.2.1.3　试件前期预压裂缝

为模拟某特大桥混凝土箱梁顶板火灾后实际受力情况,试验前期对试件进行预压,以还原现场裂缝形态。在实验室采取对角支撑、对角线中点加载的方式,对试验板进行弯扭加载,使试验板出现45°斜裂缝,加载过程前期监控应力水平,后期采取裂缝宽度控制方法控制最终加载荷载的大小,加载现场照片如图8-6 所示。

两片试验板前期裂缝还原加载最大持荷裂缝宽度分别为0.89mm 和0.85mm,裂缝特征为弯扭裂缝,受压区出现轻微压碎征兆时,停止加载。为使裂缝达到上下贯通,两片试验板均采取双向加载,卸载后裂缝闭合,闭合裂缝宽度最大为0.18mm。

a)加载方式

b)应变片布置

c)底部斜裂缝

d)顶部斜裂缝

图 8-6　加载现场照片

预压卸载后，对闭合后宽度大于 0.1mm 的裂缝采取注胶封闭，裂缝宽度不足 0.1mm 的裂缝采取表面刷粉封闭，如图 8-7 所示。裂缝封闭工作结束后，将试验板静置 5d，等待注缝胶风干凝固。

a)裂缝注胶封闭

b)裂缝刷粉封闭

图 8-7　裂缝封闭现场图

8.2.1.4　试验加载及测量方案

本试验所有试件均为跨中加载的简支试件。采用 1500kN 油压千斤顶进行加载。为保证构件在水平方向自由移动，在构件的一端使用滚轴支座。为便于负弯矩加载时测量 UHPC 层顶面裂缝宽度,采取千斤顶从下往上的反向加载方式。正弯矩试验板和对比试验板均采取正向加载方式,为方便观测裂缝,将试验板架高,使其距离地面约 120cm。加载装置如图 8-8、图 8-9 所示。

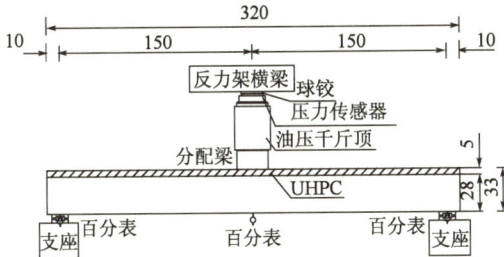

图 8-8　正向加载装置及位移计布置

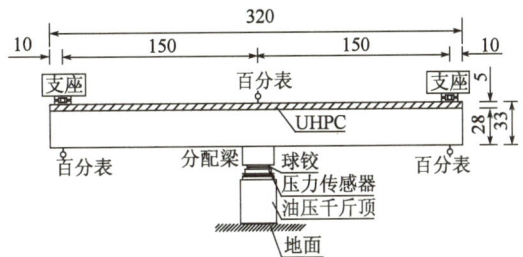

图 8-9　反向加载装置及位移计布置

试验中主要测量了组合板跨中、加载点、端支座的位移,UHPC 层侧面和底面应变,原结构顶板顶面应变等。电阻应变片的数据用 TDS-602 静态数据采集仪采集。同时,为了更好地测试 UHPC 层开裂后受拉应变情况,在 UHPC 层顶面布置 3 个引伸仪。挠度取分布在支点处的百分表和跨中的百分表的差值,得出试验板的绝对挠度;引伸仪增量由分布在跨中的三个千分表测得,取其平均值;荷载由千斤顶油压表和压力传感器共同监控。试验中用智能裂缝宽度观测仪量测裂缝宽度,其精度为 0.01mm。应变片及引伸仪布置如图 8-10 所示。

8.2.2　试验结果及分析

8.2.2.1　荷载-跨中挠度曲线

试验板竖向位移由百分表测量,跨中挠度 $\delta = (Z_1 + Z_2 + Z_3)/3 + (N_1 + N_2 + S_1 + S_2)/4$,其中 $Z_1 \sim Z_3$ 分别为跨中横向布置的 3 个百分表读数,N_1、N_2、S_1、S_2 分别为支座处布置的 4 个千分表读数。

正弯矩作用下加固试验板与未加固试验板荷载-跨中挠度曲线对比如图 8-11 所示。

加固试验板在正弯矩作用下,跨中挠度与荷载在前期呈明显线性关系,但跨中挠度曲线的斜率小于未加固试验板的弹性阶段,原因是普通混凝土层前期已预压至开裂,裂缝封胶不能提高其抗拉强度,正弯矩加固试验板表现出较早的开裂现象;但在未加固试验板开裂与正弯矩加固试验板均进入裂缝发展阶段之后,UHPC加固层不仅提高了截面的惯性矩,还具有较高的抗压强度及弹性模量,随着荷载的持续增大,加固试验板在正弯矩作用下的挠度和裂缝发展速度相比未加固试验板明显降低;图8-11中 A 点之前,加固试验板表现出比未加固试验板更大的挠度,这是因为加固试验板在前期已经预压至开裂,在荷载保持较低水平时,底层仅钢筋受拉,普通混凝土失去承载力,需要更大应变以满足应力要求。试验主要挠度结果见表8-7。

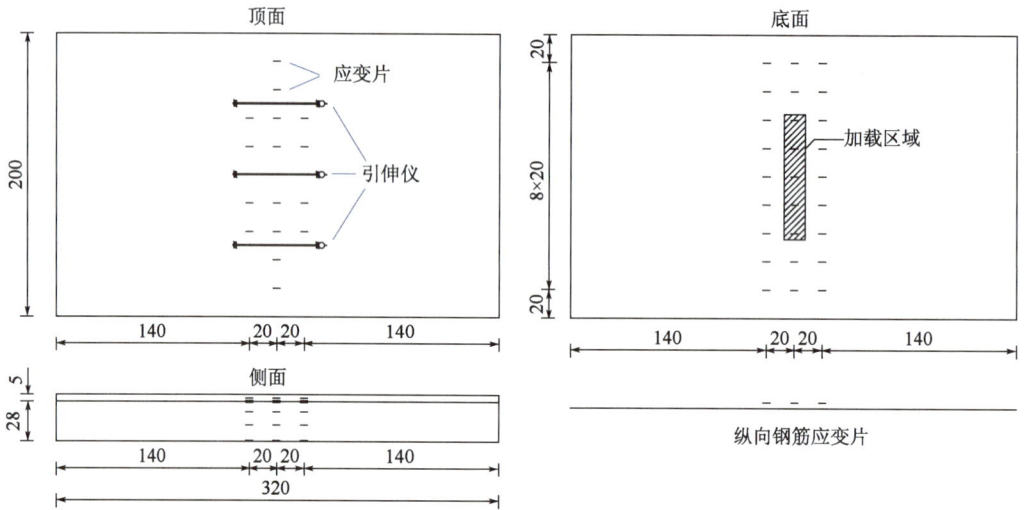

图 8-10　应变片及引伸仪布置

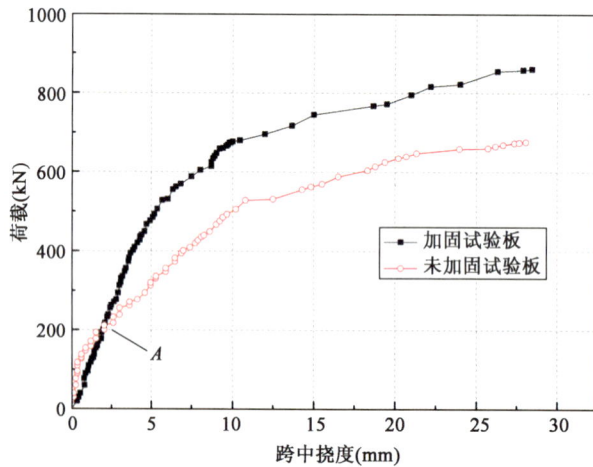

图 8-11　正弯矩作用下加固试验板与未加固试验板荷载-跨中挠度曲线对比

表 8-7　正弯矩试验主要挠度结果

试件	A 点对应挠度（mm）	关键点挠度对应荷载（kN）				破坏挠度（mm）
		1mm	5mm	10mm	20mm	
未加固试验板	2.051	154	320	506	635	28.068
加固试验板	2.062	96	476	677	772	28.437

当荷载大于 232kN 之后,加固试验板挠度持续小于未加固试验板,在未加固试验板接近破坏荷载 677kN 时,加固试验板挠度仅为未加固试验板的 35.6%;荷载达到 569kN 时,荷载-跨中挠度曲线开始有比较明显的斜率变化,试件刚度下降速度较快,试验板底部出现横向裂缝,此时加固试验板在正弯矩作用下达到屈服阶段,挠度相对未加固试验板减小了 36.6%,荷载提高了 8.4%,刚度提高较明显。试件进入延性阶段至破坏的过程中,加固试验板表现出更高的延性,挠度增加量是未加固试验板的 24.9%,原因是组合结构中的受压区高度小于 UHPC加固层厚度,普通混凝土层两层钢筋均受拉,相较于普通混凝土板承受正弯矩时,加固试验板中的上层受拉钢筋可以帮助底层受拉钢筋分担部分应力,当底层钢筋达到屈服强度时,上层钢筋已经承受部分拉应力,所以加固试验板表现出更高的延性。

负弯矩作用下加固试验板与未加固试验板荷载-跨中挠度曲线对比如图 8-12 所示。

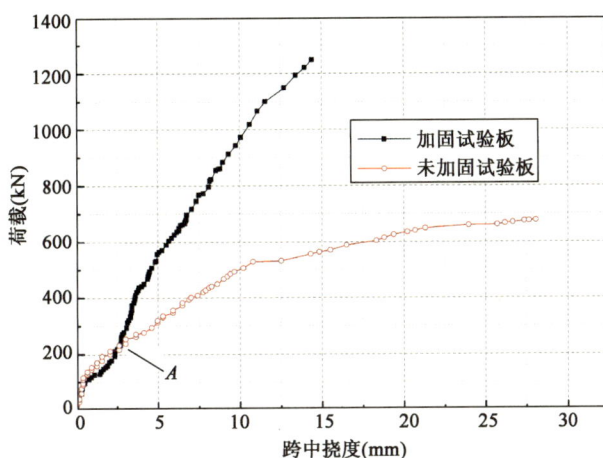

图 8-12　负弯矩作用下加固试验板与未加固试验板荷载-跨中挠度曲线对比

加固试验板在反向加载的跨中集中荷载作用下,跨中挠度曲线没有明显的转折点,原因是加载后普通混凝土靠近 UHPC 加固层处存在裂缝,普通混凝土没有抗拉承载能力,混凝土层不存在开裂后的内力重分布,结构整体仅 UHPC 加固层受拉,普通混凝土底层受压,当 UHPC 加固层开裂后,由于钢纤维的存在,结构整体内力重分布并不像普通混凝土那样明显,故试件整体的跨中挠度曲线并没有明显的转折点。负弯矩试验主要挠度结果见表 8-8。

表 8-8　负弯矩试验主要挠度结果

试件	A 点对应挠度（mm）	关键点挠度对应荷载（kN）				破坏挠度（mm）
		1mm	5mm	10mm	20mm	
未加固试验板	2.614	154	320	506	635	28.068
加固试验板	2.5	118	562	971	—	—

荷载保持较小时,加固试验板的挠度相比未加固试验板反而偏大(图 8-12 中 A 点之前),原因是普通混凝土层存在上下贯通的预压裂缝,普通混凝土开裂后,裂面是粗糙的,受压区裂缝在闭合过程中,原来拉脱的集料重新"嵌入"原位而产生一定的摩阻力,同时局部粉碎的颗

粒落入裂缝中,由于这些"垫块"的存在,裂缝提前传递压力,但在裂缝完全闭合之前,压应力并不能达到最大值,所以在荷载水平较低时,加固试验板由于存在裂缝闭合的过程而表现出刚度偏低,变形较大;图8-12中A点以后,加固试验板的挠度增长速度明显小于未加固试验板,随着荷载持续增大,荷载-跨中挠度曲线的斜率开始降低,因为钢纤维逐步退出工作,所以结构的挠度曲线在后期仍没有明显的转折点,斜率逐渐变化。

初始裂缝产生后试件进入裂缝发展阶段,由于UHPC加固层自身良好的抗拉性能和变形协调性能,加固试验板在负弯矩作用下,表现出更高的刚度和更强的抗弯承载能力,同时由于界面粘接力的作用,UHPC加固层较小的纵向应变也抑制了普通混凝土层初始裂缝的进一步发展。

8.2.2.2　荷载-跨中底面应变曲线

试验中我们注意到,加固试验板在正弯矩作用下的跨中底面应变并没有随着荷载的增大而持续增大。在荷载持续增长的阶段,跨中底面应变曲线出现非常明显的转折点,应变出现一次较为明显的回缩现象,随后又随荷载增大而持续增大,整条荷载-跨中底面应变曲线呈"闪电"状,如图8-13所示。跨中底面应变曲线的转折点(图8-13中A点)出现在荷载值为322kN时,原因是随着荷载增加,普通混凝土层全截面受拉,裂缝上下贯通,混凝土失去抗拉承载能力,拉应力完全由钢筋承担,钢筋应变和UHPC加固层应变差值较大,截面抗剪失效产生相对滑移,同时抗剪栓钉屈服,结构截面惯性矩减小,加固试验板内力重分布形成新的静力平衡,导致底面产生大量新裂缝,造成跨中底面应变有所减小。

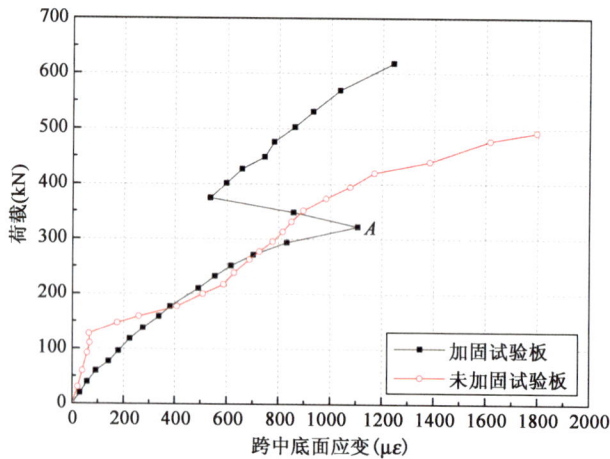

图8-13　正弯矩作用下加固试验板与未加固试验板荷载-跨中底面应变曲线对比

抗剪栓钉在图8-13中A点屈服,但并未达到其最大抗剪强度,可以继续传递剪力,同时,由于相对滑移面产生于普通混凝土层,滑移界面粗糙,存在一定的集料咬合效应,加固试验板仍有一定持荷能力,故加固试验板的跨中底面应变在经历了一定的回缩之后,继续随荷载增大而增大;此时,UHPC加固层与普通混凝土交界面处相对滑移也随荷载增大而持续增大;最终加固试验板的破坏形态为底部受拉钢筋屈服,整体变形过大失去承载能力。

负弯矩作用下,加固试验板与未加固试验板荷载-跨中底面应变曲线对比如图8-14所示。

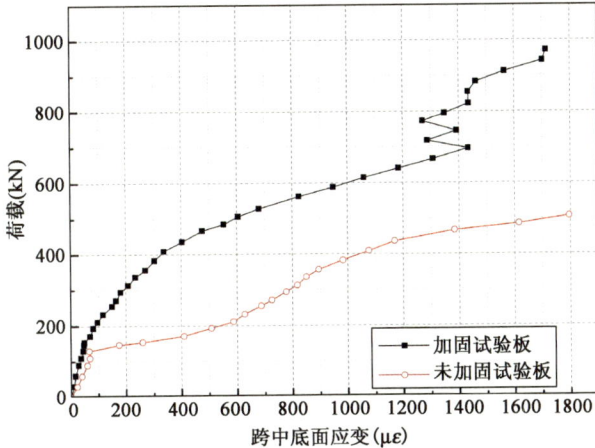

图 8-14　负弯矩作用下加固试验板与未加固试验板荷载-跨中底面应变曲线对比

普通混凝土层受拉应变在 167με 以下时曲线斜率相对较大,原因是受压区存在裂缝闭合过程,底部普通混凝土层收缩应变较大,同时 UHPC 层抗拉刚度较大,对普通混凝土层受拉应变的约束较明显;应变水平大于 167με 后,随着 UHPC 层的开裂,普通混凝土层应变曲线斜率出现下降趋势,但应变仍远小于未加固试验板,原因是 UHPC 加固层中钢纤维的存在使开裂截面仍可以提供较大拉应力,同时 UHPC 层与混凝土层无界面相对滑移,有效抑制了普通混凝土层原有裂缝的进一步发展;当应变首次大于 1400με 后,应变曲线出现明显波动,分析是因为 UHPC 层裂缝宽度较大,大量钢纤维被扯出,UHPC 截面抗拉承载力下降,造成普通混凝土层裂缝扩展速度加快,同时部分应变片由于应变过大而失效,所以数据出现多次波动,试验板也同时进入破坏阶段。

8.2.2.3　裂缝及其发展规律

正弯矩作用下加固试验板与未加固试验板荷载-主裂缝宽度曲线对比如图 8-15 所示。

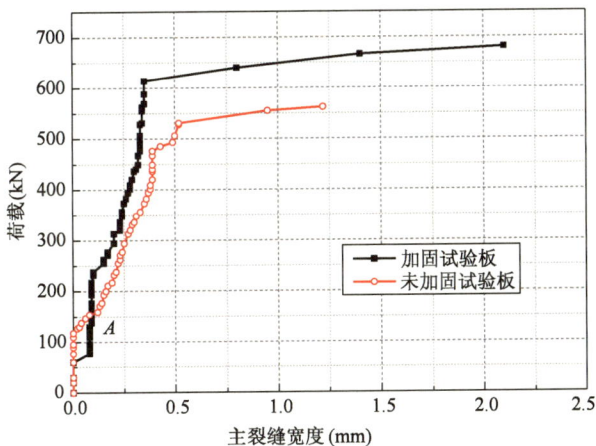

图 8-15　正弯矩作用下加固试验板与未加固试验板荷载-主裂缝宽度曲线对比

加固试验板 UHPC 层受压,普通混凝土层受拉。由于结构整体开裂强度取决于裂缝封胶

439

材料的强度，所以底面跨中裂缝出现较早，出现可见裂缝时的荷载水平较低，初始裂缝最早出现在跨中底部，裂缝发展均沿预压初始斜裂缝方向，试验主要裂缝结果见表 8-9。

表 8-9 正弯矩试验主要裂缝结果

试件	A 点对应裂缝宽度（mm）	关键点裂缝宽度对应荷载（kN）			
		0.05mm	0.2mm	0.5mm	1mm
未加固试验板	0.10	138	232	506	555
加固试验板	0.09	77	294	614	640

荷载达到 177kN，未加固试验板的主裂缝宽度为 0.1mm，此时正弯矩加固试验板主裂缝宽度为 0.09mm，是未加固试验板裂缝宽度的 90%；未加固试验板主裂缝宽度达到 0.2mm 控制点时，加固试验板主裂缝宽度为 0.1mm，仅为未加固试验板的 50%；未加固试验板达到破坏荷载时，加固试验板主裂缝宽度为 0.34mm，为未加固试验板的 27.8%；加固试验板主裂缝宽度大于 0.35mm 后，底面斜裂缝改变走向，出现横向贯通裂缝，同时主裂缝宽度突然增大，试验板进入破坏阶段，最终破坏时刻底面裂缝分布如图 8-16 所示。

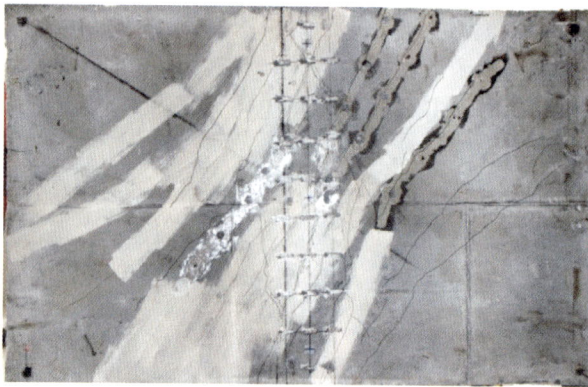

图 8-16 正弯矩作用下加固试验板底面裂缝分布

不难看出，UHPC 加固方法显著抑制了裂缝的发展速度，不仅有效提高了《混凝土结构设计规范（2015 年版）》（GB 50010—2010）中裂缝宽度关键点的持荷能力，而且显著增强了结构整体的极限承载能力。原因是 UHPC 加固层本身具有超高的抗压强度，与密配置钢筋共同受力，在结构整体受弯时，减小了结构受压区高度，普通混凝土中上下两层钢筋均受拉，相较于未加固试验板中单层钢筋受拉的情况，加固试验板可以以更小的钢筋应变满足较大的应力要求，所以裂缝宽度发展受到明显抑制；同时，UHPC 加固层弹性模量较大，受压应变较小，UHPC 加固层和普通混凝土层产生相对滑移之前，结构截面应变基本满足平截面假定，从而进一步减小了底部受拉区应变，降低了裂缝发展的速度。

负弯矩作用下加固试验板与未加固试验板荷载-主裂缝宽度曲线对比如图 8-17 所示。

由图 8-17 可以看出，当裂缝宽度小于 0.23mm 时（图中 A 点），主裂缝宽度与荷载关系近似线性；当裂缝宽度大于 0.23mm 时，荷载-主裂缝宽度曲线斜率虽有变化，但仍保持较大斜率，即裂缝仍保持缓慢发展；当裂缝宽度超过 0.38mm（图中 B 点），裂缝宽度曲线出现波动，裂缝发展进入不稳定阶段，此时主裂缝宽度增速较快，其余裂缝宽度仍缓慢增长，直至试验板主裂缝宽度达到 0.51mm 判定为破坏。

加固试验板 UHPC 层顶面最先出现短小横向可见裂缝,裂缝萌生宽度为 0.05mm,但随着荷载的增加,裂缝宽度并未扩展,仅沿横向长度扩展,开裂应力为 −16.37MPa(受拉);荷载达到 506kN 后,裂缝宽度开始扩展,受拉区平均应力水平达到 −30.16MPa(受拉),由于 UHPC 加固层中钢筋网的存在,试件开裂强度远大于抗折试块开裂强度,且裂缝宽度发展速度缓慢,负弯矩试验主要裂缝结果见表 8-10。

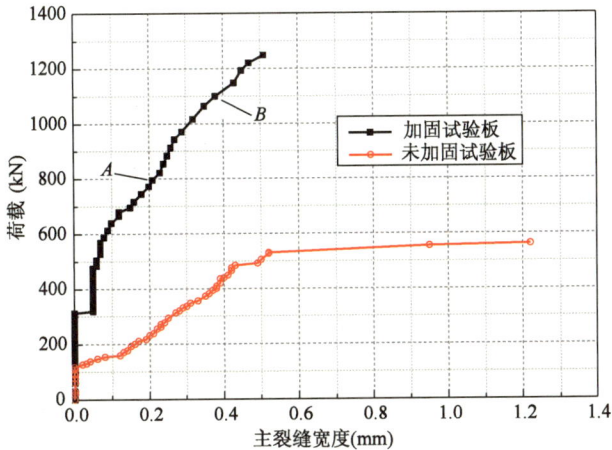

图 8-17 负弯矩作用下加固试验板与未加固试验板荷载-主裂缝宽度曲线对比

表 8-10 负弯矩试验主要裂缝结果

试件	A 点对应裂缝宽度 (mm)	B 点对应裂缝宽度 (mm)	关键点裂缝宽度对应荷载(kN)		
			0.05mm	0.2mm	0.5mm
未加固试验板	—	—	138	232	506
加固试验板	0.23	0.38	476	772	1248

随着荷载增大,UHPC 加固层顶面相继出现多条短而小的裂缝,裂缝间距与 UHPC 加固层中横向钢筋间距近似,横向裂缝出现范围均在跨中 40cm 区域内(图 8-18)。

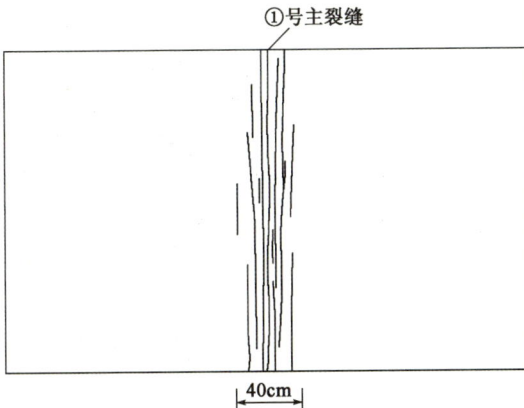

图 8-18 UHPC 加固层顶面裂缝分布图

8.2.2.4 破坏形态

正弯矩作用下加固试验板的最终破坏形态为：UHPC加固层与普通混凝土层交界面出现相对滑移，滑移面出现在普通混凝土部分[图8-19a)]，UHPC与普通混凝土粘接面强度未达到破坏强度，普通混凝土首先剪切破坏；抗剪栓钉屈服，但未被拔出；同时普通混凝土层底部受拉钢筋屈服，裂缝宽度迅速增加，试验板在荷载不变的情况下，钢筋应变及试验板挠度持续增大，结构整体不能达到新的静力平衡，主裂缝宽度迅速增加，试验板达到极限承载力状态[图8-19b)]；但UHPC加固层未出现压碎现象，UHPC自身超高的抗压强度和密实性，保证了结构整体良好的防水效果和耐久性。

a)UHPC层与普通混凝土层交界面相对滑移　　　b)破坏时刻底面裂缝

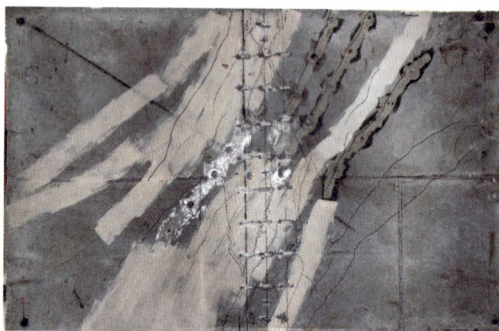

图8-19　正弯矩作用下加固试验板破坏形态

负弯矩作用下，加固试验板最终破坏形态为：UHPC加固层顶面主裂缝宽度超过0.5mm，大于《混凝土结构设计规范（2015年版）》（GB 50010—2010）所允许的裂缝宽度最大值，结构整体不再具有防水性能及良好的耐久性；此时，UHPC加固层内钢筋未屈服，UHPC加固层与普通混凝土层交界面未出现相对滑移，普通混凝土层未出现压碎现象，结构整体仍未达到极限承载力状态，油压千斤顶荷载达到峰值1250kN，为保证试验安全及精度，本试验不再更换大功率千斤顶进行加载，UHPC加固层顶面主裂缝局部如图8-20所示。

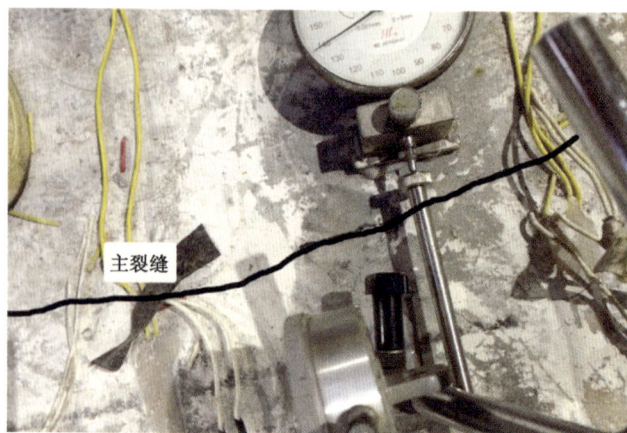

图8-20　负弯矩作用下UHPC加固层顶面主裂缝局部

8.2.2.5 主要试验结果汇总

将三块试件的主要抗弯试验结果汇总于表 8-11,未加固试验板在正弯矩加载时,以试验板底面出现第一条肉眼可见裂缝对应荷载作为开裂荷载;正弯矩加载时,由于试验板受拉区混凝土层前期已经加载至开裂,故正弯矩作用下开裂荷载无明显意义;负弯矩加载时,以 UHPC 加固层顶面出现第一条可见裂缝对应的荷载定义为加固结构的开裂荷载。试验中三块试件所能承受的最大荷载作为极限荷载。

表 8-11 主要抗弯试验结果

试件	开裂	缝宽 0.1mm		缝宽 0.2mm		极限承载力	
	荷载(kN)	荷载(kN)	增幅(%)	荷载(kN)	增幅(%)	荷载(kN)	增幅(%)
未加固试验板	127	177	—	232	—	677	—
正弯矩加固试验板	77	232	31.0	294	21.9	860	27.0
负弯矩加固试验板	320	640	261.5	772	232.8	>1250	>84.6

对与试验板同时进行养护的同批次 UHPC 棱柱体进行四点加载抗折试验,棱柱体的配比、浇筑养护条件与加固试验板相同,测得 UHPC 弹性极限拉应变为 $359 \sim 393\mu\varepsilon$。负弯矩作用下,试验板 UHPC 加固层弹性极限拉应变为 $384\mu\varepsilon$,与抗折试验结果吻合良好。

正弯矩作用下,UHPC 加固层受压,试件整体破坏时,UHPC 加固层顶面最大压应变仅为 $-1575\mu\varepsilon$,远小于 UHPC 立方体极限压应变,此处不再进行讨论。

8.3 UHPC 加固混凝土桥面的理论分析

8.3.1 受弯分析模型

8.3.1.1 基本假定

(1)平截面假定。钢筋与普通混凝土及 UHPC 之间黏结无滑移;UHPC 层与普通混凝土层之间无滑移,即没有剥离发生,界面和结构构件展现整体行为;

(2)钢筋和水泥基材料(混凝土和 UHPC)分别满足各自的材料本构关系;

(3)截面内力和弯矩满足平衡条件。

8.3.1.2 材料的本构模型

(1)UHPC

根据张哲试验[7]:UHPC 的受拉行为分两个部分来模拟,在应变小于 ε_{pc} 时,材料关系为双线性关系。当应变超过 ε_{pc} 时,假定应力与裂缝宽度服从双线性或者指数关系的软化阶段,如图 8-21 所示。应变硬化阶段见式(8-1):

$$\sigma(\varepsilon) = \begin{cases} \dfrac{f_t}{\varepsilon_{t0}} & (0 < \varepsilon \leqslant \varepsilon_{t0}) \\ f_t & (\varepsilon_{t0} < \varepsilon < \varepsilon_{pc}) \end{cases} \tag{8-1}$$

式中:f_t——应变硬化阶段平均应力;

ε_{t0}——线性偏离初裂应变；

ε_{pc}——极限应变。

应力软化阶段见式(8-2)：

$$\sigma(w) = f_t \frac{1}{(1 + w/w_p)^p} \tag{8-2}$$

式中：w_p——应力降至 $f_p = 2^{-p} f_t$ 时的裂缝宽度；

p——试验拟合参数。

在计算开裂弯矩时，以 UHPC 层出现第一条可见裂缝 0.05mm 时的弯矩作为开裂弯矩，而图 8-21 中 UHPC 受拉本构模型 ε_{t0} 对应为线性偏离点，根据文献[7]的结论，此点并未对应 UHPC 开裂，因此本节对 UHPC 受拉本构关系中的应变硬化阶段修正如图 8-22 所示。

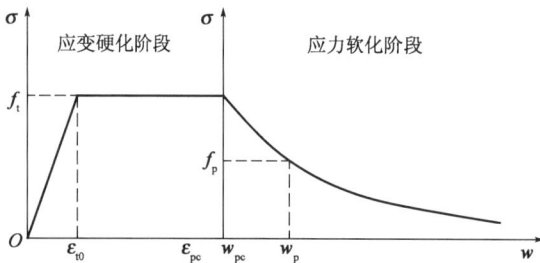

图 8-21　UHPC 受拉本构模型

注：w_{pc} 为峰值应力时的裂缝宽度。

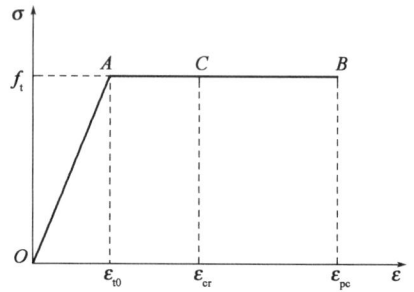

图 8-22　修正 UHPC 受拉应变硬化模型(1)

A 点对应受拉应力-应变关系弹性阶段的终点，之后受拉曲线出现明显的塑性平台（AB 段）。本节将初始开裂定义为出现可视裂缝 0.05mm 的开裂，若将受拉边缘 UHPC 拉应变定义为 A 点，UHPC 基体尚未出现可视裂缝，与试验板的现象不符，因此在 A、B 两点之间加入可视初裂点 C 点，其对应的应变作为开裂应变 ε_{cr}。

再根据瑞士规范[11]对 CB 塑性阶段进行修正，瑞士规范[11]给出了对于配筋 UHPC 的受拉硬化行为，如图 8-23 所示，因此本节对 UHPC 受拉本构关系中的 CB 塑性阶段修正如图 8-24 所示。

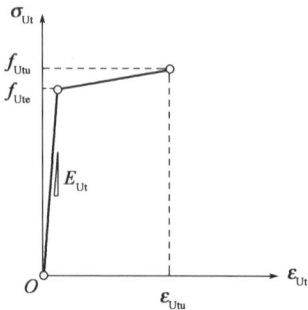

图 8-23　UHPC 受拉应变硬化图

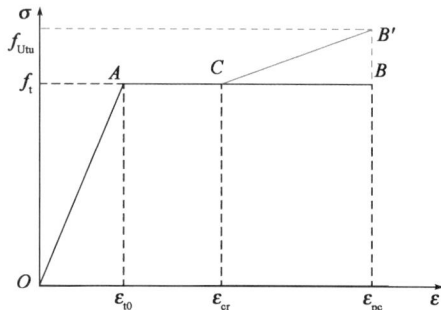

图 8-24　修正 UHPC 受拉应变硬化模型(2)

注：$f_t = f_{Ute}$ 为弹性强度，f_{Utu} 为极限强度，ε_{cr} 为名义弹性应变。

UHPC 的受压行为根据法国规范[12]采用双线性模拟：线弹性阶段和受压塑性平台，如图 8-25 所示。图中，根据法国规范，取极限压应变 $\varepsilon_{cu} = 0.0035$。

（2）钢筋

钢筋的本构模型：钢筋采用理想弹塑性模型，即双折线模型，如图 8-26 所示。试验中纵向钢筋的弹性模量 $E_s = 200\text{GPa}$，屈服强度 $\sigma_y = 400\text{MPa}$，屈服应变 $\varepsilon_y = 0.002$。

（3）普通混凝土

普通混凝土的受压本构模型：按《混凝土结构设计规范（2015 年版）》（GB 50010—2010）规定的混凝土受压应力-应变本构关系选取，如图 8-27 所示。

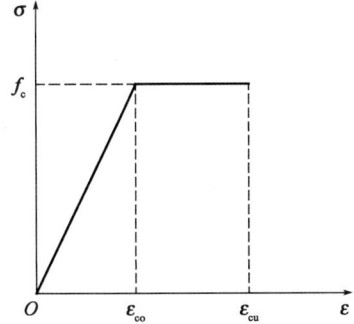

图 8-25　UHPC 受压本构模型

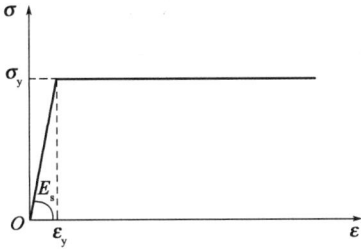

图 8-26　钢筋本构模型

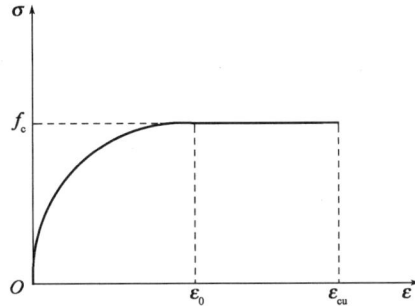

图 8-27　普通混凝土受压本构模型

$$\sigma_c = \begin{cases} f_c \left[1 - (1 - \varepsilon_c/\varepsilon_0)^2 \right] & (0 \leqslant \varepsilon_c \leqslant \varepsilon_0) \\ f_c & (\varepsilon_0 < \varepsilon_c \leqslant \varepsilon_{cu}) \end{cases} \tag{8-3}$$

式中：f_c——混凝土轴心抗压强度，取 25.3MPa；

ε_0——混凝土轴心抗压强度 f_c 对应的应变，取 0.002；

ε_{cu}——混凝土的极限压应变，取 0.0033。

8.3.2　开裂弯矩（负弯矩加固）

定义负弯矩加固试验板开裂弯矩为 UHPC 顶面出现第一条 0.05mm 可见裂缝对应弯矩。

假定（1）　不考虑先期开裂普通混凝土对开裂弯矩的贡献；

假定（2）　考虑 UHPC 材料优异的抗拉性能，结合前述配筋 UHPC 弯曲试验得到的弹性强度和名义弹性应变；

假定（3）　计算时考虑 UHPC 板厚 5cm，假定其应力均匀分布，合力作用点在 UHPC 层纵向钢筋位置。

加固试验板截面应变和应力分布如图 8-28 所示。

应变几何关系为：

$$\varepsilon_{us} = \frac{(h_1 + h_2 - x_n - a_{s1})\varepsilon_{uk}}{h_1 + h_2 - x_n} \tag{8-4}$$

$$\varepsilon_{ns} = \frac{(h_2 - x_n - a_{s2})\varepsilon_{uk}}{h_1 + h_2 - x_n} \tag{8-5}$$

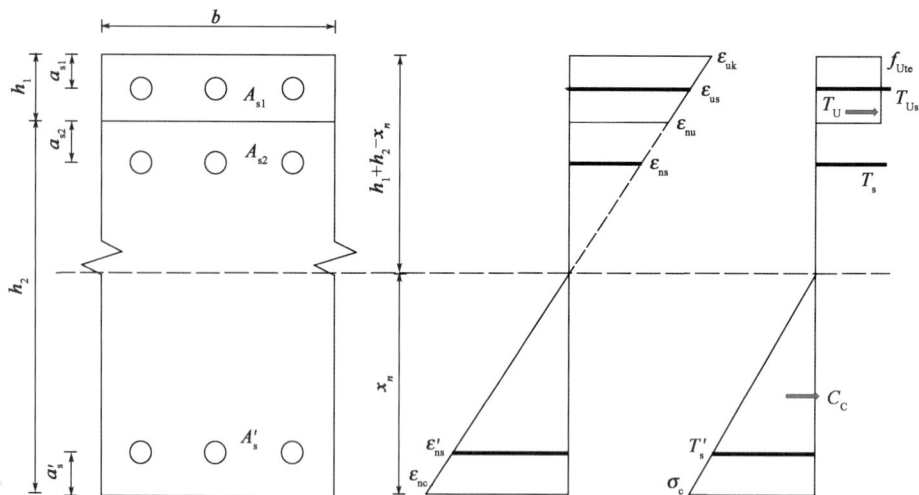

图 8-28　加固试验板截面应变和应力分布

$$\varepsilon'_{ns} = \frac{(x_n - a'_s)\varepsilon_{uk}}{h_1 + h_2 - x_n} \tag{8-6}$$

$$\varepsilon_{nc} = \frac{x_n \varepsilon_{uk}}{h_1 + h_2 - x_n} \tag{8-7}$$

截面内力为应力与面积乘积：

$$T_s = E_s \varepsilon_{ns} A_{s2} \tag{8-8}$$

$$T_U = f_{Ute} b h_1 \tag{8-9}$$

$$T_{Us} = E_s \varepsilon_{us} A_{s1} \tag{8-10}$$

$$C_C = 0.5 \sigma_c b x_n \tag{8-11}$$

$$T'_s = E_s \varepsilon'_{ns} A'_s \tag{8-12}$$

截面内力平衡条件：

$$T_s + T_U + T_{Us} = C_C + T'_s \tag{8-13}$$

可得：

$$x_n = \frac{f_{Ute} b h_1 + E_s \varepsilon_{ns} A_{s2} + E_s \varepsilon_{us} A_{s1} - E_s \varepsilon'_{ns} A'_s}{0.5 \sigma_c b} \tag{8-14}$$

由式(8-14)可知混凝土受压区高度 x_n，由力矩合力为 0，即 $\sum M = 0$ 可得：

$$M_{cr} = C_C(2/3)x_n + T'_s(x_n - a'_s) + T_s(h_2 - x_n - a_{s2}) + T_U(0.5h_1 + h_2 - x_n) + T_{Us}(0.5h_1 + h_2 - x_n) \tag{8-15}$$

式中：ε_{us}、ε_{nu}、ε_{ns}、ε'_{ns}、ε_{nc}、ε_{uk}——分别为 UHPC 层钢筋应变、界面位置处应变、RC 层受拉钢筋
应变、RC 层受压钢筋应变、RC 层底面压应变、UHPC 层顶面
开裂应变，$\varepsilon_{uk} = \varepsilon_{cr}$；

T_s、T_U、T_{Us}、C_C、T'_s——分别为 RC 层受拉钢筋合力、UHPC 合力、UHPC 层受拉钢筋
合力、RC 层受压混凝土合力、RC 层受压钢筋合力；

h_1、h_2、b——分别为 UHPC 截面高度、RC 截面高度、截面宽度；

a_{s1}、a_{s2}——分别为 UHPC 受拉钢筋中心到试件顶面距离、RC 受拉钢筋中心到 RC 顶面距离；

A_{s1}、A_{s2}、A_s'——分别为 RC 受压钢筋面积、RC 受拉钢筋面积、UHPC 层钢筋面积；

E_s、E_c、E_u——分别为钢筋、RC 和 UHPC 的弹性模量。

8.3.3 极限弯矩

8.3.3.1 负弯矩加固抗弯极限承载力

负弯矩加固结构抗弯破坏准则：一是受压区混凝土压碎；二是 UHPC 加固层内钢筋屈服（或原混凝土层内受拉钢筋屈服）。考虑配筋 UHPC 开裂后仍能继续持荷，即存在裂后强度，结合组合截面塑性计算理论，对 UHPC 加固试验板抗弯承载能力计算模式进行调整。

极限状态：截面受压区混凝土因压应变超限而压碎破坏，此时配筋 UHPC 达到极限抗弯强度，UHPC 层内钢筋屈服。其极限状态截面应力分布如图 8-29 所示。

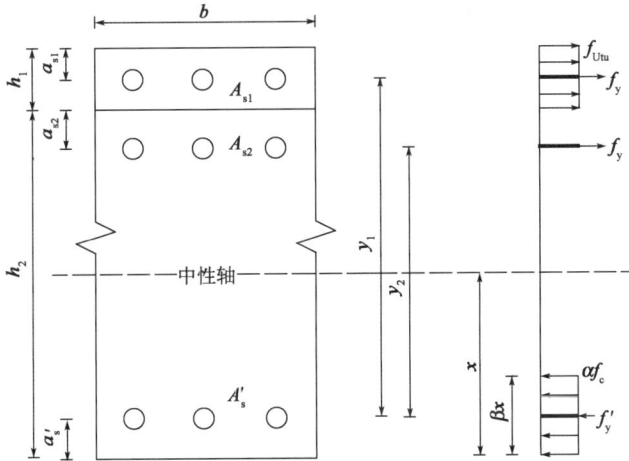

图 8-29 负弯矩加固板极限状态截面应力分布

由截面轴力平衡方程：

$$f_{Utu}bh_1 + f_yA_{s1} + f_yA_{s2} = \alpha f_c b\beta x + f_y'A_s' \tag{8-16}$$

对受压区钢筋合力作用点求矩得混凝土压碎破坏模式下加固试验板的抗弯极限承载力 M_u：

$$M_u = f_{Utu}bh_1\left(\frac{h_1}{2} + h_2 - a_s'\right) + f_yA_{s1}y_1 + f_yA_{s2}y_2 - \alpha f_c b\beta x\left(\frac{\beta x}{2} - a_s'\right) \tag{8-17}$$

式中：f_{Utu}——UHPC 抗拉强度；

y_1、y_2、x——分别为 UHPC、RC 层内受拉钢筋中心到受压区钢筋合力作用点距离以及按平截面假定的 RC 层内混凝土受压区高度；

f_y、f_y'、f_c——分别为钢筋受拉屈服强度、钢筋受压屈服强度和混凝土受压轴心抗压强度设计值；

α——按受压区混凝土矩形应力图的应力值与混凝土轴心抗压强度设计值之比确定的

系数,当混凝土等级不超过 C50 时,取 $\alpha = 1$;当混凝土等级为 C80 时,取 $\alpha = 0.94$,本节 C55 混凝土,根据线性内插结果, $\alpha = 0.99$;

β——按矩形应力图受压区高度计算的相关系数,当混凝土等级不超过 C50 时,取 $\beta = 0.8$;当混凝土等级为 C80 时,取 $\beta = 0.74$,本节 C55 混凝土,根据线性内插结果, $\beta = 0.79$。

8.3.3.2 正弯矩加固抗弯极限承载力

根据试验,破坏时普通混凝土全截面不承受拉应力,拉应力完全由钢筋承担。

阶段一:假定普通混凝土内上层受拉钢筋屈服,钢筋应变 $\varepsilon_{s1} = 0.002$ (图 8-30)。

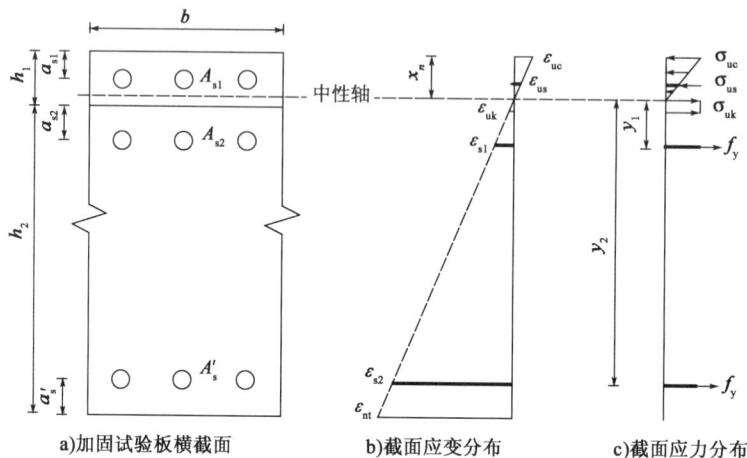

图 8-30　正弯矩加固试验板破坏模式下计算图示

根据截面应变几何关系,有:

$$\varepsilon_{uc} = \varepsilon_{s1} x_n / (h_1 + a_{s2} - x_n) \tag{8-18}$$

$$\varepsilon_{us} = \varepsilon_{s1} (x_n - a_{s1}) / (h_1 + a_{s2} - x_n) \tag{8-19}$$

$$\varepsilon_{uk} = \varepsilon_{s1} (h_1 - x_n) / (h_1 + a_{s2} - x_n) \tag{8-20}$$

由截面轴力平衡,有:

$$\frac{1}{2} \sigma_{uc} b x_n + \sigma_{us} A_{s1} = f_y A_{s2} + f_y A'_s + \frac{1}{2} \sigma_{uk} b (h_1 - x_n) \tag{8-21}$$

对中性轴点求矩,得此阶段下正弯矩加固梁抗弯极限承载力 M_u 为:

$$M_u = \frac{1}{3} \sigma_{uc} b x_n^2 + \sigma_{us} A_{s1} (x_n - a_{s1}) + \frac{1}{3} \sigma_{uk} b (h_1 - x_n)^2 + f_y A_{s2} y_1 + f_y A'_s y_2 \tag{8-22}$$

式中: σ_{uc}、σ_{us}、σ_{uk}、f_y——分别为 UHPC 层压应力、UHPC 层钢筋压应力、UHPC 层拉应力、RC 层内受拉钢筋屈服应力;

其他符号含义同前。

此情况下计算 $M_u = 542.82 \text{kN} \cdot \text{m}$,小于正弯矩加固试验极限荷载值。计算结果表明,UHPC 层最大受压应变为 0.00164,小于 UHPC 的极限压应变,此时受压区 UHPC 和 UHPC 层内受压钢筋尚未达到极限压应变。中和轴位于 UHPC 层内,普通混凝土两层受拉钢筋均进入屈服阶段,但加固构件仍可以继续承担荷载,UHPC 层部分受拉和部分受压,说明 5mm 配筋 UHPC 的正弯矩加固效果显著。

阶段二:假定受压区 UHPC 顶层达到极限压应变。根据法国规范[12],UHPC 受压本构关系取 UHPC 极限压应变 $\varepsilon_{cu} = 0.0035$。此时假定 UHPC 受压区部分应力分布为矩形。

根据截面应变几何关系,有:

$$\varepsilon_{us} = \varepsilon_{cu}(x_n - a_{s1})/x_n \tag{8-23}$$

$$\varepsilon_{uk} = \varepsilon_{cu}(h_1 - x_n)/x_n \tag{8-24}$$

$$\varepsilon_{s1} = \varepsilon_{cu}(h_1 - x_n + a_{s2})/x_n \tag{8-25}$$

$$\varepsilon_{s2} = \varepsilon_{cu}(h_1 + h_2 - x_n - a_s')/x_n \tag{8-26}$$

由截面轴力平衡,有:

$$\frac{1}{2}\sigma_{uc}bx_n + \sigma_{us}A_{s1} = f_y A_{s2} + f_y A_s' + \frac{1}{2}\sigma_{uk}b(h_1 - x_n) \tag{8-27}$$

对中性轴点取矩,得此破坏模式下正弯矩加固梁极限抗弯承载力 M_u 为:

$$M_u = \frac{1}{2}\sigma_{uc}bx_n^2 + \sigma_{us}A_{s1}(x_n - a_{s1}) + \frac{1}{3}\sigma_{uk}b(h_1 - x_n)^2 + f_y A_{s2}y_1 + f_y A_s'y_2 \tag{8-28}$$

此情况下计算 $M_u = 652.49 \text{kN} \cdot \text{m}$,与试验结果吻合。计算结果表明,普通混凝土层内钢筋应变超过 0.002,变形较大,与加固试验板试验现象吻合。同时,中和轴进入 UHPC 层后,UHPC 受拉对抗弯承载力贡献 4.1%,而 UHPC 层内钢筋受压未屈服,因此配筋 UHPC 并没有完全发挥作用。

8.3.4　结果对比分析

为验证上述公式的合理性,将加固试验板开裂、极限弯矩的理论计算结果与试验结果对比,如表 8-12 和表 8-13 所示。表中,M' 和 M 分别为特征弯矩值的理论计算值和试验结果;ξ 为理论值与试验值的误差;下标意义同前文。

表 8-12　特征开裂弯矩理论值与试验值对比

试件	$M'_{cr}(\text{kN} \cdot \text{m})$	$M_{cu}(\text{kN} \cdot \text{m})$	$\xi_{cr}(\%)$
负弯矩加固试验板	229.5	240	4.3
正弯矩加固试验板	—	77	—

表 8-13　特征极限弯矩理论值与试验值对比

试件	$M'_u(\text{kN} \cdot \text{m})$	$M_u(\text{kN} \cdot \text{m})$	$\xi_u(\%)$
负弯矩加固试验板	1092	—	—
正弯矩加固试验板	652.49	645	0.18

从表 8-12、表 8-13 可以看出,计算值与试验值吻合较好,误差不超过 5%。但由于计算仍受混凝土非线性和本构模型简化的影响,以及结构在加固前已开裂导致的不确定性因素影响,试验值与理论值仍有一定误差。由于受试验条件限制,负弯矩试验未能加载至破坏,因此负弯矩作用下加固试验板的极限抗弯承载能力试验值未给出。

8.3.5　UHPC 加固层弯拉裂缝宽度计算

自混凝土材料产生以来,各国学者对其开裂机理及裂缝发展规律的探索就从未停息,普通钢筋混凝土结构的裂缝宽度计算公式也逐渐成熟，计算精确度也不断提高。然而纤维增强的超高性能混凝土出现年限较短，加之其自身价格较高，导致其并没有像普通混凝土一样普及，各国现有规范大多基于普通钢筋混凝土结构的裂缝公式，对其加以修改，形成了现阶段的纤维增强超高性能混凝土裂缝宽度公式。本节选取各国规范中推荐的经验公式进行计算并将之与试验结果进行对比。

8.3.5.1　中国《纤维混凝土结构技术规程》（CECS 38—2004）

我国《纤维混凝土结构技术规程》（CECS 38—2004）是以《混凝土结构设计规范》（GB 50010—2002）为基础框架，对《钢纤维混凝土结构设计与施工规程》（CECS 38—1992）进行全面修订，从而制定的新规程。

其矩形截面钢筋钢纤维混凝土受弯构件、大偏心受压和受拉构件，按荷载效应标准组合，并考虑荷载长期作用影响的最大裂缝宽度可按下式计算：

$$w_{\text{fmax}} = w_{\max}(1 - \beta_{\text{cw}}\lambda_{\text{f}}) \tag{8-29}$$

式中：w_{fmax}——按荷载效应的标准组合并考虑长期作用影响计算的钢筋钢纤维混凝土构件的最大裂缝宽度；

$w_{\max}$——根据钢纤维混凝土的强度等级，不考虑钢纤维的影响，按现行有关混凝土结构设计规范计算的钢筋混凝土构件最大裂缝宽度；

β_{cw}——钢纤维对钢筋钢纤维混凝土构件裂缝宽度的影响系数，宜通过试验确定；当无试验资料，且钢纤维混凝土强度等级不高于 CF45 时，可参照表 8-14 选用；

λ_{f}——钢纤维含量特征值。

表 8-14　钢纤维对钢筋钢纤维混凝土构件裂缝宽度的影响系数			
构件类型	受弯构件和大偏心受压构件	轴心受拉构件	偏心受拉构件
β_{cw}	0.35	0.45	0.42

当钢纤维混凝土强度等级高于 CF45 时，对于采用高强度（抗拉强度不低于 1000N/mm²）异形钢纤维的钢纤维混凝土受弯构件，可取 $\beta_{\text{cw}} = 0.50$。

8.3.5.2　法国规范 UHPFRC-2013

法国规范 UHPFRC-2013 中关于裂缝宽度计算的部分是以 Eurocode 中第二部分（Design of Concrete Structures）为基础框架，考虑了 UHPC 特殊的力学性能，从而对 EC2 做出适当修正，提出的关于 UHPFRC 的裂缝宽度计算公式。

配筋钢纤维增强超高性能混凝土（UHPFRC）在裂缝处的最大裂缝宽度基本计算公式为：

$$w_{\text{s}} = s_{\text{r,max,f}}(\varepsilon_{\text{sm,f}} - \varepsilon_{\text{cm,f}}) \tag{8-30}$$

式中：w_{s}——最大裂缝宽度；

$s_{\text{r,max,f}}$——裂缝间的最大间距；

$\varepsilon_{\text{sm,f}}$——裂缝间钢筋应变的平均值；

$\varepsilon_{\text{cm,f}}$——裂缝间 UHPC 应变的平均值。

钢筋与 UHPC 应变差的计算公式为：

$$\varepsilon_{\text{sm,f}} - \varepsilon_{\text{cm,f}} = \sigma_{\text{s}}/E_{\text{s}} - f_{\text{ctfm}}/E_{\text{cm}} - [k_{\text{t}}(f_{\text{ctm,el}} - f_{\text{ctfm}})(1/\rho_{\text{eff}} + E_{\text{s}}/E_{\text{cm}})]/E_{\text{s}} \tag{8-31}$$

式中：σ_s、E_s——分别为受拉钢筋在裂缝处的应力和弹性模量；

E_{cm}——UHPC 的弹性模量；

f_{ctfm}——UHPC 开裂后的最大应力；

$f_{ctm,el}$——UHPC 的极限抗拉强度；

ρ_{eff}——UHPC 中的有效配筋率；

k_t——荷载的特征值系数，对于短期荷载及瞬时荷载情况，$k_t = 0.6$；对于长期荷载或循环荷载，$k_t = 0.4$。

而式(8-30)中最大裂缝间距 $s_{r,max,f}$ 的计算公式为：

$$
\left.
\begin{aligned}
&s_{r,max,f} = 2.55(l_0 + l_t)\\
&l_0 = 1.33 \cdot c/\delta\\
&l_t = [0.3k_2 \cdot (1 - f_{ctfm}/f_{ctm,el})/(\delta\eta)](\varphi/\rho_{eff}) \geq l_f/2\\
&\delta = 1 + 0.5(f_{ctfm}/f_{ctm,el})
\end{aligned}
\right\}
\tag{8-32}
$$

式中：l_t——沿裂缝宽度方向的传递长度；

l_0——考虑了保护层厚度对裂缝间距影响的附加项；

c——UHPC 保护层厚度；

δ——考虑了钢纤维对 UHPC 保护层抗拉及其粘接强度的影响系数；

k_2——截面不同开裂形式所对应的应变分布特征值系数，对于受弯截面，$k_2 = 0.5$；对于受拉截面，$k_2 = 1$；

η——考虑了钢筋规格的粘接系数，对于螺纹钢筋，$\eta = 2.25$；对于光圆钢筋，$\eta = 1$；

l_f——纤维长度。

最终得到的 UHPC 表面裂缝宽度计算公式为：

$$
w_t = w_s \cdot (h - x - x')/(d - x - x')
\tag{8-33}
$$

式中：w_t——UIIPC 表面裂缝宽度；

h、d——分别为截面高度及截面有效高度；

x、x'——分别为截面受压区高度及截面受拉区未开裂部分的高度。

8.3.5.3 欧洲规范 Model Code 2010

最新修订的欧洲规范 Model Code 2010 中关于钢纤维增强的钢筋混凝土的裂缝宽度计算公式，同样是以普通混凝土的裂缝计算基本理论为基础，考虑钢纤维的增强作用而得到新的裂缝宽度计算公式。

修订后的欧洲规范 Model Code 2010 中推荐的纤维增强混凝土裂缝宽度计算公式为：

$$
w_d = 2l_{s,max}(\varepsilon_{sm} - \varepsilon_{cm} - \varepsilon_{cs})
\tag{8-34}
$$

式中：w_d——最大裂缝宽度；

$l_{s,max}$——引导长度；

ε_{sm}——钢筋平均应变；

ε_{cm}——UHPC 平均应变；

ε_{cs}——考虑了 UHPC 的收缩应变。

引导长度 $l_{s,max}$，也称为裂缝传递长度，其计算公式为：

$$l_{s,max} = k \cdot c + \frac{1}{4} \cdot \frac{(f_{ctm} - f_{Ftsm})}{\tau_{bm}} \cdot \frac{\phi_s}{\rho_{s,ef}} \quad\quad (8\text{-}35)$$

式中：c——保护层厚度；

k——结合了保护层厚度的影响系数；

f_{ctm}——UHPC 抗压强度；

f_{Ftsm}——UHPC 开裂后的剩余抗拉强度均值；

τ_{bm}——钢筋和 UHPC 之间的粘接强度，其具体取值可参考表 8-15；

ϕ_s——UHPC 层中受拉钢筋的直径；

$\rho_{s,ef}$——有效配筋率，即 UHPC 有效受拉面积内，受拉钢筋面积与 UHPC 受拉面积之比。

裂缝宽度公式中第二项，钢筋与混凝土的应变差值由下列公式计算：

$$\varepsilon_{sm} - \varepsilon_{cm} - \varepsilon_{cs} = \frac{\sigma_s - \beta \cdot \sigma_{sr}}{E_s} - \eta_r \varepsilon_{sh} \quad\quad (8\text{-}36)$$

式中：σ_s——裂缝处的钢筋应力；

β——荷载特征值，其具体取值可参考表 8-15；

σ_{sr}——裂缝萌生阶段，裂缝处的钢筋最大应力；

E_s——受拉钢筋的弹性模量；

η_r——考虑了 UHPC 收缩的影响系数，其具体取值可参考表 8-15；

ε_{sh}——UHPC 的收缩应变。

表 8-15　Model Code 2010 中裂缝宽度公式参数取值对照表

类别	裂缝萌芽阶段	裂缝发展阶段
短期荷载、瞬时荷载	$\tau_{bm} = 1.8 \cdot f_{ctm}(t)$ $\beta = 0.6$ $\eta_r = 0$	$\tau_{bm} = 1.8 \cdot f_{ctm}(t)$ $\beta = 0.6$ $\eta_r = 0$
长期荷载、循环荷载	$\tau_{bm} = 1.35 \cdot f_{ctm}(t)$ $\beta = 0.6$ $\eta_r = 0$	$\tau_{bm} = 1.8 \cdot f_{ctm}(t)$ $\beta = 0.4$ $\eta_r = 1$

8.3.5.4　UHPC 弯拉裂缝宽度计算

现有关于纤维增强的配筋 UHPC 裂缝宽度规范尚未成熟，关于其开裂机理及裂缝宽度的合理计算方法目前仍处于初步研究阶段。

上述规范公式均是以现有钢筋混凝土规范为基础框架，针对 UHPC 的力学性能加以修改，得出适用于 UHPC 的裂缝宽度计算方法。但其对钢纤维在开裂后的工作机制，UHPC 对钢筋粘接力的增强，以及在 UHPC 较高的开裂强度下受拉钢筋工作原理尚未做出相应修改，这就导致了上述 3 个公式从本质上存在一定的理论误差。Model Code 2010 规范中关于纤维增强混凝土的裂缝宽度计算公式，可以较好地预测普通强度的纤维增强混凝土表面裂缝的开展，但其同样对超高性能混凝土缺乏一定的数据积累，该公式中推荐的裂缝公式仍需要进一步修改。

采用上述三个规范中的推荐公式，计算本章中负弯矩作用下加固试验板薄层 UHPC 的表面裂缝宽度，计算结果与试验实测结果对比见图 8-31。

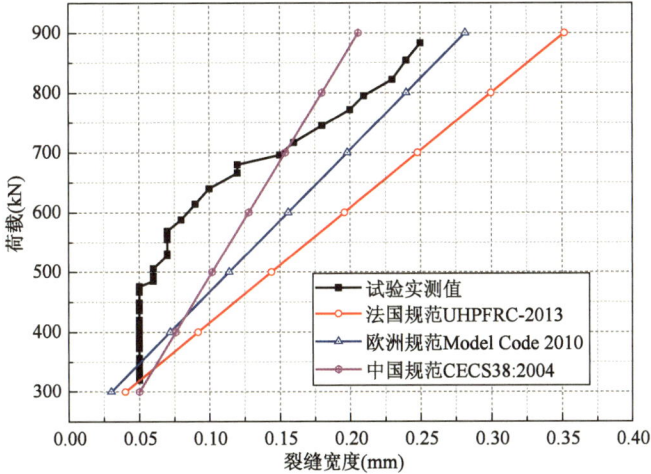

图 8-31　裂缝宽度规范公式计算结果与试验实测结果对比

分析以上数据,可得:

(1) CECS 38—2004 规范推荐公式的计算结果在前期的裂缝宽度值大于试验实测值,但当荷载逐步增大之后,二者结果开始接近,在裂缝宽度达到 0.15mm 水平范围时,试验实测裂缝宽度值大于公式计算结果,且计算值在后续过程中持续小于试验值,二者差值有逐步增大的趋势。

分析其原因为:CECS 38—2004 规范中的裂缝宽度计算公式虽考虑了钢纤维的影响因素,但其认为结构在裂缝产生后剩余抗拉强度为定值,即公式中的 β_{fw} 项仅和结构受力特性有关。而实际情况为,截面刚开裂时钢纤维与 UHPC 粘接效果较好,钢纤维可以提供较大的抗拉强度,随着裂缝宽度的增加,其与 UHPC 的粘接效果逐渐减弱,甚至部分钢纤维被拔出,截面开裂位置的剩余抗拉强度迅速衰减,裂缝宽度在此阶段发展较快;此时规范中的截面残余应力仍为常数,这明显不符合实际情况,从而导致后期计算值小于实测裂缝宽度。

(2) 采用法国规范 UHPFRC-2013 推荐公式进行计算,对比发现无论是在荷载保持较小时,还是在后期裂缝快速发展阶段,计算结果均大于试验实测裂缝宽度值,甚至达到实测裂缝宽度的 2.3 倍;二者在后期裂缝快速发展阶段虽有相同的发展趋势及曲线斜率,但差值仍然较大。

分析其原因为两个方面:一是法国规范 UHPFRC-2013 中的裂缝宽度公式考虑了存在一个裂缝宽度由受拉钢筋位置向 UHPC 表面的扩展过程,即加入了 UHPC 沿保护层厚度自身的应变梯度,这个附加项使得裂缝宽度由受拉钢筋处向 UHPC 表面呈竖向倒三角形分布;而实际情况下 UHPC 中钢纤维的存在,会使裂缝沿竖向发展不完全呈三角形的分布形态,钢纤维在提供一定抗拉强度的同时会抑制裂缝沿宽度方向的发展,从而导致实际裂缝宽度小于理论计算值。二是由于采用公式计算其传递长度时,偏安全地仅考虑了 UHPC 最大拉应力的影响,忽略了开裂后截面拉应力的实际衰减情况,从而导致传递长度的计算值偏大,裂缝宽度安全储备值偏高。

(3) 修订后的欧洲规范 Model Code 2010 推荐公式的计算值是上述三条曲线中与试验实测值最为接近,同时发展趋势也是最为相似的。在裂缝宽度小于 0.05mm 时,欧洲规范 Model Code 2010 推荐公式的计算值略微偏小,随着荷载增大,其计算值与试验实测值保持较小误差,基本可以准确预测裂缝的宽度及发展趋势。

分析其原因为：试验中薄层 UHPC 顶面裂缝初始值为 0.05mm,较以往大量试验数据来看,属于异常偏高,究其原因,可能是浇筑及养护所造成的初始缺陷(本文第 2 章已做相关描述),导致试验实测的裂缝宽度曲线在裂缝宽度维持较小时出现斜率异常情况。欧洲规范 Model Code 2010 中裂缝沿竖向的扩展同样呈三角形分布,而实际开裂截面存在的钢纤维抑制了裂缝的发展,UHPC 沿竖向的应变梯度不为线性,这一误差形成了公式计算值的安全储备,使得计算值较试验实测值偏安全;同时,公式中考虑了 UHPC 由于自身收缩对受拉钢筋及裂缝宽度的影响,从而提高了裂缝宽度的计算精度。

对三个现行规范中的推荐公式进行比较可得到:修订后的欧洲规范 Model Code 2010 计算公式与本试验中的裂缝宽度数据吻合最为良好,其在裂缝宽度维持 0.3mm 以下时可以较为准确地预测裂缝宽度的发展趋势偏安全。但三个规范公式前期裂缝宽度曲线的发展趋势及斜率与实际情况仍存在误差,结构由于自身收缩对开裂的影响和截面开裂后残余应力的模拟仍需要做进一步的研究。

8.4　UHPC-NSC 界面抗剪性能试验

8.4.1　界面试验简介

8.4.1.1　材料配制与性能

试验采用 3 种不同强度等级的普通混凝土(NSC),根据规范《普通混凝土配合比设计规程》(JGJ 55—2011)要求分别按照典型的 C30、C40 和 C50 混凝土进行配制。NSC 由水泥、砂、碎石、水和减水剂均匀混合拌制而成,主要材料如下:

(1)水泥:硅酸盐水泥标号为 P.O42.5。

(2)砂:经过筛分后的中砂。

(3)碎石:级配良好,最大直径不超过 2cm。

(4)减水剂:聚羧酸高性能减水剂。

(5)水:饮用水。

各种强度普通混凝土配合比如表 8-16 所示。

表 8-16　普通混凝土配合比

强度等级	水胶比	混凝土材料用量(kg/m³)				
		水泥	砂	碎石	水	减水剂
C30	0.53	360	665	1167	190	0
C40	0.40	424	675	1145	170	1.8
C50	0.33	470	710	1060	155	1.8

本章试验采用的是湖南大学研发团队研制的超高性能混凝土混合料,该混合料已成功应用于多项实际工程项目中。UHPC 由超高性能预混合料、高强钢纤维、减水剂和水拌制而成,水胶比为 0.18,其中超高性能预混合料由水泥、石英砂、石英粉、粉煤灰、硅灰组成;高强钢纤维体积掺

量为 2% ,分别由 0.5% 体积掺量的长度 8mm、直径 0.12mm 的短直型钢纤维和1.5% 体积掺量的长度 13mm、直径 0.2mm 的端钩型钢纤维混杂而成,其抗拉强度高于 2000MPa,弹性模量为 200GPa;减水剂采用体积含量为 1.5% 的聚羧酸高性能减水剂,减水率大于 35% 。此外,本章为了探究 UHPC 中加入膨胀剂对于 UHPC-NSC 界面抗剪性能的影响,在 UHPC 中掺入含量为 10% 的用于补偿收缩的外加剂,膨胀剂采用 HCSA 型混凝土膨胀剂。UHPC 的配合比如表 8-17 所示。

表 8-17   UHPC 配合比(单位:kg/m³)

组分	水泥	石英砂	硅灰	石英粉	粉煤灰	水	减水剂	钢纤维
含量	771.2	848.4	154.2	154.2	77.1	180.5	20.1	157.5

分别对 C30、C40、C50 混凝土和 UHPC 进行抗压强度、劈裂抗拉强度及弹性模量的材料性能试验。NSC 的抗压强度、劈裂抗拉强度试验均采用尺寸为 150mm × 150mm × 150mm 的立方体试件,弹性模量试验采用尺寸为 150mm × 150mm × 300mm 的棱柱体试件;UHPC 的抗压强度、劈裂抗拉强度试验均采用尺寸为 100mm × 100mm × 100mm 的立方体试件,弹性模量试验采用尺寸为 100mm × 100mm × 300mm 的棱柱体试件。材料性能试验采用量程 200t 的压力机进行测试,根据规范《混凝土物理力学性能试验方法标准》(GB 50081—2019)的要求,抗压强度和弹性模量试验的加载速率均采用 0.5 ~ 0.8MPa/s,劈裂抗拉强度试验的加载速率采用 0.5 ~ 0.8MPa/s,根据事先设定好的各个试验加载程序进行加载,并记录相应的荷载特征值和千分表读数,得到对应的材料力学性能实测值。

为准确获得 NSC、UHPC 的材料力学性能,材料性能试验试件的养护方法和养护龄期与推出试件基本相同。自然养护 90d 的 NSC 材料力学性能如表 8-18 所示,不同龄期、养护方法以及是否加入膨胀剂的 UHPC 材料力学性能如表 8-19 所示。

表 8-18   普通混凝土材料力学性能

强度等级	龄期	抗压强度(MPa)	弹性模量(×10⁴ MPa)	抗拉强度(MPa)
C30	90d	34.25	3.15	2.51
C40	90d	46.77	3.35	2.92
C50	90d	55.14	3.48	3.55

表 8-19   UHPC 材料力学性能

材料	养护类别	龄期/养护温度	抗压强度(MPa)	弹性模量(GPa)	抗拉强度(MPa)
UHPC	自然养护 无/有膨胀剂	2d	34.89	36.58	2.45
		3d	75.72/62.15	38.73/34.43	6.33/4.49
		7d	106.57/91.54	42.70/43.28	6.42/5.92
		28d	135.50/105.72	44.50/45.70	7.29/6.64
		180d	138.66/136.02	45.32/46.31	7.36/7.12
	热养护	60℃	156.10	47.67	8.81
		90℃	171.93	49.53	9.27

8.4.1.2　试件设计

对于 UHPC-NSC 界面抗剪性能试验方法，主要有 Z 字形单面剪切试验和双面剪切试验两种。相比单面剪切试验，双面剪切试验有 2 个抗剪承载面，可确保试验过程中的安全性，并且在试验正式加载前，可通过反复预压试验尽量消除偏载对界面产生附加弯矩的影响。由于本章要探究界面处于压剪和拉剪受力状态的试件抗剪性能，按照试验设计需要在试件侧面粘贴钢板，当荷载增加时，界面将产生相对滑移，若采用 Z 字形单面剪切试件，则试件一侧钢板会随着试件滑移，与另一侧钢板产生相对错动，对试验结果造成较大误差；而若采用双面剪切试件，当荷载增加时，仅中间 NSC 部分发生相对滑移，两侧钢板保持不动，不会对试验结果产生较大影响。为保证试验方法的一致性，故采用双面剪切试验来探究 UHPC-NSC 界面的抗剪性能。

UHPC-NSC 直剪试验采用双面推出试验模型，模型构造和尺寸如图 8-32 所示。UHPC-NSC 界面尺寸为 250mm×200mm，考虑到将 UHPC 作为加固材料，UHPC 层的厚度采用能起到保护层及补强作用的 50mm；NSC 块和 UHPC 板内按加固层的要求配置 Φ10mm 的 HRB400 级带肋钢筋。对于界面处于压剪和拉剪受力状态的试件，通过钢板和螺杆装置施加垂直于界面的压力和拉力，侧面钢板与 UHPC 通过环氧胶粘接，试验前使用扭力扳手反复调节螺栓至初始侧向力值，并通过电阻应变片监测试验过程中侧向应力的变化，如图 8-33 所示。

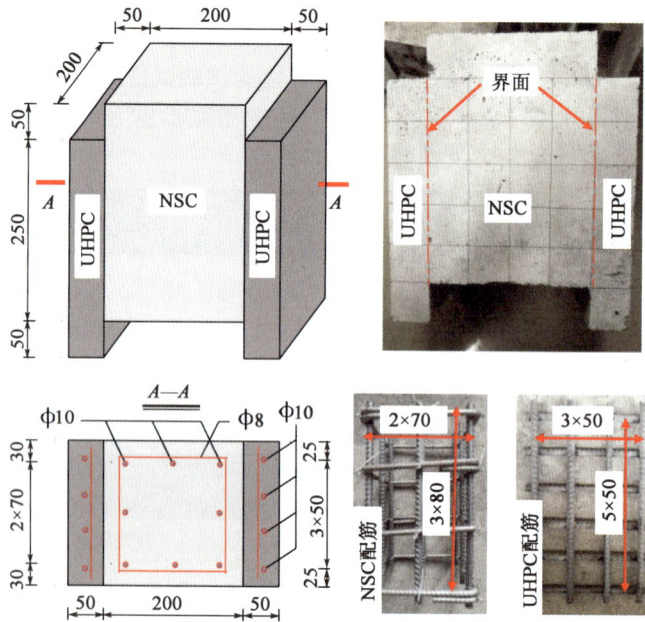

图 8-32　直剪试验构件尺寸及钢筋布置（单位：mm）

根据 NSC 强度等级、UHPC 养护龄期、UHPC 养护方法、NSC 基体表面处理方式、NSC 基体湿润度、界面受力模式、UHPC 中加入膨胀剂等 7 种不同的界面性能影响参数，制作了 25 组 UHPC-NSC 界面推出试验模型。出于比较的目的，还制作了 1 组相同尺寸的整体浇筑 NSC 试验模型和 1 组 NSC-NSC 界面的直剪试验模型。每组有相同试验参数的模型 3 个，共计 81 个界面推出试验模型。

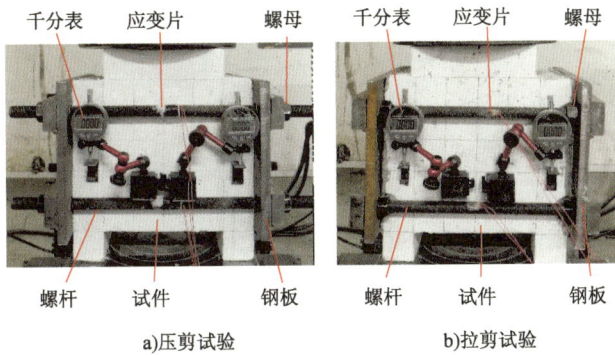

千分表　应变片　螺母　　　千分表　应变片　螺母

螺杆　试件　钢板　　　螺杆　试件　钢板

a)压剪试验　　　　　　b)拉剪试验

图 8-33　压剪试验和拉剪试验加载装置

试验以参数为"NSC 表面凿毛-C50-自然养护 28d-UHPC 无膨胀剂-NSC 基体湿饱和-直剪受力"的试件作为基本组(BG-S),探讨每一种参数对界面抗剪性能的影响时,仅改变基本组试件中对应的参数,其余参数保持不变。详细的试验参数及试件编号如表 8-20 所示,表中每个参数组的试件除了所研究的试验参数变化外,其他参数均与基本组相同;整体浇筑 NSC 试验模型和 NSC-NSC 界面的直剪试验模型的相关参数也与基本组相同。

表 8-20　试验参数和试件编号表

试验参数	变量	试件编号	试验参数	变量	试件编号
NSC 强度等级	C30	G-30	UHPC 养护方法	自然养护	C-N
	C40	G-40		60℃蒸养	C-60
	C50	G-50		90℃蒸养	C-90
UHPC 养护龄期	2d	A-2	UHPC 中加入膨胀剂	3d	E-A3
	3d	A-3		7d	E-A7
	7d	A-7		28d	E-A28
	28d	A-28		180d	E-A180
	180d	A-180	NSC 基体湿润度	干燥	D
NSC 基体表面处理方式	光滑	Sm		湿润	W
	凿毛	Ro		饱和湿润	SW
	钻孔	DH	界面受力模式	直剪	DS
	刻槽	Gr		压剪	CS
	植筋	PR		拉剪	TS
NSC-NSC 界面		NC-C	整体浇筑 NSC 模型		MC

注:①试件编号的字母含义:G—等级;A—龄期;Sm—光滑;Ro—凿毛;DH—钻孔;Gr—刻槽;PR—植筋;C—养护;N—自然养护;E—膨胀剂;D—干燥;W—湿润;SW—饱和湿润;DS—直剪;CS—压剪;TS—拉剪;NC-C—NSC-NSC 界面;MC—整体浇筑 NSC 模型。
②表中编号为 G-50、A-28、Ro、C-N、SW 和 DS 的试件为同一组试件,即均为基本组试件(BG-S)。
③压剪组(CS)中,界面法向压应力参数分别为 0.5MPa,1.0MPa,1.5MPa,2.0MPa(4 组);拉剪组(TS)中,界面法向拉应力参数分别为 0.5MPa,1.0MPa(2 组)。

（1）NSC 基体表面处理方式

为了探究不同形式 NSC 基体界面处理方式对 UHPC-NSC 界面抗剪性能的影响，需要对 NSC 基体表面进行处理。如图 8-34 所示，NSC 表面处理包括光滑、凿毛、钻孔、刻槽和植筋五种，定义如下：

①光滑（Sm），NSC 基体自然浇筑成型，表面未做处理，用自来水洗净 NSC 表面杂质和浮浆即可。

②凿毛（Ro），人工使用锤子和凿子对 NSC 表面进行凿毛处理，表面 50% ~ 70% 的粗集料可见，使得 NSC 表面粗糙程度尽量均匀分布。基于《土工试验方法标准》（GB/T 50123—2019），通过灌砂法测得 NSC 表面平均宏观纹理深度约为 2.0mm。

③钻孔（DH），NSC 表面每侧界面设置 4 个直径 20mm、孔深 30mm 的钻孔，其余部分表面光滑。

④刻槽（Gr），NSC 表面每侧界面布置 3 条宽 10mm、深 10mm 的刻槽，其余部分表面光滑。

⑤植筋（PR），NSC 表面每侧界面植入 4 根直径 10mm 的 HRB400 级带肋钢筋，其余部分表面光滑，其中钢筋植入 NSC 65mm、埋入 UHPC 35mm。由于钢筋埋入 UHPC 中长度较短，为防止钢筋从 UHPC 中拔出，应对埋入 UHPC 中钢筋进行弯曲处理。

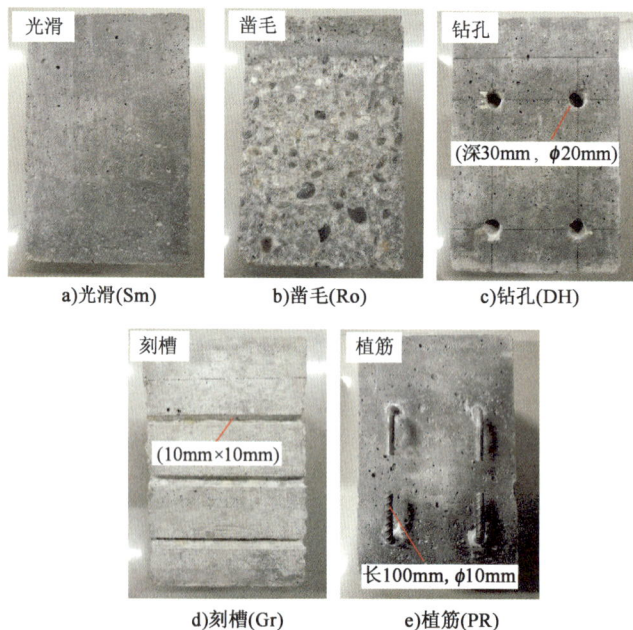

a)光滑(Sm)　　　　b)凿毛(Ro)　　　　c)钻孔(DH)

d)刻槽(Gr)　　　　e)植筋(PR)

图 8-34　NSC 基体表面处理

（2）NSC 基体湿润度

为了探究 NSC 基体不同湿润程度对 UHPC-NSC 界面抗剪性能的影响，在浇筑 UHPC 之前，对 NSC 基体表面进行不同程度的湿润处理。如图 8-35 所示，3 种 NSC 基体的湿润程度可按如下方法获得与定义：

①干燥（D），在浇筑 UHPC 前，用自来水洗净 NSC 基体表面，然后将 NSC 放置在试验室自

然环境中 7d 以上。

②湿润(W),用自来水洗净 NSC 基体表面,在试验室环境中自然干燥,浇筑 UHPC 前 NSC 表面洒水湿润约 30min,并擦干明水。

③饱和湿润(SW),用自来水洗净 NSC 基体表面,浇筑 UHPC 前将 NSC 基体浸入水中 48h 以上,然后取出,擦干明水。

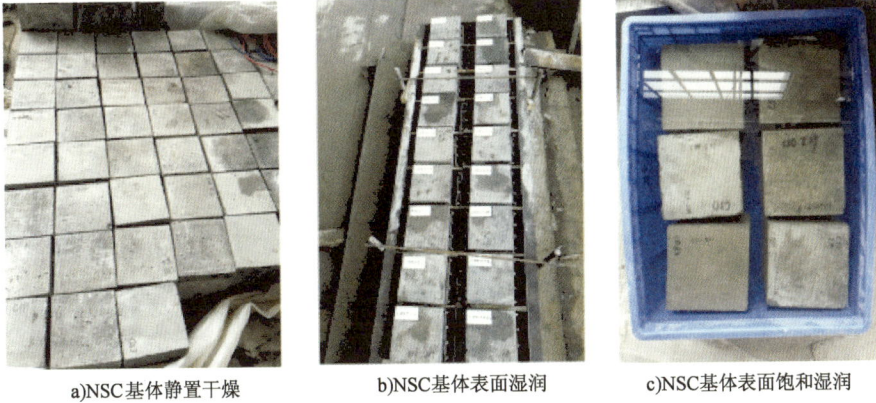

a)NSC基体静置干燥   b)NSC基体表面湿润   c)NSC基体表面饱和湿润

图 8-35　NSC 基体表面湿润度

8.4.1.3　试件的制备与养护

根据试验参数设置,共制作了 81 个界面推出试验模型来探究 UHPC 与 NSC 界面抗剪粘接性能,试件详细制作步骤如下:

(1)绑扎钢筋骨架,架设模板

根据试件设计要求,截取绑扎钢筋骨架所需钢筋,同时将 UHPC 板内配置的钢筋一并绑扎好。按照 200mm × 200mm × 300mm 的设计尺寸要求制作浇筑 NSC 基体所需的模板,然后将 NSC 钢筋骨架放入预制好的模板中,如图 8-36 所示。

a)绑扎NSC钢筋   b)绑扎UHPC钢筋

图 8-36　前期准备工作

（2）浇筑 NSC 部件

前期准备工作完成之后，按照表 8-16，将混凝土原材料倒入搅拌机混合搅拌均匀，并按照要求加入一定量减水率大于 35% 的聚羧酸高性能减水剂，然后分别浇筑模型的 C30、C40 和 C50 普通钢筋混凝土（NSC）基体，并用振捣棒振捣密实。同时浇筑 NSC 材料性能试验构件，材料性能试验构件的养护方法和养护龄期与 NSC 基体相同，如图 8-37 所示。

a）浇筑NSC基体　　　　　　　　　　　b）浇筑NSC材料性能试验构件

图 8-37　浇筑 NSC 基体和材料性能试验构件

（3）NSC 基体养护与处理

将浇筑完成的 NSC 基体在自然环境下进行洒水养护，2d 后拆模，将 NSC 基体集中分组标号。为防止 NSC 基体约束收缩对 UHPC-NSC 界面粘接性能产生不利影响，故将 NSC 部件在试验室内常温洒水养护 60d，然后根据不同试验参数对 NSC 两侧表面进行对应的粗糙度和湿润度处理。所有 NSC 基体均按照试验参数设置的要求进行处理，其中 NSC 基体表面处理方式包括光滑、凿毛、钻孔、刻槽和植筋，经凿毛处理的 NSC 基体，均需通过灌砂法来测量其表面凿毛深度，如图 8-38 和图 8-39 所示，测得每组三个 NSC 基体表面试验灌砂深度如表 8-21 所示。

图 8-38　NSC 基体处理　　　　　　　　图 8-39　灌砂法测凿毛深度

表8-21 凿毛试件表面试验灌砂深度

试验参数	试件编号	实测灌砂深度(mm)	试验参数	试件编号	实测灌砂深度(mm)
NSC 强度等级	G-30	1.68 ~ 2.08	UHPC 养护方法	C-N	1.74 ~ 2.28
	G-40	1.87 ~ 2.15		C-60	1.74 ~ 2.16
	G-50	1.74 ~ 2.28		C-90	1.78 ~ 1.99
UHPC 养护龄期	A-2	1.78 ~ 2.12	UHPC 中加入膨胀剂	E-A3	1.85 ~ 2.03
	A-3	1.89 ~ 2.11		E-A7	1.84 ~ 2.16
	A-7	1.79 ~ 2.09		E-A28	1.67 ~ 1.98
	A-28	1.74 ~ 2.28		E-A180	1.87 ~ 2.19
	A-180	1.98 ~ 2.25	NSC 基体湿润度	D	1.88 ~ 2.02
界面受力模式	DS	1.74 ~ 2.28		W	1.69 ~ 2.15
	CS-0.5	1.82 ~ 2.16		SW	1.74 ~ 2.28
	CS-1	1.89 ~ 2.01	NSC 基体表面处理方式	Sm	—
	CS-1.5	1.48 ~ 2.13		Ro	1.74 ~ 2.28
	CS-2	1.74 ~ 1.99		DH	—
	TS-0.5	1.67 ~ 2.08		Gr	—
	TS-1	1.82 ~ 2.20		PR	—
NSC-NSC 界面	NC-C	1.64 ~ 2.01	整体浇筑 NSC 模型	MC	—

(4)浇筑 UHPC 加固层

待 NSC 基体养护期满,根据试验进程安排开始分批浇筑 UHPC 加固层,按照 UHPC 干混料质量的 8% 加水倒入搅拌机混合均匀,搅拌时间 15min 左右即可,常温洒水养护 2d 后拆模(初凝),如图 8-40a)、b)所示。对于常温养护试件,在试验室环境中养护至试验要求的龄期即可开始试验加载;对于高温养护试件,试件拆模后需对其进行 60℃ 蒸汽养护 3d 或 90℃ 蒸汽养护 2d 后即可加载;对于压剪和拉剪试件,养护结束加载前,需采用钢板和螺杆装置对其界面施加法向压力或拉力。整体浇筑的 NSC 模型是按照直剪试件的形状一次性浇筑 NSC,自然养护 28d 后加载。为了更加准确地获得 UHPC 材料性能,同时浇筑 UHPC 材料性能试验构件,UHPC 材料性能试验构件的养护方法、养护龄期和是否加入膨胀剂等均与推出试件相同,如图 8-40c)所示。

a)搅拌UHPC   b)浇筑UHPC加固层   c)浇筑UHPC材料性能试验构件

图 8-40 浇筑 UHPC 构件

8.4.1.4 试验测试内容和加载方式

（1）试验测试内容和测点布置

本章主要探究不同影响因素下 UHPC-NSC 界面抗剪性能，主要测试内容包括：①UHPC 与 NSC 界面相对滑移值；②推出试件的开裂荷载和极限抗剪承载力；③界面裂缝的形成及发展过程；④界面失效后 UHPC 板与 NSC 基体破坏形态等。

试验模型测点布置和加载仪器如图 8-41 所示。采用千分表测试界面相对滑移值，在测试界面的两侧对称设置 2 个千分表，每个试件共设置 4 个千分表测试其界面相对滑移值。

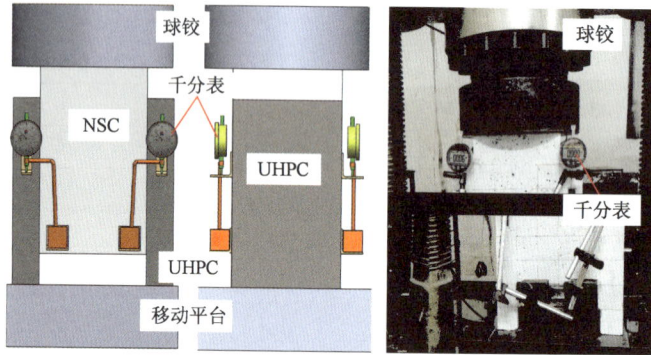

图 8-41 试验模型测点布置和加载仪器

（2）试验加载方式

推出试验采用量程为 200t 的压力机进行测试，加载方式采用单点连续加载，试验前，为了尽可能减小试验误差，先进行 3 次预压，预压荷载为 80～120kN，然后卸载到 0，再进行逐级正式加载。

由于推出试件的破坏形式是脆性破坏还是延性破坏并不确定，在双面剪切试验的加载初期，界面荷载-滑移曲线处于弹性上升阶段，这个阶段首先按照力值控制加载；但在随后的加载过程中，界面开始开裂，并且部分试件的界面荷载-滑移曲线在后期可能出现下降段，所以为了能够较为准确地测试界面荷载-滑移曲线可能出现的下降段，在随后的加载过程中采用了位移控制加载。

本试验采用先按照力值控制加载后按位移控制加载的加载程序完成试验加载，力值控制加载转换到位移控制加载的荷载限值没有参考标准，加载控制方式转换的荷载限值大部分设置在300～400kN 之间。具体操作方法：首先将同组三个试件中的第一个试件的转换荷载限值设置为 300kN，然后根据试验得到的第一个试件的极限荷载值，取其一半作为剩余两个试件的转换荷载限值。试验加载等级和加载程序在电脑端提前设定完毕，其中力值控制加载速率为 1～3kN/s，位移控制加载速率为 0.25～0.75mm/min。

8.4.2 破坏模式

根据试验结果可知，约88% 直剪试件的界面破坏表现为界面处或附近混凝土剪切破坏，破坏之前没有明显征兆。试件损伤及破坏过程如下：在46% ～69% 极限荷载作用下，首先在界面处或附近混凝土中出现细小的剪切裂缝，随后细小剪切裂缝会随着荷载的增大不断沿着界面竖向发展;当荷载增大至约90%极限荷载时,试件界面位置发出"劈啪"的撕裂声响;最后推出试件达到各自的破坏荷载,剪切裂缝沿着界面方向贯通,UHPC 与 NSC 剥离,界面最终破坏。对于刻槽(Gr)组、钻孔(DH)组和植筋(PR)组试件,加载前期主要靠 UHPC 与 NSC 的粘接作用和 UHPC 键齿、UHPC 榫或植入钢筋来共同抵抗界面剪力,但在界面开裂后的加载后期,主要由 UHPC 键齿、UHPC 榫或钢筋抗剪。界面破坏时除界面附近混凝土损坏或劈裂外,UHPC 键齿、UHPC 榫或钢筋也被剪断,破坏呈现一定的延性,破坏前有明显征兆。

UHPC 与 NSC 组合直剪试件的典型破坏形式如图 8-42 所示,根据各个试验参数的 UHPC-NSC 界面直剪试验得到的破坏特征和破坏面位置,界面的剪切破坏模式可以分为以下六种:

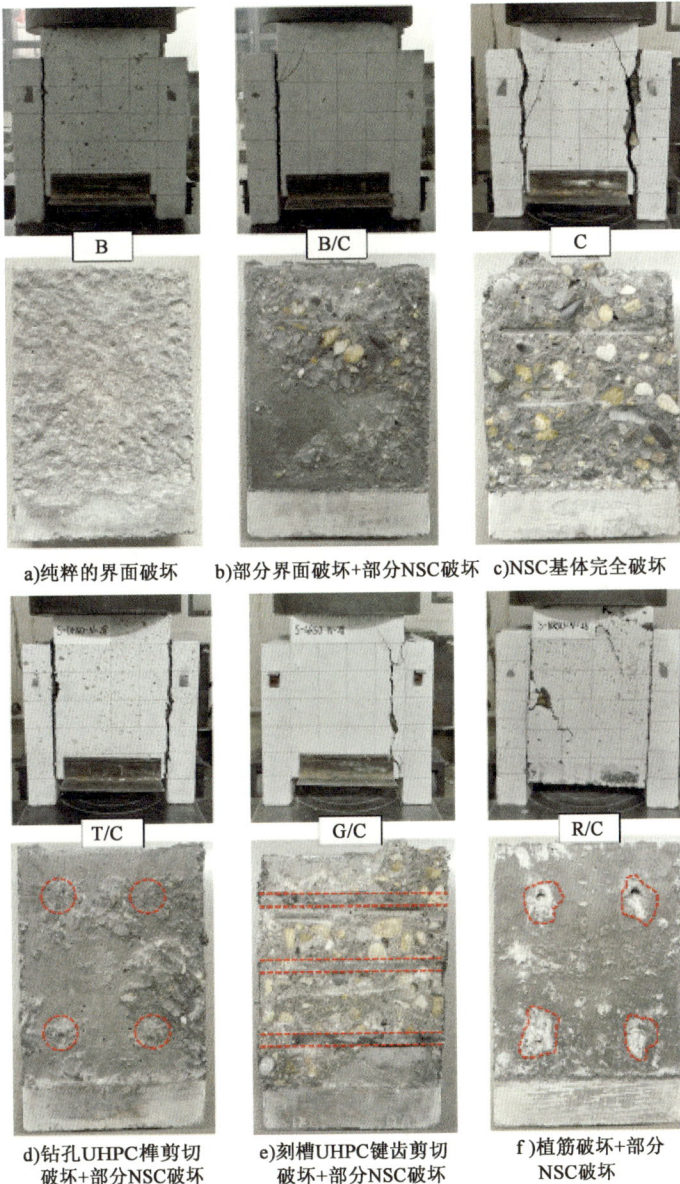

a)纯粹的界面破坏　b)部分界面破坏+部分NSC破坏　c)NSC基体完全破坏

d)钻孔UHPC榫剪切　　e)刻槽UHPC键齿剪切　　f)植筋破坏+部分
　破坏+部分NSC破坏　　破坏+部分NSC破坏　　　NSC破坏

图 8-42　组合试件代表性破坏模式

（1）纯粹的界面破坏（B）[图8-42a)]:剪切破坏仅发生在粘接界面处,NSC基体和UHPC板的表面基本无损伤或脱落出现,UHPC表面粘接的NSC面积与整个粘接界面的比例(C/B)小于10%。

（2）部分界面破坏 + 部分NSC破坏（B/C）[图8-42b)]:剪切破坏发生在界面的过渡区,主要表现为部分界面破坏与部分NSC基体破坏相结合,并且破坏时部分NSC基体粘接在UHPC表面,UHPC表面粘接的NSC面积与整个粘接界面的比例(C/B)在10%～90%之间。

（3）NSC基体完全破坏（C）[图8-42c)]:剪切破坏基本发生在界面附近的NSC基体上,UHPC-NSC界面处于完整状态,未出现损伤或开裂,UHPC表面粘接的NSC面积与整个粘接界面的比例(C/B)大于90%。

（4）钻孔UHPC榫剪切破坏 + 部分NSC破坏（T/C）[图8-42d)]:除了埋入混凝土基体中的UHPC榫剪断外,界面破坏时还有部分NSC基体粘接在UHPC表面。

（5）刻槽UHPC键齿剪切破坏 + 部分NSC破坏（G/C）[图8-42e)]:除了埋入混凝土基体中的UHPC键齿剪断外,还有键齿周边混凝土剪切破坏,界面破坏的同时大量NSC基体粘接在UHPC表面。

（6）植筋破坏 + 部分NSC破坏（R/C）[图8-42f)]:植入混凝土中的钢筋先经过屈服阶段而后被剪断,界面破坏时少量NSC基体粘接在UHPC表面,并且NSC基体由于剪压破坏被剪切开裂。

8.4.3　试验荷载特征值

各组试件的开裂荷载（P_{cr}）、极限荷载（P_u）、剪切刚度（K）以及破坏模式等试验结果如表8-22所示。表中数据为每组中三个相同参数的试件的实测结果平均值。试验过程中UHPC-NSC界面受剪开裂前处于弹性状态,因此,直剪试件界面的抗剪刚度可采用其开裂荷载除以相对应的滑移量来确定,即 $K = P_{cr}/2S$,其中 S 为界面受剪开裂时对应的滑移值。出于比较的目的,两组对照试验NSC-NSC试件和整体浇筑的NSC试件的相关试验结果见表8-22,将相应的试验结果与NSC-NSC试件和整体浇筑NSC试件的实测结果进行比较。对于整体浇筑NSC直剪试验模型,由于不存在明确的粘接界面,因此,将通过试验获得的整体浇筑NSC直剪试验模型的抗剪强度定义为相应的等效界面抗剪粘接强度,以便与组合构件试验结果进行比较。

表8-22　各组试件荷载特征值及破坏参数

试验参数	试件编号	P_{cr} (kN)	P_u (kN)	K (kN/mm)	cov (%)	P_{cr}/P_u (%)	S_u (mm)	D (mm)	破坏模式	C/B (%)
NSC 强度等级	G-30	237.70	453.70	5773.4	8.22	52.4	0.311	9.4	B/C	89.3
	G-40	277.30	521.20	5302.6	6.90	53.2	0.390	7.2	B/C	68.3
	G-50	351.00	654.60	2845.9	3.73	53.6	0.454	5.7	C	100
UHPC 养护龄期	A-2	163.33	306.10	1392.0	4.04	53.4	0.182	1.4	B	6.0
	A-3	336.67	595.87	3412.2	2.16	56.5	0.242	4.8	B/C	53.3
	A-7	341.67	627.93	3796.3	6.40	54.4	0.278	2.4	B/C	69.3

续上表

试验参数	试件编号	P_{cr} (kN)	P_u (kN)	K (kN/mm)	cov (%)	P_{cr}/P_u (%)	S_u (mm)	D (mm)	破坏模式	C/B (%)
UHPC 养护龄期	A-28	351.00	654.60	2845.9	3.73	53.6	0.454	5.7	C	100
	A-180	438.33	674.33	4354.3	2.80	65.0	0.476	4.4	B/C	88.3
UHPC 养护方法	C-N	351.00	654.60	2845.9	3.73	53.6	0.454	5.7	C	100
	C-60	398.33	662.17	5287.6	5.07	60.2	0.451	17.6	C	100
	C-90	348.67	570.43	4470.1	4.58	61.1	0.410	14.0	C	96.7
UHPCK 加入 膨胀剂	E-A3	281.67	465.00	6035.7	7.60	60.6	0.254	3.3	B/C	29.0
	E-A7	305.00	566.87	5648.1	13.00	53.8	0.305	4.6	B/C	47.3
	E-A28	316.00	602.97	6155.8	5.75	52.4	0.430	6.4	B/C	84.0
	E-A180	367.67	656.37	4308.6	15.34	56.0	0.492	2.3	B/C	88.3
NSC 基体 湿润度	D	256.67	434.93	7857.1	14.52	59.0	0.188	7.8	B/C	82.7
	W	343.67	571.23	6136.9	3.79	60.2	0.345	5.8	B/C	75.0
	SW	351.00	654.60	2845.9	3.73	53.6	0.454	5.7	C	100
NSC 基体 表面处理 方式	Sm	216.00	424.10	7043.5	4.08	50.9	0.382	2.9	B/C	59.3
	Ro	351.00	654.60	2845.9	3.73	53.6	0.454	5.7	C	100
	Gr	338.67	593.27	3848.5	5.44	57.1	1.938	13.6	G/C	88.7
	DH	356.00	550.42	6675.0	5.08	64.7	0.352	5.6	T/C	48.3
	PR	341.67	612.23	1090.4	14.23	55.8	4.804	3.6	R/C	10.3
界面受力 模式	DS	351.00	654.60	2845.9	3.73	53.6	0.454	5.7	C	100
	CS-0.5	367.67	836.47	5154.2	2.73	44.0	0.433	6.5	C	100
	CS-1	446.67	996.00	6146.8	5.17	44.8	0.456	4.0	C	92.3
	CS-1.5	510.00	1118.40	6594.8	11.36	45.6	0.426	6.4	C	100
	CS-2	590.00	1175.10	7500.0	11.19	50.2	0.423	9.9	C	100
	TS-0.5	212.67	402.60	4833.3	7.51	52.8	0.281	8.0	B/C	85.0
	TS-1	173.33	322.70	4193.5	3.75	53.7	0.221	6.2	B/C	79.0
对照组	NC-C	124.33	236.73	3806.1	1.57	52.5	0.127	2.5	B	4.3
	MC	357.91	603.08	4549.8	6.84	59.3	0.507	9.4	—	—

注:①P_{cr}代表界面受剪开裂时对应的荷载试验值(kN);P_u、S_u分别代表极限荷载(kN)及对应的界面滑移试验值(mm);
cov(coefficient of variation)代表变异系数(%);D代表剪切破坏面距界面的距离(mm);C/B 表示试件破坏后
UHPC 侧粘接普通混凝土部分所占整个界面面积的比例(%);B、B/C、C、T/C、G/C 和 R/C 为组合试件代表性破
坏模式。

②表中 G-50、A-28、Ro、C-N、SW 和 DS 试件为同一组试件,即基本组试件(BG-S),它们的试验结果相同。

根据表 8-22 各组试件实测荷载特征值及各种破坏参数,结合对照组相应的试验结果,分析如下:

(1)界面破坏模式

从表 8-22 中可以看出,UHPC-NSC 界面展现出优异的、足够强的抗剪粘接性能。试验加载达到极限荷载时,试件破坏模式基本上表现为部分界面破坏 + 部分 NSC 破坏(B/C、T/C)和 NSC 破坏(C、G/C 和 R/C),二者分别占全部试件的 64% 和 32%。除了 2d 的早期龄期外,UHPC-NSC 界面几乎未出现纯粹的界面破坏(B),完全界面破坏(B)试件比例仅为 4%。即使

有着不利参数的界面,例如光滑 NSC 表面、干燥基体、UHPC 的 3d 早期龄期和拉剪受力状态,也表现为部分界面破坏 + 部分 NSC 破坏(B/C),这更进一步表明 UHPC 与 NSC 两者间具有较高的粘接强度,即使是在不利条件下,二者依然能够较好地协同工作,共同抵抗外荷载;而有着有利参数的界面,例如凿毛 NSC 表面、湿饱和基体、UHPC 的 28d 龄期和压剪受力状态,基本表现为 NSC 剪切破坏模式(C),表明有利参数界面处的 UHPC 与旧混凝土抗剪粘接强度较高,其界面抗剪能力甚至可以超过 NSC 材料本身的抗剪强度。对于刻槽(Gr)、钻孔(DH)和植筋(PR)处理的试件,其破坏模式分别为刻槽 UHPC 键齿剪切破坏 + 部分 NSC 破坏(G/C)、钻孔 UHPC 榫剪切破坏 + 部分 NSC 破坏(T/C)和植筋破坏 + 部分 NSC 破坏(R/C),从界面破坏时 UHPC 侧粘接普通混凝土部分所占整个界面面积的比例来看,虽然三者除了刻槽、钻孔和植筋处理外,界面其余部分均做光滑处理,但刻槽组试件由于界面 UHPC 键齿面积较大,UHPC 键齿对于界面抗剪粘接性能有较大贡献,UHPC 侧粘接的 NSC 面积比例达 88.7%,远高于钻孔和植筋组试件,在植筋组试件抵抗外荷载的过程中,植筋处产生较大的应力,使得钢筋处的混凝土被剪碎。

（2）开裂荷载(P_{cr})与极限荷载(P_u)

从界面抗剪荷载特征值来看,UHPC 界面的剪切开裂荷载与极限荷载比例在 44.0% ~ 65% 之间,平均为 54.92%,如图 8-43 所示,所有试验组开裂荷载与极限荷载的比值均在 40% 和 70% 两条线之间,说明 UHPC-NSC 界面开裂后仍然能够承担约一半的极限抗剪承载力,有效地保证了 UHPC 加固层与损伤混凝土结构形成的组合结构正常工作阶段的安全性。此外,每组三个试件的实测 UHPC-NSC 界面抗剪强度的变异系数在 1.57% ~ 15.34% 之间,平均为 6.76%,所有试件的抗剪强度变异系数均在 0 ~ 20% 之间,如图 8-44 所示。较低的变异系数说明同组中三个试件的界面抗剪承载力试验结果离散性均在合理范围内,其破坏形式也基本一致,所有试验结果的变异系数值都在合理的范围内,证明了本试验研究的一致性和可靠性,试验结果具有一定的参考价值。

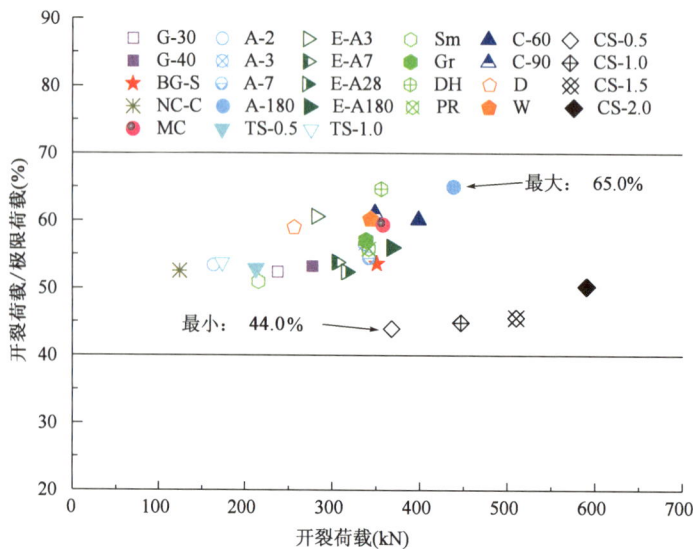

图 8-43　各组试件开裂荷载与极限荷载比值

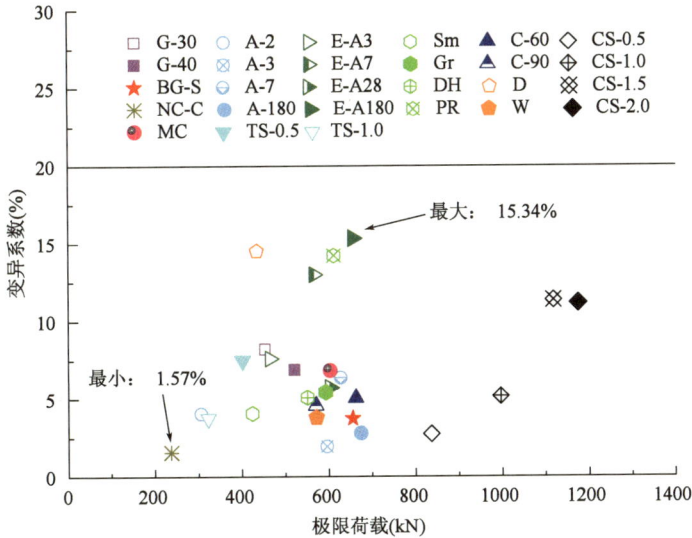

图 8-44　各组试件变异系数分布

通过比较 UHPC-NSC 界面组合结构试件和 NSC-NSC 界面试件、整体浇筑 NSC 试件的界面抗剪实测结果可知,NSC-NSC 界面抗剪强度较低,其破坏模式为纯粹的界面破坏(B),主要原因是 NSC 表面本身存在较多的缺陷,经过界面处理后对界面造成一定的扰动,产生微小裂纹。再次浇筑 NSC 后,NSC 浆体中含有较多的粗集料,在界面处形成点接触,对界面没有起到明显的修复作用,使得 NSC-NSC 界面变得更加薄弱;UHPC-NSC 界面的抗剪能力远高于 NSC-NSC 界面,UHPC-NSC 界面抗剪强度平均为 NSC-NSC 界面的 2.37 倍。除了不利参数,如光滑 NSC 表面、干燥基体、UHPC 的 2d 早期龄期外,其他参数 UHPC-NSC 界面抗剪强度基本上接近甚至高于完整 NSC 试件。总体而言,UHPC-NSC 界面抗剪强度平均为完整 NSC 试件的 92%,这表明应用 UHPC 作为损伤混凝土结构的修复材料并未在修复后的结构中引入新的薄弱位置,并确保 UHPC 加固层和原混凝土结构共同受力,进一步证明了 UHPC 加固损伤混凝土结构的可行性。

UHPC-NSC 界面抗剪能力高于 NSC-NSC 界面的根本原因在于 UHPC 无粗集料、水灰比较低(0.16～0.18),且自流密实的材料特性。浇筑 UHPC 时,UHPC 中的超细组分能够充分填充到旧混凝土表面的凹凸部分和空隙中去,不会形成类似 NSC-NSC 界面处的"点接触",充分保证了 UHPC 与 NSC 的粘接面积,从而提高了界面黏结性能。UHPC 较低的水灰比能够降低界面处旧混凝土表面"过渡层"的水灰比,使得过渡层孔隙率较小,密实度变大,故而结合面黏结强度随之增加。同时,无粗集料、低水灰比和自流密实的 UHPC 浇筑时,基本上不会发生类似 NSC 浇筑振捣时容易出现的粗集料下沉、水分上浮的泌水现象,因而在界面处由于泌水现象产生的微裂缝和气孔较少,使得 UHPC-NSC 界面粘接强度进一步提高。

(3)界面相对滑移量

由表 8-23 可知,各组试件在开裂之前界面的相对滑移量均小于 0.1mm,在这个阶段仅靠 UHPC 与 NSC 之间的粘接力提供抗剪能力,两者之间产生极小的相对滑移量,组合结构即可抵抗较高的外部荷载,表明 UHPC 与 NSC 间的粘接性能良好。从试件达到极限荷载时的界面滑移量来看,仅刻槽(Gr)界面和植筋(PR)界面在试件破坏时出现较大的滑移;刻槽组和植筋组试件的界面正常使用阶段均呈现了一定的延性,其界面的平均极限荷载滑移量分别为0.662mm和2.124mm,且此时UHPC键齿或连接钢筋也未剪断、UHPC也未完全剥离,UHPC与NSC完全剥离时的最大界面相对滑移量分别高达1.938mm和4.804mm。这是由于嵌入NSC凹槽内的UHPC键齿韧性远比NSC、植筋的延性更为优异,界面破坏时UHPC与NSC的粘接基本失效,主要由UHPC键齿或植入的钢筋抗剪,因此界面抗剪破坏呈现了一定的延性;而其他试件组达到极限荷载界面破坏时的相对滑移量均小于1.0mm,相对滑移量在0.127～0.507mm范围内,且UHPC-NSC界面的抗剪破坏偏于脆性。综上可知,植筋连接UHPC-NSC界面正常使用延性最好,界面抗剪能力和正常使用延性根据不同试验参数有所不同。

表8-23 各组试件开裂滑移与极限滑移值

试件编号	S_{cr}(mm)	S_u(mm)	试件编号	S_{cr}(mm)	S_u(mm)
G-30	0.021	0.308	D	0.016	0.188
G-40	0.025	0.390	W	0.028	0.345
G-50	0.062	0.454	SW	0.062	0.454
A-2	0.059	0.182	Sm	0.015	0.382
A-3	0.049	0.242	Ro	0.062	0.454
A-7	0.045	0.278	Gr	0.044	1.938
A-28	0.062	0.454	DH	0.027	0.352
A-180	0.050	0.476	PR	0.157	4.804
C-N	0.062	0.454	DS	0.062	0.454
C-60	0.038	0.451	CS-0.5	0.036	0.433
C-90	0.039	0.410	CS-1	0.036	0.456
E-A3	0.023	0.254	CS-1.5	0.039	0.426
E-A7	0.027	0.305	CS-2	0.039	0.423
E-A28	0.026	0.430	TS-0.5	0.022	0.281
E-A180	0.043	0.492	TS-1	0.021	0.221
NC-C	0.016	0.127	MC	0.039	0.507

注：S_{cr}代表开裂荷载对应的界面滑移试验值。

8.4.4 荷载-滑移曲线

试验通过4个千分表测试推出试件UHPC与NSC之间的相对滑移距离,然后取4个测试结果的平均值作为试件的界面滑移测试值;同时通过计算机提前设定好的加载程序根据不同试件加载过程记录对应的试验荷载,得到各推出试件UHPC-NSC界面的荷载-滑移曲线如图8-45所示。

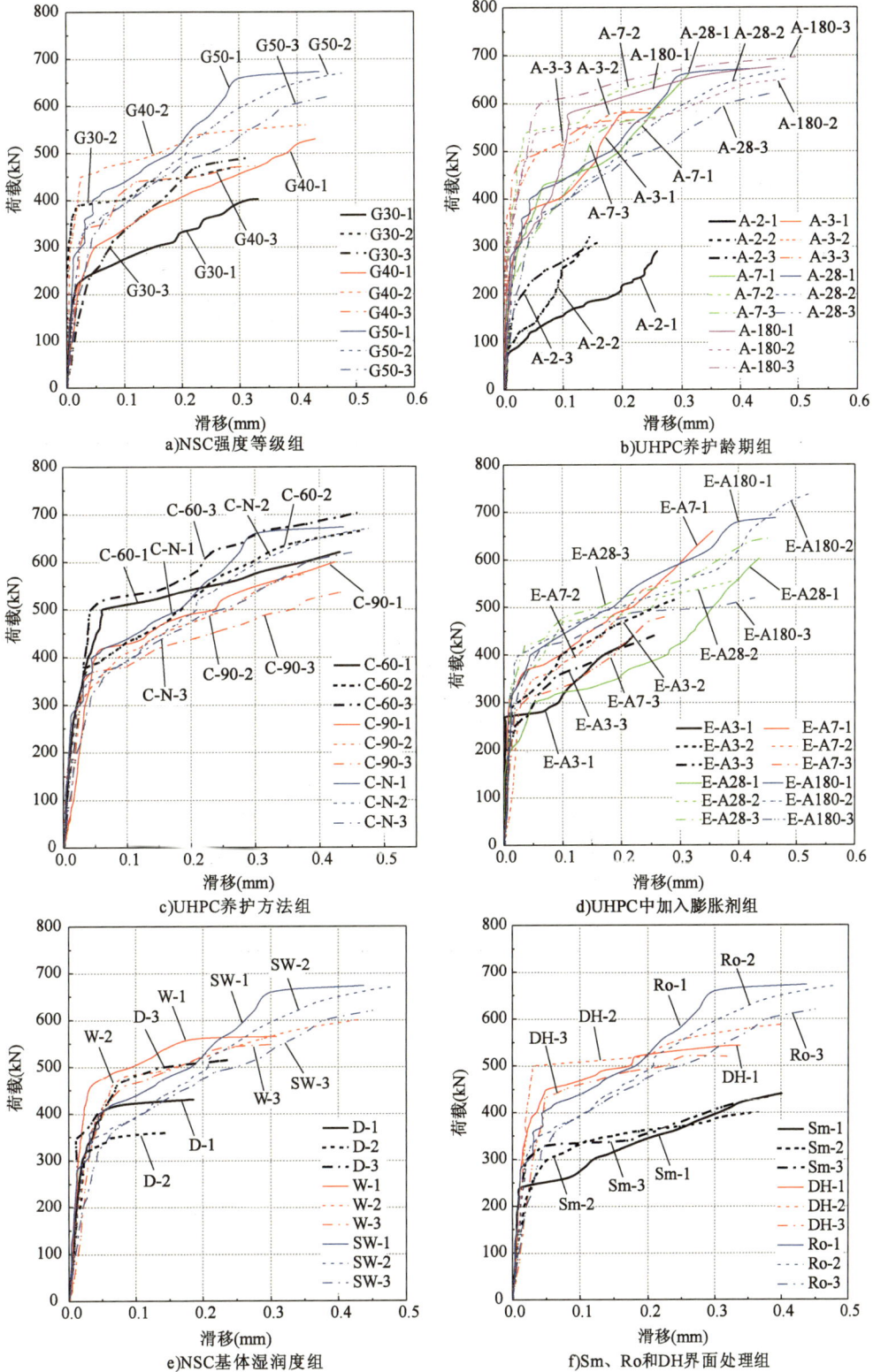

a)NSC强度等级组

b)UHPC养护龄期组

c)UHPC养护方法组

d)UHPC中加入膨胀剂组

e)NSC基体湿润度组

f)Sm、Ro和DH界面处理组

图 8-45

g)Gr和PR界面处理组

h)压剪应力组

i)拉剪应力组

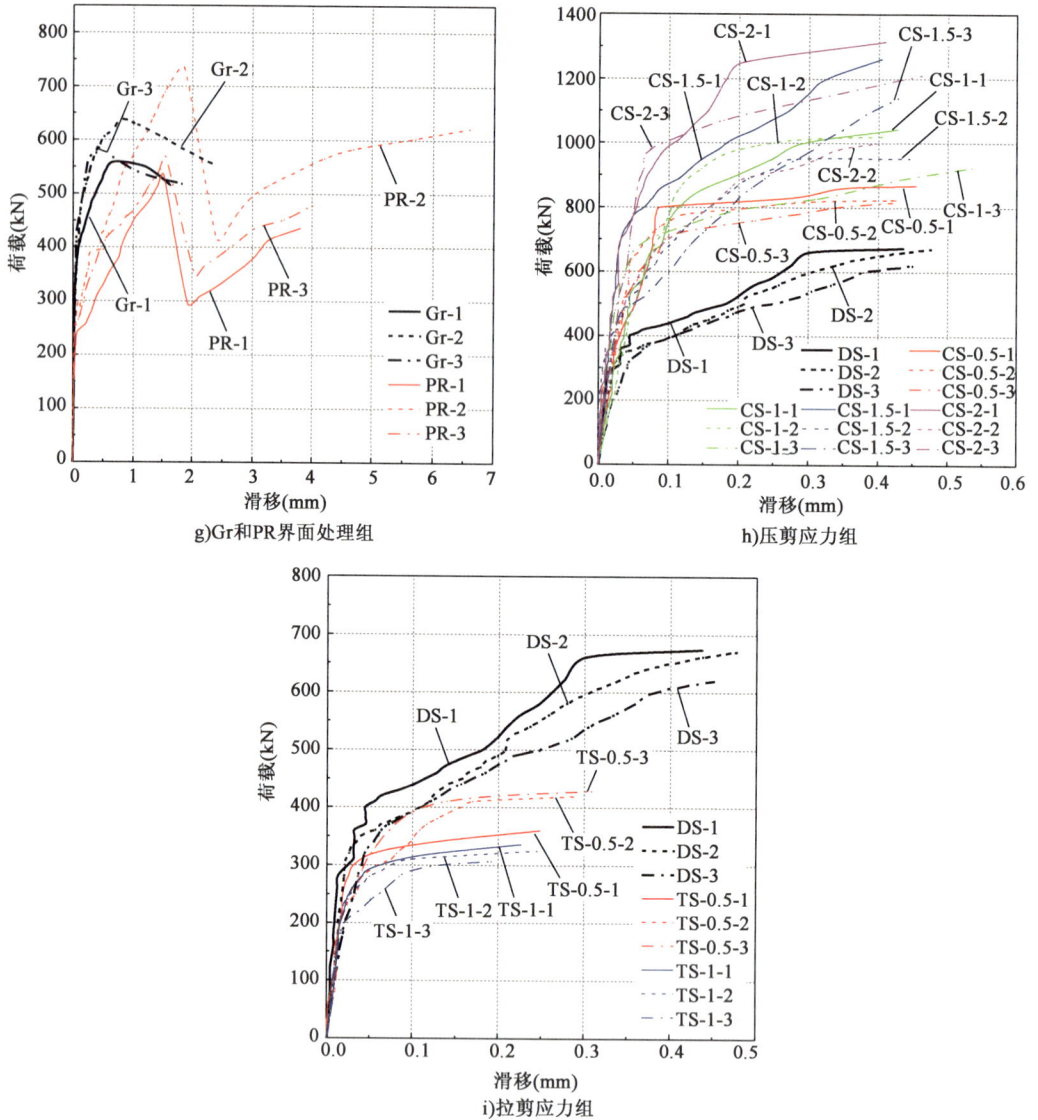

图 8-45　各推出试件 UHPC-NSC 界面的荷载-滑移曲线

从图 8-45 可知,UHPC-NSC 界面的荷载-滑移曲线基本上未出现下降段,荷载-滑移曲线主要经历两个阶段:①线性阶段。从试验开始加载至界面出现第一条裂缝前,荷载-滑移曲线基本呈线性变化,其界面滑移随荷载增加不断增大,荷载快速增大,但是滑移变化较小,此阶段的界面滑移量基本小于 0.05mm。②屈服阶段。当界面开裂后,界面抗剪刚度减小,曲线斜率变小,随着荷载的缓慢增加,界面滑移迅速增大,直至试件瞬间剪切破坏,单侧(或双侧)UHPC 层滑落(图 8-42),UHPC-NSC 界面具有明显的脆性破坏特征,界面剪切破坏时的滑移量未超过 0.5mm。

对于由 UHPC 和 NSC 之间的粘接作用和嵌入 NSC 凹槽内的 UHPC 键齿、钢筋共同承受剪力的刻槽(Gr)组和植筋(PR)组试件而言,界面破坏时出现较大的滑移,分别为 1.938mm 和 4.804mm,界面抗剪表现出一定的延性。由图 8-45g)可知,刻槽(Gr)组的荷载-滑移曲线首先经历了界面开裂前的线性阶段和开裂后的屈服阶段,在平均极限荷载达到 593.27kN、对应平均滑移达到 0.662mm 后,滑移曲线进入了较长的下降阶段,在下降阶段中试验荷载缓慢变化、滑移快速增长,最后 UHPC 键齿剪断,UHPC-NSC 界面完全破坏。这主要是因为刻槽组中延性较好的 UHPC 键齿嵌入 NSC 中,有效延缓了界面的剪切破坏过程,界面受剪的后期 UHPC 与 NSC 的粘接作用基本失效,界面主要由 UHPC 键齿承受剪力;而 UHPC 键齿的韧性远高于 NSC,使得界面剪断前产生的滑移量大幅增加,UHPC-NSC 界面的延性大幅提高,界面完全破坏时的平均滑移值为 1.938mm。对于植筋(PR)组而言,其界面的荷载-滑移曲线总共经历了四个阶段,包括界面开裂前的线性增长阶段,开裂后的屈服阶段,荷载下降、滑移迅速增加的下降段,以及最后再次出现的上升阶段。界面开裂后随着荷载的增加滑移迅速增加,直至试验平均极限荷载达到 612.23kN、对应平均滑移达到 1.650mm;随后三个植筋试件的滑移曲线进入较长的下降阶段,在此阶段试验荷载迅速下降,界面相对滑移量有一定变化,直至平均相对滑移达到 2.124mm,UHPC-NSC 界面完全失效,其抗剪能力仍然保持为 353.0kN,之后仅由钢筋提供抗剪承载力,随着试验荷载的增加,界面滑移大幅增加,直至界面完全破坏达到最大界面相对滑移量 4.804mm。由于植筋界面不再是单纯依靠 UHPC 与 NSC 间的黏结力来提供界面抗剪能力,而是由 UHPC 与 NSC 黏结作用与钢筋共同承担剪力,其较好的变形能力使得界面各部位受力更加均匀,界面受剪的后期 UHPC 与 NSC 的粘接作用基本失效,界面主要由钢筋承受剪力;而钢筋的延性远高于 NSC,它们在剪力作用下能够产生较大的剪切变形,有效延缓了界面的剪切破坏过程,并在界面剪断前产生较大的滑移,使得 UHPC-NSC 界面的延性大幅提高。

总之,从 UHPC-NSC 界面的荷载-滑移曲线可以看出,一些对 UHPC-NSC 界面粘接性能产生不利影响的参数,例如低 NSC 强度、UHPC 早期龄期(2d 或 3d)、光滑表面处理、干燥 NSC 基体和拉剪受力状态,也会降低界面的滑移量,它们的荷载-滑移曲线明显短于其他类型的界面。有着这些不利参数的 UHPC-NSC 界面受剪时不仅其抗剪强度较低,而且界面破坏时的脆性特征也更为明显。所以在实际工程中应尽量避免这些不利因素对 UHPC 加固损伤混凝土结构粘接工作性能的影响。

8.5 UHPC-NSC 界面抗剪强度计算

本节对于不同影响因素下的 UHPC-NSC 界面抗剪粘接性能进行了大量的试验研究,由表 8-22 试验结果可知,UHPC 与 NSC 间的抗剪粘接力对其界面抗剪承载力的影响最为显著。现有设计方法和相关规范对 UHPC-NSC 界面抗剪承载力的计算方法并没有做出明确规定,并且采用具有优异性能的新型混凝土材料——UHPC 进行损伤混凝土结构加固已经成为一种趋势。本试验试件数量大、试验样本数据多,充分考虑了各种影响因素对 UHPC-NSC 界面抗剪性能的影响,可用于提出 UHPC-NSC 界面抗剪性能计算方法时的数据分析。

8.5.1 各国规范计算值与试验值对比

基于本试验研究结果，为了提出适用于 UHPC-NSC 界面抗剪承载力的计算方法，通过广泛查阅国内外文献资料和相关规范，列出了国外部分有代表性的 NSC-NSC 界面抗剪承载力规范计算公式（表8-24），可用于计算 UHPC-NSC 界面抗剪承载力，并与试验值进行比较，结果如图 8-46 所示。

表 8-24 典型 NSC-NSC 界面抗剪强度计算公式

编号	规范	公式
1	AASHTO LRFD Bridge Design Specifications (2010)[13] （美国公路桥梁设计规范 AASHTO LRFD Bridge Design Specifications）	$\nu_n = cA_{cv} + \mu P_c$
2	CAN/CSA-S6-00 (2004)[14] （加拿大标准协会 CAN/CSA-S6-00 桥梁设计规范）	$\nu_n = \phi_c\left(c + \mu\dfrac{P_c}{A_{cv}}\right)$
3	Fib Model Code for Concrete Structures (2010)[15] （混凝土结构 FIB 模型规范）	$\tau_u = \tau_a + \mu\sigma_n$
4	Eurocode 2: Design of Concrete Structures[16] （欧洲规范2：混凝土结构设计）	$\tau_u = cf_{ctd} + \mu\sigma_n$

注：ν_n：界面抗剪承载力（kN）；τ_u：界面抗剪强度（MPa）；μ：摩擦系数；c：界面粘接力（MPa）；τ_a：界面粘接强度（MPa）；A_{cv}：界面粘接面积（mm²）；P_c：垂直于界面的压力（kN）；ϕ_c：强度折减系数；f_{ctd}：较低强度的混凝土抗拉强度设计值（新旧混凝土之间）；σ_n：垂直于界面的法向应力。

由以上各国规范中新旧混凝土间抗剪计算公式可知，AASHTO LRFD 规范考虑了新旧混凝土间界面粘接力和垂直于界面的侧向压力对 NSC-NSC 界面的抗剪作用。CAN/CSA-S6-00 规范考虑了新旧混凝土间界面黏结力和界面侧向力的作用对 NSC-NSC 界面抗剪的作用，为了使计算结果更加安全，引入了强度折减系数。Fib Model Code 规范将界面抗剪承载力分成界面黏聚力（计算式第一项）和侧向力在界面处产生的摩擦力（计算式第二项）两部分。Eurocode 2 规范计算公式由界面黏结强度和侧向应力对界面的抗剪摩擦作用组成。Eurocode 2 规范公式的优点在于考虑了混凝土强度等级这个对界面抗剪粘接性能影响较大的因素，其余公式均未考虑此参数，这会使计算值误差较大，不具有普遍适用性。表 8-24 中的各国规范计算方法均未涉及刻槽和钻孔界面处理的抗剪计算方法，对于界面粗糙度的划分没有统一的标准，导致界面摩擦系数的取值存在较大的差异。由此可见，新旧混凝土界面抗剪强度方面的规范计算方法具有多样性，并且国内外规范中的新旧混凝土界面抗剪性能计算方法的不足之处和局限性也较明显。值得说明的是，由于本节通过各国规范公式计算 UHPC-NSC 界面抗剪承载力并单独提出植筋的抗剪作用的计算方法，所以未把各国规范公式中植筋对界面产生的抗剪作用列出。

各公式参数取值：（1）AASHTO：对于凿毛界面 $c=0.24$ksi，$\mu=1.0$；对于光滑界面 $c=0.075$ksi，$\mu=0.7$。（2）CAN/CSA：$\phi_c=0.75$，对于凿毛界面 $c=0.5$MPa，$\mu=1.0$；对于光滑界面 $c=0.25$MPa，$\mu=1.0$。（3）FIB 2010：对于凿毛界面 $\tau_a=3.5$MPa，$\mu=0.7$；对于光滑界面 $\tau_a=1.5$MPa，$\mu=0.6$。（4）Eurocode 2：对于凿毛界面 $c=0.45$，$\mu=0.7$；对于光滑界面 $c=0.35$，$\mu=0.6$。其中 $f_{ctd}=\alpha_{ct}f_{ctk,0.05}/\gamma_c$，$\alpha_{ct}=1.0$，$\gamma_c=1.2$，C30、C40 和 C50 对应的 $f_{ctk,0.05}$ 值分别为 1.2MPa，2.5MPa 和 2.9MPa。

由图 8-46 和表 8-25 可以看出，各个规范的 UHPC-NSC 界面抗剪承载力计算值与试验值均有很大误差，与本试验结果偏离较远，主要有两个方面的原因：一方面，各个规范均只适用于 NSC-NSC 界面抗剪承载力的计算，并不适用于 UHPC-NSC 界面抗剪承载力的计算，造成较大误差；另一方面，除 Eurocode 2 规范外，其余 3 种规范均未考虑混凝土强度的影响，本试验研究的大部分推出试件的破坏模式为部分界面破坏+部分 NSC 破坏（B/C）或 NSC 基体完全破坏（C），即基本表现为界面过渡区普通混凝土部分发生破坏，可见混凝土强度对 UHPC-NSC 界面抗剪性能有显著影响，是不可忽视的影响因素之一。所以，UHPC-NSC 界面抗剪承载力的计算方法可以借鉴考虑混凝土强度影响的 Eurocode 2 规范界面抗剪公式进行计算，但需根据试验结果对其系数 c 和 μ 进行修正后才可适用于 UHPC-NSC 界面抗剪强度的计算。

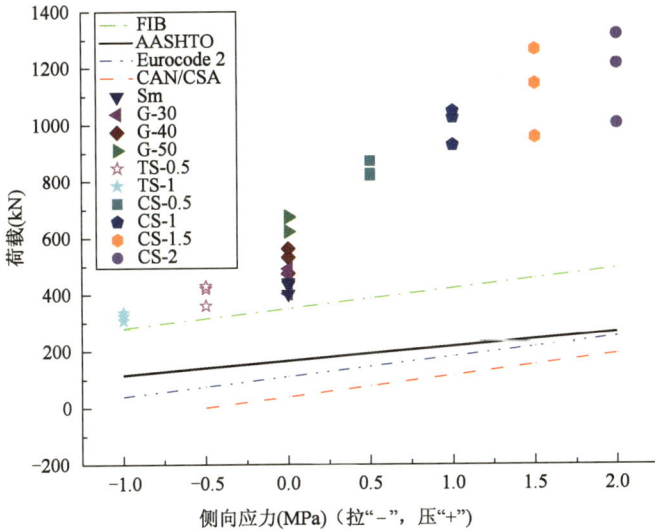

图 8-46　UHPC-NSC 界面抗剪承载力规范计算值与试验值

表 8-25　修正前 UHPC-NSC 界面抗剪承载力规范计算值与试验值（单位：kN）

试件编号	试验值	AASHTO	CAN/CSA	FIB 2010	Eurocode 2
G-30	453.7	165.5	37.5	350.0	75.0
G-40	521.2	165.5	37.5	350.0	93.8
BG-S	654.6	165.5	37.5	350.0	108.8
Sm	424.1	51.7	18.8	150.0	84.6
CS-0.5	836.5	190.5	75.0	385.0	143.8
CS-1	996.0	215.5	112.5	420.0	178.8
CS-1.5	1118.4	240.5	150.0	455.0	213.8

473

试件编号	试验值	AASHTO	CAN/CSA	FIB 2010	Eurocode 2
CS-2	1175.1	265.5	187.5	490.0	248.8
TS-0.5	402.6	140.5	0.0	315.0	73.8
TS-1	322.7	115.5	—	280.0	38.8
误差	—	63.5%~87.8%	84.0%~95.6%	13.2%~59.3%	80.1%~88.0%

8.5.2 修正 c 和 μ 值

由图 8-46 可知,各国规范并不能直接适用于 UHPC 与 NSC 界面抗剪承载力的计算,得到的理论计算值均有较大误差,并且各个规范公式只适用于 NSC 与 NSC 界面的抗剪承载力计算,但相比其他规范,Eurocode 2 规范对界面抗剪性能的影响因素的考虑更加全面,所以最终确定基于 Eurocode 2 规范计算公式对 UHPC-NSC 界面抗剪承载力进行计算,并根据本文试验实测结果以及湖南大学张阳[17-18]、吴洁[19] 等已完成的 UHPC-NSC 界面抗剪粘接性能研究中部分试验数据,对公式中的界面粘接强度系数 c 值和摩擦系数 μ 值进行修正,从而得到适用于计算 UHPC-NSC 界面抗剪承载力的 c 和 μ 值。

$$\tau_u = cf_{ctd} + \mu\sigma_n \tag{8-37}$$

$$f_t = 0.19f_{cu}^{3/4} \tag{8-38}$$

式中: τ_u——界面粘接强度,MPa;

    c——界面粘接系数;

    μ——摩擦系数;

    σ_n——垂直于界面的法向应力,MPa;

f_t、f_{cu}、f_{ctd}——分别为混凝土劈裂抗拉强度值、立方体抗压强度值、抗拉强度设计值,MPa;因为选取的试验实测原始数据抗拉强度测试方法都不尽相同,为了使实测抗拉强度值统一,尽可能降低计算误差,按照过镇海等[20] 书中提到的抗拉、抗压强度关系计算公式(8-38),根据立方体抗压强度实测值进行换算得到 f_{ctd}。

由于 Eurocode 2 规范公式没有考虑刻槽(Gr)、钻孔(DH)和植筋(PR)抗剪作用的计算方法,在界面抗剪过程中,这三种 NSC 基体表面处理方式的界面抗剪承载力除了界面粘接力外,还包括 UHPC 键齿、UHPC 榫和植筋提供的摩擦抗剪作用和销栓抗剪作用,如图 8-47 所示。所以 UHPC 键齿和 UHPC 榫对于组合构件界面抗剪作用与植筋作用类似,其对于界面抗剪作用的贡献可参考植筋作用计算方法。根据《混凝土结构 FIB 模型规范》[Fib Model Code for Concrete Structures(2010)]中的界面抗剪计算公式确定刻槽、钻孔或植筋对界面产生的抗剪作用的计算方法如式(8-39)所示:

$$\tau = \mu\rho\kappa_1 f_y + \kappa_2\rho\sqrt{f_y f_c'/\alpha_E} \tag{8-39}$$

式中:ρ——刻槽、钻孔或植筋面积占整个界面面积的百分比;

  κ_1、κ_2——相互作用系数,$\kappa_1 = 0.5$;界面光滑时,$\kappa_2 = 1.1$,界面凿毛处理时,$\kappa_2 = 0.9$;

    f_y——UHPC 或钢筋的屈服强度;

    f_c'——圆柱体抗压强度,按照 $f_c' = 0.83f_{cu}$ 进行取值;

    α_E——钢筋与 UHPC 弹性模量的比值,根据材料性能试验数据计算得 $\alpha_E = 4.49$;

μ——界面摩擦系数。

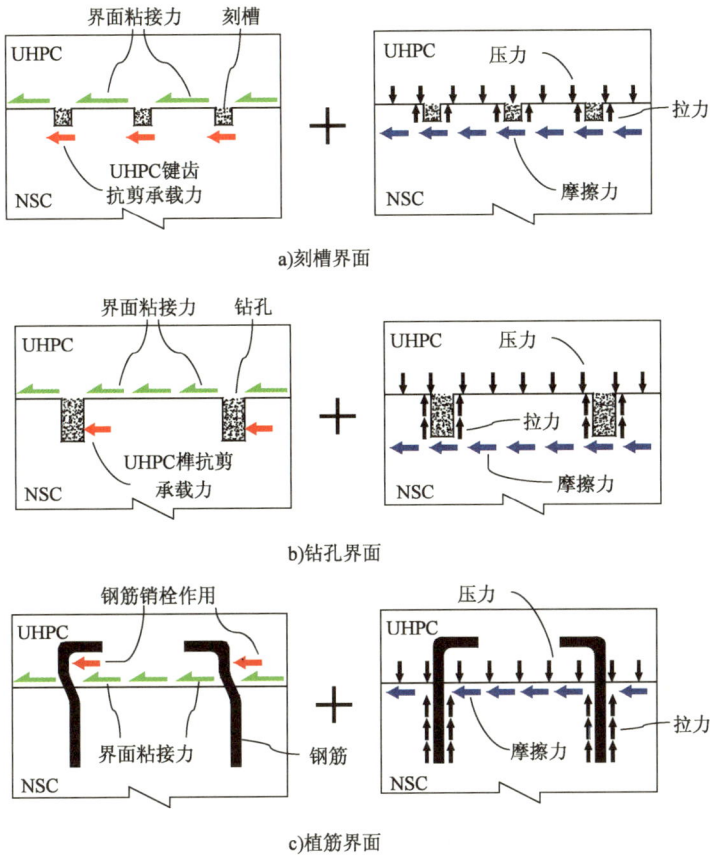

a)刻槽界面

b)钻孔界面

c)植筋界面

图 8-47 UHPC-NSC 结合面抗剪机理

根据表 8-26 修正得到的 c 值和 μ 值来验证其他研究学者通过斜剪试验探究 UHPC 与 NSC 界面抗剪粘接性能的试验实测结果,使修正后的 Eurocode 2 规范公式更具有广泛适用性,各个试验的计算值与试验值对比如表 8-27 所示,可见误差在 $-7.93\% \sim 14.28\%$ 之间,基本吻合良好。

表 8-26 Eurocode 2 规范公式系数修正

数据来源	粗糙度	试验类型	试件编号	c	μ
Sm 组(本试验)	光滑	直剪试验	Sm	1.103	1.141
张阳[17]		斜剪试验	S-Sm-N-28		
何水龙[21]	粗糙	直剪试验	28d	1.588	1.251
吴洁[19]			ZM-C50		
NSC 强度等级组			G-30		
			G-40		
			G-50		
张阳[18]		斜剪试验	S-LR-N-28		

表 8-27 斜剪试验值与计算值对比

数据来源	粗糙度	试验值 τ_n(MPa)	σ_n(MPa)	计算值 τ_u(MPa)	误差(%)
M. A. Carbonell Muñoz[22]	粗糙	21.70	12.30	21.55	−0.70%
B. A. Tayeh[23]	光滑	7.52	4.34	8.59	14.28%
	粗糙	15.42	8.90	16.38	6.18%
H. H. Hussein[24]	粗糙	33.10	19.10	30.50	−7.93%
D. K. Harris[25]	光滑	9.69	5.59	9.33	−3.75%

由于刻槽、钻孔和植筋组推出试件除界面进行相应的刻槽、钻孔和植筋处理外,界面其余部分均做光滑处理,所以刻槽、钻孔和植筋组界面抗剪承载力应为光滑界面抗剪粘接强度和 UHPC 键齿、UHPC 榫或植筋产生的抗剪作用之和。根据表 8-26 的计算结果,光滑界面摩擦系数 $\mu = 1.141$,各组试件理论值与试验值对比如表 8-28 和图 8-48 所示。

表 8-28 修正后 UHPC-NSC 界面抗剪承载力规范计算值与试验值(单位:kN)

数据来源	试件编号	试验值	修正前	修正后
NSC 强度等级组	G-30	453.7	75.0	427.3
	G-40	521.2	93.8	539.8
	BG-S	654.6	108.8	610.7
界面处理组	Sm	424.1	84.6	424.1
	Gr	593.3	417.0	587.7
	DH	550.4	206.0	458.4
	PR	612.2	338.0	690.2
参考文献[17]	Sm-N-28	278.7	98.2	278.6
	LR-N-28	492.7	191.2	492.6
参考文献[19]	ZM-C50	1338.0	267.5	1449.9
参考文献[21]	28d	1319.0	267.5	1423.6
误差	—	—	42.3% ~ 504.9%	−16.72% ~ 12.74%

分别用修正前后的 c 值和 μ 值来计算 UHPC-NSC 界面抗剪承载力,它们与各自试验平均值的对比如图 8-48 所示。可以看出用未修正的 c 值和 μ 值计算各组试件的理论值与试验值的误差较大,在 42.3% ~ 504.9% 之间。除钻孔组和植筋组误差较大外,用修正之后的 c 值和 μ 值来计算各组试件的理论值与试验值的误差基本控制在 10% 以内,吻合良好。导致钻孔组计算值与试验值误差较大的主要原因是钻孔处理界面本身 UHPC 榫面积较小,且钻孔数量较少,除 UHPC 与 NSC 界面黏结力之外,仅靠 UHPC 榫来提供抗剪承载力。相比刻槽处理,钻孔

处理嵌入 NSC 中的 UHPC 的面积明显减少,加之界面其余部分均做光滑处理,由其破坏模式可知,UHPC 榫剪断之后,UHPC 层剥落,其表面黏结少量 NSC,表现为明显的脆性破坏,使得界面抗剪强度偏低。而植筋处理界面,在 NSC 中植入钢筋,通过植筋胶粘接,植筋胶与 NSC 以及钢筋与植筋胶之间的粘接性能无法得到有效的控制,使得植入钢筋的受力性能也存在不确定性。由表 8-22 可知,植筋组试件抗剪强度的变异系数达到了 14.23%,同组试件试验实测结果离散性较大,导致用修正后公式计算得到的理论值仍与试验值之间的误差较大。

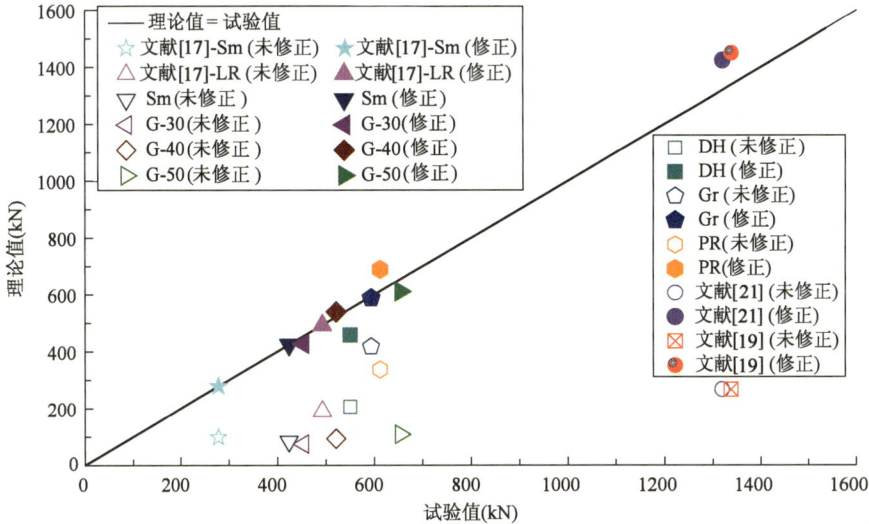

图 8-48　修正前后 UHPC-NSC 界面抗剪承载力理论值与试验值对比

8.6　应用实例

8.6.1　依托工程概况

某特大桥主桥为四塔预应力混凝土双索面斜拉桥,主跨 3×380m,全长 1470m。索塔布置 23 对斜拉索,斜拉索纵向呈扇形布置,布置于主梁两侧,索长 66.89～192.39m。主梁采用单箱四室箱型断面,如图 8-49 所示。主梁中心高 3.2m。箱梁顶宽 27.5m,风嘴部分宽 2×0.25m,桥面设 2%的双向横坡。箱梁底板宽 16.17m,斜腹板部分宽 4.62m,箱梁截面有三种形式,标准截面顶板、底板、斜腹板厚 0.28m,中间腹板厚 0.3m,顶板与腹板相交处设 1.0m×0.32m 的倒角,底板与腹板相交处设 0.6m×0.3m 的倒角;加厚截面箱梁顶板、底板、斜腹板及中腹板加厚至 0.6m;其余为过渡截面。

主梁内配置钢绞线纵向预应力前期预应力束和后期预应力束。

8.6.2　依托工程火损情况简介

2014 年 10 月 29 日下午 4 时许,某特大桥 6#索塔左幅主塔锚固区内起火,直至下午 6 时许,现场所有火点被全部扑灭。火灾导致 6#索塔左幅一侧 13#、15#～22#共 9 根斜拉索被烧断,火灾发生时桥梁尚未竣工,处于23#梁段浇筑完成、拉索张拉到位但尚未合龙的最大悬臂状态。

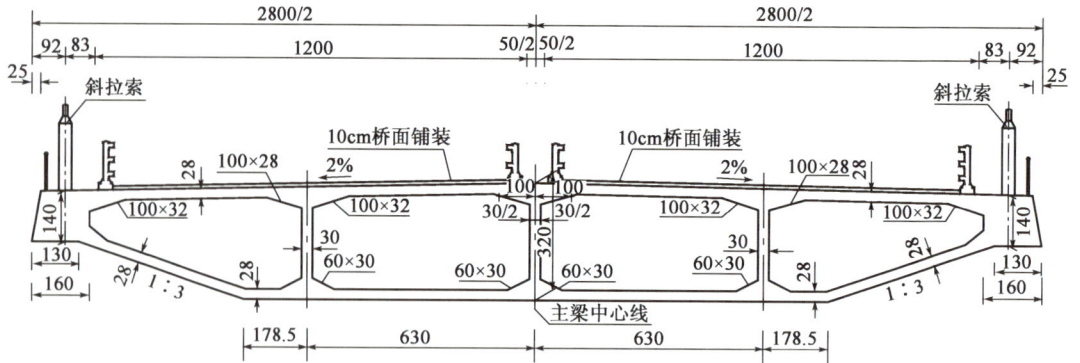

图8-49　某大桥箱梁截面图(单位:cm)

在对大桥6#索塔主梁的拉索进行抢险张拉后,对桥梁进行外观、线性及材料性能检测。现场检测发现主梁开裂严重。

8.6.2.1　顶板顶面裂缝

如图8-50所示,6#索塔未断索侧主梁各节段箱梁顶板顶面未出现开裂现象,但断索侧箱梁顶板顶面出现大量裂缝,裂缝分布在断索侧箱梁第7#~20#节段位置,根据箱梁各节段裂缝开展的严重程度分类,顶板顶面的开裂区域可大致分为:

(1)重度开裂区:箱梁10#~15#节段之间区域,该区域裂缝以斜向裂缝为主,在箱梁单个节段内裂缝沿横桥向的四个小箱室基本均匀分布,在箱梁相邻节段之间裂缝基本连续,裂缝整体走向与桥梁中心线夹角介于30°~60°之间,由左后方延伸至右前方,夹角向大里程侧逐渐减小,并呈现一定的弧度弯曲,弧度弯曲方向为小里程方向,裂缝间距为15~35cm,裂缝宽度为0.10~0.40mm,绝大部分裂缝延伸至左侧斜拉索锚固区。

(2)一般开裂区:箱梁8#~9#节段和16#~17#节段之间区域,该区域裂缝主要以斜向裂缝为主,与重度开裂区相比,该区域裂缝开展相对稀疏,且大部分裂缝并未与相邻节段裂缝相连,宽度介于0.04~0.30mm之间。

(3)轻度开裂区:箱梁7#节段和18#~20#节段之间区域,该区域裂缝数量较少,以少量横桥向裂缝和部分斜向裂缝为主,大部分裂缝宽度介于0.04~0.20mm之间。

8.6.2.2　顶板底面裂缝

箱梁顶板底面裂缝开展形态与顶板顶面基本一致,可按照顶板顶面的开裂区域分为:

①重度开裂区(箱梁10#~15#节段之间区域)。

②一般开裂区(箱梁8#~9#节段和16#~17#节段之间区域)。

③轻度开裂区(箱梁7#节段和18#~20#节段之间区域)。

其中,重度开裂区与一般开裂区顶板底面裂缝以与箱梁中心线约成30°~60°的斜向裂缝为主,裂缝间距大部分介于15~35cm之间,裂缝长度介于0.50~11.0m之间,裂缝宽度大部分介于0.12~0.22mm之间,裂缝开展较少区域裂缝以少量斜向裂缝和顺桥向裂缝为主,宽度介于0.02~0.14mm之间。

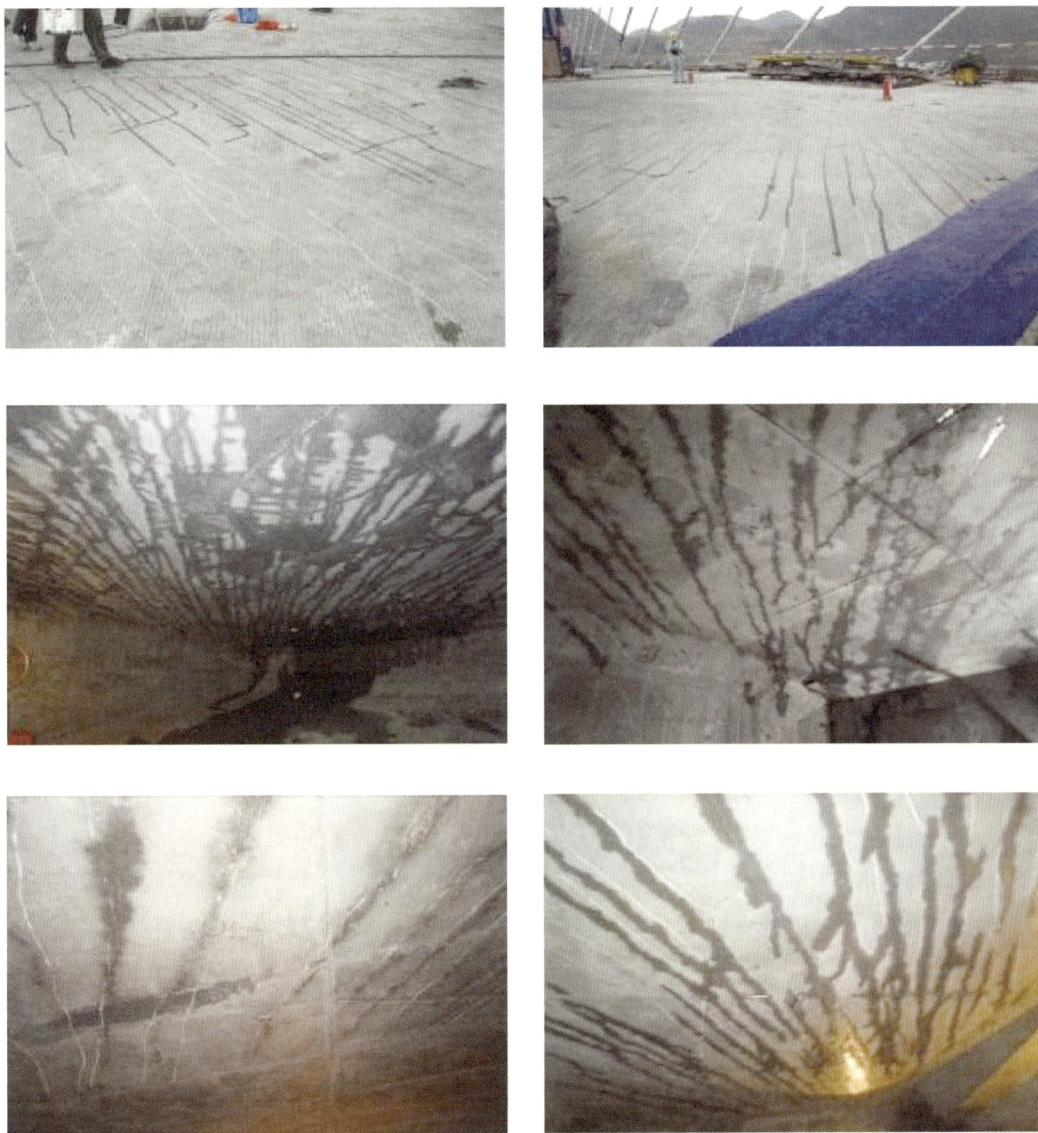

图 8-50　某大桥箱梁顶板裂缝

此外,现场检测发现在雨水天气下,箱梁 10#~15# 节段之间区域内顶板底面裂缝出现明显的渗水现象,表明裂缝深度基本贯穿整个顶板。

8.6.3　UHPC 加固桥面板施工技术

某特大桥 UHPC 加固开裂混凝土桥面板施工现场、施工工艺要求与施工流程如图 8-51 所示。

（1）混凝土面层抛丸处理

①抛丸施工前将水泥混凝土表面进行清理（包括人工凿除桥面较粗糙不平的浮浆,以及清除表面的油渍、锈迹、杂物等）;

图 8-51　某特大桥箱梁顶板 UHPC 加固缝施工

②抛丸施工时,抛丸设备两次施工行车道之间需搭接 1 ~ 3cm,保证混凝土面层抛丸处理后的表面平整度,防止出现高低差等缺陷;抛丸的控制标准以目测无浮浆为准,粗糙度控制在 SP3 为宜;

③抛丸后及时清理浮浆,以免污染桥面。

（2）桥面植筋的施工

①对箱梁顶板植入抗剪栓钉,栓钉规格为 $\phi 13 \times 150mm$,4.6 级,间距为 50cm,呈梅花形布置。

②钻孔时,通过钢筋探测仪检测确定主梁预应力钢筋及普通钢筋的位置,如发现钻孔位置与原结构预应力筋或钢筋发生冲突,适当移动钢筋位置。钻孔孔深为 115mm,孔径比栓钉下部直径大 2 ~ 4mm,钻孔结束后,及时用吹风机清理孔道内灰尘、碎片,使孔道保持干净、干燥。

③植筋时,由施工人员将植筋专用胶灌入至孔深 2/3 处,然后插入栓钉至孔底,静置至胶液干涸。

（3）安置钢筋网

①UHPC 层中配置 $50mm \times 50mm$ 的钢筋网,纵桥向和横桥向钢筋均为 HRB400,直径 $d = 10mm$,$f_{sk} = 400MPa$;

②在桥面面板上每隔 2m 平放一根 $\phi 14mm \times 30mm$ 的钢筋作为钢筋网支撑;

③将纵向钢筋按设计位置放在钢筋支撑上,然后以设计的间距将横向钢筋放置在纵向钢筋上,再用细钢丝将纵、横向钢筋在相交处绑扎;

④施工时如遇钢筋位置与剪力植筋位置布置冲突,可适当调整钢筋的横向位置,特别注意钢筋纵向接头处的钢筋布置。

（4）现浇 UHPC 层

①配料控制要求,如搅拌设备配料计量偏差不得超过表 8-29 的规定值。所有材料称量误

差应控制在 1% 以内。

表 8-29　配料允许偏差表

材料名称	水泥	掺和料	钢纤维	砂	粗集料	水	外加剂
允许偏差(%)	±1	±1	±1	±2	±2	±0.5	±1

②将改性 UHPC 干混料投入强制式搅拌机干拌 3~5min 后再加水湿拌,搅拌时间不宜少于 8min;待 UHPC 流化之后继续搅拌 2min。

③摊铺前,应对摊铺表面进行洒水润湿,但不能有明水。

④摊铺前,先检查坍落度,控制配合比,使其在要求的坍落度 ±1cm 范围内,并制作检测抗压抗折强度的试件。

⑤摊铺过程中,机械间断时间不应大于混合料的初凝时间。

⑥摊铺现场应设专人指挥卸料,应根据摊铺宽度、厚度,均匀卸料,严格掌握,不能亏料,可适当略有富余。

⑦摊铺完毕后,要用铝合金直尺进行平整度初查,确保表面平整、不缺料。

(5)保湿养护

UHPC 混凝土摊铺完成后,应及时用养生薄膜覆盖进行保湿养护,养生薄膜搭接宽度应大于 20cm,其保湿养护流程为:水枪喷洒→覆盖节水保湿养护膜→浇水保湿。

(6)UHPC 层蒸汽高温养护

UHPC 混凝土终凝后(一般为 48h),应撤除养生薄膜并及时开始高温蒸汽养护。养护温度恒定在 60℃时,养护时间不应少于 72h;养护过程中蒸汽养护棚内的相对湿度不低于 95%。蒸汽高温养护要求:设置蒸汽养护罩,布置蒸汽管道。开始蒸汽高温养护,升温阶段每小时升温约 15℃,直至达到 60℃(不得低于 55℃),恒温养护 72h,然后降温(降温速度不得大于 10℃/h)至现场气温。

(7)UHPC 层刻纹糙化

刻纹糙化是为使混凝土表面具有很好的抗滑性能,形成糙面以加强 UHPC 层与上表沥青混凝土层的黏结效果。混凝土表面的纹理制作采用刻槽机刻槽形式,刻槽尺寸 3mm×3mm,条纹间距 7~10mm。

(8)施工工期安排应避开雨季和冬季,并应做好预防措施,施工时气温应在 5℃ 以上,宜在 10℃ 以上,风力达到 6 级及以上时必须停止施工。

8.7　本章小结

(1)正弯矩作用下,UHPC 加固方法对普通混凝土的开裂强度无明显影响,但其可以明显提高试件整体刚度;该加固方法可有效控制试件的下挠幅度和底部普通混凝土最大裂缝宽度;加固结构进入破坏阶段前栓钉首先屈服,其次底部受拉钢筋屈服,破坏前有较强延性和明显形变,破坏形式符合预期;该加固方法对整体承载能力提高较明显,相对于未加固试验板提高 27%(表 8-11),并且可以显著增强结构整体的防水性能及耐久性。

（2）负弯矩作用下，试验板的开裂荷载和耐久性完全由 UHPC 加固层的抗弯拉强度决定；加固对试件整体的刚度提高非常明显，荷载作用下挠度增加非常缓慢；UHPC 加固层可以显著抑制普通混凝土损伤板初始裂缝的进一步发展；UHPC 加固层开裂后，裂缝分布间距与钢筋间距近似相等；当裂缝宽度小于 0.23mm 时，主裂缝宽度与荷载呈线性关系；当裂缝宽度大于 0.23mm 后，荷载-主裂缝宽度曲线斜率缓慢变化；加固使试验板的抗弯承载能力成倍提高。

（3）UHPC-RC 板抗弯加固承载力理论计算：①基于平截面假定，忽略普通混凝土层早期开裂强度，同时由于 UHPC 具有裂后应力应变硬化的材料特性，考虑配筋 UHPC 层裂后受拉强度，推导负弯矩加固试验板抗弯开裂承载力理论公式；②基于负弯矩加固和正弯矩加固配筋 UHPC-RC 构件破坏模式，定义了失效的极限状态，推导了正弯矩和负弯矩加固试验板抗弯极限承载力理论公式，在计算时仍考虑配筋 UHPC 层裂后受拉强度；③配筋 UHPC-RC 板抗弯开裂承载力和抗弯极限承载力理论计算值与试验值吻合良好。

（4）国内外现行规范中的裂缝宽度计算公式与负弯矩作用下的试验板的裂缝宽度计算对比表明，三个规范推荐公式中，最新修订后的欧洲规范 Model Code 2010 所给公式计算值与试验结果最为接近，但仍存在一定误差，各国规范中仍需要大量试验数据对裂缝公式进行验证并修改。

（5）基于 UHPC 材料具有高强、无粗集料、低水灰比、自流密实等特点，试验结果表明，UHPC-NSC 界面展示了远高于 NSC-NSC 界面的优异的抗剪性能，界面破坏模式基本表现为部分界面破坏 + 部分混凝土破坏（B/C）和混凝土剪切破坏（C），几乎没有发生纯粹的界面破坏（B）。

（6）UHPC-NSC 界面受剪过程中，达到极限荷载时界面均滑移较小，绝大部分试件滑移量集中在 0.1 ~ 0.5mm 之间，除了刻槽（Gr）和植筋（PR）界面在界面破坏时出现较大的相对滑移量，分别高达 1.938mm 和 4.804mm，界面的抗剪破坏呈现了一定的延性外，其余界面均表现为脆性破坏特征。

（7）利用 Eurocode 2 规范中界面抗剪承载力计算公式，对试验数据进行反算得到界面黏结系数 c 值和摩擦系数 μ 值，除钻孔组和植筋组误差偏大外，其余计算得到的 UHPC-NSC 界面抗剪承载力与对应试验结果的误差小于 10%，可以为实际工程中 UHPC-NSC 界面的抗剪承载力计算提供参考。

参 考 文 献

［1］ 项海帆. 世界大桥的未来发展趋势——2011 年伦敦国际桥协会议的启示［C］//第二十届全国桥梁学术会议论文集. 北京：人民交通出版社，2012：10-17.

［2］ BRÜHWILER E, DENARIÉ E. Rehabilitation and strengthening of concrete structures using ultra-high performance fibre concrete reinforced［J］. Structural engineering international，2013，23：450-457.

［3］ SEUNG H P, DONG J K, GUM S R, et al. Tensile behavior of ultra high performance hybrid fiber reinforced concrete ［J］. Cement & concrete composites，2012，34（2）：172-184.

［4］ 王俊颜，耿莉萍，郭君渊，等. UHPC 的轴拉性能与裂缝宽度控制能力研究［J］. 哈尔滨工业大学学报，2017，49（12）：165-169.

［5］ 安明喆,杨志慧,余自若,等.活性粉末混凝土抗拉性能研究［J］.铁道学报,2010,32(1):54-58.

［6］ 周臻,张逸,王永泉,等.网格增强 UHPC 薄板拉伸力学性能试验研究［J］.东南大学学报(自然科学版),2019,49(4):611-617.

［7］ 张哲,邵旭东,李文光,等.超高性能混凝土轴拉性能试验［J］.中国公路学报,2015,28(8):50-58.

［8］ 陈宝春,季韬,黄卿维,等.超高性能混凝土研究综述［J］.建筑科学与工程学报,2014,31(3):1-24.

［9］ PIMIENTA P,CHANVILLARD G. Durability of UHPFRC specimens kept in various aggressive environments［C］∥10th DBMC International Conference On Durability of Building Materials and Components. France:2005.

［10］ RAFIEE A. Computer modeling and investigation on the steel corrosion in cracked ultra-high performance concrete ［D］. Kassel:University of Kassel,2012.

［11］ Recommendation: Ultra High Performance Fibre-Reinforced Cement-based Composite (UHPFRC) Construction Material, Dimensioning und Application, MCS-EPFL Lausanne, Switzerland,2016:1-30.

［12］ AFGC, SETRA. Ultra high performance fibre-reinforced concretes［S］. Bagneux, France: Interim AFGC-SETRA Working Group,2013.

［13］ Bridge design specifications,Load and Resistance Factor Design(AASHTO LRFD)［S］. 5th Ed. Washington DC: American Association of State Highway and Transportation Officials,2010.

［14］ Canadian Highway Bridge design code［S］. Ontario:CSA International,2004.

［15］ Fib Model Code for Concrete Structures 2010［S］. International Federation for Structural Concrete (fib),Federal Institute of Technology Lausanne-EPFL,2013.

［16］ Eurocode 2, CEN En 1992-1-1, Eurocode 2, Design of concrete structures-part1-1: general rules and rules for buildings［S］. Brussels:European Committee for Standardization,2004.

［17］ ZHANG Y, ZHU P, LIAO Z Q, et al. Interfacial bond properties between normal strength concrete substrate and ultra-high performance concrete as a repair material［J］. Construction and building materials,2020,235:117431,1-13.

［18］ ZHANG Y, ZHU P, WANG X W, et al. Shear properties of the interface between ultra-high performance concrete and normal strength concrete［J］. Construction and building materials, 2020(248):118455.

［19］ 吴洁.常温养护条件下 UHPC-NC 结构界面抗剪性能试验研究［D］.长沙:湖南大学,2017:51-52.

［20］ 过镇海,时旭东.钢筋混凝土原理和分析［M］.北京:清华大学出版社,2003.

［21］ ZHANG Y, HE S L, ZHU Y P, et al. Shear strength of HESUHPC wet joints in precast concrete segmental bridges［C］∥Fib Symposium 2020. Shanghai:2020:256-262.

［22］ MIGUEL A C M,HARRIS D K,AHLBORN T M,et al. Bond performance between ultra-high performance concrete and normal-strength concrete［J］. Journal of materials in civil engineering,2014,26(8):04014031. 1-9.

［23］ TAYEH B A ,BAKAR B H A ,JOHARI M A,et al. Mechanical and permeability properties of the interface between normal concrete substrate and ultra-high performance fiber concrete overlay［J］. Construction and building materials,2012,36:538-548.

［24］ HUSSEIN H H, WALSH K K, SARGAND S M, et al. Interfacial properties of ultra-high performance concrete and high-strength concrete bridge connections［J］. Journal of materials in civil engineering,2016,28(5):04015208. 1-10.

［25］ HARRIS D K,SARKAR J,AHLBORN T M. Characterization of interface bond of ultra high performance concrete bridge deck overlays［J］. Transportation research record:journal of the transportation research board,2011:40-49.

第 9 章

钢-混组合梁负弯矩区UHPC接缝

INNOVATIVE BRIDGE STRUCTURES BASED
ON ULTRA-HIGH PERFORMANCE CONCRETE (UHPC)

THEORY, EXPERIMENT AND APPLICATION

9.1 概述

钢-混组合梁桥充分发挥了钢材受拉、混凝土受压的优点,具有良好的经济技术优势[1]。在桥梁工业化背景下,装配式钢-混组合梁在中小跨径桥梁工程建设中具有广阔的应用前景[2]。但钢-混组合梁桥负弯矩区混凝土桥面板易开裂一直是影响其结构耐久性的关键技术难题。

由于普通混凝土材料抗拉强度低,墩顶负弯矩区桥面板在收缩徐变、汽车等荷载作用下开裂风险高[3-4],成为连续组合梁桥中最薄弱的部位。针对这一难题,国内外学者进行了系列研究,分别提出增大桥面板配筋率[5]、布置纵向预应力筋[6-7]、采用抗拔不抗剪连接件[8]、顶落中支点[9]等方法来提高桥面板的抗裂性能,如图9-1所示,为解决负弯矩混凝土开裂难题做了卓有成效的工作。

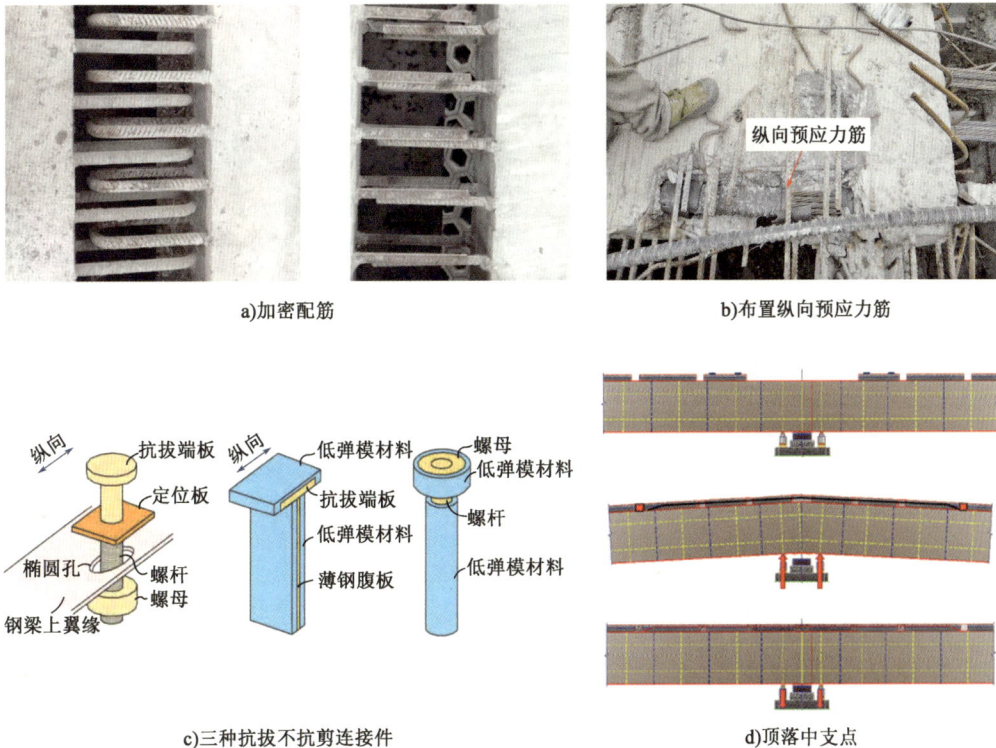

a)加密配筋   b)布置纵向预应力筋

c)三种抗拔不抗剪连接件   d)顶落中支点

图9-1 组合梁负弯矩区桥面板抗裂的部分措施

连续组合梁桥负弯矩区桥面板开裂的根本性原因是NC易开裂,而采用高性能材料是解决该难题的有效途径,也是未来组合梁桥的发展方向之一。本书第1章已对UHPC材料进行了详细的介绍,若在连续组合梁桥负弯矩区应用UHPC,可提高负弯矩区桥面板的抗裂性能,同时缩减接缝宽度,并取消现场钢筋焊接,简化现场施工工艺,减小现场作业量。下面将对钢-混组合梁负弯矩区采用UHPC湿接缝的设计方案及工程实例进行详细介绍。

9.2 钢-混组合梁负弯矩区 UHPC 接缝方案

9.2.1 项目背景

长沙至益阳高速公路扩容工程金岭路高架桥为多联钢-混组合连续梁桥,如图 9-2 所示,其中一联先简支后结构连续的组合梁桥跨径布置为 4×30m,单幅桥宽 16.5m,纵向布置如图 9-3 所示,标准横截面如图 9-4 所示。桥面板为 25cm 厚的 C50 混凝土,在工字钢梁处增厚至 40cm;组合梁下部为焊接工字形钢梁,高约 118cm,钢梁上翼缘板厚度为 16mm,宽 400mm;腹板厚度为 16mm;下翼缘板宽 600mm,厚度变化,次中墩、中墩的墩顶区域分别加厚至 38mm、36mm。跨中全梁高约 158cm,边支点处 55cm 及中支点处 90cm 范围内梁高统一为 180cm。

图 9-2 背景工程效果图

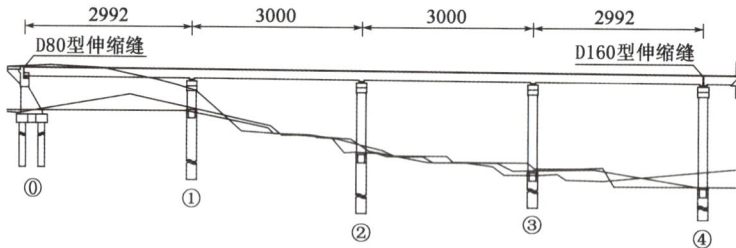

图 9-3 背景工程纵向布置图(单位:cm)

9.2.2 负弯矩区接缝方案

基于 UHPC 材料,项目组提出了适用于组合梁桥负弯矩区的现浇 T 形 UHPC 湿接缝方案,如图 9-5a)所示,图 9-5b)为原设计方案,原方案采用的是微膨胀纤维 NC 湿接缝。T 形接缝方案中桥面板上部高拉应力区采用 UHPC 材料,UHPC 层纵桥向长度为 6m,厚度为 0.11m,层内纵向钢筋为单层 Φ20,间距 10cm,采用绑扎连接;下部横梁采用微膨胀 C50 混凝土,纵桥向长度为 1.2m,高度为 1.69m,层内纵向钢筋为双层 Φ25,间距 10cm,采用单面焊接。

UHPC 湿接缝方案与原微膨胀纤维 NC 湿接缝方案从安全性、经济性、耐久性、施工性等几方面进行对比,如表 9-1 所示。UHPC 湿接缝方案可解决组合梁桥负弯矩区混凝土易开裂的难题,耐久性好,安全性能更优,与原微膨胀纤维 NC 湿接缝方案的经济性相当,同时现场焊接量减少 36.5%,施工便捷,可实现快速化施工。

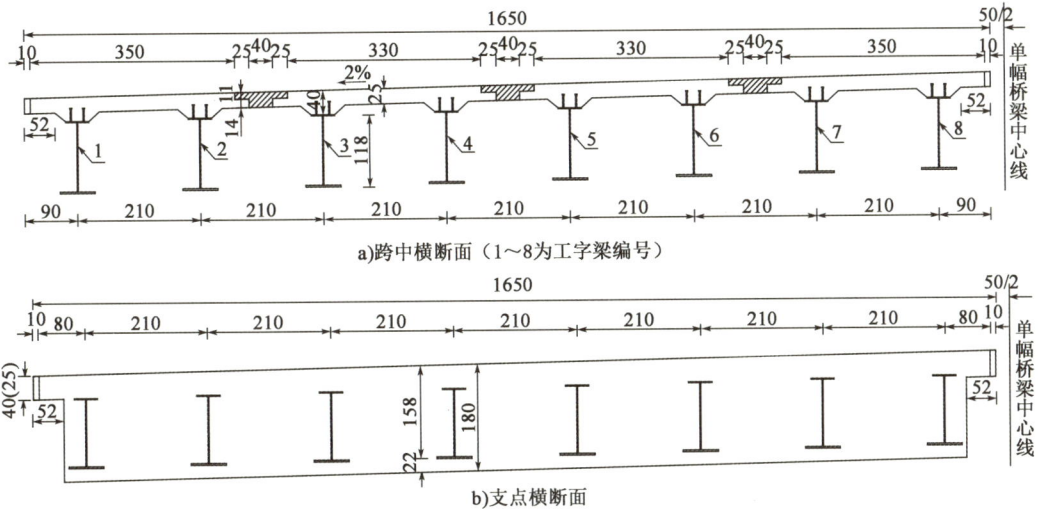

图 9-4 背景工程横断面布置图(单位:cm)

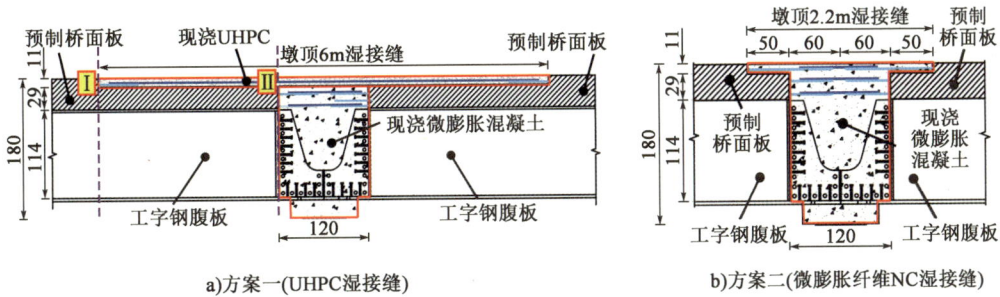

图 9-5 钢-混组合梁桥负弯矩区接缝方案(单位:cm)

表 9-1 钢-混组合梁桥负弯矩区湿接缝方案对比

负弯矩区接缝方案	方案一:UHPC 湿接缝	方案二:微膨胀纤维 NC 湿接缝
安全性	UHPC 抗裂性能优异,抗折强度一般大于 20MPa[10],可解决组合梁桥负弯矩区混凝土易开裂的难题	微膨胀纤维 NC 抗折强度低[11-12],相较于 UHPC,同等拉应力下易开裂
经济性	钢筋用量 6698.1kg,UHPC 用量 10.8m³,初始造价 26.8 万元,后期维护费用较低	钢筋用量 8265.64kg,初始造价 21.1 万元,后期维护费用较高
耐久性	UHPC 耐久性较好,氯离子扩散系数小于 10^{-13} m²/s[13],裂缝宽度为 0.05mm 时无渗漏风险[14],基本无后期维护成本	微膨胀纤维 NC 耐久性较差,氯离子扩散系数介于 $10^{-12} \sim 10^{-11}$ m²/s 之间[11],开裂可能出现渗漏病害,后期需维护
施工性	UHPC 层内钢筋仅需绑扎,接缝焊接量较小,总计 148m,施工方便;UHPC 早期强度高,保湿养护 2d 后可达 C50,可实现快速化施工	负弯矩区纵向钢筋均需单面焊接,焊接量大,总计 233m,操作困难,现场施工复杂;需保湿养护 7d 以上,施工速度较慢

注:①方案二纵向钢筋采用 2 层 ⊈28 和 1 层 ⊈25。②材料用量及单面焊接总长度均按单幅桥梁的一个墩顶计算。③比较经济性时,微膨胀纤维 NC 按 4000 元/ m³计,UHPC 按 10000 元/ m³计,钢筋按 5000 元/ t计;方案一中非湿接缝区域钢筋直径可适当减小,此部分费用减少未考虑。④纵向钢筋单面焊接长度按 10 倍钢筋直径计算。

9.2.3 整体计算

采用 MIDAS/Civil 建立背景桥梁全桥有限元梁格模型,如图 9-6 所示。主梁采用双单元截面,按简支变连续施工方法,施工阶段依次分为:①预制钢主梁;②浇筑预制部分桥面板 NC 形成组合梁;③现场吊装架设预制纵梁;④施工跨中区域护栏;⑤现浇横向湿接缝;⑥浇筑墩顶区域护栏及二期铺装。

整体模型中主要考虑结构自重、10cm 沥青混凝土铺装层、荷载集度为 20kN/m(两侧)的防撞栏杆、三车道加载的汽车荷载、整体温度、梯度温度、1cm 的支座不均匀沉降、收缩徐变等荷载作用,根据《公路桥涵设计通用规范》(JTG D60—2015)[15]进行荷载组合。

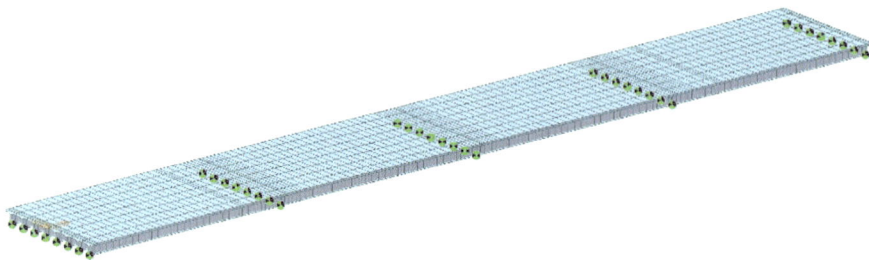

图9-6 背景桥梁全桥有限元梁格模型

桥面板拉应力如图 9-7 和表 9-2 所示。图 9-5a)中截面 I 为 UHPC-NC 交界处,为结构体系的薄弱点,截面 II 为结构的刚度突变位置,受力复杂,设计中均需重点关注。

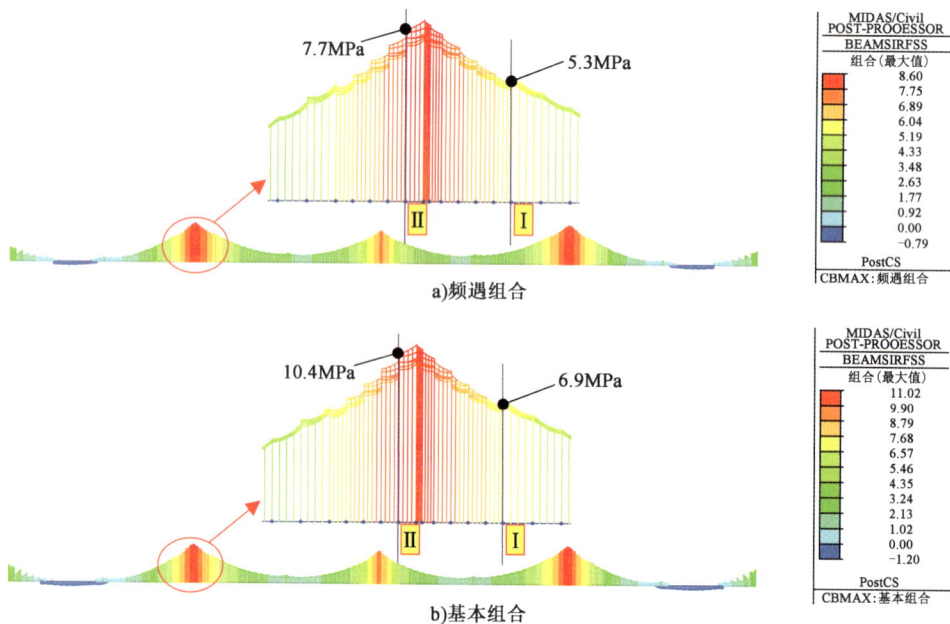

图9-7 背景工程桥面板拉应力图(单位:MPa)

表 9-2　整体计算结果汇总

关注截面	正常使用极限状态（频遇组合）		承载能力极限状态（基本组合）	
	拉应力（MPa）	截面弯矩（kN·m）	拉应力（MPa）	截面弯矩（kN·m）
距次边墩顶3m处（截面Ⅰ）	5.3	−2572.1	6.9	−3429.0
距次边墩顶0.6m处（截面Ⅱ）	7.7	−4586.8	10.4	−6123.1

为探究上述新型 UHPC 湿接缝结构的抗裂性能与抗弯承载能力,文献[16]依据背景桥梁,设计室内缩尺模型试验,对新型组合梁桥负弯矩区 UHPC 接缝的受弯性能进行研究。

9.3　钢-混组合梁负弯矩区 UHPC 接缝缩尺试验

9.3.1　试件设计

取实桥单主梁按照应力等效原则对组合梁负弯矩区进行 1∶2 缩尺设计,试验模型构造如图 9-8 所示。模型全长 5.6m,计算跨径 5.4m,纯弯段 2.2m,横向宽度 0.9m,现浇接缝上部 UHPC 层纵向长度为 3m,厚度为 5.5cm;下部现浇微膨胀 NC 层纵向长度为 0.6m,厚度为 71.5cm。桥面板厚度为 12.5cm,在工字钢梁处增厚至 20cm;下部为工字形钢梁,预制部分梁高 78.2cm,现浇接缝部分加高至 78.8cm。

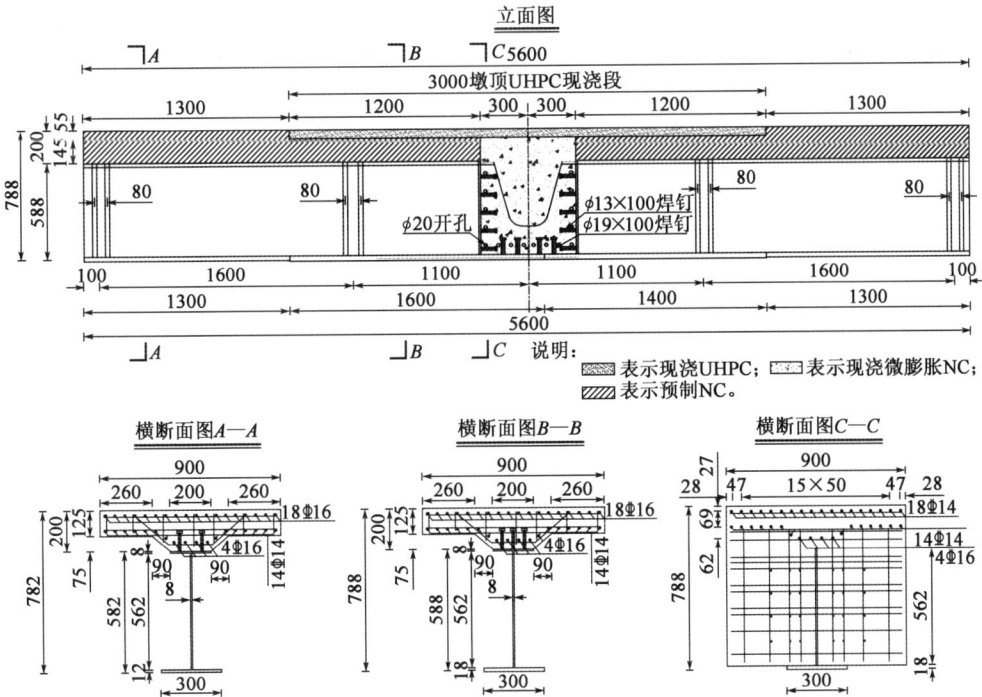

图 9-8　试验模型构造图（单位:mm）

纵筋按配筋率不变,形心距为原桥的 1/2 进行设计。预制桥面板布置双层纵筋,上层布置 18 根 Φ16 钢筋,下层布置 14 根 Φ14 钢筋、4 根 Φ16 钢筋。现浇接缝上部 UHPC 层纵向布置 18 根 Φ14 钢筋,下部现浇微膨胀 NC 层纵向布置 14 根 Φ14 钢筋、4 根 Φ16 钢筋。预制部分桥面 板及现浇微膨胀 NC 层内横向钢筋直径 10mm,现浇接缝上部 UHPC 层内布置直径 8mm 的横 向钢筋。纵向钢筋的横向间距均为 5cm,横向钢筋纵向中心线两侧 0.6m 范围内纵向间距 8cm,其余区段纵向间距 15cm,钢筋等级均为 HRB400。

试验模型钢材型号为 Q345。模型栓钉按刚度等效原则进行设计,现浇微膨胀 NC 内钢梁 下翼缘焊钉采用 φ19mm×100mm,其余焊钉均采用 φ13mm×100mm,栓钉布置如图 9-9 所示。

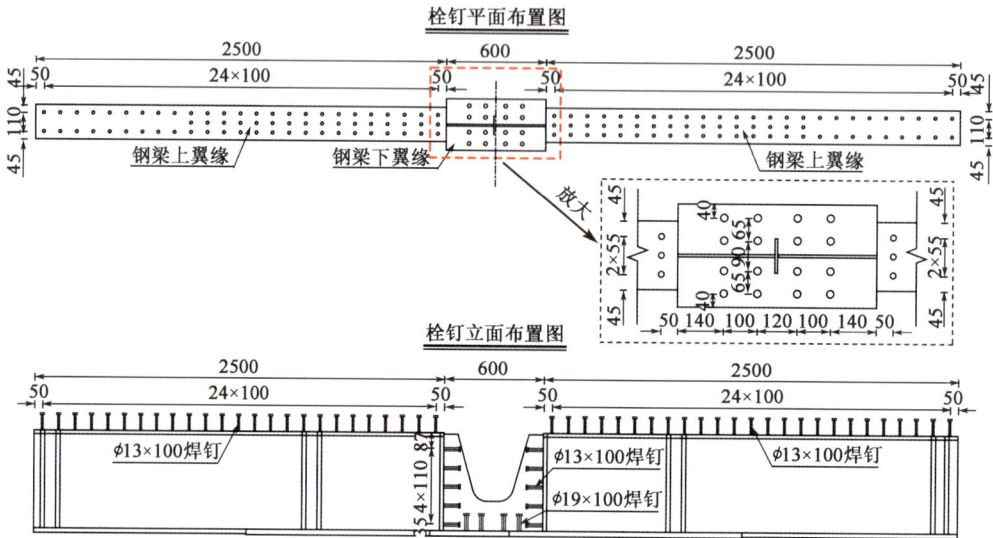

图 9-9　试验梁栓钉布置图(单位:mm)

桥面板预制部分浇筑 C50 混凝土,现浇 T 形接缝上部 UHPC 掺入体积掺量为 2.5% 的直 线型钢纤维,直径 0.12mm、长度 8mm,下部浇筑微膨胀 C50 混凝土。上述三种混凝土的实测 材料性能如表 9-3 所示;纵向钢筋实测弹性模量 198.6GPa,屈服强度 462MPa,极限抗拉强 度 583MPa。

表9-3　混凝土基本力学性能

混凝土种类	立方体抗压强度(MPa)	抗折强度(MPa)	弹性模量(GPa)
NC	53.7	6.6	34.8
微膨胀 NC	52.9	6.5	34.6
UHPC	152.5	34.0	46.4

试件制作过程如图 9-10 所示:①钢结构焊接成型;②制作桥面板模板并绑扎预制桥面板 的钢筋;③浇筑预制部分 NC 桥面板并自然养护 28d;④对预制桥面板界面进行凿毛处理;⑤布 置接缝微膨胀 NC 层钢筋;⑥浇筑接缝微膨胀 NC;⑦绑扎接缝 UHPC 层钢筋;⑧浇筑 UHPC 接 缝并自然养护 2 个月。

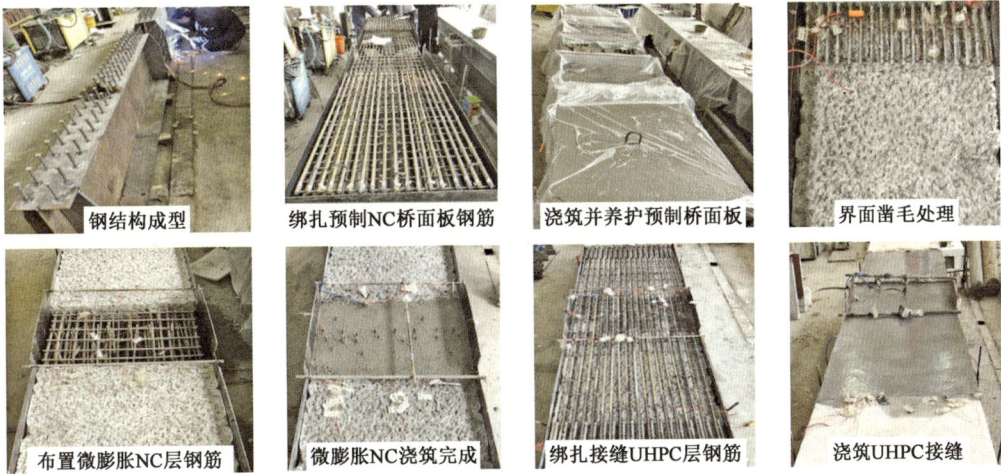

| 钢结构成型 | 绑扎预制NC桥面板钢筋 | 浇筑并养护预制桥面板 | 界面凿毛处理 |
| 布置微膨胀NC层钢筋 | 微膨胀NC浇筑完成 | 绑扎接缝UHPC层钢筋 | 浇筑UHPC接缝 |

图9-10 试件制作过程

9.3.2 试验加载及量测方案

试件采用MTS进行四点负弯矩加载,试件开裂前采用力控模式,以25kN为一级进行加载,开裂后采用位移控制加载。试验梁和分配梁的支承方式均为简支。试验时选取9个代表截面(图9-11中A～K截面)进行应变测量,测量各截面混凝土顶面、工字钢梁上下翼缘及试件侧面不同测点的应变变化。考虑到混凝土开裂导致应变片测量数据不准确,在B、D、E、F、H截面混凝土顶面安装引伸仪测量应变。选取5个点测量试件竖向位移变化,同时采用千分表测量钢梁与混凝土及UHPC与NC间的层间滑移。试验加载装置及量测方案如图9-11所示,试验加载照片如图9-12所示。

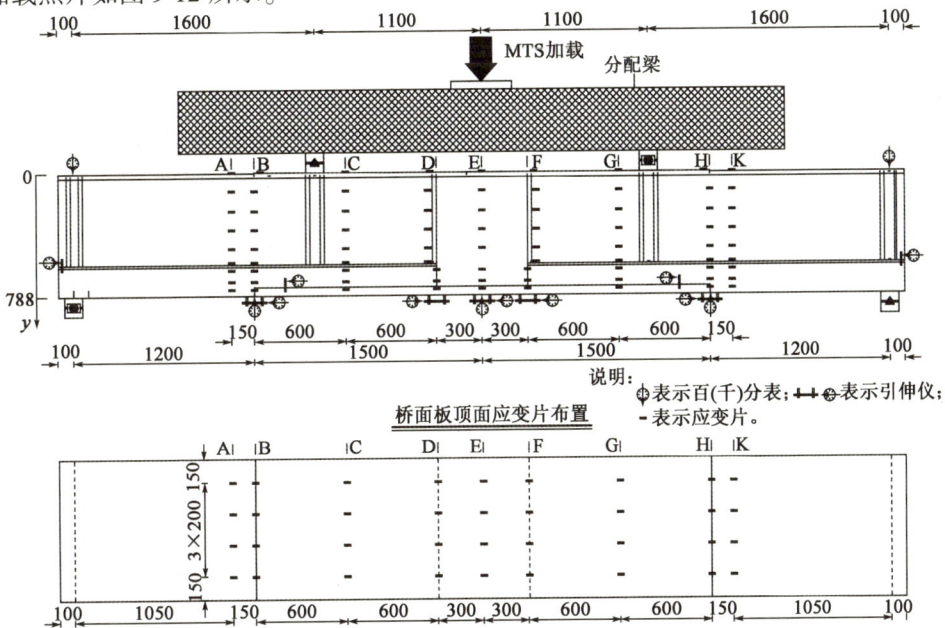

图9-11 试验加载装置及量测方案(单位:mm)

图 9-12　试验加载照片

9.3.3　试验结果分析

9.3.3.1　荷载-位移曲线

钢-混组合梁负弯矩区 UHPC 接缝试件的试验荷载-跨中挠度曲线如图 9-13 所示。试件的受力过程可大致分为 3 个阶段：①弹性阶段：试件桥面板未出现裂缝，荷载与跨中挠度呈线性关系，结构刚度基本不变。②裂缝发展阶段：在预制部分 NC 顶面出现第一条肉眼可见裂缝，随着荷载增加，试件混凝土板的 UHPC-NC 交界面、UHPC 顶面、UHPC 覆盖下的 NC 侧面依次出现裂缝，各部分裂缝的长度和宽度不断发展，且裂缝数量不断增加，结构刚度减小。③屈曲阶段：继续加载，当非接缝区的钢梁下翼缘发生明显屈曲，腹板向一侧鼓曲时，试件承载力迅速降低，跨中挠度迅速增大，钢梁屈曲破坏，如图 9-14 所示，记录前一级荷载为极限荷载。桥面板裂缝的发展规律及最后破坏状态均表明 UHPC 接缝强度高于非接缝区预制部分强度。

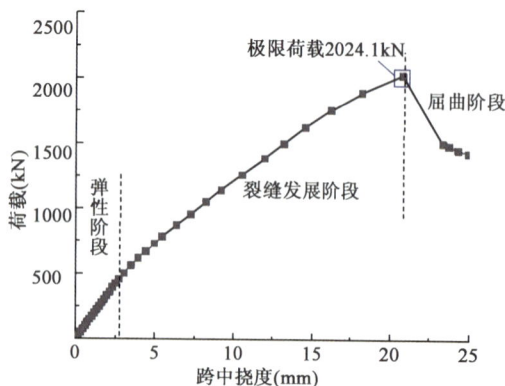

图 9-13　荷载-跨中挠度曲线

图 9-14　钢梁屈曲破坏

将裂缝宽度为 0.05mm 时对应的荷载定义为图 9-11 中关注截面 B(H) 及 D(F) 的开裂荷载；试件发生明显屈曲的前一级荷载为极限荷载。开裂应力及极限拉应力均为名义应力，根据对应荷载按照线弹性理论计算，上述关注截面的主要试验结果见表 9-4。

关注截面	开裂荷载(kN)	名义开裂应力(MPa)	极限荷载(kN)	名义极限拉应力(MPa)
表 9-4 关注截面的主要试验结果				
截面 B(H)	729.2	7.6	2024.1	21.1
截面 D(F)	781.0	11.3	2024.1	29.1

9.3.3.2 应变发展及滑移

（1）应变沿梁高变化

根据测得的钢梁底板、腹板、顶板及混凝土顶面应变得到各截面应变沿梁高方向的分布如图 9-15 所示,梁高原点定为钢梁下翼缘底面。由图 9-15 可知,加载的全过程中,试件的中性轴不断向钢梁下翼缘移动,试件在屈曲前各截面的应变沿梁高的分布近似呈线性,满足平截面假定。

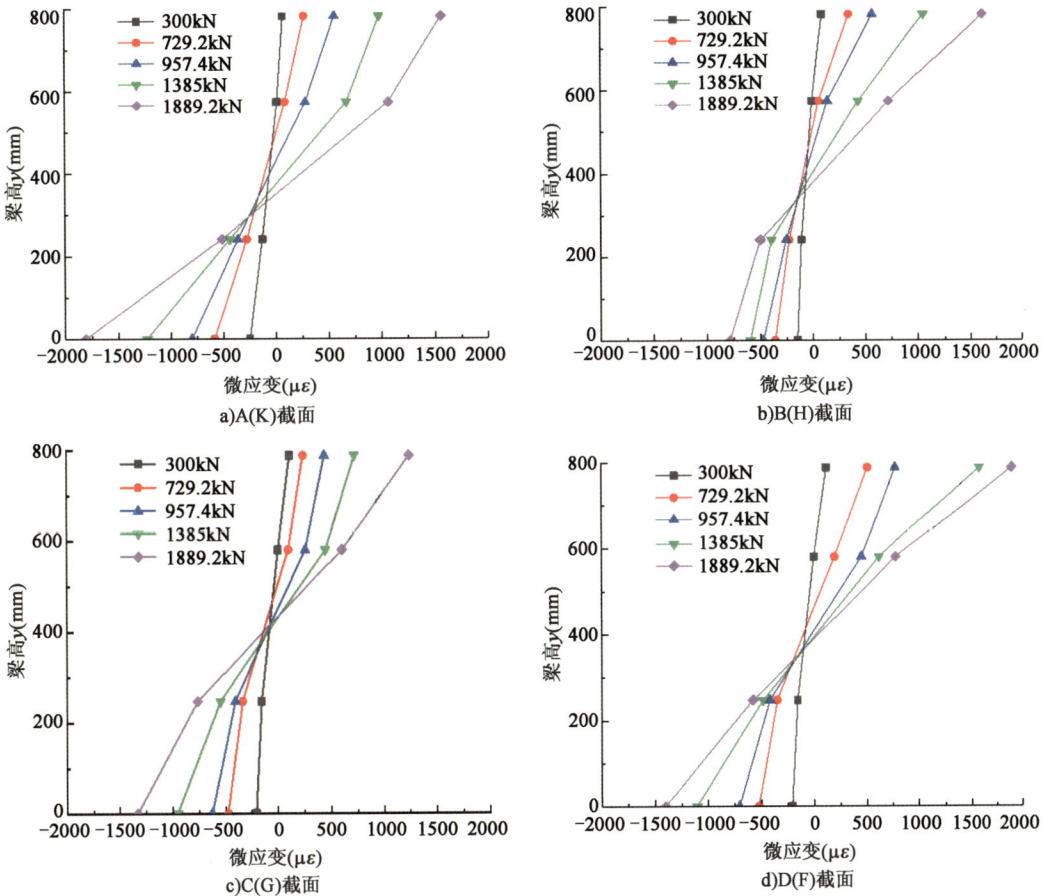

图 9-15 各截面沿梁高的应变分布

（2）桥面板拉应变

不同加载级对应的荷载-桥面板拉应变关系曲线如图 9-16 所示,在不同区域混凝土开裂前,应变随荷载增大而均匀增长,混凝土开裂导致测点应变发生突变,进入非线性阶段,应变不再规律变化。A 截面顶面、C 截面侧面为 NC,开裂应变在 100$\mu\varepsilon$ 左右;D 截面顶面、E 截面顶面及 C 截面顶面为 UHPC,开裂时对应的应变为 $188\sim233\mu\varepsilon$;而 B 截面顶面为 UHPC-NC 交界面,开裂应变为 $160\mu\varepsilon$,介于 NC 与 UHPC 之间,各截面的开裂应变大小体现了接缝节点抗裂性能高于非接缝区预制部分。

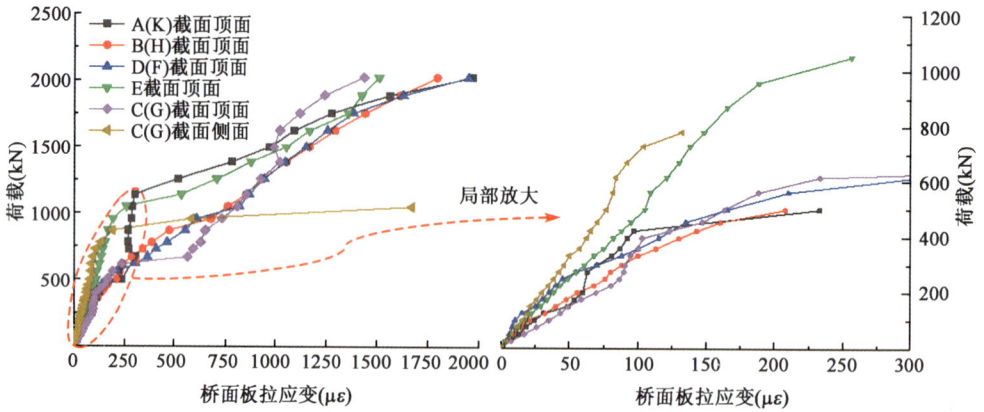

图 9-16　荷载-桥面板拉应变关系曲线

（3）钢梁底板和钢筋应变

荷载-钢梁底板压应变关系曲线如图 9-17 所示,可知试件破坏前各截面对应的曲线近似为直线,试件达到极限荷载时,A 截面钢梁下翼缘压应变达到了 $1986\mu\varepsilon$,与 A 截面钢梁下翼缘屈曲破坏的试验现象吻合。

桥面板最外层纵向钢筋应变随荷载变化曲线如图 9-18 所示。混凝土开裂前,荷载与各截面的钢筋应变近似呈线性关系,开裂后曲线出现拐点,钢筋应变增大速率提高。E 截面由于微膨胀 NC 横梁的存在,刚度最大,相同荷载作用下,应变最小。试件达到极限状态时,钢筋应变均小于 $1800\mu\varepsilon$,由材料性能试验可知,钢筋的屈服应变约为 $2326\mu\varepsilon$,表明加载全过程中各截面钢筋均未屈服。

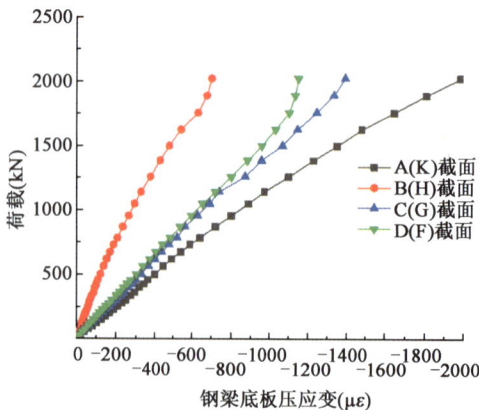

图 9-17　荷载-钢梁底板压应变关系曲线

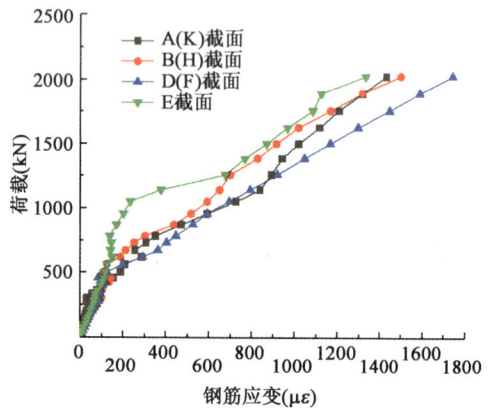

图 9-18　荷载-钢筋应变关系曲线

（4）滑移效应

试件加载全过程中钢梁与混凝土板及 UHPC 与 NC 的层间滑移量均较小。达到极限荷载时试件的钢梁与混凝土层间滑移量为 0.044mm，UHPC 与 NC 层间滑移量为 0.018mm，结合各截面应变沿梁高方向的分布曲线，可知试件整体性较好，混凝土板与钢梁及 UHPC 与 NC 均能有效地协同工作。

9.3.3.3 裂缝发展及分布

试件的最终裂缝分布图和弯矩-最大裂缝宽度曲线如图 9-19 和图 9-20 所示。图 9-19 将试件混凝土板分成 4 个区域或截面，区域Ⅰ代表 NC，截面Ⅱ代表 NC 与 UHPC 的交界面，区域Ⅲ代表 UHPC 现浇层下的 NC，区域Ⅳ代表 UHPC。加载至 456kN（对应截面弯矩为 262kN·m）时，在区域Ⅰ观测到第一条肉眼可见裂缝，随着荷载不断增大，混凝土板的截面Ⅱ、区域Ⅳ、区域Ⅲ依次出现裂缝，各部分裂缝的长度和宽度不断发展，且裂缝数量不断增加，总体上 UHPC 裂缝呈现"多而细"的特征，而 NC 裂缝呈现"少而宽"的特征。混凝土板各部分的最大裂缝宽度随荷载基本呈线性增长；当裂缝宽度大于 0.05mm 时，区域Ⅳ与其余三部分相比，裂缝宽度增加缓慢，新增裂缝数量较多，最终状态下最大裂缝宽度值最小。

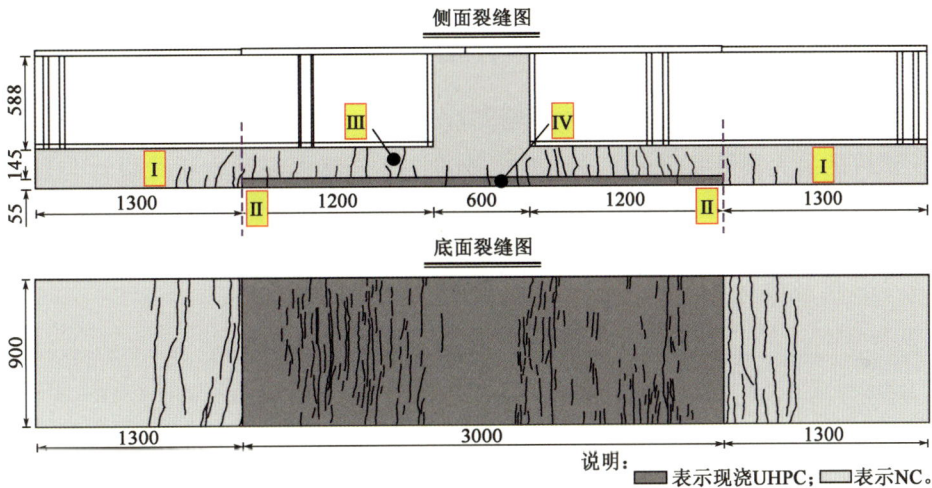

图 9-19 最终裂缝分布图

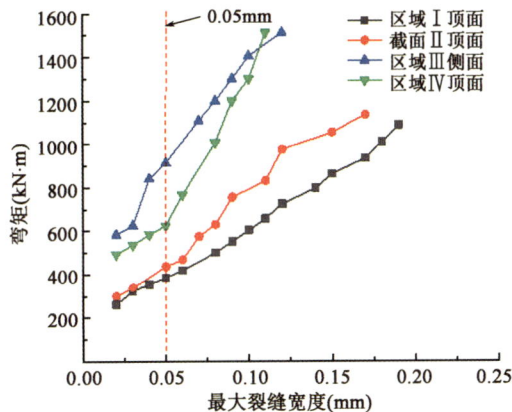

图 9-20 弯矩-最大裂缝宽度曲线

9.3.4 试验结果评价

试件与实桥在相应关注位置满足应力相似性,故可将试验值与设计值进行对比,验证新型 UHPC 湿接缝结构的安全性,结果如表 9-5 所示。由表中对比结果可知,两种极限状态的试验值均大于设计值,且安全系数较高,说明钢-混组合梁负弯矩区 UHPC 接缝结构满足工程要求。

表 9-5 应力结果比较

结果类型	截面 B（H）		截面 D（F）	
	正常使用极限状态拉应力（MPa）	承载能力极限状态拉应力（MPa）	正常使用极限状态拉应力（MPa）	承载能力极限状态拉应力（MPa）
设计值	5.3	6.9	7.7	10.4
试验值	7.6（名义开裂应力）	21.1（名义极限应力）	11.3（名义开裂应力）	29.1（名义极限应力）
试验值/设计值	1.43	3.06	1.47	2.80

9.3.5 组合梁裂缝宽度计算方法

9.3.5.1 裂缝宽度规范公式计算与对比

对于试件的最大裂缝宽度,NC 和 UHPC 分别按《公路钢混组合桥梁设计与施工规范》（JTG/T D64-01—2015）[17] 推荐的公式（9-1）、公式（9-2）以及法国 UHPC 结构规范[13] 推荐的公式（9-3）进行计算:

$$\sigma_0 = \frac{My_r}{I_{cr}} \tag{9-1}$$

$$W_{cr} = C_1 C_2 C_3 \frac{\sigma_0}{E_s}\left(\frac{c+d}{0.36+1.7\rho_{tc}}\right) \tag{9-2}$$

$$w_t = S_{r,max,f}(\varepsilon_{sm,f} - \varepsilon_{cm,f})(h_u - x')/(h_u - h_r - x') \tag{9-3}$$

式中: σ_0——钢筋应力;

　　　M——截面弯矩;

　　　y_r——受拉钢筋形心到开裂截面中性轴距离;

　　　I_{cr}——开裂截面惯性矩;

　　　W_{cr}——最大裂缝宽度;

　　　C_1——带肋钢筋的钢筋表面形状系数,取 $C_1 = 1.0$;

　　　C_2——长期效应影响系数,试验梁取 $C_2 = 1.0$;

　　　C_3——与构件受力性能有关的系数,组合梁负弯矩混凝土板按轴心受拉构件取值,取 $C_3 = 1.2$;

　　　E_s——钢筋弹性模量,取 $E_s = 198.6\text{GPa}$;

　　　c——最外排受拉钢筋的保护层厚度;

　　　d——受拉钢筋直径;

　　　ρ_{tc}——受拉钢筋有效配筋率;

　　　w_t——UHPC 表面裂缝宽度;

$S_{r,max,f}$——最大裂缝间距，取 $S_{r,max,f} = 63.75mm$；

$\varepsilon_{sm,f} - \varepsilon_{cm,f}$——裂缝间钢筋与 UHPC 应变差，计算时按 $\sigma_0/E_s - 0.000268$ 考虑；

h_u——UHPC 截面高度，取 55mm；

h_r——UHPC 中钢筋形心到桥面板顶面距离，取 27mm；

x'——受拉未开裂高度，取 0。

NC 裂缝宽度计算时，主要参数取值如表 9-6 所示。

表 9-6 NC 裂缝宽度计算参数取值

位置	y_r(mm)	I_{cr}(mm⁴)	c(mm)	d(mm)	ρ_{tc}
区域Ⅰ	356.5	1.42×10^9	30	15.3	4.9%
截面Ⅱ	342.4	1.60×10^9	30	15.3	4.9%
区域Ⅲ	319.5	1.60×10^9	35	14.5	3.5%

最大裂缝宽度试验实测值（简称"裂缝实测值"）与规范计算值（简称"裂缝规范值"）的弯矩-最大裂缝宽度曲线如图 9-21 所示。其中，截面Ⅱ按 NC 进行计算，UHPC 取最终状态时最宽的 3 条裂缝进行对比。

由图 9-21 可知，区域Ⅰ、截面Ⅱ的裂缝实测值与裂缝规范值吻合较好，截面Ⅱ的裂缝规范值均大于裂缝实测值且弯矩小于 796.4kN·m 时，区域Ⅰ的裂缝规范值略大于裂缝实测值，弯矩大于 796.4kN·m 时，区域Ⅰ的裂缝规范值略小于裂缝实测值。区域Ⅳ选取的 3 条裂缝除 1 条裂缝在弯矩小于 1006.4kN·m 时裂缝实测值大于裂缝规范值外，其余均小于裂缝规范值，表明规范[13]推荐的公式具有较好的安全性和适用性。而区域Ⅲ中 UHPC 现浇层下的 NC 裂缝规范值远大于裂缝实测值，原因为：①UHPC 开裂后仍参与受力，可减小钢筋应力；②UHPC 与 NC 黏结性能良好，可对 NC 裂缝发展起到有效的限制作用。

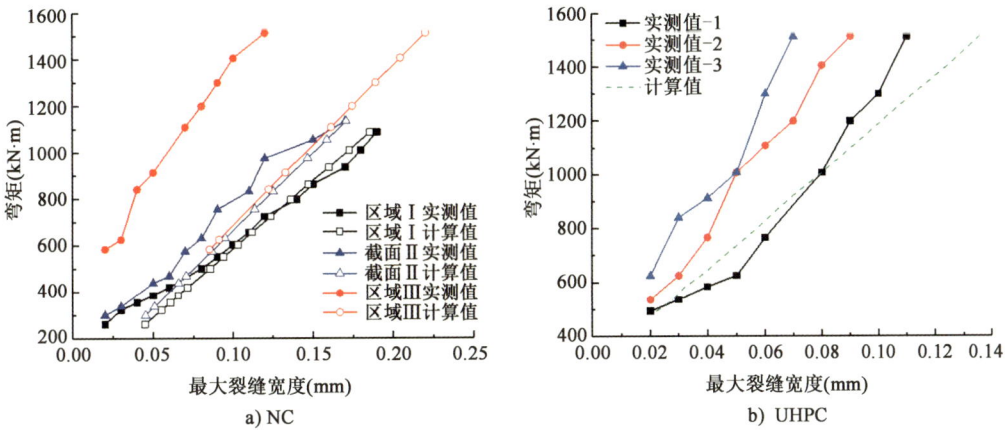

a) NC

b) UHPC

图 9-21 弯矩-最大裂缝宽度曲线

由于上述原因导致采用规范[17-18]中的计算方法难以准确预测 UHPC 约束作用下 NC 的最大裂缝宽度，故对现有规范公式进行修正，提出考虑 UHPC 约束作用的组合梁负弯矩区 NC 最大裂缝宽度建议公式。

9.3.5.2　考虑 UHPC 约束的 NC 最大裂缝宽度公式

裂缝宽度计算时，钢筋应力是一项重要参数[19]。借助 MATLAB 编制截面弯矩-曲率程序计算图 9-19 区域Ⅲ中的钢筋应力。截面由 UHPC、NC、钢梁及钢筋组成，不考虑栓钉的影响，由 9.3.3.2 节分析内容可认为平截面假定成立。

各材料本构关系曲线如图 9-22 所示。UHPC 抗拉、抗压本构关系分别采用文献[20][21]推荐的应力-应变关系，具体表达式见式(9-4)和式(9-5)：

$$\sigma_t = \begin{cases} \dfrac{f_{ct}}{\varepsilon_{t0}} \varepsilon_t & (0 \leqslant \varepsilon_t < \varepsilon_{t0}) \\[2mm] f_{ct} & (\varepsilon_{t0} \leqslant \varepsilon_t \leqslant \varepsilon_{tu}) \end{cases} \tag{9-4}$$

式中：f_{ct}——抗拉强度，本书取 8MPa；

　　　ε_{t0}——弹性阶段峰值应变，取 172$\mu\varepsilon$；

　　　ε_t——拉应变；

　　　ε_{tu}——极限应变，取 7000$\mu\varepsilon$。

$$\frac{\sigma}{f_c} = \begin{cases} ax + (6 - 5a)x^5 + (4a - 5)x^6 & (0 \leqslant x < 1) \\[2mm] \dfrac{x}{b(x-1)^2 + x} & (x \geqslant 1) \end{cases} \tag{9-5}$$

式中：f_c——抗压强度值，取实测值 152.5MPa；

　　　x——$\varepsilon/\varepsilon_0$，$\varepsilon_0$ 取 3500$\mu\varepsilon$；

　　　a——切线模量与峰值割线模量的比值；

　　　b——试验拟合参数，取 2.41。

NC 采用规范[22]规定的拉压本构关系，见式(9-6)和式(9-7)：

$$\sigma = (1 - d_t) E_c \varepsilon$$

$$d_t = \begin{cases} 1 - \rho_t(1.2 - 0.2x^5) & (x \leqslant 1) \\[2mm] 1 - \dfrac{\rho_t}{\alpha_t(x-1)^{1.7} + x} & (x > 1) \end{cases} \tag{9-6}$$

$$\rho_t = \frac{f_{t,r}}{E_c \varepsilon_{t,r}}; \quad x = \frac{\varepsilon}{\varepsilon_{t,r}}$$

式中：d_t——受拉损伤演化参数；

　　　$f_{t,r}$——抗拉强度代表值；

　　　α_t——抗拉曲线下降段参数值，取 2.19；

　　　$\varepsilon_{t,r}$——混凝土峰值拉应变，取 110$\mu\varepsilon$。

$$\sigma = (1 - d_c) E_c \varepsilon$$

$$d_c = \begin{cases} 1 - \dfrac{\rho_c n}{n - 1 + x^n} & (x \leqslant 1) \\[3mm] 1 - \dfrac{\rho_c n}{\alpha_c(x-1)^2 + x} & (x > 1) \end{cases} \tag{9-7}$$

$$\rho_c = \frac{f_{c,r}}{E_c \varepsilon_{c,r}}; \quad n = \frac{E_c \varepsilon_{c,r}}{E_c \varepsilon_{c,r} - f_{c,r}}; \quad x = \frac{\varepsilon}{\varepsilon_{c,r}}$$

式中:d_c——受压损伤演化参数;

$\quad f_{c,r}$——抗压强度代表值;

$\quad \alpha_c$——受压曲线下降段参数值,取 0.94;

$\quad \varepsilon_{c,r}$ 取 1527$\mu\varepsilon$。

钢筋和钢板的本构关系采用双折线模型。根据材性性能试验结果,钢筋弹性模量 $E_s =$ 198.6GPa,屈服强度 $f_y = 462$MPa。钢梁弹性模量及屈服强度取值根据文献[23],$E_s = 206$GPa,$f_y = 374.2$MPa。

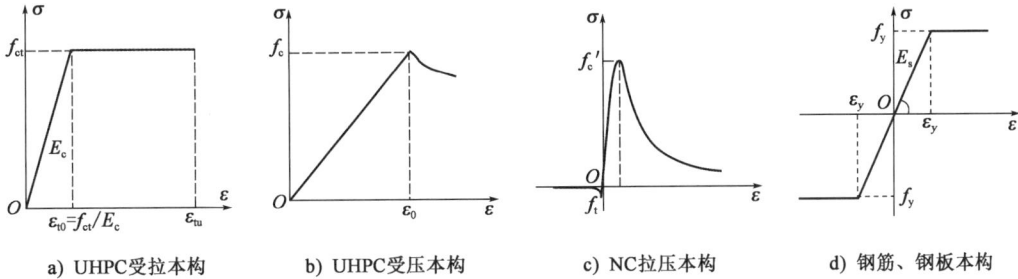

| a) UHPC受拉本构 | b) UHPC受压本构 | c) NC拉压本构 | d) 钢筋、钢板本构 |

图 9-22 各材料本构关系曲线

通过图 9-23 所示的计算流程得到截面的弯矩-曲率关系,提取 NC 中钢筋条带的应力得到弯矩-NC 中的钢筋应力关系。图 9-23 中第 i 次迭代的截面示意如图 9-24 所示。其中,ϕ_0 为初始曲率;ϕ_i 为第 i 次迭代的曲率;$\Delta\phi$ 为曲率增量,本书取定值 $10^{-5}\mathrm{m}^{-1}$;h_0 为梁高;x_i 为第 i 次迭代的受压区高度;F_i 为第 i 次迭代截面轴力之和;M_i 为第 i 次迭代后的截面弯矩;M_d 为截面设计弯矩。

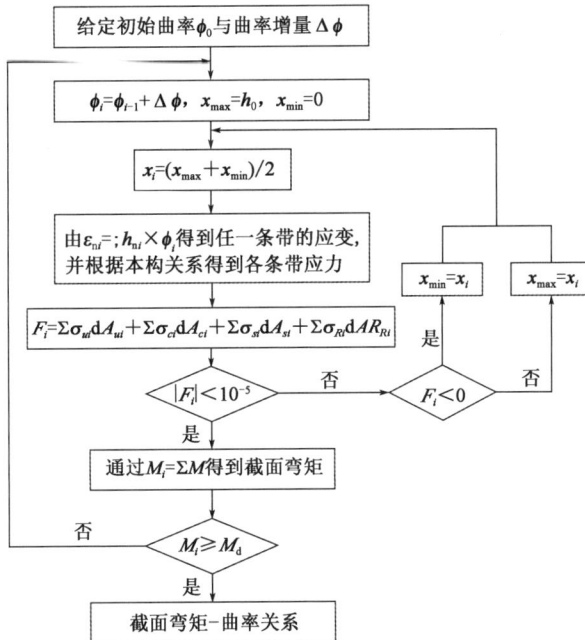

图 9-23 截面弯矩-曲率关系计算流程图

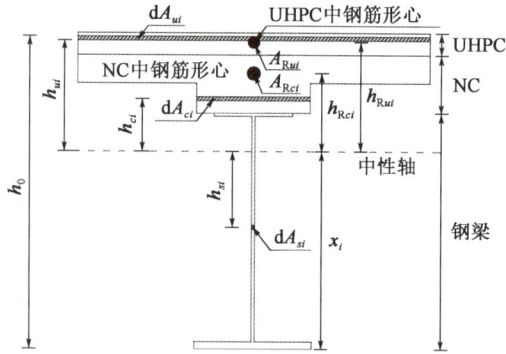

图9-24　第 i 次迭代的截面示意

将钢筋应力的程序计算值（简称"应力程序值"）与区域Ⅲ中钢筋应力的实测值（简称"应力实测值"）及规范计算值（简称"应力规范值"）进行对比，结果如图9-25所示。由图9-25可知，应力规范值与应力实测值偏差较大，而应力程序值与应力实测值之比的平均值与变异系数分别为0.95和0.10，说明MATLAB程序对于钢筋应力值的预测较为稳定，可进一步用于裂缝宽度的计算分析。

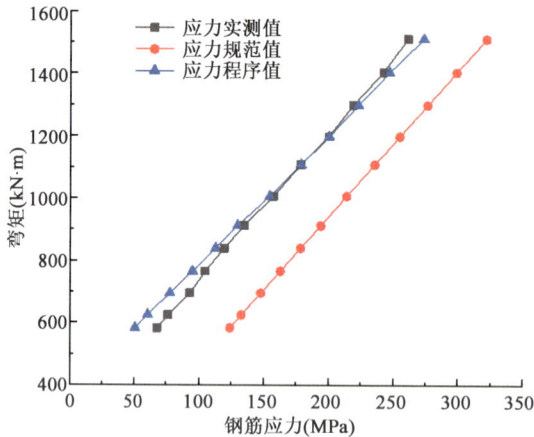

图9-25　区域Ⅲ中钢筋应力对比

对于原因①（UHPC开裂后仍参与受力，可减小钢筋应力）所述裂后UHPC对于钢筋应力的减小作用，可根据图9-26所示的钢筋应力计算图示计算，由截面轴力平衡方程式（9-8）和弯矩平衡方程式（9-9）求得截面应变分布（曲率和中性轴位置），再通过式（9-10）得到钢筋应力，即

$$A_u \sigma_{ut} + A_s \sigma_s + N_{t1} + N_{t2} = N_{c1} + N_{c2} \tag{9-8}$$

$$M = M_{c1} + M_{c2} + M_{t1} + M_{t2} + A_s \sigma_s y_r + A_u \sigma_{ut} y_u \tag{9-9}$$

$$\sigma_s = E_s \phi y_r \tag{9-10}$$

$$N_{t1} = E_s b' \phi (y_t - h_1)^2 / 2 \tag{9-11}$$

$$M_{t1} = E_s b' \phi (y_t - h_1)^3 / 3 \tag{9-12}$$

$$N_{t2} = b_1 E_s \phi h_1 (y_t - 0.5 h_1) \tag{9-13}$$

$$M_{t2} = b_1 E_s \phi [y_t^3 - (y_t - h_1)^3] /3 \tag{9-14}$$

$$N_{c1} = E_s b' \phi (y_c - h_2)^2 /2 \tag{9-15}$$

$$M_{c1} = E_s b' \phi (y_c - h_2)^3 /3 \tag{9-16}$$

$$N_{c2} = b_2 E_s \phi h_2 (y_c - 0.5 h_2) \tag{9-17}$$

$$M_{c2} = b_2 E_s \phi [y_c^3 - (y_c - h_2)^3] /3 \tag{9-18}$$

式中：σ_s——考虑 UHPC 参与受力后的钢筋应力修正值（简称"应力修正值"）；

$\quad A_s$——受拉钢筋截面积；

$\quad A_u$——UHPC 截面积；

$\quad \sigma_{ut}$——UHPC 轴拉强度，本书取 8MPa；

$\quad \phi$——截面曲率；

N_{t1}、M_{t1}——分别为钢梁腹板受拉区承担的拉力和弯矩；

N_{t2}、M_{t2}——分别为钢梁顶板承担的拉力和弯矩；

N_{c1}、M_{c1}——分别为钢梁腹板受压区承担的压力和弯矩；

N_{c2}、M_{c2}——分别为钢梁底板承担的压力和弯矩；

$\quad M$——截面弯矩；

$\quad y_u$——中性轴到 UHPC 形心的距离；

$\quad y_t$——中性轴到钢梁顶面的距离；

$\quad y_c$——中性轴到钢梁底面的距离；

$\quad b'$——钢梁腹板宽度；

$\quad h_1$——钢梁上翼缘厚度；

$\quad h_2$——钢梁下翼缘厚度；

$\quad b_1$——钢梁上翼缘宽度；

$\quad b_2$——钢梁下翼缘宽度。

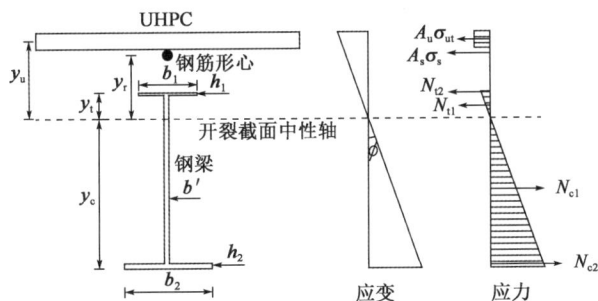

图 9-26 区域Ⅲ中钢筋应力计算图示

根据试验实测结果，钢筋应力在 50MPa 以下，UHPC 层下的 NC 未见裂缝，故需重点分析钢筋应力在 50MPa 以上的拟合情况。选取了截面配筋率为 3%、4%、5% 的三种情况，将式（9-10）的应力修正值与应力程序值进行对比，结果如表 9-7 所示。三种不同配筋率下应力修正值与应力程序值拟合良好，说明考虑 UHPC 开裂后参与受力对钢筋应力的分担是合理的，钢筋应力可按式（9-8）～式（9-18）进行计算。

表9-7　区域Ⅲ中钢筋应力程序值与应力修正值对比

弯矩值 （kN·m）	3%配筋率			4%配筋率			5%配筋率		
	$\sigma_{程序}$ （MPa）	$\sigma_{修正}$ （MPa）	$\sigma_{程序}$/ $\sigma_{修正}$	$\sigma_{程序}$ （MPa）	$\sigma_{修正}$ （MPa）	$\sigma_{程序}$/ $\sigma_{修正}$	$\sigma_{程序}$ （MPa）	$\sigma_{修正}$ （MPa）	$\sigma_{程序}$/ $\sigma_{修正}$
600	59	61	0.97	52	56	0.93	47	51	0.92
700	90	85	1.06	80	79	1.01	71	71	1.00
800	113	107	1.06	103	99	1.03	94	92	1.02
900	135	130	1.04	123	120	1.03	113	111	1.02
1000	156	152	1.03	143	140	1.02	131	129	1.02
1100	178	175	1.02	163	160	1.02	150	148	1.01
1200	199	198	1.01	182	181	1.01	167	166	1.01
1300	230	220	1.05	209	201	1.04	192	185	1.04
平均值			1.02			1.01			1.00
变异系数			0.03			0.03			0.03

考虑 UHPC 的受拉贡献计算得到可靠的钢筋应力之后，对于原因②（UHPC 与 NC 黏结性能良好，可对 NC 裂缝发展起到有效的限制作用）所述 UHPC 对 NC 裂缝发展的限制作用，因 UHPC 与 NC 相互作用机理较为复杂，故通过引入系数 α 来修正式（9-2），如式（9-19）所示。

$$W_{cr} = \alpha C_1 C_2 C_3 \frac{\sigma_s}{E_s}\left(\frac{c+d}{0.36+1.7\rho_{tc}}\right) \tag{9-19}$$

将裂缝实测值、MATLAB 程序计算值（简称"裂缝程序值"）和式（9-19）算得的裂缝宽度修正值（简称"裂缝修正值"）列于表9-8，其中裂缝程序值根据前文得到的弯矩-NC 中的钢筋应力关系，将各级弯矩对应的 NC 中钢筋应力代入式（9-2）计算得到。表9-8 中裂缝实测值与裂缝程序值之比 α 介于 0.435~0.6 之间，且当 $\alpha = 0.57$ 时，保证率为95%。

表9-8　区域Ⅲ最大裂缝宽度值对比

结果类型	583.4 kN·m	624.8 kN·m	840.1 kN·m	912.2 kN·m	1108.0 kN·m	1198.6 kN·m	1299.2 kN·m	1404.3 kN·m	1511.4 kN·m
裂缝实测值（mm）	0.02	0.03	0.04	0.05	0.07	0.08	0.09	0.10	0.12
裂缝程序值（mm）	0.042	0.050	0.092	0.106	0.145	0.163	0.181	0.201	0.225
裂缝实测值/裂缝程序值	0.476	0.600	0.435	0.472	0.483	0.491	0.497	0.498	0.533
裂缝修正值（$\alpha=0.57$）	0.024	0.029	0.052	0.060	0.083	0.093	0.103	0.114	0.128

综上，式（9-8）~式（9-18）及式（9-20）为组合梁负弯矩区 UHPC 覆盖下 NC 的最大裂缝宽度建议公式。

$$W_{cr} = 0.57 C_1 C_2 C_3 \frac{\sigma_s}{E_s}\left(\frac{c+d}{0.36+1.7\rho_{tc}}\right) \tag{9-20}$$

9.3.6　UHPC 接缝参数分析

为便于钢-混组合梁桥负弯矩区 UHPC 接缝设计，在缩尺试验基础上探究 UHPC 层纵桥向长度、UHPC 层厚及钢筋直径等关键设计参数对桥面板抗裂性能的影响。

9.3.6.1 UHPC 层纵桥向长度

为研究 UHPC 层纵桥向长度 l 的合理范围,分别建立了标准跨径为 30m、40m、50m 的 4 跨钢-混组合连续梁桥整体有限元模型,模型截面及荷载作用等均按前述背景工程考虑。各模型次边墩墩顶附近的桥面板正常使用极限状态纵向拉应力计算结果如图 9-27 所示。

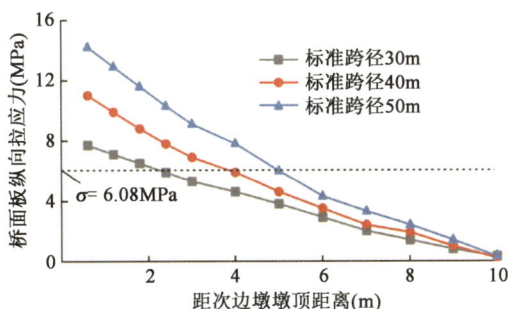

图 9-27 桥面板纵向拉应力变化曲线

根据表 9-4 的试验结果,UHPC-NC 交界面处的名义开裂应力为 7.6MPa,在实桥设计时,为了使抗裂性能有 1.25 倍以上的安全系数,即允许拉应力 σ 取 6.08MPa($=7.6/1.25$)。当标准跨径为 30m 时,建议 UHPC 层纵桥向长度最小值取 5m;当标准跨径为 40m 时,建议 UHPC 层纵桥向长度最小值取 8m;当标准跨径为 50m 时,建议 UHPC 层纵桥向长度最小值取 10m。综合不同跨径情况,在实桥设计中,接缝 UHPC 层的纵桥向长度取 1/5 倍标准跨径为佳。

9.3.6.2 UHPC 层厚

为了进一步研究 UHPC 层厚对组合梁桥负弯矩区抗裂性能的影响,以背景工程 4×30m 组合连续梁桥为例进行分析,其中 UHPC 层纵桥向长度取 6m。各参数对应的拉应力设计值由有限元整体计算得到;通过 MATLAB 程序提取 UHPC 层内钢筋条带的应力得到弯矩-UHPC 中的钢筋应力关系,再将钢筋应力代入式(9-3)计算裂缝宽度 w_t , $w_t = 0.05$mm 时对应的桥面板顶面名义应力为截面容许开裂应力。

UHPC 层厚分析时考虑到构造要求,厚度分析 60 ~ 140mm 五种情况(以 20mm 为增量),配筋情况与背景工程相同。不同 UHPC 层厚对应的 UHPC-NC 交界面处正常使用极限状态拉应力设计值与容许开裂应力如表 9-9 所示。可以看出,当 UHPC 层厚从 60mm 增加到 140mm 时,安全系数变化范围在 1.57 ~ 1.65 之间。实际工程中可通过适当增加 UHPC 中纵筋配筋量、减小 UHPC 层厚,在具有同等抗裂能力的前提下获取更好的经济指标。

表 9-9 不同 UHPC 层厚的交界面处纵桥向拉应力值

UHPC 层厚(mm)	设计拉应力(MPa)	容许开裂应力(MPa)	安全系数
60	3.7	6.0	1.62
80	4.2	6.6	1.57
100	4.6	7.4	1.61
120	5.0	8.2	1.64
140	5.5	9.1	1.65

9.3.6.3 钢筋直径

讨论钢筋直径时,UHPC 层厚取 100mm,钢筋层数及形心位置参考背景工程。UHPC 层内钢筋直径讨论 16mm、18mm、20mm、22mm、25mm、28mm 六种情况,对应的桥面板截面取距次边墩墩顶 0.6m 处的 UHPC-NC 复合截面。钢筋直径变化对桥面板纵向拉应力的影响如图 9-28 所示。

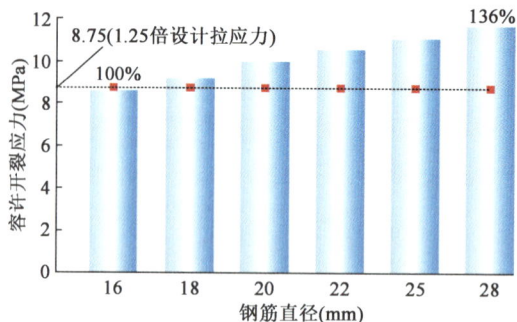

图 9-28 容许开裂应力-钢筋直径

研究结果表明,截面的容许开裂应力随钢筋直径的增加而不断提高,当 UHPC 层内钢筋直径从 16mm 增加到 28mm 时,对应的截面容许开裂应力由 8.6MPa 增大到 11.7MPa,提高了 36%。因此,增大钢筋直径可以提高负弯矩区混凝土的抗裂性能。

通过上述钢-混组合梁负弯矩区 UHPC 接缝室内缩尺试验可知,组合梁 UHPC 接缝结构表现出优异的抗弯拉性能。因此,为将该 UHPC 接缝结构应用于实际工程中,下面通过实桥试验了解车辆荷载作用下的桥梁受力状态,以此验证该 UHPC 接缝方案的适用性。

9.4 实桥试验

9.4.1 实桥接缝施工

依据 9.2.1 节中所介绍的背景工程,钢-混组合梁负弯矩区采用简支变连续现浇 UHPC 湿接缝,如图 9-29 和图 9-30 所示。

实桥接缝施工现场照片如图 9-31 所示。接缝下部微膨胀 NC 层内钢筋布置完后,浇筑微膨胀 NC;下部微膨胀 NC 自然养护 40d 后对 NC 界面进行凿毛处理,绑扎上部 UHPC 层内钢筋,而后浇筑 UHPC 并进行自然养护;UHPC 浇筑完成并自然养护 38d 后进行实桥负弯矩区荷载试验。

图 9-29 实桥现场照片

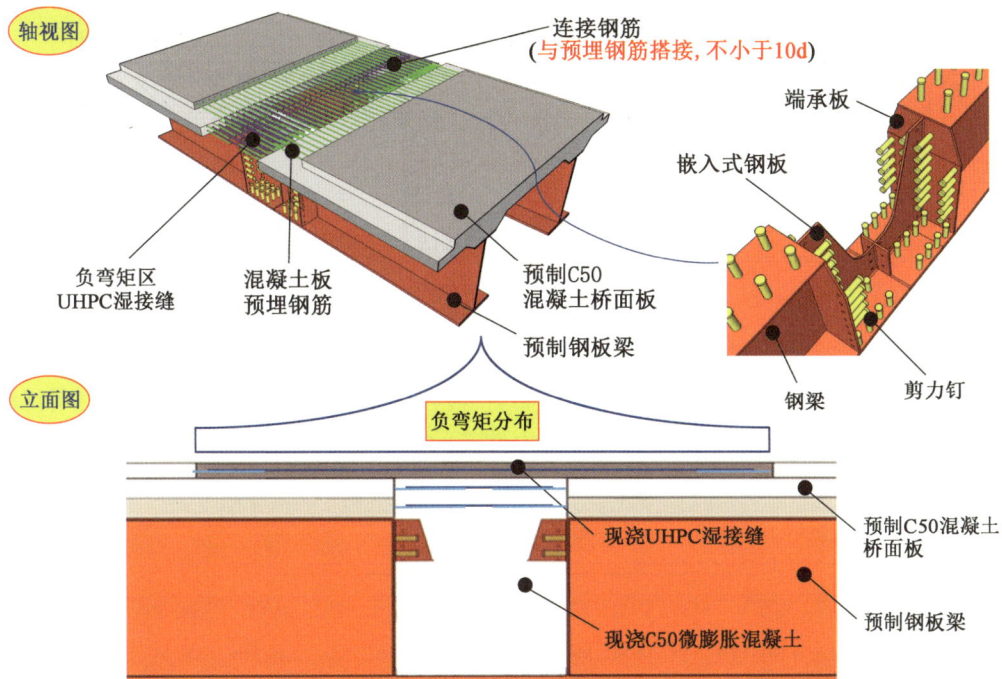

图 9-30 实桥负弯矩区 UHPC 接缝方案三维图

图 9-31 实桥接缝施工

9.4.2 实桥测试方案

9.4.2.1 测点布置

与 9.3.2 节中缩尺模型试验类似,实桥负弯矩区 UHPC 湿接缝关注截面如图 9-32 所示,截面编号为 Ⅰ ~ Ⅴ,依次距墩顶中心线 0m、0.6m、3m、3.3m、1.8m。

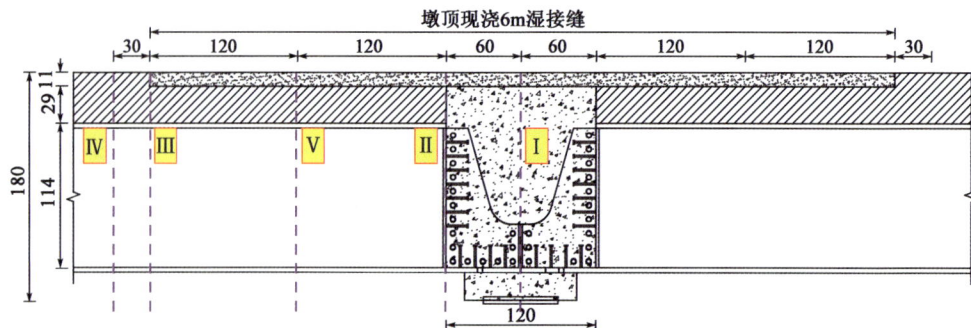

图 9-32　实桥负弯矩区关注截面示意图（单位：cm）

在图 9-4 所示的 2 号、7 号单梁负弯矩区布置混凝土、钢梁及钢筋应变片，以了解实桥负弯矩区纵向应变变化规律及墩顶 NC 横梁对受力性能的影响，应变片沿梁高方向粘贴于桥面板顶面、钢梁上翼缘、腹板中心线、钢梁下翼缘，如图 9-33 所示。

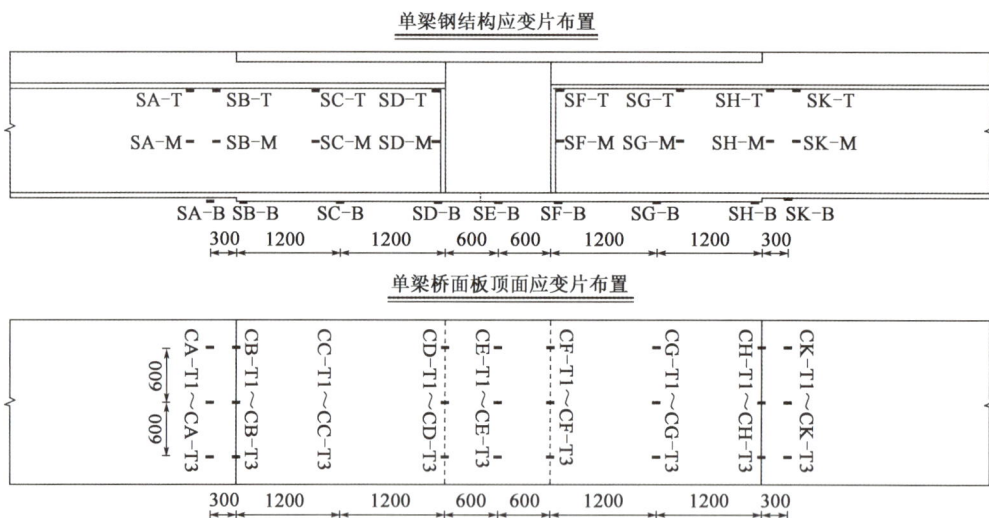

图 9-33　单梁负弯矩区应变片布置图（单位：mm）

在图 9-4 所示的 2 号、4 号、7 号单梁微膨胀 NC 层内沿纵桥向各布置 3 个埋入式应变计，每个单梁内纵向位置为墩顶中心线及靠近两侧端承板；在 2 号单梁 UHPC 层内的 7 个截面各布置 4 个沿纵桥向的埋入式应变计，截面位置分别距墩顶中心线 0m、0.6m、1.8m、2.8m，如图 9-34a）所示。待 UHPC 初凝完成后，在 2 号单梁桥面板顶面 UHPC-NC 交界面位置（图 9-32 中截面Ⅲ）沿纵桥向对称布置表面型应变计，如图 9-34b）所示。在 2 号、4 号、7 号单梁 UHPC 层内沿横桥向各布置 2 个埋入式应变计，以观测横桥向收缩变化。采用水准仪测量图 9-4 中 2 号单梁相邻两跨跨中截面、截面Ⅰ ～Ⅲ的竖向挠度。

9.4.2.2　加载工况

实桥试验中选用总重为 300kN 的加载车辆，试验车辆及荷载示意图如图 9-35 所示。考虑常载与超载两种情况，根据整体计算中图 9-32 中边梁截面Ⅰ（次边墩墩顶截面）、截面Ⅲ（UHPC-NC 复合截面）、截面Ⅲ（UHPC-NC 交界面截面）桥面板拉应力影响线及桥面板设计拉应力进行纵桥向布载,6 个加载工况如图 9-36 ~ 图 9-38 所示。其中,常载工况满足加载效率为 0.95 ~ 1.05 的规范要求[24]。各工况分三级进行加载,第一级:第 1、4 号车;第二级:第 2、5 号车;第三级:第 3、6 号车。

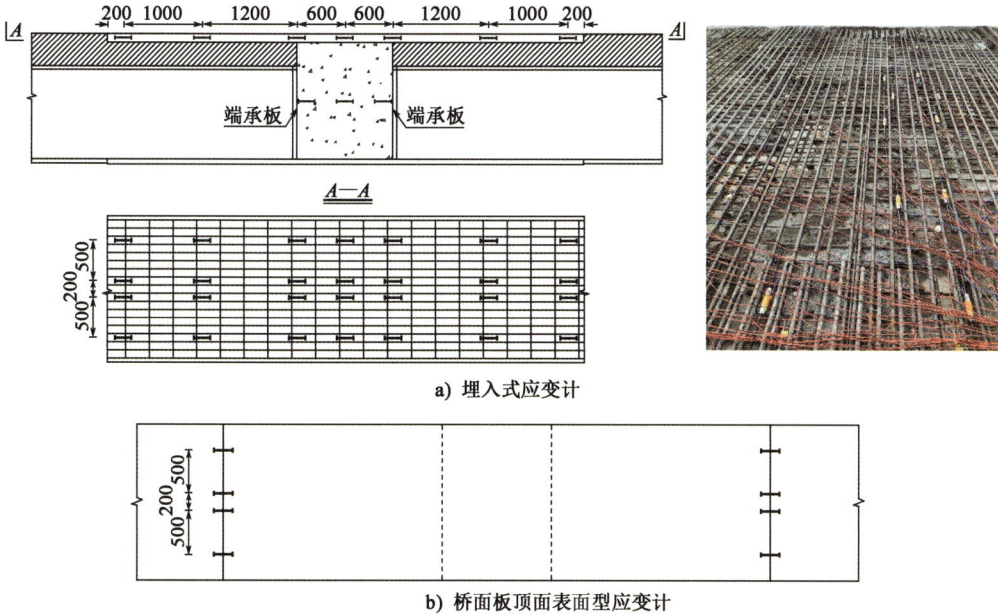

a) 埋入式应变计

b) 桥面板顶面表面型应变计

图 9-34 单梁应变计布置图(单位:mm)

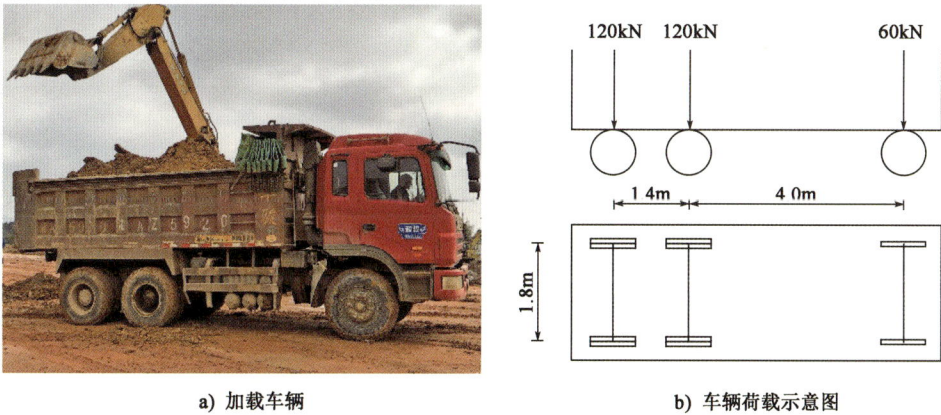

a) 加载车辆

b) 车辆荷载示意图

图 9-35 加载车辆及荷载示意图

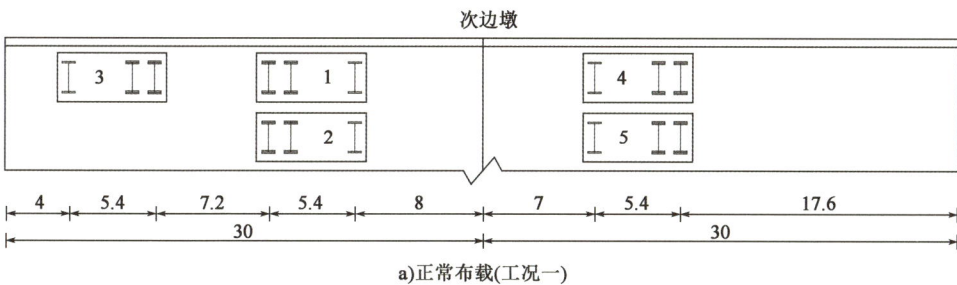

a)正常布载(工况一)

图 9-36

509

次边墩

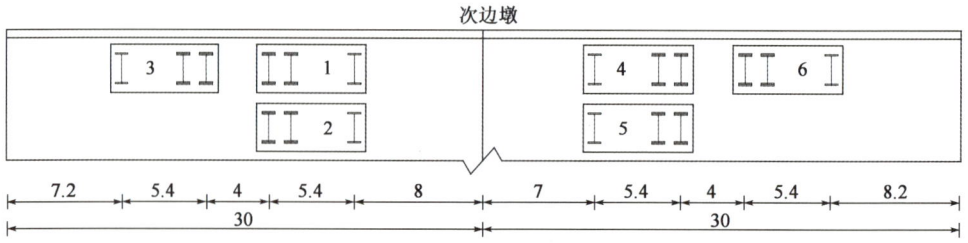

| 7.2 | 5.4 | 4 | 5.4 | 8 | 7 | 5.4 | 4 | 5.4 | 8.2 |

30　　　　　　　　　30

b)超载布载(工况二)

图 9-36　按次边墩墩顶截面进行纵桥向布载(单位:m)

次边墩

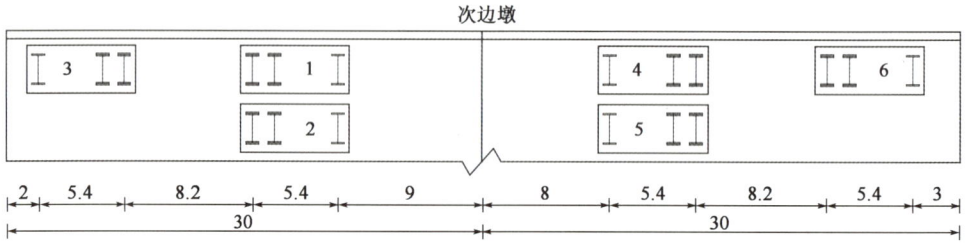

| 2 | 5.4 | 8.2 | 5.4 | 9 | 8 | 5.4 | 8.2 | 5.4 | 3 |

30　　　　　　　　　30

a)正常布载(工况三)

次边墩

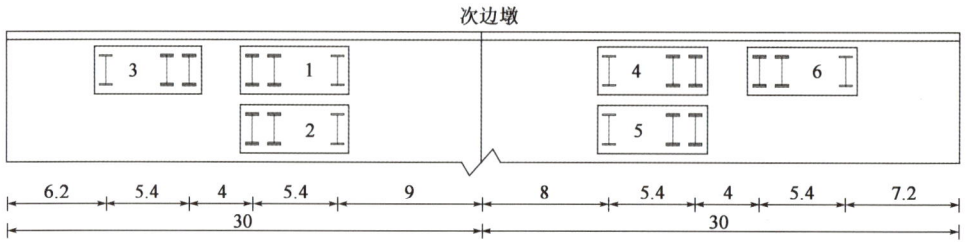

| 6.2 | 5.4 | 4 | 5.4 | 9 | 8 | 5.4 | 4 | 5.4 | 7.2 |

30　　　　　　　　　30

b)超载布载(工况四)

图 9-37　按 UHPC-NC 复合截面进行纵桥向布载(单位:m)

次边墩

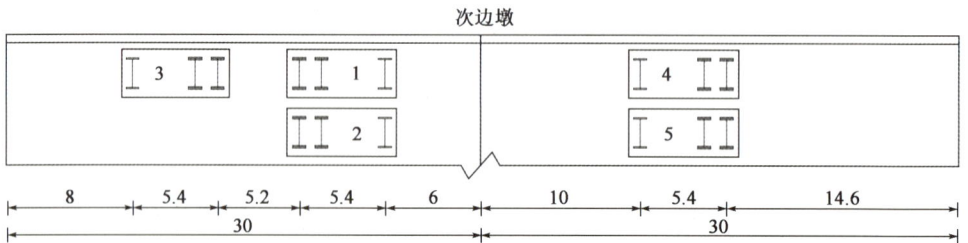

| 8 | 5.4 | 5.2 | 5.4 | 6 | 10 | 5.4 | 14.6 |

30　　　　　　　　　30

a)正常布载(工况五)

次边墩

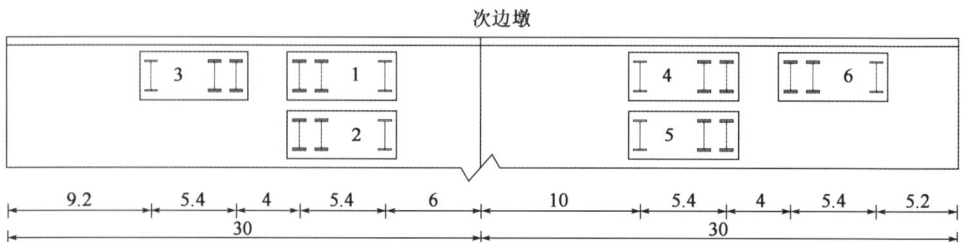

| 9.2 | 5.4 | 4 | 5.4 | 6 | 10 | 5.4 | 4 | 5.4 | 5.2 |

30　　　　　　　　　30

b)超载布载(工况六)

图 9-38　按 UHPC-NC 交界面截面进行纵桥向布载(单位:m)

9.4.3　实桥测试结果

9.4.3.1　应变响应

结合实桥试验中 2 号单梁和 7 号单梁的应变响应发现:相同荷载条件下,不同单梁相同位置的应变响应不同,离加载车辆中心线越近,应变响应越大。下面以加载过程中应变响应较大的 2 号单梁为例,详细介绍各截面在不同加载工况下的应变变化。

(1)混凝土应变

不同加载工况下的桥面板顶面拉应变变化如图 9-39 所示。各工况下,随着加载级数增长,各测点拉应变逐渐增加;加载过程中均未发现肉眼可见裂缝,表明 UHPC 接缝结构的抗裂性能满足要求。

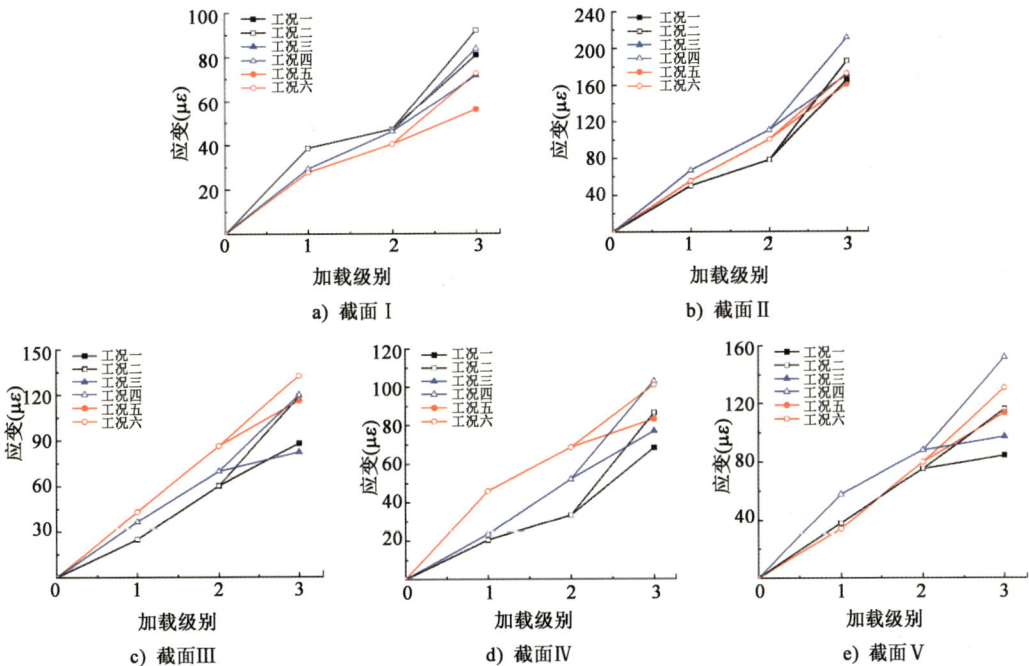

图 9-39　桥面板顶面拉应变变化

(2)钢梁应变

图 9-40 为各截面钢梁下翼缘压应变在不同加载工况下的变化。各测点的钢梁下翼缘压应变随加载级数的增长而变大,最大压应变为 $516.5\mu\varepsilon$(换算应力为 103.3MPa),远小于 Q345 的规范[25]设计值 270MPa,表明在超载工况下钢梁应力仍有较大的安全储备。

(3)钢筋应变

图 9-41 为各截面钢筋应变在不同加载工况下的变化。钢筋应变值随加载级数的增长而增大;钢筋最大拉应变为 $243.7\mu\varepsilon$,远未达到 HRB400 钢筋的屈服应变,结合前述桥面板顶面拉应变及钢梁下翼缘压应变分析,虽然此次实桥试验在运营前进行,而实桥长期运营过程中各种荷载的长期作用会对 UHPC 接缝结构造成不利影响,但由于桥面板顶面拉应力、钢梁下翼缘压应力、钢筋应力均有较高的安全系数,实桥在长期服役过程中仍可满足工程要求。

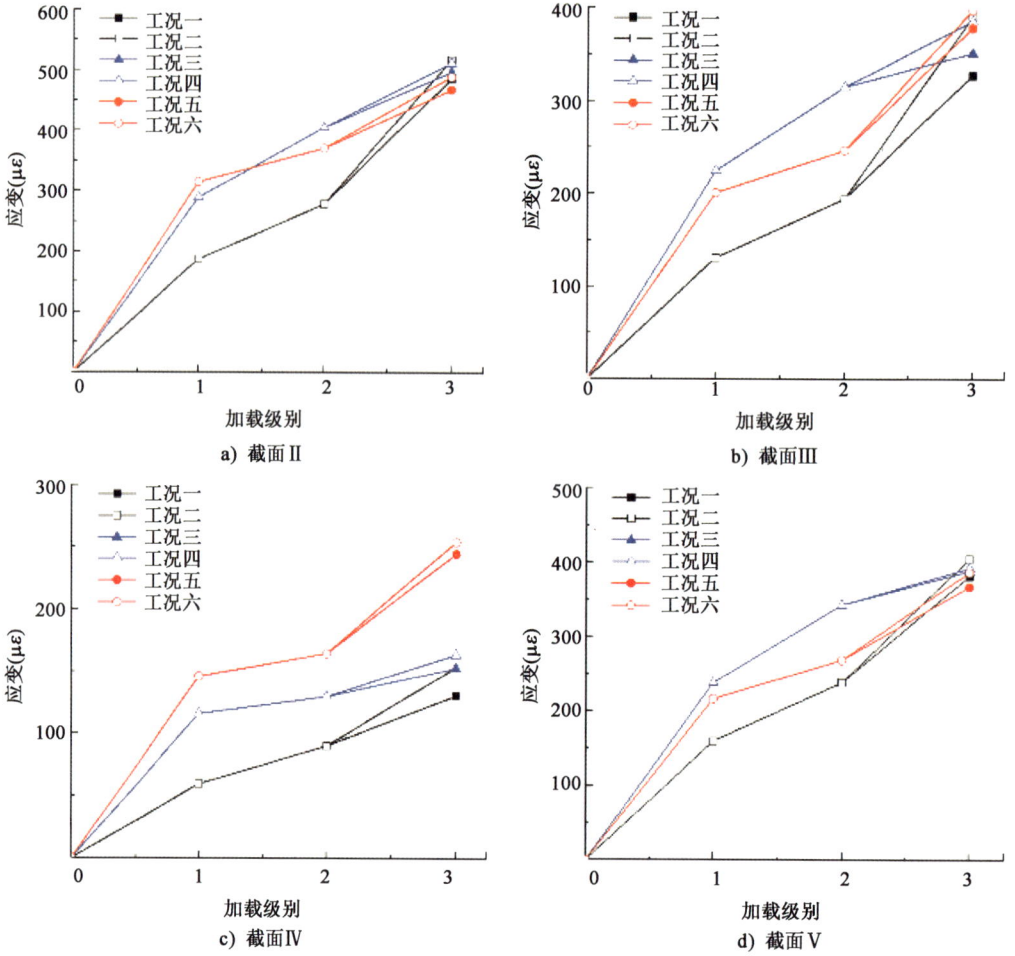

a) 截面 II

b) 截面 III

c) 截面 IV

d) 截面 V

图 9-40　钢梁下翼缘压应变变化

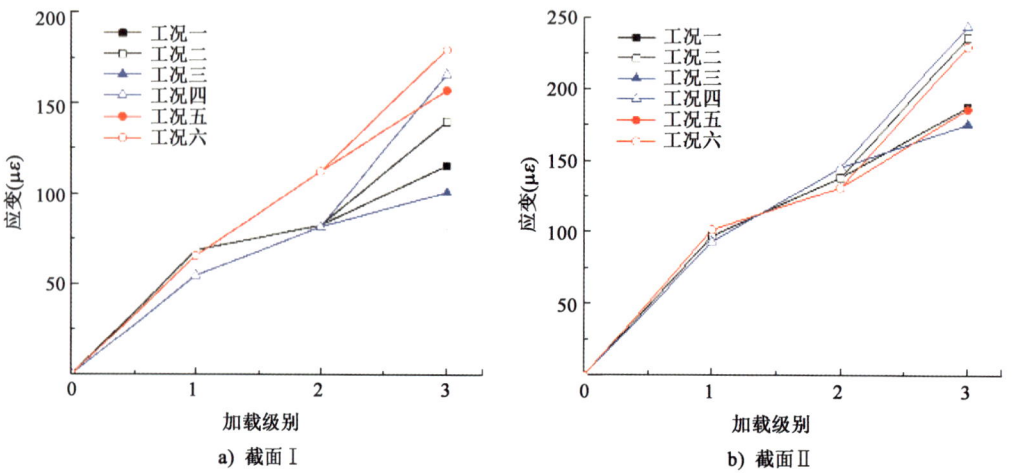

a) 截面 I

b) 截面 II

图 9-41

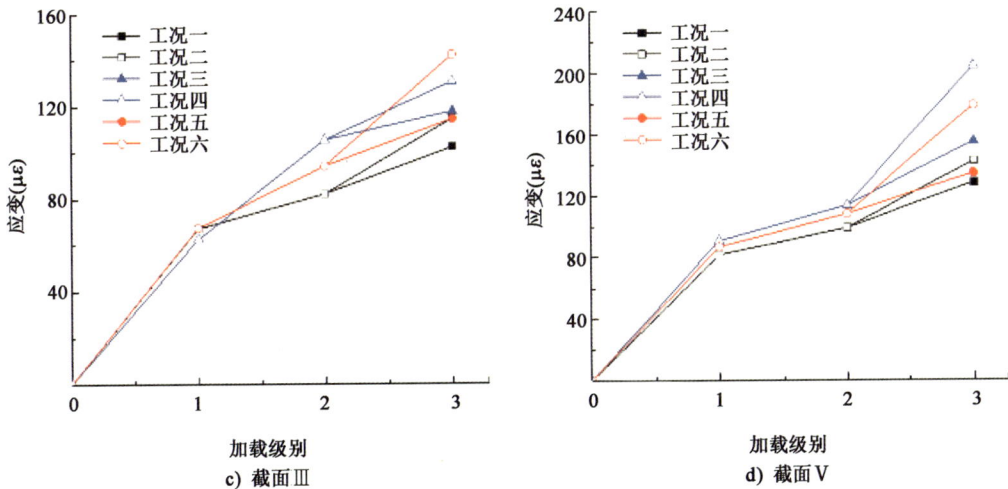

c) 截面Ⅲ

d) 截面V

图 9-41　钢筋应变变化

9.4.3.2　挠度分析

2 号单梁各截面的挠度-加载级数曲线如图 9-42 所示。随荷载增长,截面Ⅲ的挠度值逐渐增大;第三级加载时,超载工况挠度值均大于正常布载工况。前 2 个加载级,左、右跨中截面挠度均随加载级数的增长而增大。工况一和工况五第三级加载时右跨中截面挠度小于第二级加载,这是由于工况一和工况五第三级加载时右跨布置 2 辆加载车,而左跨布置 3 辆加载车,使右跨中截面产生卸载效应。工况二和工况六第三级加载时右跨布置 3 辆加载车,右跨中截面挠度值迅速增大,此时左跨中截面挠度值略小于工况一及工况五。跨中截面的最大挠度为18.1mm,超载工况下仍小于《公路钢筋混凝土及预应力混凝土桥涵设计规范》(JTG 3362—2018)[18]的限值要求(35.1mm)。

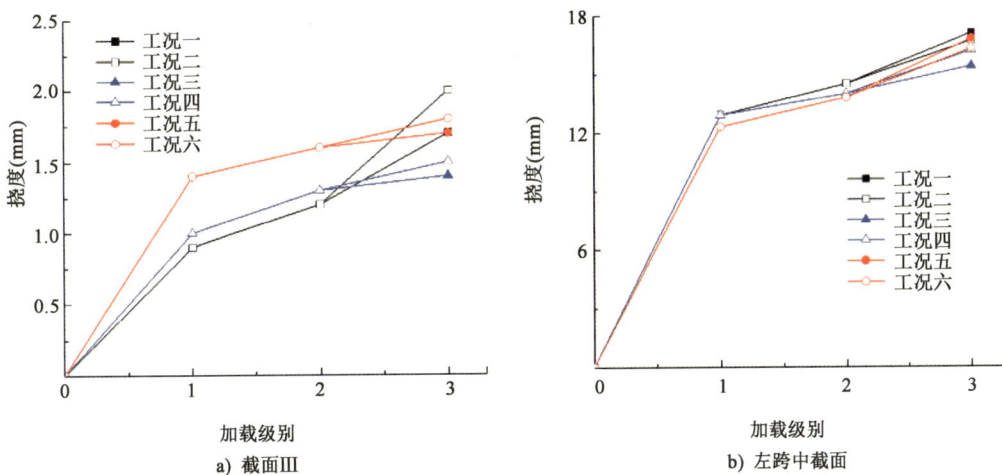

a) 截面Ⅲ

b) 左跨中截面

图 9-42

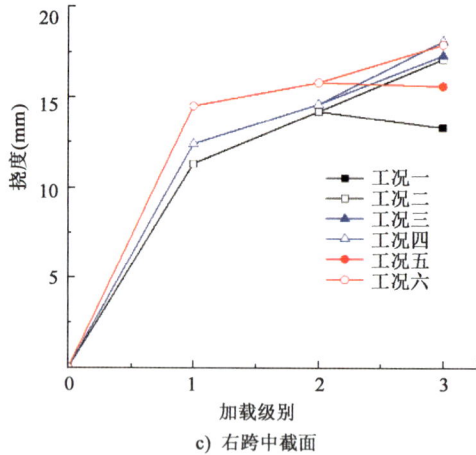

c) 右跨中截面

图 9-42　各截面挠度变化

9.4.3.3　收缩分析

UHPC 收缩主要由自收缩与干燥收缩组成[26-27]，与 NC 相比，UHPC 水胶比小，结构致密，且掺入大量硅灰，造成了 UHPC 自收缩较大，而干燥收缩一般较小。实桥现浇 UHPC 与预制 NC 存在交界面，浇筑 UHPC 时预制 NC 收缩趋于稳定，若 UHPC 收缩量过大，该处易出现收缩裂缝，导致结构的耐久性降低。国内外学者进行了一系列关于减少 UHPC 收缩的研究，可采取的措施包括热养护[28-29]、添加膨胀剂[30-31]等。实桥 UHPC 接缝由于施工现场蒸汽热养护控温难度大，故采用常温养护，为减小 UHPC 收缩对结构抗裂性能产生的不利影响，在 UHPC 中掺入膨胀剂补偿收缩。

收缩应变观测时，NC 的收缩观测从浇筑完成 3d 后开始，UHPC 测试从初凝时刻开始，实桥接缝 UHPC 浇筑 18h 后初凝。下述各图中应变正值表示膨胀，负值表示收缩。

（1）UHPC 胀缩变化规律

实桥各测点的 UHPC 胀缩发展曲线如图 9-43 所示，纵桥向各截面和横桥向的胀缩规律基本相同。浇筑后 3d 内，实桥 UHPC 在膨胀剂的作用下应变变化剧烈，各测点陆续达到膨胀极值，截面Ⅰ、截面Ⅱ、截面Ⅴ、截面Ⅲ的纵桥向膨胀极值分别为 $117\mu\varepsilon$、$91\mu\varepsilon$、$90\mu\varepsilon$、$80\mu\varepsilon$。2 号单梁和 4 号单梁的横向膨胀极值分别为 $67\mu\varepsilon$、$77\mu\varepsilon$。3～10d 内各测点的膨胀与收缩基本平衡，10d 以后开始收缩，10～28d 收缩变化较快，28d 以后收缩曲线变缓并逐渐趋于稳定。

（2）微膨胀 NC 胀缩应变变化规律

实桥微膨胀 NC 胀缩应变变化如图 9-44 所示，整体表现出：膨胀—膨胀与收缩相互平衡—收缩并达到稳定的变化趋势。3～11d 微膨胀 NC 表现出膨胀现象，11d 膨胀量达到了 $40\mu\varepsilon$；11～58d 膨胀与收缩相互平衡，膨胀应变在一定区间内波动；58d 以后以收缩为主，表现为膨胀应变不断减小直至为负，最终收缩趋于稳定，220d 时，微膨胀 NC 的收缩应变大小为 $33\mu\varepsilon$。

其中，第 40d 浇筑完接缝上层 UHPC 后，受 UHPC 早期膨胀的影响，下层微膨胀 NC 受拉产生膨胀效应，45d 时膨胀应变达到峰值 $64\mu\varepsilon$，之后开始收缩，52d 时膨胀量回落到浇筑 UH-PC 前的水平。可见 UHPC 的浇筑在一定时间内会导致微膨胀 NC 产生附加拉应变，但对微膨胀 NC 长期胀缩的发展没有影响。

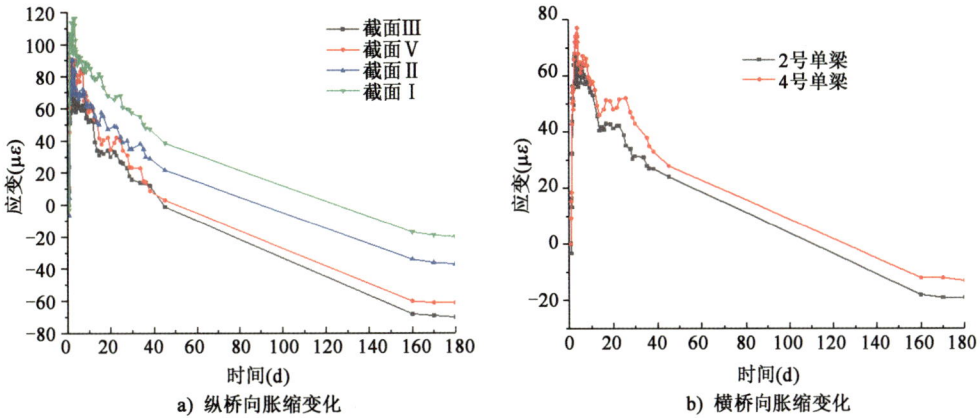

a) 纵桥向胀缩变化　　　　　　　　b) 横桥向胀缩变化

图 9-43　实桥 UHPC 胀缩变化

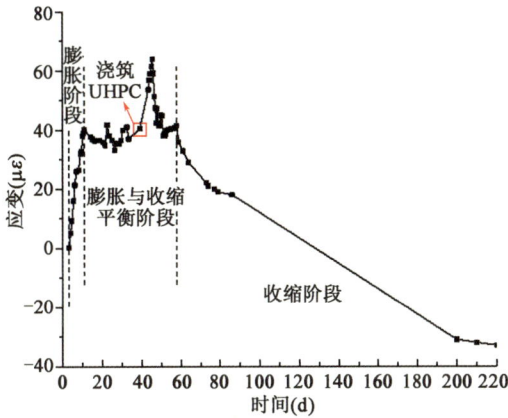

图 9-44　实桥微膨胀 NC 胀缩应变变化

　　针对应用 UHPC 湿接缝方案的背景工程实桥荷载试验结果表明,各荷载工况下,桥面板未出现裂缝,且钢梁下翼缘压应力、钢筋应力及跨中挠度均有较高的安全储备,结合缩尺模型试验结果,进一步验证了组合梁桥负弯矩区 UHPC 接缝结构的适用性。

9.5　本章小结

　　针对钢-混组合梁负弯矩区易开裂的难题,作者团队提出了 UHPC 湿接缝方案,并依据背景桥梁设计 1∶2 接缝缩尺模型试验,且对采用该 UHPC 接缝方案的背景工程进行实桥试验,主要研究结果如下:

　　(1)在钢–混组合梁桥的横向接缝中引入 UHPC 材料可有效解决传统组合梁桥负弯矩区混凝土易开裂的难题。缩尺试验表明组合梁桥负弯矩区的新型 UHPC 湿接缝的抗裂性能和抗弯承载能力均满足工程要求,可以做到接缝节点强度高于非接缝区预制部分强度。

　　(2)负弯矩作用下,试件破坏为非接缝区钢梁下翼缘屈曲破坏。总体上 UHPC 裂缝呈现"多而细"的特征,而 NC 裂缝呈现"少而宽"的特征。基于截面弯矩-曲率程序,对现有 NC 裂缝宽度规范公式进行修正,提出了考虑 UHPC 约束作用的组合梁负弯矩区 NC 最大裂缝宽度建议公式。

（3）UHPC 接缝的参数分析表明,UHPC 层纵桥向长度宜为 1/5 倍标准跨径,适当增加桥面板内钢筋含量、减小 UHPC 层厚,可在满足负弯矩区混凝土抗裂性能的同时获取更好的性价比。

（4）实桥荷载试验结果表明,桥面板、钢梁、钢筋应力及截面挠度值随着加载级数的增长而逐渐增大;超载工况下,桥面板未出现裂缝,且钢梁下翼缘压应力、钢筋应力及跨中挠度均有较高的安全系数。相同工况下,不同单梁相同位置的桥面板、钢梁及钢筋应力大小与测点至加载车辆中心线的距离有关,测点离加载车辆中心线越近,应变值越大。

参 考 文 献

[1] 聂建国,余志武. 钢-混凝土组合梁在我国的研究及应用[J]. 土木工程学报,1999,32(2):3-8.

[2] 贺耀北,方博夫,刘榕,等. 中小跨整体预制 π 形钢板组合梁力学与经济性研究[J]. 公路交通科技,2019,36(12):62-68.

[3] 戴昌源,苏庆田. 钢-混凝土组合桥面板负弯矩区裂缝宽度计算[J]. 同济大学学报(自然科学版),2017,45(6):806-813.

[4] 邵旭东,胡建华. 钢-超高性能混凝土轻型组合桥梁结构[M]. 北京:人民交通出版社股份有限公司,2015.

[5] SU Q T,YANG G T,WU C. Experimental investigation on inelastic behavior of composite box girder under negative moment [J]. International journal of steel structures,2012,12(1):71-84.

[6] 周安,戴航,刘其伟. 钢箱-预应力混凝土组合梁负弯矩区结构性能试验研究[J]. 土木工程学报,2009,42(12):69-75.

[7] 樊健生,聂建国,张彦玲. 钢-混凝土组合梁抗裂性能的试验研究[J]. 土木工程学报,2011,44(2):1-7.

[8] 聂建国,陶慕轩,聂鑫,等. 抗拔不抗剪连接新技术及其应用[J]. 土木工程学报,2015,48(4):7-14,58.

[9] 张彦玲. 钢-混凝土组合梁负弯矩区受力性能及开裂控制的试验及理论研究[D]. 北京:北京交通大学,2009.

[10] 杜任远,陈宝春,沈秀将. 不同方法测试的超高性能混凝土抗拉强度[J]. 材料导报,2016,30(S2):483-486.

[11] 单俊鸿. 高性能桥面铺装混凝土的研究与应用[D]. 武汉:武汉理工大学,2006.

[12] 田稳苓. 钢纤维膨胀混凝土增强机理及其应用研究[D]. 大连:大连理工大学,1998.

[13] AFGC,SETRA. Ultra High Performance Fibre-Reinforced Concretes[S]. Bagneux,France:Interim AFGC-SETRA Working Group,2013.

[14] RAFIEE A. Computer modeling and investgation on the steel corrosion in cracked ultra-high performance concrete[D]. Kassel:University of Kassel,2012.

［15］ 中华人民共和国交通运输部．公路桥涵设计通用规范：JTG D60—2015［S］．北京：人民交通出版社股份有限公司,2015.

［16］ 邵旭东,胡伟业,邱明红,等．组合梁负弯矩区 UHPC 接缝抗弯性能试验［J］．中国公路学报, 2021,34(8):246-260.

［17］ 中华人民共和国交通运输部．公路钢混组合桥梁设计与施工规范：JTG/T D64-01—2015［S］．北京：人民交通出版社股份有限公司,2015.

［18］ 中华人民共和国交通运输部．公路钢筋混凝土及预应力混凝土桥涵设计规范：JTG 3362—2018［S］．北京：人民交通出版社股份有限公司,2018.

［19］ 邵旭东,罗军,曹君辉,等.钢-UHPC 轻型组合桥面结构试验及裂缝宽度计算研究［J］.土木工程学报,2019,52(3):61-75.

［20］ 张哲,邵旭东,李文光,等.超高性能混凝土轴拉性能试验［J］.中国公路学报,2015,28(8):50-58.

［21］ 单波．活性粉末混凝土基本力学性能的试验与研究［D］.长沙：湖南大学, 2002.

［22］ 中华人民共和国住房和城乡建设部．混凝土结构设计规范(2015 年版)：GB 50010—2010［S］. 北京：中国建筑工业出版社,2015.

［23］ 黄政．UHPC 梁模型试验研究与优化设计［D］.长沙：湖南大学,2018.

［24］ 中华人民共和国交通运输部．公路桥梁承载能力检测评定规程：JTG/T J21—2011［S］.北京：人民交通出版社,2011.

［25］ 中华人民共和国交通运输部．公路钢结构桥梁设计规范：JTG D64—2015［S］．北京：人民交通出版社股份有限公司,2015.

［26］ 王俊颜,边晨,肖汝诚,等.常温养护型超高性能混凝土的圆环约束收缩性能［J］.材料导报,2017,31(23):52-57.

［27］ 水亮亮．超高性能混凝土抗压强度尺寸效应及收缩特性［J］.建筑材料学报,2019,22(4):632-637.

［28］ RICHARD P, CHEYREZY M. Composition of reactive powder concretes［J］. Cement and concrete research, 1995, 25(7): 1501-1511.

［29］ IPEK M, YILMAZ K, UYSAL M. The effect of pre-setting pressure applied flexural strength and fracture toughness of reactive powder concrete during the setting phase［J］. Construction and building materials, 2012, 26(1): 459-465.

［30］ 黄政宇,刘永强,李操旺．掺 HCSA 膨胀剂超高性能混凝土性能的研究［J］.材料导报,2015,29(4):116-121.

［31］ PARK J J, YOO D Y, KIM S W, et al. Autogenous shrinkage of ultra high performance concrete considering early age coefficient of thermal expansion［J］. Structural engineering and mechanics, 2014, 49(6): 763-773.

第 10 章

UHPC重力式灌浆接头

10

INNOVATIVE BRIDGE STRUCTURES BASED
ON ULTRA-HIGH PERFORMANCE CONCRETE (UHPC)

THEORY, EXPERIMENT AND APPLICATION

INNOVATIVE BRIDGE STRUCTURES BASED
ON ULTRA-HIGH PERFORMANCE CONCRETE (UHPC)

THEORY, EXPERIMENT AND APPLICATION

10.1 概述

目前,我国桥梁的下部结构多以现浇为主,施工用时占现场施工时长的 50% ~60%[1],若采用预制拼装方法,可极大节省施工时间,加快建设进程。其中,盖梁与桥墩及墩台、基础的装配式连接方式主要包括钢筋套筒灌浆连接、波纹管灌浆连接、预留槽孔的灌浆连接、承插式连接等[2],如图 10-1 所示。

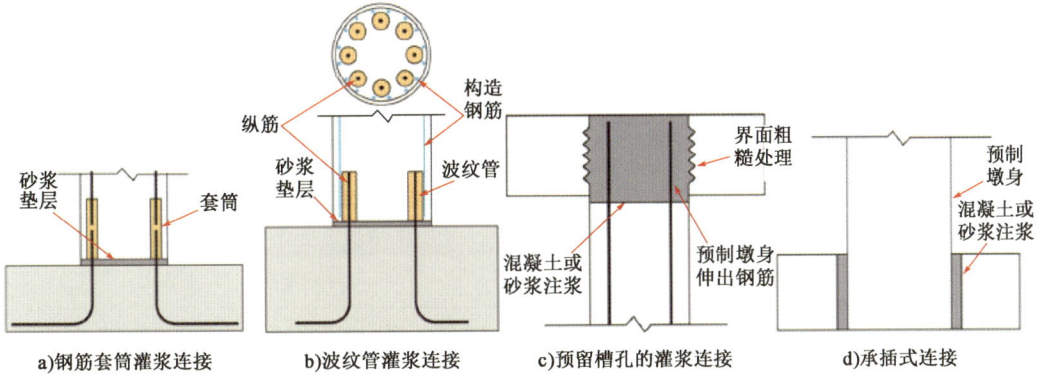

图 10-1 预制桥墩的常用连接方式

上述连接方式中:①钢筋套筒灌浆连接现场湿作业量小,施工精度要求最高,钢筋锚固长度较小;②波纹管灌浆连接精度要求相对较低,钢筋锚固长度相比套筒灌浆连接长,但波纹管易造成节点处钢筋拥挤;③预留槽孔的灌浆连续施工工艺较简单,但湿作业量最大,同时预留槽孔会对包含槽孔构件的钢筋布置造成一定不便;④承插式连接湿作业量也相对较小,同时精度要求不高,但承插式无钢筋连接,仅为混凝土间连接,因此需要对预制拼装构件表面进行处理以保证构件黏结可靠,埋深较浅时需设置剪力键以保证节点有足够强度抵抗地震荷载。

10.1.1 关于钢筋套筒灌浆连接

钢筋套筒灌浆连接是预制装配式混凝土结构中应用较为广泛的连接方式之一,多用于竖向连接,如梁柱、桥墩承台等预制构件连接。

20 世纪 60 年代末,钢筋套筒灌浆连接技术首次应用在框架柱连接上[3];随后,日本土木工程师学会(JSCE)及美国混凝土协会(ACI)[4]也纷纷将其作为施工依据及钢筋连接主要技术之一。我国现已制定一系列规程与技术标准,如《钢筋套筒灌浆连接应用技术规程》(JGJ 355—2015)[5]。在我国《装配式混凝土结构技术规程》(JGJ 1—2014)[6]中,对浆锚搭接连接提出了更多的使用限制,如要求钢筋直径 $d > 20$mm 时尽量避免采用浆锚搭接。由此可见,钢筋套筒灌浆连接的适用范围更广,对钢筋直径的限制更少,同时现场湿作业量小,在不造成节点钢筋拥堵的情况下保证节点安全可靠。

钢筋套筒灌浆连接常有 2 种连接方式,如图 10-2 所示。其工作原理是:在套筒两端插入对接带肋钢筋,灌入高强度微膨胀灌浆料以增强其与钢筋、套筒内侧的连接,通过钢筋与灌浆料的握裹力来实现力的传递。半套筒连接方式所需灌浆料较少,但对于螺纹端的加工以及预留钢筋连接质量提出了更高的要求[7]。

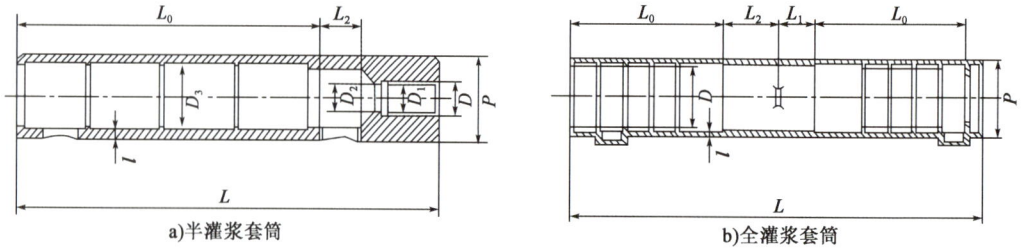

a)半灌浆套筒   b)全灌浆套筒

图 10-2   钢筋套筒灌浆连接方式

我国对钢筋套筒灌浆连接的研究起步较晚,主要集中在钢筋灌浆套筒试件接头的力学性能研究、施工工艺研究及抗震性能研究上。国内部分钢筋套筒灌浆连接在装配式桥墩中的主要应用如表 10-1 所示。

表 10-1   钢筋套筒灌浆连接在装配式桥墩中的主要应用

编号	年份	工程名称	工程概况
1	2010	上海 S6 高速公路	全长 11.77km,第一座使用钢筋套筒灌浆连接的桥梁
2	2010	上海嘉闵北二段高架	全长 5.1km,全国首座采用装配式施工的高架桥,2016 年通车
3	2012	上海 S26 高速公路延伸段	沪常高速公路上海段全长 7.8km,施工中大量采用钢筋套筒灌浆连接
4	2014	吉林市恒山东路跨线桥	桥长 581m,主线桥长 410m,主桥横断面宽 18m,匝道桥标准横断面宽 8m
5	2016	上海 S3 沪奉高速公路先期段	北与 S20 外环高速相接,南与周邓公路相连,全长 3.1km,建设时长 6 个月
6	2016	上海 S7 高速公路	高速公路和高架道路建设都普遍采用工厂预制件 + 现场拼装的施工工艺

对于装配式的施工模式,国外不仅仅将其用于房建领域,在桥梁方面也多有研究与应用,20 世纪 90 年代以来,为减少交通干扰,加快施工速度,装配式施工已大范围应用于工程实践中。而我国的装配式施工应用范围相对较小,主要集中于一些大城市,目前仍以整体现浇为主。

10.1.2   灌浆技术难点

实际工程中,套筒连接多采用压力灌浆,一般可分为单个套筒灌浆和连通腔灌浆。但是,压力灌浆对施工要求较高,灌注质量不易保证,且连接属隐蔽工程,灌浆质量较难判断。

单个套筒灌浆是一种在构件吊装就位后用坐浆料将构件中每个灌浆套筒下口封堵,待坐浆料凝固后对各个灌浆套筒独立灌浆的施工工艺。连通腔灌浆的施工工艺为竖向预制构件吊装就位后,用封缝料或弹性密封材料将构件底面下端空腔四周密封,或分隔成多段分别密封,使多个灌浆套筒下口与同一个空腔相连通,灌浆时通过构件底面下端空腔同时向多个灌浆套筒内灌浆。对于竖向构件连接,宜采用单点压浆、连通腔灌浆的方法。

灌浆技术中的难点是钢筋定位与灌浆质量问题。预制构件底部预留分腔的密封性难以保证,容易造成漏浆(图 10-3),进而导致套筒端部形成缺陷;钢筋在套筒内位置变化,导致通腔内存在多个套筒时,部分套筒难以同时灌满形成空腔;气泡、灌浆口及出浆口封堵不及时或不严会导致套筒中部缺陷;灌浆完成后的回流、灌浆料强度不足与收缩等灌注质量问题,皆会导致接头处形成薄弱面,施工质量难以保证。另外,由于套筒埋置在预制构件内部,如图 10-4 所示,钢筋套筒压力灌浆连接属于隐蔽工程,灌浆质量难以检查与修补,目前还没有一种现场高效、直观且低成本的检测方法。

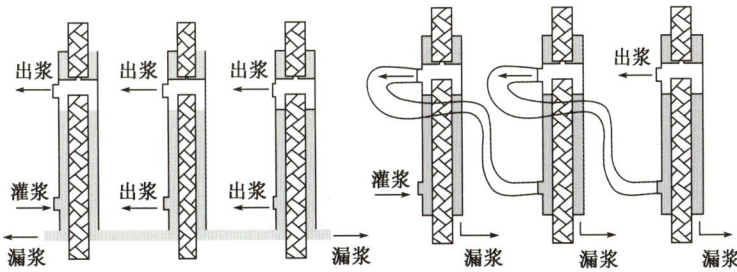

图 10-3　竖向套筒单点压浆法漏浆示意图

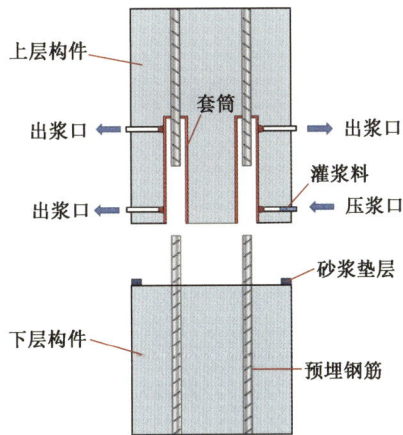

图 10-4　传统钢筋套筒灌浆连接方式

10.2　UHPC 重力式灌浆接头介绍

基于上述灌浆技术难点,作者团队提出通过重力灌浆的方式来减少压力灌浆可能造成的缺陷,如图 10-5 所示。先灌注 UHPC 灌浆料及垫层,再拼接构件以保证施工过程可视化,灌浆质量透明化,并简化施工;灌浆料中掺入细小钢纤维能有效提高握裹性能,在黏结破坏过程中能减缓裂缝的产生,有效抑制其发展,减小裂缝宽度并提高试件的延性。

文献[8][9]表明,掺加钢纤维能有效提高钢筋与混凝土的黏结强度,且钢筋直径越大,钢纤维对黏结强度的增强作用越明显。由于灌浆方式的改变,使用性能更优的含钢纤维、超细石英砂的超高性能混凝土灌浆材料,可大幅度提高装配式结构连接接头的安全性。

为验证该灌浆连接方式的可行性，文献[10]开展了套筒连接接头拉伸试验。下文将对 UHPC 全灌浆大口径套筒连接接头拉伸性能进行详细介绍。

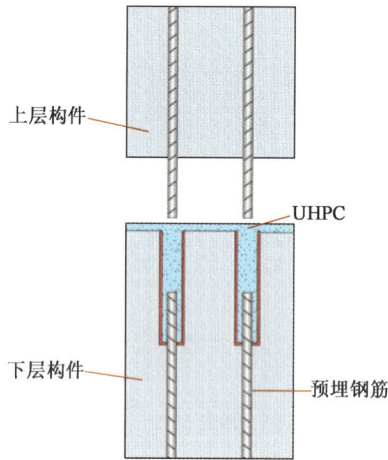

图 10-5　UHPC 重力式灌浆接头

10.3　UHPC 全灌浆大口径套筒连接接头拉伸性能

10.3.1　试验设计

根据《钢筋套筒灌浆连接应用技术规程》（JGJ 355—2015）[5]和《钢筋机械连接技术规程》（JGJ 107—2016）[11]，通过改变钢筋直径 d（18mm、22mm、25mm、28mm、32mm）、锚固长度 l_a（$4d \sim 8d$）及灌浆料类型，设计 19 种钢筋套筒重力灌浆连接试件，每种情况制作 3 个试件，其具体尺寸如图 10-6 所示。实际施工中套筒与钢筋对接拼装时可能出现偏心，因此对钢筋直径为 32mm、锚固长度 7d 的试件设计 3 种偏心情况，保护层厚度分别为 0mm、5mm、9mm，具体试件参数如表 10-2 所示。

其中，UHPC 灌浆料称为 G1 灌浆料，北京思达建茂科技发展有限公司（简称"思达建茂公司"）的套筒接头专用高强灌浆料称为 G2 灌浆料。表中试件编号规则为"灌浆料类别-连接钢筋直径-锚固长度（-偏心构件）"，如试件 G1-D32-7d 为采用 G1 灌浆料、连接钢筋直径为 32mm、锚固长度为 7d（钢筋直径）的试件。

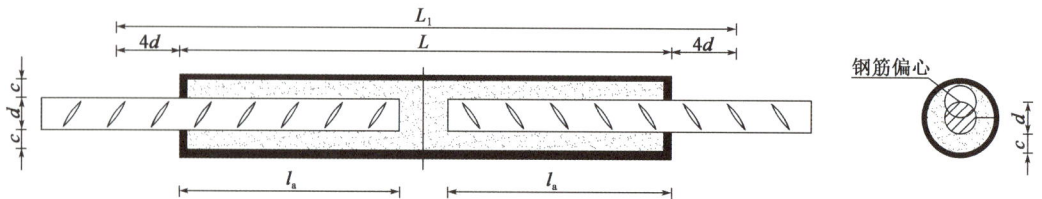

图 10-6　灌浆套筒试件尺寸

注：c 为保护层厚度，当试件偏心时，c 取靠近套筒壁一端的距离；d 为钢筋直径；l_a 为钢筋锚固长度；L 为套筒长度；L_1 为总伸长率测量标距，$L_1 = L + 8d$。

表 10-2　试件尺寸及参数

组号	试件编号	钢筋直径 d（mm）	钢筋锚固长度 l_a（mm）	灌浆料种类	保护层厚度 c（mm）	套筒内径（mm）	套筒壁厚 t（mm）
1	G1-D18-6d	18	6d	G1 灌浆料	10	38	6
	G1-D18-7d		7d				
2	G1-D22-6d	22	6d	G1 灌浆料	10	42	6
	G1-D22-7d		7d				
3	G1-D25-4d	25	4d	G1 灌浆料	10.5	46	6
	G1-D25-5d		5d				
	G1-D25-6d		6d				
	G1-D25-7d		7d				
	G1-D25-8d		8d				
4	G1-D28-6d	28	6d	G1 灌浆料	11	50	6
	G1-D28-7d		7d				
5	G1-D32-4d	32	4d	G1 灌浆料	11	54	6
	G1-D32-5d		5d				
	G1-D32-6d		6d				
	G1-D32-7d		7d				
	G1-D32-8d		8d				
6	G1-D32-7d-P1		7d		0		
	G1-D32-7d-P2				5		
	G1-D32-7d-P3				9		
7	G2-D32-6d	32	6d	G2 灌浆料	11	54	6
	G2-D32-7d		7d				

10.3.2　试验材料

试验采用 GTL 型大口径全灌浆连接套筒,连接钢筋的强度等级为 HRB400,钢筋力学性能如表 10-3 所示。

表 10-3　钢筋力学性能

钢筋直径 d（mm）	屈服强度 f_{by}（MPa）	极限抗拉强度 f_{bu}（MPa）	伸长率（%）	弹性模量（MPa）
18	485.52	608.32	25.6	2.05×10^5
22	468.26	602.55	25.5	2.06×10^5
25	488.21	611.05	23.7	2.09×10^5
28	432.88	602.19	23.5	2.09×10^5
32	457.26	612.06	22.7	2.02×10^5

结合重力式灌浆形式，在灌浆料满足抗压及抗劈裂的前提下，考虑流动度力学性能要求，UHPC 灌浆料基于 DSP 理论，在水泥中掺加超细石英砂、膨胀剂及 8mm×0.12mm（长度×直径）的平直型钢纤维，体积掺量为 2%。

以思达建茂公司的套筒接头专用高强灌浆料为对照。根据《钢筋连接用套筒灌浆料》（JG/T 408—2019）[12] 浇筑 40mm×40mm×160mm 的标准试块，在自然条件下养护，灌浆料技术性能如表 10-4 所示。

表 10-4　灌浆料技术性能

检测项目		性能指标	G1 灌浆料	G2 灌浆料
流动度（mm）	初始	≥300	287	310
	30min	≥260	268	280
抗压强度（MPa）	1d	≥35	62.5	42.6
	3d	≥60	86.0	70.1
	28d	≥85	120.8	103.2
竖向膨胀率（%）	3h	≥0.02	0.021	0.030
	24h 与 3h 差值	0.02~0.5	0.032	0.042
泌水率（%）		0	0	0

由表 10-4 可以看出，G1 灌浆料初始流动性略低于《钢筋连接用套筒灌浆料》（JG/T 408—2019）要求，其他技术性能均满足《钢筋连接用套筒灌浆料》（JG/T 408—2019）要求，同时，G1 灌浆料较 G2 灌浆料有更高的早期强度。

灌浆料的流动度直接影响压力灌浆的施工效率及质量。施工现场若灌浆料流动性不够，容易产生进出浆口堵塞导致灌浆不密实等问题。因此，对于采用压力灌浆的灌浆料，《钢筋连接用套筒灌浆料》（JG/T 408—2019）[12] 提出了较高的流动度要求。重力式灌浆通过灌浆口进行注浆，避免了压力灌浆时由于流动度不够堵塞通道而导致灌浆不密实的问题，可适当降低《钢筋连接用套筒灌浆料》（JG/T 408—2019）要求的灌浆料流动度。同时，G1、G2 灌浆料并未出现泌水现象。

由于城市装配式桥梁结构需要实现快速化施工的要求且需尽早拆除临时支撑结构，以减少对现有交通的干扰和影响，故对于灌浆料的早期强度（1~3d）有更高的要求，同时由于抗劈裂强度（或抗压强度）对黏结应力有较大影响，故需要灌浆料具有较高且稳定的 28d 抗压强度。G1 灌浆料早期强度高，且 28d 的抗压强度更高，性能更优。

硬化过程中，灌浆料体积膨胀。由于套筒约束作用，会对灌浆料产生预压应力，同时在灌浆料-钢筋的连接界面产生压力，进一步提高黏结强度。通过材料性能试验发现，G1 灌浆料的竖向膨胀率略低于 G2 灌浆料，但均满足《钢筋连接用套筒灌浆料》（JG/T 408—2019）要求。

10.3.3　加载装置

试验采用 500kN 万能试验机加载，试验装置如图 10-7 所示。试件采用位移控制加载直至试件破坏。

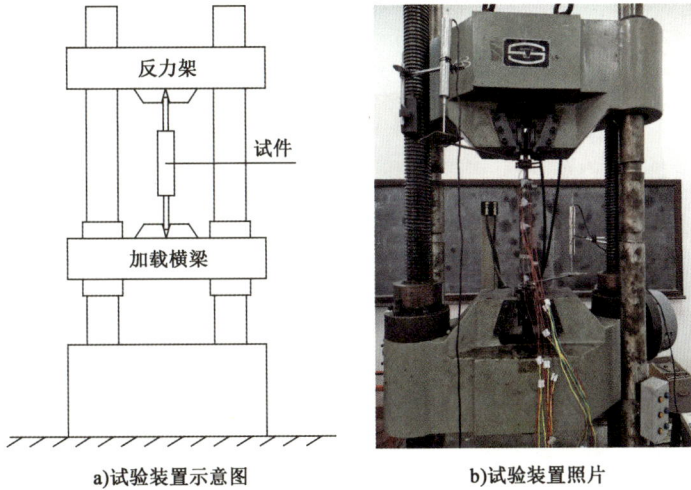

a)试验装置示意图   b)试验装置照片

图 10-7 拉伸试验装置

试验测量荷载、钢筋与套筒表面应变以及总伸长率,应变由 TDS-602 动态采集仪采集。考虑到应变基本沿套筒中心轴对称分布,故选取套筒一端粘贴应变片,应变片测点位置如图 10-8 所示。图中 Z1 ~ Z3 及 H1 ~ H3 分别为套筒表面轴向应变片和环向应变片,Z0、Z4 为钢筋轴向应变片。总伸长率测量标距 $L_1 = L + 8d$,如图 10-6 所示。

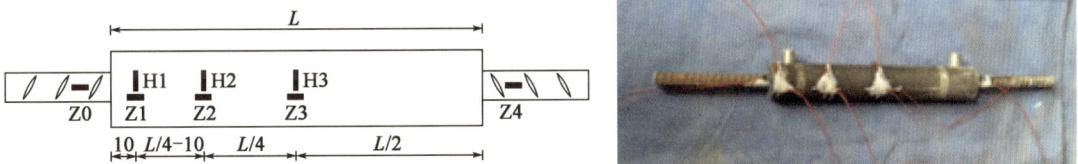

图 10-8 应变片测点布置

10.3.4 试验结果与分析

10.3.4.1 破坏形态

试验存在两种破坏形态,分别为钢筋拉断破坏和钢筋灌浆料黏结滑移破坏,如图 10-9 所示。使用 G1 灌浆料,当钢筋直径为 25mm、锚固长度为 $4d$ 时,试件发生黏结滑移破坏;钢筋直径为 32mm 时,锚固长度为 $4d$ 和 $5d$ 的试件发生黏结滑移破坏;其余试件发生钢筋拉断破坏。对于 G2 灌浆料,当钢筋直径为 32mm 时,锚固长度为 $6d$ 的试件发生黏结滑移破坏,锚固长度为 $7d$ 的试件 1 个发生黏结滑移破坏,2 个发生钢筋拉断破坏。

带肋钢筋和灌浆料之间的黏结力主要由三部分组成:

①水泥凝胶体在钢筋表面产生的化学黏结力。

②周围混凝土对钢筋的摩阻力。

③钢筋凸肋与灌浆料间的机械咬合力。

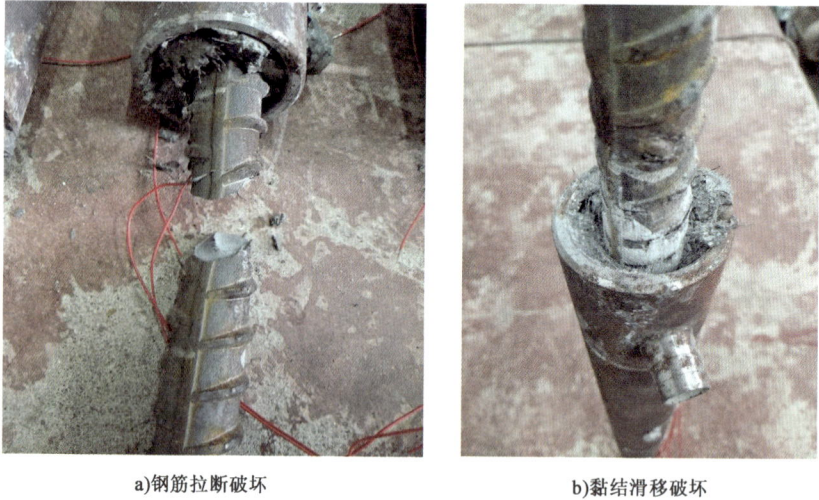

a)钢筋拉断破坏   b)黏结滑移破坏

图 10-9 　试件破坏形态

钢筋变形过大或与局部滑移时,化学黏结消失,因此黏结力主要由接触摩阻力和机械咬合力提供。钢筋受拉时,机械咬合力如图 10-10 所示。径向应力使灌浆料受拉,导致灌浆料膨胀,套筒约束使灌浆料与钢筋的黏结性能进一步增强。试件的破坏形态主要取决于锚固钢筋拉伸极限承载力和钢筋与灌浆料的极限黏结力的最低值。当钢筋拉伸极限承载力低于钢筋和灌浆料的黏结力时,试件发生钢筋拉断破坏,否则试件发生黏结滑移破坏。

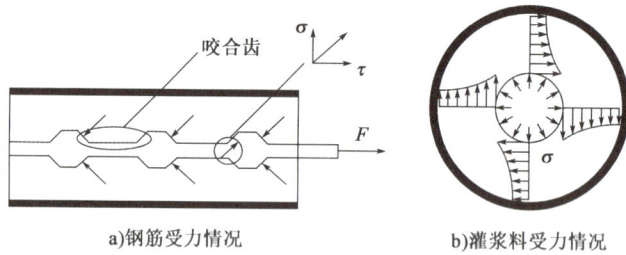

a)钢筋受力情况   b)灌浆料受力情况

图 10-10 　钢筋在灌浆套筒约束中的黏结机理

10.3.4.2 　受力变形分析

（1）荷载-位移曲线

试件的荷载-位移曲线如图 10-11 所示,其中,横坐标位移为标距 L_1 两端点的相对位移。由图可见,试件的受力阶段主要分为弹性阶段、屈服阶段、强化阶段和破坏阶段。

①初期试件处于弹性阶段,荷载与位移基本呈线性变化,灌浆料内部产生细微裂纹。

②屈服阶段,钢筋变形增大,拉力通过钢筋传递,引起斜向应力压碎灌浆料,钢筋与灌浆料的相对滑移增大,套筒端口出现明显的劈裂裂缝。

③强化阶段,套筒口灌浆料劈裂区不断变大,试件整体变形明显增加。

④随着荷载增加,套筒外钢筋拉断;对于发生黏结滑移破坏的试件,钢筋从灌浆料中缓慢拔出,荷载突然降低,随着位移增大,荷载又缓慢上升,但荷载值始终较高。这是由于 G1、G2

灌浆料中均不掺加粗集料,当灌浆料被压碎时,不会形成空隙导致机械咬合力迅速降低[13]。同时套筒约束使试件在加载前已有环向应力,弥补了部分环向应力的损失。

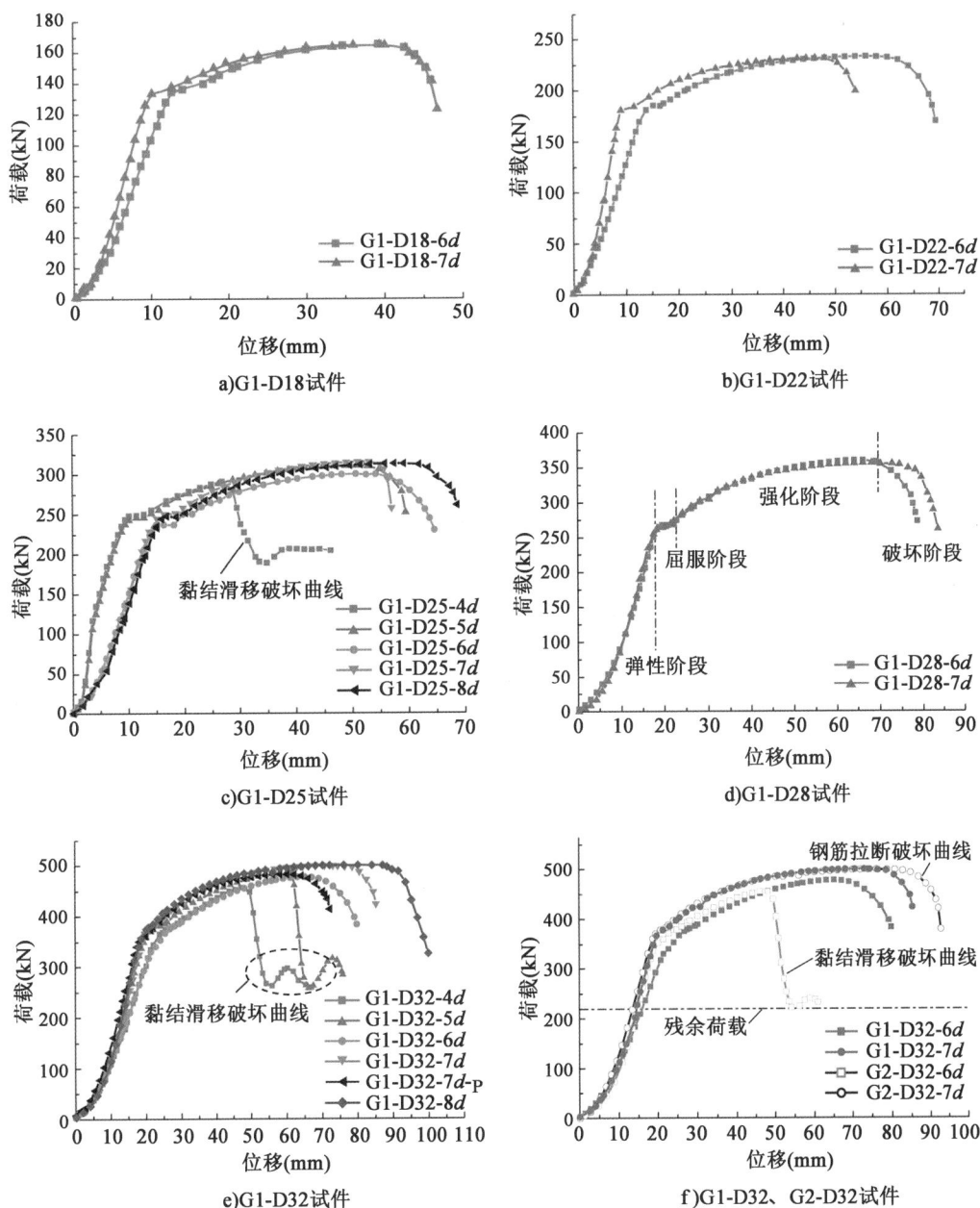

a)G1-D18试件

b)G1-D22试件

c)G1-D25试件

d)G1-D28试件

e)G1-D32试件

f)G1-D32、G2-D32试件

图 10-11 试件荷载-位移曲线

(2)连接接头性能指标

国内外规范,如《钢筋套筒灌浆连接应用技术规程》(JGJ 355—2015)[5]、《钢筋机械连接技术规程》(JGJ 107—2016)[11]及 ACI 318-11[14]对钢筋套筒灌浆连接提出包括正常使用状态与承载能力极限状态两个方面的要求,具体要求见表 10-5。

表 10-5　连接接头性能指标

规范	接头类别	极限强度	残余变形（mm）	最大力下总伸长率（%）
《钢筋套筒灌浆连接应用技术规程》（JGJ 355—2015）[5]	灌浆套筒	断于钢筋或 $f_u > 1.15 f_{buk}$	$u_0 \leq 0.10 (d \leq 32)$ $u_0 \leq 0.14 (d > 32)$	$A_{sgt} \geq 6.0$
《钢筋机械连接技术规程》（JGJ 107—2016）[11]	I	断于钢筋或 $f_u > 1.10 f_{buk}$	$u_0 \leq 0.10 (d \leq 32)$ $u_0 \leq 0.14 (d > 32)$	$A_{sgt} \geq 6.0$
	II	$f_u > 1.00 f_{buk}$	$u_0 \leq 0.14 (d \leq 32)$ $u_0 \leq 0.16 (d > 32)$	$A_{sgt} \geq 6.0$
	III	$f_u > 1.25 f_{buk}$	$u_0 \leq 0.14 (d \leq 32)$ $u_0 \leq 0.16 (d > 32)$	$A_{sgt} \geq 3.0$
ACI 318-11[14]	Type1	$f_u > 1.25 f_{buk}$	—	—
	Type2	$f_u > 1.00 f_{buk}$	—	—

注：① f_u 为试件最大拉应力，f_{buk} 为钢筋极限抗拉强度标准值。
②u_0 为接头试件加载至 $0.6 f_{byk}$ 并卸载后在规定标距内的残余变形。
③A_{sgt} 为接头试件的最大力下总伸长率。

由于灌浆套筒多用于纵向主筋的全断面连接，并且该处多为接头的薄弱部位，因此《钢筋套筒灌浆连接应用技术规程》（JGJ 355—2015）[5] 的极限承载能力较《钢筋机械连接技术规程》（JGJ 107—2016）[11] 要求更高，非钢筋断裂破坏时，《钢筋套筒灌浆连接应用技术规程》（JGJ 355—2015）[5] 要求试件强度应大于 1.15 倍钢筋极限抗拉强度标准值。在型式检验中，灌浆套筒要求测试偏置单向拉伸强度，同时对于工艺检验的要求也更为严格。

整理试验数据得到试件单向拉伸结果，汇总如表 10-6 所示。由表 10-6 可以看出，所有试件的极限强度均大于锚固钢筋屈服强度的 1.25 倍，f_u/f_{byk} 基本在 1.40～1.62 之间；发生钢筋拉断破坏的试件，试件抗拉强度皆达到钢筋极限抗拉强度标准值的 1.1 倍，满足《钢筋套筒灌浆连接应用技术规程》（JGJ 355—2015）[5]、《钢筋机械连接技术规程》（JGJ 107—2016）[11] 中的 I 级接头及 ACI 318-11 规范[14] 中的 Type2 类单向拉伸强度要求。

表 10-6　试件单向拉伸结果汇总

组号	试件编号	极限荷载 P_u（kN）	平均黏结强度 τ_u（MPa）	f_u/f_{byk}	f_u/f_{buk}	总伸长率（%）	破坏形态
1	G1-D18-6d	164.0	26.85	1.61	1.19	6.57	A
	G1-D18-7d	164.8	23.13	1.62	1.20	7.47	A
2	G1-D22-6d	233.2	25.56	1.53	1.14	8.32	A
	G1-D22-7d	231.8	21.78	1.52	1.13	7.08	A
3	G1-D25-4d	288.8	36.77	1.47	1.09	4.44	B
	G1-D25-5d	310.0	31.58	1.58	1.17	6.46	A
	G1-D25-6d	315.1	26.75	1.60	1.19	6.38	A
	G1-D25-7d	310.3	22.58	1.58	1.17	6.04	A
	G1-D25-8d	312.8	19.91	1.59	1.18	7.62	A
4	G1-D28-6d	372.2	25.19	1.51	1.12	6.15	A

组号	试件编号	极限荷载 P_u（kN）	平均黏结强度 τ_u（MPa）	f_u/f_{byk}	f_u/f_{buk}	总伸长率（%）	破坏形态
4	G1-D28-7d	377.0	21.87	1.53	1.13	6.18	A
5	G1-D32-4d	457.0	35.52	1.42	1.05	4.10	B
	G1-D32-5d	486.8	30.26	1.51	1.12	5.97	B
	G1-D32-6d	497.1	25.75	1.55	1.14	6.15	A
	G1-D32-7d	499.6	22.19	1.55	1.15	7.63	A
	G1-D32-8d	501.2	19.48	1.56	1.15	6.53	A
6	G1-D32-7d-P1	489.4	21.73	1.52	1.13	6.47	A
	G1-D32-7d-P2	497.5	22.09	1.55	1.15	7.42	A
	G1-D32-7d-P3	497.6	22.10	1.55	1.15	8.93	A
7	G2-D32-6d	450.6	23.35	1.40	1.04	6.10	B
	G2-D32-7d	499.8	22.20	1.55	1.15	8.51	A
		484.0	21.49	1.50	1.11	7.43	B

注：① τ_u 为 P_u 对应的最大平均黏结强度。

② 总伸长率 = $(L'_1 - L_1)/L_1 \times 100\%$。

③ 破坏形态中，A 表示钢筋拉断破坏，B 表示钢筋黏结滑移破坏；其中 G2-D32-7d 中 2 个试件为钢筋拉断破坏，1 个试件为钢筋黏结滑移破坏。

对钢筋直径为 32mm、锚固长度为 7d 的试件设置钢筋偏心，保护层厚度分别为 0mm、5mm、9mm、11mm。从图 10-11e）及表 10-6 可以看出，试件 G1-D32-7d 及 G1-D32-7d-P 皆为钢筋拉断破坏，荷载-位移曲线基本相似，极限承载力相差不大，说明当钢筋锚固长度为 7d 时，灌浆料与钢筋间的黏结承载力相较于钢筋拉伸极限承载力有较大富余。故锚固长度足够时，试件会发生钢筋拉断破坏，钢筋是否偏心（即保护层厚度的改变）对试件的承载力几乎没有影响。

（3）变形

试件的总伸长率的试验结果详见表 10-6。总伸长量主要由在规定标距内的钢筋黏结滑移和钢筋变形组成，由于试验中钢筋发生破坏时，钢筋均已屈服，故钢筋变形为总伸长的主要部分。通过表 10-6 可知，钢筋总伸长率无明显规律，在极限荷载作用下，出现钢筋拉断现象的试件总伸长率均大于或等于 6.0%，满足规范《钢筋套筒灌浆连接应用技术规程》（JGJ 355—2015）[5] 要求，说明试件具有较好的延性。对于发生钢筋黏结滑移破坏的试件，部分满足规范《钢筋套筒灌浆连接应用技术规程》（JGJ 355—2015）要求。

10.3.4.3 钢筋灌浆料黏结强度分析

（1）黏结滑移承载力分析

试件 G1-D25-4d、G1-D32-4d、G1-D32-5d、G2-D32-6d、G2-D32-7d-1 破坏形态为钢筋黏结滑移破坏。除试件 G1-D32-4d-1 是由于钢筋缺陷导致结果异常外，其余试件皆在钢筋屈服后再出现破坏。钢筋和灌浆料发生黏结破坏时，承载力明显降低但未全部消失，接头残余黏结强度均超过平均黏结强度的 40%。

破坏现象为钢筋黏结滑移的试件，试件的平均黏结应力可按式（10-1）确定。若发生钢筋拉断破坏,则实际黏结应力大于计算得到的平均黏结应力。

$$\tau_{\mathrm{u}} = \frac{P_{\mathrm{u}}}{\pi d l_{\mathrm{a}}} = \frac{P_{\mathrm{u}}}{\pi n d^2} \tag{10-1}$$

式中:P_{u}——试件破坏时的极限荷载;

d——钢筋直径;

l_{a}——钢筋锚固长度;

n——钢筋锚固倍数,$l_{\mathrm{a}} = nd$。

（2）黏结强度影响

随着钢筋直径的增大,相对黏结面积减少,钢筋与混凝土间的黏结强度减小。对于大直径钢筋,破坏时颈缩现象更明显,拉伸过程中受泊松效应影响,钢筋直径显著减小,摩阻力与机械咬合作用大幅削弱,因此,大直径钢筋需要更长的锚固长度。根据试验结果发现,直径 25 ~ 32mm 的钢筋,对于 G1 灌浆料,锚固长度为 5.5d 即可确保发生钢筋拉断破坏。

钢筋直径不变,当锚固长度逐渐增加时,试件的平均黏结强度明显降低。图 10-12 为相同钢筋直径 d、不同钢筋锚固长度 l_{a} 下试件的黏结强度。对于试件 G1-D25 和 G1-D32,当钢筋锚固长度从 $4d$ 增大至 $5d$ 时,极限荷载分别增大 7.34% 和 6.5%,黏结强度分别降低 16.5% 和 17.4%。试件的极限荷载随着 l_{a} 的增加而提高,这是由于锚固长度增加进一步增大了钢筋与灌浆料之间的接触面积,机械咬合作用增强,故极限荷载明显提高。

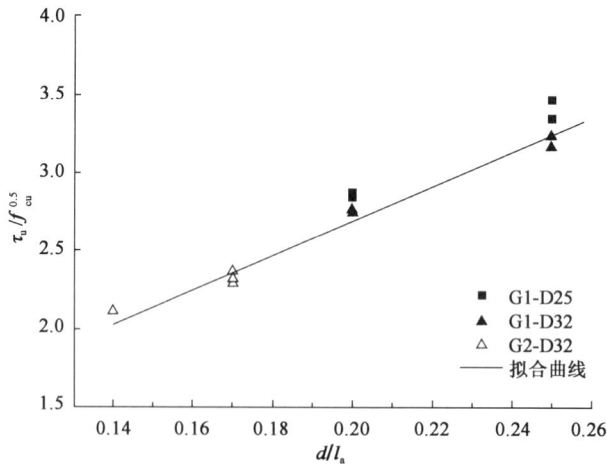

图 10-12　不同钢筋锚固长度下黏结强度试验值拟合曲线

UHPC 灌浆料的黏结强度高于思达建茂公司的套筒接头专用高强灌浆料的黏结强度。UHPC 灌浆料中含有钢纤维,能有效提高抗劈裂强度和初裂强度,在拉伸中延缓裂缝产生,并抑制其进一步发展。对于大直径钢筋,采用含有钢纤维和超细石英砂的高性能 UHPC 灌浆料能进一步提高钢筋与灌浆料的黏结强度,减小钢筋的锚固长度。

10.3.5　平均黏结强度公式拟合

将黏结滑移破坏试件的平均黏结强度进行回归分析,拟合出考虑套筒约束作用的钢筋与灌浆料的平均黏结强度公式(10-2)。将试验参数代入拟合公式(10-2)进行计算,拟合公式计算的平均黏结强度计算值 τ_{u}^0 与试验值 $\tau_{\mathrm{u}}^{\mathrm{c}}$ 对比如表 10-7 所示。平均值与标准差分别为 0.98

和 0.03,变异系数为 0.03,表明平均黏结强度公式拟合良好,可作为考虑套筒约束作用的重力式灌浆套筒的设计依据。

$$\tau_u = \left[0.07 + 3.5\left(\frac{d}{l_a}\right)\right]\left[3.42 + 0.2\left(\frac{c}{d}\right)\right]f_{cu}^{0.5} \tag{10-2}$$

式中:l_a——钢筋锚固长度;

     d——钢筋直径;

     c——保护层厚度;

     f_{cu}——灌浆料抗压强度。

表 10-7　平均黏结强度试验值与计算值对比

试件编号	黏结强度		
	试验值 τ_u^c(MPa)	计算值 τ_u^0(MPa)	τ_u^0/τ_u^c
G1-D25-4d	36.77	36.39	0.99
G1-D32-4d	35.52	36.24	1.02
G1-D32-5d	30.26	29.53	0.98
G2-D32-6d	23.35	23.22	0.99
G2-D32-7d	21.49	20.24	0.94

将试件 G1-D25-4d 的试验参数代入文献[15-18],得到不同材料模型的平均黏结强度计算值 τ_u^0,如表 10-8 所示。当试验参数相同时,含有钢纤维的 G1 灌浆料平均黏结强度计算值最高,为 36.39MPa,同济大学余琼等[15]的灌浆料和自密实混凝土[17]的平均黏结强度计算值为 30MPa 左右,普通混凝土[16]、活性粉末混凝土[18]的平均黏结强度计算值较低。

表 10-8　不同材料模型黏结强度对比

公式	材料模型	计算公式	τ_u^0(MPa)
拟合公式	G1 灌浆料	$\tau_u = \left[0.07 + 3.5\left(\frac{d}{l_a}\right)\right]\left[3.42 + 0.2\left(\frac{c}{d}\right)\right]f_{cu}^{0.5}$	36.39
文献[16]公式	普通混凝土	$\tau_u = \left[0.82 + 0.9\left(\frac{d}{l_a}\right)\right]\left[1.6 + 0.7\left(\frac{c}{d}\right) + 20\rho_{sv}\right]f_t$	18.72
文献[17]公式	自密实混凝土	$\tau_u = \left[0.63 + 1.96\left(\frac{d}{l_a}\right)\right]\left[2.14 + 0.67\left(\frac{c}{d}\right) + 34.79\rho_{sv}\right]f_{ts}$	30.23
文献[18]公式	活性粉末混凝土	$\tau_u = \left[0.65 + 1.257\left(\frac{d}{l_a}\right)\right]\left[2.675 + 0.711\left(\frac{c}{d}\right)\right](0.815 + 0.1V_f)f_{cu}^{0.5}$	25.75
文献[15]公式	余琼灌浆料	$\tau_u = \left[0.94 + 0.5\left(\frac{d}{l_a}\right)\right]\left[3.02 + 0.71\left(\frac{c}{d}\right)\right]f_{ts}$	31.66

注:G1 灌浆料的轴拉强度由法国 UHPC 规程[19]换算得到,$f_t = 8.02$ MPa;劈裂抗拉强度按照 $f_{ts} = f_t/0.9(1 - 0.27V_f)$ 近似换算[20],V_f 为钢纤维体积掺量。

普通混凝土中含有大量粗集料,集料强度过高而砂浆强度较低时,其黏结性能较差。对于文献[15]的灌浆料和自密实混凝土,由于代入计算公式中的轴拉强度 f_t 及劈裂抗拉强度 f_{ts} 为

G1 灌浆料的试验结果，因此上述两种材料的实际黏结强度远低于计算值。这是由于钢纤维的桥接作用，使抗压强度相同时，未掺钢纤维材料的抗劈裂能力远低于含有钢纤维的灌浆料。活性粉末混凝土由于未添加超细石英砂与膨胀剂，也没有考虑套筒对灌浆料的约束作用，故计算公式的平均黏结强度计算值也较 G1 灌浆料低。

10.3.6　钢筋拉断临界锚固长度建议值

根据规范《钢筋套筒灌浆连接应用技术规程》（JGJ 355—2015）[5]中的 3.2 节相关规定，钢筋套筒灌浆连接接头的抗拉强度不应小于连接钢筋的抗拉强度标准值，且破坏时断于接头外钢筋或接头的极限荷载不小于连接钢筋极限荷载标准值的 1.15 倍。定义钢筋拉断破坏和钢筋灌浆料黏结滑移破坏同时发生为试件临界状态，此时锚固长度为临界锚固长度 L_{cu}，则由破坏时的平衡条件可得：

$$\tau_u \pi d L_{cu} = A f_{bu} \qquad (10\text{-}3)$$

式中：f_{bu}——钢筋的拉伸强度试验值；

　　　d——钢筋的直径；

　　　A——钢筋的截面面积；

　　　L_{cu}——临界锚固长度。

由于钢筋的截面面积 $A = \pi d^2/4$，故式（10-3）可写为：

$$L_{cu} = \frac{f_u}{4\tau_u} \qquad (10\text{-}4)$$

采用 UHPC 灌浆料时，发生钢筋拉断破坏的临界锚固长度为 $5.07d \sim 5.18d$，为安全起见，同时考虑安装误差，取连接钢筋的临界锚固长度为 $5.5d$。根据钢筋外形尺寸和工程实际情况，规范《钢筋套筒灌浆连接应用技术规程》（JGJ 355—2015）[5]要求的钢筋锚固长度不宜小于插入钢筋公称直径的 8 倍，相比规范要求，钢筋锚固长度降低了 31.25%。

综合上述大口径全灌浆套筒连接试件的单向拉伸试验可知，试件发生钢筋拉断和钢筋灌浆料黏结滑移两种破坏形态，当钢筋锚固长度略大于 $5d$ 时，试件发生钢筋拉断破坏，满足规范[5,11]中的 I 级接头要求，连接方式可行；当锚固长度足够时，试件发生钢筋拉断破坏，钢筋偏心对试件的承载力几乎没有影响。采用含有钢纤维的 UHPC 灌浆料能进一步提高黏结强度，减小钢筋的锚固长度。

对于装配式混凝土结构，关键问题是预制构件连接节点的可靠性。目前，预制拼装桥墩多位于地震危险系数较低的地区，对于强震下的研究较少。正常使用下，桥墩常受双向压弯作用。在地震作用下，桥墩将承受更大的水平力。为进一步探究重力式灌浆套筒连接技术在实际施工中的操作性，以及预制拼装构件在水平力作用下的受力形态，下面对套筒连接的装配式柱侧向抗弯性能进行进一步的试验研究。

10.4　套筒连接的装配式柱侧向抗弯性能

10.4.1　模型设计

试验共设计 3 个试件，采用 C35 混凝土浇筑。试件采用统一的截面尺寸，柱长为 4m，计算跨度为 3.6m,纯弯段长 1.5m,剪跨段长 1.05m,剪跨比为 3.5,截面面积为 350mm×350mm,如图 10-13 所示。CIP(cast-in-place)试件采用整体现浇,PC(precast concrete)试件的 PC-1 和 PC-2 试件分为两个节段进行预制,最后利用重力式灌浆套筒进行连接。

试件主筋使用直径为 25mm 的 HRB400 钢筋,配筋率为 1.87%。箍筋采用直径为 8mm 的钢筋,每隔 100mm 均匀布置,配箍率为 0.57%,箍筋外净保护层厚度为 29.5mm。对于 PC-1、PC-2 拼装试件,套筒长度为 450mm,外径为 58mm,钢筋锚固长度取 150mm(即取 6d 锚固长度),套筒截面的配筋详情见图 10-13c),箍筋外净保护层厚度取 13mm,试验中垫层厚度为 20mm。《装配式混凝土结构技术规程》(JGJ 1—2014)要求键槽深度不得小于 30mm,槽口距离截面边缘应大于或等于 50mm,倾角不宜大于 30°。根据规范要求,对于 PC-2 构件应设计键槽。

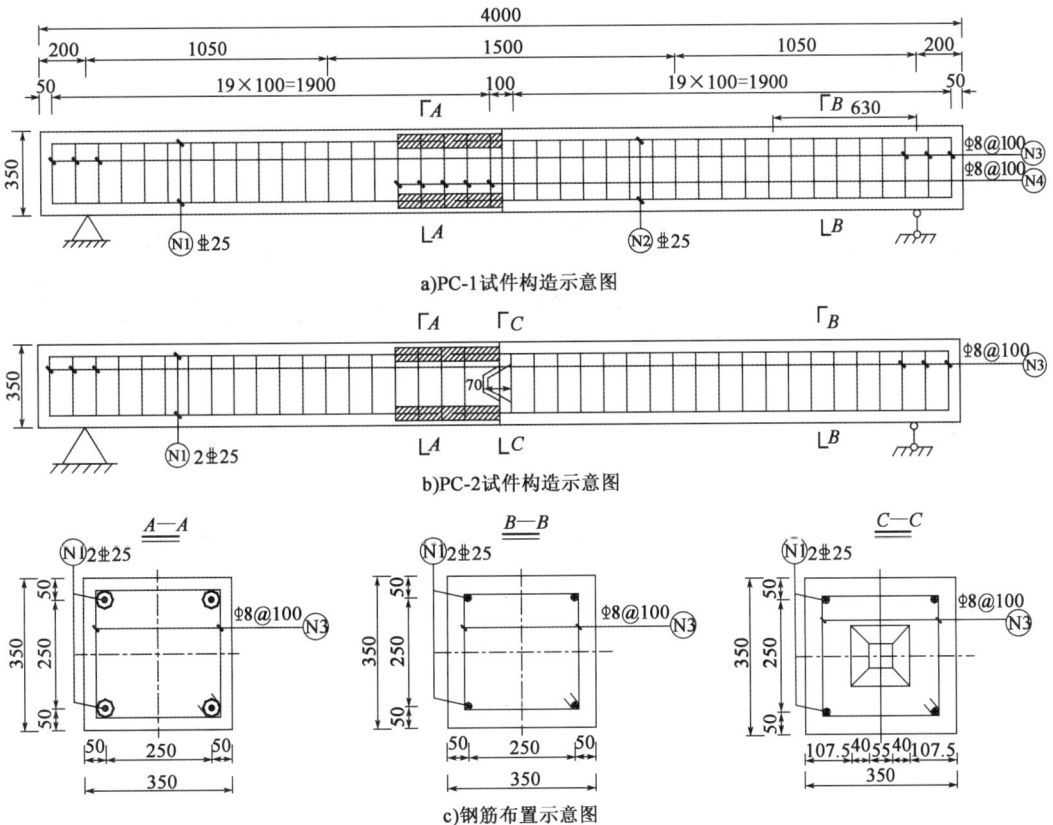

a)PC-1试件构造示意图

b)PC-2试件构造示意图

c)钢筋布置示意图

图 10-13 试件构造示意图及截面配筋设计(单位:mm)

10.4.2 试件制作

试件的制作过程整体可以分为预制与拼装两个部分,主要步骤包括:

①钢筋绑扎与模板安装:套筒与钢筋笼通过绑扎连接,按照设计要求将构件钢筋绑扎成钢筋骨架并放入预制好的模具中。

②混凝土浇筑:对预制构件进行混凝土浇筑,浇筑过程中应采用振捣棒来保证浇筑密实;

同时浇筑过程中应保证模板牢固,避免钢筋、套筒移位,套筒中无杂物,外露钢筋清洁干净。

③自然养护:为保证混凝土达到质量要求,试件浇筑完成后需自然养护28d,前期应进行多次浇水以保证混凝土始终处于湿润状态,使其充分进行水化反应。

④拼装前期准备:拼装前对拼装截面进行凿毛处理,根据《装配式混凝土结构技术规程》(JGJ 1—2014)要求,粗糙面面积不宜小于结合面面积的80%,同时凹凸深度不宜小于6mm,拼装前24h保证界面湿润,进一步提高界面黏结强度;检查外露钢筋是否生锈、污染;检查套筒、钢筋位置及长度偏差是否满足要求;清理灌浆套筒内的杂物以保证灌浆套筒内部通畅。

⑤吊装及拼装:在下层构件连接表面放置钢垫片以保证标高;使用UHPC灌浆料利用重力填满套筒以及垫层,用起重机将上层试件对准轴线位置垂直下放,接近UHPC时需要放慢下放速度,在下放的过程中,通过吊线以及水准仪进行双面垂直检测,减小误差并不断调整;试件拼装完成后,使用工具将其固定,保证整体稳定。试件制作过程如图10-14所示。

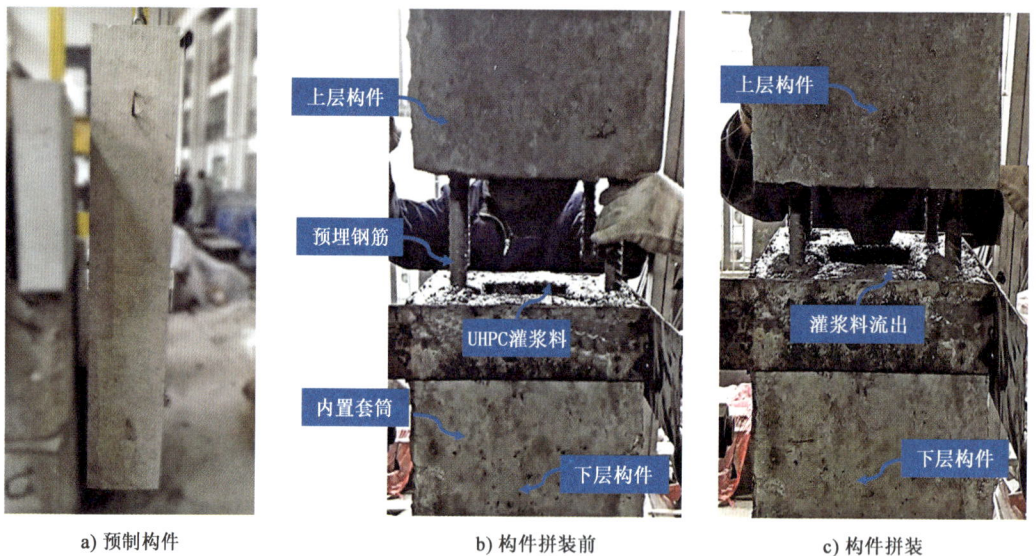

a) 预制构件   b) 构件拼装前   c) 构件拼装

图 10-14 试件制作过程

在UHPC灌浆过程中,由于灌浆料具有一定的流动性,故在自身重力及现场施工的作用下可保证套筒内浆料密实,保证施工过程可视化、灌浆质量透明化,同时可取消现行套筒排气孔及灌浆孔的设置。

构件拼接过程中,上层构件自重较大,且灌浆料未初凝,流动性较好,钢筋插入后,部分多余浆体从套筒上口流出。对于采用UHPC灌浆料的套筒灌浆和预制构件拼装试验,钢筋均能顺利插入UHPC灌浆料中并完成拼装,如图10-14c)所示。同时,对于施工中可能出现的钢筋偏心问题,以上套筒连接接头拉伸性能试验研究表明,当锚固长度足够时,钢筋是否偏心对试件承载力几乎没有影响,这进一步提高了本书方法的实用性。

10.4.3 试验装置及加载

试验采用MTS进行四点加载,采用力-位移控制加载。试验开始前进行预加载,检查仪器设备是否能够工作,同时压实支座与分配梁,减轻其不良影响。正式加载时先以3kN/级加载,后期使用位移加载。试验加载如图 10-15 所示。

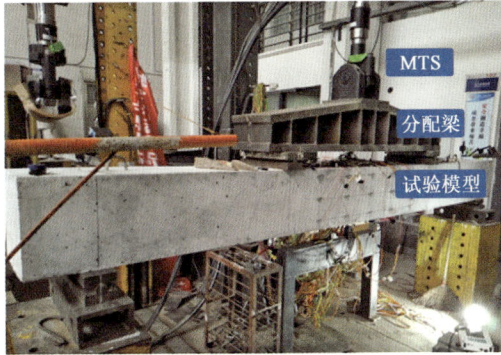

图 10-15 套筒连接的装配式柱加载图

对试件刷白并按加载点及应变片位置画线。通过画线分区也可进一步观察裂缝出现的位置及发展趋势。为了解试验中套筒及套筒两端钢筋的应变变化,本节根据轴对称原理,选取了 5 个代表截面(图 10-16 中 A ~ E 截面);同时,在外层混凝土的顶底板及侧面也设置相应测点,以了解应变的变化趋势。试验中应变使用 TDS-602 动态采集仪进行采集。

在跨中设置百分表测得挠度变化,同时在 2 个加载点和支座处设置千分表来测量该处位移。使用裂缝观测仪及直尺来测量裂缝的宽度和长度,并记录其发展趋势。考虑到裂缝发生会导致应变片失效,故在接缝处设置引伸仪,测试接缝开裂后的应变变化。

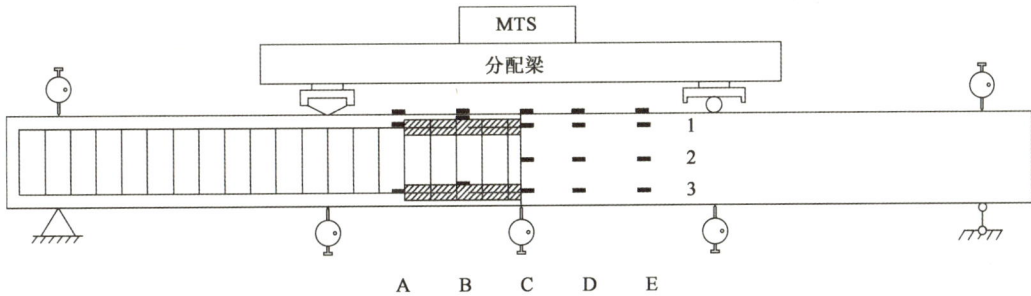

图 10-16 套筒连接的装配式柱加载示意及测点布置图

10.4.4 试验结果分析

10.4.4.1 破坏形态

三根试件均为延性破坏,最终破坏形态一致,均为混凝土压碎破坏。加载初期,试件无明显变化,各表读数均匀增加;当荷载增加到 20kN 左右时,预制构件的接缝处出现第一条通长裂缝,宽度为 0.02mm;随着荷载变大,裂缝持续扩大,当荷载为 30kN 时,接缝中首次出现宽度为 0.05mm 的裂缝。

当荷载增大到 41 ~ 43kN 时,纯弯区域钢筋段混凝土开裂,出现多条通长裂缝。随后,混凝土裂缝快速发展并超过接缝处裂缝宽度,形成主裂缝延伸至构件顶面,最终远离套筒段的混凝土发生压碎破坏,破坏模式如图 10-17 所示。整个加载过程中,并未出现钢筋与套筒黏结滑移破坏。在纯弯区域,套筒段裂缝数量较少,裂缝发展速度及裂缝宽度远小于非套筒段裂缝,这是由于套筒段截面刚度较大,其抗裂性比钢筋混凝土区域强。

对于现浇构件,在43kN左右同时出现多条裂缝。随着荷载增大,裂缝在纯弯区均匀分布,最终在截面薄弱面形成主裂缝贯穿至构件顶面,上部混凝土发生压碎破坏。

图10-17 典型破坏模式图

10.4.4.2 荷载-跨中挠度曲线

现浇试件和套筒连接的装配式柱的荷载-跨中挠度曲线大致分为三个阶段,如图10-18、图10-19所示。

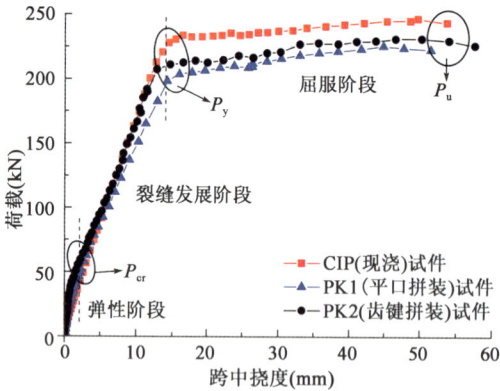

图10-18 荷载-跨中挠度曲线

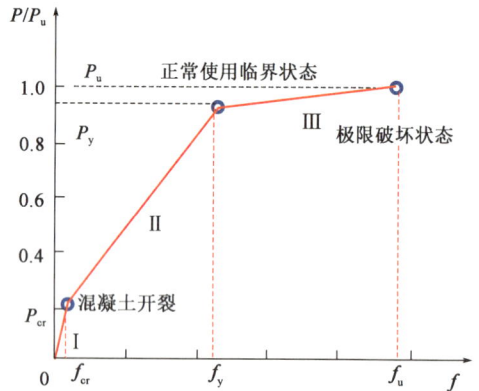

图10-19 荷载-跨中挠度三阶段特征曲线

①弹性阶段:在该阶段,跨中挠度随荷载的增大而增大,荷载-跨中挠度曲线呈线性,受拉区混凝土承受拉力并未发生破坏,整个试件均处于弹性工作阶段。当荷载增大到极限荷载 P_u 的15%~20%时,拉应变超过混凝土极限拉应变,受拉区混凝土开裂,退出工作。

②裂缝发展阶段:该阶段受拉区混凝土退出工作,整个构件带裂缝工作,裂缝不断出现,数量和宽度均增加。从该阶段的荷载-跨中挠度曲线中可看出,试件的抗弯刚度减小,试件的屈服荷载 P_y 为极限荷载 P_u 的88%~92%。

③屈服阶段:该阶段荷载几乎保持不变,跨中挠度快速增长,由此判断试件进入屈服阶段。受拉钢筋发生屈服,增加的荷载由上层钢筋与混凝土承担。该阶段,裂缝急剧开展,中和轴继续上移,受压区高度减小,受压区应力迅速增大,试件刚度进一步下降。当压应变达到混凝土

极限压应变时,受压区混凝土的主裂缝两侧区域出现纵向水平裂缝,随即受压区混凝土被压碎。

10.4.4.3　承载力与延性

延性是反映构件从屈服到达到最大承载力期间的变形性能,在抗震设计中,它是一个重要的指标,通常用延性系数来表示。受弯试件的延性系数 μ 通常用下式定义:

$$\mu = \frac{\Delta_\mu}{\Delta_y} \tag{10-5}$$

式中: Δ_y ——屈服荷载下跨中位移;

$\quad\quad\ \Delta_\mu$ ——极限荷载下跨中位移。

3 根试件的开裂、屈服与极限荷载均相差不大,说明内置套筒的预制拼装试件与现浇试件的性能几乎无差别。根据式(10-5)计算得到 3 根试件的延性系数分别为 3.70、3.60、4.48。3 根试件延性系数均大于 3.5,说明试件具有较好的变形性能。预制平口拼装试件的延性略低于现浇试件,预制齿键拼装试件的延性系数超过 4。由此可见,套筒的存在不会降低纯弯段的抗弯刚度,其极限位移与现浇试件差别不大。

10.4.4.4　应变变化

绘制跨中顶部、底部的混凝土及钢筋的荷载-应变曲线,如图 10-20 所示。底部受拉钢筋整体曲线与试件荷载-挠度曲线相似,试验前期,试件整体受力,荷载-应变呈线性变化。

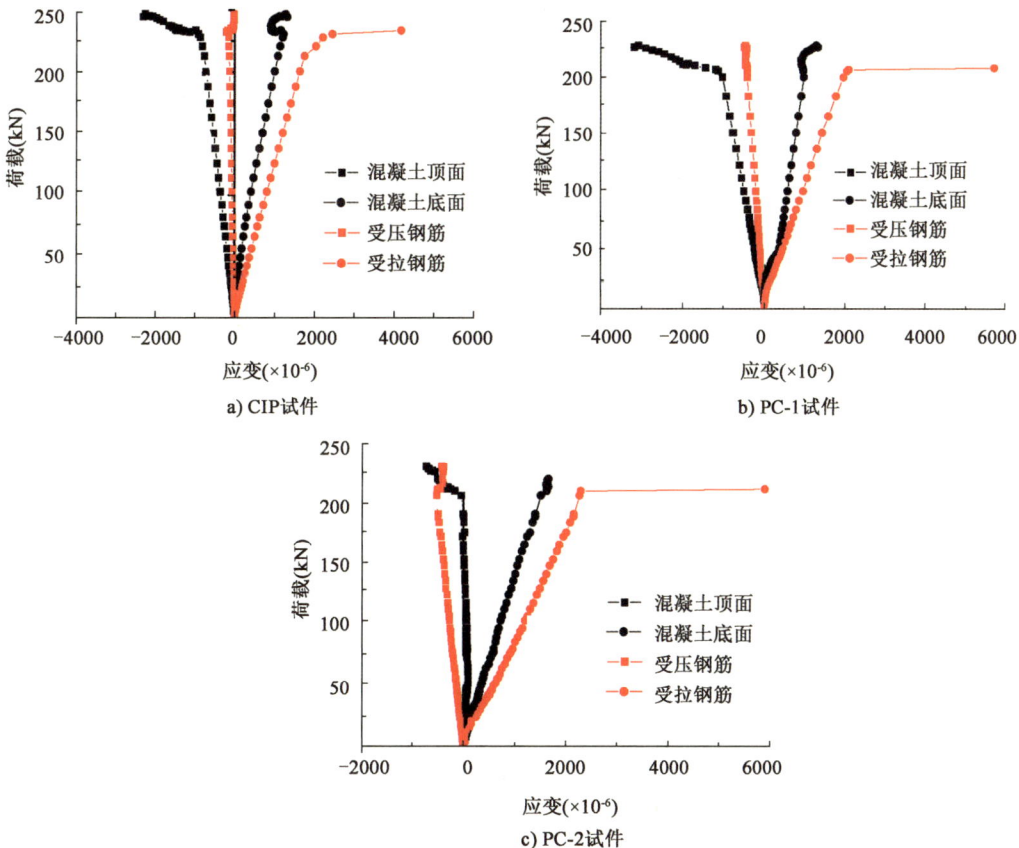

a) CIP试件　　　　　　　　　　b) PC-1试件

c) PC-2试件

图 10-20　试件荷载-应变曲线

下部混凝土开裂时,预制拼装试件应变约为 $220\mu\varepsilon$,现浇试件应变为 $320\mu\varepsilon$,此后试件由整体工作转为正常使用阶段。当受拉钢筋屈服时,受拉钢筋与受压区的钢筋、混凝土应变突然增大,受压区塑性特征表现越发明显。

跨中 C 截面混凝土在试验过程中应变的变化如图 10-21 所示。

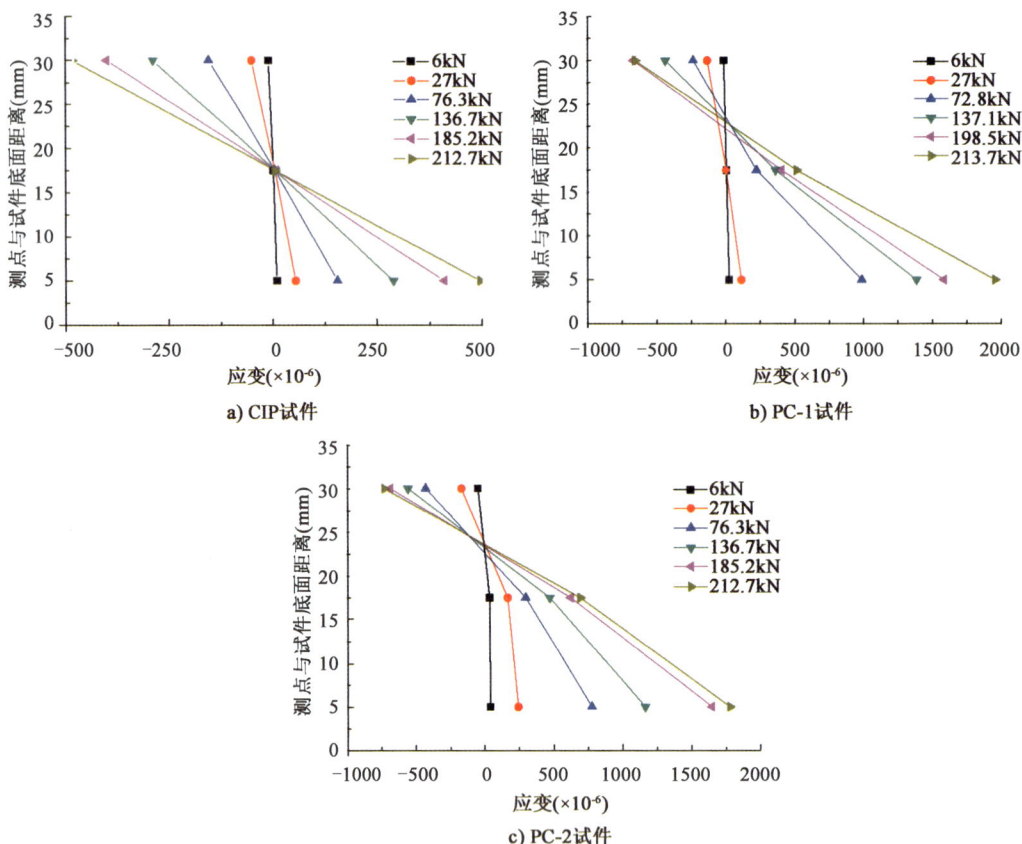

a) CIP试件

b) PC-1试件

c) PC-2试件

图 10-21 跨中 C 截面侧向应变沿截面高度分布

由图 10-21 可知,3 根试件的受压区应变完全满足平截面假定。对于受拉混凝土,在混凝土开裂后,由于钢筋与混凝土产生相对滑移,应变值略有波动,但整体均符合平截面假定。因此,《混凝土结构设计规范(2015 年版)》(GB 50010—2010)[21] 在受弯构件正截面承载力计算中提出的平截面假定是可行的。

10.4.4.5 裂缝发展过程

（1）裂缝宽度

接缝处、套筒段、钢筋段荷载-裂缝宽度曲线如图 10-22 所示。可以看出曲线呈明显的双折线特征,受拉钢筋屈服前,裂缝宽度小于 $0.60 \sim 0.65\,\mathrm{cm}$ 时,裂缝宽度大致随荷载线性增加;受拉钢筋屈服后,裂缝宽度超过 $0.60 \sim 0.65\,\mathrm{cm}$ 时,裂缝宽度迅速增加。

由于含有齿键的接头增大了新旧截面的黏结面积,提高了接头处的黏结性能,另外,由于接头为异型接头,在接缝处截面无法贯通,当裂缝扩展至齿键处时会受到齿键的抑制,导致接缝处裂缝扩展缓慢,因此 PC-2 试件接缝处裂缝发展较 PC-1 试件慢。

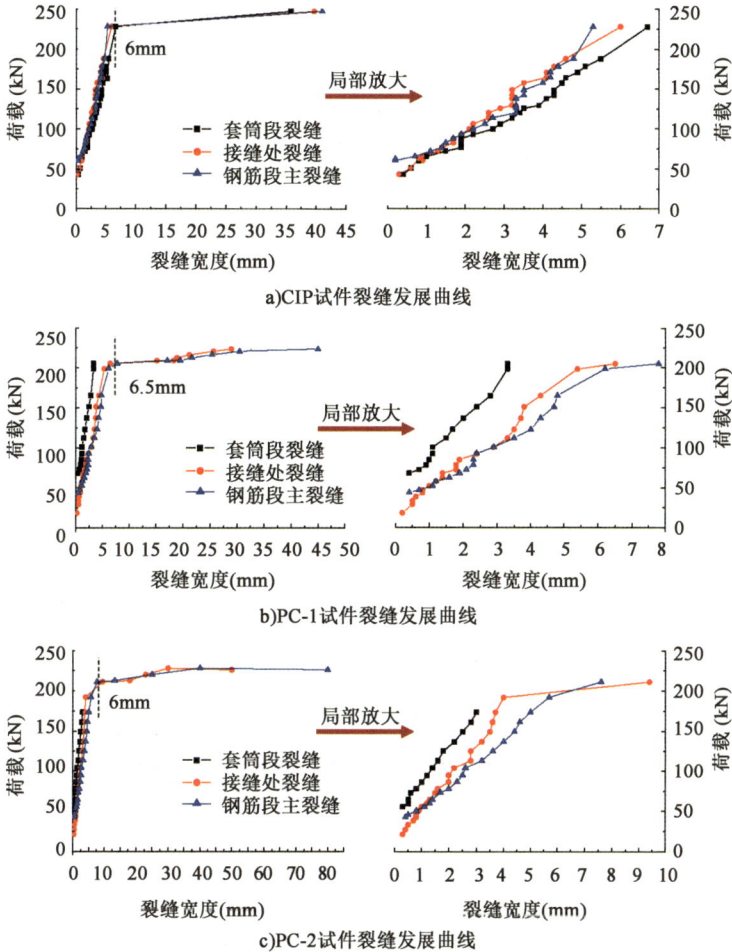

a)CIP试件裂缝发展曲线

b)PC-1试件裂缝发展曲线

c)PC-2试件裂缝发展曲线

图 10-22　荷载-裂缝宽度曲线

根据《公路钢筋混凝土及预应力混凝土桥涵设计规范》(JTG 3362—2018)[22]规定,Ⅰ类环境中钢筋混凝土的最大裂缝宽度计算值不应超过 0.2mm,因此将试验中接缝段、套筒段、钢筋段裂缝宽度达到 0.2mm 时对应的荷载列于图 10-23。

从图 10-23 可以看出,对于预制试件,虽然接缝处先开裂,但钢筋段主裂缝宽度先于接缝处达到 0.2mm,接缝段的整体抗裂强度高于钢筋段抗裂强度。这是由于接缝段开裂后,钢纤维在一定程度上限制了裂缝的发展,故当钢筋段开裂后,拉应力更多集中在钢筋段主裂缝部分,因此其裂缝扩展迅速。荷载到达 130kN 后,套筒段裂缝宽度达到 0.2mm,说明套筒段抗裂强度最大。因此可以认为,采用套筒连接的拼装柱的抗裂性能为:套筒段 > 接缝段 > 钢筋段。

(2)裂缝数量和间距

试件破坏后的侧面裂缝分布如图 10-24 所示。由图 10-24a)可知,现浇试件侧面裂缝分布较均匀,间距基本一致。预制拼装试件套筒段裂缝数量较少,裂缝宽度很小,且间距较大;钢筋段裂缝宽度较大,裂缝间距比现浇试件小,这是由于套筒段刚度比钢筋段大。

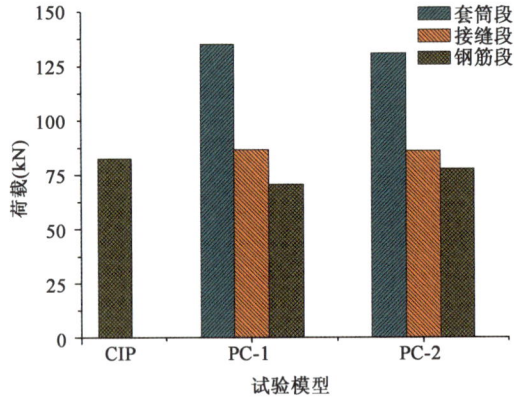

图 10-23　试件裂缝宽度达到 0.2mm 时对应荷载

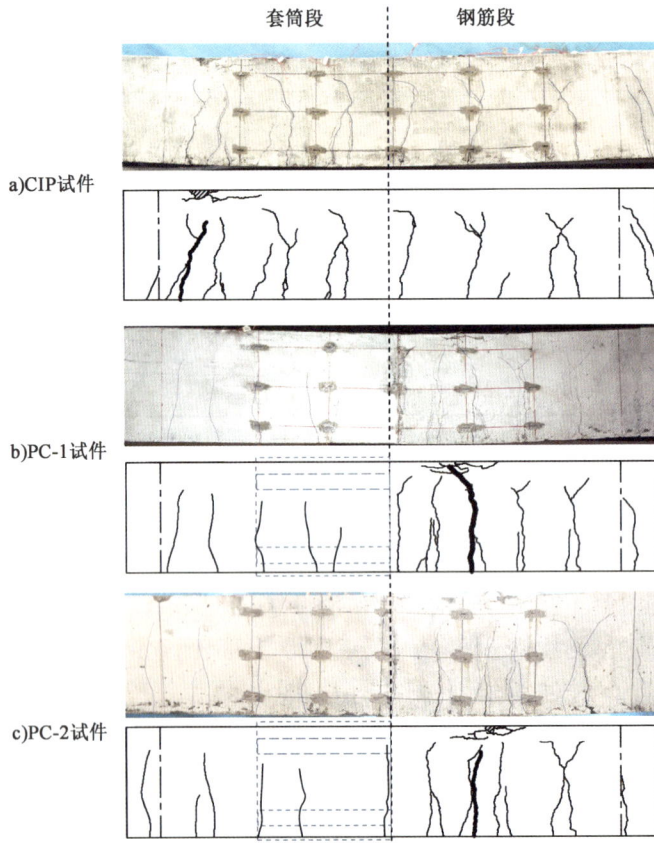

图 10-24　试件侧面裂缝分布示意图

现浇试件各裂缝发展速度基本一致,且分布均匀;预制拼装试件,由于套筒段含钢量高,限制了裂缝的发展,故钢筋段混凝土开裂后,宽度迅速增加形成主裂缝,其他裂缝宽度增加相对较缓慢。预制构件的整体抗弯性能及开裂性能几乎与现浇试件一致,接头并非试件薄弱面,不影响试件整体性能。

10.5　本章小结

基于 UHPC 重力式灌浆接头,作者团队开展重力式灌浆的大口径套筒的单向拉伸试验和套筒连接的装配式柱抗弯试验,主要研究结果如下:

(1)对于重力式灌浆的大口径套筒的单向拉伸试验,试件均满足《钢筋套筒灌浆连接应用技术规程》(JGJ 355—2015)的强度与变形要求,重力灌浆连接方式可行;当锚固长度足够时,钢筋偏心对试件的承载力几乎没有影响;采用含有钢纤维的 UHPC 灌浆料能进一步提高黏结强度,减小钢筋的锚固长度。

(2)考虑套筒约束作用,提出带肋钢筋与灌浆料的平均黏结强度公式,可作为考虑套筒约束作用的重力式灌浆套筒的设计依据;基于平均黏结强度公式得到钢筋断裂破坏时临界锚固长度建议值为 $5.5d$,锚固长度较《钢筋套筒灌浆连接应用技术规程》(JGJ 355—2015)要求的 $8d$ 降低 31.25% 。

(3)对于套筒连接的装配式柱抗弯试验,试件均为延性破坏,最终均为钢筋段形成主裂缝、混凝土压碎破坏;开裂、屈服与极限荷载均相差不大,说明内置套筒的预制拼装试件与现浇试件的性能几乎一致;3 根试件的延性系数均大于 3.5,具有较好的变形性能,可见套筒的存在不会降低纯弯段的抗弯刚度。

(4)在 UHPC 灌浆的过程中,灌浆料在自身重力及现场施工的作用下可保证套筒内浆料密实;构件拼接的过程中,上部构件自重较大,且灌浆料未初凝,流动性较好,钢筋能顺利插入 UHPC 灌浆料中并完成拼装,以保证施工过程可视化,灌浆质量透明化。

参 考 文 献

[1] 项贻强,竺盛,赵阳.快速施工桥梁的研究进展[J].中国公路学报,2018,31(12):1-27.

[2] 王景全,王震,高玉峰,等.预制桥墩体系抗震性能研究进展:新材料、新理念、新应用[J].工程力学,2019,36(3):1-23.

[3] ALFRED A Y. Splice sleeve for reinforcing bars:U. S,3,540,763[P]. 1970-11-17.

[4] ACI Committee 439. Mechanical connections of reinforcement bars [S]. USA:American Certification Institute Committee,1983.

[5] 中华人民共和国住房和城乡建设部.钢筋套筒灌浆连接应用技术规程:JGJ 355—2015 [S].北京:中国建筑工业出版社,2015.

[6] 中华人民共和国住房和城乡建设部.装配式混凝土结构技术规程:JGJ 1—2014[S].北京:中国建筑工业出版社,2014.

[7] 朱万旭,邵炼,汪洋,等.钢筋的半灌浆式套筒连接技术研究[J].建筑技术,2015,46(10):937-940.

[8] EZELDIN A S, BALAGURU P N. Characterization of bond between fiber concrete and reinforcing bars using nonlinear finite element analysis[J]. Computers & structures, 1990, 37(4):569-584.

[9] TAZARV M, SAIIDI M S. Design and construction of UHPC-filled duct connections for precast

bridge columns in high seismic zones[J]. Structure and infrastructure engineering, 2017, 13 (6): 743-753.

[10] 邵旭东,刘也萍,邱明红,等.采用 UHPC 灌浆材料大口径全灌浆连接套筒接头的性能研究[J].土木工程学报,2020,53(2):81-91.

[11] 中华人民共和国住房和城乡建设部.钢筋机械连接技术规程:JGJ 107—2016[S].北京:中国建筑工业出版社,2016.

[12] 中华人民共和国住房和城乡建设部.钢筋连接用套筒灌浆料:JG/T 408—2019[S].北京:中国标准出版社,2019.

[13] 邓宗才,袁常兴.高强钢筋与活性粉末混凝土黏结性能的试验研究[J].土木工程学报,2014,47(3):69-78.

[14] ACI Committee 318. Building Code Requirements for Structural Concrete (ACI 318-11) and Commentary[S]. Farmington Hills:American Concrete Institute, 2011.

[15] 余琼,许雪静,尤高帅.带肋钢筋与灌浆料黏结性能试验[J].哈尔滨工业大学学报,2017,49(12):91-101.

[16] 徐有邻.变形钢筋-混凝土粘结锚固性能的试验研究[D].北京:清华大学,1990.

[17] 山显彬.变形钢筋与自密实混凝土之间粘结锚固性能试验研究[D].哈尔滨:哈尔滨工业大学,2008.

[18] 贾方方.钢筋与活性粉末混凝土粘结性能的试验研究[D].北京:北京交通大学,2013.

[19] AFNOR. NF P18-710 National addition to Eurocode 2—design of concrete structures:Specific rules for ultra-high performance fibre-reinforced concrete (UHPFRC)[S]. Paris:Association francaise de Normalisation,2016.

[20] 韩嵘,赵顺波,曲福来.钢纤维混凝土抗拉性能试验研究[J].土木工程学报,2006,11:63-67.

[21] 中华人民共和国住房和城乡建设部.混凝土结构设计规范(2015 年版):GB 50010—2010 [S].北京:中国建筑工业出版社,2015.

[22] 中华人民共和国交通运输部.公路钢筋混凝土及预应力混凝土桥涵设计规范:JTG 3362—2018 [S].北京:人民交通出版社股份有限公司,2018.

第 11 章

伸缩装置UHPC锚固技术

INNOVATIVE BRIDGE STRUCTURES BASED
ON ULTRA-HIGH PERFORMANCE CONCRETE (UHPC)

THEORY, EXPERIMENT AND APPLICATION

11.1 概述

11.1.1 伸缩装置类型

桥梁工程中,伸缩缝是设置于梁端之间或梁端与桥台之间的一种重要附属结构,其作用是调节由温度变化、混凝土收缩徐变、墩台变形、车辆荷载等引起的桥梁上部结构之间的位移[1]。桥梁跨径或连续长度不同,所使用的伸缩装置也存在差异。根据《公路桥梁伸缩装置通用技术条件》(JT/T 327—2016)[2],伸缩装置的形式主要有模数式 M(包括 MA、MB 两种)、梳齿板式 S、无缝式 W,如图 11-1 所示。桥梁结构根据实际需求,选用与之相匹配的伸缩装置类型和型号。

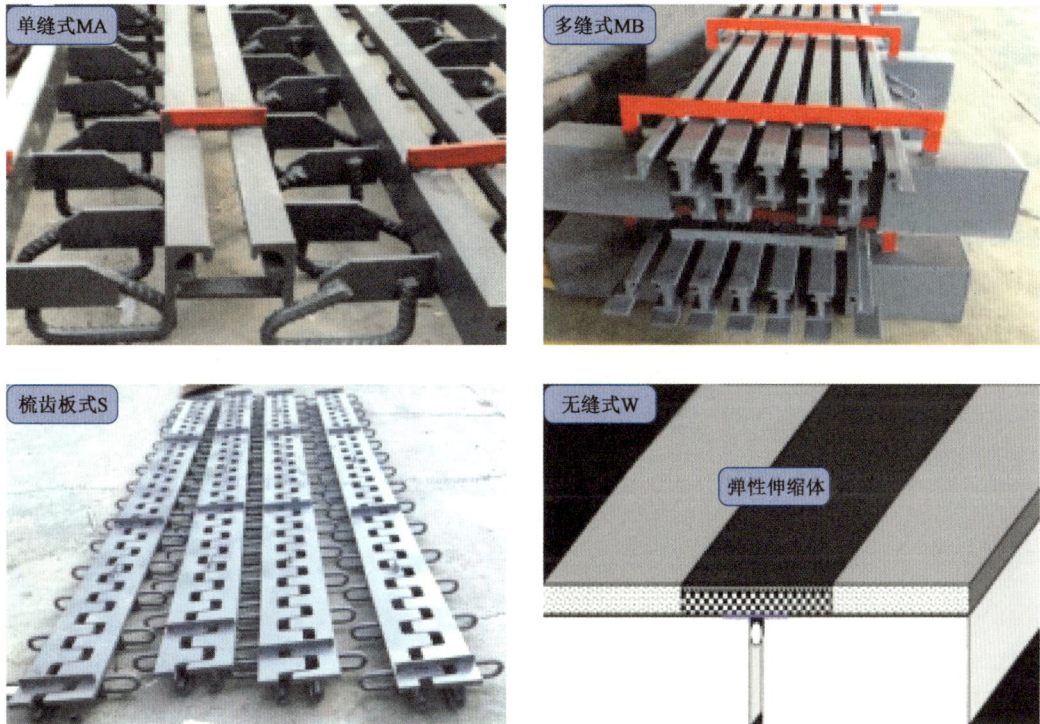

图 11-1 不同类型伸缩装置

(1)模数式伸缩装置 M。仅由边纵梁和橡胶密封带组成的单缝式伸缩装置 MA,在中小跨径桥梁结构中使用较多,伸缩量为 20～80mm;多缝式伸缩装置 MB 通过调整中纵梁的布置数量来满足实际桥梁的伸缩量需求,伸缩量范围大,在中大跨径桥梁结构中使用较多,伸缩量大于 160mm。

(2)梳齿板式伸缩装置 S。根据受力状态,其有悬臂 SC 和简支 SS 两种,伸缩量为60～240mm。当为悬臂状态时,伸缩量过大,在车载作用下梳齿板根部产生较大弯矩,给结构带来不利影响。

（3）无缝式伸缩装置 W。当伸缩量为 20~100mm 时，可考虑使用仅由弹性伸缩体和隔离膜组成的无缝式伸缩装置。

桥梁工程中，伸缩缝部分的造价相对较低，仅占桥梁结构整体造价的 1% 左右，但由于桥梁结构在伸缩缝位置处具有"不连续性"，伸缩装置受到比其他区域更大的局部冲击作用，在使用期间损坏较为严重。调查表明，伸缩装置损坏占桥梁结构损坏的 16%，后期维修费用达桥梁总维修费用的 20% 之多[3-4]，同时伸缩装置维修更换困难，对交通影响大，因此，桥梁伸缩缝的设计、施工、维护成为桥梁工程中亟待解决的难题。

11.1.2 桥梁伸缩缝常见病害

对于一般桥梁结构，伸缩缝的设计使用年限为 15 年，但实际工程应用中，伸缩缝破损现象严重。对于使用最为广泛的模数式伸缩装置，工程实践表明，易出现的病害问题主要有锚固区混凝土开裂和连接件破损以及钢梁变形严重或发生断裂。

11.1.2.1 锚固区混凝土开裂，连接件破损

对于伸缩缝结构，锚固区混凝土多采用普通混凝土或钢纤维混凝土材料，伸缩装置锚固构件并不能与混凝土理想结合。混凝土强度低，车载循环作用下易出现裂纹、破碎现象，如图 11-2 所示，使埋入混凝土内的锚固件部分外露和脱焊，破损导致车轮冲击力显著增大，加快了伸缩装置的损坏[3,5]。

图 11-2 伸缩缝处混凝土破损照片

11.1.2.2　钢梁变形或断裂

钢材在循环荷载作用下易出现疲劳裂纹,因此伸缩装置纵梁钢和横梁钢在服役期间易产生变形或断裂的病害,如图 11-3 所示。异于主梁钢结构疲劳破坏,纵梁钢和横梁钢的疲劳有以下危害:①伸缩装置的疲劳载荷受车辆冲击动载影响更大;②车辆的加速或制动所产生的水平载荷作用,给伸缩装置带来不利影响,降低其服役年限[6-7]。2020 年 11 月 11 日,广澳高速上车辆因碰撞断裂凸起的伸缩缝型钢发生交通事故。由此可见,保证伸缩缝的正常服役至关重要。

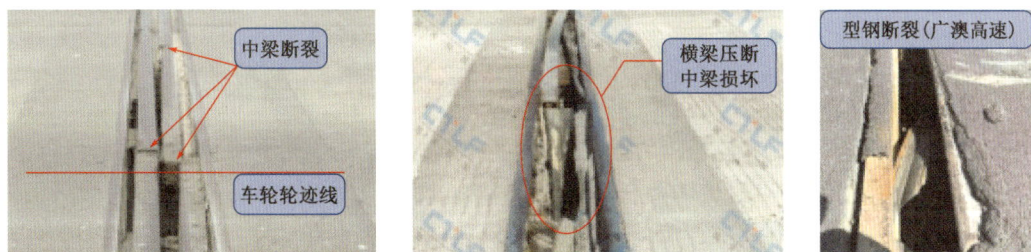

图 11-3　梁钢处断裂形式

11.1.3　传统焊接伸缩装置案例

某先简支后连续混凝土 T 梁桥,跨径布置 5×30m,桥宽 16.9m,主梁采用 C50 混凝土。为了满足桥梁纵向伸缩变形的需要,设置伸缩量 $\delta=40$mm 的单缝式伸缩缝,如图 11-4 所示。锚板与预埋钢筋间的连接方式为焊接,锚板间距为 200mm,锚固区混凝土采用 C50 钢纤维混凝土(钢锭铣削型钢纤维,体积率为 0.8%)。

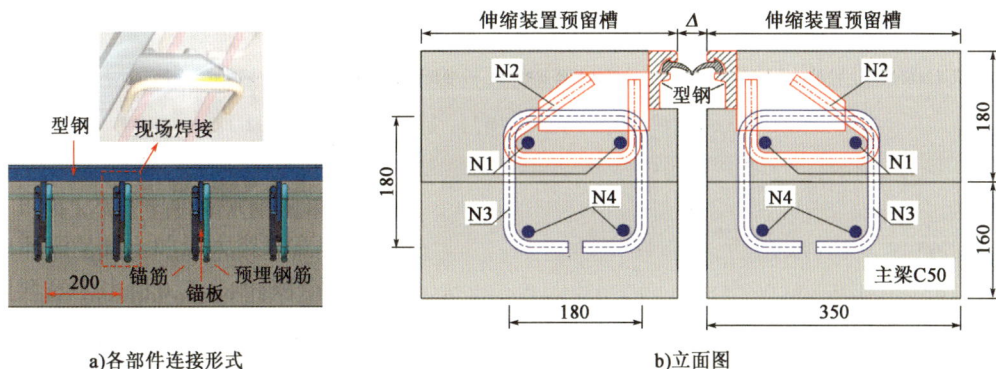

a)各部件连接形式　　　　　　　　　　　　b)立面图

图 11-4　传统焊接伸缩装置详图(单位:mm)

图 11-4 中,N1 为锚固区混凝土中的横穿钢筋,N2 为锚筋,N3 为预埋钢筋,N4 为主梁中布置的横穿钢筋。上述四种钢筋均为直径 16mm 的螺纹钢筋。

型钢与锚板之间的焊接形式为气体保护电弧焊,双面焊缝长度各 50mm,锚筋(N2)与预埋钢筋(N3)均采用焊接方式固定于锚板左右两侧,如图 11-5a)所示,型钢-锚板-锚筋在工厂预制成型后运输至施工现场进行安装作业;桥梁施工时,N1、N2、N3、N4 钢筋之间采用绑扎方式连接,桥梁伸缩装置安装定位后,预埋钢筋(N3)与锚板在现场焊接。

上述传统伸缩缝锚固构造下，现场锚板与预埋钢筋间的焊接工作量大，施工工艺烦琐，且伸缩装置安装定位时，由于施工偏差等因素，锚板与预埋钢筋的相对位置经常存在重叠或较大间隙，给现场焊接工作带来很大困难，严重影响桥梁伸缩缝的安装质量。

鉴于此，作者团队结合高性能材料 UHPC，对传统伸缩缝锚固构造进行优化设计，提出两种现场零焊接的伸缩装置锚固构造形式，并从构造形式、抗裂性能、承载能力等方面进行系统性的研究，以期解决传统伸缩缝锚固构造易破损的难题。下面将对两种构造形式进行详细介绍。

11.2 基于 UHPC 的现场零焊接伸缩缝锚固构造

伸缩缝锚固区采用 UHPC，利用 UHPC 优异的锚固强度，对传统伸缩缝锚固构造做如下优化：取消图 11-5a）传统伸缩装置中锚板与预埋钢筋焊接工艺，将两者均匀错开布置，在锚板侧面焊接抗剪短栓钉，由此形成适用于常规桥梁的现场零焊接伸缩缝锚固新构造形式 1，如图 11-5b）所示。考虑到重载交通作用下，型钢-UHPC 界面分离风险更为显著，在型钢侧面焊接长栓钉，与内部连接焊缝共同受力，形成现场零焊接伸缩缝锚固新构造形式 2，如图 11-5c）所示。

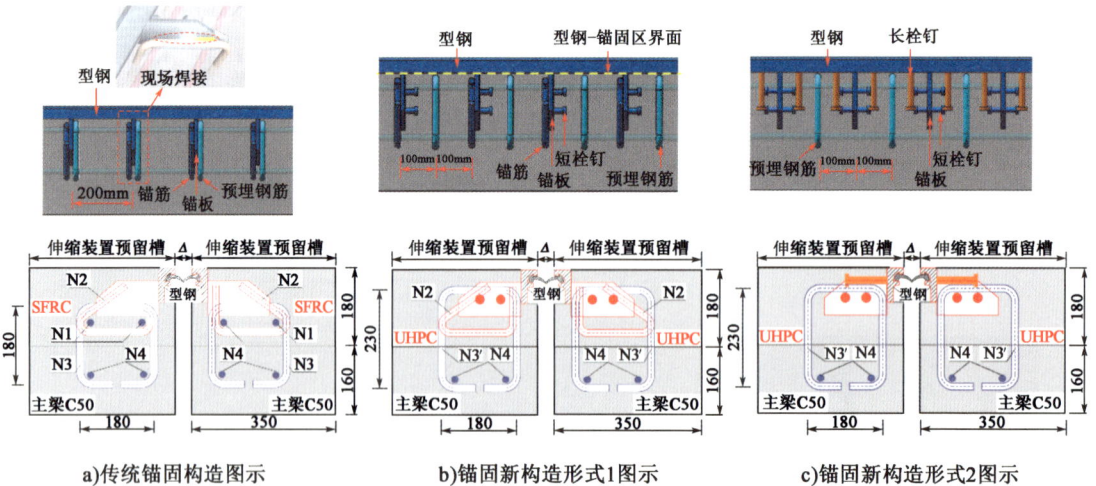

图 11-5　不同伸缩装置构造形式

对于上述两种无焊接伸缩装置，锚固区采用高强、高韧的 UHPC 材料，可解决伸缩装置锚固区混凝土强度低、易剥落开裂的问题，后期无须大修，全寿命成本低，安全经济；且伸缩装置 UHPC 锚固构造中，锚板与预埋钢筋之间无须焊接即可完成拼装，具有施工便捷的技术优势，质量也更易得到保障。

为验证上述伸缩装置锚固构造的可行性，作者团队设计了伸缩装置锚固构造静力拔出试验[8]。下面对试验内容进行详细介绍。

11.3　伸缩装置 UHPC 锚固构造静载试验

11.3.1　试验设计

为研究上述基于 UHPC 材料所提出的两种伸缩缝锚固构造的性能,开展伸缩缝锚固结构静力拔出试验。纵向取一半伸缩缝结构,横向取两个锚板进行 1∶1 试验设计,如图 11-6 所示。考虑伸缩装置构造形式、锚固区混凝土材料、伸缩装置安装位置三种因素,共设计 5 组试验模型,如表 11-1 所示。表中试件编号规则为"伸缩装置构造形式-锚固区混凝土材料-锚板偏移距离",如 G1-UHPC-R 为采用锚固新构造形式 1,锚固区混凝土材料为 UHPC,锚板向右偏移 50mm 的试件。

模型下方为 160mm 厚的普通混凝土 NC,设计平面尺寸为 1050mm×540mm,布置了预埋钢筋和构造钢筋;上方为 180mm 厚的锚固区混凝土,设计平面尺寸为 600mm×540mm,型钢长度设计为 660mm,两侧相对锚固区混凝土各伸长 30mm,以便试验中架设千分表测量界面分离位移。

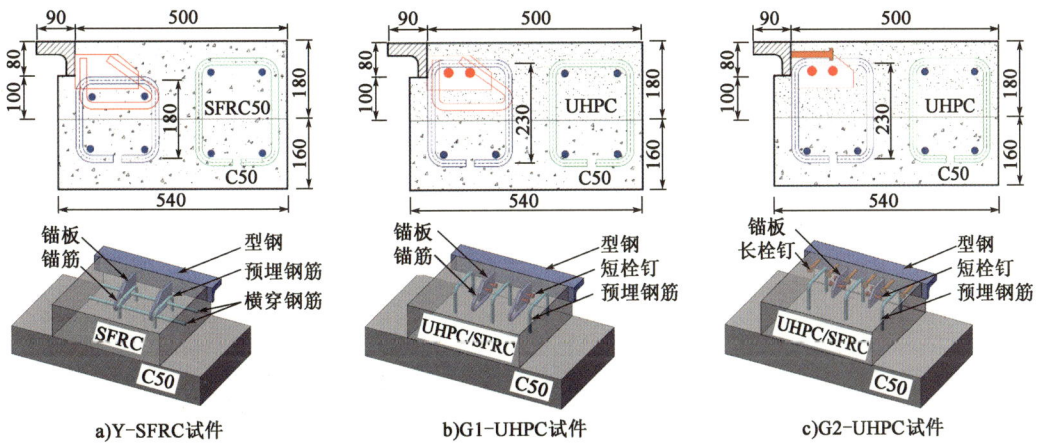

图 11-6　试件尺寸(单位:mm)

表 11-1　试件类型

组号	试件编号	伸缩装置构造形式	锚固区混凝土材料	锚板偏移距离 D(mm)
1	Y-SFRC	传统锚固构造	SFRC	—
2	G1-SFRC	锚固新构造形式 1	SFRC	—
3	G1-UHPC		UHPC	—
	G1-UHPC-R			锚板向右偏移 50
	G1-UHPC-L			锚板向左偏移 50
4	G2-SFRC	锚固新构造形式 2	SFRC	—
5	G2-UHPC		UHPC	—

11.3.2 试件浇筑流程和材料参数

11.3.2.1 试件浇筑流程

试验构件分为上、下两部分，分两次进行浇筑，制作流程如图 11-7 所示。①对下层 NC 进行模板搭设，采用 6 个 PVC 管预留高强螺栓栓接孔道；②绑扎和定位预埋钢筋网与构造钢筋网；③浇筑 NC 并覆膜自然养护 14d；④对 NC 界面进行凿毛处理；⑤对上层锚固区混凝土进行模板搭设，同期完成伸缩装置的焊接工作；⑥伸缩件定位安装；⑦浇筑上部 SFRC 和 UHPC，自然条件下养护 28d 后进行模型试验。

NC模板搭设	NC浇筑振捣	NC自然养护
NC界面凿毛	UHPC/SFRC模板搭设	新构造形式1伸缩装置详图
UHPC搅拌	材料性能试块浇筑	锚固区混凝土自然养护

图 11-7　试件制作流程

11.3.2.2 材料参数

锚板侧面短栓钉直径 13mm，焊接熔后高度 35mm，横向间距 50mm；钢板均采用 Q345 钢材，钢筋采用直径 16mm，等级为 HRB400 的螺纹钢筋；伸缩装置中锚板与型钢连接焊缝采用气体保护电弧焊形式。

UHPC 材料中钢纤维体积掺量 2%，为 1.5% 13mm×0.16mm 和 0.5% 8mm×0.12mm 平直型钢纤维；SFRC 中钢纤维为 37mm×2mm×0.6mm 的钢锭铣削型钢纤维，体积掺量 0.8%。按照标准试验程序测试两种锚固区混凝土材料 SFRC 和 UHPC 的基本力学性能，如表 11-2 所示。

类别	立方体抗压强度（MPa）	弹性模量（GPa）	抗折强度（MPa）
SFRC	59.4	38.7	5.9
UHPC	143.4	46.2	28.3

表 11-2 材料基本力学性能

对锚固区混凝土 UHPC 和 SFRC 两种材料进行四点弯拉试验,结果如图 11-8 所示。UHPC 极限弯拉强度为 SFRC 的 4.86 倍。UHPC 材料表现出明显的挠曲硬化特性,即试件开裂后仍可继续承受较大荷载,而 SFRC 材料表现出脆性破坏特性。表明 UHPC 材料代替传统锚固区 SFRC,可显著提高伸缩装置锚固区的抗裂性能。

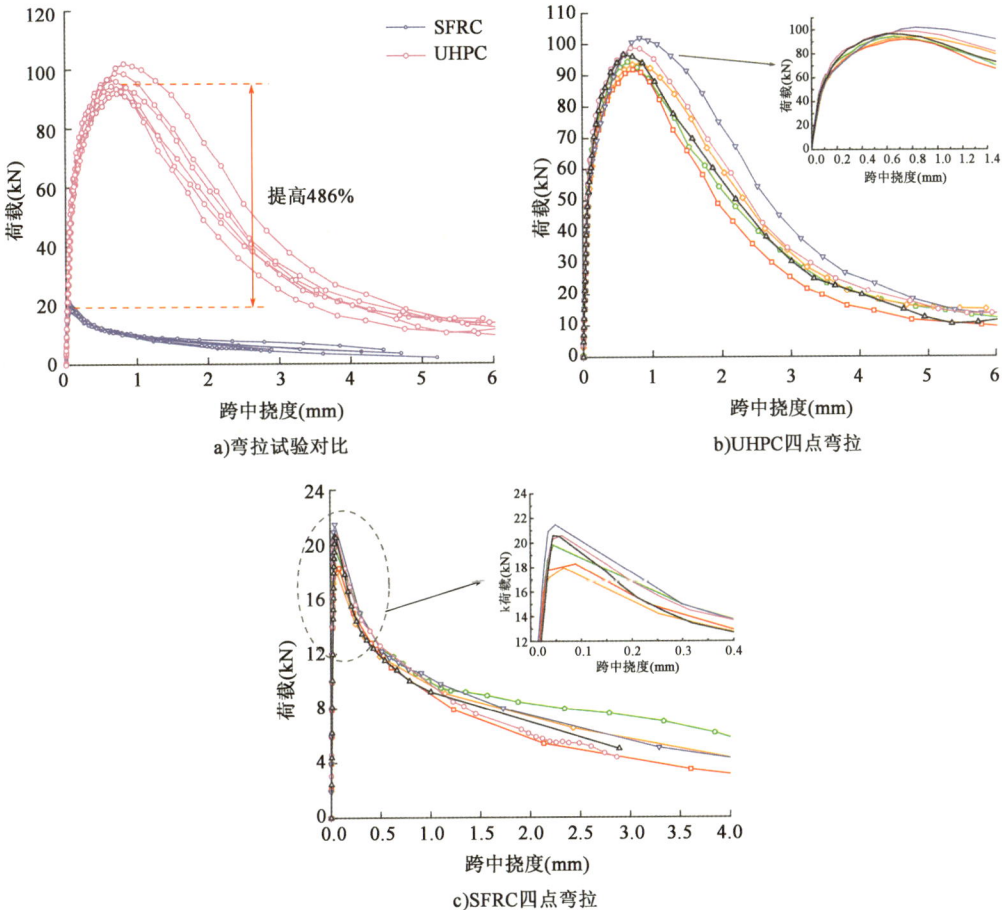

a)弯拉试验对比

b)UHPC四点弯拉

c)SFRC四点弯拉

图 11-8 UHPC 和 SFRC 四点弯拉荷载-跨中挠度曲线

11.3.3 试验加载装置

试件采用液压千斤顶进行竖向受压加载,在试件锚固区混凝土非重点关注区域以及下方 NC 中共设置 6 个栓接孔道,通过 6 个规格为 M27 的 12.9 级高强度六角螺栓与钢台座栓接固定,具体如图 11-9 所示。为避免应力集中,高强螺栓与混凝土间设置钢垫板,钢垫板尺寸与锚固区混凝土加宽区域保持一致，表面锚固区混凝土外露宽度与实桥保持一致，为310mm。

试验中，横向加载范围取型钢上的两锚板中间线间距200mm。为减小型钢下方锚固区混凝土的承压影响，纵向加载范围取型钢外缘80mm，全加载区域为200mm×80mm。

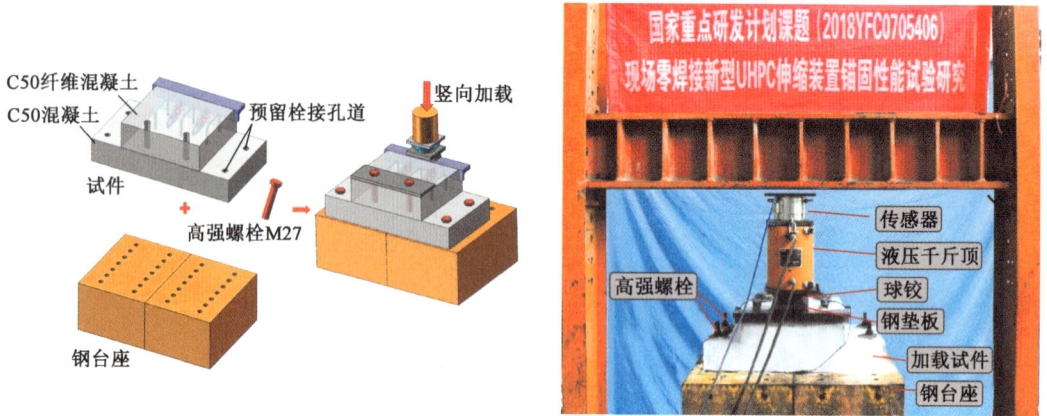

图11-9 加载装置示意图

11.3.4 静载试验结果及分析

11.3.4.1 试件破坏模式

将5组试件初裂荷载和极限荷载数据汇总于表11-3。5组试件下，对相同试件的初裂荷载和极限荷载取平均值，并以第1组传统锚固构造下的试件各项参数为基础，对比分析其余各组试件性能参数。

表11-3 伸缩装置静载试验结果

组号	试件编号	初裂荷载(kN)	初裂荷载比	极限荷载(kN)	极限荷载比	破坏模式
1	Y-SFRC	257.9	100%	598.7	100%	锚板拔出
2	G1-SFRC	252.6	98%	841.7	141%	型钢下方SFRC压溃
3	G1-UHPC	609.8	236%	824.4	138%	焊缝断裂
	G1-UHPC-R	632.4	245%	832.5	139%	
	G1-UHPC-L	598.3	232%	825.1	138%	
4	G2-SFRC	204.0	79%	526.8	88%	伸缩装置完全拔出
5	G2-UHPC	578.0	224%	1393.6	233%	下方NC开裂

5组试件破坏形态完全不同。第一组Y-SFRC试件破坏形态为内部锚板拔出，如图11-10所示。荷载达到257.9kN时，裂缝最先在锚板上方界面附近出现，而后随荷载增加逐渐向内发展。观察失效破坏的试件发现，试件中型钢-锚板连接焊缝位置完好，焊缝未出现裂开现象，但界面位置锚板周边混凝土基本脱空剥落，锚板有从混凝土中拔出迹象，SFRC对伸缩装置的锚固作用失效，试件极限荷载为598.7kN。

图 11-10　Y-SFRC 试件破坏形态

第二组 G1-SFRC 试件破坏形态为型钢下方 SFRC 压溃,如图 11-11 所示。加载后期,试件存在两种损坏趋势:①混凝土表面裂缝基本扩展至上表面整个区域,且主裂缝位置混凝土出现上下错动的现象,上表面裂缝向侧面延伸至型钢底部,且宽度增长较快,伸缩装置整体有从 SFRC 混凝土中拔出倾向;②型钢下方 SFRC 出现向外侧鼓起的现象,且表面不断剥落。在两种损坏倾向同时发展的情况下,最终型钢下方混凝土先被压溃,压溃瞬间试件能量释放,型钢-锚板连接处焊缝断裂,试件发生脆性破坏。此时试件极限荷载为 841.7kN,是 Y-SFRC 试件极限荷载的 1.41 倍。

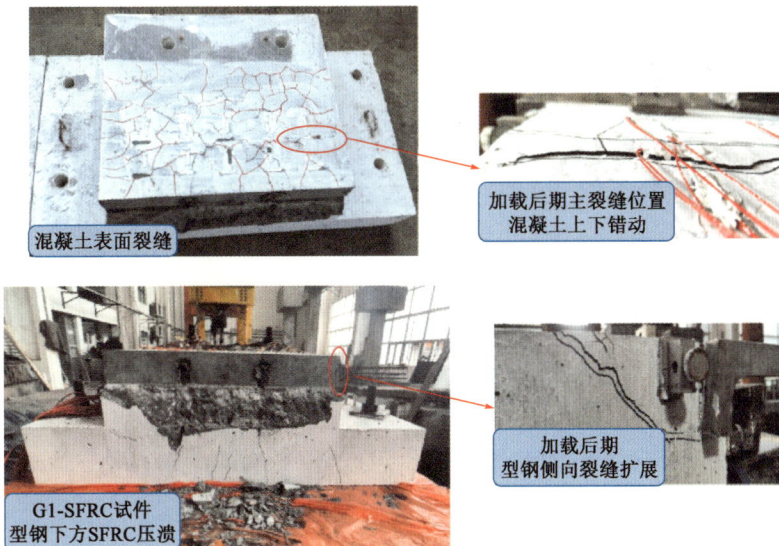

图 11-11　G1-SFRC 试件破坏形态

第三组 G1-UHPC 试件破坏形态为型钢-锚板连接焊缝断裂，如图 11-12 所示。整个加载过程中，试件表面仅出现 1～2 条微小裂缝（宽度小于 0.05mm），但型钢-锚板连接焊缝位置不断出现"滋滋"的撕裂声，最终型钢-锚板连接焊缝位置发生脆响而荷载下降，型钢-锚板连接焊缝断裂，试件破坏，此时试件极限荷载为 824.4kN，是 Y-SFRC 试件极限荷载的 1.38 倍。

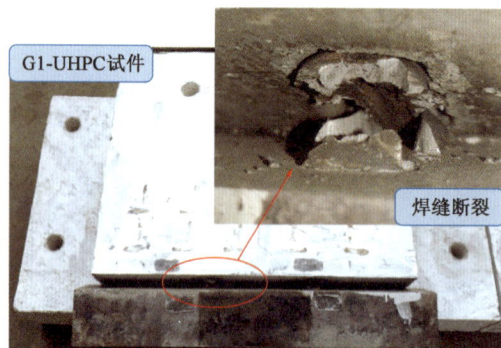

图 11-12　G1-UHPC 试件破坏形态

第四组 G2-SFRC 试件破坏形态为内埋至混凝土中的伸缩装置被完全拔出，如图 11-13 所示。当 SFRC 表面裂缝增长到 0.2mm 后，继续加载但荷载开始下降，裂缝宽度急剧增长，此阶段型钢与混凝土间的界面分离位移基本不再变化。试件极限荷载为 526.8kN，相比传统焊接试件降低了 12%。观察失效破坏的试件，长栓钉上方的混凝土被完全拉裂，伸缩装置连同上方混凝土从长栓钉钉帽位置斜向下扩延拔出，一直延伸至型钢底部，伸缩装置与锚固区混凝土间形成了一个楔形拉拔破坏形式。

第五组 G2-UHPC 试件在整个加载过程中，锚固区 UHPC 裂缝宽度和界面处分离位移均无明显突增现象；加载后期，下部 NC 基体开裂，如图 11-14 所示。当 NC 裂缝宽度达到 3.5mm 时，出于安全性考虑结束试验，此时试件极限荷载为 1393.6kN。

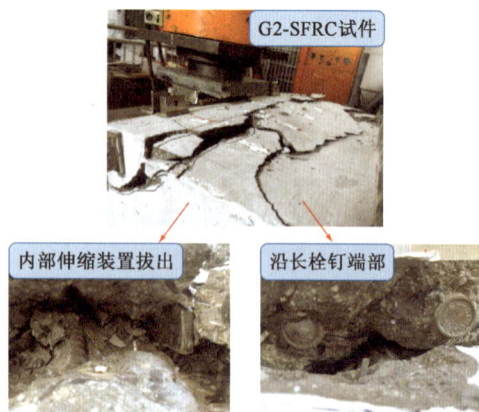

图 11-13　G2-SFRC 试件破坏形态

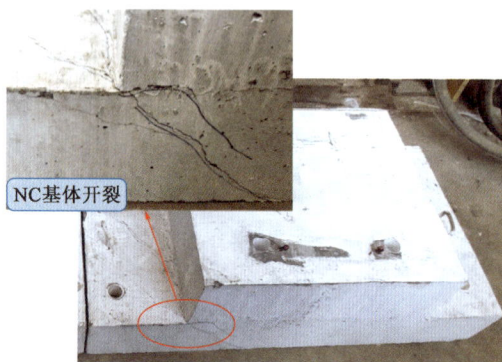

图 11-14　G2-UHPC 试件破坏形态

11.3.4.2　裂缝分布特征

各组试件锚固区混凝土表面裂缝分布如图 11-15 所示，混凝土表面最大裂缝宽度随荷载变化如图 11-16 所示。

a)Y-SFRC试件

b)G1-SFRC试件

c)G1-UHPC试件

d)G2-SFRC试件

e)G2-UHPC试件

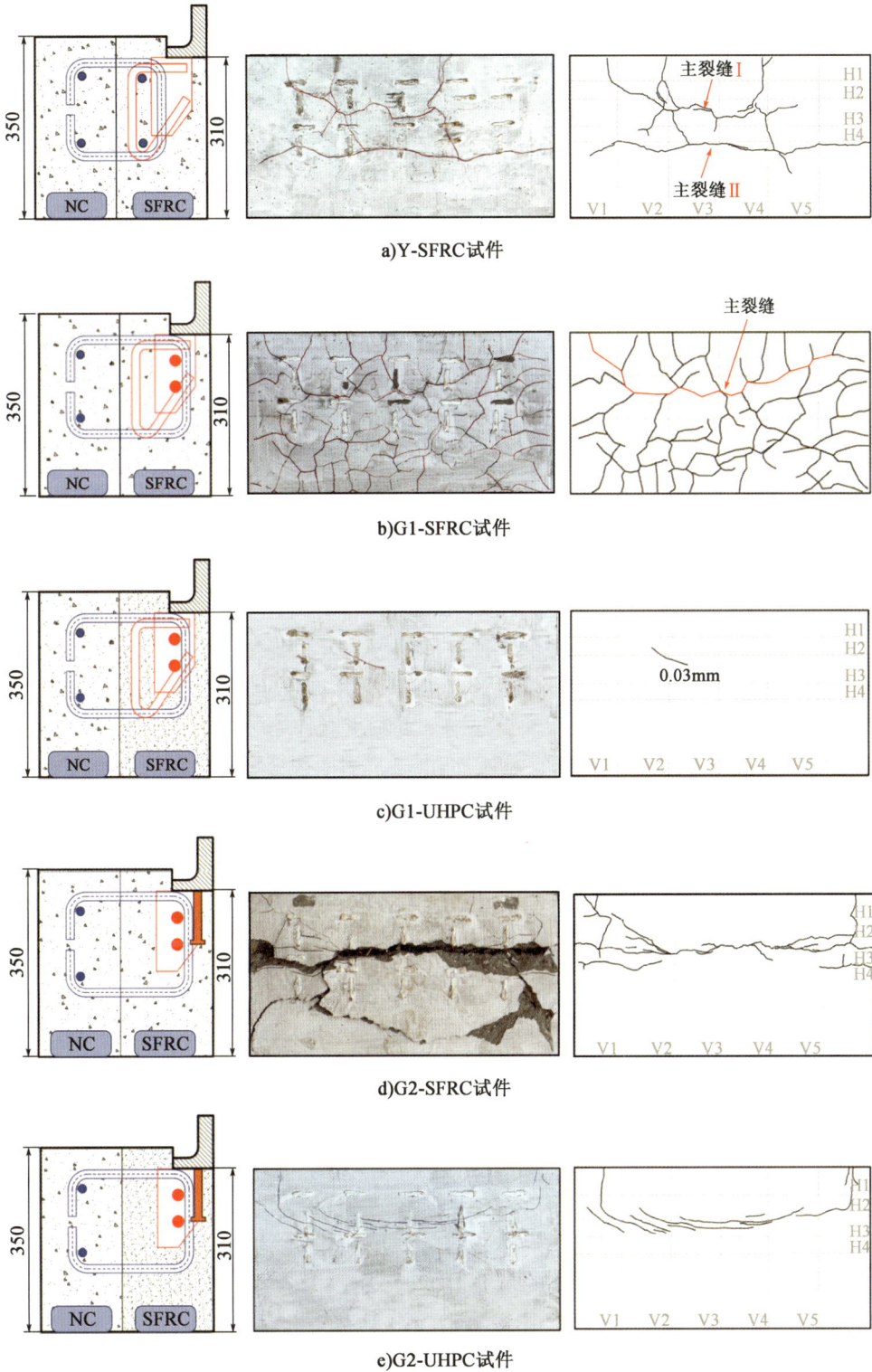

图 11-15　表面裂缝分布图示(尺寸单位:mm)

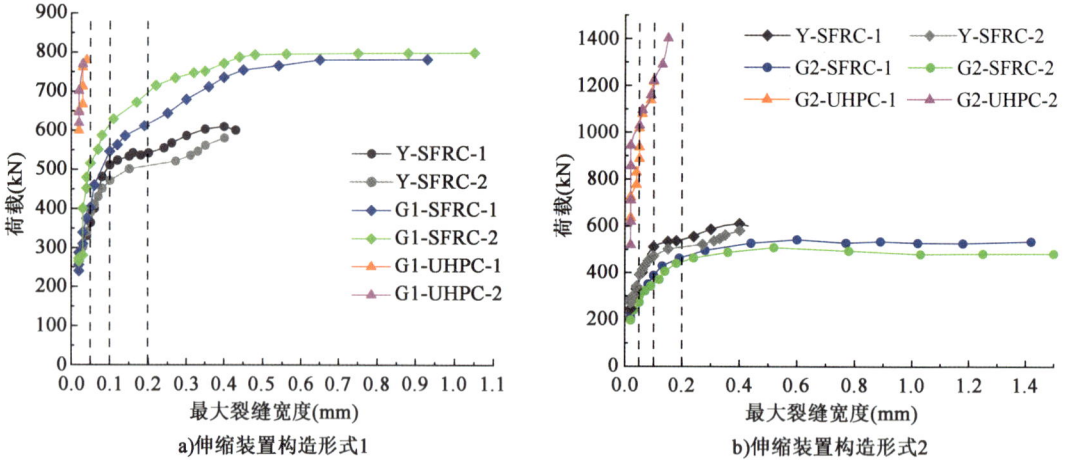

a) 伸缩装置构造形式1　　　　　b) 伸缩装置构造形式2

图 11-16　荷载-最大裂缝宽度曲线

各组试件最大裂缝宽度随荷载变化规律一致：当最大裂缝宽度在 0.05mm 范围内时，随荷载增加，裂缝宽度发展缓慢；当最大裂缝宽度达到 0.05mm 后，随荷载增加，裂缝宽度增长速率稍有提高；当最大裂缝宽度达到 0.1mm 后，在较小荷载增幅下，裂缝宽度迅速增长。

由图 11-15 中各试件表面裂缝分布可知，锚固区材料为 SFRC 的试件表面裂缝分布较为分散，数量多且宽；锚固区材料为 UHPC 的试件表面裂缝数量少且细。结合试件破坏形态，锚固区混凝土表面裂缝宽度的发展会逐渐降低对伸缩装置的锚固效果。

试件表面裂缝的发展状态间接反映出锚固区混凝土对伸缩装置的锚固性能。由图 11-16 可知，当锚固区采用 SFRC 材料时，随荷载增加，混凝土表面裂缝宽度远大于锚固区采用 UHPC 的试件，这是由于 SFRC 内含有大量粗集料，本身属于脆性材料[9]，开裂后裂缝位置混凝土连接作用失效，荷载作用下裂缝宽度迅速发展，而 UHPC 材料的高度致密性和钢纤维的掺入限制了裂缝的产生和发展[10]。

对比 G1-SFRC 试件与 G1-UHPC 试件表面裂缝分布，可知在新构造形式 1 下，锚固区采用 UHPC 材料在抗裂性能和锚固性能方面明显优于 SFRC，伸缩装置在 UHPC 中可靠锚固。对比表 11-3 中 G2-SFRC 试件与 G2-UHPC 试件的特征荷载以及图 11-13、图 11-14 中两组试件的破坏形态可知，新构造形式 2 下，锚固区采用 SFRC 材料时不具备使用优势。

11.3.4.3　锚板安装位置容差

考虑到可能的现场施工误差，伸缩装置定位安装时，锚板可能偏离两侧预埋钢筋的中心位置，在对 G1-UHPC 试件设计的 3 种偏心情况下，破坏形态均为焊缝断裂，如图 11-12 所示。偏心状态下试件特征荷载和界面分离位移对比如图 11-17 和图 11-18 所示。

由图 11-17 和图 11-18 可以看出，在新构造形式 1 锚固区浇筑 UHPC 下，3 种试件荷载-界面分离位移曲线基本一致，锚板安装时可能产生的偏心对试件初裂荷载和极限荷载无明显影响。

结合锚固新构造形式 1 下偏心试件破坏模式、裂缝分布和界面分离位移变化，发现 UHPC 对伸缩装置的黏结锚固能力相对于焊缝断裂极限承载力有较大富余。因此，在无焊接条件下，锚固区混凝土对伸缩装置锚固性能可靠时,新构造形式 1 锚固区浇筑 UHPC 的试件会发生焊缝断裂破坏,锚板布置是否偏心对结构受力几乎没有影响,锚板安装位置容差较大,可保证伸缩装置的安装质量。

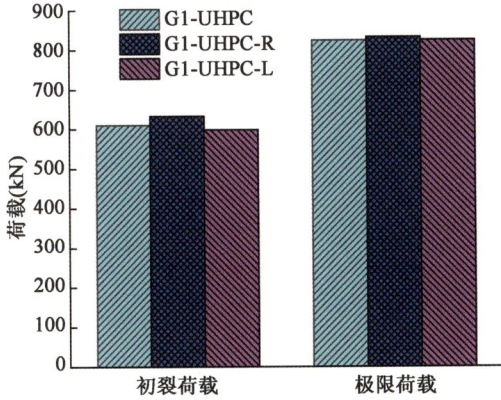

图 11-17　偏心试件特征荷载结果对比

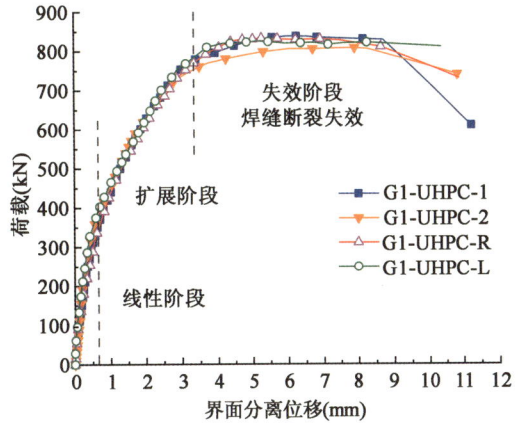

图 11-18　偏心试件荷载-界面分离位移曲线

11.3.4.4　两种新型 UHPC 伸缩装置对比

通过对不同构造形式下的伸缩装置锚固结构进行静力拔出试验,分别对比了新构造形式 1 和新构造形式 2 下,锚固区浇筑 SFRC 材料和 UHPC 材料试件受力状态、裂缝扩展以及破坏形式之间的差异,表明 UHPC 材料具有锚固强度高、抗裂性能好的优势。下面根据以上试验数据和结果,平行对比所提出的两种新型 UHPC 伸缩装置荷载作用下的受力状态异同点,以及相比传统锚固构造在受力性能方面的提升。

（1）荷载特征点及裂缝宽度对比

以传统锚固构造试件特征荷载点为基准,两种 UHPC 锚固构造下试件初裂特征点和极限特征点对比如图 11-19 所示,两种 UHPC 锚固构造下试件表面裂缝最大宽度对比如图 11-20 所示。

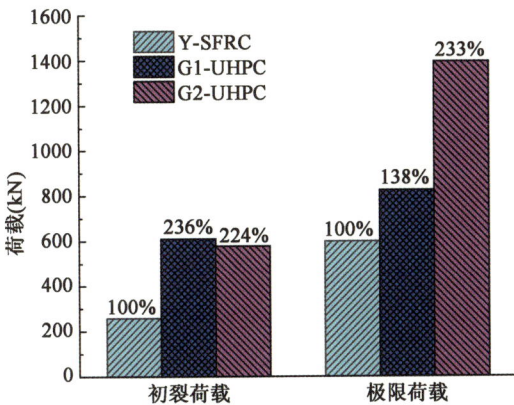

图 11-19　锚固新构造特征荷载值对比

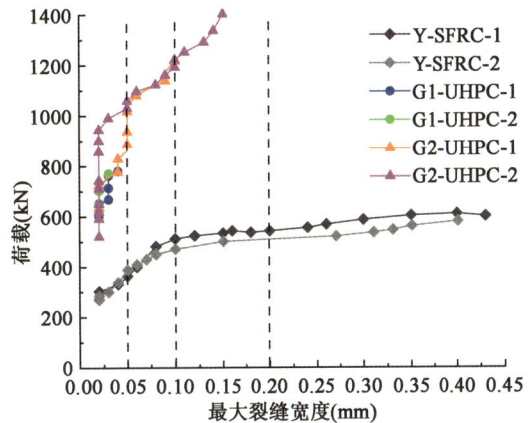

图 11-20　锚固新构造荷载-最大裂缝宽度对比

两种新型 UHPC 锚固构造在抗裂和承载性能方面相比传统锚固构造均有一定提升。其中，锚固新构造下试件初裂荷载基本相同，约为传统锚固构造试件的 2.2 倍，承载能力方面无焊接伸缩装置 2 锚固区浇筑 UHPC 的试件提升幅度较大，为传统锚固构造试件的 2.3 倍。基于此，可考虑在常规桥梁伸缩缝结构中，以 UHPC 锚固新构造形式 1 替代传统锚固构造；在重载车辆通行较多的地段，如矿区或林区等，可考虑以 UHPC 锚固新构造形式 2 替代传统锚固构造。

根据《公路钢筋混凝土及预应力混凝土桥涵设计规范》（JTG 3362—2018）[11] 和法国规范 NF P18-710[12] 钢筋混凝土最大裂缝宽度限值规定，一般环境中钢筋混凝土构件在正常使用极限状态下普通混凝土最大裂缝宽度限值为 0.2mm，准永久组合下 UHPC 最大裂缝宽度限值为 0.2mm。由图 11-20 可知，在 SFRC 最大裂缝宽度达到 0.2mm 的荷载条件下，两种锚固新构造中 UHPC 均未开裂，且两种新型 UHPC 锚固构造中试件加载全过程最大裂缝宽度均未达到 0.2mm，这体现出 UHPC 材料具有抗拉强度高的优势。

（2）界面分离位移对比

以传统锚固构造试件为基准，对比两种 UHPC 锚固新构造下试件界面位移发展状态，如图 11-21 所示。相同界面位移条件下，提取界面分离位移为 0.1mm、0.2mm、0.5mm、1mm、1.5mm 和 2mm 六个位移点下试件所对应的荷载值，以传统锚固构造试件对应荷载值为基准，对比两种 UHPC 锚固新构造中界面位移发展状态，如图 11-22 所示。

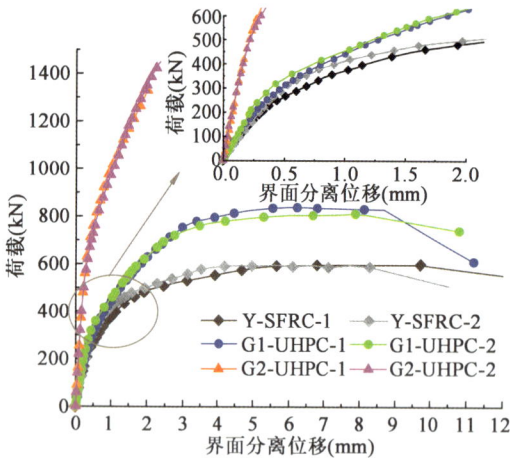

图 11-21　锚固新构造荷载-界面分离位移曲线对比

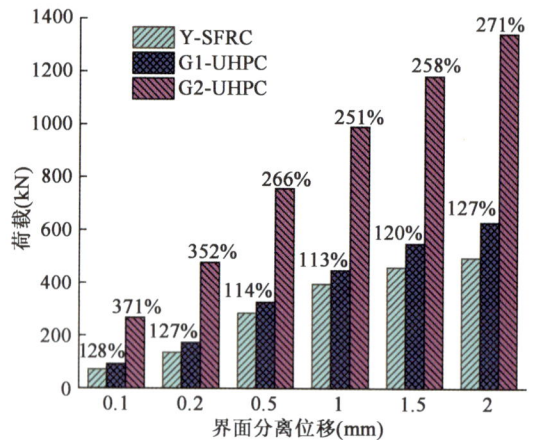

图 11-22　锚固新构造位移特征点对比

对于无焊接伸缩装置 1 锚固区浇筑 UHPC 的试件，界面位移发展较传统锚固构造试件略小，等界面位移下，荷载为传统锚固构造试件的 1.1~1.3 倍；对于无焊接伸缩装置 2 锚固区浇筑 UHPC 的试件，型钢侧向长栓钉的加设良好地限制了界面裂缝的发展，界面位移发展得到了很好的改善，使试件整体结构刚度有较大提升，等界面位移下，荷载为传统锚固构造试件的 2.5 倍。

综上研究了静力荷载下伸缩装置的锚固性能，表明新构造在无焊接条件下，UHPC 材料可以将伸缩装置可靠锚固于其内，验证了该构造形式的可靠性。下面对桥梁伸缩缝进行局部静力历程分析，考虑传统锚固构造和 UHPC 锚固新构造形式 1 两种形式，研究车辆在通过伸缩缝时，轮载作用于不同位置下伸缩装置界面位移、锚固区混凝土应力、锚板和连接焊缝应力的变化状态。

11.4 轮载作用下伸缩装置应力历程

11.4.1 局部有限元模型

利用 ABAQUS 有限元软件建立伸缩缝车辆轮载作用下的局部有限元模型,采用直接加载的方法,分析车辆行驶通过伸缩缝时伸缩装置及锚固区混凝土的受力变化。由于伸缩缝沿桥梁纵向关于缝宽中心线为对称结构,故为提高计算效率,取一半进行分析。

局部模型尺寸以实际桥梁结构为基础,宽度为实桥中锚固区混凝土浇筑宽度,即 310mm。根据规范[13],车辆前、后轮着地面积为 200mm×600mm(长×宽),考虑尺寸效应影响,纵向取 2000mm 进行模型计算,模型尺寸如图 11-23 所示。

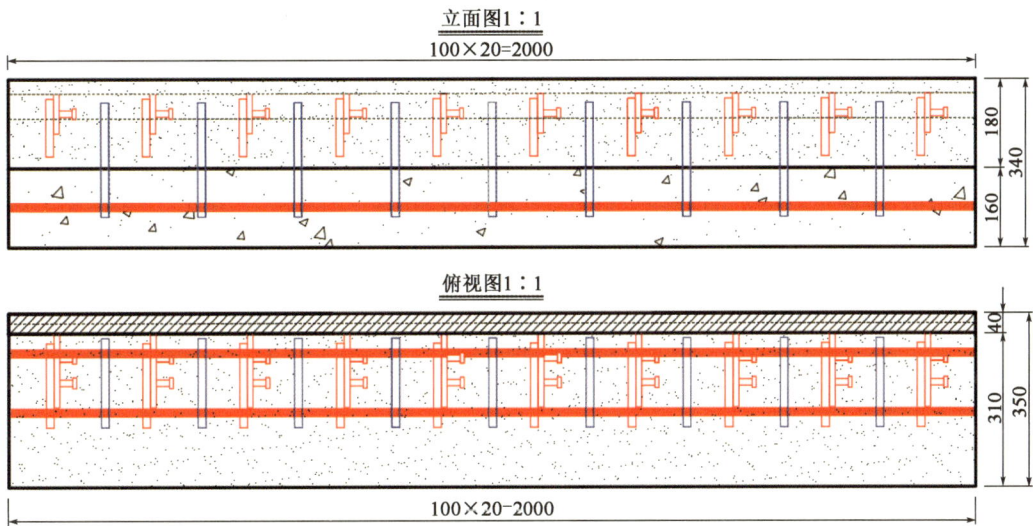

图 11-23 局部模型尺寸(单位:mm)

11.4.1.1 荷载模拟

桥梁伸缩缝采用 GQF-40 型异型钢单缝式伸缩装置,以车轮开始与异型钢接触为初始距离 0,车轮完全通过异型钢时所行驶的距离为 240mm,本节主要研究车轮在伸缩缝位置行驶 240mm 范围内伸缩装置各个部位的受力变化。其中荷载大小按《公路桥涵设计通用规范》(JTG D60—2015)[13]中相关要求确定。

荷载大小:$F = (1 + \mu) \cdot P$。其中,P 为后轴单轮重力标准值,$P = 140/2 = 70(\mathrm{kN})$;$\mu$ 为冲击系数,$\mu = 0.45$[13-14]。

荷载布置:整个加载过程按轮载作用位置不同,分为四个阶段,具体如下。

①部分压伸缩缝型钢,即车轮经过缝宽位置后行驶至伸缩装置上方,轮载最先作用在边侧型钢上方;

②部分压型钢与锚固区混凝土,车轮继续向前移动,轮载共同作用在型钢与锚固区混凝土上方;

③完全压型钢与锚固区混凝土,当车轮后端进入缝宽位置时,轮载完全作用于一侧型钢与

混凝土上方；

④完全压锚固区混凝土,继续向前,车轮后端驶离型钢上方,完全作用于一侧锚固区混凝土上方,具体过程如图 11-24 所示。

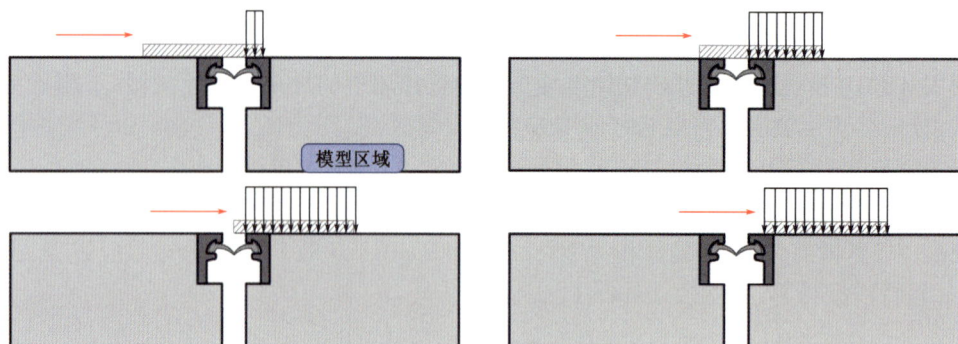

图 11-24　轮载施加过程

11.4.1.2　边界条件

伸缩缝局部有限元模型中边界条件的定义参考文献[6][15],如图 11-25 所示。实际桥梁工程中：

①异型钢单缝式伸缩缝结构在梁端由于需要伸缩变形,故无约束作用,同样在模型中设置为自由,即法向量为 X 轴正向的平面。

②模型背面、底部是从铺装层或梁体中局部切分,采用固结约束,即法向量背离 X 轴正向的平面。

③轮载作用区域离模型左右侧面最小距离为 600mm,根据圣维南原理,侧面影响较小,故不对其施加约束作用。

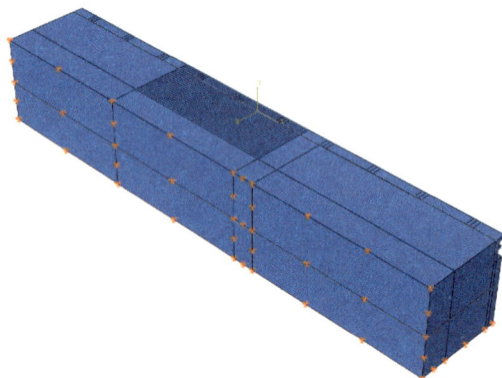

图 11-25　局部有限元模型

11.4.2　不同伸缩装置历程分析及对比

11.4.2.1　界面水平位移

提取车轮作用在不同位置时异型钢界面位移数据,车轮作用宽度内从左到右取 5 个点进行分析,分别距最左侧车轮边缘 100mm、200mm、300mm、400mm、500mm,如图 11-26 所示。由不同轮载位置下的界面分离位移曲线(图 11-27)可知,从车轮刚经过伸缩缝位置接触异型钢起,两种结构形式下,异型钢界面分离位移均呈先急剧增大,而后稳定一区段后开始缓慢下降的趋势。

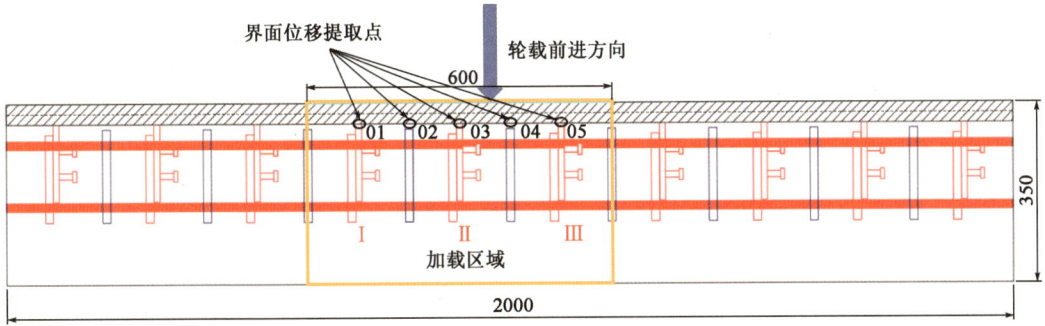

图 11-26 界面位移提取点位置

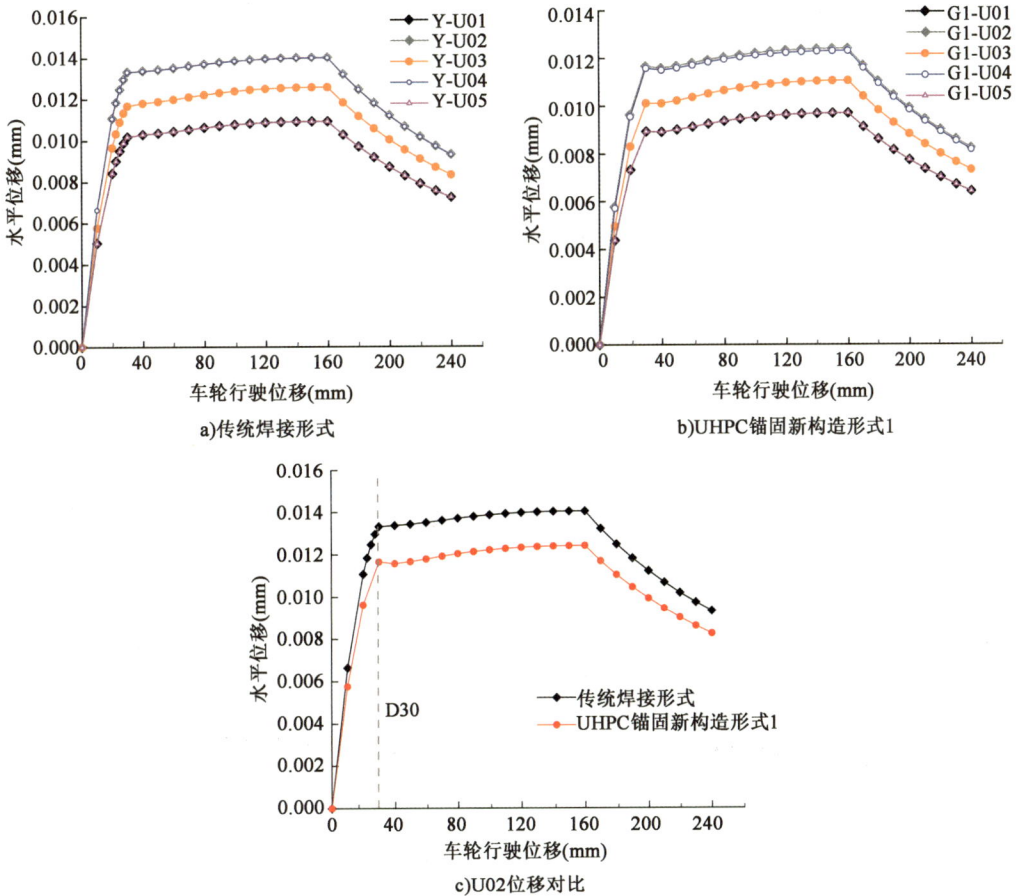

a)传统焊接形式

b)UHPC锚固新构造形式1

c)U02位移对比

图 11-27 不同轮载位置下界面分离位移及对比

对于两种结构形式下的 5 个提取点,U02 位置界面分离位移最大。在整个加载过程中,传统焊接结构界面水平位移高于 UHPC 锚固新构造形式 1 界面水平位移。其中,$U_{Y,Max} = 0.014\text{mm}$,$U_{G1,Max} = 0.012\text{mm}$,$U_{G1,Max} = 0.86 U_{Y,Max}$。

11.4.2.2　焊缝及锚板应力

提取车轮作用在不同位置下焊缝处的最大应力及锚板位置的最大应力,如图 11-28 所示。

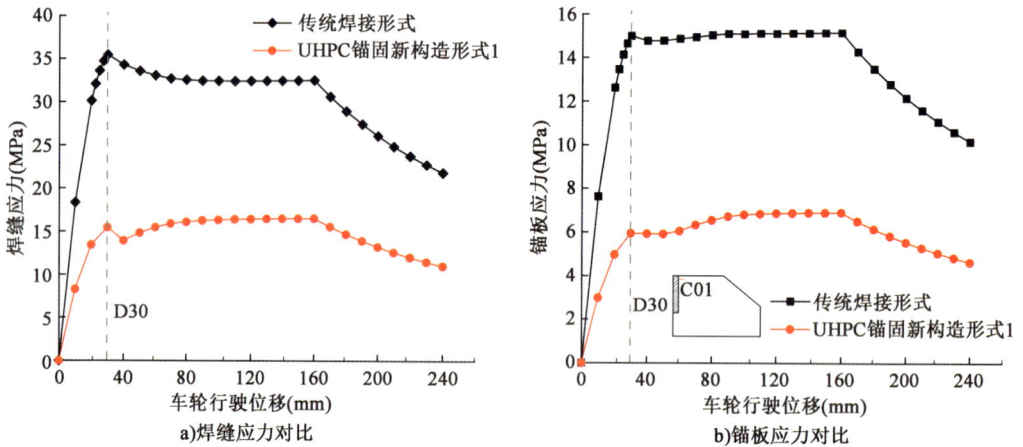

图 11-28　不同轮载位置下伸缩装置最大应力对比

从车轮经伸缩缝位置接触型钢起,焊缝处应力和锚板处应力随车轮向前移动距离变化趋势大致相同。在整个加载过程中,传统锚固构造焊缝应力和锚板处应力均高于 UHPC 锚固新构造形式 1。以 σ_H 代表焊缝应力,以 σ_C 代表锚板 C01 位置处应力,焊缝应力状态:$\sigma_{HY,Max} = 35.45MPa$,$\sigma_{HG1,Max} = 16.52MPa$,$U_{HG1,Max} = 0.41U_{HY,Max}$;锚板应力状态:$\sigma_{CY,Max} = 15.16MPa$,$\sigma_{CG1,Max} = 6.91MPa$,$U_{CG1,Max} = 0.45U_{CY,Max}$。

结合上述计算结果及其对比分析可知,车轮荷载经过伸缩缝的过程中,UHPC 锚固新构造形式 1 下伸缩装置的应力状态低于传统锚固构造,受力性能优。

11.4.3　伸缩量对伸缩装置受力影响

该伸缩装置采用边梁钢形式,最大伸缩量可设计为 80mm,而前文考虑伸缩量为 40mm,为进一步分析轮载作用在同一位置下不同伸缩量对界面位移和连接焊缝应力的影响,采用相同的方法计算伸缩量为 60mm 和 80mm 下伸缩装置受力状态(图 11-29)。

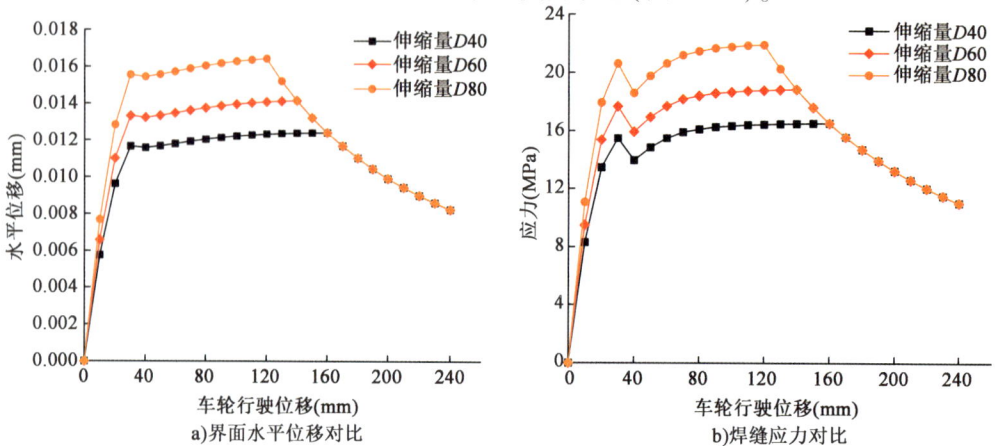

图 11-29　不同伸缩量下伸缩装置受力状态对比

不同伸缩量下,界面水平位移和焊缝处最大应力随车轮经过距离的变化趋势基本相同。当车轮在伸缩缝上的长度达到 160mm 后,不同伸缩量下界面水平位移和焊缝应力相同。

产生这一变化的原因是:伸缩量越大,车辆经过伸缩缝时沿车轮长度方向悬空量越大,作用于型钢和锚固区混凝土上的面积相应减小,而轮载总重一定,此时与车轮相接触的部分压强相应增大,使得轮载在相同位置下,伸缩装置在界面位置的分离量变大,焊缝应力增大。而当车轮作用在伸缩缝上的长度达到 160mm 后,再继续向前移动,车轮本身的重量完全作用于一侧异型钢与锚固区混凝土上,此时轮载总重一定,车轮作用于型钢和锚固区混凝土上的面积增大,与车轮相接触的部分压强相应减小,使得轮载在相同位置下伸缩装置在界面位置的水平位移量、焊缝应力相同。

11.5　本章小结

针对桥梁伸缩装置安装时焊接工艺烦琐、质量难控、锚固构造易破损的现状,提出了基于 UHPC 的两种新型伸缩装置锚固构造形式,试验研究了其静力锚固性能,得到以下主要结论:

(1)传统锚固构造试件破坏形态为锚板拔出,主要由 SFRC 的锚固性能和抗裂性能控制;新构造形式 1 锚固区浇筑 UHPC 的试件破坏形态为型钢-锚板连接焊缝断裂,主要由试件焊缝强度控制;新构造形式 2 锚固区浇筑 UHPC 的试件破坏形态为下方 NC 基体开裂,上部伸缩装置整体强度较高。

(2)两种新型伸缩装置锚固构造形式在提高了伸缩装置的受力性能和锚固性能的同时具有施工便捷、现场零焊接、安装容差性高的优势。两种新构造中锚固区采用 UHPC 材料时,初裂荷载基本相同,为传统锚固构造试件初裂荷载的 2.2 倍,极限承载能力分别为传统锚固构造试件的 1.38 倍和 2.3 倍。

(3)锚固新构造形式 1 中 UHPC 对伸缩装置的黏结锚固能力相对于焊缝断裂极限承载力有较大富余,当锚固区混凝土对伸缩装置锚固性能可靠时,试件会发生焊缝断裂破坏,锚板安装是否偏心对结构受力几乎没有影响。UHPC 锚固新构造形式 2 中型钢侧向长栓钉的加设良好地限制了界面裂缝的发展,同时改善了焊缝位置的受力情况,使试件整体结构刚度有较大提升。

(4)对传统锚固构造和 UHPC 锚固新构造形式 1 伸缩装置建立轮载历程局部静力有限元模型,验证了 UHPC 锚固新构造形式应用于实际伸缩缝结构的可行性。与传统锚固构造下伸缩装置进行对比,从车轮刚经过伸缩缝位置接触异型钢起到界面位置,UHPC 锚固新构造形式 1 下伸缩装置焊缝和锚板处应力状态低,受力性能优;随着伸缩量增大,轮载作用下界面水平位移和焊缝应力相应增大。

参 考 文 献

[1] CHANG L M, LEE Y J. Evaluation of performance of bridge deck expansion joints[J]. Journal of performance of constructed facilities, 2002, 16(1): 3-9.

[2] 中华人民共和国交通运输部. 公路桥梁伸缩装置通用技术条件:JT/T 327—2016[S]. 北京: 人民交通出版社股份有限公司, 2016.

［3］ LIMA J M, DE BRITO J. Inspection survey of 150 expansion joints in road bridges［J］. Engineering structures, 2009, 31(5)：1077-1084.

［4］ LIMA J M, DE BRITO J. Management system for expansion joints of road bridges［J］. Structure and infrastructure engineering, 2010, 6(6)：703-714.

［5］ 袁博, 张春雨. 公路桥梁异型钢单缝式及模数式伸缩装置病害原因分析及防治措施［J］. 公路交通科技(应用技术版), 2020, 16(6)：248-251.

［6］ DING Y, ZHANG W, AU F T K. Effect of dynamic impact at modular bridge expansion joints on bridge design［J］. Engineering structures, 2016, 127：645-662.

［7］ ROEDER C W, HILDAHL M, VAN LUNG J A. Fatigue cracking in modular bridge expansion joints［J］. Transportation research record, 1994 (1460)：87-93.

［8］ 李盼盼. 伸缩装置 UHPC 锚固新构造静力性能研究［D］. 长沙：湖南大学, 2021.

［9］ 刘曙光, 常智慧, 张栋翔, 等. PVA-ECC 材料在桥梁伸缩缝工程中的应用［J］. 混凝土与水泥制品, 2016 (2)：80-82.

［10］ 张哲. 钢-配筋 UHPC 组合桥面结构弯曲受拉性能研究［D］. 长沙：湖南大学, 2016.

［11］ 中华人民共和国交通运输部. 公路钢筋混凝土及预应力混凝土桥涵设计规范：JTG 3362—2018［S］. 北京：人民交通出版社股份有限公司, 2018.

［12］ AFNOR. NF P18-710 National addition to eurocode 2—design of concrete structures：Specific rules for ultra-high performance fibre-reinforced concrete (UHPFRC)［S］. Paris：Association Française de Normalisation, 2016.

［13］ 中华人民共和国交通运输部. 公路桥涵设计通用规范：JTG D60—2015［S］. 北京：人民交通出版社股份有限公司, 2015.

［14］ 中国交通企业管理协会. 公路桥梁伸缩装置设计指南：JTQX-2011-12-1［S］. 2011.

［15］ NORDBY G M. Fatigue of concrete—a review of research［C］// Journal Proceedings. 1958, 55(8)：191-219.

索 引